宋代成都知府研究

官性根 著

巴蜀书社

图书在版编目（CIP）数据

宋代成都知府研究/官性根著. —成都：巴蜀书社，2024. 12.

ISBN 978-7-5531-2314-1

I. D691. 42

中国国家版本馆 CIP 数据核字第 2024DN2886 号

宋 代 成 都 知 府 研 究

SONGDAI CHENGDU ZHIFU YANJIU

官性根　著

责任编辑　陈　礼
责任印制　田东洋　谷雨婷
封面设计　支鑫淼
出　　版　巴蜀书社
　　　　　成都市锦江区三色路 238 号新华之星 A 座 36 层
　　　　　邮政编码：610023
　　　　　总编室电话：（028）86361843
网　　址　www. bsbook. com
发　　行　巴蜀书社
　　　　　发行科电话：（028）86361856
经　　销　新华书店
印　　刷　四川宏丰印务有限公司
　　　　　电话：（028）85726655　13689082673
版　　次　2024 年 12 月第 1 版
印　　次　2024 年 12 月第 1 次印刷
成品尺寸　240mm×170mm
印　　张　31. 75
字　　数　580 千
书　　号　ISBN 978-7-5531-2314-1
定　　价　128. 00 元

目　录

绪　论

在宋朝历史上，四川地区占有非常重要的地位。因为四川地区在全国的影响举足轻重，“蜀天最远，国之臂胁”①，并且，“蜀为远邦，邑曰巨镇，其政系于国体”②。于是，“今海内之蕃域，号为至重者，举莫若吾之全蜀。壤土衍沃，民俗丰夥。外之则八国种落赖之以绥辑，内之则四道郡邑倚之以康靖”③。李清臣有言：“蜀地号富饶，产金帛纨锦，中州岁仰给。”④ 绍兴八年（1138），赵开向朝廷反映的军事机密中提出：“蜀与荆渚，为根本之地。朝廷措置，在所当先。”⑤ 宋孝宗时，王咨在给四川安抚制置使汪应辰的书信中说：“今天下之根本在蜀，蜀之根本在兵与民。”⑥ 宋理宗时，侍御史李鸣复也认为：“四蜀，国之喉襟也。”⑦

宋代成都府是次府，其地位低于京府。太平兴国六年（981），降为益州。端拱元年（988），复为剑南西川成都府。淳化五年（994），又降为益州，罢去节度。嘉祐五年（1060），复为府。六年（1061），复节度。旧领成都府路兵马钤辖。建炎三年（1129），罢兼利州路。绍兴元年（1131），领成都路安抚使。五年（1135），兼四路安抚、制置大使。十年（1140），

① 黄庶：《伐檀集》卷下《上成都杨端明启》。
② 文同：《丹渊集》卷33《成都新尹赵龙图先状》。
③ 《全蜀艺文志》卷32，文同：《送赵大资再任成都府诗序》。
④ 《名臣碑传琬琰之集》中卷48，李清臣：《韩忠献公行状》。
⑤ 李心传：《建炎以来系年要录》（下称《要录》）卷122，绍兴八年九月乙巳。
⑥ 《全蜀艺文志》卷29，王咨：《上汪制置书》。
⑦ 《历代名臣奏议》卷99《经国》。

置宣抚，罢制置司，知府带本路安抚使。十八年（1148），罢宣抚，复制置司；乾道六年（1170），又罢，并归安抚司，知府仍带本路安抚使。淳熙二年（1175），复制置司，罢宣抚司。开禧元年（1205），置宣抚，罢制置司。未几，两司并置；后罢宣抚，仍置制置大使。嘉定七年（1214），去“大”字①。

成都府作为大藩府，在宋王朝的统辖区域内，既是西南地区第一大都市，更是四川地区的政治、经济和文化中心。这是因为“益为西南一都会，左阻剑门，右负夷蕃，内坦夷数百里”②，有着举足轻重的地位，“蜀控西面，益为大藩”③，具有决定性的作用，“成都，蜀部根本”④。雍熙年间（984—987），宋太宗对张宏说：“成都重地，卿为朕镇之。”⑤ 张方平认为：“维益部一都之会，据坤隅千里之疆，气俗剽轻，货利繁错。比守臣之弹治，习旧事之便宜，居然方面之雄，称为权寄之重。”⑥ 元祐二年（1087），右司谏吕陶在弹劾谢景温以年老体弱为由而求免出任成都知府时也说：“西蜀，天下之大镇。事权委寄，素号雄重。”⑦ 元祐四年（1089），右谏议大夫范祖禹认为：“成都兼两路钤辖方面之任，最为要重。”⑧ 其经济、文化都非常发达，“眷此坤维，号称锦里。其民务本而力穑，其士好学而有文。织绣被于中原，富饶甲于天下。”⑨ 范百禄指出：“成都，蜀之都会，厥土沃腴，厥民阜繁，百姓浩丽，见谓天府。缣缕之赋，数路取赡，势严望伟，卓越他郡。”⑩ 事实上，“成都长期是四川乃至西南地区的政治、经济、军事、文化和交通中心，因此在四川具有重要战略地位的基础上，成都自然担负着举足轻重的核心地位。”⑪ 特别是进入南宋以后，

---

① 《宋史》卷89《地理志五》。
② 《全蜀艺文志》卷44，宋祁：《益部方物赞》。
③ 张方平：《乐全集》卷28《益州谢上表》。
④ 李焘：《续资治通鉴长编》（下称《长编》）卷300，神宗元丰二年十月己酉。
⑤ 《宋史》卷267《张宏传》。
⑥ 张方平：《乐全集》卷28《益州谢诏书奖谕表》。
⑦ 《长编》卷402，哲宗元祐二年六月己酉。
⑧ 《长编》卷429，哲宗元祐四年六月丁巳。
⑨ 魏齐贤、叶棻编纂：《五百家播芳大全文粹》卷5（上），苏叔党：《成都帅到任谢上表》。
⑩ 《全蜀艺文志》卷30，范百禄：《〈成都古今集记〉序》。
⑪ 粟品孝等：《成都通史　五代（前后蜀）两宋时期》，第95页。

“建炎军兴，升成都府路安抚为四川安抚制置使，别置官属”①。

宋王朝设置的成都知府一职，其地位非常显赫。因为其责任异常重大，“窃惟天下之奥区，无若坤维之剧部。兵民兼制，政事倍繁”②，任务十分艰巨，“成都地大人众，事已十倍他镇。而四道大抵皆带蛮夷，且北控秦陇，所以临制捍防，一失其宜，皆足致变故于呼吸顾盼之间。以是幕府率穷日夜力，理文书，应期会，而故时巨公大人亦或不得少休”③，需要十分精心地加以挑选，“伏以益州方面至重，朝廷委任推择至精”④。朝廷也经常为此犯难：“夫九州之险，聚于庸蜀，为天下甲也。五方之俗，擅于繁侈，西南为域中之冠也。多犷骜而奸豪生，因庞杂而礼义蠹。朝廷精求良牧，忧在远人，每难其材，颇精厥虑。”⑤ 正如宋太宗所认为的那样：“宽则育奸，猛则残俗；得夫济者，实难其人。”⑥ 大中祥符三年（1010），在表彰知益州任中正时，宋真宗向大臣们说，成都的政治地位十分重要，应该选好其行政长官，但这是一件相当困难的事情，“藩方重地，切在得人，朝行中亦难其选”⑦。宋仁宗也认为：“蜀汉之繁，包邛僰之崄，土沃风侈，民夥事丛。”　“井络之次，下为督府，所以难守臣。”⑧ 治平二年（1065），宋英宗指出，成都远在西南，政治地位非常重要，只有仁爱稳重的人，才能得到任命，“蜀远在西南，最要部也。朕常患吏不能究宣德泽，以被于远民。故其择守，非慈良简重者，不以命之”⑨。宋哲宗对此也十分赞同：“特以全蜀之寄，甚难其选。”⑩ 他认为：“朕惟祖宗以来，视远如迩。全蜀之寄，尤难其人。”⑪ 并且一再表达同样的观点：“朕惟全蜀之寄，

---

① 《全蜀艺文志》卷 38，羌如晦：《金绳院五百罗汉记》。
② 强至：《祠部集》卷 29《代赵成都到任谢两府书》。
③ 陆游：《渭南文集》卷 14《范待制诗集序》。
④ 张方平：《乐全集》卷 28《免知益州札子》。
⑤ 《张乖崖集》卷 8《益州重修公署记并梁周翰系》，第 80 页。
⑥ 《张乖崖集》卷 2《悼蜀四十韵并序》，第 7 页。
⑦ 《长编》卷 73，真宗大中祥符三年五月甲午。
⑧ 宋庠：《元宪集》卷 22《尚书兵部郎中天章阁待制张逸可枢密直学士知益州制》。
⑨ 王珪：《华阳集》卷 19《赐龙图阁直学士知成都府赵抃治迹尤异奖谕诏》。
⑩ 苏轼：《东坡全集》卷 109《赐资政殿学士大中大夫新差知成都府王安礼银合茶药诏》。
⑪ 范祖禹：《范太史集》卷 29《赐龙图阁直学士知成都府蔡京乞移东北一郡不允诏》。

实难其人。”[①]

关于成都知府的选任，大臣们也颇有同感。散文家柳开在上疏中指出：“臣以益州稍静，望陛下选贤能以镇之，必须望重有威，即群臣畏服。”[②] 张咏自己也说：“伏以蜀土奥区，素称重地，国家慎委，本为难材，况列卿带职之资，属为郡总戎之美，众臣之内，少此兼荣。”[③] 文同说道：“蜀为远邦，邑曰巨镇，其政系于国体，所寄断于上心。地望素隆，事权特重。将委任于守土，实艰难于择人。”[④] 确实，“北宋朝廷对出任成都知府（益州知州）的官员有很高的要求，大抵是德才兼备、声誉卓著”[⑤]。毫无疑问，“以程度而言，最为重要的当然是成都知府的选任问题，在当时，这一问题曾被认为是宋王朝官制上最为特别的事情”[⑥]。

成都知府的选任，受到朝廷的高度重视，“故朝廷择守，比他蕃镇绝重，举西南事一以委之”[⑦]。其选任标准非常高，“朝廷席五圣之厚，基万龄之泰，明烛外遐，爱均畿辅。凡选建师长，必一时名德，中外皆曰可，然后以尹兹土”[⑧]。且需要具有很高的政治声望，“窃惟益郡之奥区，兹实坤维之剧镇。有江山之控带，兼民卒之抚绥。从来守臣，多采宿望”[⑨]。朱熹也认为：“蜀远朝廷万有余里，择帅须用严毅，素有威名，足以畏压人心，则喜乱之徒不敢作矣。”[⑩] 无疑需要朝廷重臣加以镇抚，“朕求实德以顺民心，简重臣而镇方面。念坤维所系，隶帅封者五十四城而魏阙相望，经邮置者六千余里。遽闻牧御之缺，亟选抚绥之良”[⑪]。甚至是皇帝周围的近臣，“成都，古之建国。其地险远，其俗富奢，机杼纂组，号为衣被天

---

① 范祖禹：《范太史集》卷33《赐新除宝文阁直学士知成都府韩宗道辞免不允诏》。
② 《长编》卷43，真宗咸平元年。
③ 《张乖崖集》卷9《益州谢降诏书奖谕表》，第101页。
④ 文同：《丹渊集》卷33《成都新尹赵龙图先状》。
⑤ 粟品孝等：《成都通史　五代（前后蜀）两宋时期》，第97页。
⑥ 林文勋：《宋代四川商品经济史研究》，第246页。
⑦ 文彦博：《潞公文集》卷19《乞别定益利钤辖司画一条贯》。
⑧ 《全蜀艺文志》卷30，范百禄：《〈成都古今集记〉序》。
⑨ 强至：《祠部集》卷16《代张景元龙图知成都府谢上表》。
⑩ 朱熹：《朱子语类》卷110《论兵》。
⑪ 周麟之：《海陵集》卷16《李文会除四川安抚制置使兼知成都府》。

下。而又西迩邛莋，南接徼外，故常择近密之臣，当抚御之寄”①。成都知府的选任具有相当的独特性，“益为藩捍西南隅，物众地大称名都。择守来颁兹土政，治人颇与他邦殊”②。

由于成都府所具有的特殊地位，因此成都知府备受朝廷厚爱，“益州占舆鬼之分，为剑南一都会。朝廷选贤镇守，以兵钤统制两路，复用武臣二员副之。兵农之便宜，刑御之轻重，抚柔措置，得以关预。权剧任宠，赏格不次，非诸路比”③。其晋升潜力巨大，这是因为成都知府“殿邦西南，已著于蕃之效；还帝左右，即膺爰立之权”④。

成都知府（益州知州）这一官职，按照当时的称谓，准确地说，应该是知成都府（知益州），只是为与现代人对地方长官的称谓相适应，才这样称呼。其实，成都知府有时也被称为益州（治今四川成都）知州，如太平兴国二年（977），出任成都知府的程羽，就被说成知益州：“初，议伐北汉，宰相卢多逊言：‘西蜀远险多虞，若车驾亲征，当先以腹心重臣镇抚之，则无后忧。’给事中程羽，藩邸旧僚，尝知新都县及兴州、兴元府，有能名，上即命知益州。”⑤ 正如《宋史·地理志五》中所说，到太平兴国六年（981），宋王朝才将成都府降格为益州。其实，相反的情况也是存在的。当益州已经恢复为成都府后，也有成都知府仍然被称为益州知州。如太宗端拱元年（988）已把益州恢复为成都府，但《宋史》卷二七七《许骧传》将他端拱二年（989）出知成都府称为知益州，“擢右谏议大夫，就命益州”。天圣元年（1023），薛田担任益州知州，也被说成“枢密直学士、知成都府”⑥。庆历四年（1044），蒋堂出任益州知州，同样被说成“以枢密直学士知成都”⑦。庆历七年（1047），程戡担任第一任益州知州，仍被说成“进枢密直学士、知成都府”⑧。嘉祐三年（1058），赵抃担

---

① 余靖：《武溪集》卷10《龙图阁直学士文彦博可枢密直学士知益州》。
② 《成都文类》卷4，何郯：《益州州学圣训堂诗》。
③ 《成都文类》卷28，孙直言：《重修东钤辖厅记》
④ 文同：《丹渊集》卷32《贺正益梓提传知府启》。
⑤ 《长编》卷20，太宗太平兴国四年七月乙巳。
⑥ 李复：《潏水集》卷8《李居士墓志铭》。
⑦ 《成都文类》卷48，宋祁：《府学文翁画像十赞》。
⑧ 《宋史》卷292《程戡传》。

任益州知州，也被说成是成都知府[①]。事实上，宋廷把成都府降格为益州，只是一种名义上行政级别的下降，其他并没有发生实质性变化。

宋代成都知府是来自全国各地的良才俊杰，在巴蜀大地上，纵横驰骋，各展雄才，创造了无数丰功伟业，产生了不少治蜀名公，受到了学术界或多或少的关注和研究。但是，对宋代成都知府这样一个非常优异的群体，直到目前为止，尚无全面而又深入的探究，这正是本书期望加以弥补的初衷所在。同时，也有理由相信，其所蕴含的丰富并且深刻的经验教训，对于后世的地方治理而言，无疑具有一定的借鉴意义。

① 《宋会要辑稿》刑法2之33。

第一章　宋代成都知府的选任

宋代成都知府的选任包括北宋和南宋两个阶段，其间的变化还是颇大的。

第一节　北宋时期成都知府的选任

北宋一朝共经历9位皇帝，在其更替的过程中，成都知府的选任也多有变化。

一、宋太祖时期成都知府的选任

第一任成都知府是宋太祖于乾德三年（965）任命的吕余庆，“命参知政事吕余庆权知成都府”①，这是因为其“始削外权，牧伯之阙止令文官权知，其后文武官参为知州军事”②。具体而言，“命参知政事吕余庆知成都府，赐衣一袭，金束带一，绢五百匹，金镀银鞍勒马一”③，并且，“不罢政事，以执政莅藩镇，自余庆始，归朝复旧任”④。但是，朝廷又对其权力进行控制与监督，“蜀平，以参知政事吕余庆知益州，余用选人，以轻其

① 《长编》卷6，太祖乾德三年二月癸卯。

② 《宋会要辑稿》职官47之1。

③ 《宋会要辑稿》礼62之2。

④ 曾巩：《隆平集》卷4《宰臣》。

权，而置武德司，刺守贪廉，至必为验”[①]。其目的在于防止武人割据的历史悲剧重演，“以个别位居二品的高官充任一州长吏，足以看出宋初统治者对集地方权力于中央，杜绝武人割据之隐患的决心是何等之大”[②]。

开宝元年（968），宋太祖下诏，将吕余庆调回朝廷，以兵部侍郎刘熙古为第二任成都知府，“诏吕余庆归朝，以兵部侍郎刘熙古为端明殿学士、权知成都府”[③]。吕余庆和刘熙古作为宋代第一任和第二任成都知府，他们所带的“权”字，是权且之意，带有临时委派之意。他们的职位都很高，与后来因官资不够而权摄成都知府的权摄有着本质的区别，“太祖乾德元年（963）开始实行以文臣知州事制度，州的行政长官称之为‘权知州事’，简称‘知州’”[④]。据苗书梅教授研究，直到宋太宗端拱（988—989）以后，“‘权知某州军州事’的‘权’字被正式去掉，知州始成为名正言顺的州级最高长官”[⑤]。

开宝五年（972），郑牧担任成都知府，“开宝中，郑牧知文州，（韩丕）与之偕行，遂薄游两川。及牧知成都，刘熙古延置门下”[⑥]。开宝八年（975），吕余庆之弟吕端“以司门员外郎知成都府”[⑦]。

宋太祖时期，成都知府选任最突出的特点就是命参知政事吕余庆知府事，充分体现了朝廷对蜀地的高度重视。

二、宋太宗时期成都知府的选任

太平兴国二年（977），程羽“知益州在二年五月”[⑧]。另载，他在宋太宗“及即位，拜给事中，知开封府”，“未几，出知成都府”[⑨]。宋太宗对他高度重视，“以坤维远服，借人镇抚，非公才不可倚。出知益州，陛

① 陈师道：《后山集》卷19《谈丛》。
② 江晓敏：《宋代中央政府对地方官员的任用、管理与监察》，《南开学报》1994（1）。
③ 《长编》卷9，太祖开宝元年正月庚寅。
④ 屈超立：《宋代地方政府权力制衡机制研究》，《政法论丛》2016（2）。
⑤ 苗书梅：《宋代知州及其职能》，《史学月刊》1998（6）。
⑥ 《宋史》卷296《韩丕传》。
⑦ 王称：《东都事略》卷31《吕端传》。
⑧ 《长编》卷20，太宗太平兴国四年七月乙巳原注。
⑨ 《宋史》卷262《程羽传》。

辞，面谕曰：‘此行非大事，不久当召卿’”[①]。事实上，“宋代的地方要员在离京赴任时，通常要当面向皇帝本人辞行，时称‘陛辞’‘见辞’‘辞见’‘朝辞’或‘朝辞进对’”[②]。太平兴国五年（980），辛仲甫“以刑部郎中知成都府”[③]。

雍熙元年（984），高冕“由膳部都官员外郎累至膳部郎中，出知益州”。可惜的是，“雍熙二年，卒，年五十”，在益州知州的任上离世[④]。雍熙二年（985），张宏因改任枢密副使而未能赴任成都知府：“太宗召对便殿，谓曰：‘成都重地，卿为朕镇之。’因厚赐以遣。至郑州，促召归阙，拜右谏议大夫、枢密副使。”[⑤] 同年，宋玶“迁屯田郎中、知益州”[⑥]。端拱二年（989），许骧“擢授右谏议大夫，就命知益州”。淳化二年（991），回到朝廷的许骧上言：“蜀民浮窳易摇，宜择忠厚者抚之，为预备。”[⑦]

淳化二年（991），“东上阁门使吴元载实代骧为成都”[⑧]，另载，吴元载在“淳化二年，加领富州刺史，俄徙知成都府”[⑨]。淳化四年（993），张齐贤因王小波、李顺起义导致激烈的社会动荡而并未赴任成都知府，“寻有诏起复知成都府。会寇乱不行，转礼部尚书”[⑩]。同年，郭载“迁西上阁门使，改知成都府”[⑪]。淳化五年（994），“上以蜀寇未平，工部尚书辛仲甫素著恩信，将令舆疾招抚，会疾甚，不可遣，仲甫亦上章告老，乃授太子少保致仕”[⑫]。其实，“宋代致仕的条件有两个，一是年龄，二是是

---

① 程敏政：《新安文献志》卷62（上），程大昌：《宋故文明殿学士尚书兵部侍郎赠太子少师程公羽世录》。

② 王曾瑜、贾芳芳：《宋代地方与中央之关系问题研究》，《西北大学学报》2008（5）。

③ 王称：《东都事略》卷36《辛仲甫传》。

④ 《宋史》卷269《高冕传》。

⑤ 《宋史》卷267《张宏传》。

⑥ 《宋史》卷276《宋玶传》。

⑦ 《宋史》卷277《许骧传》。

⑧ 《长编》卷35，太宗淳化五年正月甲寅朔。

⑨ 《宋史》卷257《吴元载传》。

⑩ 《名臣碑传琬琰之集》下卷2，实录：《张文定公齐贤传》。

⑪ 《宋史》卷276《郭载传》。

⑫ 《长编》卷36，太宗淳化五年九月。

否犯有赃罪”[①]，显然，辛仲甫未能第二次出任成都知府而退休是因为其年老力衰之故，朝廷对他给予了高度肯定。同年，“以少府少监雷有终为谏议大夫、知成都府”，这是他第一次担任成都知府。同时，宋太宗“诏降成都府为益州”[②]，“降成都府为益州，以李顺之乱故也”[③]。同年，“先是，参知政事苏易简荐枢密直学士、虞部郎中张咏可属西川事，诏咏知益州。既而留半载不行，至是，始命赴部。上面谕之曰：‘西川乱后，民不聊生，卿往，当以便宜从事’”[④]，换言之，“王小波、李顺起义爆发后，淳化五年九月，宋太宗即选择政绩卓著的张咏知益州”[⑤]，事实上，“成都知府更为重要的特权还是在于其‘便宜行事’之权”，其中，“成都知府的‘便宜行事’特权是从张咏治蜀开始的”[⑥]。至道三年（997），“以给事中、新知益州张去华知杭州”[⑦]，他并未正式出任益州知州。

宋太宗时期，由于四川地区爆发了王小波、李顺起义，使得成都知府的任命出现了频繁更换的情况。其中，首次将“便宜行事”之权授予张咏。实际上，这是对过度剥夺州郡长官职权的做法进行的一定程度的调整。

三、宋真宗时期成都知府的选任

咸平元年（998），牛冕担任益州知州，“诏以谏议大夫牛冕代公”。张咏被朝廷召回，得知牛冕为其继任者，深感疑惑地问道：“冕非抚御才，其能绥戢乎？”后来，果真导致了王均之乱[⑧]。咸平三年（1000），鉴于“益州驻泊军士害兵马钤辖凤州团练使符昭寿，推所部神卫都虞候王均为主，逐知州牛冕等，奔汉州”的情况，宋真宗“诏以户部使、工部侍郎雷

---

① 张希清：《宋朝典制》，第165页。
② 《长编》卷36，太宗淳化五年五月己巳。
③ 曾巩：《隆平集》卷1《郡县》。
④ 《长编》卷36，太宗淳化五年九月。
⑤ 贾大泉、周原孙：《四川通史》第4册，第39页。
⑥ 粟品孝等：《成都通史　五代（前后蜀）两宋时期》，第101页。
⑦ 周淙：《乾道临安志》卷3《牧守》。
⑧ 韩琦：《安阳集》卷50《张公（咏）神道碑铭》。

有终为泸州观察使、知益州、兼川峡两路招安捉贼事”[①]，这是他第二次出任成都知府。咸平四年（1001），宋太初出任益州知州，“益州雷有终以母老求还，诏太初就代”[②]。宋真宗“以西蜀辽隔，事有缓急，难于应援，故分四路，别置官属。又虑漕挽者各司其局，失均济之义”，于是“命知益州、右谏议大夫宋太初兼川峡四路都转运使”[③]。同年，由于益州知州宋太初与钤辖杨怀忠之间发生冲突，朝廷将宋太初召回，“知益州宋太初与钤辖杨怀忠不协，上以蜀土始安，虑其临事矛盾，癸卯，徙知秦州马知节代之，亟召太初还”[④]。然后，马知节“就除西上阁门使、知成都府兼本州兵马钤辖”[⑤]，从而成为第一位兼任兵马钤辖的成都知府。另载，马知节“迁西上阁门使、知益州兼本路转运使”[⑥]。咸平五年（1002），“以知阆州、国子博士黄观权益州路转运使，代屯田员外郎张巽。以巽为陕西转运使，代太常博士李易直，以易直知卫州。巽与知益州马知节不协，迭相论奏；易直先与钱若水经度边事，在道纵酒少检，故有是命。仍令知节兼本路转运使事，如有大事，与黄观同议”[⑦]。咸平六年（1003），益州知州马知节调任延州知州兼鄜延驻泊部署，于是任命益州路钤辖杨怀忠和转运使黄观共同担任权摄益州知州，“徙知益州、西上阁门使马知节知延州、兼鄜延驻泊部署，命钤辖杨怀忠、转运使黄观权同知益州”[⑧]。

仍然是咸平六年（1003），鉴于张咏在首任益州知州时善于安抚百姓的杰出表现，宋真宗再次任命他为益州知州：“会益守马公知节徙延安，上以公前治蜀，长于安集，威惠在人，复以公为枢密直学士，迁刑部侍郎，知益州事。”[⑨] 当“马知节自益徙延州，朝议择可代者”[⑩] 的时候，面

① 《宋会要辑稿》兵10之10。
② 《宋史》卷277《宋太初传》。
③ 《长编》卷48，真宗咸平四年四月己未。
④ 《长编》卷49，真宗咸平四年十月己亥朔。
⑤ 王安石：《临川文集》卷87《检校太尉赠侍中正惠马公神道碑》。
⑥ 王称：《东都事略》卷43《马知节传》。
⑦ 《长编》卷52，真宗咸平五年八月癸酉。
⑧ 《长编》卷54，真宗咸平六年四月庚午。
⑨ 韩琦：《安阳集》卷50《故枢密直学士礼部尚书赠左仆射张公神道碑铭》。
⑩ 《宋史》卷293《张咏传》。

临“成都阙守，朝议难其人”的局面，宋真宗“以工部侍郎、知永兴军府张咏前在蜀为政明肃，勤于安集，远民便之”，于是以咏为枢密直学士，迁刑部侍郎，知益州事。这是他第二次出任成都知府，深受百姓欢迎，“民闻咏再至，皆鼓舞自庆”①；也颇得士林赞誉，“二盗虐蜀，上以乖崖张公咏为枢密直学士守成都，以经略之。是时，朝廷文学诸彦尽贺西南之得人，悉发咏歌，道此荣选”②。张咏由此成为选拔蜀帅的标杆，“先朝遴选于众，必以张咏之徒为之”③。确实，“九河张公咏，淳化、咸平中两被帝选，以全蜀安危付之”④。景德二年（1005），张咏自己写道：“枢密直学士尚书刑部侍郎知益州兼兵马钤辖张某序。”⑤

景德三年（1006），益州知州张咏任期届满，任中正成为其继任者，“知益州张咏岁满，朝议欲以兵部员外郎、直史馆任中正代之”。由于任中正“前知梓州，又新自契丹使还”，宋真宗“恐其惮于远适，令中书召问”，他回答说：“益部重地，国家委使，敢不竭诚以报”，真宗“嘉其自效”，于是“擢拜枢密直学士、工部郎中、知益州”⑥。其实，当宰相王旦推举任中正为成都知府时，遭到一些人的质疑，宋真宗责问原因何在。王旦认为，只有任中正，才会沿着张咏治蜀的方向继续展开工作。如果任用其他人，则会随意改变张咏治蜀的成功之道。其回答得到了真宗的赞许，也受到了舆论的好评，“真皇时，以任密学中正知成都府，代尚书张咏，或以为不可。时王文正公为相，上责问之。对曰：‘非中正不能守咏之规矩，它人往往妄有变更矣。’上是之，言者亦服王公之能用人也”⑦。同年，西川转运使黄观回到朝廷，工部侍郎董俨“因托济言于观，求荐己知益州”而未果⑧。董俨还因此受到了宋真宗的严厉处罚，“工部侍郎董俨，贪躁无行，急于进用，玩阴谋施诡计，求谋知益州，反被真宗责授山南东道

① 《长编》卷54，真宗咸平六年四月辛巳。
② 《成都文类》卷13，李至：《送张忠定知益州并序》。
③ 袁燮：《絜斋集》卷4《论蜀札子二》。
④ 《全蜀艺文志》卷44，田况：《张尚书写真赞》。
⑤ 《张乖崖集》卷8《许昌诗集序》，第88页。
⑥ 《长编》卷63，真宗景德三年七月辛丑朔。
⑦ 范镇：《东斋记事》卷1，第3页。
⑧ 《长编》卷63，真宗景德三年八月戊寅。

行军司马，不署州事”[①]。

大中祥符五年（1012），李仕衡“拜枢密直学士、知益州”[②]。同年，“召拜凌策右谏议大夫、集贤院学士、知益州”。其实，“初，策登第，梦人以六印加剑遗之。其后官剑外者凡六，人以为异。策处事精审，所至有治迹”[③]。对宰相王旦推荐凌策作为益州知州人选，宋真宗非常满意，“张乖崖镇益，屡乞代，当蜀难已平，愿均劳逸。王文正旦举凌侍郎策，且言性禀纯懿，临莅强济，所治无旷”，然后，“上喜，遂除之”[④]。

大中祥符八年（1015），益州和并州（治今山西太原）的知州都需要更换，宋真宗查阅候选人名单之后，对大臣们说，他们都各有所长，但是要找到文武兼备的人，就太少了。由此，对唐代人才辈出的现象表示疑惑不解。宰相王旦却回答说，当今不是没有人才，而是对人才过于挑剔。以前的朝代是用人之所长，而不求全责备。“以右谏议大夫、权知开封府王曙守本官，加枢密直学士，知益州；枢密直学士、刑部郎中周起加右谏议大夫，知并州。时二州岁当代，上遍阅侍从官姓名，谓辅臣曰：‘此等各有所长，然求其文雅适用，可威方面者鲜矣。每念唐贤比肩而出，何当时人才之多也。’王旦曰：‘方今下位，岂无才俊？或恐拔擢未至尔。然观前代求贤，不求其备，不以小疵掩大德。今士大夫孰为无过，陛下每务保全之。然流言稍多，则不便于任使。大都迭相称誉近乎党，过相纠讦近乎公。鉴其爱憎，惟托上圣，则庶几无弃人矣！’”[⑤] 可见，宋真宗用人是细心而慎重的，甚至有些苛刻。

天禧二年（1018），益州知州又需要更换了。宰相挑选了三四名候选人，宋真宗都不满意。正在这时，有人推荐赵稹，得到了真宗的认可，“天禧二年，成都守当代，宰相列上近臣名三四，皆不称旨。或举公姓名，帝曰：‘赵某固可。’用擢为右谏议大夫、充集贤院学士、知益州’”[⑥]。天

① 贾大泉、周原孙：《四川通史》第4册，第39页。
② 范仲淹：《范文正集》卷11《宋故同州观察使李公神道碑铭》。
③ 王称：《东都事略》卷45《凌策传》。
④ 文莹：《玉壶清话》卷3，第31页。
⑤ 《长编》卷85，真宗大中祥符八年十月壬午。
⑥ 尹洙：《河南集》卷13《赵公（稹）墓志铭并序》。

禧四年（1020），“以三司度支副使、工部郎中寇瑊为右谏议大夫、集贤院学士、知益州”[①]。

宋真宗时期，在成都知府的选任中，出现了与路级长官产生严重矛盾的问题，此乃路级机构增加之后长官数量太多而难以协调的直观反映。

四、宋仁宗时期成都知府的选任

天圣元年（1023），薛田“以枢密直学士知益州”[②]，同时，他也兼任兵马钤辖，这就是他自己所署的“枢密直学士知益州充兵马钤辖薛田序”[③]。天圣四年（1026），薛奎“迁枢密直学士、知益州”[④]，另载，“徙知秦州、右谏议大夫、集贤院学士薛奎知益州”[⑤]。天圣六年（1028），“右谏议大夫、权御史中丞程琳为枢密直学士、知益州”[⑥]。天圣八年（1030），韩亿“由枢密直学士、谏议大夫守益州”[⑦]，另载，“以兵部郎中、龙图阁待制韩亿为枢密直学士知益州，代程琳也”[⑧]，这是因为“时知星者言，益部当灾，非仍饥，且有兵变。上心忧之，推选才堪镇抚者，而以公行且谕之意”[⑨]。

明道二年（1033），“以天章阁待制王䜣为枢密直学士，知益州”[⑩]，另载，王䜣“以左司郎中、枢密直学士知益州”[⑪]。景祐四年（1037），“剑南缺牧，上求数治于蜀、素为蜀人所德者。时一二弼臣，以今知府密学公名闻。乃辍开封内史，来镇三蜀”[⑫]，即“龙图阁学士张逸为枢密直学

---

① 《长编》卷96，真宗天禧四年十一月戊午。
② 《宋史》卷301《薛田传》。
③ 魏野：《东观集》原序。
④ 欧阳修：《文忠集》卷26《资政殿学士尚书户部侍郎简肃薛公墓志铭》。
⑤ 《长编》卷104，仁宗天圣四年三月己卯。
⑥ 《长编》卷106，仁宗天圣六年三月辛酉。
⑦ 《全蜀艺文志》卷45，张俞：《成都府学讲堂颂并序》。
⑧ 《长编》卷109，仁宗天圣八年十月癸卯。
⑨ 张方平：《乐全集》卷39《韩公（亿）墓志铭并序》。
⑩ 《长编》卷112，仁宗明道二年六月辛酉。
⑪ 《宋史》卷291《王䜣传》。
⑫ 《成都文类》卷29，张庾：《重修馆驿记》。

士、知益州”[①]，张逸被任命为益州知州。另载，“尚书兵部郎中、天章阁待制张逸可枢密直学士、知益州”[②]。康定元年（1040），任中师“以枢密直学士知益州”[③]，具体而言，“龙图阁直学士、右谏议大夫、知并州任中师为枢密直学士、知益州”[④]。

庆历元年（1041），孙沔“改枢密直学士、知益州”，但是因为“丁内艰，服除，为陕西都转运使”，并未到成都赴任[⑤]。另载，孙沔“以枢密直学士知益州，道中罹母忧，服除，以为陕西都转运使”[⑥]。同年，“右谏议大夫、集贤院学士杨日严为枢密直学士，知益州”[⑦]。庆历四年（1044），由于恰好需要“高选名臣”镇守成都，蒋堂“迁枢密直学士、知益州”[⑧]。其实，朝廷内部对此还出现过争议，“初，晏殊欲用堂代杨日严，王举正谓不如明镐，争累日不得，卒用堂”。同年，“龙图阁直学士、吏部员外郎、知秦州文彦博为枢密直学士、知益州，代蒋堂也”[⑨]。庆历七年（1047），程戡第一次担任益州知州，“拜枢密直学士、知益州”[⑩]。庆历八年（1048），田况“迁右谏议大夫，知成都府，充蜀、梓、利、夔路兵马钤辖”[⑪]。

皇祐二年（1050），杨察“加端明殿学士、知益州”[⑫]。皇祐四年（1052），由于来年就是王小波、李顺起义爆发后的第六十个年头，流传着这里又将发生动乱的说法，“昔孟知祥以后唐甲午岁得蜀，至本朝咸平中，岁在甲午，盗发益州，西土大扰，故蜀父老识之。来岁复在甲午，蜀人以

---

① 《长编》卷120，仁宗景祐四年十二月庚寅。
② 宋庠：《元宪集》卷22《尚书兵部郎中天章阁待制张逸可枢密直学士知益州制》。
③ 王称：《东都事略》卷44《任中师传》。
④ 《长编》卷127，仁宗康定元年四月己丑。
⑤ 《名臣碑传琬琰之集》上卷23，毕仲游（代范纯礼作）：《孙威敏公沔神道碑》。
⑥ 楼钥：《攻媿集》卷73《跋陈进道所藏杜祁公诗》。
⑦ 《长编》卷132，仁宗庆历元年五月辛未。
⑧ 胡宿：《文恭集》卷39《蒋公（堂）神道碑》。
⑨ 《长编》卷153，仁宗庆历四年十二月甲辰。
⑩ 张方平：《乐全集》卷36《程公（戡）神道碑铭并序》。
⑪ 王安石：《临川文集》卷91《太子太傅致仕田公墓志铭》。
⑫ 王称：《东都事略》卷64《杨察传》。

为恐，其精择可镇静者”[①]。宋仁宗对宰相庞籍说，程戡是益州知州的最佳人选。于是，仁宗皇帝第二次任命他为益州知州，并且要庞籍告诉他，在其任期结束时，将提拔他为执政大臣。庞籍回答说，只有陛下当面告诉他，自己不敢私下与其谈论这件事。后来程戡果然被任命为参知政事，但他始终对此一无所知。“端明殿学士程戡除知益州，仁宗使公谕之曰：‘善抚远人，还当以二府处之。’公曰：‘二府，惟天子许之，臣不敢以言。’其后，遂召戡为参知政事，而程卒不知也”[②]。具体而言，“枢密直学士、给事中程戡为端明殿学士、知益州”[③]，于是，宋仁宗“自择戡再知益州，迁端明殿学士，召见慰遣”[④]，并且还特别作出指示：“蜀道天险，剑外辽绝。每委帅臣，俾之专决”[⑤]。也就是说，“皇祐四年（1052 年）十二月，即还有一年多就是甲午年（1054 年）之际，朝廷经过慎重讨论，决定任命已有一次知益州经历、熟悉成都的程戡再次出知益州，并破例做了封官许愿的活动”[⑥]。确实，“史籍上散见的这一关于蜀地在甲午年将有乱事发生的传闻，背景可能并不简单，它或许可以成为一个突破口，揭开正常状态下不易看到的民间舆论与朝野互动的详情”[⑦]。

至和元年（1054），“权知开封府、龙图阁直学士、兵部郎中吕公弼为枢密直学士、知益州”。其实，长期以来，宋仁宗对他都非常器重，听说其很有才能，就将他的名字记了下来。在吕公弼报告政事之时，仁宗仔细地观察他。在其离开之后，便对宰相说，真是太像他的父亲吕夷简了。但是，此时的吕公弼并未赴任益州知州，“先是上每念吕夷简，闻公弼有才，书其名于殿柱。公弼奏事，上目送之，语宰相曰：‘公弼甚似其父。’既召程戡入辅，因使公弼代戡。公弼固辞，乃复授龙图阁直学士、同群牧使；乃诏同群牧使权增一员，后不为例”[⑧]。同年，因为“蜀人传言有寇至，边

① 张方平：《乐全集》卷 36《程公（戡）神道碑铭并序》。
② 王珪：《华阳集》卷 48《庞公（籍）神道碑铭》。
③ 《长编》卷 173，仁宗皇祐四年十二月丁丑。
④ 《宋史》卷 292《程戡传》。
⑤ 蔡襄：《端明集》卷 11《枢密直学士给事中程戡可依前给事中充端明殿学士知益州制》。
⑥ 粟品孝等：《成都通史　五代（前后蜀）两宋时期》，第 30 页。
⑦ 黄博：《甲午再乱：北宋中期的蜀地流言与朝野应对》，《四川师范大学学报》2013（1）。
⑧ 《长编》卷 176，仁宗至和元年七月己巳。

军夜呼，野无居人，妖言流闻，京师震惊”，针对“方命择帅”的问题，宋仁宗镇定地说道：“毋养乱，毋助变。众言朋兴，朕志自定。外乱不作，变且中起。不可以文令，又不可以武竞。惟朕一二大吏，孰为能处兹文武之间，其命往抚朕师？”然后，仁宗赞同张方平出任益州知州的推荐意见[①]。张方平却以父亲年老而朝廷规定不能携带家属前往治所为由，表示推辞。宋仁宗对他说，很长时间以来，自己也觉得这一规定有些不妥，但是由于对前朝所确定的规章制度不便轻易变更，所以迟迟对此没有改变。如果你出任，则可以带家属前去任职，并要求中书省罢黜这一规定。张方平听罢，顿时惶恐不已，表示祖宗法度不能因为他个人的困难而被改变。“知渭州、端明殿学士、礼部侍郎张方平为户部侍郎、知益州。方平初以父老不得迎侍辞，上曰：‘久知此条贯不便，但以祖宗故事不欲更变，因卿行便，可迎侍。去，当令中书罢此条贯。’方平惶恐奏：‘祖宗著令，安可以臣故轻议更变也。’”从而接受了出任益州知州的工作安排[②]。另载，张方平“徙益州兼益利路兵马钤辖”[③]，由此可见，宋仁宗对挑选益州知州的良苦用心。确实，“由于对成都知府（益州知州）的出任条件要求很高，朝廷为了得到合适的人选，往往还要打破常规”[④]。然而，张方平还是不敢携带家属前往成都赴任，“张安道知益州，仁宗特令奉亲行，竟不敢”[⑤]。同年，在张方平还没有到任益州知州之前，由转运使高良夫权摄，“初，命张方平知益州，未行，而程勘已先入为参知政事，转运使高良夫摄守事”[⑥]。

嘉祐元年（1056），张方平结束益州知州任期后，出现了成都知府职位人选的空缺。于是，朝廷任命益州路转运使彭思永权摄府事，“入辞，仁宗谕之曰：‘益部远方，以卿安抚，吾无忧矣。’至蜀，会成都阙守，诏

---

① 苏洵：《嘉祐集》卷15《张益州画像记》。
② 范镇：《东斋记事》附录（一）《辑遗》，第60页。
③ 张方平：《乐全集》附录，王巩：《文定张公乐全先生行状》。
④ 粟品孝等：《成都通史　五代（前后蜀）两宋时期》，第98页。
⑤ 叶梦得：《石林燕语》卷7，第101页。
⑥ 《长编》卷178，仁宗至和二年正月丁亥。

公权领府事”[①]。

嘉祐二年（1057），“宋朝以益州重地，尝谋帅，以命宋公祁”。但是，宰相却认为：“蜀风奢侈，祁喜游宴，恐非所宜。”不过，“宋朝不从，卒遣之”，最终还是任命宋祁为益州知州[②]。具体而言，宋仁宗问道：“益州重地，谁可守者？”宰相刘沆和陈执中没有给出合适人选。仁宗认为：“知定州宋祁，其人也。”陈执中回答说：“益俗奢侈，宋喜游宴，恐非所宜。”最后仁宗拍板：“宋祁有何不可知益州也？”刘沆“惘然惊惧”，使得“宋知成都而不敢以约荐焉”[③]，宋祁“加端明殿学士，寻拜吏部侍郎，知成都府”[④]。确实，“宋祁‘喜游宴’是朝廷所共知的事实，但仁宗还是坚持派他去成都，说明仁宗看重的是他的治理才干”[⑤]。

嘉祐三年（1058），赵抃担任益州知州，向朝廷进言：“传宣使臣，川中不得住过十日；内侍省官差出内臣传宣等，须日行两驿；所住处到发三日。”其建议获得了宋仁宗的全面采纳[⑥]。实际上，这是赵抃第一次出任成都知府，后来在宋英宗和宋神宗时期还第二次和第三次担任成都知府。或许是他初次担任益州知州时事功不太显赫，使得人们对其后两次任职成都知府的政绩更为关注。

嘉祐四年（1059），“升益、并州为成都、太原府”[⑦]。同年，王素“以翰林侍读学士知成都府”[⑧]。嘉祐五年（1060），吴奎以照顾年迈父母为由，推辞出任成都知府，“吴长文除知成都，以亲辞，故知郓州”[⑨]，具体而言，“迁端明殿学士兼翰林侍读学士、知成都府。公以父老苦辞，改知郓州”[⑩]。同年，“枢密直学士、右谏议大夫吕公弼为龙图阁学士、知成

① 程颢、程颐：《二程文集》卷3《故户部侍郎致仕彭公行状》。
② 《全蜀艺文志》卷58，（元）费著：《岁华纪丽谱》。
③ 魏泰：《东轩笔录》卷13，第151页。
④ 《名臣碑传琬琰之集》上卷7，范镇：《宋景文公祁神道碑》。
⑤ 魏华仙：《宋代官府力量与成都节日市场》，《四川师范大学学报》2013（1）。
⑥ 《宋会要辑稿》刑法2之33。
⑦ 陈均：《九朝编年备要》卷16，嘉祐四年十月“升益并州为成都太原府”。
⑧ 王珪：《华阳集》卷58《王懿敏公素墓志铭》。
⑨ 叶梦得：《石林燕语》卷7，第101页。
⑩ 刘攽：《彭城集》卷37《吴公墓志铭》。

都府”[1]。嘉祐八年（1063），韩绛“进端明殿学士、知成都府”[2]。

宋仁宗时期，成都知府的选任简直可以用精心二字来形容，从而选出了一批治蜀名臣，充分体现了仁宗皇帝在用人上的良苦用心与远见卓识。

五、宋英宗时期成都知府的选任

治平元年（1064），“吏部员外郎、天章阁待制、河北都转运使赵抃为龙图阁直学士、知成都府”[3]，这是他第二次出任成都知府。治平四年（1067），张焘“加龙图阁直学士、知成都府”[4]。

宋英宗在位时间虽短，但在成都知府的选任问题上也是一丝不苟。

六、宋神宗时期成都知府的选任

熙宁二年（1069），赴任成都知府的邵必，暴卒于途，“熙宁初，不疑以龙图阁学士知成都府”，但是“不疑次金牛驿暴卒”[5]。同年，宋神宗“诏遣内臣一员，乘驿往三泉县，护新知成都府邵必丧，及照管本家骨肉”[6]。亦在同年，陆诜“改龙图阁学士、知成都”[7]。熙宁三年（1070），陆诜于任上去世，“龙图阁直学士、知成都府陆诜卒”[8]。他担任成都知府的时间尚未达到一年，令人非常惋惜，“拥节西来未一年，凄凉道路泣东辕。蜀都富乐真当惜，民事艰难谁复论”[9]。同年，“诏遣使护新知成都陆诜丧如例”[10]。亦在同年，成都府路转运使范纯仁权摄成都知府，“昔余过成都，公时摄帅。有言公于朝者，朝廷遣中使降香峨眉，实察之也”[11]。还

---

① 《长编》卷192，仁宗嘉祐五年十二月戊寅。
② 《名臣碑传琬琰之集》上卷10，李清臣：《韩献肃公绛忠弼之碑》。
③ 《长编》卷203，英宗治平元年十二月癸丑。
④ 《宋史》卷333《张焘传》。
⑤ 邵伯温：《邵氏闻见录》卷20，第224页。
⑥ 《宋会要辑稿》选举32之15。
⑦ 《宋史》卷332《陆诜传》。
⑧ 《长编》卷214，神宗熙宁三年八月丙戌。
⑨ 苏辙：《栾城集》卷3《故成都尹陆介夫挽词》。
⑩ 《宋会要辑稿》选举32之15。
⑪ 程颢、程颐：《二程遗书》卷21（上）《师说》。

是在这一年，“龙图阁直学士、知成德军吴中复知成都府”①。

熙宁五年（1072），成都知府又需要更换了。宰相把候选人的名字呈给宋神宗，神宗选定此前已经四次到四川地区任职，深受百姓拥护的赵抃出任成都知府。“上五年秋七月，丞相以成都守臣当更，具所以宜往者名氏陈于上前。曰：‘是其职序才业，皆可以称其任，惟上之所择者。’”然后，“以资政殿大学士召公于营丘”。赵抃的到来深受四川百姓的欢迎，“蜀人既闻公来，男呼于道，女欢于灶，皆曰：‘我之匕箸安于食而枕第乐于寝者，不图今日复因于我公矣’”②。当时，由于成都知府的职田本来就比较少，宋神宗也意识到许多人不愿出任此职，就是因为这一点导致的，但又认为赵抃对此不会在意。“知青州、资政殿学士赵抃为资政殿大学士、知成都府。抃在青州逾年，于是上欲移抃知成都。或言前执政旧不差知成都，成都今又少有人欲去者，上曰：‘今人少欲去，但为职田不多耳。抃清苦，必不为职田。蜀人素爱抃，抃必肯去。’王安石曰：‘陛下特命之，即无不可。’乃诏加职，遣内侍赍赐召见，劳之曰：‘前此无自政府复知成都者，卿能为朕行乎？’抃曰：‘陛下宣言，即敕命也，顾岂有例？’上甚悦。”③ 另载，“成都以戍卒为忧，朝廷择遣大臣为蜀人所爱信者，皆莫如公，遂以大学士知成都，然意公必辞。及见，上曰：‘近岁无自政府复往者，卿能为我行乎？’公曰：‘陛下有言即法也，岂顾有例哉？’上大喜，公乞以便宜行事，即日辞去”④，这是赵抃第三次出任成都知府。

熙宁七年（1074），“秦凤等路都转运使、龙图阁直学士蔡延庆知成都府”⑤，另载，蔡延庆“徙知成都府兼兵马都钤辖”。其实，“本道旧不置都钤辖，至是特命之”⑥。事实上，“成都，大府也，帅臣第带兵马钤辖，而两武臣之为钤辖者与钧礼。熙宁茂夷之变，蔡仲远自渭入蜀，始以都钤

---

① 《长编》卷216，神宗熙宁三年十月辛酉。
② 文同：《丹渊集》卷26《送赵大资再任成都府诗序》。
③ 《长编》卷236，神宗熙宁五年闰七月甲戌。
④ 《名臣碑传琬琰之集》上卷8，苏轼：《赵清献公抃爱直之碑》。
⑤ 《长编》卷254，神宗熙宁七年六月壬辰。
⑥ 《宋史》卷286《蔡延庆传》。

辖为名”[①]。熙宁九年（1076），因为成都知府蔡延庆“一日三奏茂州蕃部千数把截官路，已三遣将官分领人兵讨杀。诏以延庆奏陈措置前后，已似惶扰，中书、枢密院宜同议可与不可倚仗了此边事，无或转致乖错，别生巨患”，于是“资政殿学士、知渭州冯京知成都府，龙图阁直学士、知成都府蔡延庆知渭州”，并且成都知府冯京“仍兼成都府、利州路安抚使”[②]。不过，同年，“龙图阁直学士、集贤殿修撰刘庠知成都府，罢兼安抚使”，这是“以茂州边事令冯京兼成都府、利州路安抚使，至是渐平故也”[③]。确实，“若因战事而设安抚使，也会随着战事的结束而随即裁撤”[④]。由此可见，北宋时期，成都知府兼任的安抚使是一种具有临时性的安排，事罢则已。

元丰二年（1079），张诜“加龙图阁直学士、知成都府”[⑤]。元丰四年（1081），邓润甫“以龙图阁直学士知成都府”[⑥]。元丰五年（1082），吕大防“迁龙图阁直学士、知成都府”[⑦]。元丰八年（1085），“兵部侍郎许将为龙图阁直学士、知成都府”[⑧]。

宋神宗时期，在成都知府的选任方面，是否兼任安抚使，成为一道难题，从中反映出朝廷对边防重镇长吏的势力膨胀有所担忧与顾虑。

七、宋哲宗时期成都知府的选任

元祐二年（1087），朝廷任命“宝文阁直学士、知颍昌府谢景温知成都府”[⑨]。同年，当“资政殿学士、知扬州王安礼知成都府，宝文阁直学士、新差知成都府谢景温知扬州”的时候，右司谏吕陶上言：“西蜀，天下之大镇，事权委寄，素号雄重，出守者有大用之渐，陛下于臣僚可谓无

① 《建炎以来朝野杂记》甲集卷11《兵马都钤辖》，第228—229页。
② 《长编》卷274，神宗熙宁九年四月戊申。
③ 《长编》卷278，神宗熙宁九年十月丙午。
④ 范帅：《宋代官员兼职规律初探》，《浙江学刊》2020（4）。
⑤ 《宋史》卷331《张诜传》。
⑥ 王称：《东都事略》卷96《邓润甫传》。
⑦ 王称：《东都事略》卷89《吕大防传》。
⑧ 《长编》卷356，神宗元丰八年五月戊午。
⑨ 《长编》卷401，哲宗元祐二年五月乙亥。

负矣。近者，差谢景温知成都府，乃以老病求免。其意非他，盖重内而轻外，好近而恶远，避难而就易，且有所待也”，严厉地指出了谢景温的贪求之心。其实，王安礼也“辞疾不行”①。亦在同年，吕陶又指出：“王安礼者，有吏材，晓民事，委以藩郡，乃其所长。然其人操行污浊，心胆粗豪，神宗亦尝称为恶人。既差知成都，必过阙下，不宜留在朝廷，况许将今冬成资，宜令速赴新任”②。也还是在这一年，因为“言官论其托疾辞远，而安礼亦自请奉祠”，使得“资政殿学士王安礼提举崇福宫”，于是，“宝文阁待制李之纯为宝文阁直学士、知成都府”③。元祐三年（1088），对谢景温和王安礼二人借故推辞出任成都知府的行为，右正言刘安世进行了严厉指责：“景温亲党方据权要，故知蔡州未几即徙颍昌，又权守成都，而偃蹇不行，无人臣恭顺之礼。陛下过示包容，不加黜责，曲从其请，改守扬州。故其后王安礼被命守蜀，不能无辞，攀援景温以为比例，意谓朝廷既已听景温之免，则必难加罪于己，然犹以人言之故，遂有宫观之命。安礼以前执政辞，尚得宫观，景温以两制辞，则不失名藩。物论喧然，为之不平。”④

元祐四年（1089），“宝文阁直学士、知成都府李之纯为户部侍郎，龙图阁待制、知瀛州蔡京为宝文阁直学士、知成都府”。蔡京被任命为成都知府，一时引起轩然大波，遭到了谏官梁焘、范祖禹、吴安诗和御史朱光庭等人的坚决反对：“窃以之纯谨厚岂弟，详练政事，前将使指，在蜀八年，继任帅事，忠厚镇静，民益安悦。骤以轻薄少年代之，远方之民，必不被朝廷惠泽。况京污秽无耻，奢纵无惮，东平恶政，臣等方欲论列，今任之远镇，何以表厉风俗？又京在蔡确党中，最号凶健阴险，利诱群小，助为虚声，心怀奸罔，勇为非义，至则必徼才能之名，以盖前辈，妄作聪明，必不肯以持循安静为意也。蜀民一为动摇，恐别致生事，为异日之忧。伏望圣慈特赐指挥，选老成忠良厚德之士，以绥宁远人。或优诏之纯

① 《长编》卷402，哲宗元祐二年六月己酉。
② 《长编》卷404，哲宗元祐二年八月甲辰。
③ 《长编》卷406，哲宗元祐二年十月丙午。
④ 《长编》卷419，哲宗元祐三年闰十二月丁卯。

再任，使远方之民，知宸衷加惠优恤之意。”[①] 特别是范祖禹言辞恳切：“臣伏闻知成都府李之纯除户部侍郎，知瀛州蔡京除宝文阁直学士知成都府。臣窃以成都兼两路钤辖，方面之任最为要重，祖宗以来尤慎付与。闻之纯宽厚简静，蜀人安之，宜且令终任，或增秩再任。今户部虽欲得人，而远方数千里，休戚安危所系，亦不为轻。蔡京素附会奸臣蔡确，众所共知。虽有才能而年少轻锐，非端厚之士。又故事，自成都回者多为执政，其次犹为三司使、知开封府。朝廷方当分别邪正。如京者，在所裁抑，不宜崇长。今进职远帅，则资任愈隆，为他日大用之渐，实未允惬。伏望且令依旧。如必欲召用之纯，乞别择人付以远方，取进止。”[②] 从而使得蔡京被改任江、淮、荆、浙等路发运使，李之纯仍然担任成都知府，任期届满之后，再任一届，“诏京为江、淮、荆、浙等路发运使，罢宝文阁直学士、知成都府指挥；之纯依旧知成都府，任满再任”[③]。另载，“龙图阁待制、知瀛州蔡京为江淮荆浙等路发运使，罢宝文阁直学士、知成都府指挥。以谏官梁焘、范祖禹、吴安诗、御史朱光庭等言京党附蔡确故也”[④]。

元祐五年（1090），李常在赴任成都知府的路途上突然离世，“龙图阁直学士、中大夫、新知成都府李常卒”[⑤]。具体而言，李常“徙成都府，行次陕郊，暴疾卒于阌乡县传舍”[⑥]。其实，胡宗愈的夫人对此有所预见，“户部尚书李常除老龙，尹成都，途中贻右丞书，夫人一见其字画，惊曰：‘此人身笔已倒，不久数尽，仍须病咽喉而死。’李公行次凤翔，中毒而卒”[⑦]。所谓“老龙”，是指“龙图阁学士”这一贴职，“旧制，直龙图阁谓之‘假龙’，龙图阁待制谓之‘小龙’，龙图直学士谓之‘大龙’，龙图阁学士谓之‘老龙’”[⑧]。同年，胡宗愈被任命为成都知府，“以资政殿学

① 《长编》卷429，哲宗元祐四年六月丁巳。
② 范祖禹：《范太史集》卷15《论李之纯蔡京札子》。
③ 《长编》卷429，哲宗元祐四年六月丁巳。
④ 《宋会要辑稿》职官67之4。
⑤ 《长编》卷438，哲宗元祐五年二月丁酉。
⑥ 苏颂：《苏魏公文集》卷55《龙图阁直学士知成都府李公墓志铭》。
⑦ 方勺：《泊宅编》卷4，第26页。
⑧ 方勺：《泊宅编》卷上，第73—74页。

士知陈州，徙成都”[①]，另载，“知陈州、资政殿学士胡宗愈知成都府”[②]。

元祐七年（1092），针对“蔡京镇蜀”，范祖禹指责其为“非端良之士”，“京小有才，非端良之士。如使守成都，其还，当使执政，不宜崇长”[③]。对于“蔡京帅蜀”，尚书左丞梁焘也认为：“元丰侍从，可用者多；惟京轻险贪愎，不可用。”[④] 他还指出：“今若用此人，必非成都幸。”但是，蔡京却仍然被任命为成都知府，“龙图阁待制、知永兴军蔡京为龙图阁直学士、知成都府”，结果真是不出所料，“京至成都，果以轻举妄作。盗发正昼，烧药市几尽。后又为万僧会，穷极侈丽，两川骚扰，齐集累日，士女杂乱，恶少群辈杀人剽夺一日十数处云”，把成都搞得乌烟瘴气，甚至影响到整个四川地区[⑤]。元祐八年（1094），“龙图阁直学士、知成都府蔡京请便郡，诏不允”[⑥]。根据传说，蔡京的运气非常好，“鲁公自紫阁祷雨还，才逾月，果迁龙图阁学士，帅成都”[⑦]。并且，“长安西去蜀道有梓潼神祠者，素号异甚。士大夫过之，得风雨送，必至宰相；进士过之，得风雨则必殿魁。自古传无一失者”。蔡京自成都召回，也有如此巧遇，“鲁公帅成都，一日召还，遇大风雨，平地水几二十寸，遂位极人臣”[⑧]。但是，好运可以管一时，却难以保一世。后来，奸臣蔡京也只能落得个身败名裂，遗臭万年。同年，韩宗道推辞担任成都知府的请求，却未获朝廷批准[⑨]。

宋哲宗时，彭汝砺和韩宗道均先后推辞出任成都知府，“绍圣初，彭器资自权尚书，韩持正自侍郎出知成都府，皆除宝文阁直学士，两人皆辞行，即复以待制为州。盖成都故事，须用杂学士，而权尚书、直侍郎，皆

---

① 王称：《东都事略》卷71《胡宗愈传》。
② 《长编》卷438，哲宗元祐五年二月丁巳。
③ 《宋史》卷337《范祖禹传》。
④ 《宋史》卷342《梁焘传》。
⑤ 《长编》卷472，哲宗元祐七年四月癸丑朔。
⑥ 《长编》卷484，哲宗元祐八年五月癸卯。
⑦ 蔡绦：《铁围山丛谈》卷5，第85页。
⑧ 蔡绦：《铁围山丛谈》卷4，第64页。
⑨ 范祖禹：《范太史集》卷33《赐新除宝文阁直学士知成都府韩宗道辞免不允诏》。

止当得待制也"[①]。确实，其中的彭汝砺未能担任成都知府，"以宝文阁直学士出知成都府，命下，众愕然。公亦以私计辞行，章数上。或以为慢，当责，上不许，乃以宝文阁待制知江州"[②]。

绍圣元年（1094），林希"以宝文阁直学士知成都府"，但是"哲宗亲政，留为中书舍人"，并未赴任成都知府[③]。同年，王觌"除宝文阁直学士、知成都"[④]。绍圣二年（1095），刘奉世以端明殿学士的身份，出任成都知府[⑤]。绍圣四年（1097），韩忠彦"降资政殿学士、知成都府，不行，复知定州"，他也并没有赴任成都知府[⑥]。具体而言，"（绍圣）四年二月，观文殿学士、太中大夫韩忠彦降充资政殿学士，依旧知定州。先是，忠彦自定州改知成都府，中书舍人蹇序辰缴还词头，言者又论忠彦在西府时主弃地之议。诏忠彦可特依前太中大夫，降充资政殿学士，差遣如故"[⑦]。其实，"词头是两制词臣撰拟制诏时所依据的摘由或提要，内容多为皇帝下达的有关人事任免方面的处理意见。如果词臣对于当草制书的决策有异议，可以将词头封还，不予草制，即所谓'封还词头'，也称缴还词头、缴词头"，并且，"在宋代，封还词头是中书舍人逐渐取得的职权，但并非仅中书舍人所特有，偶尔也能见到内制翰林学士封还词头的事例"[⑧]。同年，"资政殿大学士、知河南府李清臣知成都府"，但是，他并未赴任，这是因为"四年正月二十五日自中侍出知河南，十二月三日改成都府，明年正月九日复知河南"，即"清臣知河南如故"[⑨]。换言之，他"拜资政殿大学士、知河南府，又移知成都府，不行"[⑩]。亦在同年，郑雍"以大中大夫知成都，盖前执政也"[⑪]，这是因为郑雍"虽以此结惇，然卒罢政，坐元祐

① 叶梦得：《石林燕语》卷8，第122页。
② 《名臣碑传琬琰之集》中卷31，曾肇：《彭待制汝砺墓志铭》。
③ 王称：《东都事略》卷97《林希传》。
④ 王称：《东都事略》卷94《王觌传》。
⑤ 《宋史》卷319《刘奉世传》。
⑥ 毕仲游：《西台集》卷15《丞相仪国韩公行状》。
⑦ 徐自明：《宋宰辅编年录》卷10。
⑧ 崔现芳：《论宋代外制官的封还词头》，《北京社会科学》2018（7）。
⑨ 《长编》卷493，哲宗绍圣四年十二月癸未。
⑩ 晁补之：《鸡肋集》卷62《资政殿大学士李公行状》。
⑪ 叶梦得：《石林燕语》卷7，第101页。

党，夺职知郑州。数日，改成都府”[1]。

元符元年（1098），“新知成都府李清臣依旧知河南府”，并且“其新除告并令缴纳尚书省”[2]。同年，御史中丞邢恕在弹劾林希时指出：“及至李清臣当国，初除宝文阁直学士、知成都府。章惇既至，未行，复留为中书舍人、翰林学士，坐阶柄任。”[3] 亦在同年，“宝文阁直学士、知永兴军李南公知成都府”[4]。元符二年（1009），“宝文阁待制、新知瀛州孙路为宝文阁直学士、知成都府”。另载，“闰九月七日路自河南改瀛，今自瀛改成都，寻责知兴国军”[5]，也就是说，孙路未能正式出任成都知府，“以龙图阁学士知成都。未行，坐他事削职，知兴国军”[6]。元符三年（1100），“宝文阁直学士、左朝议大夫、新知成都府孙路落职知兴国军。坐前帅熙河日，王瞻乘虚擒青唐，而路辄追回援兵，致失机会故也”[7]。同年，路昌衡“进直学士、知成都”[8]。

宋哲宗时期，在成都知府的选任过程中，出现了包括借故逃避与品行不端在内的诸多争议事件，充分暴露了党争激化背景下的人才困局。

八、宋徽宗时期成都知府的选任

建中靖国元年（1101），陈轩“加龙图阁直学士、知成都府，不行”，然后“改杭州、福州”[9]。同年，宋徽宗“诏龙图阁直学士、新差知成都府孙览降充宝文阁待制、知永兴军，以辞成都府不行故也”[10]。也就是说，陈轩和孙览均未出任成都知府。

崇宁元年（1102），因为御史中丞赵挺之“论古裁减浮费欺罔不实，

① 《宋史》卷342《郑雍传》。
② 《长编》卷494，哲宗元符元年正月戊午。
③ 《长编》卷496，哲宗元符元年三月戊辰。
④ 《长编》卷494，哲宗元符元年正月壬子。
⑤ 《长编》卷518，哲宗元符二年十一月丙子。
⑥ 《宋史》卷332《孙路传》。
⑦ 《宋会要辑稿》职官67之29。
⑧ 《宋史》卷354《路昌衡传》。
⑨ 《宋史》卷346《陈轩传》。
⑩ 《宋会要辑稿》职官67之33。

又尝与古同领放欠事，知古与吏为奸，意欲尽倾天下之财而无孑遗，不可任计省之长”，于是“户部尚书王古为宝文阁待制，知成都府”①，也就是说，王古“以宝文阁直学士知成都”②。同年，吕嘉问“以宝文阁直学士知成都府”③。崇宁三年（1104），虞策调任成都知府，“拜枢密直学士，知永兴军、成都府”④。

大观元年（1107），“兵部侍郎王汉之可显谟阁直学士、知成都府”⑤，但是，他并未出任成都知府，“复以显谟阁直学士知成都，又不至”⑥。大观二年（1108），宋徽宗“诏以吏部侍郎席公为显谟阁直学士、知成都府”⑦。这是席旦第一次担任成都知府。大观三年（1109），梁子野出任成都知府，“显谟阁直学士、知府事梁子野被御前旨”，然后“一切费敕子野提举措置”⑧。

政和元年（1111），对于担任成都知府，吴栻自己记载道：“栻承乏尹事”⑨。政和二年（1112），姚祐“命镇蜀，用母老辞”⑩。同年，王梁栋“摄成都府”⑪。亦在同年，宋徽宗“思其治蜀功，复知成都”，席旦第二次出任成都府知府⑫。政和三年（1113），庞恭孙凭借徽猷阁待制的身份，担任成都知府⑬。另有一说，“进恭孙直学士、知成都府”⑭。同年，“加旦述古殿直学士，复知成都”。然而，由于“时郅永寿、汤延俊纳土”，枢密院以此胁迫席旦，席旦回答说：“吾以为朝廷悔开疆之祸，今犹自若邪？”

① 《宋会要辑稿》职官67之36。
② 《宋史》卷320《王古传》。
③ 谈钥：《嘉泰吴兴志》卷14。
④ 《宋史》卷355《虞策传》。
⑤ 慕容彦逢：《摛文堂集》卷5《兵部侍郎王汉之可显谟阁直学士知成都府制》。
⑥ 《宋史》卷347《王汉之传》。
⑦ 《全蜀艺文志》卷32，杨天惠：《代送席帅序》。
⑧ 《全宋文》卷2238，吴栻：《成都府天宁万寿观碑》。
⑨ 《全蜀艺文志》卷34，吴栻：《铜壶阁记》。
⑩ 《宋史》卷354《姚祐传》。
⑪ 陈梦雷：《古今图书集成·明伦汇编氏族典卷诸姓部之二四》。
⑫ 《宋史》卷347《席旦传》。
⑬ 翟汝文：《忠惠集》卷2《徽猷阁待制庞恭孙知成都府制》。
⑭ 《宋史》卷311《庞恭孙传》。

于是，“力辞之”，席旦坚决推辞不受，并未第三次担任成都府知府[①]。亦在同年，吴栻“累官龙图阁直学士，再帅成都”，在陛辞之时，宋徽宗说道：“以卿清谨循良，故以重地委卿。”[②] 这是他第二次出任成都知府。政和四年（1114），许光凝出任成都知府[③]。政和六年（1116），周焘“以宝文阁待制知成都”[④]。其继任者是孙羲叟，“成都守孙羲叟经画事宜，以石泉为邑，介绵、茂之间，道里阔远，缓急不相应，非扼其冲要，不足捍外患。于是请改石泉县为军”[⑤]。

宣和元年（1119），席贡出任成都知府，补刊《孟子》入蜀石经，“《孟子》十二卷，宣和五年九月帅席贡暨运判彭慥方入石，逾年乃成，计四册”[⑥]。宣和五年（1123），王复出任成都知府，“以公事忤宰相王黼，降充龙图阁待制，移知成都府。”[⑦]

宋徽宗时期，成都知府的选任更为复杂，借故逃避现象更趋严重，朝廷黑暗政治的影响更加直观。

九、宋钦宗时期成都知府的选任

靖康元年（1126），“卢法原除徽猷阁直学士，差知成都府”[⑧]。宋钦宗时期，成都知府的选任工作已近尾声，北宋王朝的覆亡指日可待。

从上可知，一些成都知府还兼任其他职务，其中以兼任兵马钤辖为最多。按照司马光的说法，凡是有中央驻军的地方行政首长，均对军队有一定的兼管职权：“国朝以来，置总管、钤辖、都监、监押，为将帅之官，凡州县有兵马者，其长吏未尝不兼同管辖。”[⑨] 于是，要郡以文臣知州兼领兵马钤辖是一种普遍的现象：“大率自川、陕、广南外，总分为十九路。

---

① 《宋史》卷347《席旦传》。
② 凌迪知：《万姓统谱》卷10。
③ 吴曾：《能改斋漫录》卷18《神仙鬼怪·击大鼓享厚味》。
④ 叶梦得：《石林燕语》卷7，第101页。
⑤ 曹学佺：《蜀中广记》卷10《川西道·石泉县》。
⑥ 曾宏父：《石刻铺叙》卷上《益郡石经》。
⑦ 刘昌诗：《芦浦笔记》卷8《资政庄节王公家传》，第59页。
⑧ 不著撰人：《靖康要录》卷2。
⑨ 司马光：《传家集》卷48《乞罢将官状》。

每路文臣为安抚使、马步军都总管，总一路兵政，许便宜行事，武臣副之。要郡以文臣知州，领兵马钤辖；次要郡以文臣知州，领兵马都监，许参军事；皆以武臣为之副。”[①] “国朝分蜀为四路，以益利及梓夔，比路置兵马钤辖为率。”[②] 咸平四年（1001），马知节“就除西上阁门使，知成都府兼本州兵马钤辖。”[③] 他是第一位兼任兵马钤辖的成都知府。此后的张咏、田况、张方平、王素、蔡延庆和卢法原等，先后以成都知府的身份兼任本路（州）或者川峡四路的兵马钤辖、兵马都钤辖。此外，也有一些成都知府兼任转运使。咸平三年（1000），“上始闻王均反，即以户部使、工部侍郎雷有终为泸州观察使、知益州，兼提举川、峡两路军马招安巡检捉贼转运公事”[④]。紧随其后的益州知州宋太初，同样也是如此，“命知益州、右谏议大夫宋太初兼川峡四路都转运使”[⑤]。

其中，由于某些特殊原因的出现，还存在着一些权知成都府事的情况。吕余庆和刘熙古作为宋代第一任和第二任成都知府，他们所带的“权”字，带有临时委派之意。他们的职位都很高，与后来官资不够的权摄之间有着本质的区别。当然，要想权知成都府事，也并非易事，朝廷也有相应的规定。治平四年（1067），宋英宗“诏诸路知州府带安抚或总管、都钤辖，并京府今后长吏阙员，并令转运使副、提点刑狱兼权，余只令通判权行发遣”[⑥]。元祐元年（1086），朝廷指示，今后包括成都府在内的重要藩府的知州，必须由具有待制以上资序的官员出任，否则，选用正任提刑以上的官员，只能是权摄此职；其他官员担任这些职位，统统称为权发遣：“今后差知西京、大名、应天、成都、太原、永兴、成德军，秦、延、青、郓、杭、瀛、定、庆、渭、熙、广、桂州，并待制已上人，如未至上件职任，曾任正提刑已上，即权；余并权发遣。”[⑦] 元祐二年（1087），宋

① 《要录》卷6，建炎元年六月己卯。
② 《成都文类》卷27，吕商隐：《新建制置使司佥厅记》。
③ 王安石：《临川文集》卷87《马公（知节）神道碑》。
④ 《长编》卷46，真宗咸平三年正月甲午。
⑤ 《长编》卷48，真宗咸平四年四月庚申。
⑥ 《宋会要辑稿》职官47之13。
⑦ 《长编》卷370，哲宗元祐元年闰二月丁巳。

哲宗下诏："三京及带一路安抚总管、钤辖、知州阙，转运、提点刑狱官兼权，余州以次官或转运司选官权摄；武臣知州阙，安抚、钤辖司选官权。"①

权摄官的出现是由多种原因造成的，其中最主要的原因是选任官员时的资序要求。此外，官员们不愿意前往客观条件差的地方任职，官员因犯罪而被提前解职，官员离任与到任之间的临时性缺位，在任官员的突然离世，以及军事战争对选任制度的影响等，都是权摄官产生的原因。

对成都知府的待遇，朝廷还是相当优厚的。"宋代官员的俸禄总的来说可分为本俸和添给两大类。本俸又称请受、请给，包括俸料、衣粮。北宋前期，本俸主要由本官决定；元丰改制后，由寄禄官决定。添给又称添支钱，是本俸之外的补贴。添给包括职钱、贴职钱、折食钱、汤茶钱、寒雪钱、元随慊人衣粮与餐钱、薪、盐、炭纸、马料、驿券、茶酒、厨料、公用钱等等，按地位高低、职务的不同而定，总称'添给'。添给中，重头有公用钱、职田、给券（驿券、仓券、馆券、途中补贴吃住）等。元丰改制后之公用钱、职田、职钱等等差悬殊。"② 太宗太平兴国九年（984），朝廷规定，"知成都府、梓州、广州差军将，并赐钱三千"③。元祐五年（1090），宋哲宗"诏知成都府、广桂州支赐全给，不以任减"④。

此外，成都知府还有职田补贴。熙宁二年（1069），宋神宗下诏规定："自熙宁三年为始"，在成都府的职田租中，"知府一千石"⑤。熙宁六年（1073），"诏详定职田：知州，藩府（原注：三京、京兆、成都、太原、荆南、江宁府、延、秦、杨、杭、潭、广州）二十顷，节镇十五顷"⑥。

在宋代，"地方长吏除本俸、职钱等之外，尚有公用钱"⑦。实际上，"宋代以士人知州，且一般至外地任职以及任期较短，官员往返路途实际

---

① 《长编》卷402，哲宗元祐二年六月甲辰。

② 郭文佳：《宋代社会保障研究》，第230页。

③ 《宋会要辑稿》礼62之20。

④ 《长编》卷438，哲宗元祐五年二月丁巳。

⑤ 《宋会要辑稿》职官58之11。

⑥ 《长编》卷243，神宗熙宁六年三月壬申。

⑦ 龚延明：《宋代官吏的管理制度》，《历史研究》1991（6）。

由各州公使钱补贴部分差旅费”[①]。其公用钱不少，“成都府，三万贯足。旧一万贯，又有钤辖五千贯”[②]。熙宁四年（1071），宋神宗“诏诸州公使库，例以役人主之，倍备縻费，其令天下具公使钱及主吏轻重所当支酬数，上司农寺详定利害以闻”，然后，“司农定诸州所用公使钱，奢俭各不中礼，甚者或至非理掊克，今当量入为出，随州郡大小立等，岁自二百贯至五千贯止。若三京、三路帅府，成都、杭、广自来所用多者，增其数”，于是，“诏从之”[③]。

毫无疑问，成都知府的政治待遇也很高。其享有的特权颇多：“宋朝官员子弟享有减免部分赋税、免除职役和赎罪的特权。官户乃指一品至九品的官员之家。品官去世后，子孙有荫，即使是无品的小官，依旧是官户。”[④] 宋仁宗时，薛田的次子薛仪“以父荫为太庙斋郎，又除守将作监主簿”，在薛田担任益州知州时，“奏府君监凤翔府商税”，薛仪成为凤翔府（治今陕西宝鸡凤翔区）征收商税的监官[⑤]。也是宋仁宗时期，朝廷任命益州知州张逸的外孙姚谷为试将作监主簿[⑥]。朝廷规定：“并知成都府、梓州及川、广转运提刑等恩例陈乞，循入试衔知县，仍差监当。”[⑦] 嘉祐元年（1056），宋仁宗下诏：“益梓秦延并广知州、陕西河东河北广西带一路安抚使知州，及益、梓、利、夔路转运使、提点刑狱，听奏亲属已有官人优便地一人，若子孙仍升一资，京朝官升一任。”[⑧] 熙宁五年（1072），编修中书条例曾布等上言：“三路、广、桂安抚使及知成都府、梓州差遣一人，亲子孙循一资。”其请求得到了宋神宗的批准[⑨]。确实，“宋代高级官员的收入，远远不限于各种规定的俸禄，他们若遇皇帝登极、生辰及郊祀、明堂大礼，还有大量赏赐可得。除此之外，尚有各种名目的恩例，如生前有

① 朱瑞熙：《宋代官员公费用餐制度概述》，《上海师范大学学报》1999（4）。
② 《宋会要辑稿》礼62之28。
③ 《长编》卷219，神宗熙宁四年正月己酉。
④ 朱瑞熙：《宋朝官员子弟初探》，《上海师范大学学报》1993（1）。
⑤ 司马光：《传家集》卷77《殿中丞薛府君墓志铭》。
⑥ 宋庠：《元宪集》卷25《枢密直学士知益州张逸外孙姚谷可试将作监主簿制》。
⑦ 《宋史》卷169《职官九》。
⑧ 《长编》卷182，仁宗嘉祐元年四月丙辰。
⑨ 《长编》卷231，神宗熙宁五年三月癸未。

赆礼，死后有赙赠等等，每次数量之巨，令人咋舌。何况，他们既无守阙之虑，恩荫制度又可保其子弟人人皆能入仕做官”①。

宋代州级行政长官的职责，还是非常广泛的。“宋初革五季之患，召诸镇节度会于京师，赐第以留之，分命朝臣出守列郡，号权知军州事，军谓兵，州谓民政焉。其后，文武官参为知州军事，二品以上及带中书、枢密院、宣徽使职事，称判某府、州、军、监。诸府置知府事一人，州、军、监亦如之。掌总理郡政，宣布条教，导民以善而纠其奸慝，岁时劝课农桑，旌别孝悌，其赋役、钱谷、狱讼之事，兵民之政皆总焉。凡法令条制，悉意奉行，以率所属；有赦宥则以时宣读，而班告于治境；举行祀典；察郡吏德义材能而保任之，若疲软不任事，或奸贪冒法，则按劾以闻；遇水旱，以法振济，安集流之，无使失所。”②《神宗正史·职官志》规定：“知州事、通判州事各一人，府、军、监事如州，视地望重轻。以资级应选者充藩方剧郡，则通判二人。知州掌郡国之政令，通判为之贰。”③ 正如《哲宗正史·职官志》指出的那样：“诸州府置知州事一人，州、军、监亦如之。掌总领郡务，宣布诏条，以教化导民善而以刑罚纠其奸慝。岁时劝课农桑，旌别孝悌。其户口、赋役、钱谷、狱讼听断之事，率举以法，凡兵民之政皆总焉。”④ 具体而言，其职责主要包括以下七个方面：“一曰宣诏令，二曰厚风俗，三曰劝农桑，四曰平狱讼，五曰兴学校，六曰理财赋，七曰实户口。”⑤ 总而言之，“作为地方政府首脑，知州的职能涉及一州的军政、民政、财政、司法、监察等诸多方面，是名副其实的父母官”⑥。

当然，成都知府的职责任务也是相当繁重的。军民之政，兼具于一身，“窃惟天下之奥区，无若坤维之剧部。兵民兼制，政事倍繁。”⑦ 庆历

---

① 何忠礼：《宋代官吏的俸禄》，《历史研究》1994（3）。
② 《宋史》卷167《职官七》。
③ 《宋会要辑稿》职官47之11。
④ 《宋会要辑稿》职官47之12。
⑤ 张纲：《华阳集》卷15《乞重监司札子》。
⑥ 何玉红：《南宋川陕边防行政运行体制研究》，第150页。
⑦ 强至：《祠部集》卷29《代赵成都到任谢两府书》。

年间（1041—1048），正如西蜀著名隐士张俞所说“我公图治乱之本，冀安斯民，莫若宣诏旨，谕群心，薄赋敛，省刑罚，屏贪吏，戢骄兵，节财用，息民力，隆学校，厚风俗”[①]，充分地表达了益州知州杨日严所肩负的繁重行政任务。但是，由于赵宋王朝确立了“稍夺其权，制其钱谷，收其精兵”[②] 的政策，成都知府在行使职权的过程中受到很大的掣肘。其中，“由于通判地位特殊，所以，在权力的分配上与州府长吏时有矛盾，往往不易协调”[③]。

总之，北宋时期成都知府都是特旨除授的重要对象之一。大多数成都知府的选任，是由宰相拟定人选，有时还要与皇帝共同商议是否妥当，最后由皇帝审批。其实，“重要地区的监司、知州、知府等地方高级官员，通常由皇帝本人亲自任命。皇帝依据个人的了解和身边人员的推荐，把认为可信的人派到重要地方，其目的在于使地方能更好地秉承皇帝的旨意，而这些由皇帝本人亲自任命的地方官员，视这种任命方式为无尚荣耀，自然更为尽心竭力地效忠于皇帝”[④]。其中，“从北宋出任成都知府（益州知州）的实际情况来看，朝廷不仅时有打破常规之举，而且往往将之前已任成都知府（益州知州）的官员再次派往四川，担任这一要职。这样的官员在北宋还不少”，特别是“在北宋还有雷有终、李之纯、席旦、吴栻等人，均两次出任成都知府（益州知州），加上前举 3 人，共有 7 人之多，这对于以险、远著称的成都来说，确实是不易的，也反映出朝廷对成都知府（益州知州）选任的高度重视”。毫无疑问，“整个说来，由于北宋初期以成都为中心的四川地区曾有 30 多年的动荡时期，朝廷非常担心四川地区变乱局面的再现，因此对控带全蜀的成都知府的选任非常慎重，标准很高。究其要求的核心来说，宋英宗那句‘非慈良简重者，不以命之’一语最为关键”[⑤]。

---

① 《成都文类》卷 29，张俞：《颁诏厅记》。
② 《长编》卷 2，太祖建隆二年七月戊辰。
③ 方宝璋：《宋代财经监督研究》，第 137 页。
④ 王曾瑜，贾芳芳：《宋代地方与中央之关系问题研究》，《西北大学学报》2008（5）。
⑤ 粟品孝等：《成都通史　五代（前后蜀）两宋时期》，第 98—99 页。

北宋时期，成都知府一职经历了三个发展阶段。北宋初年，成都知府没有兼职，此乃第一阶段。宋真宗即位以后，社会危机逐渐凸现，于是要求地方行政长官兼管当地驻军的部分事务，以维护社会治安，甚至参与镇压周边少数民族的反抗斗争等。于是，成都知府较多地兼任兵马钤辖，甚至临时性地兼任转运使、安抚使之职等，即为第二阶段。宋哲宗朝以后，直到北宋灭亡，成都知府再也没有兼任他职，并且任职时间整体缩减，地方政治日益走向没落的轨道，是北宋王朝不断滑向腐朽黑暗的真实反映，即为第三阶段。

第二节 南宋时期成都知府的选任

进入南宋以后，随着军事形势的变化，四川地区的重要性日益凸显，“益州，西南之都会，地控全蜀，势连三秦。险阻之深，可备于他盗；风俗之厚，不犯于有司。惟政令之去苛，则郡邑以大治。师帅之任，必得其人”[①]，其行政组织机构，也进行了相应的调整，“建炎用兵，枢臣宣威蜀门，始并四路而统之。又创安抚使于成都，仍兼本路钤辖，以总一路军民之寄。绍兴初，又罢宣威，命成都率为四路安抚置制使，其事权与宣威等。是后两大司更为废兴，治所亦异。至其控御广，藩寄专，上分天子西顾之忧，则一也。故制置使必择有文武长才，知大体，负重望，极汉廷一时选者”[②]。兼任成都知府的四川制帅，其选任标准很高：“朕以全蜀重寄，属之于哲艾敏达之臣。宿望所临，民皆信爱。得人如是，谓自此无西顾忧矣。”[③] 这是因为“蜀远而地胜，受蜀之寄，必其要官大人所可倚重者”[④]。所谓制帅，就是指制置使之别称[⑤]，其中包括四川安抚制置大使、四川安

---

① 李弥逊：《筠谿集》卷5《胡世将枢密直学士四川安抚制置使知成都府》。
② 《成都文类》卷27，吕商隐：《新建制置使司佥厅记》。
③ 周麟之：《海陵集》卷20《萧振转一官致仕》。
④ 《全蜀艺文志》卷37，张缜：《南康郡王庙记》。
⑤ 龚延明：《宋代官职辞典》，第454页。

抚制置使、四川制置使、四川宣抚制置使四种情况。只有席益一个人担任过四川安抚制置大使，这是因为四川宣抚副使吴玠多次因粮饷供给不继向朝廷诉苦，赵开也因自己年老体衰而请求离任，于是特地设置四川安抚制置大使一职，以相协济①。四川宣抚制置使之职，也只有杨辅一人出任过，显然是与吴曦之乱的爆发有关②。在四川制帅中，以四川安抚制置使的设置最为普遍，与宣抚使的职权相差无几，只是财赋支配权少，“其权略视宣抚司，惟财计、茶马不与”③。当然，两者之间在职能上还是存在着一定的差异。四川宣抚使重在管理本地军政事务，四川制置使则以民为先，兼管军民两政，难免没有一定的矛盾和分歧，“四川宣抚使置司利州或兴元府，以见任执政为之，而成都自置四川制置使。制置使移文宣抚司，当用申状，而倔强不伏。又以见任执政无用牒之理，于是但为申宣抚某官，不肯申宣抚司。此当拒而不受，或闻之朝廷，而宣抚使依违不能问也”④。不过，“总的看来，宣抚使权力所影响的路区范围广，又多是重臣为之，所以其地位要比制置使高”⑤。毫无疑问，双方之间形成了一种相互制衡的权力关系格局。南宋朝廷把制置大使改为安抚制置使，目的在于加重其军事上的职能，同时也是为了平衡四川总领与四川宣抚使之间的关系，使之充分发挥兼顾军民之政的统筹协调作用。此外，在嘉熙元年（1237）“以李埴同知枢密院事、四川宣抚使、知成都府”⑥。嘉熙二年（1238），赵善湘“授四川宣抚使兼知成都府，未拜，改沿海制置使兼知庆元府”⑦。此种情况是南宋末年成都知府任命过程中的非常举措，恐怕难以得到落实。毕竟“史书又有嘉熙元年四月李埴为同知枢密院事、四川宣抚使、知成都府的记载。不过李埴是否到了成都，实在可疑”⑧。南宋时期，成都知府的选任历经高宗、孝宗、光宗、宁宗和理宗五朝，其间的变化也是很大的。

---

① 《宋史》卷374《赵开传》。
② 《两朝纲目备要》卷10，开禧三年三月庚子。
③ 《建炎以来朝野杂记》甲集卷11《制置使》，第220页。
④ 陆游：《老学庵笔记》卷4，第68—69页。
⑤ 姚建根：《宋朝制置使制度研究》，第142页。
⑥ 《宋史》卷42《理宗二》。
⑦ 《宋史》卷413《赵善湘传》。
⑧ 粟品孝等：《成都通史　五代（前后蜀）两宋时期》，第115页。

一、宋高宗时期成都知府的选任

由于南宋时期的军事问题日益突出，宋廷对成都知府的任命有时出现了失控状态。特别是在南宋初年张浚出使川陕时，表现得比较突出，“在建炎三、四年间（1129—1130 年），由知枢密院事张浚任宣抚处置使，总揽整个四川地区的军民之政，是为四川宣抚司之始”①，具体而言，“张浚到达川陕，大凡地方官员、军中武将，张浚或以‘便宜’拔擢，或以‘便宜’罢免”②。

建炎三年（1129），川陕宣抚处置使张浚削去了成都知府卢法原兼任利州路兵马钤辖的职权，使得成都知府自此不再兼管利州路的军政事务，“浚治兵兴元，欲易置陕右诸帅，乃徙端明殿学士、知熙州张深知利州，充利州路兵马钤辖、安抚使，而以明州观察使刘锡代之。于是徽猷阁直学士、知成都府卢法原去利州路兵马钤辖，不兼利路，置帅成都。帅臣不兼利路自此始”③。建炎四年（1130），张浚采用先斩后奏的方式，将知庆阳府兼陕西制置使王似任命为成都知府，命令成都知府卢法原回到朝廷去，借以树立自己的权威，“徽猷阁直学士、知庆阳府兼陕西制置使王似知成都府。时宣抚处置使张浚闻上亲征，亟治兵，自秦州入卫，留参议军事刘子羽掌留司事，凡川、陕军政民事，皆得专决；又徙似知成都府，而以亲卫大夫、明州观察使赵哲代之。徽猷阁直学士卢法原，时守成都，乃命法原赴行在”④，当然，其主张也得到了朝廷的批准⑤。这是王似第一次出任成都知府。

其实，关于前后知州之间的工作交接事宜，朝廷是有明确规定的。建炎元年（1127），宋高宗“诏应州郡守臣遇有缘事改移、冲罢，并候后官交割职事毕，方可离任去职”⑥。绍兴元年（1131），又诏：“今后守臣在任

① 吴业国、张其凡：《南宋“四蜀”考》，《中国历史地理论丛》2008（1）。
② 何玉红：《南宋川陕边防行政运行体制研究》，第 65 页。
③ 《要录》卷 28，建炎三年十月戊戌。
④ 《要录》卷 31，建炎四年二月丙申。
⑤ 綦崇礼：《北海集》卷 3《徽猷阁直学士通议大夫知庆阳府王似可差知成都府制》。
⑥ 《宋会要辑稿》职官 47 之 21。

改差并依昨降指挥，候新到官交割讫方得离任。”[①] 绍兴二年（1132），有臣僚上言：“近闻诸郡守臣有以罪罢而新官未至者，皆以近降候新官到交割指挥之故，犹复在任。往往自以为既罪，不复顾籍，岂徒废弛职事，殆有纵意所如、肆为不法者。欲望令守臣，应改移差遣及罢，更不候新官到，先次罢任，委本路运司选以次见任廉干官权行主管，帅臣则令监司权之。如此，则守土之臣常得其人，不至为千里生民之害。”其请求得到了朝廷的批准[②]。实际上，两种方案之间既可相辅相成而又能单独运用。

绍兴二年（1132），针对“初，陕西都统制吴玠戍河池县，同都统制王彦戍金州。二镇皆饥，而利夔路制置使兼知兴元府王庶过为守备，闭石门、仙人关，塞褒斜路，商贩不通”的问题，都统制吴玠和王彦对此非常不满，然后“诉于宣抚处置使张浚”，张浚“乃以便宜，命庶与知成都府王似两易”[③]，另载，王庶“加徽直，知成都”[④]。但是稍后不久，张浚再次把刚刚担任成都知府的王庶，改任为嘉州知州，将新任兴元知府的王似复职为成都知府，“宣抚处置使张浚至兴元，檄召吴玠、王彦议事，二将皆愿得参赞军事。刘子羽守兴元，浚乃承制拜子羽利州路经略使兼知兴元府。徙徽猷阁直学士、新知成都府王庶知嘉州，而徽猷阁直学士、新知兴元府王似复知成都府。是日，似至成都”[⑤]。这是因为知枢密院事、宣抚处置使张浚反映王似“选练军马，创置将分，应办军须，整备器械有劳，乞优进职名”，于是“徽猷阁直学士、成都府路安抚使王似除显谟阁直学士，仍再任”[⑥]，可见，王庶并没有出任成都知府，而王似继续担任此职。其实，此时王庶已经得罪了张浚，而王似已经回到了成都，朝廷对此根本就不知道，“宣抚处置使张浚奏，知兴元府王庶与陕西都统制吴玠、金均房州镇抚使王彦，皆以职事不相协和，深恐有误国事。臣以便宜，将庶与知成都府王似两易其任，庶几将帅一心，相为犄角，并力合谋，以定兴复”，

---

① 《宋会要辑稿》职官 47 之 22。
② 《宋会要辑稿》职官 47 之 23。
③ 《要录》卷 53，绍兴二年闰四月壬子。
④ 朱熹、李幼武：《宋名臣言行录》别集上卷 3《王庶　敏节公》。
⑤ 《要录》卷 55，绍兴二年六月丙申。
⑥ 《宋会要辑稿》选举 34 之 4。

得到宋高宗的批准。其实，“时庶已得罪，而似既还成都，朝廷盖未知也”①。

绍兴三年（1133），因为“成都阙守”，于是“有诏浚具名奏差”，使得“端明殿学士、宣抚处置使司参议官张深知成都府，充本路安抚使”②。然后，知枢密院事、宣抚处置使张浚上言：“被旨，王似除端明殿学士、川陕等路宣抚处置副使，其知成都府令张浚具名奏差。臣今欲乞改差端明殿学士、左正奉大夫、宣抚处置使司参议张深充成都府路兵马钤辖，兼本路安抚使，兼知成都军府事，望给降告命。”其请求获得了朝廷的批准③。当然，张浚的这些行为也是得到了朝廷授权的：“初，宣抚处置使张浚之西行也，得旨便宜黜陟。”④ 毫无疑问，“宣抚处置司的‘便宜’命官等，意味着川陕地区权力增强，地方独立性进一步增大”⑤。不过，张浚犹如拆装积木式地频繁更换成都知府的非正常现象，只能发生在南宋初年的兵荒马乱之际和南宋王朝脚跟未稳之时。随着南宋王朝在江南统治秩序的逐渐稳固，这种状况将不再重演。

绍兴四年（1134），王似担任成都知府兼本路安抚使，“资政殿学士、川陕宣抚使王似复知成都府兼本路安抚使，以赵鼎出使故也”，“张浚之出蜀也，奏以端明殿学士张深守成都，至是以似代之”⑥，这是王似第二次出任成都知府。绍兴五年（1135），王似在成都知府任上离世，“资政殿学士、知成都府王似薨”⑦。

仍然是绍兴五年（1135），席益成为第一位以四川安抚制置大使的身份兼任成都知府的四川制帅：“端明殿学士、荆湖南路安抚制置大使兼知潭州席益为资政殿学士、成都、潼川、夔州、利州路安抚制置大使兼知成都府。”朝廷希望席益能够以此平衡川陕宣抚副使吴玠与都转运使赵开之

---

① 《要录》卷57，绍兴二年八月丙申。

② 《要录》卷66，绍兴三年六月壬寅。

③ 《宋会要辑稿》职官41之27。

④ 《要录》卷37，建炎四年九月庚戌。

⑤ 何玉红：《“便宜行事”与中央集权——以南宋川陕宣抚处置司的运行为中心》，《四川大学学报》2007（4）。

⑥ 《要录》卷79，绍兴四年八月壬寅。

⑦ 《要录》卷90，绍兴五年六月庚戌。

间的矛盾，“先是川陕宣抚副使吴玠与都转运使赵开不咸，玠叠以馈饷不给诉于朝，开亦称老病求罢，故命益往帅。诏以益前执政，序位在宣抚副使之上，逐州兵马并隶大使司；如边防切紧大事，即令宣抚司处置，其调发隶都督府”①。这是因为“吴玠为四川宣抚副使，专治战守，于财计盈虚未尝问，惟一切以军期趣办，与开异趣。玠数以饷馈不继诉于朝，开亦自劾老惫，丐去。朝廷未许，乃特置四川安抚制置大使之名，命席益为之。益前执政，诏位宣抚司上，朝论恐未安”，于是“仍诏张浚视师荆、襄、川、陕”，旨在对席益形成一定的牵制作用②。同样地，“席益出任制置大使的目的在于节制吴玠，分化其权力”③。

确实，“南宋绍兴五年（1135 年）十月，为统一事权、便于号令，在整个四川地区，始置安抚制置使，以填补张浚离蜀以后的局面。安抚制置使是某路安抚使兼制置使的合称。由资政殿学士席益，出任成都府、潼川府、夔州、利州路安抚制置大使，兼知成都府，总辖四路数十州兵马”④。毫无疑问，“军兴，置大帅司，始总名四川”⑤。当然，由此也引起了朝廷的一些忧虑，“诏特置成都府潼川府夔州利州路安抚制置大使，以席大光为之。大光前执政，得旨位在川陕宣抚司上，朝论政恐其势或有所偏也”⑥，于是，“大光以忧去位，遂不复除”⑦。不过，“自席大光后，成都守臣率兼四川大帅”⑧，也就是说，自此之后，四川制帅几乎全部兼任成都知府。确实，“绍兴五年（1135 年），宋廷以资政殿学士席益为四川安抚制置大使，以观文殿大学士李纲为江南西路安抚制置大使，以开府仪同三司吕颐浩为荆湖南路安抚制置大使，这三位安抚制置大使的任命预示着制置使的任职资格开始发生重大变化。资政殿学士、观文殿大学士、开府仪同三司分别是正三品、从二品、从一品的职阶，虽然这些职阶只是符号，

---

① 《要录》卷 94，绍兴五年十月乙卯。
② 《宋史》卷 374《赵开传》。
③ 何玉红：《南宋川陕边防行政运行体制研究》，第 163 页。
④ 吴业国、张其凡：《南宋“四蜀”考》，《中国历史地理论丛》2008（1）。
⑤ 范成大：《范成大笔记六种》之《吴船录》卷下，第 214 页。
⑥ 《名臣碑传琬琰之集》中卷 32，李焘：《赵待制开墓志铭》。
⑦ 《建炎以来朝野杂记》乙集卷 13《制置大使》，第 732 页。
⑧ 《建炎以来朝野杂记》甲集卷 8《王瞻叔与王时亨争礼》，第 164 页。

但任命三大制置使时的品位如此之高，似乎是制置使任用资格上转变的一个信号”[①]。

从席益开始，四川制帅兼任成都知府几乎成了必然趋势，这是南宋王朝在川陕地区和后来的四川地区长期处于北方异族政权的强大军事压力下的反映。为了应付这种压力，宋廷加强了这些地区行政组织的调整，相继建立了主军、理财与军政结合的不少准政区型组织，四川制帅兼任成都知府就是军政合一的准政区型组织的领导者。这种军政合一的准政区型组织对后来的历代省级行政机构的产生，发挥了重要的促进作用。

虽然北宋时期成都知府已经是“以全蜀安危付之”[②]，但是相对于南宋而言，其职责范围及任务要小得多。南宋时期，“环六十州官兵号令，实听于制置使”[③]，“四路兵民之寄实在焉”[④]，“朝廷既付帅以全蜀兵民之寄”[⑤]，四川制帅的担子变得异常沉重。

绍兴七年（1137），“资政殿大学士、四川安抚制置大使兼知成都府席益以母福国太夫人朱氏忧去官”[⑥]。绍兴八年（1138），宋高宗“诏资政殿学士、左中大夫、成都潼川府夔州利州等路安抚制置大使、兼知成都府席益起复，依旧充四川安抚制置大使，兼知成都府，令入内内侍省差内侍一员星夜前去宣押之任。候主管职事讫回，赴行在所”[⑦]，然而，席益予以坚决推辞，“益固辞不起”[⑧]。于是，许尹“摄蜀帅，甚得人心”[⑨]。绍兴八年（1138），宋高宗“闻席益已去，因问刑部尚书胡交修：‘孰可守蜀者？’”胡交修推荐自己的儿子胡世将。于是，“尚书兵部侍郎兼直学士院兼侍讲胡世将为枢密直学士、四川安抚制置使，兼知成都府”[⑩]。

---

① 姚建根：《宋朝制置使考述》，《甘肃社会科学》2008（6）。

② 《全蜀艺文志》卷44，田况：《张尚书写真赞》。

③ 《成都文类》卷27，崔渊：《雄边堂芝草记》。

④ 《全蜀艺文志》卷30，胡元质：《〈成都古今丁记〉序》。

⑤ 《全蜀艺文志》卷43，邵博：《代成都帅檄》。

⑥ 《要录》卷117，绍兴七年十一月庚子。

⑦ 《宋会要辑稿》职官77之19。

⑧ 《要录》卷118，绍兴八年正月戊戌。

⑨ 凌迪知：《万姓统谱》卷76。

⑩ 《要录》卷118，绍兴八年正月戊申。

绍兴九年（1139），王次翁未能出任成都知府，“蜀阙帅，宰执拟次翁以闻。帝以次翁明经术，留兼资善堂翊善”①。同年，成都缺少帅守，宰相秦桧准备选用张守，以代替胡世将出任成都知府。因为张守一直比较软弱，于是遭到了高宗的否决，“至是，成都缺帅，桧遂拟以守代胡世将。上曰：‘张守素弱，岂堪远道，江西盗贼宁息，人方安之，无庸易也。’桧乃止”②。宋高宗否定了秦桧推荐的张守后，亲自指定张焘作为胡世将的继任者。秦桧把高宗的意见转告张焘，张焘同意到成都就职。秦桧叫他不要忙，要等朝廷认真研究之后再定。张焘却说，成都没有正任知府，皇帝选定了我，我马上起程，还议论干什么呢？秦桧将张焘的说法告诉高宗后，高宗深为感动。于是，任命他为成都知府兼本路安抚使，“会成都请帅，上问于二三执政，欲抡文智武略闳博之士，俾之保惠而镇绥之，以休宁其父兄子弟，以厌其疆埸戎翟之不嘉靖，以纾予忧。翼日，宰相选第一二臣以闻，上弗许也。已而曰：‘朕得其人矣，习先王之典章宪度，重之以笃实任事，无易张焘者，维予宠嘉之。第蜀逴远，焘能为朕行乎？其以朕意召而谕焉。’宰相具述上旨，公作而言曰：‘上有诏，焘敢不承？’宰相又曰：‘公毋遽，俟聚堂，尚熟议之。’公曰：‘上乏使而命焘，焘其行矣，奚议之为！’宰相以公语闻，上太息良久”，于是，“制诏中书门下，以吏部尚书张焘为宝文阁学士、知成都府兼安抚使”③。另载，张焘“权吏部尚书兼史馆修撰张焘充宝文阁学士、知成都府兼本路安抚使。四川制置司限一月结局”。其实，“初，成都谋帅，上谕秦桧曰：‘张焘可付以便宜，使治成都；第道远，恐其惮行。’桧退，召焘谕旨。焘曰：‘君命也，焘其敢辞！’上大喜，遂有是命。上谕桧曰：‘焘虽安抚一路，如四川前日无名横敛，不急冗费，可令蠲减以宽民力。’以成都帅臣而得行四川民事自焘始”④。由于朝廷撤销四川制置司建置的缘故，张焘成为第一位以成都知府身份管理四川民政事务的里程碑式人物，“张焘虽然只是负责成都一路军

---

① 《宋史》卷380《王次翁传》。

② 《要录》卷132，绍兴九年九月癸未。

③ 《成都文类》卷42，喻汝砺：《杜工部草堂记》。

④ 《要录》卷132，绍兴九年十月癸丑。

务的安抚使，但对当时整个四川地区的民事也有一定的管理大权，这是不同于北宋和南宋之初的特殊性”①。

绍兴十三年（1143），宋高宗“诏宝文阁学士、知成都府张焘依所乞提举江州太平观，徽猷阁待制李璆知成都府”②。绍兴十七年（1147），“徽猷阁待制、知成都府李璆权四川宣抚司职事”，这是因为四川宣抚副使郑刚中被罢职，“初，秦桧以不弃与刚中有隙，遂召之，而以符行中代总军储，其实不乐刚中也”，于是，“诏资殿学士、四川宣抚副使郑刚中令赴行在”③。绍兴十八年（1148），“罢四川宣抚司。徽猷阁待制、知成都府、权宣抚司职事李璆为徽猷阁直学士”④，另载，“又诏罢四川宣抚司，就除知成都府、徽猷阁直学士、开封李璆为四川安抚制置使”⑤，换言之，“罢四川宣抚司，以璆为四川安抚制置使兼知成都府”⑥。当然，“诏四川宣抚司并属官并罢之”⑦。绍兴二十一年（1151），李璆在四川制帅的任上去世，“徽猷阁直学士、四川安抚制置使兼知成都府李璆卒”⑧。确实，“秦桧另一个姻亲李璆，官至徽猷阁直学士、四川安抚制置使兼知成都府，绍兴二十一年以前，是四川地区的最高长官”⑨，这样一来，李璆就成为宋代历史上连续担任成都知府一职时间最长的人。同年，曹筠出任四川安抚制置使兼知成都府，“集英殿修撰、知衢州曹筠为敷文阁待制、四川安抚制置使兼知成都府”⑩。绍兴二十三年（1153），宋高宗“诏敷文阁待制、四川安抚制置使兼知成都府曹筠年老累乞便郡，可移知宣州”，也算是一种变相的奖赏。然后，“左承议郎、池州居住萧振复敷文阁待制、四川安抚制置使兼知成都府”⑪，这是萧振第一次出任四川制帅。

---

① 粟品孝等：《成都通史　五代（前后蜀）两宋时期》，第111页。
② 《要录》卷150，绍兴十三年九月丁丑。
③ 《要录》卷156，绍兴十七年七月庚辰。
④ 《要录》卷157，绍兴十八年五月甲申。
⑤ 《中兴小纪》卷33，绍兴十八年五月甲申。
⑥ 《宋史》卷174《食货上二》。
⑦ 《宋会要辑稿》职官41之35。
⑧ 《要录》卷162，绍兴二十一年五月戊申。
⑨ 何忠礼：《南宋全史1　政治、军事和民族关系卷上》，第288页。
⑩ 《要录》卷162，绍兴二十一年七月壬寅。
⑪ 《要录》卷164，绍兴二十三年五月乙巳。

绍兴二十四年（1154），右正言郑仲熊上言："敷文阁待制、知成都府萧振，天资狠戾，趣向乖僻。曩缘赵鼎用事，倡为专门之说，振阿附之，自谓其曲学出于程颐，殊不知颐在先朝固尝见诋于识者，如苏轼尤嫉其奸，振亦何知，乃借为仕进之梯。方天台之罢，曾未数月，起于谪籍，付以四川之权。朝廷屡下宽诏，有可裕民者，俾同诸司措画。振为制置使，略不关意。乃敢诵言于朝，欲以对籴军粮八万石截留不发。初非真有意于民，特出矫情惑众，以沽一时之誉。望赐窜斥，以为窃名市私者之戒。"于是，宋高宗"诏振落职放罢，依旧宫观，池州居住"①。同年，四川总领符行中被任命为四川安抚制置使兼知成都府，"太府卿、总领四川财赋军马钱粮符行中充敷文阁待制、四川安抚制置使兼知成都府"②，这也是经过宋高宗亲自挑选的，"蜀道谋帅，帝难其人，峻秩西清，命公往临"③。

绍兴二十五年（1155），由于当时"上既蠲蜀民旧逋"，但是"敷文阁待制、知成都府符行中督责甚峻，蜀人怨之。双流令冯光邦贼杀不辜，为监司按治。行中以光邦为秦桧所厚，反坐告者，杖脊编管。朝廷知其不可任，乃召行中还"，于是，朝廷重新起用萧振，"左承议郎、提举江州太平兴国宫萧振充敷文阁直学士、四川安抚制置使兼知成都府"④，这是萧振第二次出任四川制帅。事实上，"因有人指责四川制置使萧振，所以宋廷立即将其放罢，然而后任符行中治蜀严峻，民怨很大，于是宋廷再以萧振制置四川，制置使的任用完全掌握在中央手中"⑤。绍兴二十七年（1157），"敷文阁直学士、左承议郎、四川安抚制置使兼知成都府萧振特转左朝奉大夫，落直字。上以振治蜀有声，执政请进一职，迁四官。上曰：'四川善政，前有胡世将，今有萧振。'振蠲减重赋，蜀人安之。近荐武帅，又皆得人，可除直学士"⑥。确实，萧振经历了"秦桧当国日，自四

① 《要录》卷167，绍兴二十四年七月甲子。
② 《要录》卷167，绍兴二十四年七月乙丑。
③ 《全蜀艺文志》卷32，何耕：《送符制置被召序》。
④ 《要录》卷170，绍兴二十五年十二月丙申。
⑤ 姚建根：《宋朝制置使制度研究》，第218页。
⑥ 《要录》卷177，绍兴二十七年五月丙寅。

川谪他州。未几，秦死，再知四川”[①] 的坎坷仕宦生涯。在其任命过程中，朝廷内部激烈的政治斗争就被充分地暴露出来。同年，“成都潼川府夔州利州路安抚制置使、兼知成都军府事萧振以病亟乞致仕，从之，仍特赐银绢五百匹两”[②]。

绍兴二十七年（1157），朝廷得知四川安抚制置使兼知成都府萧振去世了，于是把刚刚被任命为潭州知州，但还没有离开泸州的李文会，改任为四川安抚制置使兼知成都府，以接替萧振死后留下的空缺，“龙图阁学士、新知潭州李文会为四川安抚制置使兼知成都府，朝廷闻萧振卒故也。时文会在泸南未去，乃就用之。仍诏例外赐振家银帛五百匹两”[③]。宋高宗在李文会的任职命令书中，再次强调要选重臣去担任四川安抚制置使兼知成都府，“朕求实德以顺民心，简重臣而镇方面。念坤维所系，隶帅封者五十四城而魏阙相望，经邮置者六千余里。遽闻牧御之缺，亟选抚绥之良。彼有人焉，朕无忧矣。具官某疏通知远，端重镇浮，刚柔有以相须，文武惟其所用”[④]。也是在这一年，李文会受到了“赠左朝请大夫”的奖赏[⑤]。绍兴二十八年（1158），“龙图阁学士、四川安抚制置使兼知成都府李文会复端明殿学士”[⑥]。同年，李文会也在成都府任上离世，“端明殿学士、四川安抚制置使兼知成都府李文会薨”[⑦]。作为四川制帅的萧振和李文会，先后在任上去世，“是岁振卒，李文会代之。二十八年，文会卒，中书舍人王刚中代之”[⑧]。

仍然是绍兴二十八年（1158），宋高宗认为，王刚中是最佳人选，然后任命他为四川安抚制置使兼知成都府：“中书舍人兼史馆修撰王刚中充龙图阁待制、四川安抚制置使兼知成都府。”这是因为“会西蜀谋帅，宰

---

① 谢采伯：《密斋笔记》卷3。
② 《宋会要辑稿》礼62之67。
③ 《要录》卷177，绍兴二十七年七月乙亥。
④ 周麟之：《海陵集》卷16《李文会除四川安抚制置使兼知成都府》。
⑤ 《宋会要辑稿》仪制11之6。
⑥ 《要录》卷179，绍兴二十八年正月庚午。
⑦ 《要录》卷180，绍兴二十八年八月戊子朔。
⑧ 《宋史》卷174《食货上二》。

执谓宜得文武威风识大体者，上曰：‘无逾王刚中矣。’遂有是命”[①]。他被赋予了异常繁重的行政工作职责，“凡恤民、察吏、治边、御将之法，皆蒙面加训敕，委曲详尽”[②]，然后，“四川安抚制置使王刚中辞行”[③]。并且，他还得到了皇上的赏赐，“御便殿，临遣锡金带、象笏。进敷文阁直学士”[④]。此前，权礼部侍郎孙道夫就提出“成都帅，陛下不可不择，宜求才可以制置四川者二三人，常置之圣度”的建议，宋高宗也说“当储人以待缓急之用”，于是，“仍诏都大主管茶马公事许尹兼权制置司公事，俟刚中至日罢”[⑤]。这是因为针对“制置使选任尤重，一司属官，赖以赞佐，每制置使替移，或赴召命，一司之事皆在佥厅官，或系选人，而州县观望，亦多灭裂”的问题，兵部侍郎汤允恭建议：“欲望今后成都知府阙，依条令监司兼权外，缘都大茶马在成都府置司，其制置阙则差都大茶马，又阙则差总领兼权。”然后，宋高宗下诏：“诏今后四川制置司阙，就令都大茶马一面时暂兼权；茶马又阙，即总领兼权。”[⑥] 当然，“在制置使暂阙时，安抚使可以兼权制置司职事”[⑦]。其实，许尹“摄蜀帅，甚得人心，迁司农卿、总领川赋”[⑧]。仍然是这一年，因为四川安抚制置使兼知成都府王刚中“开心见诚，不立崖堑，颇得将使之情”，于是宋高宗“诏加刚中宝文阁直学士以宠之”[⑨]。绍兴三十二年（1162），由于“孝宗受禅，以宫僚进左朝奉大夫，召赴阙”，王刚中“以足疾请祠，提举太平兴国宫”[⑩]。同年，“诏敷文阁待制、知平江府沈介除敷文阁直学士、四川安抚制置使、知成都府”[⑪]。

宋高宗时期，由于外部军事压力的巨大影响，成都知府的选任经历了

① 《要录》卷180，绍兴二十八年九月庚辰。
② 《成都文类》卷40，王刚中：《重修安静观记》。
③ 《要录》卷180，绍兴二十八年九月庚子。
④ 《宋史》卷386《王刚中传》。
⑤ 《要录》卷180，绍兴二十八年九月庚辰。
⑥ 《宋会要辑稿》职官40之12。
⑦ 姚建根：《宋朝制置使制度研究》，第161页。
⑧ 李贤：《明一统志》卷50《名宦·许尹》。
⑨ 《中兴小纪》卷38，绍兴二十八年十二月乙亥。
⑩ 《宋史》卷386《王刚中传》。
⑪ 《宋会要辑稿》选举34之11。

一个复杂的演变过程。在张浚担任川陕宣抚处置使时，频繁更换成都知府，严重压制其职能作用的发挥。但是，随着客观形势的变化，自席益作为四川安抚制置大使兼知成都府开始，四川制置使兼知成都府逐渐成为一种常态。特别是在废除四川宣抚司而保留四川制置司的背景下，几乎所有四川制置使都在兼任成都知府。就连四川制置司被废除后，以张焘为开端，成都知府兼任本路安抚使时，虽然名为成都知府，但实际上也能在四川地区行使职权，体现出了相当大的灵活性与变通性。

二、宋孝宗时期成都知府的选任

隆兴二年（1164），汪应辰出任四川安抚制置使兼知成都府，“诏敷文阁待制汪应辰除敷文阁直学士、四川安抚制置使兼知成都府”[①]。确实，正如宋孝宗所说的那样：“朕惟祖宗时，其自待制除守成都者，往往进直学士之职以遣之。”[②] 隆兴三年（1165），宋孝宗“诏两浙东路安抚使洪适、福建路安抚使王之望、四川安抚制置使汪应辰、前宰执知宁国府汪澈、知泉州周葵，并依例赐夏药，令户部打造一百两银合四具，五十两银合一具”[③]，汪应辰等受到了朝廷的赏赐。

乾道三年（1167），宋孝宗“诏敷文阁直学士、左朝议大夫、成都潼川府夔州利州路安抚制置使汪应辰除宝文阁学士”[④]。同年，朝廷“命四川制置使汪应辰主管宣抚司事，移司利州”[⑤]。这是因为四川宣抚使吴璘病逝，汪应辰“遂摄宣抚之职，蜀道晏然”，在虞允文出任四川宣抚使后，汪应辰“除吏部尚书，寻兼翰林学士并侍读”[⑥]。

乾道四年（1168），当宰辅大臣“进呈陈天麟知成都府”的时候，宋孝宗说道：“朕思之，难得其人。史浩却有才，可以去。”于是作出指示：

---

① 《宋会要辑稿》选举 34 之 14。

② 汪应辰：《文定集》卷 8《新除敷文阁直学士依前成都潼川府夔州利州路安抚制置使兼知成都府晁公武辞免恩命不允诏》。

③ 《宋会要辑稿》礼 62 之 70—71。

④ 《宋会要辑稿》选举 34 之 20。

⑤ 《宋史》卷 34《孝宗二》。

⑥ 《宋史》卷 387《汪应辰传》。

“陈天麟依旧知襄阳府。史浩遂以观文殿大学士、左通奉大夫、提举洞霄宫为四川安抚制置使兼知成都府。”但是，史浩“以亲老辞，月余，改知绍兴府”[①]，可见，陈天麟与史浩均未能出任成都知府。同年，“以敷文阁待制晁公武为四川安抚制置使”[②]。乾道五年（1169），他提出辞职申请，未获朝廷批准[③]。同年，宋孝宗“诏敷文阁待制、成都潼川府夔州利州路安抚使兼知成都府晁公武，敷文阁待制、知泉州王十朋，并除敷文阁直学士”[④]。

乾道六年（1170），由于安抚制置使兼知成都府晁公武与四川宣抚使王炎之间的严重矛盾，于是朝廷“罢四川制置司归宣抚司”[⑤]。具体而言，中书门下省反映“勘会四川已有宣抚司，系执政官出使”的情况后，宋孝宗“诏四川安抚制置司并属官并罢，并归四川宣抚司。公使等及见管钱物委宣抚司拘收，具数申尚书省，其余应干事务，照应昨胡世将除宣抚、并罢制置司已行事理施行”[⑥]，然后又提出：“已降指挥，四川安抚制置司属官并罢，并归四川安抚司，所有成都府路安抚司干办公事一员、主管书写机宜文字一员、准备差使二员，合行复置。”其请求得到了宋孝宗的批准[⑦]。同年，“复置江、浙、京湖、两广、福建等路都大发运使，以新知成都府史正志为之”[⑧]，虽言“史正志惮守成都，创发运使”[⑨]，但史正志并未赴任成都知府。确实，“为了及时调拨军事物资和给养，在江、浙、京湖、淮、广、福建等路恢复了北宋以来发运使的机构，以知成都府史正志为户部侍郎、都大发运使。”[⑩] 亦在同年，张震担任成都知府兼本路安抚

---

① 徐自明：《宋宰辅编年录》卷17。

② 《宋史》卷34《孝宗二》。

③ 汪应辰：《文定集》卷8《新除敷文阁直学士依前成都潼川府夔州利州路安抚制置使兼知成都府晁公武辞免恩命不允诏》。

④ 《宋会要辑稿》选举34之23。

⑤ 《宋史》卷34《孝宗二》。

⑥ 《宋会要辑稿》职官40之15。

⑦ 《宋会要辑稿》职官41之113。

⑧ 《宋史》卷34《孝宗二》。

⑨ 周必大：《文忠集》卷66《敷文阁直学士陈公良翰神道碑》。

⑩ 何忠礼：《南宋全史1　政治、军事和民族关系卷上》，第388页。

使，“以敷文阁直学士张震知成都府，充本路安抚使”①，并且，“张真甫舍人，广汉人，为成都帅，盖本朝得蜀以来所未有也”②。

乾道九年（1173），张震“知成都府，卒于官”③，在其任上离世，令人非常惋惜。同年，由于“青羌诺尔结寇安静砦，黎州推官黎商老战死”，于是朝廷“命夔州转运判官赵不忧摄制司，以讨之”④。亦在同年，宋孝宗“诏枢密都承旨叶衡除敷文阁学士、知成都府”⑤。仍然是在这一年，薛良朋担任成都府路安抚使⑥，“四川制置使、知成都府乾道九年列叶衡，此后当补入薛良朋。”⑦

淳熙元年（1174），“罢四川宣抚司。以成都府路安抚使薛良朋为四川安抚制置使”⑧。同年，范成大被任命为四川制置使兼知成都府，“除敷文阁待制、四川制置使、知成都府”，然而，“会复置宣抚使，以命枢臣”，于是“改公成都路制置使”，不过，“未几，废宣抚使，公复专四路之寄”⑨。淳熙二年（1175），宋孝宗又“诏罢四川宣抚司”⑩，换言之，“罢四川宣抚，复制置使”⑪，具体而言，“淳熙二年七月，诏复四川制置司，以成都府路安抚制置使臣成大摄使事”⑫。

其实，范成大赴任成都知府的路途非常艰辛：“航潇湘，绝洞庭，溯滟滪，驰驱两川，半年达于成都。”⑬ 从水道经三峡入川之艰难，他有两点深刻的感受：一是水恶，“峡江水性大恶，饮辄生瘿，妇人尤甚。前过此时，婢子辈汲江而饮，数日后发热，一再宿，项领肿起，十余人悉然。至

① 《宋史》卷34《孝宗二》。
② 陆游：《老学庵笔记》卷6，第139页。
③ 陆心源：《宋史翼》卷20《张震传》。
④ 徐乾学：《资治通鉴后编》卷124，乾道九年二月乙亥。
⑤ 《宋会要辑稿》选举34之29。
⑥ 朱熹：《晦庵集》卷94《承务郎李公墓志铭》。
⑦ 李之亮：《〈南宋制抚年表〉续补正》，《辽宁大学学报》1997（5）。
⑧ 《宋史》卷34《孝宗二》。
⑨ 周必大：《文忠集》卷61《资政殿大学士赠银青光禄大夫范公成大神道碑》。
⑩ 《宋会要辑稿》职官41之40。
⑪ 刘时举：《续宋编年资治通鉴》卷9，淳熙二年六月。
⑫ 《成都文类》卷17《赐范成大措置和籴戒谕诏》。
⑬ 范成大：《范成大笔记六种·桂海虞衡志·序》，第81页。

西川月余，方渐消散”[①]；二是路险，“对江渡即登峡山，陆路之始也。向余入蜀时，以涨江不可溯，自此徒行，备尝艰厄”[②]。其中，范成大“改成都路制置使”的时候，“号令不及峡中，故以诗道之”，其管辖范围比四川制置使要小很多[③]。他在离任的归途中，“泊鄂州。遣送兵之半归成都”[④]。自踏上归程开始，至回归到朝廷，历时近半年之久，“石湖于淳熙丁酉由四川制置使召还，自五月戊辰离成都，迄十月己巳至平江止”[⑤]，实际上，“到淳熙四年五月二十九日离开成都，除去其到任途中所需时间，他在四川任职是两年半左右”[⑥]。

淳熙四年（1177），范成大离任之后，由高子长权制帅[⑦]。同年，宋孝宗任命敷文阁学士胡元质“为四川制置使兼知成都，环六十州，官兵号令，实听于制置使，而成都为治所”[⑧]，另载，“以新知荆南府胡元质为四川安抚制置使兼知成都府”[⑨]，还有一说，“吴郡胡长文以龙图阁直学士、安抚制置四川”[⑩]。

淳熙七年（1180），“以新除成都府路提点刑狱禄东之权四川制置司，应黎州边事，随宜措置”[⑪]。淳熙八年（1181），因为“黎、雅蛮部作过，知常弃城逃遁”的缘故，于是“知成都府折知常特追五官，勒停，送汀州安置”[⑫]。同年，鉴于“祖宗时蜀人未尝除蜀帅”的情况，针对赵雄“除观文殿大学士、四川制置使”的问题，监察御史王蔺“以故事不可，上疏

---

① 范成大：《范成大笔记六种 · 吴船录》，第 217 页。

② 范成大：《范成大笔记六种 · 吴船录》，第 223 页。

③ 范成大：《范成大笔记六种 · 吴船录》，第 221 页。

④ 范成大：《范成大笔记六种 · 吴船录》，第 227 页。

⑤ 范成大：《范成大笔记六种 · 吴船录》，第 245 页。

⑥ 游彪、胡正伟：《宋代地方官与佛教界之间的关系考论——以范成大蜀地任职为例》，《四川大学学报》2013（3）。

⑦ 范成大：《石湖诗集》卷 18《闻威州诸羌退听边事已宁少城筹边楼阑槛修葺亦毕工作诗寄权制帅高子长》。

⑧ 《成都文类》卷 27，崔渊：《雄边堂芝草记》。

⑨ 《宋史》卷 34《孝宗二》。

⑩ 《成都文类》卷 46，李焘：《贡院记》。

⑪ 《宋史》卷 35《孝宗三》。

⑫ 《宋会要辑稿》职官 72 之 28。

论之”，使得其“改知泸南安抚使”。于是，陈岘出任四川制置使兼知成都府①。淳熙九年（1182），由于侍御史张大经的弹劾，四川制置使兼知成都府陈岘被放罢②。

仍然是淳熙九年（1182），宋孝宗问道：“孰可帅蜀？”右丞相兼枢密使王淮“以留正对”。当留正出任四川安抚制置使兼知成都府的命令下达后，右谏议大夫黄洽向孝宗皇帝祝贺说：“蜀帅得人矣。”③淳熙十二年（1185），宋孝宗“诏龙图阁直学士、四川安抚制置使兼知成都府留正职事修举，除敷文阁学士”④。同年，当留正请求担任宫观使的札子进呈取旨时，宋孝宗作出指示：“留正莫实是病，卿等可即择人往成都。”宰相王淮等上奏：“欲以赵汝愚往。”孝宗回到说：“朕亦思量，无如汝愚。其处事不偏，可以往。福州未有人，卿等可选择来，一并降指挥。”⑤于是，留正“自成都召还，为参知政事”⑥，其后仕途真可谓一路高升，“进敷文阁学士，寻诏赴行在。正在蜀以简素化民，归装仅书数簏，人服其清。除端明殿学士、签书枢密院事，参知政事，同知枢密院事”⑦。

淳熙十二年（1185），赵汝愚“进直学士、制置四川兼知成都府”⑧，具体而言，“以知福州赵汝愚为四川制置使”⑨。确实，“尽管宗室人员也需晋升到一定官位后才能任职制置使，但他们的出任无形中更让制置使凸显尊崇”⑩。淳熙十五年（1188），赵如愚“以疾求去”，宋孝宗对大臣们说道：“汝愚召赴行在，京镗人才磊落，可除待制、四川制置。”赵如愚得知此事后，对他人说道：“镗望轻资浅，岂可当此方面。”因此，“两人有隙”，相互之间产生了隔阂⑪。但是，在《宋会要辑稿》中，多次提到赵汝

① 《宋史》卷396《赵雄传》。
② 《宋会要辑稿》职官72之35。
③ 杨万里：《诚斋集》卷120《宋故少师大观左丞相鲁国王公神道碑》。
④ 《宋会要辑稿》职官62之25。
⑤ 《宋史全文》卷27（下），淳熙十二年十二月庚申。
⑥ 《建炎以来朝野杂记》乙集卷15《淳熙议复四川类省试所减额》，第775—776页。
⑦ 《宋史》卷391《留正传》。
⑧ 《宋史》卷392《赵汝愚传》。
⑨ 《宋史》卷35《孝宗三》。
⑩ 姚建根：《宋朝制置使制度研究》，第13页。
⑪ 《建炎以来朝野杂记》乙集卷12《京仲远将命执礼》，第698—699页。

愚用的是“四川安抚制置使”① 这一职衔。其实，《宋史》中的“四川制置使”应该是对“四川安抚制置使”的简称，后来的崔与之也是如此。当然，有的“四川制置使”本身就是官职，“四川安抚制置使”的“安抚”二字，表明朝廷寄予了特殊的期待，加大其社会治安管理乃至地方国防动员的职能。淳熙十六年（1189），京镗“除敷文阁待制、四川安抚制置使、知成都府”②。

宋孝宗时期，在成都知府的选任问题上，由于出现了四川制置司和宣抚司的存废变迁，成都知府的职权范围在名义上有从成都府到四川地区的不同，实际上的职权运作则相差无几，但也充分地反映了宋金之间战场形势的微妙变化。当战场形势缓和下来，南宋朝廷就会限制成都知府的管辖范围，四川（安抚）制置使兼知成都府改变为成都知府兼本路安抚使。如果前线形势趋于紧张，又会将成都知府兼本路安抚使恢复为四川（安抚）制置使兼知成都府。

三、宋光宗时期成都知府的选任

绍熙二年（1191），宋光宗“诏敷文阁待制、四川安抚制置使、兼知成都府京镗除宝文阁待制再任，特赐带”③。绍熙三年（1192），“以王蔺为端明殿学士、四川安抚制置使，蔺辞不行”。同年，“以户部侍郎丘密为焕章阁直学士、四川安抚制置使”④，具体而言，丘密“擢焕章阁直学士、四川安抚制置使兼知成都府”⑤，他受到了升为焕章阁学士与“再任”的奖赏⑥。“在制度规定的赏赐范围之外，有时，皇帝会给予个别官员特殊的优待，以表示荣宠”⑦。

绍熙五年（1194），赵彦逾原本希望赵汝愚将自己任命为执政，但却

① 《宋会要辑稿》职官 48 之 13、48 之 43 等。
② 杨万里：《诚斋集》卷 123《京公（镗）墓志铭》。
③ 《宋会要辑稿》礼 62 之 82。
④ 《宋史》卷 36《光宗》。
⑤ 《宋史》卷 398《丘密传》。
⑥ 楼钥：《攻媿集》卷 41《四川制置使丘密焕章阁学士再任》。
⑦ 苗书梅：《朝见与朝辞——宋朝知州与皇帝直接交流的方式初探》，《首都师范大学学报》2007（5）。

只是被除授为端明殿学士、知建康府，从而对赵汝愚产生了怨恨。于是，他依附宰臣韩侂胄。不久，赵彦逾被改任四川安抚制置使兼知成都府①。他更加仇恨赵汝愚，在即将离开朝廷之时，“疏廷臣姓名于上，指为汝愚之党”，使得宋光宗对赵汝愚产生了怀疑②。确实，“赵彦逾富有才干，所至治绩卓著，他本想借此升任执政，不料却将他打发到蜀地，出任四川安抚制置使兼知成都府”③。其实，李文会、程松和赵汝愚都是如此，赵彦逾的生气也没有太大的必要，“先是，李端友、程东老、赵温叔皆以前宰执知成都，止为制置使。赵德老执政恩例亦然”④；并且，“分阃于外，蜀为专；宿师于边，蜀为重；欲省赋以裕民，又蜀为急。而比年谋帅，多辍从臣，朕择其人，班在丞辖，尤所以加惠蜀也”⑤。可见，“宗室出任制置使在南宋并不罕见，如赵汝愚、赵彦逾以同姓守蜀；而宗室担任沿海制置使的例子尤多”⑥。

宋光宗时期，在成都知府的选任方面，虽然时间短暂，但也存在着推辞任职、两次连任、宗室出任等多种情况，充分反映了其中的艰巨性、复杂性与重要性。

四、宋宁宗时期成都知府的选任

庆元二年（1196），袁说友被任命为四川安抚制置使兼知成都府，“诏以华文阁学士、四川安抚制置使兼知成都府命臣”⑦。庆元五年（1199），黄由出任成都知府，“由亦出知成都”⑧。然而，因为“臣僚言其缔结伪党，谄媚权臣，全蜀所领四路，岂可任未历州郡之人”，于是“新四川安抚制置使、兼知成都府黄由指挥寝罢，除华文阁直学士，与宫观”⑨。庆元

① 陈傅良：《止斋集》卷17《端明殿学士赵彦逾改除四川安抚制置使兼知成都》。
② 刘时举：《续宋编年资治通鉴》卷11，绍熙五年闰十月乙亥。
③ 何忠礼：《南宋全史2　政治、军事和民族关系卷下》，第22页。
④ 《建炎以来朝野杂记》乙集卷13《制置大使》，第732页。
⑤ 陈傅良：《止斋集》卷17《端明殿学士赵彦逾改除四川安抚制置使兼知成都》。
⑥ 姚建根：《宋朝制置使考述》，《甘肃社会科学》2008（6）。
⑦ 袁说友：《东塘集》卷19《跋御赐书汉文翁龚遂故事》。
⑧ 陆心源：《宋史翼》卷14《黄由传》。
⑨ 《宋会要辑稿》职官74之7。

六年（1200），刘德秀“进龙图阁学士、四川制置使”①。嘉泰二年（1202），谢源明出任四川安抚制置使兼知成都府，“谢用光为帅”②。

开禧元年（1205），宋宁宗下诏：“进程松资政殿大学士，为四川制置使”③，另载，程松“以资政殿大学士知成都府、四川制置使”④。开禧二年（1206），“诏四川制置使、兼知成都府程松差充四川宣抚使”⑤，换言之，他被“差充四川宣抚使”，于是“制置司职事并归宣抚司”，同时“仍免知成都府”⑥。同年，杨辅“依前官特授知成都军府事兼管内劝农使、充成都府路兵马都钤辖兼本路安抚使”⑦，也就是说，杨辅“以敷文阁直学士知成都府、兼本路安抚使”，并且，“上意辅能诛曦，密诏授宝谟阁学士、四川制置使，许以便宜从事”。但是，吴曦“移辅知遂宁府”，杨辅“遂以印授通判韩植而去”，与之保持不合作的态度⑧。开禧三年（1207），因为“吴曦反书闻。程松罢，以四川宣抚遁归故也”，于是“杨辅为四川制置使，自成都府路安抚除，以蜡书达之”⑨。同年，“杨辅为宣抚制置使兼知成都府”⑩。史学家李心传也有相同的记述：“杨嗣勋为四川宣抚制置使兼知成都府。”⑪ 亦在同年，“吴猎为四川制置使，代杨辅也”⑫，另载，吴猎“除敷文阁直学士，即授四川安抚制置使兼知成都府”⑬。还是在这一年，“杨辅依旧四川制置使，召吴猎喝犒毕，赴行在奏事”⑭，吴猎“被命召赴行所，候黄畴若到日起发”，嘉定元年（1208），即“明年四月癸亥解

---

① 凌迪知：《万姓统谱》卷59。

② 《建炎以来朝野杂记》甲集卷16《钱引兑监界》，第366页。

③ 《宋史》卷38《宁宗二》。

④ 《宋史》卷396《程松传》。

⑤ 《宋会要辑稿》职官41之40。

⑥ 徐自明：《宋宰辅编年录》卷20。

⑦ 卫泾：《后乐集》卷2，《杨辅依前官特授知成都军府事兼管内劝农使充成都府路兵马都钤辖兼本路安抚使封如故制》。

⑧ 《宋史》卷397《杨辅传》。

⑨ 《两朝纲目备要》卷10，开禧三年二月己未。

⑩ 《两朝纲目备要》卷10，开禧三年三月庚子。

⑪ 《建炎以来朝野杂记》乙集卷18《丙寅淮汉蜀口用兵事　吴曦之变附》，第831页。

⑫ 《两朝纲目备要》卷10，开禧三年四月丁卯。

⑬ 魏了翁：《鹤山集》卷89《敷文阁直学士赠通议大夫吴公行状》。

⑭ 《两朝纲目备要》卷10，开禧三年五月戊戌。

印去”[①]。

嘉定二年（1209），鉴于“蜀自吴曦叛后，制置使移司兴元，朝论有偏重之嫌”的情况，使得黄畴若“进华文阁待制、知成都府”，但是出于避讳的原因，“改宝谟阁待制”[②]，另载，黄畴若“知成都府路安抚使”[③]。这是因为宋宁宗作出了指示，“制置司事务并归大使司，宣抚司事务归安抚司”[④]。换言之，“安丙为四川制置大使，罢宣抚司”[⑤]，旨在以四川制置大使司整合四川制置司与宣抚司之职能，统筹应对边患危机。

嘉定七年（1214），四川制置大使司结局，“盖自开禧三年二月乙亥晦，曦诛，安公权宣抚使，至今年四月癸丑，制置大使司结罢，凡二千六百有一旬有八日云。于是制置使还成都，而兴元帅臣兼节制御前军马”[⑥]。同年，“新成都路安抚董侍郎居谊除四川制置使，疾速前去之任”[⑦]，嘉定八年（1215），四川安抚制置使兼知成都府董居谊将“西蜀立功之人”向朝廷上报，使之获得了恩赏[⑧]。嘉定十年（1217），四川制置使董居谊被朝廷“命酌量缓急，便宜行事”[⑨]。事实上，“宁宗以后，伴随着制置使地位的提高，便宜之权的下放更是频繁”，其中，“宋廷授予制置使便宜之权，就是让制置使在权力的行使上有一定灵活度，目的就是要保证战区各项事权的完整与统一，以便应对瞬息万变的局势”[⑩]。但是，随着南宋王朝生存局势的不断恶化，“便宜行事”之权所能发挥的作用，逐渐显得苍白无力。

嘉定十二年（1219），朝廷“召四川制置使董居谊赴行在，新利州路安抚使聂子述为四川制置使”[⑪]，另载，“聂子述除宝谟阁直学士、四川制

---

① 魏了翁：《鹤山集》卷89《敷文阁直学士赠通议大夫吴公行状》。

② 《宋史》卷415《黄畴若传》。

③ 真德秀：《西山文集》卷22《赐宝谟阁直学士朝议大夫前知成都府路安抚使黄畴若辞免除兵部尚书兼太子右庶子恩命不允诏》。

④ 《两朝纲目备要》卷12，嘉定二年八月乙丑。

⑤ 《宋史全文》卷30，嘉定二年八月乙丑。

⑥ 《两朝纲目备要》卷14，嘉定七年八月戊申。

⑦ 《建炎以来朝野杂记》乙集卷10《四川大制司结局》，第666页。

⑧ 《宋会要辑稿》礼62之84—85。

⑨ 《两朝纲目备要》卷15，嘉定十年四月丁巳。

⑩ 姚建根：《宋朝制置使制度研究》，第199页。

⑪ 《宋史全文》卷30，嘉定十二年正月戊辰朔。

置使兼知成都府"①。同年，曹彦约"以宝谟阁待制知成都"，但因"乞赴阙奏事，不允。又申省乞入对，不报"，并未到成都赴任，于是"改知福州"②。确实，曹彦约未能赴任成都知府，"除宝谟阁待制、知成都府。公体朝廷选用，不敢礼辞。乞赴阙奏事，不报。再移书庙堂请对，权相惮其来"，然后，"改知福州"③。另载，"曹彦约除宝谟阁待制、四川制置使。彦约辞行，改知福州"④。

嘉定十三年（1220），"南海崔公与之来守成都"⑤（魏了翁在这里记载为嘉定十二年），另载，崔与之"加焕章阁待制、知成都府、本路安抚使"⑥。嘉定十四年（1221），四川制置大使安丙去世，崔与之摄制置使，"移治利州"⑦。然后，崔与之得到正式任命，"除公制置使，尽护西蜀之师"⑧。也就是说，"到嘉定十四年（1221 年）十一月安丙去世，四川宣抚司被撤，四川制置司才重新恢复，崔与之也被任为四川制置使"⑨。崔与之担任四川安抚制置使兼知成都府，"累官四川安抚制置使"⑩。嘉定十七年（1224），"召四川制置使崔与之为礼部尚书，以郑损代之"⑪，郑损担任四川制置使，"召淮东帅臣郑损超除四川制置使，专属以疆事。"⑫

确实，进入南宋以后，成都知府兼任安抚使之职，逐渐成为一种比较常见的现象。绍兴四年（1134），资政殿学士、川陕宣抚使王似"复知成都府兼本路安抚使"⑬。绍兴九年（1139），张焘也知成都府兼本路安抚使，并且是第一位以成都知府身份管理四川民政事务的成都知府⑭。乾道六

---

① 刘克庄：《后村集》卷 44《玉牒初草 · 皇宋宁宗皇帝》，嘉定十二年正月戊辰朔。
② 《宋史》卷 410《曹彦约传》。
③ 魏了翁：《鹤山集》卷 87《宝章阁学士通议大夫致仕赠宣奉大夫曹公墓志铭》。
④ 魏了翁：《鹤山集》卷 26《辞免督视军马乞以参赞军事从丞相行奏札》。
⑤ 魏了翁：《鹤山集》卷 49《简州三贤阁记》。
⑥ 李昂英：《文溪集》卷 11《崔清献公行状》。
⑦ 魏了翁：《鹤山集》文集 88《知黎州兼管内安抚高公崇行状》。
⑧ 李昂英：《文溪集》卷 11《崔清献公行状》。
⑨ 粟品孝等：《成都通史 五代（前后蜀）两宋时期》，第 115 页。
⑩ 凌迪知：《万姓统谱》卷 17。
⑪ 毕沅：《续资治通鉴》卷 162，嘉定十七年二月。
⑫ 魏了翁：《鹤山集》卷 82《故太府寺丞兼知兴元府利州路安抚郭公墓志铭》。
⑬ 《要录》卷 79，绍兴四年八月壬寅。
⑭ 《要录》卷 132，绍兴九年十月癸丑。

年（1170），“以敷文阁直学士张震知成都府，充本路安抚使”①。宋宁宗时，杨辅、黄畴若和崔与之先后也以知成都府兼任本路安抚使。

宋宁宗时期，由于吴曦之乱的突然爆发，成都知府的选任，经历了最为激烈的动荡演变轨迹，多次在成都知府与四川（安抚）制置使之间来回切换，南宋政权从整体上正在朝着危险的方向发展。

五、宋理宗时期成都知府的选任

绍定元年（1228），“命湖北帅臣桂如渊代之”②，另载，“宋廷以湖北安抚使桂如渊为四川制置使，代替郑损守蜀”③。绍定四年（1231），“以焕章待制、知遂宁府李埴为焕章直学士、四川安抚制置使兼知成都府”④。绍定五年（1232），黄伯固继李埴之后出任四川制帅⑤，“累官四川安抚制置使”⑥。

端平元年（1234），丁黼担任四川安抚制置副使兼知成都府，“右文殿修撰、四川安抚制置副使兼知成都府”⑦。实际上，“今大卿以正学直道，自东眷知令名，镇抚全蜀，虽号元戎之贰，实操人才之权”⑧，这是因为“在金朝衰败、无力攻宋的同时，一个新的、更强大的对手蒙古势力开始向四川渗透。为了应对这一新形势，宋朝将四川制置司治所再度北移。如代替崔与之出任四川制置使的郑损（嘉定十七年至宝庆三年即1224—1227年在任）以沔州为治所，‘专属以疆事’；随后的桂如渊以兴元府为治所（绍定元年至四年，1228—1231年）。桂如渊之后，朝廷又将四川制置司一分为二，即在理宗绍定四年（1231年）十月，以四川制置使李埴兼知成都府。四川安抚制置副使赵彦呐兼知兴元府、利州路安抚使；之后，赵彦呐升任四川安抚制置使兼知兴元府（时在端平元年二月），丁黼出任四川

① 《宋史》卷34《孝宗二》。
② 魏了翁：《鹤山集》卷82《故太府寺丞兼知兴元府利州路安抚郭公墓志铭》。
③ 何忠礼：《南宋全史2 政治、军事和民族关系卷下》，第101页。
④ 《宋史全文》卷32，绍定四年十月戊寅。
⑤ 魏了翁：《鹤山集》卷37《黄制置伯固》。
⑥ 凌迪知：《万姓统谱》卷47。
⑦ 洪咨夔：《平斋集》卷15《赐右文殿修撰四川安抚制置副使兼知成都府丁黼银合夏药敕书》。
⑧ 魏了翁：《鹤山集》卷37《丁制副黼》。

川制置副使兼知成都府”[①]。端平二年（1235），担任同签书枢密院事的魏了翁指出：“其在先朝，知益州守，不过一知郡耳，犹必用从臣以上；有当除待制者，必加直学士以异之。其谨重若此，况制阃之重而可以轻授乎？”[②]

端平三年（1236），贺靖权知成都府，“贺靖权成都，录城中骸骨一百四十万，城外者不计”[③]。同年，王遂“进焕章阁待制、四川安抚制置副使兼知成都府”[④]。嘉熙元年（1237），绵州“为四川制置副使治所”[⑤]。其后是李刘“帅成都”，他是“江西崇仁人”，长期在四川地区任职，“其在蜀，历守荣、眉，进总漕事，帅成都，守本路宪、四川都大茶马等凡八印”[⑥]。同年，贾子谌担任成都知府[⑦]。亦在同年，“以李埴同知枢密院事、四川宣抚使、知成都府”[⑧]。嘉熙二年（1238），赵善湘“授四川宣抚使兼知成都府，未拜，改沿海制置使兼知庆元府”[⑨]。同年，“以陈隆之为四川制置使、知成都府”[⑩]。

淳祐元年（1241），陈隆之在“成都被围”过程中惨遭杀害，壮烈殉国[⑪]。淳祐二年（1242），“余玠任四川安抚制置使兼知重庆府，制置司也从成都迁至重庆府”[⑫]。淳祐五年（1245），“大元兵入蜀，权成都府冯有硕、权汉州王骧、权成都县杨兑、权资州刘永、权潼川府魏霭死于官守，其各赠官三转，仍官其一子”[⑬]，成都知府一职是由冯有硕权摄，从而成为宋朝最后一位成都知府。

---

① 粟品孝等：《成都通史　五代（前后蜀）两宋时期》，第115页。
② 魏了翁：《鹤山集》卷20《乙未秋七月特班奏事》。
③ 《全蜀艺文志》卷51，（元）袁桷：《史母程氏传》。
④ 《宋史》卷415《王遂传》。
⑤ 《宋史》卷89《地理志》。
⑥ 谢旻：雍正《江西通志》卷80《人物・李刘》。
⑦ 许应龙：《东涧集》卷6《贾子谌知成都府制》。
⑧ 《宋史》卷42《理宗二》。
⑨ 《宋史》卷413《赵善湘传》。
⑩ 陈桱：《通鉴续编》卷22。
⑪ 《宋史》卷449《陈隆之传》。
⑫ 胡昭曦：《旭水斋存稿续集》，第87页。
⑬ 《宋史》卷43《理宗三》。

宋理宗时期，在成都知府的选任方面，进入最困难的阶段，临阵脱逃与壮烈殉国并存，演绎出怯懦与英勇相交织的历史画卷。

总之，宋代成都知府一职，经历了三个发展阶段。首先，北宋统一之初，成都知府没有兼职，此乃第一阶段。后来，逐渐出现了社会危机，要求地方首长兼管地方驻军的部分事务，维护社会治安，参与镇压周边少数民族的反抗斗争等任务，于是，成都知府就兼任兵马钤辖甚至兼任临时性的安抚使之职，即为第二阶段。进入南宋以后，面对北方异族政权的强大军事压力，地方行政组织开始发生了根本性的变化，成都知府兼任安抚使逐渐被制度化，进而发展为四川制帅兼任成都知府。南宋时期，成都知府的职权范围明显地扩大了，经常把四川地区作为一个整体来考虑。北宋时期，成都知府在特殊时期或特定情况之下，也能够超越成都府而对成都府路甚至四川地区的其他路分发挥一定的职能作用。南宋时期，成都知府的职任主要包括成都知府、成都知府兼本路安抚使、四川（安抚）制置使兼知成都府三种情况。其中，随着军事形势的日益严峻，四川（安抚）制置使兼知成都府逐渐成为常态。作为四川制帅的成都知府，在以成都府为中心的基础上，由关注成都府路为重点，逐渐变为以包括成都府路在内的整个四川地区定位自己的工作范围，此乃第三阶段。历宋一代，成都知府的任职情况列表如下。

宋代历任成都知府（益州知州）一览表

序号	姓　名	任职时间	职权范围	所在朝代	兼　职
1	吕余庆	乾德三年至开宝元年（965—968）	知成都府	太祖	
2	刘熙古	开宝元年至五年（968—972）	同上	同上	
3	郑　牧	开宝五年至八年（972—975）	同上	同上	
4	吕　端	开宝八年至太平兴国二年（975—977）	同上	太祖、太宗	
5	程　羽	太平兴国二年至五年（977—980）	同上	太宗	
6	辛仲甫	太平兴国五年至雍熙元年（980—984）	同上	同上	

序号	姓　名	任职时间	职权范围	所在朝代	兼　职
7	高　冕	雍熙元年至二年（984—985）	知益州	同上	
8	宋　铛	雍熙二年至端拱二年（985—989）	同上	同上	
9	许　骧	端拱二年至淳化二年（989—991）	知成都府	同上	
10	吴元载	淳化二年至四年（991—993）	同上	同上	
11	郭　载	淳化四年至五年（993—994）	同上	同上	
12	雷有终	淳化五年（994）	同上	同上	
13	张　咏	淳化五年至咸平元年（994—998）	知益州	太宗、真宗	
14	牛　冕	咸平元年至三年（998—1000）	同上	真宗	
15	雷有终	咸平三年至四年（1000—1001）	同上	同上	兼川峡两路招安捉贼事
16	宋太初	咸平四年（1001）	同上	同上	兼川峡四路都转运使
17	马知节	咸平四年至六年（1001—1003）	同上	同上	兼本州兵马钤辖、并兼本路转运使
18	杨怀忠	咸平六年（1003）	权同知益州	同上	
19	黄　观	咸平六年（1003）	同上	同上	
20	张　咏	咸平六年至景德三年（1003—1006）	知益州	同上	
21	任中正	景德三年至大中祥符五年（1006—1012）	同上	同上	
22	李仕衡	大中祥符五年（1012）	同上	同上	
23	凌　策	大中祥符五年至八年（1012—1015）	同上	同上	
24	王　曙	大中祥符八年至天禧二年（1015—1018）	同上	同上	

序号	姓　名	任职时间	职权范围	所在朝代	兼　职
25	赵　稹	天禧二年至四年（1018—1020）	同上	同上	
26	寇　瑊	天禧四年至天圣元年（1020—1023）	同上	真宗、仁宗	
27	薛　田	天圣元年至四年（1023—1026）	同上	仁宗	
28	薛　奎	天圣四年至六年（1026—1028）	同上	同上	
29	程　琳	天圣六年至八年（1028—1030）	同上	同上	
30	韩　亿	天圣八年至明道二年（1030—1033）	同上	同上	
31	王　曙	明道二年至景祐四年（1033—1037）	同上	同上	
32	张　逸	景祐四年至康定元年（1037—1040）	同上	同上	
33	任中师	康定元年至庆历元年（1040—1041）	同上	同上	
34	杨日严	庆历元年至四年（1041—1044）	同上	同上	
35	蒋　堂	庆历四年（1044）	同上	同上	
36	文彦博	庆历四年至七年（1044—1047）	同上	同上	
37	程　戡	庆历七年至八年（1047—1048）	同上	同上	
38	田　况	庆历八年至皇祐二年（1048—1050）	同上	同上	兼益梓利夔路兵马钤辖
39	杨　察	皇祐二年至四年（1050—1052）	同上	同上	
40	程　戡	皇祐四年至至和元年（1052—1054）	同上	同上	
41	高良夫	至和元年（1054）	权摄	同上	
42	张方平	至和元年至嘉祐元年（1054—1056）	知益州	同上	兼益利路兵马钤辖

序号	姓　名	任职时间	职权范围	所在朝代	兼　职
43	彭思永	嘉祐元年至二年（1056—1057）	权摄	同上	
44	宋　祁	嘉祐二年至三年（1057—1058）	知益州	同上	
45	赵　抃	嘉祐三年至四年（1058—1059）	同上	同上	
46	王　素	嘉祐四年至六年（1059—1061）	知成都府	同上	
47	吕公弼	嘉祐六年至八年（1061—1063）	同上	同上	
48	韩　绛	嘉祐八年至治平元年（1063—1064）	同上	仁宗、英宗	
49	赵　抃	治平元年至四年（1064—1067）	同上	英宗	
50	张　焘	治平四年至熙宁二年（1067—1069）	同上	英宗、神宗	
51	陆　诜	熙宁二年至三年（1069—1070）	同上	神宗	
52	范纯仁	熙宁三年（1070）	权摄	同上	
53	吴中复	熙宁三年至五年（1070—1072）	知成都府	同上	
54	赵　抃	熙宁五年至七年（1072—1074）	同上	同上	
55	蔡延庆	熙宁七年至九年（1074—1076）	同上	同上	兼兵马都钤辖
56	冯　京	熙宁九年（1076）	同上	同上	兼成都府、利州路安抚使
57	刘　庠	熙宁九年至元丰二年（1076—1079）	同上	同上	
58	张　诜	元丰二年至四年（1079—1081）	同上	同上	
59	邓润甫	元丰四年至五年（1081—1082）	同上	同上	
60	吕大防	元丰五年至八年（1082—1085）	同上	同上	

序号	姓　名	任职时间	职权范围	所在朝代	兼　职
61	许　将	元丰八年至元祐二年（1085—1087）	同上	神宗、哲宗	
62	李之纯	元祐二年至五年（1087—1090）	同上	哲宗	
63	胡宗愈	元祐五年至七年（1090—1092）	同上	同上	
64	蔡　京	元祐七年至八年（1092—1093）	同上	同上	
65	韩宗道	元祐八年至绍圣元年（1093—1094）	同上	同上	
66	王觌	绍圣元年至二年（1094—1095）	同上	同上	
67	刘奉世	绍圣二年至四年（1095—1097）	同上	同上	
68	郑　雍	绍圣四年至元符元年（1097—1098）	同上	同上	
69	李南公	元符元年至三年（1098—1100）	同上	同上	
70	路昌衡	元符三年至建中靖国元年（1100—1101）	同上	哲宗、徽宗	
71	王　古	崇宁元年（1102）	同上	徽宗	
72	吕嘉问	崇宁元年至三年（1102—1104）	同上	同上	
73	虞　策	崇宁三年至大观元年（1104—1107）	同上	同上	
74	席　旦	大观二年至三年（1108—1109）	同上	同上	
75	梁子野	大观三年至政和元年（1109—1111）	同上	同上	
76	吴　栻	政和元年至二年（1111—1112）	同上	同上	
77	王梁材	政和二年（1112）	权摄	同上	
78	席　旦	政和二年至三年（1112—1113）	知成都府	同上	

序号	姓　名	任职时间	职权范围	所在朝代	兼　职
79	庞恭孙	政和三年（1113）	同上	同上	
80	吴　栻	政和三年至四年（1113—1114）	同上	同上	
81	许光凝	政和六年至七年（1116—1117）	同上	同上	
82	周　焘	政和六年至七年（1116—1117）	同上	同上	
83	孙羲叟	政和七年至宣和元年（1117—1119）	同上	同上	
84	席　贡	宣和元年至五年（1119—1123）	同上	同上	
85	王　复	宣和五年至六年（1123—1124）	同上	同上	
86	卢法原	靖康元年至建炎四年（1126—1130）	同上	钦宗、高宗	兼本路兵马钤辖
87	王　似	建炎四年至绍兴三年（1130—1133）	同上	高宗	
88	张　深	绍兴三年至四年（1133—1134）	同上	同上	兼本路安抚使
89	王　似	绍兴四年至五年（1134—1135）	同上	同上	兼本路安抚使
90	阎　旦	绍兴五年（1135）	权摄	同上	
91	席　益	绍兴五年至七年（1135—1137）	四川安抚制置大使	同上	兼知成都府
92	许　尹	绍兴七年至八年（1137—1138）	权摄	同上	
93	胡世将	绍兴八年至九年（1138—1139）	四川安抚制置使	同上	兼知成都府
94	张　焘	绍兴九年至十三年（1139—1143）	知成都府	同上	兼本路安抚使
95	李　璆	绍兴十三年至二十一年（1143—1151）	四川安抚制置使	同上	兼知成都府
96	曹　筠	绍兴二十一年至二十三年（1151—1153）	四川安抚制置使	同上	兼知成都府

序号	姓　名	任职时间	职权范围	所在朝代	兼　职
97	萧　振	绍兴二十三年至二十四年（1153—1154）	四川安抚制置使	同上	兼知成都府
98	符行中	绍兴二十四年至二十五年（1154—1155）	四川安抚制置使	同上	兼知成都府
99	萧　振	绍兴二十五年至二十七年（1155—1157）	四川安抚制置使	同上	兼知成都府
100	李文会	绍兴二十七年至二十八年（1157—1158）	四川安抚制置使	同上	兼知成都府
101	王刚中	绍兴二十八年至三十二年（1158—1162）	四川安抚制置使	同上	兼知成都府
102	沈　介	绍兴三十二年至隆兴二年（1162—1164）	四川安抚制置使	高宗、孝宗	兼知成都府
103	汪应辰	隆兴二年至乾道三年（1164—1167）	四川安抚制置使	孝宗	兼知成都府
104	晁公武	乾道四年至六年（1168—1170）	四川安抚制置使	同上	兼知成都府
105	张　震	乾道六年至九年（1170—1173）	知成都府	同上	兼本路安抚使
106	叶　衡	乾道九年（1173）	知成都府	同上	
107	薛良朋	乾道九年至淳熙元年（1173—1174）	知成都府/四川安抚制置使	同上	兼本路安抚使/兼知成都府
108	范成大	淳熙元年至四年（1174—1177）	四川制置使/成都路制置使/四川制置使	同上	兼知成都府
109	胡元质	淳熙四年至七年（1177—1180）	四川安抚制置使	同上	兼知成都府
110	禄柬之	淳熙七年（1180）	权四川制置司	同上	
111	折知常	淳熙七年至八年（1180—1181）	知成都府	同上	
112	陈　岘	淳熙八年至九年（1181—1182）	四川制置使	同上	兼知成都府
113	留　正	淳熙九年至十二年（1182—1185）	四川安抚制置使	同上	兼知成都府
114	赵汝愚	淳熙十二年至十六年（1185—1189）	四川安抚制置使	同上	兼知成都府

序号	姓　名	任职时间	职权范围	所在朝代	兼　职
115	京　镗	淳熙十六年至绍熙三年（1189—1192）	四川安抚制置使	孝宗、光宗	兼知成都府
116	丘　密	绍熙三年至五年（1192—1194）	四川安抚制置使	光宗	兼知成都府
117	赵彦逾	绍熙五年至庆元二年（1194—1196）	四川安抚制置使	光宗、宁宗	兼知成都府
118	袁说友	庆元二年至五年（1196—1199）	四川安抚制置使	宁宗	兼知成都府
119	刘德秀	庆元六年至嘉泰二年（1200—1202）	四川制置使	同上	兼知成都府
120	谢源明	嘉泰二年至开禧元年（1202—1205）	四川安抚制置使	同上	兼知成都府
121	程　松	开禧元年至二年（1205—1206）	四川制置使	同上	兼知成都府
122	杨　辅	开禧二年至三年（1206—1207）	知成都府/四川制置使/四川宣抚制置使	同上	兼本路安抚使/兼知成都府
123	吴　猎	开禧三年（1207）	四川安抚制置使	同上	兼知成都府
124	杨　辅	开禧三年（1207）	四川制置使	同上	兼知成都府
125	吴　猎	开禧三年至嘉定二年（1207—1209）	四川安抚制置使	同上	兼知成都府
126	黄畴若	嘉定二年至七年（1209—1214）	知成都府	同上	兼本路安抚使
127	董居谊	嘉定七年至十二年（1214—1219）	四川安抚制置使	同上	兼知成都府
128	聂子述	嘉定十二年（1219）	四川安抚制置使	同上	兼知成都府
129	崔与之	嘉定十三年至十七年（1220—1224）	知成都府/四川安抚制置	同上	兼本路安抚使/兼知成都府
130	郑　损	嘉定十七年至绍定元年（1224—1228）	四川制置使	宁宗、理宗	兼知成都府
131	桂如渊	绍定元年至四年（1228—1231）	四川制置使	理宗	
132	李　埴	绍定四年至五年（1231—1232）	四川安抚制置使	同上	兼知成都府

序号	姓　名	任职时间	职权范围	所在朝代	兼　职
133	黄伯固	绍定五年至端平元年（1232—1234）	四川安抚制置使	同上	
134	丁　黻	端平元年至三年（1234—1236）	四川安抚制置副使	同上	兼知成都府
135	贺　靖	端平三年（1236）	权摄	同上	
136	王　遂	端平三年（1236）	四川安抚制置副使	同上	兼知成都府
137	李　刘	端平三年至嘉熙元年（1236—1337）	帅成都	同上	
138	贾子谌	嘉熙元年（1237）	知成都府	同上	
139	李　埴	嘉熙元年至二年（1237—1238）	四川宣抚使	同上	兼知成都府
140	陈隆之	嘉熙二年至淳祐元年（1238—1241）	四川制置使	同上	兼知成都府
141	冯有硕	淳祐元年至五年（1241—1245）	权成都府	同上	

关于成都知府的职权运行情况，下面拟从财政经济管理、司法审判、行政监察、社会治安管理、文教事业管理五个方面进行尝试性的探析。

第二章　宋代成都知府与财政经济管理

“宋初以来，地方财政以州军为基本核算单位，以州军守臣为地方财政的主管官”①，其中，“知州总理郡政，宣布诏条，总掌一州兵民之政，多兼带军职，不专财政，通判除同判郡政外，还监督制约知州，不带军职，但专门负责州中重要的钱谷收纳，这种安排对加强中央集权统治是有利的”②。从具体实施的情况来看，宋王朝剥夺地方财权也并非一朝一夕之功，而是有一个逐步实现的过程。乾德三年（965），宋太祖下诏：“凡一路之财，置转运使掌之；一州之财，置通判掌之，为节度、防御、团练、留后、观察、刺史者，皆不预签书金谷之事。于是外权始削而利归公上矣。”③ 换言之，“宋太祖为了加强地方财权的控制，则置转运使与通判专门负责地方财政，规定各路州县收来的租赋，除各州县留下少量应付日常开支外，一律由转运使转运京师”④。开宝四年（971），宋太祖诏令“诸州府并置形势版簿，令通判专掌其租税”⑤，于是，“因郡守负有州计之责，因而往往考虑地方利益，无州计之责的通判就是成为重要财政征调的监督者和执行者。这种特点在北宋后期和南宋表现得尤为突出”⑥。开宝七年（974），朝廷“令诸州知州、通判、判官、兵马都监、县令所掌盐曲及市

① 包伟民：《宋代地方财政史研究》，第 119 页。

② 苗书梅：《宋代通判及其主要职能》，《河北学刊》1990（2）。

③ 李攸：《宋朝事实》卷 9《官职》。

④ 贾文龙、郑迎光：《宋代地方治理中“短安长治”模式的生成》，《中原文化研究》2018（1）。

⑤ 《长编》卷 12，太祖开宝四年正月辛亥。

⑥ 黄纯艳：《宋代财政史》，第 236 页。

征、地课，并亲临之，月具籍供三司，秩满校其殿最，欺隐者当置于法，募告者赏钱三十万”[①]。淳化五年（994），诸州应在司的设置，突出了通判在州府赋税征集中的重要作用，“郡置通判，以其收支之数上之计司，谓之应在”[②]。

此外，“宋代对于地方的财经大政或活动，还让转运、提刑、常平等共同负责，既互相合作协调又互相监督”[③]。熙宁六年（1073），“诏诸路转运使副、判官、提点刑狱不兼提举常平仓者，并兼提举”[④]，特别是“宋设转运使，其职责除按察地方官员外，最具体的职掌则是负责一路财赋，并负责地方财赋的上供，故宋人视之为外计，而与三司内计相对应”[⑤]。这样一来，就分割了知州手中的财权，使彼此之间相互监督，互相制约，地方财权也就顺理成章而又实实在在地被收归到朝廷，实现了通过分权而达到集权的目的。

不过，北宋前期，“府州的长官拥有较多的财权。每一府州的财赋，大致有三部分，一是赡军，二是系省，三是上供。赡军和上供的钱物，全部上缴转运司，以备三司（元丰改制后为户部，南宋后增加各地总领所）所负责的百官、军兵的俸给和犒赏的费用”[⑥]。进入北宋中期以后，其财政收支出现了问题，“北宋中叶以后，地方财计渐趋困窘，州郡长官平衡所辖财计的问题便提到了日程上”[⑦]。

在宋代的财政经济管理中，府州军监处于路级和县级之间承上启下的枢纽地位，发挥着非常重要的作用。其中的财政收入主要包括三个组成部分，构成了一个庞大而复杂的系统，“宋代州府财政收入的主体是田赋、禁榷及商税收入等，于是州吏下县催缴欠赋，公人设法增加税收，成为支持州级财政的必要力量，而宋代田赋在二税之上的各种附加税，与各种杂

---

① 《长编》卷15，太祖开宝七年二月癸巳。

② 陈傅良：《止斋集》卷19《赴桂阳军拟奏事札子第二》。

③ 方宝璋：《略论宋代提点刑狱司的财经职能》，《中国经济史研究》2015（5）。

④ 《长编》卷244，神宗熙宁六年四月庚辰。

⑤ 高聪明：《从“羡余”看北宋中央与地方财政关系》，《中国史研究》1997（4）。

⑥ 朱瑞熙：《中国政治制度通史》第6卷，第352页。

⑦ 汪圣铎：《两宋财政史》下，第536页。

征调等，名目繁多，征收条例繁杂，农业税之外的各种工商税收在整个财政收入中所占比例增大，这些都不是几位、十几位官员所能包揽的”①。尽管知州受到种种牵制，然而其在财政经济管理中的作用也是不可或缺的。

确实，“时至宋代，四川地区已发展成为我国西部区域的经济中心区”②。四川地区物产丰富，“蜀于《禹贡》，是为梁州。华阳黑水，处坤之陬。其山四塞，气郁以酋。人矜其技，物产其尤”③，甚至是“国富民殷，宝货无求于外”④，在全国之中的位置十分显赫，“惟兹全蜀区，民物繁它州”⑤，“全蜀之地，民物繁庶，自昔冠于诸路”⑥，真不愧是天府之国，“夫蜀之为国，富羡饶沃，固自一天壤也”⑦。总之，“夫蜀之四隅，绵亘数千里，土腴物衍，资货以蕃，财力贡赋，率四海三之一，县官指谓外府”⑧，其重要地位日益显现。“进入宋代，特别是在经过宋初一段动荡时期之后，在全国经济重心继续在四川和江淮（尤其是江浙）的大背景下，四川逐渐进入稳定和更大发展的新时期，在全国经济格局中占据着愈加显著的地位”⑨，其财政经济管理的任务相当繁重，“矧蜀汉之繁，包邛僰之险，土沃风侈，民夥事丛，有旌纛以制师，有刀布以艺贡”⑩，特别是“成都，西南大都会，素号繁丽，万井云错，百货川委”⑪。宋代成都知府的财政经济管理，主要包括赋税征收、财政支出和货币发行三个方面的基本内容，可分为北宋与南宋两个阶段。

---

① 苗书梅：《宋代州级公吏制度研究》，《河南大学学报》2004（6）。
② 吴晓亮：《宋代经济史研究》，第302页。
③ 《全蜀艺文志》卷44，吕大防：《观政阁箴并序》。
④ 《全蜀艺文志》卷48，前人：《四川风俗形胜考》。
⑤ 《全蜀艺文志》卷17，田况：《成都遨乐诗》。
⑥ 史浩：《鄮峰真隐漫录》卷29《辞免除知成都府第二札子》。
⑦ 《全蜀艺文志》卷48，罗泌：《蜀山氏纪论》。
⑧ 《全蜀艺文志》卷34，前人：《新建备武堂记》。
⑨ 粟品孝：《宋朝在四川实施特殊化统治的原因》，《西华大学学报》2012（2）。
⑩ 宋庠：《元宪集》卷22《尚书兵部郎中天章阁待制张逸可枢密直学士知益州制》。
⑪ 《全蜀艺文志》卷34，李良臣：《钤辖厅东园记》。

第一节 北宋成都知府与财政经济管理

在财政经济管理中，北宋成都知府所发挥的作用主要体现在赋税征收、财政支出与货币发行三个方面。

一、北宋成都知府与赋税征收管理

北宋时期，成都知府的赋税征收，主要包括两税征收和商税收入两个部分，“赋税征收包括两税、课利及其他财政征收”①，又，“宋代财政货币收入的渠道包括农业税和工商税课两部分，其中以工商税课为主”②。为了防止藩镇割据历史悲剧的重演，宋王朝推行“制其钱谷”的政策，知州的财权遭到了严重的削弱。乾德二年（964），宋太祖接受赵普的建议，“始令诸州自今每岁受民租及莞榷之课，除支度给用外，凡缗帛之类，悉辇送京师”③。乾德三年（965），“诏诸州度支经费外，凡金帛悉送阙下，无得占留。时藩镇有阙，稍命文臣权知，所在场务或以京朝官廷臣监临”④。这样一来，就全面地削夺了地方政府的财权，将地方财政经济命脉紧紧地掌握在朝廷的手中，从而彻底铲除了唐朝中叶以来藩镇养兵自重的经济基础。其中，州郡财政的主掌者有三位，即知州、通判与户曹参军⑤。虽然知州承担了为朝廷征收更多赋税的责任，却没有单独支配地方财务的权力，“知州有鼓励和发展生产，保证本州应缴赋税按期如数上供的责任和义务，但却对地方财力没有单独支配权”。但是，“知州还与通判一起，对保证二税的收纳上供、有效管理州级户籍版帐，保证战时军需钱物的征收与转输等负直接责任”⑥。

---

① 黄纯艳：《宋代财政史》，第237页。
② 高聪明：《宋代货币与货币流通研究》，第299页。
③ 《长编》卷5，太祖乾德二年。
④ 李攸：《宋朝事实》卷9《官职》。
⑤ 汪圣铎：《两宋财政史》下册，第543页。
⑥ 苗书梅：《宋代知州及其职能》，《史学月刊》1998（6）。

1. 北宋成都知府与两税征收

宋初的太祖、太宗、真宗三朝和宋仁宗朝前期，由于成都府地处西南地区，远离京师，其两税征收大多是通过折变他物的方式来实现的。开宝六年（973），“朝廷方覃惠化，用泰寰区。然念远民，所宜轸恤。应西川管内州、府、军、县，自今将两税钱折匹帛者，并与依逐州三旬时估折纳”①。

宋太宗淳化年间（990—994），时任益州知州的张咏就把辖区内的田税折变为当时朝廷所需物资，“张尚书咏在蜀时，米斗三十六文，绢匹三百文。公计兵食外，尽令输绢。米之余者，许城中贫民买之，岁凡若干，贫民颇不乐。公曰：‘他日当知矣。’今米斗三百，绢匹三贯，富人纳贵绢，而贫人食贱米，皆以当时价，于官无所损益，而贫富乃均矣。此张公之惠，于蜀之人怀思之不能已也”②。这一做法被长期延续了下来，“淳化中，张咏守成都，以市估准田税，使民岁输米于官。明年春，借城中之民，粜以元直。其后王曙、韩亿父子、文彦博、胡宗愈诸贤，又相与修其法而守之，至于今不能易”③。

直到宋仁宗朝前期，成都知府在两税征收中一直发挥着主导作用。由于成都府、邛州（治今四川邛崃）、蜀州（治今四川崇州）、彭州（今属四川）、汉州（治今四川广汉）和永康军（治今四川都江堰）是川西盛产麻布的地区，于是天圣年间（1023—1031），“薛田帅蜀，于成都府、邛、蜀、彭、汉州、永康军产麻六郡，岁市官布，每匹给钱三百，以起上供及三路纲运。是时价值颇优，民乐与官为市”④，非常顺利地完成了田赋的征收。其继任者薛奎也坚持了这一做法，“成都岁市布织缣数千万以给秦、陇军用，吏多隐克为奸。奎令民自相保任，预贷其直，以期会输官，民便之”⑤。这样一来，既可避免官吏压低价格之弊，又使朝廷在北方的军需物

① 《宋大诏令集》卷185《西川两税折帛依时估诏》。
② 范镇：《东斋记事》卷4，第34页。
③ 魏了翁：《鹤山集》卷43《潭州惠民仓记》。
④ 《建炎以来朝野杂记》甲集卷14《西川布估钱》，第294页。
⑤ 《长编》卷106，仁宗天圣六年三月辛酉。

资有了保障，官民两便。于是，征收“布估钱”的做法，就在四川地区逐渐地推行起来了。张逸任益州知州时，“复念属之帛供他道军须最多，矧昊贼未诛，王师宿陇外，若经度不中权，赐与安出。乃奏添两税外租布直，洎官场买物价。众既便之，岁入加倍”[①]，通过市场加价的方式，将百姓手中多余的布匹收购起来，不但增加了百姓的收入，而且为国家军需物资的储备做出了贡献。

事实上，“征科赋税有固定物品，而一时所须，则变而取之，谓之折变。宋代几乎所有赋税都存在折变的事例，这是实物经济的一个特征。宋廷条法规定折变须用平估，并在起纳前一定时间内揭榜晓示，并规定不得任意抑令人户将税物折钱。实际征敛中，州县视需要将税物或折钱或折物，任意提高或降低估价，因此使得折变演变成为主要的附加税之一”[②]。天圣年间（1023—1032），薛奎担任成都知府，“布一匹三百文，依其价，春给以钱，而秋令纳布，民初甚善之”，但是，“今布千钱，其价才至四百。其后，转运使务多其数，富者至数百匹，贫亦不下二三十匹，而贫富俱不憀矣”[③]，从中可以看出，由于行政职能上的差异，作为镇守一方平安的成都知府，希望尽量减轻百姓的赋税负担；而作为理财机构长官的转运使，则竭力为朝廷增加赋税收入。

此外，在完成两税征收任务的过程中，成都知府还需要得到下属官员的鼎力相助。绍圣四年（1097），考中进士的马伸，在担任郫县（今成都郫都区）县丞的时候，受到成都知府的委派征收田租。因为他公平合理地开展工作，百姓非常乐于缴纳，“为成都郫县丞，守委受成都租。前受输者率以食色玩好盅詸而败，伸请绝宿弊。民争先输，至沿途假寐以达旦，常平使者孙俟早行，怪问之，皆应曰：‘今年马县丞受纳，不病我也。’”然后，“俟荐于朝”[④]。

但在具体推行过程中，熙宁新法遇到了很大的阻力。青苗钱的征收，

---

① 《成都文类》卷29，张庾：《重修馆驿记》。
② 包伟民：《宋代地方财政窘境及其影响》，《浙江社会科学》1999（1）。
③ 范镇：《东斋记事》卷3，第25—26页。
④ 《宋史》卷455《马伸传》。

是王安石变法的重要内容之一。然而，由于四川各地的社会经济条件差异很大，其在四川地区的推行并不顺利。熙宁三年（1070），针对起初“遣使提举常平仓贷青苗钱”的问题，成都知府陆诜对此说道：“川峡四路与内地不同，刀耕火种，民食常不足，至种芋充饥。今本路省税科折已重，蜀民轻侈不为积蓄，万一岁俭不能偿官，适陷民于死地可哀。愿罢四路使者，如其故便。”在陆诜等人的争取之下，最后只在成都府路设置了提举常平官一员。其实，就是在成都府路，其遇到的阻力已不小。如宋神宗下诏，针对本路的嘉州（治今四川乐山）和蜀州不向朝廷报告各自的青苗法实施情况，要求陆诜定其罪责之后汇报中央。不久，陆诜就去世了，无果而终①。其爱民情怀深受百姓爱戴，“挺然直节庇峨岷，谋道从来不计身。属纩家无十金产，过车巷哭六州民”②。实际上，“青苗法是一种以抑制农村高利贷为目标的农贷措施，政府运用常平仓、广惠仓（用于贩济州县城郭中老幼贫疾不能自存的人）的钱谷，于每年新陈不接时贷予农民，农民在收成后加息二分归还”③。

比起青苗钱来说，免役法在成都府的实行遇到的阻力更大。在免役钱的实施过程中，有些成都知府表达了自己的反对意见。新繁（今属成都市新都区）主簿程之邵对提举司过多地征收免役钱的做法表示异议，对初期在成都府路审慎推行免役法，产生了一定的积极作用。因此，他被成都知府赵抃上请朝廷而准予留任，“以父荫为新繁主簿。熙宁更募役法，常平使者欲概州县民力，以羡乏相补。之邵曰：‘此法乃成周均力遗意，当各以一邑之力供一邑之役，岂宜以此邑助他邑哉？’使者愧服，辟之邵为属，听其所为。熊本察访蜀道归，语诸朝曰：‘役法初行，成都路为最详，之邵力也。’诏召见，成都守赵抃奏留之”④。崇宁三年（1104），虞策因不按朝廷要求实施免役法而受到处罚，由枢密直学士降为龙图阁直学士，以示惩戒，“敕朕惟神考稽古验今，制免役之法，以子惠天下”，然而，“具官

---

① 《长编》214，神宗熙宁三年八月辛巳。
② 苏轼：《东坡全集》卷2《陆龙图诜挽词》。
③ 李华瑞：《宋代的社会保障与社会稳定》，《探索与争鸣》2016（3）。
④ 《宋史》卷353《程之邵传》。

某顷任民曹，职当遵奉，乃怀私意，妄改诏条”①，于是，“枢密直学士、新差知成都府虞策降为龙图阁直学士”②。确实，“免役钱之征在区域间存在明显的不平衡性，这首先是由它从最初作为一种代役钱、后来蜕变成为赋税的创立途径决定的”③。

总的说来，熙宁（1068—1077）以前成都府的二税是比较轻的。直到熙宁十年（1077），成都府路上缴的二税数额都不大，“夏税两浙最多，二百七十九万七百六十七贯石匹斤两，成都、夔州二路各只七万有零。”④

可见，北宋成都知府在两税征收中所发挥的作用，总体上呈现减少趋势，朝廷“制其钱谷”政策得到了充分落实。

2. 北宋成都知府与商税征收

“入宋以后，我国的商税收入在政府的财政收入中占有重要的地位”⑤，特别是“神宗朝以后，朝廷开始逐步通过改变专卖形式等措施，使榷利由地方转归中央直接管理和支配”⑥。确实，“两宋时期州一级商税由知州兼领，通判一般只在财政方面对知州起监察作用；而作为地方统兵官，都监、监押有时也参管商税，但也主要是对知州起监察作用”⑦。此外，“宋朝每克复疆土，必下诏蠲省。凡州县皆置务，关镇或有焉，大则专置官监临，小则令、佐兼领，诸州仍令都监、监押同掌之”⑧。大中祥符六年（1013），宋真宗下诏：“茶盐酒税及诸物场务，自今总一岁之课合为一，以祖额较之，有亏损，则计分数。其知州军、通判，减监临官一等区断，大臣及武臣知州军者，止罚通判以下”，这是因为“时上封者言诸路岁课增羡，知州、通判皆书历为最，有亏则无罚，请行条约故也”⑨。康定元年（1040），朝廷对州县官员征集商税实行奖惩制度，“天下州县课利场务，

① 慕容彦逢：《摛文堂集》卷3《枢密直学士知成都府虞策降充龙图阁直学士制》。
② 《宋会要辑稿》食货14之15。
③ 包伟民：《宋代地方财政史研究》，第213页。
④ 方勺：《泊宅篇》卷10，第57页。
⑤ 林文勋：《北宋四川商税问题考释》，《中国社会经济史研究》1990（1）。
⑥ 江晓敏：《唐宋时期的中央与地方财政关系》，《南开学报》2003（5）。
⑦ 李景寿：《宋代商税问题研究》，第14页。
⑧ 《文献通考》卷14《征榷考一》。
⑨ 《长编》卷81，真宗大中祥符六年七月辛亥。

自今逐处总计，大数十分亏五厘以下，其知州、通判、幕职、知县各罚一月俸；一分以下，两月俸；二分以上，降差遣。其增二分以上，升陟之”①。

事实上，“禁榷制度是一种与国家行政手段相结合的国家垄断经济的行为，‘获利’即利润最大化是政府追求的目标”②，并且，“禁榷之利对宋朝政府来说异常重要，这也是宋代财政即为军事财政的道理所在”③。熙宁七年（1074），宋神宗“诏定诸广南真珠已经抽解，欲指射东京、西川贸易者，召有力户三两名委保，赴税务封角印押，给引放行。各限半年到指射处，与免起发处及沿路税，仍具邑额、等第、数目，先递报所指射处照会。候到日，在京委当职官估价，每贯纳税百钱；在西川委成都知府通判监估，每贯收税二百钱”④。在商税征收方面，成都知府被朝廷赋予了一定的职权。

（1）茶税

实际上，“从宋朝收复四川直到熙宁七年（1074年）四川茶一直实行通商法”⑤，当然，“四川地区商税减少的主要原因就是政府所实行的榷茶之政”，这是因为“茶叶是四川地区的决定性商品”⑥。熙宁七年（1074），北宋朝廷内展开了一场关于要不要在成都府路推行市易法的激烈争论。参知政事冯京以淳化年间（990—994）博买务的设立导致王小波、李顺起义的爆发为由，反对在成都设置市易务和推行市易法。宰相王安石则据理反驳，非常肯定地认为：“市易必不能致蜀人为变也。”⑦ 其结果是，“诏三司勾当公事李杞等罢相度成都府置市易务，止具经画买茶于秦凤、熙河路博买利害以闻”，其后，“成都府、转运司同议，亦以为便”，使这一方案被确定了下来⑧。于是，川茶禁榷之法便轰轰烈烈地推行起来。

---

① 《长编》卷127，仁宗康定元年六月辛亥。
② 张锦鹏：《宋代商品供给研究》，第249页。
③ 董春林：《以盐制夷：宋代西南民族地区羁縻政策管窥》，《广西民族研究》2015（4）。
④ 《宋会要辑稿》食货41之46—47。
⑤ 黄纯艳：《宋代茶法研究》，第290页。
⑥ 林文勋：《北宋四川商税问题考释》，《中国社会经济史研究》1990（1）。
⑦ 《长编》卷249，神宗熙宁七年正月癸亥。
⑧ 《宋会要辑稿》食货56之17。

为了增加朝廷财政收入，茶场司被赋予了巨大的权力，成都知府逐渐被排挤出四川地区的茶叶专卖活动之外了。元丰元年（1078），成都知府刘庠因言榷茶之害，即被茶场司奏劾为“越职”，“诏成都府路转运司，劾成都府官司越职受理茶场司事者，茶园户等如有罪，亦劾之；已决者具析以闻。以李稷言，知成都府刘庠受名山知县杨少逸越诉事，不可提举茶场司故也。初，少逸因民讼，以状白庠，愿闻于朝，督茶吏路玠盗传邮而藏之。庠具奏其事，且言榷茶害远方，请重黜玠。而稷方主玠，论庠越职，故有是诏”①。确实，“茶马法的实施，使北宋中央财政收入大幅提高，也带动了四川茶叶的生产和销售，但对于四川百姓来说，给他们带来的却不是财富，而是沉重的税负”②。

（2）盐税

事实上，“宋代社会经济发展，人口增长，作为人们一日不可或缺的食盐需求量大增，但受产量和运输条件的限制，食盐的供需缺口很大，加之政府推行的食盐专榷政策，使得食盐贩私成为一项十分有利可图的暴利事业”③。

北宋时期，在盐税征收的过程中，成都知府发挥了一定的作用。淳化五年（994），张咏被任命为益州知州。面对当时“关中率民负粮以饷川师，道路不绝”的情况，他了解到“城中所屯兵尚三万人，而无半月之食”的困难局面，以及“盐价素高而廪有余积”的有利条件，然后“乃下其估，听民得以米易盐。于是民争趋之，未逾月，得米数十万斛”，顺利地解决了驻军的生活保障④。为了抑制盐价高涨，他还向百姓发放购买凭证，“张咏镇蜀日，春粜米，秋粜盐，官给券，以惠贫弱”⑤。

宋仁宗时，益州知州韩亿降低食盐销售价格出卖给驻军，“蜀之戍兵，旧比食淡，公损盐估，等差而鬻予之，著为定令”⑥。也是在宋仁宗时期，

---

① 《长编》287，神宗元丰元年正月辛未。
② 李延芳、杨兴涓：《蜀茶禁榷在北宋后期治边中的作用及其局限性》，《农业考古》2018（5）。
③ 史继刚：《宋代官府食盐购纳体制及其对盐民利益的侵害》，《盐业史研究》2014（3）。
④ 韩琦：《安阳集》卷50《故枢密直学士礼部尚书赠左仆射张公神道碑铭》。
⑤ 《宋史》卷315《韩绛传》。
⑥ 《全蜀艺文志》卷37，阎灏：《韩忠宪公祠堂记》。

针对“先是，益、利盐入最薄，故并食大宁监、解池盐，商贾转贩给之。庆历中，令商人入钱货益州以射大宁监盐者，万斤增小钱千缗，小钱十当大钱一。贩者滋少，蜀中盐踊贵，斤为小钱二千二百”的问题，益州知州文彦博反映具体情况后，宋仁宗“诏皆复故”[①]。

（3）酒税

实际上，“由于酒的生产不像茶盐那样有明显的地区性，因此宋代的酒法较之茶盐之法，也显得略为繁杂”[②]。其目的非常明确，“宋代实行榷酒制度的目的，在于最大限度地攫取高额酒利，因而为了保证官府独享酒利，宋封建国家通过立法在城镇及其近郊划有严格的禁地范围”[③]。其实，“酒税是宋代四川财赋利源的根本和支柱”[④]。

在酒税征收方面，成都知府力争尽量减轻对百姓的赋税征收。太平兴国七年（982），针对此前“诸州官榷酒酤，官物不足以充用，多赋于民，益为烦扰”的问题，成都知府辛仲甫“并请罢之，仍许民自酿”。于是，宋太宗下诏：“剑南东西、峡路诸州，民输租及榷利，勿复征铜钱。罢官酤酒，仍造曲与民，前所增曲钱三十万并除之。禁诸州不得擅增物价。”[⑤]

景德三年（1006），任中正担任益州知州，针对三司允许州府超额榨取酒课的情况，向朝廷请求恢复过去由牙校按市场销售来确定酒税的做法，得到了朝廷批准，“酒务旧委牙校，而三司许州豪增课夺之，中正为论于朝，诏复委牙校如故，仍特遣使谕旨”[⑥]。

天圣五年（1027），三司将益州知州薛奎请求朝廷改变四川地区酒税征银的做法上奏宋仁宗：“川界诸州军监盐酒坊务，并是衙前公人买扑勾当，其年额钱内有分数折变送纳绸绢，每匹六千五百，铤□两五贯五百。缘诸州元无出银坑冶，自来准望客人将川中匹帛往内地州军破卖，收买到银送纳。今缘益州街市银每两见卖小铁钱二十千足，若将比附盐、酒折

① 《宋史》卷183《食货下五》。
② 包伟民：《宋代地方财政史研究》，第287页。
③ 李华瑞：《宋代非商品酒的生产和管理》，《河北大学学报》1991（3）。
④ 贾大泉：《宋代四川的酒政》，《社会科学研究》1983（4）。
⑤ 《长编》23，太宗太平兴国七年八月戊寅。
⑥ 《长编》63，真宗景德三年七月辛丑朔。

变，约是增长三倍以来。及问得添长因依，盖为客人在内地兴贩铤银入川，须经兴、利、三泉县三处官场，每十两抽买一两，每两支小铁钱十一贯三百文足，因兹客旅更有一重销折艰难，致铤银得到川中价例增长。又勾当场务公人就大价收买，趁限送纳，甚是不易。欲乞指挥利州路转运司，兴、利州、三泉县住行抽买铤银，却将逐年买银钱收买绸绢上京送纳。省司相度，欲依所请施行"①，其申请获得了仁宗皇帝的恩准。

总之，在商税征收方面，成都知府向朝廷提出一些合理化建议，对保障上供的完成和减轻百姓的经济负担，具有一定的积极意义。但是，成都知府基本上被排挤在商税征收的范围之外，朝廷"制其钱谷"的政策得到了充分的贯彻落实。特别是熙丰变法以后，在朝廷的巧取豪夺之下，四川地区百姓的赋税负担已经相当沉重了。正如元祐二年（1087）宋哲宗所说的那样："朕惟西蜀地狭而赋重，人懦而吏肆。"②

3. 北宋成都知府与赋税减免

在经济条件许可的情况下，北宋王朝比较注意减免赋税。乾德二年（964），宋太祖"诏诸州长吏视民田旱甚者即蠲其租，勿俟报"③。乾德三年（965），"诏西川城内民户食盐，伪蜀估定每斤百六十足陌，自今减六十文，诸州取逐处价减三分之一"④。乾德四年（966），下诏："朕自下巴、邛，继行恩宥，务去烦苛之政，俾苏疲瘵之民。尚念国家之岁赋常租，犹令蠲免；臣下之倍称出息，岂可诛求！应西川诸州人户，自前有负伪国臣僚博放出利钱帛者，诏到日并与除放。如或元非出利及今后别有逋债，不在此限。所在长吏，其备录诏书以谕关内百姓"⑤。开宝二年（969），"诏西川诸州卖曲价高，可于十分中减放二分"⑥。咸平三年（1000），"免益州今年夏税"⑦。庆历五年（1045），宋仁宗下诏："益州每

---

① 《宋会要辑稿》食货37之10—11。
② 苏轼：《东坡全集》卷109《赐资政殿学士大中大夫新知成都府王安礼乞知陈颍等一郡不允诏》。
③ 《长编》卷5，太祖乾德二年四月戊申。
④ 《宋会要辑稿》食货23之18。
⑤ 《宋会要辑稿》刑法2之1。
⑥ 《宋会要辑稿》食货20之3。
⑦ 《宋会要辑稿》食货70之159。

岁上供物帛数特减岁额三分之一，益、梓路州军所织锦绮、鹿胎等，并减其半”[①]。

尽管“北宋一代，四川的赋税负担相对其他地区为轻”[②]，但是成都知府也参与到了赋税减免之中来。在赋税减免问题上，成都知府发挥了较大作用，特别是在北宋中前期最为突出。在宋太祖的授意下，宋代历史上第一任成都知府的吕余庆，废除后蜀孟昶实行的榷税政策：“蜀初平，吕余庆出守，太祖谕曰：‘蜀人思孟昶不忘，卿官成都，凡昶所榷税食饮之物，皆宜罢。’余庆奉诏除之，蜀人始欣然不复思故主矣。”[③] 此举赢得了人心，四川地区的社会局势迅速稳定下来。确实，“正是宋廷在孟昶归降后所得财富数量之巨，远超正常情况下从蜀地每年征收的赋税，才为其实施大规模、长期性地减轻蜀地百姓负担的政策提供了条件”[④]。

至道三年（997），益州知州张咏上言：“万州管内有官收津渡钱数百贯，兼有税场，皆甚扰民”，于是，宋太宗“诏并除放”[⑤]。遥远的万州（治今重庆市万州区）已经纳入其减税范围，足见其视野遍及整个四川地区了。事实上，“从张咏治蜀开始，由于宋朝廷对四川的治理始终小心谨慎，所以尽管国家财政困窘，但对四川的赋税征收始终留有余地”[⑥]。

宋真宗时，成都知府雷有终“在蜀尝贷备用库钱数百万，奏纳其第偿之，优诏蠲免”[⑦]。确实，“北宋初期由于‘平蜀多杀’，豪取横夺，连续发生了多起反宋的变乱。为此，北宋政府不断调整政策，实行轻赋、废禁榷等新措施，促使四川地区长期稳定”[⑧]。

宋仁宗时，在赋税减免方面，杨日严、文彦博、田况、张方平、彭思永、王素等成都知府发挥了重要作用。庆历元年（1041），针对当时“三司急财用，有诏析户版为十等第赋役，民以岁租占佃官田庐者，高其估，

---

① 《宋会要辑稿》食货 64 之 23。
② 包伟民：《宋代地方财政史研究》，第 235 页。
③ 邵伯温：《邵氏闻见录》卷 1，第 7 页。
④ 吴红兵：《宋朝平蜀后消弭孟氏政权影响措施刍议》，《四川师范大学学报》2017（6）。
⑤ 《宋会要辑稿》食货 17 之 14。
⑥ 谭平：《惟蜀有才　宋代四川人才辈出的文化机理》，第 59 页。
⑦ 《宋史》卷 278《雷有终传》。
⑧ 粟品孝等：《南宋军事史》，第 268 页。

募输钱就市为己业，人苦其扰”的情况，杨日严“奏罢之”，免除了百姓过重的赋役负担①。庆历五年（1045），文彦博减少了上供之额，并免除了一些的杂赋税目，“省岁供缣帛，革常平之法，罢蒿秸之赋，使吾父子夫妇皆安而居”②。田况“奏减三司市布”③，向仁宗请求减少了三司购买布匹的数量。嘉祐元年（1056），张方平从成都知府调回朝廷担任三司使时，请求朝廷批准之后，罢除了额外增加的赋税四十万贯匹，“自西鄙用兵，两蜀多所调发。方平还自益州，奏免横赋四十万贯匹”④。同年，彭思永权摄成都知府，针对“岁有中贵人祠峨眉，常留成都中数十日，诛取珍货奇玩，例至数百万钱，一出于民间”的问题，他“命三省其二，使者恨怒而去”，从而有利于减轻百姓的赋税负担⑤。宋仁宗时，“先是，牙校岁输酒坊钱，以供厨傳之费，前后日加丰而不知约，故输者亦加困而不能胜”，成都知府王素“为一切裁约之，省其费过半”⑥。可见，成都知府大量地参与赋税减免工作，充分反映了宋仁宗时期财政困难与赋税增加的客观事实。

治平二年（1065），针对“异时内侍使蜀，给酒场吏主贸卖，听使倍取以资费”的情况，成都知府韩绛“奏请加禁约”。于是，“上敕内侍省著为令，每行必申戒焉”，其建议得到了宋英宗的采纳⑦。

宋神宗时，成都知府刘庠向朝廷请求免除百姓坊场高估而欠负的税钱几十万，“细民竞利，以高直占坊场，破产不能偿，相继垂死或自杀。公请蠲所负，以惠远人，乞推之诸路。天子可其奏，获免者凡数十万计”⑧。元丰八年（1085），成都知府吕大防上奏说：“准内臣张琳公文，除十色紧丝来年织外，所有锦紧、丝鹿胎并依今样织行。已将未上机物帛依样织

① 《长编》卷132，仁宗庆历元年五月辛未。
② 《成都文类》卷32，冯浩：《江渎庙醮设厅记》。
③ 范纯仁：《范忠宣公集》卷16《太子太保宣简田公神道碑铭》。
④ 《长编》卷183，仁宗嘉祐元年八月癸亥。
⑤ 程颢、程颐：《二程文集》卷3《故户部侍郎致仕彭公行状》。
⑥ 王珪：《华阳集》卷58《王懿敏公素墓志铭》。
⑦ 《长编》卷205，英宗治平二年七月辛巳。
⑧ 吕陶：《净德集》卷21《枢密刘公墓志铭》。

造，合行审取圣旨。”于是，宋神宗“诏并权住织造”[①]。

到宋神宗时期，国家的财政开支急剧增加，财政危机日益严重。王安石变法最重要的目的就是增加中央的财政收入。因此，在减轻百姓负担方面，成都知府所能发挥的作用日渐减弱。确实，“熙丰以后则不仅进一步强化对地方财赋收支的监管，更主要的是表现为通过诸多手段将地方财赋收归中央”[②]。

有时，成都知府还与转运使一起共同参与到赋税减免的工作之中。宝元二年（1039），由于四川地区发生了严重的干旱现象，益州知州张逸和益州路转运使明镐共同向朝廷报告有关情况，朝廷批准减免受灾民户的一半田租，使数万灾民渡过难关，“飞驿告于朝，不越月，竟得诏蠲被旱之租半。用是谷不甚翔，活力田之民数万。计议者谓公之惠，不减于时雨焉”。作为转运使的明镐能够同情百姓的疾苦，参与到减轻百姓沉重的经济负担之中来，难能可贵，确实是“天下奇材”[③]。

但是，成都知府与转运使之间在赋税减免方面也会存在一些矛盾。康定元年（1040），针对此前益州路转运使韩渎“急于笼利，自薪刍、蔬果之属皆有算”的问题，刚刚上任的益州知州任中师“悉奏除之”[④]。宋仁宗时，陈耿知阆中县（今四川阆中市），“岁大旱，郡守希转运使意，不听民诉灾。民遮君自言，君即诣府请之，犹不许。因趋出，悉取民所诉状属吏，以令蠲其租。而公文上转运使，转运使初不悦，后无如之何”，因此，知益州文彦博“闻而嘉之，更分遣官属，行视两川郡县之被灾者，皆奏除其租”[⑤]。

总之，北宋前期，在赋税减免的过程中，成都知府所发挥的作用比较突出。但到北宋中后期，随着熙丰变法的实施，其减免赋税的身影也就逐渐地消失了。

---

① 《长编》卷354，神宗元丰八年四月乙酉。
② 黄纯艳：《宋代财政史》，第262页。
③ 《成都文类》卷29，张庚：《重修馆驿记》。
④ 《长编》卷127，仁宗康定元年四月己丑。
⑤ 刘敞：《公是集》卷53《陈君（耿）墓志铭》。

二、北宋成都知府与财政支出管理

宋代州级政府财政支出的范围是比较广泛的，“除上供和送使的经费以外，州郡的财政开支主要有三大项：一是本路帅司和监司的官吏和兵士的俸禄和薪饷以及一部分公使钱；二是输送给其他州郡的一些财赋；三是拨入本州公使库的一部分财赋”①，简言之，“州郡的岁计主要是保障本州军需、官吏俸禄、公务费用等”②。朝廷要求州级政府的财政支出由知州和通判共同承担管理责任，特别是“公使库的钱物，主要用于宴请、馈赠、官员赴任、罢移等费用的支出。这些费用的支出必须由知州和通判共同签书”③。大的州府多设粮料院，由粮料院依条批支地方官员的俸禄，通判负责监督勘验，即“以逐州通判兼权”④。乾德四年（966），宋太祖“诏应荆湖、西蜀伪命官见为知州者，令逐处通判或判官、录事参军，凡本州公事并同签议，方得施行”，这是因为“时以伪官初录用，虑未悉事，故有是命焉”⑤。乾德六年（968），“诏诸州通判、官粮料院至任，并须躬自检阅帐籍所列官物，不得但凭主吏管认文状”⑥。开宝四年（971），宋太祖“诏应州有公使处，知州与通判同上历支破”⑦，其中，“知州知军为一郡之首，总领一郡军民之政，同时也是财政的最高负责人。郡守之下，设有完整的财政管理机构，由通判及其他属官分领”⑧。

1. 北宋成都知府与上供物资筹集运送

宋代地方上供财赋的立额，是在宋真宗统治时期。宋人陈傅良对此有较详细的考述：“国初上供，随岁所入，初无定制，而其大者在粮、帛、银、钱。”然后，“景德四年，诏淮南、江、浙、荆湖南北路，以至道二年

① 朱瑞熙：《中国政治制度通史》第6卷，第627页。
② 黄纯艳：《宋代财政史》，第238页。
③ 贾玉英：《宋代监察制度》，第412页。
④ 《宋会要辑稿》职官27之60。
⑤ 《宋会要辑稿》职官47之2。
⑥ 《文献通考》卷23《国用考一》。
⑦ 《长编》卷12，太祖开宝四年十月丙戌。
⑧ 包伟民：《宋代地方财政史研究》，第61页。

至景德二年终十年酌中之数，定为年额，上供六百万石，米纲立额始于此。”① 确实，“上供数额的定立大约都是在宋真宗朝”②。北宋前期，四川地区的上供负担是比较轻的，“上供绢䌷七万四千匹，绫三万四千余匹，锦绮一千八百余匹段，皆正色也”③。在正赋之外，“惟有三路绢纲三十万匹、布纲七十万匹，每匹为直三百文，而茶、盐、酒皆未有管榷，是上供之外，一岁供于地方仅三十万缗也”。但是，到宋神宗时期，则陡然上升。蜀中上供，“自元丰榷茶，岁为百万，市马以赴中都，而所出已三倍于祖宗之世矣”④。北宋时期，成都知府与上供物资筹集运送之间的关系，主要体现在匹帛生产、购买战马、上供物资的运输三个方面。

（1）匹帛生产

北宋时期，成都知府要负责组织工匠生产上供之物。宋真宗时，出任益州知州的赵稹，因为大大削减三司度支购买蜀锦的数量，结果受到降知同州（治今陕西大荔）的处分，“度支市锦六千，公召工较其日力，岁止千余匹，乃以千数上供焉。就移知同州”⑤。另载，“时上封事者言，赵稹不晓民情，好自尊大，与众不协，故代之。降稹知同州”⑥。不过，后来他也因此得到了宋仁宗的重用，“天圣中，上殿。上曰：‘先帝时，诏益州市锦六千匹。时有姓赵者知州，止市千匹，还是卿否？’稹曰：‘是。’未几大用”⑦。

宋仁宗时，益州知州薛田负责完成上供朝廷布匹的任务，“西川布估钱者，始天圣中，薛田帅蜀，于成都府、邛、蜀、彭、汉州、永康军产麻六郡，岁市官布，每匹给钱三百，以起上供及三路纲运。是时价值颇优，民乐与官为市”，然而，“至熙宁间，物已贵，于是每匹增价至四百，然始以等第配率”⑧。薛田的这一做法，为其继任者薛奎所沿用。

---

① 《文献通考》卷23《国用考一》。
② 汪圣铎：《宋代转运使补论》，《中国史研究》2004（1）。
③ 《建炎以来朝野杂记》甲集卷14《四川上供绢䌷绫锦绮》，第293页。
④ 《建炎以来朝野杂记》乙集卷16《四川桩管钱物》，第801页。
⑤ 尹洙：《河南集》卷13《赵公（稹）墓志铭并序》。
⑥ 《长编》卷96，仁宗天禧四年十一月戊午。
⑦ 曾慥：《类说》卷2《名臣传·赵稹》。
⑧ 《建炎以来朝野杂记》甲集卷14《四川布估钱》，第294页。

天圣四年（1026），薛奎令预先支付每匹三百文给农户，作为折变之费，“以枢密直学士、右谏议大夫、知益州薛奎为龙图阁直学士、权三司使公事，右谏议大夫、权御史中丞程琳为枢密直学士、知益州。成都岁市布织缣数千万以给秦、陇军用，吏多隐克为奸，奎令民自相保任，预贷其直，以期会输官，民便之”[①]。但是，成都知府的这种职权后来落到了转运使手中，不仅压低购买价格，而且增加数量，使富人和穷人均不堪重负，“薛简肃公时，布一匹三百文，依其价，春给以钱，而秋令纳布，民初甚善之。今布千钱，增其价才至四百。其后，转运使务多其数，富者至数百匹，贫亦不下二三十匹，而贫富俱不憀矣”[②]。宋仁宗时，张逸担任益州知州，招募工匠生产绢帛，“旧府帑多积丝，相沿成弊，因募工纺织之，得绢四万匹，皆北输以雄边”[③]。

宋神宗时，随着开边政策的推行，对蜀锦的需求大量增加。元丰六年（1083），成都知府吕大防上言：“岁额上供锦，豫支丝红花工直与机户雇织，多苦恶欠负。昨创令军匠八十人织，比旧费省而工善。今先织细法锦及透背鹿胎样进呈，乞换充本府机院工匠。”于是，宋神宗下诏：“成都府创用军工织锦，比较以前机法精好，兼省工直，并依所奏。”[④] 然后，便在府治东侧修建锦院，在军队中招募五百名工匠，设置监官，组织生产蜀锦，“宋朝岁输上供等锦帛，转运司给其费，而府掌其事。元丰六年，吕汲公大防始建锦院于府治之东，募军匠五百人织造，置官以莅之”[⑤]，效果颇佳，“募工而涅籍之人，岁费三十千，八十人而足。则不烦于民，而得良物以充贡”[⑥]；其积极作用非常突出，“元丰六年（1083）成都府官吕大防只好在府治的东面修建房屋，创办官营上供机院——成都府锦院。集中生产，统一管理，保证朝廷对蜀锦的需求”[⑦]。

---

① 《长编》106，仁宗天圣六年三月辛酉。

② 范镇：《东斋记事》卷3，第25—26页。

③ 《成都文类》卷29，张庾：《重修馆驿记》。

④ 《长编》卷338，神宗元丰六年八月己亥。

⑤ 《全蜀艺文志》卷56，前人：《蜀锦谱》。

⑥ 《全蜀艺文志》卷34，吕大防：《锦官楼记》。

⑦ 贾大泉、周原孙：《四川通史》第4册，第189页。

（2）购买战马

北宋时期，在购买战马方面，成都知府发挥了一定的作用。庆历元年（1041），针对陕西上奏“收市益、梓路溪洞马”，却“不知其实无马”的情况，益州知州杨日严向仁宗请求予以罢除[①]。

宋神宗时，王安石为富国强兵而进行的变法中，购买战马成为保马法的重要内容之一。于是，在四川地区也掀起了购买战马的一个高潮。

起初，购买战马的任务是交给成都知府负责。熙宁七年（1074），宋廷任命蔡延庆兼提举戎州（治今四川宜宾）和黎州（治今四川汉源）买马，并且负责组织买马官员，然后把有关人员的名单上报朝廷，“诏知成都府蔡延庆兼提举戎、黎州买马，其令选举官具名以闻”[②]。熙宁八年（1075），在成都知府蔡延庆向朝廷反映“邛部川蛮王苴克等遣首领，愿以马中卖入汉”的情况后，宋神宗“诏延庆优加犒设，以示招来”，这是因为“议者以成都府路可市马，特委延庆领其事”[③]。同年，蔡延庆还说道：“威、雅、嘉、泸、文、龙州，地接乌蛮、西羌，皆产大马，请委知州、寨主以锦彩、茶绢折买。”其建议得到了朝廷的采纳，同时“仍委延庆提举”[④]。亦在同年，“乃诏知成都府蔡延庆提举戎、黎州买马。会威、茂夷人寇边，而西边马已至，诏罢之”[⑤]。

然后，朝廷要求成都知府与转运司共同筹划购买战马事宜。元丰六年（1083），宋神宗下诏：“成都府、利州路缘边出马处，宜堪配军者，令知成都吕大防与两路转运司同经制画一以闻。”[⑥] 同年，吕大防“欲编排四尺二寸以上马百匹进呈，如堪配军，即乞依此收买”，其请求得到了朝廷的批准[⑦]。可是，收效不大，“复命知成都吕大防同成都府、利州路转运司，经制边郡之可市马者，遂制嘉州中镇砦、雅州灵关等买马场，而马皆不

① 《长编》132，仁宗庆历元年五月辛未。
② 《长编》255，神宗熙宁七年八月庚午。
③ 《宋会要辑稿》兵22之8。
④ 《长编》卷259，神宗熙宁八年正月乙巳。
⑤ 陈均：《九朝编年备要》卷19，熙宁七年十二月“置熙河买马场”。
⑥ 《长编》卷340，神宗元丰六年十月庚寅。
⑦ 《长编》卷341，神宗元丰六年十二月甲申。

至。元祐初，乃罢之”①。元祐元年（1086），朝廷重臣吕大防上言：“前任成都府日，准朝旨，与成都府、利州两路转运司官同经制买马，借其协力，颇见成效。其见任权成都府路转运副使章楶，乞量加擢任。”于是，宋哲宗“诏改章楶为权成都府路转运使”②。

然而，随着买马司特别是茶马司的设立，成都知府逐渐远离了战马购买事务。熙宁八年（1075），权发遣三司盐铁判官、提举成都府利州秦凤熙河等路茶场李杞上言：“卖茶博马，乃是一事，乞同提举买马，岁以万五千匹为额。”于是，宋神宗“诏杞兼提举买马，且以二万匹为额，候二年取旨。杞以为数多，再诏以万五千匹为额”③。宣和三年（1121），宋徽宗“诏川陕买马万匹，提举茶马司郭思、张有极及官属等升职进官有差”④。确实，“四川与吐蕃族地区贸易的发展，并不是单纯地为了向各少数民族购买马匹，它同时也贯穿着对各少数民族施以羁縻的民族政策”⑤，也就是说，“宋朝用茶博买羁縻马，不求马之为用和马价之廉，但求通过茶马贸易，从经济利益上安抚少数民族，保持边境安宁”⑥。

（3）上供物资的运输

北宋时期，成都知府对上供物资的运输负有一定的责任。乾德六年（968），宋太祖下诏：“自今应诸道州、府、军、县上供钱帛，并官备车乘辇送。其西川诸州合般钱物，即于水路官自漕运，不得差扰所在民人。仍于逐处粉壁揭示诏书。”⑦ 太平兴国七年（984），在“两川上供纲，所过丁男百十辈转送，罪人锢送阙下，在道病者亦发民舆担。知河南府何承矩奏，以为疲民横役，请罢其事”之后，宋太宗“诏西川、岭南，荆湖、陕西每岁上供钱帛，勿复调民负担，以传置卒代之”⑧。

咸平四年（1001），针对“先是，上以西蜀辽隔，事有缓急，难于应

---

① 《宋史》卷198《兵十二》。
② 《长编》卷376，哲宗元祐元年四月己酉。
③ 《宋会要辑稿》职官43之49—50。
④ 《宋会要辑稿》职官43之101。
⑤ 林文勋：《宋代四川与吐蕃族地区的贸易》，《思想战线》1992（1）。
⑥ 贾大泉：《宋代四川同吐蕃等族的茶马贸易》，《西藏研究》1982（1）。
⑦ 《宋会要辑稿》食货42之1。
⑧ 《长编》卷23，太宗太平兴国七年二月辛未。

援，故分四路，别置官属。又虑漕挽者各司其局，失均济之义”的问题，朝廷“命知益州、右谏议大夫宋太初兼川峡四路都转运使”①。咸平六年（1003），鉴于“自乾德平蜀，每岁上供纨绮，动逾万计，籍里民补牙校，部舟运，由嘉陵抵荆渚，沉覆殆半，破产以偿者甚众，州民患之”的情况，益州知州马知节“请择廷臣省吏二十人，凡舟十二艘为一纲，以二人主之，三岁一代而较其课，自是鲜有败者”②。

宋仁宗时，韩亿要求把上供之物转移到没有发生饥荒的地方，“又移上供物于他州不饥处。将代，郡人遮转运使，言愿上白留公”③。皇祐元年（1049），益州知州田况上言：“乞将养马务见管黎州买到第二、第三等马，计纲发赴陕西转运司交割，就近支配阙马兵士。”于是，宋仁宗“诏令陕西转运司相度。如堪配填诸军，即分配；如不堪支与诸军，并支拨与马铺”④。也是在宋仁宗时期，张方平“列上漕运十四策，仁宗悉施行之”⑤。

有时，成都知府还与转运使一起商量上供物资的运输线路事宜。宋仁宗时，程琳与转运使讨论并决定了四川上供物资的最佳运输线路，实施之后，很有成效，“公谓转运使：‘蜀之筋革积于荆渚，数不胜计，傥由襄、邓致于陕、雍，不阅月可足用。’行之，乃免暴赋”⑥。

确实，“北宋一代，四川财物源源不断地大批外运，供应着封建国家各种庞大的财政开支，对封建国家统治基础的稳固，产生了重大的影响”⑦。在上供物资筹集运送方面，成都知府发挥了重要作用。

2. 北宋成都知府与财政支出

实际上，“除官吏俸禄外，宋代州县财政主要的开支项目还包括地方军费与赈济两项。其中军费开支负担最重”⑧。北宋时期，成都知府与财政支出之间的关系，主要体现在兵费支出、社会救济开支、公共工程建设支

① 《长编》卷48，真宗咸平四年四月己未。
② 《长编》卷54，真宗咸平六年四月庚午。
③ 苏舜钦：《苏学士文集》卷16《韩公（亿）行状》。
④ 《宋会要辑稿》兵24之16—17。
⑤ 王称：《东都事略》卷74《张方平传》。
⑥ 吕陶：《净德集》卷21《太中大夫武昌程公墓志铭》。
⑦ 林文勋：《宋代四川商品经济史研究》，第260页。
⑧ 包伟民：《宋代地方财政窘境及其影响》，《浙江社会科学》1999（1）。

出、游宴之费四个方面。

（1）兵费支出

北宋时期，地方上供财赋不是都要输送到朝廷去的，本地驻军和邻近地区的军事开支都是上供财赋中的一部分，只是不输送到朝廷而已。事实上，“州军的经费支出，主要是官吏军兵的廪禄，其中尤以军俸军饷负担为重”①。其中，成都驻军的开支是一笔不小的费用，“土兵之籍于郡者，大率柔而多畏，冗而不足用，暖衣饱食，务完其生，以保其妻孥，一夫大呼而觊其从，不能为也。东兵之来戍者，以为休息地，至则约其服食，贷人以缗钱，而享倍称之息”②。

淳化五年（994），张咏出任益州知州。他采取“以米易盐”的方法，顺利地解决了驻军的粮食不够问题③。士兵们为此欢欣鼓舞地说道：“前所给米，皆杂糠土不可食。今一一精好，此翁真善干国事者。”于是，张咏满怀信心地认为：“吾令可行矣。”王继恩“既分兵四出”，张咏“计军食可支二岁，乃奏罢陕西运粮”，宋太宗高兴地说道：“乡者益州日以乏粮为请，咏至未久，遂有二岁之备，此人何事不能了，朕无虑矣”④。张咏还掌握着兵粮供给之权，“张咏守益部，时经王小波之乱，遗寇未殄。中贵人宣政使王继恩总兵柄，骄不急贼，咏因教主者不给兵粮。群校诉于咏，咏曰：‘即今出则给；若不出则不给。要反，但听之。’继恩翊日遂出捕贼。”⑤

宋真宗时，第二次担任益州知州的张咏，同样采用降低盐价以换取大米的办法，从而使军粮需求得到了保障，“再任坤维也，悉寇盗之后，兵火之余，公理残破，御权要，无毫发敢动者。时屯军尚多，贼炽未息，城中窘急，无旬日之粮。公乃封府库，榜城门，贱盐贵米，俾博易之相次，储备悉周，始安川蜀矣”⑥。

---

① 包伟民：《宋代地方财政史研究》，第54页。

② 《成都文类》卷22，前人：《送张安道赴成都序》。

③ 韩琦：《安阳集》卷50《故枢密直学士礼部尚书赠左仆射张公神道碑铭》。

④ 《长编》卷36，太宗淳化五年九月。

⑤ 田况：《儒林公议》。

⑥ 张咏：《张乖崖集》附录，钱易：《张公（咏）墓志铭》，第151页。

宋仁宗时，韩亿也降低食盐价格出售给驻军："蜀之戍兵，旧比食淡，公损盐估，等差而鬻予之，著为定令。"[①] 确实，"井盐课利是川峡四路负担中央和地方军费的重要来源"[②]。也是在宋仁宗时期，成都知府吕公弼采取提高粮食价格的办法，既解决了谷贱伤农的问题，又使百姓乐于卖粮，使军粮无忧，"岁屡丰，谷贱至伤农，军食不售。公为高其估谷价，适平乃止。故农不伤，而军食得售。人益喜，乃相与请图公之像为生祠，公拒止之。比去，至有作《蜀父吟》，以思公者"[③]。这是因为早在淳化五年（994）鉴于"先是，官吏有善政，部内豪民必相率建祠宇，刻碑颂，以是为名，因而掊敛，小民患之"的情况，宋太宗诏令"剑南诸州民为州县长吏建生祠堂者，宜禁之"的缘故[④]。

（2）社会救济开支

社会救济支出是地方政府的重要财政开支之一。随着宋代土地私有制度的发展，社会矛盾始终比较紧张，社会救济工作任务相当繁重，"宋代天灾人祸频仍，财政上用于赈贷、济贫的开支有相当数量"[⑤]。北宋朝廷不时地向地方行政长官发布进行社会救济的诏令。建隆四年（963），宋太祖下诏："为国之计，足食是先。属年谷之丰登，顾仓储之流衍，苟暴凉之失节，即损坏以为虞。必资守土之臣，共体分忧之寄。应所在仓廪，并委长吏躬亲检校，勿令损恶。"[⑥] 雍熙二年（985），宋太宗"诏诸道转运使及长吏，宜乘丰储廪以防水旱"[⑦]。大中祥符六年（1013），宋真宗"诏益、利两路去秋灾歉，宜令本路转运使洎长吏倍加存抚"[⑧]。大中祥符七年（1014），"诏诸路知州、通判每季阅视在城仓库，其外县者止校簿籍，不须巡行"，这是因为"初，淳化中，长吏每季行县之制，至是罢之"[⑨]。景

---

① 《全蜀艺文志》卷37，阎灏：《韩忠宪公祠堂记》。

② 贾大泉：《井盐与宋代四川的政治和经济》，《西南师范学院学报》1983（3）。

③ 《名臣碑传琬琰之集》上卷26，范镇：《吕惠穆公弼神道碑》。

④ 《宋会要辑稿》刑法2之5。

⑤ 汪圣铎：《两宋财政史》下册，第510页。

⑥ 《宋会要辑稿》食货62之53。

⑦ 《宋史》卷5《太宗二》。

⑧ 《长编》卷80，真宗大中祥符六年正月辛丑。

⑨ 《宋会要辑稿》职官47之5。

祐元年（1034），宋仁宗“诏诸路转运使与长吏举所部官专主常平钱粟”①。元符元年（1098），在详定一司敕令所的请求下，宋哲宗下诏：“鳏寡孤独贫乏不能自存者，州知通、县令佐验实，官为养之，疾病者仍给医药，监司所至，检察阅视”②。在社会救济工作中，成都知府肩负着重要职责，“始时岁荒力赈救，坐使饿殍成完肤。”③

北宋时期，在社会救济方面，成都知府成绩卓著。宋太宗时，针对“时议欲差夫往支郡般草”的问题，益州知州张咏说道：“百姓经贼，疮口未合，如何役他？只如彭汉去城，往还四程，一夫担几束草，喂几匹马”，他“遂于城西北门外，各创一草场，买百姓生草秣马，马甚优足复。又百姓当饥馑之际，得钱买食，全活者颇众。至十月后方住”④。为保障城市居民在灾荒之时能够买到价格便宜的粮食度日，张咏根据成都府诸县田税情况，按照当时的市场价格，折买大米六万斛。每年春天，登记有税田百姓数目并发给凭证，使他们按照最初价格卖给政府，并请求朝廷批准其长久不变。已经实行了七十余年，即使灾荒发生，米价上涨，成都百姓也能够渡过难关。这一举措的积极作用确实很大，“举其大者，则公尝以蜀地素狭，游手者众，事宁之后，生齿日繁，稍遇水旱，则民必艰食。时米斗直钱三十六，乃按诸邑田税，使如其价岁折米六万斛。至春，籍城中细民计口给券，俾输元估籴之，奏为永制。逮今七十余年，虽时有灾馑，米甚贵，而益民无馁色者，皆公之赐也”⑤。其影响非常深远，“其后王曙、韩亿父子、文彦博、胡宗愈诸贤，又相与修其法而守之，至于今不能易”⑥。

当然，并非所有的救济开支都由政府解决，有的成都知府还组织社会力量参与其事，主要是利用富人的财力作为补充。淳化五年（994），张咏“募富民出粟，千石济饥民者，爵公士阶陪戎副尉，千石以上迭加之，万

① 《长编》卷115，仁宗景祐元年七月壬子。
② 《宋会要辑稿》食货68之129。
③ 《全蜀艺文志》卷10，何郯：《益州州学圣训堂诗》。
④ 张镃：《仕学规范》卷23《莅官》。
⑤ 韩琦：《安阳集》卷50《故枢密直学士礼部尚书赠左仆射张公神道碑铭》。
⑥ 魏了翁：《鹤山集》卷43《潭州惠民仓记》。

石乃至太祝、殿直"[1]，他想尽一切办法赈济灾民，充分体现其拥有一颗滚烫的爱民之心。

宋真宗时，益州知州王曙抵制了一些人要求改变张咏的救荒良法，使之沿用下来，"蜀旧以季春粜廪米以济民，言利者增其直，公抗奏复旧，著为定制。先是，礼部尚书张公咏再守成都，蜀人怀之，以为无后继者。及公去，遂有'前张后王'之谚"[2]。正如歌谣所云："蜀守之良，先张后王。惠我赤子，俾无流亡"[3]。

宋仁宗时，不少成都知府开展了社会救济工作。韩亿在因大旱而出现灾荒的危急形势下，对张咏的救灾方法进行了一些调整，令有关税户预先支付救荒粮食，使灾情大大缓解，"居益部二年，值大旱荐饥，力为振济，他郡流冗者归焉。故事：每岁官粜粟六万石与贫民，公为先期增数以出之，以故民不太乏"[4]，同时，"又疏江流，溉民田数千顷，至今以为利"[5]，并且，他还"令富室造饘粥以赈救饿殍"[6]。其救荒措施非常全面，"至则岁果大旱，公罄精力，安集流散，凡利害事知无不为，决九升江口以溉，阖境濡足，赈廪劝分，宽赋弛役，所以救荒之术，施设甚详"[7]。

景祐四年（1037），张逸降低国家粮食的销售价格，以救济灾民，"会岁旱，逸使作堰壅江水，溉民田，自出公租减价以赈民"[8]。庆历五年（1045），文彦博在减价出售公粮的同时，又劝导益州和临近诸州的富人拿出多余的大米三十二万斛出来售卖，使饥民得以存活下来，"赈公廪，减稍食，谕益及诸郡富室，损有余之积，得米三十二万斛，以活吾民"[9]。这些举措使大米价格立即下降，显示出自己的杰出领导才能，"文潞公任成都府日，米价腾贵，因就诸城门相近寺院，凡十八处，减价粜卖，仍不限

---

① 《长编》卷36，太宗淳化五年九月。
② 尹洙：《河南集》卷12《文康王公（曙）神道碑铭并序》。
③ 《全蜀艺文志》卷3《张王二公歌》。
④ 苏舜钦：《苏学士文集》卷16《韩公（亿）行状》。
⑤ 《名臣碑传琬琰之集》下卷8，曾巩：《韩忠宪公亿》。
⑥ 《全蜀艺文志》卷37，阎灏：《韩忠宪公祠堂记》。
⑦ 张方平：《乐全集》卷39《韩公（亿）墓志铭并序》。
⑧ 《长编》120，仁宗景祐四年十二月庚寅。
⑨ 《成都文类》卷32，冯浩：《江渎庙醮设厅记》。

其数，张榜通衢。翌日，米价遂减。前此或限升斗以粜，或抑市井价直，适足以增其气焰，而终不能平其价。大抵临事当须有术也如此”①。

庆历八年（1048），田况遇到四川地区全面的自然灾害，刚刚进入四川地区的剑门关一带，就立即着手救灾工作。因自己还未到达成都任上就展开救济事宜，于是他向朝廷呈书请罪，“田况知成都府，会西蜀荒歉，饥民流离，况始入剑门，即发仓赈济，既而上表待罪”②，朝廷不但没有治罪，反而对他予以表彰奖励，“岁大凶，宽赋减徭，发廪以救之，而无饿者。事闻，赐书奖谕，迁给事中”③。他还“增常平岁籴，以备凶歉。蜀大饥，人无莩亡”④。

嘉祐四年（1059），王素担任成都知府，“利州路饥，公遣发廪赈救，民得无流徙。诏适下而公奏至，上数称嘉之”⑤，充分地发挥了救灾工作的积极性和主动性。其善举受到好评，“今之饥者待公而食，寒者待公而衣，凡民之失其所者，待公而安，倾耳耸听，愿闻盛德日新而不替”⑥。

嘉祐八年（1063），韩绛出任成都知府。他对富人非法侵占张咏救荒之利的情况，采取废除旧券，另发新券，并且三年进行一次评估，确定此券归属的办法，使豪强势力受到抑制，“初，张尚书咏给券粜盐米惠贫户，岁久皆转入富人。公废旧券，别以券予贫民，因奏凡三岁视贫富辄改易券”，此外，他还“出贷仓谷，循瘗医药，葬客死士与贫不能瘗”⑦。成都进士李戒还向韩绛推销其雇役之法，得到了他的肯定，“时韩子华知成都，戒亦尝以此策献之，子华大以为然”⑧。

治平二年（1065），结束益州知州任期后，担任权三司使的韩降，“请以川峡四路田谷输常平仓，而随其事任道里差次给直，以平物价”，宋英

---

① 范镇：《东斋记事》卷4，第35页。
② 魏泰：《东轩笔录》卷9，第101页。
③ 王安石：《临川文集》卷91《太子太傅致仕田公墓志铭》。
④ 范纯仁：《范忠宣公集》卷16《太子太保宣简田公神道碑铭》。
⑤ 王珪：《华阳集》卷58《王懿敏公素墓志铭》。
⑥ 苏轼：《东坡全集》卷76《上知府王龙图书》。
⑦ 《名臣碑传琬琰之集》上卷10，李清臣：《韩献肃公绛忠弼之碑》。
⑧ 司马光：《涑水记闻》卷15，第305页。

宗对此叹息道："众方姑息，卿独能不徇时耶？"于是，"诏行之"[1]。确实，"宋太祖立国之初，即反复下诏责令各州长吏及时体察民田受水旱灾害等实情，以蠲租减税。以后各帝也颇重视灾荒赈济，知州以救济灾民而闻名者代有人出"[2]，并且，"宋代不少知州在儒家思想的影响下，在赈荒济贫方面做出了比政府规定的更有效的努力，为维护封建国家在地方的正常统治起了重要作用"[3]。

此外，转运使也开展过一定的社会救灾工作，并拥护成都知府张咏的救荒之法。元丰二年（1079），"成都府路转运副使、司封郎中李之纯为转运使，再任。初，蜀部疾疫，之纯入境，括户绝产未售者与死而未瘗者，命吏分瘗，调度出府库钱，不足，以常平钱佐之，售其产以偿，具以闻"，于是，宋神宗"诏可之，著为令"。当"成都岁出官米六千斛，下其直以粜贫民。议者谓幸民而损上，诏下其议"的时候，李之纯认为："成都，蜀部根本，民待此为生百年矣，苟夺之，将转徙无所不至，愿仍旧贯。"使得"议遂格"，有利于保证救灾工作的正常开展[4]。宣和五年（1123），因为有臣僚反映"闻蜀父老谓本朝名臣治蜀非一，独张咏德政居多，如赈粜米事，著在皇祐甲令，常刻石遵守，至今行且百年。其法：一斗止粜小铁钱三百五十文，人日二升，团甲给历赴场请籴，岁计六万石，始二月一日，至七月终。贫民阙食之际，悉被朝廷实惠。比年漕臣不职，米直渐增，或陈腐不堪，杂以糠秕，不独损六万之数，且几察不严，乞赐施行"的情况后，宋徽宗"诏漕臣检会皇祐条例，措置以闻"[5]。可见，张咏的救灾良法不仅为后任成都知府所效法，而且也得到一些转运使的认可。

有时，成都知府还与监司长官一起开展灾荒救济工作。庆历六年（1046），文彦博说道："臣在益州，首先劝诱人户发粟赈济"；当时担任益州路转运判官而现任提点刑狱的高惟几"出巡外郡，劝诱人户出粟，一如

① 《长编》卷205，英宗治平二年七月辛巳。
② 周方高：《宋代农业管理若干问题研究》，第49页。
③ 苗书梅：《宋代知州及其职能》，《史学月刊》1998（6）。
④ 《长编》卷300，神宗元丰二年十月己酉。
⑤ 《宋会要辑稿》食货68之55。

益州之法，甚济饥民，绩状可奖”，于是提出“伏乞朝廷特赐升擢任使，以劝劳吏。如经擢用后本官犯正入己赃，臣甘同罪”①。至和二年（1055），张方平向朝廷请求转运司征收的川峡四路户绝庄田价钱，拨归提刑司，以增加购买救荒粮食的数量，“益、梓、利、夔路卖到户绝庄田价钱，欲乞下四路转司尽拨入提刑司，添籴常平仓斛斗。今后并依此”，其请求获得了朝廷的批准②。

当然，成都知府在社会救灾工作中的突出表现，离不开本府通判的默默支持。庆历年间（1041—1048），由于“益州适值歉岁”，益州知州文彦博得到了通判李九言的鼎力相助，“与臣协力赈济饥民，备见绩效”，因此，“伏乞朝廷体察，特赐升陟任使”③，这是因为“军资库经管了州府中财物收支的大宗，其提举权归各州府通判”④。其实，到北宋后期，成都知府在社会救济工作中的身影，逐渐地淡出了人们的视野。

可见，北宋时期，成都知府是社会救济工作的主要领导者。他们在灾害发生后进行大规模的救济工作，反映了百姓抗击风险能力的低下，这是与宋代田制不立的土地政策紧密相关。由于赵宋王朝推行“田制不立，不抑兼并”的土地政策，一方面加速了土地集中的步伐，使少地和无地之人日益增加，同时也让大土地所有者可以合法地找到更多的雇佣劳动力，使他们无须直接承担对灾民的救济或庇护，而是以税收的形式把救济灾民的责任转移给了政府，从而大大加重了政府的社会救济责任。因此，社会救济工作成为地方政府保持经济增长和维护社会稳定的根本性任务。他们在救灾问题上可以先斩后奏，甚至独立履行这一职责都是被朝廷允许的，因为这是有百利而无一害的事情，也是张咏的救灾之法长盛不衰的原因之所在。

（3）公共工程建设支出

事实上，“宋代是中国古代经济发展的高峰期，同时也是与周边辽、夏、金等民族政权战争冲突频繁的时期。为了满足经济发展和国防建设的

---

① 文彦博：《潞公文集》卷38《举高惟几》。
② 《宋会要辑稿》食货53之8。
③ 文彦博：《潞公文集》卷39《举李九言》。
④ 苗书梅：《宋代通判及其主要职能》，《河北学刊》1990（2）。

需求，宋代各个地区均开展了大量的城池、官廨、水利、农田工程建设活动”[①]。乾德五年（967），宋太祖“命川、陕诸州长吏、通判并兼桥道事”[②]。元祐年间（1086—1094），朝廷健全了都江堰的岁修制度，“差宪臣提举，守臣提督，通判提辖”，由提刑司与知州和通判共同负责岁修事宜[③]。公共建筑工程包括官署、学校、寺庙、祠堂与楼台亭榭、修城及水利设施等的修建，其建设费用在成都府的财政开支中占有重要地位。在公共建筑工程中，成都知府肩负着重要职责，发挥着主导作用。具体而言，主要体现在以下四个方面。

第一，官署修缮。官署的修缮是成都府公共建筑工程之一，成都知府在其中起着组织领导作用。至道三年（997），由于“危楼坏屋，比比相望；台殿余基，屹然并峙。官曹不次，非所便宜”，张咏在得到朝廷批准之后，对衙署进行重新修筑，“至道丁酉岁，咏始议改作，计工上请，帝命是俞，仍委使守，以董于役。其计材也，先二年讨贼之始，林箐阴深，多隐亡命，诏许其翦伐，以廓康庄，得竹凡二十万本，椽二万条。贼乱之余，人多违禁，帝恩宽贷，舍死而徒，又以徒役之人，陶土为瓦，较日减工。人不告倦，岁得瓦四十万。新故相兼，无所阙乏”，于是，“改朝西门为衙西门，去三门为一门，平僭伪之迹，合州郡之制，允谓得中矣。不损一钱，不扰一民，得屋大小七百四十间，有以利事矣”，其目的在于“欲旌其削伪为正，无惑远民，使子子孙孙不复识逾僭之度”[④]，也就是说，“让蜀地官民世世代代谨守臣民的本分，不再做在成都称王称霸之事，成都也永远只是统一国家的地方州府”[⑤]。确实，“宋代各地方政府在力役征发中，往往采取按户等、田亩摊派的原则”[⑥]，实际上，“益州子城内的廨宇至太宗至道三年（997）全部重修。直接原因是经王小波、李顺起义破

① 王晓龙、常沁飞：《宋代地方工程建设对生态环境的损害及政府治理举措》，《宁夏社会科学》2018（5）。

② 《长编》卷8，太祖乾德五年。

③ 《宋史》卷95《河渠五》。

④ 《全蜀艺文志》卷34，张咏：《益州重修公宇记》。

⑤ 粟品孝等：《成都通史　五代（前后蜀）两宋时期》，第45页。

⑥ 王棣：《宋代赋税的制度变迁》，《华南师范大学学报》2011（3）。

坏，廨宇实在不堪使用；且旧宇有逾制嫌疑。张咏的重建出于政治目的，要重建体统，镇服蜀人”[①]。

宋仁宗时，包括韩亿、张逸、杨日严、蒋堂等在内的成都知府，开展了官署修缮工作。由于“藩会宴飨，往皆趋佛宫庑下，莼具湫底，庖宰扰杂”，于是韩亿“饬材于广庭为厅事，以宏丰镐之地，远去刲割，表揭瞻望，方隅伟之”，从而改善了官员的宴飨场所[②]。

景祐四年（1037），张逸出任益州知州，动用政府财政，修缮官署三百间，“由是公语诸佐曰：‘周之侯国，十里有庐，庐有饮食，而宾至如归。且成都馆基于孟氏，再完于国朝太平兴国中，迄今五十年，而梁坏栋挠，寓者负覆压之畏。苟乘此余力，不为新之，则后将安仰？请监兵王君为我计其材，材必出于官，勿出于民；为我程其工，工勿借于民，必借于兵。’王既健于事，自春旦星之中，至冬危星之中，治屋三百间，堂庑库厩，甲丙相位”[③]。

庆历二年（1042），杨日严修建了颁诏厅，“治蜀二年，举汉刺史之职，宣号令于方国，乃相府门之右地，作宣诏厅，恢廓穹崇，壮观藩宇”，其目的在于“斯厅之作，上扬君德，下敦政本，可以风天下，励后人，孰有间哉？”[④]

庆历四年（1044），蒋堂“又建铜壶阁，其制宏敞，而材不预具，功既半，乃伐乔木于蜀先主惠陵、江渎祠，又毁后土及刘禅祠，蜀人浸不悦，狱讼滋多。久之，反私官妓，为清议所嗤。日严时在朝，因进对，从容言远方所宜抚安之，无容变法以生事。故不俟岁满，亟徙堂知河中府”[⑤]，为修缮官暑，其采取破坏寺庙的方法，引起了民众的不满，“成都人称近时镇蜀之善者，莫如田元钧。文潞公语不善者，必曰蒋堂、程戡。故谣言曰：‘彦博亏田况，程戡胜蒋堂。’言最善之中田更优，不善之中程

---

① 丁义珏：《自适·共乐·教化——论北宋中期知州的公共景观营建活动（1023—1067）》，《中华文史论丛》2020（3）。

② 《全蜀艺文志》卷37，阎灏：《韩忠宪公祠堂记》。

③ 《成都文类》卷29，张庾：《重修馆驿记》。

④ 《成都文类》卷29，张俞：《颁诏厅记》。

⑤ 《长编》153，仁宗庆历四年十二月甲辰。

犹差胜也。予尝访之士大夫，以至闾里间，察其善不善之迹。所谓善者，得民心之悦，固有可善焉，所谓最不善者，乃可谓最善者也。至今人言及蒋公时事，必有不乐之言。问其所不乐者，众口所同，惟三事而已：减损遨乐，毁后土庙及诸淫祠，伐江渎庙木修府舍也。其尤失人心者，节遨乐也”[①]。由此看来，移风易俗并不是一件容易的事情。

宋神宗时，成都知府吴中复“乃度府门之右，作备武堂，所以讲师律而训戎伍也”[②]。元丰六年（1083），经过朝廷许可，成都知府吕大防“乃度府治之东，治室以为织所。兴阁于前，以为积藏待发之府，所以达风燥而远卑湿也”，修建了成都锦院[③]，其规模很大，“设机百五十四，日用挽综之工百六十四，用杼之工五十四，练染之工十一，纺绎之工百一十而后足役。岁费丝权以两者一十二万五千，红蓝紫茢之类以斤者二十一万一千，而后足用。织室吏舍出纳之府，为屋百一十七间，而后足居。”[④]

有时，成都知府与路级长官一起修缮官署。皇祐四年（1052），“端明殿学士杨公治州政成，汾阳公由作坊使领戎事。下车逾年，罔不修举，官舍颓圮，经葺未遑”，他“从容请于杨公曰：‘厅事将压，不足以庇风雨。署表不严，非所以虔君命。’于是涓辰，始拟改作。自庀事至讫役，能使人以悦道，材工之费，亡秋毫及民”，杨察与成都府路兵马钤辖一起共同组织重修了东钤辖厅[⑤]。

治平年间（1064—1067），成都知府赵抃与成都府路转运判官霍交一起完成了成都府运判厅宴思堂的修缮工作，“龙图阁直学士赵公昔总外计，其已详此，今复杖节临镇，于是闻侯之议，志与侯协。乃规斥其地，墙为一圃，集材于羡，命工于隙，合诸意虑，授以程品，筑隆址，植巨厦，曾不累月，匠以成告”[⑥]。确实，“宋代官邸的修建和维护有较多规定，要求节俭修

① 程颢、程颐：《二程文集》卷9《蜀守记》。
② 吕陶：《净德集》卷14《成都新建备武堂记》。
③ 《全蜀艺文志》卷34，吕大防：《锦官楼记》。
④ 《全蜀艺文志》卷56，前人：《蜀锦谱》。
⑤ 《成都文类》卷28，孙直言：《重修东钤辖厅记》。
⑥ 文同：《丹渊集》卷23《成都府运判厅宴思堂记》。

缮、提倡尽快修缮，严禁侵扰百姓，在修建经费方面有多种筹措渠道”①。

第二，城池修筑。对于城池的修筑，宋王朝的管理是比较严格的。至道三年（997），四川地区发生王小波、李顺起义之后，有大臣向宋太宗建议在西川地区修筑城池，从而提高社会治安的防范能力。太宗与大臣们进行了一番讨论：“上因言西川叛卒事，辅臣或曰：‘蜀地无城池，所以失其制御。’上曰：‘在德不在险。傥官吏得人，善于抚绥，使之乐业，虽无城可也。’”② 于是，否决了这一提议。此后，在较长时期内，成都知府不敢再提修城之事，因为藩镇割据的历史阴影仍然挥之不去。直到皇祐五年（1053），鉴于“自孟昶归朝，守者务为安静，苟远嫌訾，至城堞毁圮，莫敢增葺”的情况，程戡却认为：“城以保民者也，故萃以除戎器，戒不虞。聚而莫保，民何依焉。”于是，“议版筑，浚池隍”，对成都城进行了第一次大修缮，“今蜀城修完，公之力也”③。确实，“程戡是在北宋仁宗皇祐五年（1053 年）出知益州的，他对成都城进行了第一次大修缮”④。宋仁宗批准程戡修缮成都城，以提高其治安防范能力的建议，显然是当时社会治安形势严峻的真实反映。

熙宁九年（1076），“李琪知茂州，民投牒请筑城绕民居，凡八百余步，琪请于朝，上是琪议，下都钤辖司相度。会琪罢去，大理寺丞范百常代之，百常谓城可筑，蔡延庆以闻，诏令筑之”，从而引发了茂州（治今四川茂县）少数民族的反抗斗争⑤。同年，宋神宗下诏：“茂州城令知成都府冯京相度，乘兵势修筑，仍差军马防拓，如有侵占蕃部地，即买之。”⑥

熙宁十年（1077），成都知府冯京也向宋神宗提出修筑永康军城，并将蚕崖关迁徙至溪谷口，采用砖石结构进行修建，也得到宋廷的准允，“知成都府冯京乞修永康军城，及移蚕崖关于溪谷口。其城逼近大山，夏

① 田志光：《宋代官宅类型与修建维护》，《中州学刊》2017（12）。
② 《长编》卷 42，太宗至道三年九月丙子。
③ 张方平：《乐全集》卷 36《程公（戡）神道碑铭并序》。
④ 粟品孝等：《成都通史　五代（前后蜀）两宋时期》，第 133 页。
⑤ 《长编》274，神宗熙宁九年四月戊戌。
⑥ 《长编》275，神宗熙宁九年五月丁卯。

秋多雨，土性疏恶易摧，乞垒以砖石。从之”①。所有这些城池的修筑，都需要一定的财政开支。

第三，兴修水利工程。宋代成都府水利工程建设，成都知府担负主要责任。开宝年间（968—976）的第二任成都知府刘熙古，对历史悠久的縻枣堰进行了大规模的维修，“开宝改号之初，天子辍端明殿学士、尚书兵部侍郎刘公熙古帅州，始大修是堰，约去讫民害，招置防河健卒，列营便地，伺坏隙辄补。以故连绝水虞，比屋蒙仁，多绘像而拜恩之，与乖崖等”②。确实，“北宋开宝年间，成都守臣刘熙古在成都扩建唐朝高骈修的縻枣堰。蜀人为此建‘刘公祠’来纪念他。同时，刘熙古还重修九里堤。九里堤在成都西北，堤长九里，故老相传为诸葛亮所筑，以捍水势。刘熙古重修，蜀人名曰‘刘公堤’以示缅怀”③。

天圣年间（1023—1032），出任益州知州的韩亿，面对久旱无雨，田地干涸，庄稼枯萎的危急形势，从博学多识的老人那里得到了获取水源的位置，引水灌溉农田，惠及后世，“久旱水涸，苗枯且死。公询旧老，得九升江口，决以溉田，讫今利之”④。

庆历五年（1045），文彦博“大营工揵，益庳附薄，为数十百年计。盘据广袤，罔分坞属，汤汤洪波，演漾徐转”，以建百年工程的标准，修缮縻枣堰⑤。他“复凿水溪于阅武堂后，入诸部使者之寺。与凡帑藏所在，园夫衡官，支分派决，均受漏泉之赐，逭前日桔槔抱瓮之苦。月堕清泚，无浊泾数斗之泥；风回漪涟，过灵河九里之润”⑥。

宋神宗时，成都知府吕大防“修筑堤堰，以灌民田，利赖无穷”⑦。

绍圣元年至二年（1094—1095）之间，由于成都城内的南江和锦江年久淤塞，多有水灾，干旱时又无水救火，成都知府王觌“得老僧宝月大师

---

① 《长编》280，神宗熙宁十年正月庚申。
② 《全蜀艺文志》卷37，何涉：《縻枣堰刘公祠堂记》。
③ 贾大泉：《宋代四川经济述论》，第44页。
④ 苏舜钦：《苏学士文集》卷16《韩公（亿）行状》。
⑤ 《全蜀艺文志》卷37，何涉：《縻枣堰刘公祠堂记》。
⑥ 《全蜀艺文志》卷33，李新：《后溪记》。
⑦ 曹学佺：《蜀中广记》卷47《人物记第七·川西道属·吕大防》。

惟简，言往时水自西北隅入城，累甓为渠，废址尚在，若迹其原，可得故道。遂选委成都令李偲行视，果得西门城之铁窗之石渠故基”，然后完成了对两大水源的疏浚工作，“经始于仲春，讫成于季秋，言时计功，尽如其素。不妨民田，不劳民力，不逆地势，而兴除亡穷之利害，古之所谓有功德于民者，宜无间然”①。另载，“江水贯城中为渠，岁久湮塞，积苦霖潦而多水灾，觌疏治复故，民德之，号‘王公渠’”②。

大观二年（1108），鉴于“故事，首春一导渠。岁久令渎，遂懈而壅”的情况，成都知府席旦“始讲沟洫之政”，于是“居人欣然具畚锸待其行”，面对“部使者议于台，邑子之无识者谤于里”的严峻形势，他毫不动摇，“闻之笑，不为衰止”，其结果是“既污泥出渠，农圃争取以粪田，道无著留，至秋雨连日，民不告病”，确为善政之举③。换言之，“在宋徽宗大观元年（1107 年）席旦任成都知府时，成都城中河道淤塞严重，每月暴雨便漫溢上街，处处泥泞。于是，他恢复每年春季淘渠制度”④。确实，“发展农业生产，兴修水利是基础，因此，宋代任知州者多致力于修建水利工程”⑤。

第四，其他公共工程修建。庆历八年（1048），在益州知州程戡的支持下，由益州路提刑高惟几兴工恢复墨池，并在池北建“准易堂”，绘扬雄画像于堂内⑥。也是在宋仁宗时期，由于浣花亭“既庳且疏，风雨不能庇”，田况“遂饬工度材为亭”，使之得到修葺一新⑦。

嘉祐七年（1062），成都知府吕公弼在得到朝廷的批准后，重修了著名的成都西楼，“嘉祐六年，东平吕公为蜀守，其明年，顾谓僚属曰：‘民有室庐，尚或缮修。以成都总府，事体雄重，为天下藩镇之冠，兹楼之名，实闻四方，基构竦壮，复为成都台榭之冠。予平生所历郡国多矣，求

① 《全蜀艺文志》卷 33，吴师孟：《导水记》。
② 《宋史》卷 344《王觌传》。
③ 《全蜀艺文志》卷 33，席益：《淘渠记》。
④ 粟品孝等：《成都通史　五代（前后蜀）两宋时期》，第 141 页。
⑤ 苗书梅：《宋代知州及其职能》，《史学月刊》1998（6）。
⑥ 《全蜀艺文志》卷 39，何涉：《墨池准易堂记》。
⑦ 《成都文类》卷 43，田况：《浣花亭记》。

之他处，无有也。坏然后修，厥费滋广。’于是驿献其状，旨报曰俞。乃鸠工于营，抡材于场。经始于孟夏，落成于初冬。调费计工，率如其素”①。其兴建费用是由政府财政开支的，“乃办材鸠功，因而新之。不赋于民，不耗于公，未逾月而事具”②。确实，“堂榭率皆壮丽广大，不仅突破了知州的自适需要，更进而成为知州表达自我，获取政治关注，名声流播后世的资本”③。

宋神宗时，在成都知府蔡延庆的支持下，新都县令王天常对王稚子石阙进行修葺，“新都令王君天常，趣古甚力，得予说，因请大尹莆阳蔡公为稚子作屋，书榜以昭昏昏”④。也是在宋神宗时期，成都知府吕大防派遣官吏，对具有历史价值而年久失修的合江亭进行了修葺，“渚者，合江故亭，唐人宴饯之地，名士题诗往往在焉。久弗不治，余始命葺之，以为船官治事之所。俯而观水，沧波修阔，渺然数里之远”，将合江亭修葺一新，从而使之成为一大美景，“春朝秋夕，置酒其上，亦一府之佳观也”⑤。鉴于“蜀有草如谖，紫茎黄叶，谓之石蝉，而楚人皆以为兰。兰见于《诗》《易》，而著于《离骚》，古人所最贵，而名实错乱，乃至于此”的情况，吕大防“窃疑之，乃询诸游仕荆湘者，云：楚之有兰旧矣，然乡人亦不知兰之为兰也。前此十数岁，有好事者以色、臭、花、叶验之于书而名著，况他邦乎”，最终他“信以为兰”，“乃为小亭，种兰于其旁，而名曰‘辨兰’”，建成了辨兰亭⑥。

也是在宋神宗时期，杨孟容出任新繁知县，在得到成都知府和转运使的同意后，通过县府出资与社会集资相结合的方式，扩建了六寨门，使县城规模变大了，同时也有利于城市的治安管理和赋税征集，“是役也，邑子进士冯熙始献书告大夫。大夫白府、白漕，悉从之，邑人争出力以办。土木之

① 《全蜀艺文志》卷34，吴师孟：《重修西楼记》。

② 吕陶：《净德集》卷13《重修成都西楼记》。

③ 丁义珏：《自适·共乐·教化——论北宋中期知州的公共景观营建活动（1023—1067）》，《中华文史论丛》2020（3）。

④ 《全蜀艺文志》卷40，刘泾：《王稚子石阙记》。

⑤ 《全蜀艺文志》卷39，吕大防：《合江亭记》。

⑥ 《全蜀艺文志》卷34，前人：《辨兰亭记》。

费，上不抑于公，下不扰于私。损弊补废，利民便时，是可书也”①。

政和元年（1111），在朝廷的批准、转运司的经费支持、提点刑狱与走马承受的监护下，成都知府吴栻吩咐下属分工负责具体事宜，对蒋堂开始修建而几经波折的铜壶阁，进行了大修，“即日便撤累土，图阁如庆历时。戒府以本末闻计台，愿给帑官向所辄费钱，檄旁郡市木若石，余悉从府办。计使者然之。于是府委倅路侯康国、安侯章、成都谭令愈、华阳赵令申锡、供奉官城外巡检段希戡、供奉官监养马务高士若，总领分莅凡役事。栻谓是举也，非闻诸朝以期限趣其成，则弛而姑置之，犹前日也。亟驰驿以章上，被旨曰可，赐之限者半年。占于龟筮，得九月壬申，于是命工如所卜日。迄十一月戊寅告成”。为了“不扰于民”，宋徽宗“乃敕提点刑狱、走马承受官以警察其事”，共同完成了铜壶阁的修复工作②。

但是，成都知府在这一方面的工作，仍然存在着一定的局限性。宋仁宗时，蒋堂为修建铜壶阁而毁坏庙宇的行为，是其调离成都知府的重要原因之一③。庆历七年（1048），因为“淳化甲午纪，顺寇始乱，放兵烧掠，隆隆积廪，化为灰阜。贼平，主者因其地改创营坞，以休养卒徒，环堵儒宫，弥益污辱”，于是“有中兴寺僧怀信诣庭言状。”文彦博“叹惋累日，命吏寻遗址，画疆以还其旧。”然而，“屋已名龙女堂，池复堙塞洪涊矣。方议疏葺，而公遽迫入觐，事用中寝”④。

（4）游宴之费

实际上，“蜀之风俗，好为游观。凡遇岁时游观之日，无不盛服来会，甚者奉事鬼神，亦资以为游观焉”⑤，“成都自古号为繁庶，游乐之风颇盛，而有宋一代此风更是达到高潮，文人雅士、官僚百姓无不受此风影响，乐于逸乐”⑥，北宋朝廷也认为，“成都，古之建国。其地险远，其俗富奢，机杼

① 《成都文类》卷24，周表权：《新繁县新展六寨门记》。
② 《全蜀艺文志》卷34，吴栻：《铜壶阁记》。
③ 《长编》153，仁宗庆历四年十二月甲辰。
④ 《全蜀艺文志》卷39，何涉：《墨池准易堂记》。
⑤ 度正：《性善堂稿》卷6《条奏便民五事》。
⑥ 刘术：《宋代成都士庶的“游山玩水”》，《地方文化研究》2016（3）。

纂组，号为衣被天下”①。其风景十分优美，“蜀人说蜀不能休，花作江山锦作州”②，使得见多识广而又沉稳异常，并且两次担任益州知州的张咏，也不得不被它征服，“蜀中春艳世间殊，比并陈园恐未如。数里花光浮暖日，六街尘净见香车。翻空雅乐催欢处，入格新诗上板初。方信承平无一事，淮阳闲杀老尚书”③。特别是“田公况尝为《成都遨乐诗》二十一章，以纪其实；而薛公奎亦作《何处春游好》诗一十章，自号‘薛春游’，以从其俗，且欲以易尹京之旧称”④。其中，以游乐于浣花溪的规模最为盛大，“成都之俗，以游乐相尚，而浣花为特甚”。以成都知府为首的官民几乎是倾城而出，好不热闹，“府尹亦为之至潭上，置酒高会，设水戏竞渡，尽众人之乐而后返”⑤，毫无疑问，“行春似蜀守，醉到浣花而已矣！”⑥ 每年春暖花开之时，成都知府大摆酒宴，让百姓尽情游乐，“每春月花时，大帅置酒高会于其下，五日纵民游览，宴嬉西园，以为岁事”⑦。

“优裕的条件滋生了崇尚享乐奢靡的社会风气，助长了成都游乐之风的兴起。”⑧ 确实，这一风俗的形成，是与成都地区经济的富庶、人口的众多和百姓的勤苦相关的，它对于人们解除劳作的疲乏与品尝创造的甘美作用很大。尽管“惟兹全蜀区，民物繁它州”，不过，“蜀虽云乐土，民勤过四方”。成都知府适度地主持此事，是拥有一颗爱民之心的重要体现，“坤隅地力狭，百业常苦辛。设微行乐事，何由裕斯民？守侯其勉旃，亦足彰吾仁”⑨，可谓自然天成，理所当然，“成都地区因其丰富的物产以及常年能够保持比较稳定的环境，使得从官至民皆以游赏宴集为乐，太守每一年都会召集下属官员进行宴会游乐活动，以显示地方稳定与繁荣”⑩。成都知

① 余靖：《武溪集》卷10《龙图阁直学士文彦博可枢密直学士知益州》。
② 杨万里：《诚斋集》卷35《送丘宗卿帅蜀》。
③ 张咏：《张乖崖集》卷3《游赵氏西园》，第27页。
④ 《全蜀艺文志》卷58，（元）费著：《岁华纪丽谱》。
⑤ 《全蜀艺文志》卷40，任正一：《游浣花记》。
⑥ 王恽：《秋涧集》卷7《醉歌行　燕平湖作时为平阳府判》。
⑦ 《全蜀艺文志》卷34，吴师孟：《重修西楼记》。
⑧ 粟品孝等：《成都通史　五代（前后蜀）两宋时期》，第531页。
⑨ 《全蜀艺文志》卷17，田况：《成都遨乐诗》。
⑩ 许伟宁、王晓龙：《宋代地方政府公务接待问题研究——以成都地区为中心》，《重庆交通大学学报》2018（6）。

府还被称为“遨头”，“成都游赏之盛甲于西蜀，盖地大物繁而俗好娱乐。凡太守岁时宴集，骑从杂沓。车服鲜华，倡优鼓吹，出入拥导，四方奇技，幻怪百变，序进于前，以从民乐。岁率有期，谓之故事。及期，则士女栉比，轻裘袨服，扶老携幼，阗道嬉游。或以坐具列于广庭，以待观者，谓之遨床，而谓太守为遨头”①。

娱乐开支是成都知府一笔不小的开支，有时甚至令人吃惊，“成都元夕，每夜用油五千斤，他可知其费矣”②。庆历三年（1043），有臣僚上言：“益州每年旧例，知州已下五次出游江，并山寺排当，从民遨乐，去城稍遥。窃以军资、甲仗、钱帛、军器、法从以至粮仓、草场等库藏，须借官员在城管勾，欲乞下本州，今后遇此筵设，更互常轮通判、职官各一员在州照管，及提举监官专防守仓库”，其建议得到了朝廷的采纳③。但是，游乐活动一定要倍加珍惜，“蜀都富乐真当惜，民事艰难谁复论”④，并坚持适度原则，不能盲目追求奢华，“束兵兴学有源本，何必早夜开华筵？尝闻家家卖钗钏，只待看舞青春前。此风不革久愈薄，稔岁往往成凶年”⑤。当然，在如何对待游宴习俗的问题上，成都知府之间也是有所不同的。只要条件许可，大多数成都知府都能够入乡随俗，与民同乐。不过，也有一些成都知府试图改变这一风俗。

太平兴国三年（978），程羽对游乐习俗持支持态度，满足人们的精神文化需求，“程羽守益都，时立春在近，县吏纳土牛偶人于府门外，观者颇众，主人恐其为人所损，遂致厅事之左”⑥。

当然，也有一些成都知府并不热心支持本地的游乐活动。雍熙元年（984），高冕出任益州知州，“冕性纯质，奉诏条尤谨。蜀民好遨乐，冕拘以法，民颇不便之”⑦。宋太宗时，吴元载作为一位初来乍到的外地人，对

---

① 《全蜀艺文志》卷58，（元）费著：《岁华纪丽谱》。
② 庄绰：《鸡肋编》卷上，第21页。
③ 《宋会要辑稿》刑法2之26—27。
④ 苏辙：《栾城集》卷3《故成都尹陆介夫挽词》。
⑤ 《全蜀艺文志》卷21，郭祥正：《蜀道篇送别府君吴龙图》。
⑥ 田况：《儒林公议》。
⑦ 钱若水：《太宗皇帝实录》卷34。

此风俗的意义缺乏认识。于是，他禁止百姓从事游乐，招致了人们的怨恨，“时东上阁门使吴元载实代瓖为成都。元载颇尚苛察，民有犯法者，虽细罪不能容，又禁民游宴行乐，人用胥怨”①。高冕和吴元载对成都游乐习俗持消极态度，引起了百姓的不满和愤恨。这一情况的出现，对后来的许多成都知府是有鉴戒作用的。确实，“赵宋平蜀之初，由于特殊的政治背景，官府在对待成都‘多事游赏’‘狂佚务娱乐’的习俗上，在王小波、李顺起义前后发生了很大变化。在此之前，知府吴元载对于‘奢侈、好游荡、民无赢余，悉市酒肉为声技乐’的‘蜀俗’采取了断然禁止的态度，结果是‘人多怨咎’。王小波、李顺起义失败后，官府不得不认真对待成都的游乐风尚，把它提升到巩固封建统治、维系社会稳定的高度来处理”②。

宋太宗时，雷有终在担任益州知州的时候，公宴开支，出手大方，甚至用自己私人的钱，给予赞助，“公喜施予，丰于宴犒，费不足，则倾私帑给之，奉身止铜器鞍勒而已”③。

宋太宗和宋真宗之际的张咏来到成都，尊重这里的游乐风俗，但对其举行地点和花费物品进行了规范，给后人留下了可资借鉴的宝贵范式，“蜀风尚侈，好遨游。公从其俗，凡一岁之内，游观之所，与夫饮馔之品，皆著为常法。后人谨而从之则治，违之则人情不安，辄以累罢去”④。其中，“又为钱灯会，会始于张公咏。盖灯夕，二都监戎服分巡，以察奸盗，既罢，故作宴以劳焉”，整个活动安排得井井有条。然后，“二十三日，圣寿寺前蚕市，张公咏始即寺为会，使民鬻农器”，聚休闲与生产于一体。他还对出游活动加以规范，“二月二日，踏青节。初，郡人游赏，散在四郊。张公咏以为不若聚之为乐，乃以是日出万里桥，为彩舫数十艘，与宾僚分乘之。歌吹前导，号小游江，盖指浣花为大游江也。士女骈集，观者如堵。晚宴于宝历寺，公为诗，有曰：‘春游千万家，美人颜如玉。三三

① 《长编》35，太宗淳化五年春正月甲寅朔。

② 粟品孝等：《成都通史　五代（前后蜀）两宋时期》，第532页。

③ 文莹：《玉壶清话》卷5，第49页。

④ 韩琦：《安阳集》卷50《故枢密直学士礼部尚书赠左仆射张公神道碑铭》。

两两映花立，飘飘似玉乘烟霞。’公铁心石肠，乃赋此丽词哉！后以为故事”①。“宋代成都小游江始于张咏知成都府时”，这是“由于当时四川地区有王小波、李顺之乱，故主政官员害怕民众郊外集聚生事，故派兵监视。张咏治蜀则改变方略，一改监视堵塞之法，进而顺从蜀地民俗，通过开发二月二日的游江活动来取代百姓散在郊外四野无法管控的踏青活动，这即是二月二日浣花小游江活动产生的最初原因”，并且，“为了增加小游江游乐活动的丰富性，吸引更多的百姓参与，乖崖公又在此日于宝历寺前创立蚕市，吸引百姓在此买卖货物，嬉戏游乐畅饮于市场之中，直到傍晚才往回走，好一副热闹的情景”②。张咏的做法堪称典范，“昔年张复之，来乘寇乱余。三春虽宴赏，四野犹艰虞。遂移踏青会，登舟恣游娱。戎备渐解弛，人情悉安舒。垂兹五十年，材哲不敢逾”③。

正如张咏所说：“蜀国富且庶，风俗矜浮薄。奢僭极珠贝，狂佚务娱乐”，然而，“天道本害盈，侈极祸必作”，遗憾的是，“当时布政者，罔思救民瘼。不能宣淳化，移风复俭约。性情非方直，多为声色著。从欲窃虚誉，随俗纵贪攫。蚕食生灵肌，作威恣暴虐。佞罔天子听，所利唯剥削，一方忿恨兴，千里攘臂跃”，导致农民起义的爆发，教训十分深刻④。因此，不能纵情声色，而应乐而有度。只要加以正确的引导，就能够实现“乐而有度”，这是因为“民知礼逊蚕丛后，俗尚奢华邃古先”，应该“扶危颇异巢居幕，劝善还同矢在弦”⑤。只有礼乐并重，“但使家肥存礼让，岁岁春光好游赏”，才能充分体现出对百姓的厚爱，“我身岂比浮游辈，蜀地重来治凋瘵。见人非理即伤嗟，见人欢乐生慈爱”⑥。

确实，“张咏顺应蜀俗，‘以从民乐’的做法，既安抚了民心，也使传统的娱乐活动走上了规范的轨道”⑦。其目的非常明确，“张咏面对‘反侧

① 《全蜀艺文志》卷58，（元）费著：《岁华纪丽谱》。
② 刘术：《宋代成都士庶的“游山玩水”》，《地方文化研究》2016（3）。
③ 《全蜀艺文志》卷17，田况：《成都遨乐诗》。
④ 《全蜀艺文志》卷5，张咏：《悼蜀诗》。
⑤ 《全蜀艺文志》卷5，薛田：《成都书事百韵诗并序》。
⑥ 张咏：《张乖崖集》卷2《二月二日游宝历寺马上作》，第19页。
⑦ 陈世松：《宋代成都游乐之风的历史考察》，《四川文物》1998（3）。

不宁’的形势，对成都游乐之风采取了务实的疏导政策，即在尊重成都本地传统习俗的基础上，通过积极参与、‘导以王化’的方式来缓和社会矛盾，从而达到消除对立情绪、避免再次发生变乱的目的”①。其所带来的积极影响是深远的，“张咏在注意民生的同时，还配以顺应民情的风俗改革，矫正浮薄习俗，确立新的社会风尚”②。

天禧三年（1019），益州知州赵稹“尝开西楼亭榭，俾士庶游观。自是，每岁寒食辟园张乐，酒垆花市，茶房食肆，过于蚕市。士女从观，太守会宾僚，凡浃日。此最府廷游宴之盛”③，由此看来，“北宋初期的地方财政是比较宽裕的”④。

宋仁宗即位不久，前来担任益州知州的薛奎，与此前其任开封府知府时对待游乐活动态度上的差别，耐人寻味。由于到成都遇上了风调雨顺之年，与民同乐，他给自己取了一个“薛春游”称呼，“仁皇初，薛简肃知开封府，上新即大位，庄献临朝，一切以严治，人谓之‘薛出油’。其后移知成都，岁丰人乐，随其俗与之语嬉游，作《何处春游好》诗十首，自号‘薛春游’，欲换前所称也”⑤。“薛春游”的称呼，生动地体现了他对成都游乐风俗的喜爱。针对“蜀人喜乱而易摇”的特点，薛奎“既镇以无事，又能顺其风俗，从容宴乐。及其临事，破奸发伏，逆见随决，如逢蒙之射而方朔之占，无一不中”。于是，“蜀人爱且畏之，以比张尚书咏而不苛”⑥。

与薛奎的做法形成鲜明对比的是，蒋堂决意对成都愈演愈烈的游玩之风进行大刀阔斧的改革：“会高选名臣，以殿右蜀，迁枢密直学士、知益州。蜀人偷浮，不识敦本。前守如乖崖，承寇乱甫平，一切权宜，务安远俗。后之来者，以为治蜀适然耳，而又增益侈费，十倍于前。公曩官于眉，习知敝俗。常曰：‘国家承平百年，声教万国，蜀士学尚，不减邹鲁，

---

① 粟品孝等：《成都通史　五代（前后蜀）两宋时期》，第532页。
② 张其凡：《治蜀名臣张咏》，《西南师范大学学报》1988（3）。
③ 《全蜀艺文志》卷58，（元）费著：《岁华纪丽谱》。
④ 江晓敏：《唐宋时期的中央与地方财政关系》，《南开学报》2003（5）。
⑤ 范镇：《东斋记事》卷3，第25页。
⑥ 欧阳修：《文忠集》卷26《资政殿学士尚书户部侍郎简肃薛公墓志铭》。

惟此习俗，尚安余风。二千石恬而不怪，岂承流宣化意耶！’乃兴学校，省厨傅，凡过泰无名之费，姑息不正之事，多所裁革，未始顾虑。耆旧有识者，窃喜公所为，咸言庶几数年，吾俗且变。”[①] 当然，其中也含有超越前任知州杨日严突出政绩的打算，结果招徕诽谤之语，不满一年，便被朝廷迅速地调往河中府（治今山西永济）[②]。程颐认为，改变成都游乐风俗是其离职的最重要原因[③]。文学家曾巩为此也感到深深的遗憾：“夫蜀之奢闻天下，蜀之守前后相望，皆遂其俗而已，岂以俭为不美耶？盖蜀之守既贵重，而奢者人情之所便也，遂其俗者蜀人悦，而美名之所归也。彼席贵重之势，行所便而得美名，盖常人之所奔走也，夫谁肯舍而为俭哉？然不知夫推理而行俭者亦乐也。变其俗而治，其始也，民虽疑且恐，且指日以谤；其终也，必化以服，则美名安得而不归哉？是其为美名也，君子之所名，穷万世不灭者也。然世不推其所以然，而相与立论曰：‘蜀易恐以动，俗既久以固，其不可以更也。’是大不然。夫不知民之难与虑始也，当事之更也必怨，岂惟蜀？”[④] 作为一位初来乍到的外地人，蒋堂对此风俗的意义缺乏足够的认识。于是，他因为禁止百姓从事游乐活动，招致了人们的怨恨而调离成都。

接替蒋堂的文彦博，喜欢宴会交游，“公为成都日，多宴会。岁旱，公尚出游，有村民持焦谷苗来诉。公罢会，斋居三日，祷于庙中，即日雨，岁大稔”[⑤]。其中，“初，文潞公建设厅，以伏日为会避暑，自是以为常”。此外，还有天长观晚宴，“盖文潞公始为之，后复罢”[⑥]。文彦博因为经常参加成都的宴游活动而惹出了麻烦，被他人告上朝廷。于是，宋廷派遣即将回到蜀地故乡的御史何郯顺便予以考察。当何郯回到朝廷后，有关的诽谤就涣然冰释了，“文潞公庆历中以枢密直学士知成都府。公年未四十，成都风俗喜行乐，公多燕集，有语至京师。御史何郯圣从，蜀人

---

① 胡宿：《文恭集》卷39《蒋公（堂）神道碑》。

② 《长编》卷153，仁宗庆历四年十二月甲辰。

③ 程颢、程颐：《二程文集》卷9《蜀守记》。

④ 曾巩：《元丰类稿》卷52《南丰先生集外文下·代上蒋密学书》。

⑤ 邵伯温：《邵氏闻见录》卷9，第97页。

⑥ 《全蜀艺文志》卷58，（元）费著：《岁华纪丽谱》。

也，因谒告归，上遣伺察之。圣从将至，潞公亦为之动。张俞少愚者谓公曰：‘圣从之来无足念。’少愚自迎见于汉州。同郡会有营妓善舞，圣从喜之”，然后，“潞公大作乐以燕圣从。”最终，“圣从还朝，潞公之谤乃息”[①]。可见，“文彦博在何郯初到成都时，以经常性邀请其参加妓乐宴会、赠与歌妓方法来款待和变相贿赂何郯，通过这种方式巧妙化解所受到的流言蜚语的攻击”[②]。

实际上，成都的游乐活动具有非常特殊的意义，是了解民情和体察民生的一个重要窗口。张咏和文彦博所举行的游乐之会，真实地反映出二人之间相距四五十年的社会面貌所发生的重要变化，对于更好地进行施政，大有裨益，“张尚书再任蜀，承甲午、庚子年后，户口凋丧。久之，乃谕僧司，令作大会，集四路僧，以观民心，与其登耗。是时，荐更乱离，人家稍复生业，公大喜。文潞公守成都，僧司因用张公故事，请作大会，公许之。四路州军人众，悉来观看，填溢坊巷，有践踏至死者，客店求宿，一夜千钱。自张公至是，四五十年间，蕃滋不啻数千百倍。地不加广而人众如此，取之又日益多，可不虑哉”[③]。

在游乐活动方面，此后担任益州知州的田况就自由多了。他每年都参加春游，还留下了《成都遨乐诗》二十一首，“四方咸传蜀人好游娱无时，予始亦信然之。逮忝命守益，梠辕逾月，即及春游，每与民共乐，则作一诗以纪其事。”[④] 并且，“他还将三月二十七日原在成都西小市桥举行的蚕市，移至大西门睿圣夫人庙前举行，使庙里祭祀朝拜与官员宴集和民众贸易活动相结合，此活动一直延续到南宋”。确实，“他在蜀期间，也积极投身到游乐队伍中，并以诗记下自己的所见和感受，力图纠正社会上对蜀人好游娱、无节制的印象和看法”[⑤]。

宋祁知益州时，“（正月）二日，出东郊，早宴移忠寺，晚宴大慈寺。

---

① 邵伯温：《邵氏闻见录》卷10，第101页。

② 许伟宁、王晓龙：《宋代地方政府公务接待问题研究——以成都地区为中心》，《重庆交通大学学报》2018（6）。

③ 范镇：《东斋记事》卷4，第34页。

④ 《全蜀艺文志》卷17，田况：《成都遨游诗》。

⑤ 魏华仙：《宋代官府力量与成都节日市场》，《四川师范大学学报》2013（1）。

清献公《记》云：'宴罢，妓以新词送茶，自宋公祁始。'"① "宋祁知益州仅一年零八个月，留下了至少六首描写其游江渎池的诗歌，分别是《避暑江渎池》、《集江渎池亭》二首、《江渎池亭》《夏日江渎亭小饮》《十日宴江渎亭》，可见其对江渎池游乐的喜爱。"② 他被包拯弹劾为宴游过甚而没有得到应有的晋升，蜀人为此深感痛心疾首，"宋子京罢守成都，故事当为执政，未至，宰相以两地见次，尽以他人充之"，特别是"言者又论蜀人不安其奢侈，遂止为郑州，望国门不得入，久之再为翰林承旨。未几，不幸仆至成都，士民哭于其祠者数千人。谓'不安其奢侈者'诬矣。宰相，韩魏公也。言者，包孝肃也"③。

宋仁宗时，由于每年成都府的餐饮开支有数千万之巨，成都知府王素减少了一半的餐饮费用，"益部会府，宴设岁费为钱数千万，取给牙校，习以为常。公为裁节，所损几半"④。

治平三年（1066），成都知府赵抃与属官们参加游览学射山的活动，规模很大，"春三月上巳，来游学射山，主民乐也"。这已经成为一种传统，"成都燕集，用一春为常，三日不修，已云远甚。然各有定处，惟此山之会最极盛。太守与其属候城以出，钟鼓旗旆绵二十里无少缺"⑤。当然，他并不是无节制的游乐，而是按照礼节来开展游乐活动，让百姓享受快乐，"赵抃奉使，方泰侈之余，节之以礼，民安乐之"⑥。其中，"官员、士人、平民百姓均参与宴会活动，带动了整个节日官民活动的气氛，形成城中和谐欢乐的气氛"⑦。确实，"宋祁、文彦博、赵抃等人也莫不在任内积极开展游乐活动"⑧。

但是，"神宗时实行新法，以为府州的'财用太专而收之'，二税的收

---

① 《全蜀艺文志》卷58，（元）费著：《岁华纪丽谱》。
② 刘术：《宋代成都士庶的"游山玩水"》，《地方文化研究》2016（3）。
③ 邵伯温：《邵氏闻见后录》卷13，第147页。
④ 张方平：《乐全集》卷37《王公（素）神道碑铭并序》。
⑤ 《全蜀艺文志》卷37，文同：《学射山仙祠记》。
⑥ 苏辙：《栾城集》卷30《李之纯宝文阁直学士知成都府》。
⑦ 许伟宁、王晓龙：《宋代地方政府公务接待问题研究——以成都地区为中心》，《重庆交通大学学报》2018（6）。
⑧ 粟品孝等：《成都通史　五代（前后蜀）两宋时期》，第533页。

入必须全部上缴朝廷，不再留部分给府州”①。于是，“神宗朝曾限制州府公使钱，实行定额制，严查额外经营牟利，奢侈宴会之风有所收敛”②。

宋神宗时，针对“成都风俗，岁以三月二十一日游城东海云寺，摸石于池中，以为求子之祥。太守出郊，建高旓，鸣笳鼓，作驰骑之戏，大宴宾从，以主民乐”的实际情况，成都知府吴中复参加了游观海云寺一事，特意作诗一首，以资纪念，“渤海吴公下车期月，简肃无事，从俗高会于海云。酒既中，顾谓寮属曰：‘一觞一咏，古人之乐事也。’首作七言诗以写胜赏。”③ 确实，“作为成都东门外最为著名的风景之一，海云寺有着特殊的地位，也是游人如织的寺庙之一”④。他“在成都期间夏日也和僚属一起到江渎池避暑，作有《江渎泛舟》一诗，同游的张唐民、雍方知、韩宗道、谢景初均有应和之诗”⑤。他还与成都府路转运使范纯仁、成都府路转运判官韩持正一起参加聚会活动，“宦游鲜宁居，未定即奔走。逾年官岷峨，较昔已云久。所喜风物繁，联职多旧友。平生道义心，相期各白首。公余事招寻，谈笑共尊酒”⑥。当然，“酒是节日气氛的调节剂，既是饮品，又是礼品、祭品，是官员宴集、士庶家家不可或缺的重要节日物品，消费量巨大”⑦。从中反映出了当时成都的繁华景象，“虽然现无更多的材料来说明成都酒市的基本盛况，但从成都酿酒业和酒课在北南宋时期均在全国名列前茅来推测，其繁华之状是可以想见的”⑧。

但是，自从熙宁七年（1074）在成都置市易务后，游宴费用大为减少，游赏活动大不如前，“自新法颁行，酒坊为官所鬻，牙校虽得券钱，不足自赡。乃者议置成都市易务，方游观时，人情瞿然，减常岁之半。及浣花后，始闻罢去，乃复朋聚游江。今公使钱岁给三万贯，常廪廪虑不

① 朱瑞熙：《中国政治制度通史》第6卷，第352页。

② 王晓龙：《宋代地方公务活动中的奢侈现象及政府治理举措》，《中原文化研究》2017（6）。

③ 《全蜀艺文志》卷17，吴中复：《游海云寺唱和诗》。

④ 游彪、胡正伟：《宋代地方官与佛教界之间的关系考论——以范成大蜀地任职为例》，《四川大学学报》2013（3）。

⑤ 刘术：《宋代成都士庶的“游山玩水”》，《地方文化研究》2016（3）。

⑥ 范纯仁：《范忠宣集》卷1《同成都尹吴仲庶运判韩持正会饮》。

⑦ 魏华仙：《宋代官府力量与成都节日市场》，《四川师范大学学报》2013（1）。

⑧ 李华瑞：《宋代酒的生产和征榷》，第286页。

足”。由于受到经费减少的限制，与文彦博相比，成都知府赵抃进行了相应的裁减，“赵清献公使限钱，但为初伏会，今因之”[①]。宋神宗时，成都知府冯京“宣恩德，问病苦。方且与蜀人相安，从其俗以为遨嬉，曾未暇皇；而蜀人亦欲偃公之休，恃以涵养，以永岁月”[②]。

但是，元祐七年（1092），成都知府蔡京举行了万僧会，耗费甚巨，引发了严重的社会混乱，是花钱办坏事的典型代表，“京至成都，果以轻举妄作。盗发正昼，烧药市几尽。后又为万僧会，穷极侈丽，两川骚扰，齐集累日，士女杂乱，恶少群辈杀人剽夺一日十数处云”[③]。

与蔡京形成鲜明对照的是，在宴游活动经费有限的情况下，宋哲宗时的王觌安然闲适地享受成都海云山的山茶花游赏之乐，“野寺山茶昨夜开，江亭初报一枝梅。旋邀座上逍遥客，同醉花前潋滟杯。秀色霜浓方润泽，暗香风静更徘徊。仙姿莫遣常情妒，不带东山妓女来”[④]。

宋徽宗时，成都知府虞策在西楼举行宴会，还发生了蟒蛇撒尿伤人的突发状况，“成都府园西楼有大蟒居，人不敢登，率尝扃钥。虞经臣作帅，宴客楼下，蟒忽遗溺，正中一武臣之肩，须臾，皮肉溃烂成疮，得妙药治之方愈。经臣为遣吏祭之，即日毁楼，蟒亦不见”[⑤]。后来，“政和元年至二年知成都府的吴栻也曾带领幕僚一同到武担山的暑雪轩饮茶避暑，写下了《题暑雪轩》诗，同游僚属周焘、田望、孙俟、王澧都有应和之诗，诗中多写其在武担山上避暑饮茶观景的乐事”[⑥]。

成都知府喜爱游乐活动，于是对鲜花的喜爱，自然也在情理之中。大中祥符四年（1011），“府尹任公中正宴客大慈精舍，州民王氏献一合欢牡丹，公即命图之。士庶创观，阗咽终日”。后来，“宋景文公祁帅蜀，彭州守朱君绰始取杨氏园花凡十品以献。公在蜀四年，每花时，按其名往取，

---

① 《全蜀艺文志》卷58，（元）费著：《岁华纪丽谱》。

② 《全蜀艺文志》卷32，前人：《送冯枢密还朝诗序》。

③ 《长编》472，哲宗元祐七年四月癸丑朔。

④ 《成都文类》卷11，王觌：《望日与诸公会于大慈闻海云山茶合江梅花开遂相邀同赏虽无歌舞实有清欢因成拙诗奉呈》。

⑤ 方勺：《泊宅编》卷9，第54页。

⑥ 刘术：《宋代成都士庶的“游山玩水”》，《地方文化研究》2016（3）。

彭州送花遂成故事。公于十种花，尤爱重锦被堆，尝为之赋，盖它园所无也。”①

此外，北宋时期，成都知府与监司长官一起开展宴游活动，也是一件比较常见的事情。由于“蜀之梅与海棠，在众花中最为高第”，“庆历中，四方馆使太原王公护兵此邦，是花正秾盛，公命府尹程公而下七人饮亭上，第赋诗道其美，石刻存焉”。二十年后，“太原公之子道恭醇之用阁门使继领此职，其花依然，尚如当时之繁，醇之复会其帅龙图赵公抃阅道、运使史馆荣公諲仲思、同僚左藏武侯永孚及之、运判职方霍侯交敦诚，于此宴集，而又诗之”②。可见，不论是程戡，还是赵抃，与监司长官共同开展宴游活动，气氛都相当融洽。

毫无疑问，“宋代官员公费用餐尽管已经形成一套比较完整制度，但实际上惩治不适时，打击不严厉，所起作用有一定限度”③。其实，“正常的公务宴会可以增进官员之间的感情，增添欢乐的节日气氛，促进信息的交流，同时也体现了对远道而来或卸任官员的一种礼仪。但是，由于缺乏行政成本观念，一些地方官员往往热衷于举行规模盛大、花费巨大的宴会。不仅如此，席间还邀请歌伎、杂技艺人助兴，使得宴会的规模和费用大大超出规定的行政成本”④。

总之，在财政支出方面，北宋前期的成都知府掌握了较大支配权，做了不少利国利民之事。然而，随着王安石变法的推进，朝廷将地方财赋搜刮殆尽。于是，成都知府手中可供使用的金钱捉襟见肘，所能发挥的作用也日渐减弱。

三、北宋成都知府与货币发行管理

实际上，“以成都为中心的四川地区，在宋代是一个相对独立的货币

---

① 《全蜀艺文志》卷56，胡元质：《牡丹谱》。
② 文同：《丹渊集》卷25《赏梅唱和诗序》。
③ 朱瑞熙：《宋代官员公费用餐制度概述》，《上海师范大学学报》1999（4）。
④ 王晓龙：《宋代地方公务活动中的奢侈现象及政府治理举措》，《中原文化研究》2017（6）。

区，其最大特点就是专用铁钱，并最早发明和使用纸币”[①]。在货币发行过程中，成都知府发挥了独特的积极作用，主要体现了铁钱和纸币的发行管理两个方面。

1. 北宋成都知府与铁钱发行管理

起初，“宋太祖在下西蜀后，也不顾蜀道之难，迫不及待地把四川的铜钱与绢帛金银一道，搬到了汴京，藏进了封桩库，并做出决定：铜钱不得复入四川，四川专行铁钱”[②]。不过，“在灭蜀后的20年左右时间内，宋王朝仍然维持后蜀时期的铜铁钱兼用格局”[③]。淳化五年（994），朝廷“诏令两川以铜铁钱兼行”[④]。经过一系列的调整，到天禧五年（1021），终于形成了“铜钱行于天下，铁钱止于川峡”[⑤] 的局面，四川变为了铁钱流通区。总之，“四川铜铁钱并行仍然维持了一个阶段，但铁钱是主要的流通手段，直到交子货币化的完成，四川形成了铁钱交子货币体系”[⑥]。

在铁钱发行管理方面，成都知府发挥了自己的积极作用。太平兴国五年（980），益州转运副使聂咏和转运判官范祥上奏说：“民乐输铜钱，请每岁递增一分，后十岁即全取铜钱。”宋太宗“诏从其请”。但是由于“咏、祥因以月俸所得铜钱市与民，厚取其直，于是增及三分”，使得“民萧然，益苦之，或剜剔佛像，毁器用，盗发古冢，才得铜钱四五，坐罪者甚众”。因此，益州知州辛仲甫“具言其弊”，朝廷“乃诏使臣吴承勋驰传至成都府审度利害”。辛仲甫“集诸县令佐问之，或潜持两端，莫敢正言”，然后责问道：“君等御前及第，天子门生，何得不为长久计，反为聂补阙、范秘丞乎？”从而使得他们“乃皆言其不便”。朝廷严惩了渎职官员，“召聂咏、范祥及东川转运使宋覃、同转运卜伦皆下御史狱。咏、覃杖脊，配役将作监；祥、伦免为庶人。覃、伦亦以月俸铜钱市与民，厚取其直故也”。后来，西川转运使刘度“请官以铁钱四百易铜钱一百”，得到

① 粟品孝等：《成都通史 五代（前后蜀）两宋时期》，第253页。
② 王文成：《宋代白银货币化研究》，第302页。
③ 谢元鲁：《北宋前期四川铁钱币值与流通地区的变化》，《四川师范大学学报》2000（3）。
④ 《全蜀艺文志》卷57，（元）费著：《钱币谱》。
⑤ 《长编》卷97，真宗天禧五年。
⑥ 高聪明：《宋代货币与货币流通研究》，第244页。

宋太宗的允许。但是，盐铁使王明却说："若此重铜钱而轻铁钱，则物价弥贵矣。望罢之"，也被太宗采纳①。

宋太宗时，针对"会诏川、陕诸州参用铜铁钱，每铜钱一当铁钱十"的问题，益州知州张咏上言："昨经利州，以铜钱一换铁钱五，绵州铜钱一换铁钱六，益州铜钱一换铁钱八。若一其法，公私非便。望依旬估折纳铜钱"②。至道三年（997），"知益州张咏奏屯驻兵士所请钱，乞依元降宣旨，铜钱一文，与折支铁钱五文"。此时，因为"川、峡州县幕职官等所请月俸，铜钱一文止支铁钱二文"的情况，刚刚回到朝廷的峡路转运使韩国华便提出"增加铁钱分数"的请求。然后，"帝令支铜钱一文，易给铁钱五文"③。可见，张咏的建议得到了朝廷的采纳。

景德三年（1006），由于西南地区出现异常天象，朝廷派遣谢涛考察四川地区的社会形势稳定与否，并且和益州知州张咏共同分析铸造大铁钱的利弊得失。通过认真的研究，政府调整了与物价相适应的铁钱和铜钱之间的兑换比值，使物价运行平稳，百姓使用起来也很方便，"是年，西南有大星见，占在蜀分。诏公巡抚益利两路，又别受诏与益州张公咏同议铸大铁钱利害。于是考铁价，与旧钱更相均准。故下不得盗用，而物估长平，蜀人至今便之"④。具体兑换比值是大铁钱与铜钱等值，相当于小铁钱的十倍，实为一种合理有效的比例关系，"因诏公与涛议铸景德大铁钱于嘉、邛州，一当小铁钱十、铜钱一，于今便之"⑤。

大中祥符七年（1014），鉴于"西川用景德新铸钱将十年，以铁重，民多镕为器，每一千得铁二十五斤，鬻之直二千。转运使赵祯言其非便，请铸大铜钱一当十，诏三司议，未决"的情况，益州知州凌策"请减景德之制，别铸大铁钱，每一千重十二斤十两，仍一当十，其旧钱亦许兼用；且言钱轻则行者易赍，铁少则镕者鲜利"，于是，宋真宗"诏从其请"⑥。

---

① 《长编》卷23，太宗太平兴国七年八月戊寅。

② 《宋史》卷293《张咏传》。

③ 《长编》卷42，太宗至道三年十月。

④ 尹洙：《河南集》卷12《谢公（涛）行状》。

⑤ 韩琦：《安阳集》卷50《故枢密直学士礼部尚书赠左仆射张公神道碑铭》。

⑥ 《长编》卷82，真宗大中祥符七年二月癸酉。

凌策提出另外铸造大铁钱的建议，得到了朝廷的采纳。于是，“诏减景德之制，其见使旧钱仍用如故。岁铸总二十一万贯，诸路钱岁输京师，四方由此钱重而货轻”①。

庆历年间（1041—1048），“命商人入钱货益州以射大宁监盐者，万斤增小钱千缗，小钱十当大钱一。贩者滋少，蜀中盐踊贵，斤为小钱二千二百，知益州文彦博以为言，诏皆复故”②。嘉祐元年（1056），张方平从益州知州调回朝廷担任三司使时，减少铁钱铸造十余万，有利于抑制通货膨胀，维护社会秩序的稳定，“减兴、嘉、邛州铸钱十余万，蜀人便之”③。还是在宋仁宗时期，针对“铁钱唯行于两川，岁加铸无止，故钱轻而货重，商旅不能通行”的情况，成都知府王素“为罢铸十年，而物价差以平”④，减少货币发行量，有利于维护物价稳定。宋哲宗时，张唐英被成都知府胡愈宗“辟监嘉州丰远监”⑤。

在铁钱发行过程中，成都知府与转运使之间具有一定的相互协作关系。乾德四年（966），成都知府吕余庆和西川转运使沈义伦“奏拣铜钱，计纲以发。蜀地上行铁钱，以千二百易铜钱千文。索铜器铸钱附发，仍增铸铜钱市金上供。然失于裁制，物价滋长，铁钱弥贱，至以五千易铜钱一千”⑥。另载，“成都知府吕余庆、转运使沈伦为了把四川的铜钱全部送往首都开封，就增铸铁钱”⑦。景德二年（1005），针对“益、邛、嘉、眉等州岁铸钱五十余万贯，自李顺作乱，遂罢铸，民间钱益少，私以交子为市，奸弊百出，狱讼滋多”的问题，宋真宗“诏知益州张咏与转运使黄观同议，于嘉、邛二州铸景德大铁钱，如福州之制，每贯用铁三十斤，取二十五斤八两成，每钱直铜钱一，小铁钱十，相兼行用，民甚便之”⑧。但

---

① 《宋史》卷180《食货下二》。
② 《宋史》卷183《食货下五》。
③ 《长编》卷183，仁宗嘉祐元年八月癸亥。
④ 王珪：《华阳集》卷58《王懿敏公素墓志铭》。
⑤ 邹浩：《道乡集》卷35《张唐英墓志铭》。
⑥ 《全蜀艺文志》卷57，（元）费著：《钱币谱》。
⑦ 俞晖、俞兆鹏：《北宋前期对通货膨胀的防止及其效果》，《江西社会科学》2012（11）。
⑧ 《长编》卷59，真宗景德二年二月庚辰。

是，由于景德大铁钱是货真价实的货币，使得“自后人多盗镕”[①]。天圣元年（1023），益州知州薛田与转运使张若谷指出了“川界用铁钱，小钱每十贯，重六十五斤，折大钱一贯，重十二斤。街市买卖至三五贯文，即难以携持”[②] 的严重问题，于是“诏从其请，始置益州交子务”[③]，从而产生了中国也是世界最早的纸币——交子。

在铁钱发行方面，监当官也发挥了独特的作用。宋仁宗时，益州知州王覹请求把小铁钱改铸为大铁钱，遭到监当官萧定基的反对，使其主张搁浅，“成都王覹请铸小铁钱为大钱，当十，铸十得三，是废十得三十也。公疏以为不便，而覹议诎”[④]。

可见，北宋时期，成都知府在铁钱的发行中履行了很大的监督管理职责，对于确保铁钱稳定流通和维护社会经济秩序，具有重要的积极意义。

2. 北宋成都知府与纸币发行管理

北宋时期，在纸币发行管理方面，成都知府的作用体现在交子和钱引的发行过程之中。

（1）北宋成都知府与交子发行管理

据载，“乖崖张公帅蜀时，请于朝，创用楮币，约以百界。尝见蜀老儒辈言，谓此是世数所关。七八年前，已及九十九界，蜀阃建议虚百界不造，而更造所谓第一界，行之未久，而蜀遂大坏。时数之论，于是为可信”[⑤]，对于这个传说的真伪，确实值得存疑。更令人信服的说法是这样的，即起初成都富民因铁钱过重，不便使用，于是发明了一种信用凭证即交子，然而缺乏约束，纠纷不少。张咏对交子的发行进行了一定的整顿，“根据张咏第二次入蜀知益州的时间考察，我们认为如果张咏确定整顿过交子市场，其时间应是真宗景德二年左右”[⑥]。实际上，“张咏所做的工作，

---

① 《要录》卷169，绍兴二十五年八月甲午。
② 李攸：《宋朝事实》卷15《财用》。
③ 《长编》卷101，仁宗天圣元年十一月戊午。
④ 王安石：《临川文集》卷89《萧公（定基）神道碑》。
⑤ 张端义：《贵耳集》卷下。
⑥ 贾大泉：《张咏、薛田与交子——关于交子的产生时间、整顿和官交子务的建立》，《四川文物》1994（5）。

主要是将交子发行权交给‘富民十六户主之’和确定三年一届的汇兑制度”[①]。当然，“交子户是唯利是图的商人。张咏授权富民十六户发行交子，虽然革除了以往的一些流弊，但却不能从根本上解决问题”[②]。

在交子的发行管理中，成都知府与转运使等都发挥了重要作用。起初，因铁钱过重，使用极为不便，于是成都富民发明了一种信用凭证即交子。但是由于缺乏管理，导致纠纷不断。大中祥符（1008—1016）末年，益州路转运使薛田请求设立稳定其正常流通的政府监管机构——交子务，但是并没有得到朝廷的批准[③]。

天圣元年（1023），益州知州寇瑊请求禁用交子，但是遭到否决：“蜀人以铁钱重，私为文券，谓之交子，以便贸易。既久而或不能偿，民讼不已。天圣中，知益州寇瑊请禁之。上曰：‘蜀民用交子久矣，罢之可乎？’下使者议，以为官置务则可以利民而止其欺。上曰：‘果利民，其行之。’”[④] 同年，因为“寇瑊守蜀，遂乞废交子不复用。会瑊去而田代之”，于是宋仁宗“诏田与转运使张若谷度其利害”，要求益州知州薛田和转运使张若谷共同考察交子发行的利弊得失。薛田与张若谷共同提出：“废交子不复用，则贸易非便，但请官为置务，禁民私造。”然后，“又诏梓州路提点刑狱官与田、若谷共议，田等议如前”。二人得出的结论是，如果废弃交子，商品交换会很不方便；反之，只要政府设置监管机构，禁止百姓私自印造，问题就可迎刃而解。宋廷对此十分慎重，接着又指派邻近的梓州路提点刑狱王继明与二人共同商议。经过认真的讨论，他们仍然支持继续行用交子。最后，在益州路转运使张若谷、梓州路提点刑狱王继明和益州知州薛田的共同努力下，经过朝廷批准，交子就正式成为国家法定货币，“诏从其请，始置益州交子务”[⑤]。这样一来，交子就实现了从私交子到官交子的根本性转变。

---

① 杨玉华：《成都的“清明上河图”——从薛田〈成都书事百韵〉看北宋成都的繁盛》，《成都大学学报》2020（3）。

② 林文勋：《宋代四川商品经济史研究》，第90页。

③ 《长编》卷101，仁宗天圣元年十一月癸卯。

④ 曾巩：《隆平集》卷3《爱民》。

⑤ 《长编》卷101，仁宗天圣元年十一月癸卯。

官交子的发行计划是非常缜密的，“自住交子后，来市肆经营买卖寥索。今若废私交子，官中置造，甚为稳便。仍乞铸益州交子务铜印一面，降下益州，付本务行使，仍使益州观察使印记，仍起置簿历。逐道交子，上书出钱数，自一贯至十贯文。合用印过上簿，封押，逐旋纳监官处收掌。候有人户将到见钱，不拘大小铁钱，依例准折，交纳置库收锁，据合同字号给付人户，取便行使。每小铁钱一贯文，依例克下三十文入官。其回纳交子，逐旋毁抹合同簿历。”① 官交子的正式发行，薛田居功至伟，“薛田之力居多”②，“正是薛田在私交子被禁止之后，主持了官交子的发行，才使我国最早的纸币死而复生，继续行用，正是薛田制定了我国最早的纸币政策和措施，成功地发行了官交子，才使我国早期的纸币在宋代就根深叶茂，由四川逐渐推向全国，并在纸币流通提供的经验和出现的问题的基础上产生了我国的早期纸币理论。薛田不愧是我国和世界上发行国家纸币的鼻祖，制定纸币发行管理政策的鼻祖，最早的杰出的纸币专家”③。确实，“交子不仅是我国，而且也是世界上最早的纸币”④。

在交子的发行过程中，监当官发挥了一定的积极作用。宋仁宗时，益州知州张逸奏举孙甫“监益州交子务”⑤。庆历二年（1042），当转运使提出“以伪造交子多犯法，废不用”的时候，监益州交子务孙甫反问道：“交子可以伪造，铁钱可以私铸。有犯私铸，钱可废乎？”于是，他主张：“但严治之，不当以小害废大利”，因此，使得“交子卒不废”⑥。北宋时期，由于“纸币之设，本与钱相权，至是大坏，价贱不售，法几为废”，监益州交子务郭子皋“讲究其病，钱币复称，官民利之”，并且，“先是交子务以二年为任，监司奏留君半岁，遂著令，以二年半为任。”⑦

交子的发行还经历了一个从便民到害民的过程，“夫交子，蜀民创之，

---

① 李攸：《宋朝事实》卷15《财用》。
② 唐士耻：《灵岩集》卷4《益州交子务记》。
③ 贾大泉：《薛田是我国和世界上最早的杰出的纸币专家》，《四川金融》1994（7）。
④ 林文勋：《宋代四川商品经济史研究》，第83页。
⑤ 曾巩：《元丰类稿》卷47《孙公（甫）行状》。
⑥ 《长编》卷137，仁宗庆历二年九月辛丑朔。
⑦ 范祖禹：《范太史集》卷42《朝奉郎郭君墓志铭》。

蜀民行之，蜀民有病之”[①]。庆历六年（1046），针对“益州交子务所用交子，岁获公利甚厚，复又民间要借使用。盖比之铁钱，便于赍持转易。近因秦州入中粮草，两次支却六十万贯文交子，元有未封桩见钱，准备向去给还客人。深虑将来一二年间，界分欲满，客人将交子赴官，却无钱给还，有误请领，便至坏却交子之法，公私受弊，深为不便”的问题，益州知州文彦博“乞朝廷指挥本路转运司，于辖下诸州军内，每月须管共收聚诸般课利钱三五万贯，拨充益州交子务，准备给还客人交子钱。免致向去坏却旧法，官私困弊，取进止”，旨在维护交子的稳定运行[②]。显然，由于职能上的差异，成都知府与转运使之间存在一定的利益分歧。大观二年（1108），被朝廷任命为成都府路转运判官张持，因非法发行纸币而受到严厉处罚，“擢持为成都路转运判官，提举川引。后引价益贱，不可用，持复别用印押以给官吏，他无印押者皆弃无用。言者论其非法，持坐远谪”[③]。可见，在交子的发行过程中，成都知府发挥了很大的积极作用。

（2）北宋成都知府与钱引发行管理

“从天圣元年（1023 年）设立交子务，筹备发行交子，大观元年（1107 年）改为钱引，仍保持界分的连续性和实行两足年一界的制度”[④]，不过，“到宋神宗熙宁五年（1072 年），增发一界交子，两界并用，实际上就相当于一界时间内发行额增长 1 倍，这不能不引起贬值”[⑤]。绍圣元年（1094），成都路转运司提出：“商人以交子通行于陕西，而本路乏用，请更印制”，于是，“诏一界率增造十五万缗”，造成了“是岁，通旧额书放百四十万六千三百四十缗”的局面。因为交子的大量发行，其信用大大降低，只得改换名称，名为钱引。大观元年（1107），“改四川交子为钱引”。然后，成都路转运司上奏：“交子务已改为钱引务，欲以四十三界引准书放数，仍用旧印行之，使人不疑扰，自后并更为钱引”，得到了朝廷的批

---

① 唐士耻：《灵岩集》卷 4《益州交子务记》。
② 文彦博：《潞公文集》卷 14《乞诸州供钱拨充交子务》。
③ 《宋史》卷 181《食货下三》。
④ 贾大泉：《宋代四川经济述论》，第 213 页。
⑤ 粟品孝等：《成都通史　五代（前后蜀）两宋时期》，第 263 页。

准[①]。钱引的发行旨在提高纸币的信用度，“交子之所以要改为钱引，目的在于突出它是钱币的凭证，借以提高其信用”[②]。

大观年间（1107—1110），席旦出任成都知府。他在入见宋徽宗时上言：“蜀用铁钱，以其艰于转移，故权以楮券，而有司冀赢羡，为之益多，使民不敢信。”徽宗回答说：“朕为卿损数百万虚券，而别给缗钱与本业，可乎？”他答应道：“陛下幸加惠远民，不爱重费以救敝法，此古圣王用心也。”其积极作用也逐渐显现出来，“自是钱引稍仍故”[③]。确实，“纸币的发行量须控制在其用以补足社会所需通货量的数额之内，才不至于造成通货膨胀，或者以劣币驱逐良币的情况”[④]。

北宋时期，在铁钱和纸币的发行过程中，成都知府发挥了重要作用，对于货币的稳健运行，做出了自己的独特贡献。但是，从总体上说，他们往往需要与监司长官特别是与其中的转运使密切协作，才能形成更大的合力，构成一种既相互支持又相互制衡的关系格局，推动货币发行管理向着更加科学的轨道迈进。

第二节　南宋成都知府与财政经济管理

南宋时期，随着军事形势的日益严峻，宋廷逐渐把四川地区纳入统一的战时体制之中，陆续设置了一系列跨路级的经济和军事组织机构。众多跨路级机构之间形成了既互相协作又相互矛盾的复杂利益关系格局。从财政经济管理角度来看，由于各自职能的巨大差异，兼任成都知府的四川制帅与四川都转运使、四川总领和四川茶马之间存在着较大的矛盾，其中尤以四川（安抚）制置使与四川总领之间的关系最为复杂。首先，四川（安抚）制置使与四川都转运使之间，既有一些协作，也存在着一定的隔膜。

---

① 《文献通考》卷9《钱币考二》。

② 林文勋：《宋代四川商品经济史研究》，第94页。

③ 《宋史》卷347《席旦传》。

④ 包伟民：《试论宋代纸币的性质及其历史地位》，《中国经济史研究》1995（3）。

绍兴六年（1137），在“应副吴玠军须”的问题上，四川都转运使赵开与制置大使席益之间的矛盾越来越大，使得“徽猷阁直学士、两浙都转运使李迨进职四等，为四川都转运使、都大提举茶马，赐银帛三百匹两，令临安府差从卒百人，自襄郢便道星夜之任。徽猷阁待制、四川都转运使赵开俟迨至，将本司财赋文籍交割讫，赴行在所”①。绍兴七年（1137），四川安抚制置大使兼知成都府席益与四川都转运使李迨之间产生了很大的分歧，双方均向朝廷申诉。然后，宋高宗“诏川蜀去朝廷甚远，全借两司协济国事。今览益、迨所奏，务为嫌隙，必致生事，深以为忧。可令学士院赐诏戒谕，仍当深体朕意，毋得因今旨在告待罪，妨废职事”②。四川（安抚）制置使与四川总领之间，既有协作，也有冲突。“制置使职能既然已经渗入财政经济领域，那么它与总领财赋等也必然会发生关系。”这是南宋王朝制度设计的必然产物，“设制置司、总领所两司，实现军、财务分权”，“战区的有些经济事务往往由制置司提出，但最终归总领所负责具体办理”。然而，双方之间还是存在着不少难以克服的内在矛盾，“制置与总领在权力行使上的矛盾是客观存在的。一方面，制置使利用战时的特殊环境使自身权限不断伸展；另一方面，总领的设置既是宋廷出于牵制制置使的考虑，那么两者在权力问题上的冲突也在所难免”③。绍兴末年，四川安抚制置使沈介与四川总领王之望之间也产生了争执，其原因在于“饷所主财粟，宣制司主军民，二司之不相为谋也久矣”④。特别是“至南宋后期，制置、总领的矛盾日益突出”⑤。最后，四川（安抚）制置使与四川茶马之间的关系也相当微妙。宋高宗时，四川安抚制置使兼知成都府李璆与茶马使韩球之关系紧张，“李璆帅成都，与茶马使韩球交恶。”作为成都府通判的师民瞻，在二者之间左右为难，于是，卓然独立，无所偏向，“君于李为贰，于韩客也，介然靡所附离”⑥。其实，在财政经济管理方面，四川

① 《要录》卷104，绍兴六年八月癸卯。
② 《要录》卷113，绍兴七年八月丁酉。
③ 姚建根：《宋朝制置使制度研究》，第148—153页。
④ 魏了翁：《鹤山集》卷44《重建四川总领所记》。
⑤ 余蔚：《完整制与分离制：宋代地方行政权力的转移》，《历史研究》2005（4）。
⑥ 魏了翁：《鹤山集》卷87《朝奉大夫通判夔州累赠正奉大夫师君墓志铭》。

（安抚）制置使与四川宣抚使之间的关系，还相对和谐一些。绍兴三十一年（1161），四川总领王之望"以军兴移运，当置随军漕臣"，可是由于利州路转运判官计有功"足疾不能行"，而刚刚任命的利州路转运副使赵沂还在湖北，未能上任。王之望将有关情况报告了朝廷，没有得到朝廷的指示，于是就与四川宣抚使吴璘、四川制置使王刚中共同商议，"以便宜檄左朝奉大夫知利州兼宣抚司参议官赵不愚、左朝请大夫通判阶州成份权随军转运司公事"①。

进行南宋以后，成都知府这一职位也不断地被称呼有别但职能大致相同的军民一体的四川制帅所兼任。"制置使是军事战争前沿的军事指挥官，掌握了比较大的军政权力，为了确保军事斗争的胜利就必须对战区的经济进行一定程度的管理，使之成为战争车轮的坚固辐条，这样就逐渐地形成了制置使特殊的战时经济职能。"② 在财政经济管理方面，成都知府特别是兼任成都知府的四川制帅所发挥的作用，主要体现在赋税征收、财政支出和货币发行三个方面。

一、南宋成都知府与赋税征收管理

实际上，"宋廷对四川地区的赋税由北宋开始轻赋税（低于其他地区）到南宋重赋（高于其它地区）的转变，完成了从一种特殊到另一种特殊的转变"③。特别是"自建炎四川军兴以来，四川民众负担陡增，数字就是'岁增钱二千六十八万缗，而茶不预焉'这么大。四川一直存在的相对于全国其他地区比较深厚的经济潜力几乎被挖尽了"④。南宋时期，成都知府的赋税征收，主要包括两税征收和商税收入两个部分。

1. 南宋成都知府与两税征收管理

南宋时期，成都知府与两税征收管理之间的关系，包括成都知府兼本路安抚使和兼任成都知府的四川制帅与两税征收两种情况。

---

① 《要录》卷192，绍兴三十一年九月庚寅。
② 姚建根：《宋朝制置使制度研究》，第69页。
③ 吴擎华：《试论宋代四川经济特殊性》，《中华文化论坛》2004（1）。
④ 谭平：《惟蜀有才　宋代四川人才辈出的文化机理》，第59页。

先看成都知府兼本路安抚使。在两税征收管理方面，兼任本路安抚使的成都知府，发挥了一定的积极作用。绍兴十三年（1143），针对“蜀自用兵，和预买布匹折估钱二引，民已病之。至是转运司迫饷军，增至三道，成都一路总七十四万七千有奇”的情况，知成都府兼本路安抚使张焘提出：“昨降度牒二千，称提钱引，数适相当，愿以此代输。”其请求得到了宋高宗的批准[①]。其实，“度牒原是官府发给僧道的一种身份证，出家人据此可免赋役，实际上官府把这笔赋役负担转嫁到了广大劳动人民身上。它虽非纸币，宋廷却常以出卖度牒来敛取货币，或以度牒充财政支付，度牒实际上已成为一种变相的不备本钱的大面额纸币”[②]。由此可见，兼顾军民之政的成都知府，与作为理财机构的转运司之间，在两税征收中有着明显差异。

再看兼任成都知府的四川制帅。在两税征收的过程中，兼任成都知府的四川制帅所发挥的作用比较突出。乾道三年（1167），针对“近日臣僚有请，欲罢催税户长，改差甲头。此但见户长之害，而思有以救之，不知所以害民者，在人不在法”的情况，四川制置使兼知成都府汪应辰提出：“户长之法无可更易，望降明旨，令州县并依见条施行，勿复他议。”于是，宋孝宗“诏令户部下诸路准此”[③]。宋孝宗时，针对“四川宿兵四十余年，赋敛禁榷之利，十倍于旧，仅能赡给”，然而“今朝廷指挥又令起五十万道赴湖广总领所，而余数发赴左藏南库送纳。如此，则四川财赋所桩积者，止有一百余万，缓急之际，何以枝梧？恐非有备无患、本固邦宁之义。兼钱引既不出界，必须措置轻赍。只如银每两约六道半左右，既出峡，不得半价。又有津运船脚，及管押使臣军兵道路之费，然则四川所费失者甚多，而朝廷所得者无几”的问题，汪应辰提出：“伏望钧慈详酌将未起田契税钱，特许存留，不胜远方幸甚”[④]。其希望将没有发出的田契税钱存留于蜀，充分地表达了自己的爱民情怀。淳熙七年（1180），四川安

---

① 《要录》卷150，绍兴十三年九月丁丑。

② 俞兆鹏、俞晖：《论北宋末期的恶性通货膨胀》，《南昌大学学报》2014（4）。

③ 《宋会要辑稿》食货65之97。

④ 汪应辰：《文定集》卷13《论存留田契税钱与执政书》。

抚制置使兼知成都府胡元质上言："凤州梁泉、两当、河池三县并成州栗亭，以人户见耕牛具数目为准均敷二税，以是民间畏避，莫敢畜牛。乞只以乾道七年逐州元籍定牛具为科敷则例，自此如有新添牛畜，更不收入为额，辄增科敷。"其申请获得了朝廷的批准[①]。淳熙十三年（1186），四川安抚制置使兼知成都府赵汝愚让百姓上供时自行称量，将多余的大米带回家去，百姓对这一做法非常满意，"赵汝愚守成都，民当输纳，使自概量，各持羡米去，民甚便之"[②]。

当然，在两税征收方面，四川制帅发挥积极作用的同时，也存在着一定的局限性。开禧三年（1207），四川宣抚司"科对籴米"。四川制置司"抱认于成都府籴十万斛，并遣官属送至沔州"的时候，其下属官员看到这种情况，非常气愤地说道："我比司也，乃为若市米耶？"四川制置使杨辅回答说："理不可拒，第徐为之图耳。"在他离开四川后，"事亦遂已"[③]。

有时，在两税征收方面，四川制置使与四川总领之间有一些协作。绍熙二年（1191），针对"潼川管下郪县等五邑支移赴隆庆府送纳，谓之远仓米，秪充本府厢、禁军、铺兵支用。隆庆去潼川，近者二百里，远者五百里，皆负担而去，往往揽户每石邀价，至有钱引十二三道者，以致人户重困"的问题，四川制置使京镗与四川总领杨辅上奏："乞改理估钱送纳。"于是，宋光宗下诏："潼川府郪县、涪城、中江、永泰、盐亭五县支移赴隆庆府三仓送纳米，可改理估钱送纳，每石连耗并头子勘合钱共纳钱引八道。"[④] 真是"有四川民力，则有三军，四川民穷，则三军坐困矣"[⑤]。

事实上，"制置、总领两司的协作对于战区各方面事务的有序稳定是十分必要的，于双方都有利，所以某些制置使在任职期间就致力于处理好与总领所的关系"。但是，"两者在权力问题上的冲突也在所难免"[⑥]。隆兴二年

① 《宋会要辑稿》食货70之72—73。
② 《文献通考》卷5《田赋考五》。
③ 《两朝纲目备要》卷10，开禧三年十二月。
④ 《宋会要辑稿》食货68之14—15。
⑤ 岳珂：《桯史》卷10《大散论赏书》，第115页。
⑥ 姚建根：《宋朝制置使制度研究》，第153页。

(1164)，针对“王瞻叔之括白契也，得钱凡四百余万缗，而蜀中大扰”的问题，四川安抚制置使兼知成都府沈介向朝廷报告了此事。但是，“初命总领所桩管”，后来“吴挺乞拨其若干买马进”等，导致“蜀中不复得一钱矣”①。可见，两税的征收大权最终还是牢牢地掌握在朝廷手中。

总之，南宋时期，在两税征收管理方面，呈现出多元共治格局，充分体现了朝廷“制其钱谷”策略的贯彻落实。其中，成都知府发挥了自己的监督协调作用。

2. 南宋成都知府与商税征收管理

南宋时期，成都知府与商税征收管理之间的关系，主要体现在兼任成都知府的四川制帅参与其中。在商税征收管理方面，兼任成都知府的四川制帅，发挥了些许作用，具体体现在盐税和酒税征收两个方面。

第一，盐税征收。淳熙十三年（1186），刚刚担任四川安抚制置使兼知成都府的赵汝愚上言：“汀州地僻民贫，而官盐立价最贵，配抑追扰之害，视他路独甚。乞将汀州一郡改作客钞，其州县岁额合得盐数，并给降钞引，付本州县措置变卖。”然后，宋孝宗“乃诏福建提举应孟明同汀州守臣赵师愢详利害条奏”②。尽管这是他针对汀州（治今福建长汀）的盐税征收而言，但也反映了其浓浓的爱民之心。

当然，也有漠视百姓困难而欲增加盐税征收的四川制帅。宋宁宗与理宗之际，四川制置使郑损“又欲增总领所盐课，取旧贷军费”。四川总领所主管文字高定子“辨其颠末”，使得郑损“乃释然曰：‘二司相关处，公每明白洞达言之，使人爽然自失’”，从而放弃了增加盐税的打算③。

第二，酒税征收。绍兴六年（1136），四川安抚制置大使兼知成都府席益上奏：“改置酒务专差监官，缘自来系四川都转运司踏逐差，欲乞今后令依选法，选曾历任有举主、无赃私罪犯人，申四川安抚制置大使司差。”其请求得到宋高宗的批准④。绍兴八年（1138），四川制置使胡世将

① 《建炎以来朝野杂记》乙集卷16《四川桩管钱物》，第802页。
② 《宋会要辑稿》食货28之26—27。
③ 《宋史》卷409《高定子传》。
④ 《宋会要辑稿》食货20之17。

把先前赵开在四川所行隔槽法改为官监，遂后又创立清酒务，征得了一大笔酒税，“是岁，四川制置使胡世将即成都、潼川府，资、普州、广安军创清酒务，岁收息钱四十五万缗。旧成都都酒务许人户买扑分认，岁课为钱四万八千余缗。赵开行隔槽法，所增至十四万六千余缗。及世将改为官监，所入又倍。自后累益增加至五十四万八千余缗，而外邑及民户坊场又为三十九万余缗。于是隔槽之法已坏，诸郡渐变为官监，而民户坊场率以三年一榜卖，公私俱困矣”①。确实，“四川地区的制置使不仅可以定夺酒榷的实施方法，而且直接干涉酒业内部的行政事务”②。于是，四川制置使与四川都转运使之间的矛盾在所难免。宋高宗时，四川都转运使张深与制置使胡世将“议酒法不合”，于是“改除泸州，因丐祠请老”③。

总之，在赋税征收方面，兼任成都知府的四川制帅，发挥了一定的作用。

3. 南宋成都知府与赋税减免

南宋时期，在赋税减免问题上，成都知府发挥了最突出的作用。成都知府与赋税减免之间的关系，包括成都知府兼本路安抚使和兼任成都知府的四川制帅与赋税减免两种情况。

（1）成都知府与赋税减免

兼任本路安抚使的成都知府，开展了一定的赋税减免工作。绍兴九年（1139），张焘出任成都知府兼本路安抚使。宋高宗在任命张焘的时候，向宰相秦桧作出指示，要求他负责减免四川地区的横赋，“权吏部尚书兼史馆修撰张焘充宝文阁学士、知成都府兼本路安抚使。四川制置司限一月结局。初，成都谋帅，上谕秦桧曰：‘张焘可付以便宜，使治成都。第道远，恐其惮行。’桧退，召焘谕旨。焘曰：‘君命也，焘其敢辞！’上大喜，遂有是命。上谕桧曰：‘焘虽安抚一路，如四川前日无名横敛，不急冗费，可令蠲减以宽民力。’以成都帅臣而得行四川民事自焘始”④。他一到成都，

---

① 《要录》卷124，绍兴八年。

② 李华瑞：《论宋代酒业产销的管理体制》，《河北大学学报》1993（3）。

③ 《全蜀艺文志》卷55，（元）费著：《氏族谱·张氏》。

④ 《要录》卷132，绍兴九年十月癸丑。

立即着手减免四川赋税的工作，使百姓的痛苦大大缓解，“州县奔走事令，绪求盈虚，损浮蠲乏，人不告病”①。绍兴十三年（1143），他又“开修渠堰，蠲落江田税”②。

乾道七年（1171），成都知府兼本路安抚使张震上奏：“四川州郡酒库无一不败坏，在法虽有酒赏，类皆不可及格，亦无有能应之者。如此伪滥，则莫若少加裁损，以课之高下减举主及减年”，于是，宋孝宗“诏依乾道四年九月四川总领查钥所陈赏格施行”③。

嘉定二年（1209），黄畴若出任成都府知兼本路安抚使。针对“当征积欠十余万”的情况，他“亟命榜九邑尽蠲之。”然后，“为民代输六年布估钱，计二十万二千四百缗；又别立库储二十五万三千缗，期于异日接续代输”，“又减他赋之重者，民力遂宽”，大大减轻了百姓的赋税负担④。

有时，兼任本路安抚使的成都知府，还与四川宣抚使一起开展赋税减免工作。绍兴十一年（1141），国学免解进士张竑上书指出，四川地区所存在的“州县官扰民及隔槽破产，科举徇私，入粟之人居官贪墨等，凡十三害”，于是，宋高宗“诏胡世将、张焘相度”，要求川陕宣抚副使胡世将与张焘协作加以应对⑤。

可见，在赋税减免方面，虽然成都知府兼本路安抚使基本上都能照顾到四川地区的总体情况，但其重心显然更加关注成都府的困难所在。

（2）四川制帅与赋税减免

作为兼任成都知府的四川制帅，其兼顾军民之政的双重身份，究竟是偏向于百姓生活，还是着重于军事需求，确实难以协调。朝廷设立这样一个重要职位，其目的就是希望其军民兼济。但是，要真正处理好这对关系难度很大。因为这是需要根据客观形势发展而不断调适的问题，“制置使一方面对流浪的饥民是尽量的赈济，另一方面对所辖军民则采取减轻租

---

① 《成都文类》卷42，喻汝砺：《杜工部草堂记》。
② 《要录》卷150，绍兴十三年九月丁丑。
③ 《宋会要辑稿》食货21之9。
④ 《宋史》卷415《黄畴若传》。
⑤ 《要录》卷140，绍兴十一年四月乙亥。

赋、蠲免杂税（包括一些在战时加派的繁杂课税）的政策，减轻他们的经济负担”[①]。

在赋税减免方面，如果兼任成都知府的四川制帅违背朝廷旨意，将会受到处罚。绍兴二十四年（1154），在右正言郑仲熊反映“敷文阁待制知成都府萧振，天资狠戾，趣向乖僻”，特别是“朝廷屡下宽诏，有可裕民者，俾同诸司措画。振为制置使，略不关意。乃敢诵言于朝，欲以对籴军粮八万石，截留不发。初非真有意于民，特出矫情惑众，以沽一时之誉”的情况，并且提出“望赐窜斥，以为窃名市私者之戒”的请求后，宋高宗“诏振落职放罢，依旧宫观，池州居住”[②]。绍兴二十五年（1155），代替萧振而出任四川安抚制置使兼知成都府的符行中，公然违背朝廷下达的废除四川百姓以前拖欠赋税的命令，加紧催征这些赋税，引起了民众的极大愤慨，即由于当时“上既蠲蜀民旧逋”，但是符行中却“督责甚峻，蜀人怨之”，使得朝廷“知其不可任，乃召行中还”，并且被“降授左朝请大夫”[③]。绍兴二十六年（1156），鉴于“逮帅成都五年，旧欠既有指挥放免，行中辄废格诏令，督责急如星火，蜀人怨之”等原因，“敷文阁待制、提举江州太平兴国宫符行中落职，罢宫观”[④]。确实，“尤其在南宋时期，确有不少地方官因苛敛而被罢黜”[⑤]。经过这一波折，四川安抚制置使兼知成都府这样一个一身二任的职位，有了更为清晰的含义。于是，被重新起用的萧振很注意减免四川百姓过多的赋税负担，其用意在于保持军需与民用之间的合理关系。

绍兴二十七年（1157），四川安抚制置使兼知成都府萧振等上奏：“承准已降指挥并手诏：‘四川赡军财赋及民间利害，令萧振、汤允恭、李涧、许尹、王之望公共相度，制置条具以闻。’臣等今同共相度，拟定到减放钱物并取拨对名色数目，条具如后。”其大幅度减免四川百姓赋税负担的

① 姚建根：《宋朝制置使制度研究》，第79页。
② 《要录》卷167，绍兴二十四年七月甲子。
③ 《要录》卷170，绍兴二十五年十二月丙申。
④ 《宋会要辑稿》职官70之45。
⑤ 包伟民：《宋代地方财政窘境及其影响》，《浙江社会科学》1999（1）。

请求，获得了宋高宗的准允，并且“仍令学士院降诏，戒饬州县、监司不得更巧作名目，妄有科扰于民”。宋高宗还对宰辅大臣说道：“前日所以下有司看详，正欲知向后兵食无缺，使民被实惠。若无以善后，恐又别有更改，非所以裕民。初讲究利害，想四川之民日望减免，今此指挥下，足以慰其心矣。”① 同年，由于萧振“蠲减重赋，蜀人安之”，宋高宗“以振治蜀有声，执政请进一职、迁四官”，并且还认为：“四川善政，前有胡世将，今有萧振。”② 亦在同年，“敷文阁学士、四川安抚制置使兼知成都府萧振卒。振再守蜀凡二年，时利州旧宣抚司有积缗二百万，守者密献之。朝下制置司取拨，振曰：‘此所以备水旱军旅也。一旦有急，是又将取于民。’请于朝，留其半”。因此，“比卒，蜀人思之”③。在萧振的努力之下，四川地区百姓的苦难有所减轻，其本人也得到了升官的奖励，赢得了很高的政治声誉。其中的关键就在于他更加注意百姓所需，又注重军民之间的平衡关系。当然，萧振等人减免的是当年的一定数量的赋税，并没有免除多年拖欠的虚额，“昨萧振等所奏，惟及减额而已，未及放欠也”④。同年，针对当时“时已蠲蜀赋以宽民力，而嘉州赋外之敛方急”的问题，四川安抚制置使兼知成都府李文会说道：“违法科敛，与违制罪均。况蜀去朝廷远，诏令裕民，吏犹不承，悖孰甚焉！”然后，“乃劾官吏之罪，悉罢逐之”⑤。

宋孝宗时，兼任成都知府的四川制帅，包括沈介、范成大和胡元质等在内，广泛地参与到赋税减免之中。隆兴元年（1163），四川安抚制置使兼知成都府沈介上言：“四川宿兵三十年矣，民力凋弊，殆将不支。欲望因钱引之换界，究失亡之总数，勿以他补，专用蠲四川征敛之尤甚者。辅以度牒称提之，则岁可减百万之敛。乞委臣措置，然后条具其合蠲之实琐科奏闻。”于是，宋孝宗“诏从之”⑥。

---

① 《宋会要辑稿》食货63之13—14。
② 《要录》卷177，绍兴二十七年五月丙寅。
③ 《要录》卷177，绍兴二十七年六月戊戌。
④ 《要录》卷179，绍兴二十八年正月乙酉。
⑤ 《中兴小纪》卷37，绍兴二十七年十二月戊戌。
⑥ 《宋史全文》卷24（上），隆兴元年五月己酉。

淳熙四年（1177），四川制置使兼知成都府范成大指出：“蜀中一度牒卖钱引七百一十道，一紫衣止卖钱引六七十道，少者三十四道。小人贪十倍之利，又不费织作，止是揩改数字，以冒法为之。当令省部措置，止将上件四川逐司见在绫纸于纸背批凿给散年月及用印记，并置合同号簿勘同等以为关防。”在其升任礼部尚书后，“复申前请”。于是，宋孝宗下诏：“礼部改造紫衣、师号式样，紫衣并二字、四字师号绫纸面上改织造栀子花各十二朵。内紫衣绫纸面上织造‘文思院制敕紫衣绫’八字，其二字、四字师号绫纸面上织造‘文思院制敕师号绫’八字，仍织字在绫上。应官司支使不尽见行桩管师号并将来缴到，日下委长贰监视焚毁。”其提高度牒防伪功能的建议，得到了朝廷的采纳①。针对“吐蕃、青羌两犯黎州，而奴儿结、蕃列等尤桀黠，轻视中国”的严重情况，他还向朝廷反映：“臣当教阅将兵，外修堡砦，仍讲明教阅团结之法，使人自为战，三者非财不可。”于是，“上赐度牒钱四十万缗”②。

淳熙六年（1179），四川安抚制置使兼知成都府胡元质上奏：“诸州上供金、银、绢三色，乞将大宁监盐课增羡，措置蠲免九州民间科买，以苏民力”③，得到朝廷的恩准。淳熙七年（1180），针对“关外阶、成、西和、凤州各有岁计，可足州用，缘转运司尽行拘催，别置仓库，自行收受，每岁量行抛降，由此州郡匮乏，不免苛取于民”的问题，他又提出：“乞下利州路转运司，将每年抱认数目，许各州合发漕司钱物内径行截留。”其请求得到了宋孝宗的批准④。

具体而言，四川制帅开展的赋税减免，主要体现在两税减免和商税减免两个方面。

第一，两税减免。绍兴六年（1136），四川安抚制置大使兼知成都府席益向朝廷反映：“四川去秋旱伤，田亩所收，多者不过四五分，少者才一二分。又缘官中籴买壅遏，米谷价例踊贵，无从得实。又去秋西川水

① 《宋会要辑稿》职官13之37。
② 《宋史》卷386《范成大传》。
③ 刘时举：《续宋编年资治通鉴》卷9，淳熙六年正月。
④ 《宋会要辑稿》职官42之60。

潦，东川旱暵，即今粒食昂贵，斗米钱两贯，利路近边去处，又增一倍。即今人民饥流死者，相枕藉于道，见行赈济。缘蜀民自来不晓陈诉灾伤，是致州郡、漕司不曾依条减放。间虽有检放去处，并不以实。望赐矜恤。”于是，宋高宗“诏如委系灾伤，失于检放，予权行倚阁一半，其灾伤至重去处，全行倚阁。并候将来秋成日，依已降指挥催理。”[①] 绍兴二十七年（1157），针对“两川畸零绢估钱者，本三路纲也。方承平时，东、西两川，每岁于二税及和买畸零绢内，起正色绢三十万匹，应副陕西、京西、河东支遣，谓之三路纲运”的情况，四川安抚制置使兼知成都府萧振“又减一千”[②]。绍兴二十八年（1158），王刚中被任命为四川安抚制置使兼知成都府，鉴于“军食岁为米百万石，为钱二千万缗，而犹有调发不时之须”的情况，他“为更关钞法，请给度牒，以贷仓猝急征暴敛之患”[③]。

乾道二年（1166），当“总饷者复支移四千九百余石，以饷绵州之屯”的时候，摄通判彭州李蘩向四川安抚制置使兼知成都府汪应辰反映说：“彭民安能胜此三役？”结果是“期会稍宽”[④]。面对“蜀之民困于虚额，不得休息，而不能自言”的问题，汪应辰“为言而蠲除之”[⑤]。他认为：“州县灾伤，虽合纳常赋，亦当减赋，岂可重赋之外，更此重困？若不及时拯救，民何以堪？”然后，他提出：“伏望圣慈更赐行下总领所，相度施行。”他还指出：“契勘成都府路水田多，山田少，又有渠堰灌溉。其潼川府路多是山田，又无灌溉之利，今来秋收微薄，米价渐贵，民已艰食”。特别是“夔路最为荒瘠，号为刀耕火种之地。虽遇丰岁，民间犹不免食草木根实，又非潼川府路之比。今岁旱歉，如夔州，每常米价止是钱引五道左右，今已是十道以上。内梁山军、广安军虽颇丰熟，又不通水路，止可赡给本军”。鉴于“四川州县，曲折不一。但得米谷流通，价值平和，可以接济，待得来岁麦熟，庶几不为甚害。而所在往往患于无钱，束手坐

---

① 《宋会要辑稿》食货63之6。
② 《建炎以来朝野杂记》甲集卷14《两川畸零绢估钱》，第292页。
③ 孙觌：《鸿庆居士集》卷38《宋故资政殿大学士王公墓志铭》。
④ 魏了翁：《鹤山集》卷78《朝奉大夫太府卿四川总领财赋累赠通议大夫李公墓志铭》。
⑤ 李流谦：《澹斋集》卷14《送汪制置序》。

视，莫知为计”的情况，他提出：“欲望圣慈特赐详酌，支降度牒五六百道，委付官司出卖于丰熟去处，收籴米斛，却量度多少，于荒歉州县出粜，拘收价钱，听候朝廷指挥发纳。如此则既得米斛，可以平物价，济民食，又为朝廷变转得度牒价钱。官无所损，民被其惠，实为利便。”此外，他又指出：“诸州常平司钱米，往往州县缺乏，那移借兑，虽官司点检符移取会，止是文具，皆非实在之数。”于是提出：“今欲分委晓事官员，体访考覆，取具的实见在之数，以备赈济。”[①] 然后，他“免利路民饷运，徙沿边戍兵就粮内郡，纵保胜义士复业，存左藏所解白契二百万以备不虞，悉奉行之”。针对“二税勘合，每贯取二十钱，乾道诏旨尝减三之一，有欲增之者”的问题，他还与两路漕臣共同上奏说：“勘合不以钞计，而以贯石匹两计，是阳为减而阴欲增之也。以成都一路计之，岁入三十万，今以所增为六十万，计以四路，不知几倍。虽非兴利者所便，而民受其赐多矣。”他奉召还京而要离开四川的时候，“代纳成都一府激赏绢估三万三千九百八十四匹”。特别是在陛对时，宋孝宗对其说道：“卿久在蜀，宽朕西顾忧，军政民事革弊殆尽，蜀中除虚额，民间当被实惠。”他回答说：“虚额去则州县宽，尚有两事，曰预借，曰对籴。预借乃州县累岁相仍，对籴则以补州县阙乏，民输米一石，即就籴一石，或半价，或不支，且多取赢。陛下近捐百万除预借之弊，对籴患止数州，愿并除之，则弊革无余矣。”[②] 其对巴蜀百姓的关爱，溢于言表。

淳熙二年（1177），“诏复四川制置司，以成都府路安抚制置使臣成大摄使事”。于是，宋孝宗作出指示：“蜀为西南屏蔽，兵民庶务，尤当平允。宜相度诸处民之丰约，措置以均和籴之数。及不得令在职官，舍己所任，避难就易，营摄别职，以便私计。其屯戍兵将官，占护军人，不分曲直，唯务己胜。将量罪轻重，必罚无赦。详此戒谕，其毋怠忽。”[③] 淳熙四年（1177），宰执大臣进呈“范成大奏关外麦熟，倍于常年。盖由去岁罢籴一年，民力稍纾，得以从事耕作”，孝宗回答说：“免和籴一年，民间便

① 汪应辰：《文定集》卷4《御札问蜀中旱歉画一回奏》。
② 《宋史》卷387《汪应辰传》。
③ 《成都文类》卷17《赐范成大措置和籴戒谕诏》。

已如此，乃知民力不可以重困也”[①]。此外，针对朝廷提出“关外四州，每岁和籴之扰，计其米数，止十万石。若以全蜀之力，措置充代其数如何？卿可疾速条具闻奏”的问题，范成大“姑请增贾九之一，勿收头子钱，罢盘量检察官，若朘削本钱苛斗面之弊，一切禁绝”，其请求得到了宋孝宗的批准[②]。由此看来，边境地区的社会稳定，是其关注的重点所在。

淳熙五年（1178），四川制置使兼知成都府胡元质向朝廷反映“西蜀税租折科之额，视东南诸路为最重。如夏秋税绢，以田亩所定税钱仅及三百，则科绢一匹；不及三百者，谓之畸零。其所输纳绢，乃理估钱，则准时直。当承平时，每缣不过二贯。兵兴以来，每缣乃至十贯，是一缣而取三倍也。陛下轸念远民重困，每缣裁定作七贯五百。然独成都自淳熙五年为额减放讫，其他州县尚有未应昨来指挥去处，乞行下约束”的情况后，宋孝宗“诏四川总领所同逐路转运司取见诸州、军未尽数减于折科夏、秋税绢因依，更相度与裁减。若于岁计却有妨阙，公共措置将诸州应干财赋通融相补，开具以闻”[③]。

淳熙八年（1181），四川制置使兼知成都府陈岘反映“黎州极边，重山复岭，物产荒薄，又经去岁骚动，民力雕乏，理宜优恤。契勘本州米价每石不过五六千，而百姓税米自来不令输纳本色，却每石估钱一十三贯文，除土丁之家曾经绍兴三十年裁减只作八贯文理纳外，其余税户至今仍纳一十三贯文，实为重困”的情况以后，宋孝宗诏令黎州：“将本州人户税米估钱，每石并与裁减三贯，内土丁之家已经裁减者，更与两贯。其所减数从四川制置司那融，每岁支下黎州补充支遣”，从而减轻了黎州百姓的赋税负担[④]。然后，其继任者留正“平四蜀折租价，岁减酒课三十八万”[⑤]。

绍熙二年（1191），四川地区出现了严重的干旱现象，其中的“荣、

---

① 魏了翁：《鹤山集》卷78《朝奉大夫太府卿四川总领财赋累赠通议大夫李公墓志铭》。
② 《成都文类》卷17《赐范成大措置和籴诏》。
③ 《宋会要辑稿》食货70之70。
④ 《宋会要辑稿》蕃夷5之55。
⑤ 《宋史》卷391《留正传》。

资二郡尤甚”。于是，四川安抚制置使兼知成都府京镗“请除前一年未输之秋租，又尽除是岁之两税”。他“又念蜀民之贫，节用薄敛以裕其力，请岁蠲成都米估之征缗钱七万有奇，草估之征缗钱七万有奇，四路鹾酒折估之征缗钱九十余万有奇，通三岁，凡二百七十余万云”。后来，他回到朝廷，“又请加数年蠲减之期”，其建议获得了宋光宗的批准。这样一来，“举全蜀之民，被朝廷之泽，若更生焉”①。

在两税减免方面，四川制置使与四川总领之间开展了一些协作。隆兴元年（1163），户部上言：“四川安抚制置司沈介乞将绍兴三十年以前四川人户交易白契田宅税钱，不问登载及业在户下与否，并行除放。又前川陕宣抚使王之望申：‘本司承朝旨，将业在户下白契依赦免，其倍输只纳正税。今据利州缴到制置司除放暝示，与近降指挥异同，疑误百姓。’”于是提出：“欲下四川制置司、总领所遍报所部州县，将业不在户下已纳在官钱数，止许对折本户积欠赋税。其今降指挥到日以前已予人户亲戚及诸色人，仍先降指挥对折讫者，更不追改。所有三十二年六月十三日赦后未曾投税之人，自合遵依见行条法。所有已纳在官钱内对折民间积欠税赋钱数，令本所别项桩管。如遇大军岁计阙少，即申明朝廷指挥支拨贴助。”其建议得到了宋孝宗的采纳②。绍熙二年（1191），四川制置使京镗与总领杨辅一起向朝廷反映：“潼川管下郪县等五邑支移赴隆庆府送纳，谓之远仓米，秖充本府厢、禁军、铺兵支用。隆庆去潼川，近者二百里，远者五百里，皆负担而去，往往揽户每石邀价，至有钱引十二三道者，以致人户重困。乞改理估钱送纳。”于是，宋光宗下诏：“潼川府郪县、涪城、中江、永泰、盐亭五县支移赴隆庆府三仓送纳米，可改理估钱送纳，每石连耗并头子勘合钱共纳钱引八道。”③

但是，在两税减免过程中，四川制帅与总领所之间存在着明显的矛盾。绍兴二十六年（1156），针对“陛下加惠远民，以四川在万里外，科敛条目户部稽考之所不及，故诏帅臣萧振等同共措置，欲以实惠摩拊疲

---

① 杨万里：《诚斋集》卷123《京公（镗）墓志铭》。
② 《宋会要辑稿》食货70之54。
③ 《宋会要辑稿》食货68之14—15。

弱，亦事有所当知者。蜀之取民条目繁巧，不可一概而视、按籍而决。盖有显其名而公取之者，激赏绢之类是也；隐其名而阴取之者，激犒钱之类是也；取之以甲而用之以乙者，畸零绢估钱为籴本钱之类是也。此三者若一概而视，万一蠲放所及，民有熟视而不知，徒为贪吏猾胥之幸者”的问题，起居郎赵逵提出：“欲望明诏振等，凡总领司钱物窠名，当先析为数条，曰此官与民通知者，此官与民不相通知者，必当根其所归。有欲除放，不于其官籍之名而于其人户之所从来，然后陛下实惠，州县不能沮格。”其请求得到了宋高宗的批准①。

在是否免除民户拖欠的田契钱问题上，四川安抚制置使兼知成都府沈介与四川总领王之望发生了激烈的冲突。绍兴三十一年（1161），随着战争形势的日益严峻，王之望“括民间白契税钱以赡军”。次年，沈介“首以蜀中括契钱不便为言”。于是，宋高宗下诏：“自登极赦前，有带白契者，悉蠲之。即已输，许对折二税。”王之望对此有话要说：“乃疏驳白札子于朝，且言不愿输者皆豪强与士大夫之家，请理纳如故。”使得高宗再次下诏：“白契在户下者，许行首纳，仍依赦，免其倍输。”沈介抵达四川后，“遂檄郡邑，凡三十年以前白契在户下者，悉放免之。又截成都当输总所折籴钱给还民户”。但是，王之望“犹在蜀，三上疏争之，且言虞允文以买马职事疑臣，张震付放甲户输金甚多，故二人以此属介，请下御史台、大理寺鞫实”。王之望“以军兴用度不给，因行一切之政”的极端做法，给百姓造成了很大的痛苦，“其后所括钱，朝廷悉取他用，总司讫不能有也。今蜀中田契钱，诸县既有定额，大抵不能敷，则以其钱均取于牙侩，人甚苦之”。其增税主张受到社会舆论的批评，“议者亦讥其敛怨”②。

宋孝宗时，恰好总领所“牒委官核四川匿契税”，四川安抚制置使兼知成都府汪应辰上奏：“其不便者四，曰妨农废业，曰纵吏扰民，曰违法害教，曰长奸起讼。比户部已令人自首，州县收并已不少，其未尽者，有见行法令，不宜为此烦扰。”宋孝宗对此说到“论极有理，速罢止之”，其

---

① 《宋会要辑稿》职官41之47—48。

② 《建炎以来朝野杂记》甲集卷15《田契钱　王瞻叔括契本末》，320—321页。

积极而又合理的减税建议，得到了朝廷的采纳[①]。

也是在宋孝宗时期，针对“黎州欠负”，四川制置使兼知成都府范成大向朝廷上奏：“乾道寇入，致欠钱引一万五百四十道，而总领司置狱雅州，抑吏均赔钱引万余，必非出自吏胥之家，掊领居民，渔夺商贾，何所不至，民困诛求，反思有寇之岁，无此追扰。望圣慈计其大者，指此钱引下总司，特免催理。”[②] 针对“和籴之害”，他又提出：“凡西兵十万，岁用米一百四十七斛，兑买省计及营田之外，阙五十二万斛，括兴元、阶成、西和、凤、文、龙等州民户家业而均科之，每石予钱引四道有半，其二分折茶，实给三引，耗费斛面不与焉。”于是，朝廷“诏与总领李蘩议”。四川总领李蘩“密计本所馈遗乾没，岁约百万，隐而不言，独乞朝廷降本招籴”。宰制大臣对此非常气愤，“诏公劾蘩违制，不同议”，范成大“遣人语蘩，蘩感惧，始出羡数。是岁，遂以此钱所在招籴”。然后，宋孝宗“疑岁歉，或妨阙”，他回答说：“脱不得已，权科一年，岁丰如故，不犹愈于常扰民乎？”孝宗对此表示肯定，“令每岁降指挥”，从而使得“科籴遂止”[③]。可见，在两税减免方面，四川制帅与四川总领之间存在不小的分歧。

四川安抚制置使与四川转运副使开展了一定的两税减免协作。绍兴九年（1136），给事中苏符上言：“已分屯吴玠军马，乞罢免四川对籴米脚钱等。”宋高宗回答说：“四川自兵兴以来，横敛既多，民不堪命，可令胡世将、张深相度蠲减，以苏民力”，要求四川安抚制置使兼知成都府胡世将和四川转运副使张深共同研究百姓赋税减免事宜[④]。

此外，跨路级机构和路级机构的长官之间也进行了一定的两税减免协作。庆元三年（1197），四川安抚制置使兼知成都府袁说友“与诸司议”，决定将每年百姓缴纳的理估钱减免一半，改由制置司、总领所与路级机构、州级政府一起承担，“制置司、成都府抱五万缗，总领所三十万缗，

---

① 《宋史》卷387《汪应辰传》。
② 黄震：《黄氏日抄》卷67《范石湖文》。
③ 周必大：《文忠集》卷61《资政殿大学士赠银青光禄大夫范公成大神道碑》。
④ 《要录》卷131，绍兴九年八月辛酉。

转运司五万缗，每年春正月，乞降度牒百五十下制司出卖，为钱十五万缗，所余四千七百缗，令提刑、提举司抱纳”①。这真是“已为下户代输额，更要全蜀俱伸眉”②，从而大大减轻了百姓的赋税负担。

第二，商税减免。绍兴二十六年（1156），嘉州知州朱昌裔上言：“四川盐酒场务自建炎中总领财赋官变法，以尽一时之利，应副川陕军食，盖势有不得已者。自后累政惟务增添，逮今每岁共收盐酒课息钱一千一百余万缗，比之旧额几四五倍，遂至趋办不及，积欠数多。乃者朝廷遣使裕民，岁减七十万，虽未能尽去重额，民亦少宽。惟旧欠未除，追催严峻，官吏、贫民俱被其害，破产举债，终难补足。望将未减额以前旧欠，如非侵欺盗用，并行除放。”于是，宋高宗“诏萧振等相度以闻”③。

绍兴二十八年（1158），“尚书省检会节次行下四川制置等司措置条具减盐酒课息钱、渠州科敷、复西川钱监、酒官酬赏，取会四川宣司便宜及总所措画指挥关外营田，蠲减四川正税役外科敛，乞令钱引务差官赍新引，就夔州与本路民户兑界，捐蜀中盐井虚额，拘四川铜器，令四川诸州人户买隔槽及清酒务曲分认官钱，论钱引兑界收贯头钱数多及西川布估钱太重，皆未报，凡十四事”，于是，宋高宗“诏王刚中与诸司公共相度以闻，务令军民兼济”④。

淳熙四年（1177），四川安抚制置使兼知成都府胡元质反映“为蜀民之病者，惟茶、盐、酒三事为最”，“欲行下茶马司，将无茶之家并行倚阁，茶少额多之家即与减额”的请求之后，宋孝宗“令元质与茶马司及总领司措置”⑤。于是，胡元质大大地减轻了百姓过重的赋税负担，“惟蜀诸路盐之额浮，茶之赋重，与夫夔峡科买金银之弊垂六十年，民力重敝，吏阴拱熟视，莫一措手。公悉审核精考以闻，凡所以为民之瘼者不一而足。公讨理脉络，剥求根株，尽变革乃止”⑥。他还“独用全力，讫底于成，置

① 《建炎以来朝野杂记》甲集卷14《西川布估钱》，第294页。

② 《全蜀艺文志》卷9，许及之：《客有自成都来者传制帅华学尚书年丈巫山诗辄次韵奉寄》。

③ 《要录》卷175，绍兴二十六年十二月甲寅。

④ 《要录》卷180，绍兴二十八年十月己亥。

⑤ 《宋史全文》卷26（上），淳熙四年十二月甲戌。

⑥ 《全蜀艺文志》卷37，张缜：《南康郡王庙记》。

局讲求，遣官请署，凡所以动心忍性，合异为同，奏牍如山，飞章如雨。越二年而减放之旨下，茶园之放枯衰者，为钱楮十有五万；盐井之减虚额，以缗计者四十七万九千有奇”①，大大减轻了百姓的经济负担。确实，“胡元质并不是一个不恤政事、滥用民力的贼官，他曾多次上奏朝廷要求宽减蜀民负担，先后上书论蜀中盐井、茶课、折绢钱等重税害民的问题”②。

宋宁宗时，四川安抚制置使兼知成都府吴猎“请蠲赋役，以幸蜀民。其略曰：‘窃惟蜀之利病，莫甚于赋敛。姑以养兵言之，岁有二千万之供，取民百端，未易毛举。盐课之在建炎，总为缗八十万，后改行引法，递增至四百万；今虽数数宽减，尚存二百余万缗。酒课之在建炎，总为缗一百四十万，后改场店法，递增至六百九十余万缗；今宽减之余，尚存四百余万。产茶之郡，初亦无几，自熙宁始行榷法，至元丰而倍增；及建炎改收引缗，至绍兴而倍取，今为缗二百余万矣”，充分体现了其深邃的见解，“其言虽不果用，人以为知本”③。

具体而言，四川制帅开展的商税减免，主要体现在茶税、盐税和酒税三个方面。

首先，茶税减免。淳熙五年（1178），因为此前四川总领李蘩提出“茶马司岁减马七百匹，为钱二十一万，乞与茶户对减重额”的请求，于是宋孝宗“诏四川制置司同茶马司公共相度经久有无妨阙利害以闻”。然后，四川安抚制置使兼知成都府胡元质与都大提举茶马吴总上言：“川蜀产茶，祖宗时并许通商，熙宁以后始从官榷，岁课不过四十万。建炎军兴，改法卖引，一岁所取二百余万，比之熙宁，已增五倍。继以聚敛之臣进献羡余，增立重额，每岁按额预俵茶引于合同场，甚者至径将茶引分俵，以致园户困败，产去额存。臣等申请置局，委官审实纠决。涉历两年，推核增亏之数，合减放虚额一百四万三百斤，其引息土产税钱共一十

① 《成都文类》卷27，崔渊：《雄边堂芝草记》。
② 黄博：《神御在蜀：宋代四川的御容奉祀与地方政治》，《北京社会科学》2017（4）。
③ 魏了翁：《鹤山集》卷89《敷文阁直学士赠通议大夫吴公行状》。

五万二千九百九十四贯。”其建议得到了朝廷的采纳，“诏并与除放”[①]。淳熙六年（1179），胡元质将自己与茶马司大幅度减免茶税的情况报告朝廷，“川蜀产茶，自熙宁以后，一从官权。军兴以来，聚敛之臣增立重额，产日益去，额日益增，民日益困。于是条其状以闻，乞同茶马司公共措置。旋被隆旨，俾之措画，臣遂与提举茶马官置局，委官推核增亏之数，所合减放虚额凡一百四万三百斤有奇，其引息及土产税钱共计十五万二千九百九十四贯有奇，系每岁合纳之数。遂具以闻，奉旨除放，远民交庆”。于是，他提出“欲望圣慈宣付史馆，以传无穷”的建议，获得了宋孝宗的准许。[②]

其次，盐税减免。淳熙四年（1177），胡元质反映：“简州最为盐额重大，近蒙蠲减折估钱五万四千余缗，但官司一时逐井除减，使实惠未及下户。富厚之家动煎数十井，有每岁减七千缗者，下等之家不过一二十井，货则无人承当，额徒虚欠，官司督责不免。望委制置司再将向来已减之数重行均减，其上户至多者，每岁不得减过二千贯，其余类推，均及下户。”[③] 淳熙七年（1180），由于“在法，盐井推排，所以增有余减不足。有司奉行弗虔，务求赢余，其盐井盈者则过为之增，涸者略为之减，增损尽出于私心”，他又提出：“乞将今来所减盐数并为定额，自后每遇推排，以增补亏，不得逾越已减一定之数。”其请求得到了宋孝宗的批准[④]。

有时，四川制帅与四川总领还开展一些盐税减免工作。淳熙四年（1177），针对“盐之为害，尤甚于酒”的问题，四川安抚制置使兼知成都府胡元质提出：“臣欲择能吏前往，逐州考核盐井的实盈亏之数，先与推排等第，随其盈亏多寡而增损之，必使上不至于重亏国计，下实可以少纾民力，方可施行。”然后，宋孝宗“诏令元质与李蘩同共相度措置，条具闻奏”。其效果还是比较明显，正如胡元质在继续上奏中所说的那样：“盐井重额沉痼百姓，垂五六十年矣，号呼吁天而天不闻。陛下亟出所储，略

---

① 《宋会要辑稿》食货31之25。
② 《宋史全文》卷26（下），淳熙六年九月丙子。
③ 《宋史全文》卷26（上），淳熙四年十二月甲戌。
④ 《宋会要辑稿》食货28之11。

无爱啬，俾不逾时，出穷民于水火之中，诚若有所不及，臣亲闻歌颂之声，目睹和平之象，实千载希阔难逢之嘉会。乞宣付史馆。”其请求得到了朝廷的批准[①]。淳熙六年（1179），胡元质与四川总领程价上奏：“四路产盐三十州，见管盐井二千三百七十五井、四百五场，内除依旧额煎输一千一百七十四井，一百五十场别无增减盐数外，其因今来推排，或因自陈，或纠决情愿增额者，计一百二十五井、二十四场，并今次渲淘旧井亦愿入籍者，计四百七十九井，其委实无盐到场之井，即与栈闭，尽令除豁”，并且提出：“其合对补钱数，令总领所措置圆融，每岁抱认对补钱引十七万二千五百余道，其余钱引十万道，乞于总领所每年桩管。昨来对减酒课，用不尽钱一十二万六千四百余道，内取拨十万道对补上项合减之数，庶几四川州、县井户民人免四五十年困重额之患。”其请求获得了朝廷的批准[②]。

最后，酒税减免。绍兴六年（1136），由于当时“川路多置比较务，科定人户出钱，以资妄费，民不堪之”，宋高宗知道这一情况后，“命益相度裁减”。于是，四川安抚制置大使兼知成都府席益“请州县有官可兼、镇市乡村相近者，并罢。余令都转运司选差，申制置大使司审度给札。”其申请得到了朝廷的批准。在他的请求下，“罢四川诸州军县镇酒官一百七员”，有利于减轻百姓的赋税负担[③]。宋高宗时，鉴于“四路榷酤，岁课不登者五十万，监吏无能者，皆不能办，徒空文耳”的情况，四川安抚制置使兼知成都府王刚中“奏除之”[④]。

淳熙三年（1176），四川制置使兼知成都府范成大上奏：“四川酒课折估虚额钱四十七万余缗，乞自淳熙三年为始减放。”于是，宋孝宗“诏以湖广总领所上供钱内拨还”[⑤]。同年，因为“陛下俯念四蜀酒课虚额之弊，乃六月十二日诏书，各与次第蠲减，岁蠲上供缗钱四十七万，为蜀民代补

① 《宋史全文》卷26（上），淳熙四年。
② 《宋会要辑稿》食货28之8—9。
③ 《要录》卷131，绍兴九年八月辛酉。
④ 孙觌：《鸿庆居士集》卷38《宋故资政殿大学士王公墓志铭》。
⑤ 《宋史全文》卷26（上），淳熙三年六月乙酉。

赡军折估之数。令下之日，百万生灵鼓舞欢呼，如脱沟壑。寰区四路州县节次申到，自今年七月十五日以后，各于寺观启建感恩祝圣道场”，于是他提出：“伏望宣付史馆。”其请求得到了宋孝宗的批准[①]。针对“初，蜀之财用止以赡蜀。自屯大兵，始竭民力，公私俱困”的问题，他向朝廷报告说：“略计成都在城建炎三年酒课，岁才四万缗有奇，后增十倍；县镇酒税场店民户买扑课利总十五万有奇，后累至四十万；他郡可知。”然后，宋孝宗“诏岁减四十八万缗”，他便“随额重轻，躬为裁定”[②]。最终，他“奏减蜀之酒课四十八万缗，罢籴关中亦七十六万斛”[③]。

值得注意的是，四川制置使与四川总领还进行了一定的酒税减免协作。淳熙年间（1174—1189），陈琦被四川制置使兼知成都府留正“辟掌机宜文字”。因为“蜀法榷酒钱曰折估者病，上欲损甚，下蜀议”，于是留正委派陈琦前往益昌（今四川广元市西南），与四川总领冯宪商议此事。陈琦“上书总领冯公宪，词甚恳切，卒减缗钱三十万”，从而减轻了百姓的赋税负担[④]。

其实，不仅在酒税减免方面，而且在整个赋税减免的过程中，四川制置使与四川总领之间都开展了一些协作。绍兴十七年（1157），宋廷命令四川安抚制置使兼知成都府李璆和四川总领符行中共同负责减免赋税问题，“诏李璆、符行中同共参酌措置减放四川科敷钱物”[⑤]。于是，“减四川科敷虚额钱岁二百八十五万缗，两川布估钱三十六万五千缗，夔路盐钱七万六千缗，坊场、河度净利抽贯税钱四万六千余缗，又减两川米脚钱四十二万缗”[⑥]。淳熙十二年（1185），因为“本州威远铺、旧州、胜间三处博买铺，乃本州极边，非水陆冲要，大商经由，逐铺过取钱物，只作收税，以办月额”，西和州（治今甘肃西和）知州王朴提出：“乞诏制总司将本州三博买铺尽行废罢，俾边民各得营生。”于是，四川制置使兼知成

① 《宋史全文》卷26（上），淳熙三年十一月戊申。
② 周必大：《文忠集》卷61《资政殿大学士赠银青光禄大夫范公成大神道碑》。
③ 《全蜀艺文志》卷37，杨甲：《縻枣堰记》。
④ 杨万里：《诚斋集》卷128《陈择之墓志铭》。
⑤ 《要录》卷156，绍兴十七年七月癸未。
⑥ 《宋史》卷174《食货上二》。

都府留正和四川总领冯宪共同认为："今来王朴所陈废罢，难以施行外，第恐所收税钱不能及额，因缘多端趁办，或有未便，其言不可尽废。逐司乞于逐铺税额向上与减分之一，惟边民不妨营生，且不失向来讥察探报之意。"其兼顾民生与边防的折中方案，获得了宋孝宗的批准[①]。

绍熙二年（1191），在四川制置司反映"先奉旨，岁捐缗钱一百三十五万对减盐酒，同总领所诸司条具闻奏。伏见盐井户系三年一次推排，酒店户系二年一次推排，本以纠次丰盛折败去处。窃缘诸司昨自减放指挥日下，就制置司置局，诸司会议收趁课额与推排之籍考核增亏，见合行溥减贴减分数。今若不候对减指挥之下便与推排，却致失实。乞行下实对减盐酒窠名钱数"的情况后，宋光宗"诏京镗、杨辅公共究见四川总领所及逐路提刑司去年一全年认桩钱数，斟量诸司所奏溥减贴减事理并逐月减放指挥，自今年为始，一面据数对减，务在均当，惠利及人"，要求四川安抚制置使兼知成都府京镗和四川总领杨辅共同处理百姓赋税减免事宜[②]。这是南宋王朝分别设立制置司和总领所的内在要求，"在宋廷对制置、总领两司权责分立设计的框架下，总领财赋掌管战区粮饷、盐政、钱物货币等经济事务，制置使在筹办军需时，必须依靠总领，与之合作，两者其实必须互相依靠。宋廷也认识到这一点，使得制置、总领两司在分立制约的前提下又有紧密的合作关系"。双方之间的协作，具有非常重要的意义，"制置、总领两司的协作对于战区各方面事务的有序稳定是十分必要的，于双方都有利，所以某些制置使在任职期间就致力于处理好与总领所的关系"[③]。

有时，朝廷还派遣特使与四川制帅和四川总领共同进行赋税减免工作。绍兴二十四年（1154），因为"自讲和后，岁减川钱四百六十二万缗有奇，朝廷犹以为重于江淮"，于是"遣户部员外郎钟世明同四川总领、制置措置裕民"[④]。绍兴二十五年（1155），"宰执进呈户部状准都省批送

① 《宋会要辑稿》食货18之14。
② 《宋会要辑稿》食货28之34—35。
③ 姚建根：《宋朝制置使制度研究》，第151—153页。
④ 《要录》卷167，绍兴二十四年八月丁亥。

下四川安抚司制置使符行中、四川总领汤允恭、户部员外郎钟世明申，行中等同共取索，得四路州县委是供输太重。除节次承指挥减免外，见理之数尚多，理合减免。及将累年积欠，难以催理钱物，酌度减放。委得不妨军食，宽裕民力，欲并依所乞”。于是，“减两川绢估钱匹一缗，凡二十八万缗。又减潼川府秋税脚钱四万缗，利路税斛脚钱十二万缗，两川米脚钱四十万缗，盐酒重额钱七十四万缗，激赏绢九千余匹。自绢估钱已下所减合一百六十余万缗，皆勿复取。又蠲州县逋欠钱二百九十二万缗”[①]。绍兴二十六年（1156），“内降诏曰：‘四川军储供亿，民力不易，深轸朕怀。昨遣钟世明措置裕民事，虽已蠲放积欠，减免折估等钱。不住据州郡监司继有申请及士民陈献利害，而去朝廷远，难以计度，已专委许尹、王之望同制置、总领、茶马司公同相度措置。其各体至意，悉心条具以闻，庶实惠得以及民，调度可以经久。’”[②] 同年，朝廷派遣户部郎官钟世明至四川，与安抚制置使符行中、总领财赋汤允恭共同“措置减免钱物，务在不防军食，可以裕民”之后，符行中等提出：“总领及茶司马岁各有剩二项，减科民间钱引二百余万道，又州县赡军无窠名钱引七十万道，利州籴米引钱五十万道，又除两年州县所欠折估籴本及水脚等钱二百九十万道。如已减而复催者，许民越诉。”于是，宋高宗“诏从之”[③]。其实，“在这里，钟世明与其说是协同，倒不如说是发挥了监督制置使的作用。”[④]

在赋税减免方面，四川安抚制置使还与宣抚司和总领所的长官共同向朝廷提出一些建议。宋宁宗时，四川安抚制置使兼知成都府吴猎“与宣抚司、总领所共请以帑金三万两，银一百五十万两，更自朝廷卖僧牒收回增数。”他还提出：“愿庙堂之上，明诏侍从郎省之臣，有恳恻爱民之心、备谙蜀事者，相与讨论来上。然后行下宣制总司，研穷节目，条列利病。凡无名之供，烦重之赋，一切蠲减。庶几兴化更始，咸被实德。”最后，“其

① 《要录》卷169，绍兴二十五年七月丙辰。
② 《要录》卷174，绍兴二十六年九月壬子。
③ 《中兴小纪》卷36，绍兴二十五年七月甲寅。
④ 姚建根：《宋朝制置使制度研究》，第211页。

言虽不果用，人以为知本”，受到了人们的赞扬[1]。

此外，朝廷还要求跨路级机构与路级机构的长官之间开展赋税减免协作。绍兴二十七年（1157），在“敷文阁直学士萧振再为四川帅”的时候，宋高宗“念蜀民久困供亿”，于是“诏振与总领四川财赋汤允恭、提举茶马李涧、东西漕臣许尹、王之望同措置，俾实惠及民，可以经久”[2]。同年，潼川府路转运判官王之望说道：“先是，上以蜀民久困供亿，诏制置使萧振、总领财赋汤允恭、都大主管茶马公事李涧、成都府路转运判官许尹与之望同措置，务令实惠及民，可以经久”，于是，他提出：“愿先拨四川上供岁额之半，以为之倡。”[3] 亦在同年，萧振、汤允恭、李涧、许尹和王之望的共同请求之下，宋高宗“诏减三川对籴米十六万九千余石，夔路激赏绢五万匹，两川绢估钱二十八万缗有奇。”[4] 淳熙六年（1179），四川安抚制置使兼知成都府胡元质和夔州路转运判官韩暎上奏：“夔路之民为最穷，而诸州科买上供金银绢三色，民力重困，所有大宁监盐课委有增羡。臣今与总领所及本路转运司公共措置，已将盐课趱剩之钱买金银，发纳总领所及茶马司，尽蠲免九州民间岁买之弊外，有余剩钱若干，可以尽免今年夔路诸州一年金、科民间买绢之数，余钱又可与民间每岁贴助之费，民力可以少苏。”他们减免百姓赋税负担的措施，得到了朝廷的肯定[5]。

总之，南宋时期，在赋税减免过程中，以军民兼济的四川制帅为中心，众多跨路级机构与路级机构的长官共同参与之下，展开了既相对独立又互相协作的赋税减免工作，为四川战区的生存和发展做出了重要贡献。确实，“这些阃帅都是通过培养民力来充实军力，这样既可以缓和社会矛盾，又可以通过恢复生产来增强军事防御力量，这种‘以民养军’的方式不失为战时体制的一个特点”[6]。其中，不论是兼任本路安抚使的成都知

① 魏了翁：《鹤山集》卷89《敷文阁直学士赠通议大夫吴公行状》。
② 《中兴小纪》卷37，绍兴二十七年正月戊子。
③ 《要录》卷176，绍兴二十七年正月辛卯。
④ 《要录》卷176，绍兴二十七年三月己丑。
⑤ 《宋史全文》卷26（下），淳熙六年正月甲申。
⑥ 姚建根：《宋朝制置使制度研究》，第80页。

府，还是兼任成都知府的四川制帅，都发挥了重要作用，特别是后者的贡献最为突出。

二、南宋成都知府与财政支出管理

南宋时期，成都知府与财政支出管理之间的关系，主要体现在上供物资筹集运送和地方经费支出管理两个方面。

1. 南宋成都知府与上供物资筹集运送

（1）筹集运送军粮

南宋时期，以成都府为中心的四川地区成为战争前线，军费开支十分浩大。尤其值得注意的是，“至绍兴中，吴玠一军在蜀，岁用至四千万”[①]，百姓不堪重负，“炎、兴以后，关陕之兵转而入蜀，岁用率三千万缗，则民力大屈”[②]。当时，“四川独立承担川陕战区供给，且需上供行在和调拨湖广总领所财赋，本地区的财赋也很困难”[③]。具体而言，“进入南宋不久，金朝占领陕西大部，川陕交界地带直接成为战区，后来崛起的蒙古势力又很快突破川陕防线，攻入四川腹地。为了支撑战局，四川不得不长期地在人力、物力和财力诸方面作出更大的贡献”[④]。其中，四川地区军粮的需求量很大，“四川军粮，岁用一百五十六万余斛，其十三万余斛岁收，一百三十七万斛籴买”[⑤]。

在军粮供给方面，兼任成都知府的四川制帅肩负着较大的职责，“制置使任一战区之统帅，统筹解决军粮问题是他所要面临的重大问题”[⑥]。绍兴五年（1135），针对“蜀民已病，而军尚乏食，图以救弊，不一而足”的情况，四川安抚制置大使兼知成都府席益提出：“欲以上流水涩之时，并运于阆、利，俟春水生后，则运至军前，庶无如今夏顿阙。又于阆、利就籴入中，庶免多支脚钱。又于泸、叙、嘉、黔官伐木造船，庶免拘船，

---

① 庄绰：《鸡肋编》卷下，第93页。
② 《建炎以来朝野杂记》乙集卷18《四川桩管钱物》，第801页。
③ 黄纯艳：《宋代财政史》，第348页。
④ 粟品孝：《宋朝在四川实施特殊化统治的原因》，《西华大学学报》2012（2）。
⑤ 《建炎以来朝野杂记》甲集卷15《四川军粮数》，第333—334页。
⑥ 姚建根：《宋朝制置使制度研究》，第70页。

致商人逃避。又于洋川就籴十万石，庶免陆运民多役死。”其建议获得了宋高宗的采纳，“上以益所陈曲尽利害，降诏从之。”其所创立的转般折运之法，得到了朝廷的批准[①]。绍兴六年（1136），他上奏运送军粮的改进措施即漕运六策后，受到了朝廷的表彰：“诏益前项措置事理曲尽利害，备见体国之诚，令学士院降诏奖谕。”[②] 确实，“席益的如上策略充分考虑到水运的诸多弊端，并采取相应的对策予以革饬，不失为一个扬水运之长以避其短的好方法”[③]。

绍兴八年（1138），刑部尚书胡交修推荐自己的儿子胡世将为蜀守，将水运与陆运折衷融合起来，恢复席益所创的转般折运法，获得批准，“尚书兵部侍郎兼直学士院兼侍讲胡世将为枢密直学士、四川安抚制置使，兼知成都府。上闻席益已去，因问刑部尚书胡交修：‘孰可守蜀者?’交修曰：‘臣从子世将可用。’遂有是除。”然后，胡世将提出：“臣愚欲三月以后、九月以前，第存守关正兵，余悉就粮他州，如此则给守关者水运有余，分成者陆运可免。”于是，宋高宗“乃命学士院述交修意，诏宣抚副使吴玠行之”[④]。确实，“自后席大光、胡承公相继入蜀，率以水运为可行”[⑤]。

军粮供给过程中的转般折运之法，实际上是一种折中方案，兼顾了水运与陆运的优势，不失为颇具开创性的举措。其积极作用非常显著，“绍兴初，漕粟嘉陵，以饷边。每一斛至军中，计其费为七十五斛。席大光、胡承公为帅，始议转般折运，于是费十减六七。向非二公，蜀已大困矣”[⑥]。后来的崔与之也认为，水运确实遥远和艰险。于是，他提出了一个基本的军粮运输数额。在这种妥协性的建议中，还是表达了自己支持水运的观点：“除公制置使，尽护西蜀之师。西北二国合从攻凤翔，叩凤州，借粮于我。公条画事宜，密授诸将随宜酬答。誊榜谕陕西五路遗黎，俾筑坞自固，倚我军为声援。建言成都滩濑险远，艰于漕运，立运米常格，奏

① 《中兴小纪》卷19，绍兴五年十月丁卯。
② 《宋会要辑稿》食货44之1。
③ 何玉红：《南宋川陕边防行政运行体制研究》，第297页。
④ 《要录》卷118，绍兴八年正月戊申。
⑤ 《建炎以来朝野杂记》甲集卷15《四川军粮数　关上积粮数》，第334页。
⑥ 陆游：《老学庵笔记》卷6，第128页。

行之。自是兵皆足食，蜀赖以全。”①

有时，四川安抚制置使还希望尽量提高运粮百姓的待遇。乾道元年（1165），针对“自鱼关负粮至凤州”，导致“民间一夫之费，犹数十千，又多道死者”的严重情况，四川安抚制置使兼知成都府汪应辰“请优恤之”②。乾道二年（1166），因为此前“四川安抚制置使汪应辰乞优恤利路运粮百姓，而漕臣亦具奏，乞运粮一石，人支钱引三道，计合降度牒八百余道”，于是宋孝宗“诏利路运粮人夫，每名给钱二千，令纽计度牒支降”③。

为保障军粮供给，四川制置使与宣抚使展开了一定的协作。绍兴八年（1138），针对“先是，水运溯江千余里，半年始达，陆运则率以七十五斗，而致一斛”的问题，四川制置使胡世将“会川陕宣抚副使吴玠于利州”，然后“世将与玠反复共论，玠亦晓然知利害所在。世将又以恩义开谕，且贷阆州守将孙渥回易米数万石给之，诸路漕臣相继集利州，各有所饷馈，军赖以给。乃复前大帅席益转般折运之法，粮储稍充，公私便之”④。在胡世将的积极协调下，军粮缺乏的问题得到了解决，“四川战区在绍兴初年时制置使与宣抚使的关系大致融洽。宣抚使吴玠以军队无粮而奏明朝廷，制置使胡世将则全力应付，奏用转般折运之法，较好地解决军粮的运输问题。”⑤

在军粮供给方面，兼任成都知府的四川制帅，与作为专职理财机构长官的都转运使之间，存在着许多的矛盾与冲突。绍兴五年（1135），因为“川陕宣抚副使吴玠与都转运使赵开不咸，玠叠以馈饷不给诉于朝，开亦称老病求罢”，于是朝廷任命席益为四川安抚制置大使兼知成都府，旨在缓和甚至化解宣抚司与都转运司之间的矛盾⑥。绍兴六年（1136），因为“先是，开复与制置大使席益不和，抗疏乞将旧来宣抚司年计应副军期但

---

① 李昂英：《文溪集》卷11《崔清献公行状》。

② 《建炎以来朝野杂记》甲集卷15《四川军粮数　关上积粮数》，第334页。

③ 《宋会要辑稿》食货48之20。

④ 《要录》卷121，绍兴八年七月。

⑤ 姚建根：《宋朝制置使制度研究》，第145页。

⑥ 《要录》卷94，绍兴五年十月乙卯。

干钱物，并不许他司分擘支用。又指陈大使司截都运司钱就果、阆、利州籴米非是”，于是“朝论悉言，开与玠益不可共事”，从而使得“徽猷阁直学士、两浙都转运使李迨进职四等，为四川都转运使、都大提举茶马，赐银帛三百匹两。令临安府差从卒百人，自襄郢便道星夜之任。徽猷阁待制、四川都转运使赵开俟迨至，将本司财赋文籍交割讫，赴行在所”①。朝廷意在通过人事变动，借以化解四川都转运使赵开与制置大使席益之间的矛盾。同年，四川安抚制置大使兼知成都府席益说道：“被旨令催促赵开应副吴玠军前粮饷，臣即考其稽滞之由，方见得见今水运尚系以前岁计合起之数，盖缘递年登带，以至今日。臣准指挥催促，虽据回申，止是泛称‘已牒逐路运司管认措置装发’，并无的确已未起发之数。由臣人微望轻，无以号令诸司，窃恐缘此上累国事。”然后，他提出：“伏望特降睿旨下赵开，应本司文移略行报应，庶于职事免致旷弛。”于是，宋高宗“诏开与逐路漕臣同措置津运。如军食少有不继，并一等取旨”②。亦在同年，当“初，宣抚副使吴玠以水运稽留，欲从陆运，而都转运使赵开以其费大难之，上命益措置”的时候，席益“上漕运六策”，于是宋高宗“令学士院降诏奖谕”③。可见，“绍兴初年，四川制置使席益与转运使赵开的矛盾非常典型”④。事实上，“水运与陆运不仅仅是粮饷转运方式的区别，更涉及财政权的归属问题，水运与陆运之争的背后是武将对财政权的争夺”⑤。

绍兴七年（1137），四川安抚制置大使兼知成都府席益又与四川都转运使李迨之间产生了很大的分歧，双方均向朝廷申诉。然后，宋高宗“诏川蜀去朝廷甚远，全借两司协济国事。今览益、迨所奏，务为嫌隙，必致生事，深以为忧。可令学士院赐诏戒谕，仍当深体朕意，毋得因今旨在告待罪，妨废职事”⑥。绍兴九年（1139），根据惯例，“置四川都转运使以掌军储，而四路漕司各领经费，都漕司盖不得与”。后来，再次起用高士

① 《要录》卷104，绍兴六年八月癸卯。
② 《要录》卷106，绍兴六年十月乙巳。
③ 《要录》卷106，绍兴六年十一月壬午。
④ 姚建根：《宋朝制置使制度研究》，第164页。
⑤ 何玉红：《南宋川陕边防行政运行体制研究》，第223页。
⑥ 《要录》卷113，绍兴七年八月丁酉。

瑰为四川转运判官，“乃以籴军粮为词，请下四路漕司，不拘司分名色，尽行铲刷应副”，其请求得到朝廷的批准。但是，御史中丞勾龙如渊提出质疑：“如此是于岁约军需之外，暗侵诸路漕司岁计，势必及民，凋疗之余，何以勘此？”然后，宋高宗“诏制置司措置”①。

在保障军粮供给问题上，兼任成都知府的四川制帅与四川总领之间，具有较多的协作关系。绍兴二十八年（1158），当文林郎邓昂反映“关外营田行之有叙，若不继此增修，将见弛废”的情况后，宋高宗“诏令王刚中同李涧措置，申尚书省”。于是，四川安抚制置使兼知成都府王刚中等请求：“乞依绍兴十五年四月二十二日已降指挥，欲自绍兴三十一年为始，每岁候夏、秋收成了毕，从两都统开坐诸头项所种营田顷亩、土色高下、元下种子、所收斛斗数目，并主管或提振营田官职位，关报四川安抚制置司并总领所，同共参照，通行比较赏罚。”然后，户部提出“欲下安抚制置司、总领所，候将来每岁夏、秋两料收成了毕，从两都统开坐诸头项所种营田顷亩、收到斛斗数目关报逐处，同共参照，将提振营田官通行比较赏罚施行，并札下吴璘、姚仲照会”的建议，得到宋高宗的批准②。然而，“关外营田，多为诸大将所擅，后不果行”，王刚中等人的主张无法得到推行③。事实上，“武将成为营田之利的最大受益者”④。

不过，在军粮供给方面，有时兼任成都知府的四川制帅与四川总领之间的矛盾，也是非常尖锐的。绍兴二十三年（1153），萧振被宋高宗“诏除敷文阁待制、知成都府、安抚制置使。”针对“军储适阙，仓吏以窘告”的严重情况，萧振“奏留对籴米八万斛以足军食，以其直归计所”。然而，由于四川总领符行中“利在掊克，即先告桧，谓振唱为阙乏之语，风御史劾振要誉”，使得萧振“复谪池阳”。符行中“以谮得蜀帅，既而专用罗织掊克其民”，因此“民益思振”⑤。淳熙三年（1176），朝廷大臣上疏指

① 《要录》卷125，绍兴九年正月庚寅。
② 《宋会要辑稿》食货63之120—121。
③ 《要录》卷180，绍兴二十八年九月甲申。
④ 何玉红：《南宋川陕边防行政运行体制研究》，第248页。
⑤ 《宋史》卷380《萧振传》。

出："臣窃见四川总领财赋所岁支军粮，为石百五十有余万；营田岁租与贸易利州诸处夏秋税斛者，凡十九万七百三十万。水运七十，和籴六十，量产之薄厚而制其数焉，名曰和籴，实科籴也。上三等户饶于赀用，自输自请，虽少损，犹可及；下二等户势必付之揽纳之家，本钱既不可请，姑逭责可耳！请下总领所蠲四五等所科之数，而官自收籴，或止增水运，以补元数"。于是，宋孝宗"诏范成大同李蘩疾速相度闻奏。"四川制置使兼知成都府范成大"惑于浮言，谓公奏先上，则同共详度之命，无可施行"。在四川总领李蘩"谧露底里，以告于范"之后，范成大"翕然信服，连名复命，卒无以易公也"[①]。嘉泰四年（1204），"有言北境增戍积粮者，朝廷下制置司遣官盘量，且令除其腐败折阅之数，所有累界官吏失点检之罪，并概豁免。时陈日华总赋遂降度牒二万五千道，下总所收籴补填焉"[②]。嘉定年间（1208—1224），四川总领王铅与四川制置使董居谊之间的关系也很僵，"总领王铅与制置董居谊不咸"[③]。

此外，有时四川总领与宣抚使、制置使之间还共同商议军粮供给问题。绍兴三十一年（1161），因为"初，太府少卿、总领四川财赋王之望以军兴移运，当置随军漕臣"，他"请于朝，不俟报"，于是"与宣抚使吴璘、制置使王刚中共议，以便宜檄左朝奉大夫知利州兼宣抚使参议官赵不愚、左朝请大夫通判阶州成份权随军转运司公事"[④]。

随着北方民族政权势力的日渐南下，四川战区的军粮保障能力日益捉襟见肘，"一旦寇乘虚大入，董仁父居谊苍黄度剑，王、董之势相扼不容，以不易使也，则杨九鼎代之，以激叛卒之变。于是代杨者任君处厚，一惟沂公与南海崔正子是依，仅克有济。崔去而郑代之，自五州三关以内，日朘月削，极于近岁，而益不可为矣。岁入不及二十万缗，而岁出倍之。四大军岁为粮百五十万，不关外居，居而漕运裁一。今二年之间，失籴三百万石。关之内外七十余仓，又为灰烬，则官军民卒九百余人所仰哺者，惟

---

① 魏了翁：《鹤山集》卷78《朝奉大夫太府卿四川总领财赋累赠通议大夫李公墓志铭》。
② 《建炎以来朝野杂记》乙集卷16《嘉泰补籴关外桩积粮斛》，第804页。
③ 吴泳：《鹤林集》卷35《潘知县墓志铭》。
④ 《要录》卷192，绍兴三十一年九月庚寅。

一分漕粟耳，几何而不乏于供乎？”[①]

（2）购买与运送战马

事实上，“战马纲运是事关南宋国防安危的要事，朝廷十分重视，但每年将川、广边境所买逾万匹战马送往行在临安和长江中下游驻军，是一项复杂而艰难的任务”[②]。

在购买战马的过程中，四川制帅发挥了重要作用。乾道元年（1165），当宰执大臣进呈“四川制置汪应辰《论马纲由水路利害》”的时候，宋孝宗作出指示：“可更令吴璘相度，已作如何施行”，要求四川宣抚使吴璘审度施行情况[③]。宋孝宗时，四川安抚制置使兼知成都府汪应辰提出：“伏望钧慈详酌指挥，其管押马纲，令于四川见任使臣去替在一年内者，通行选差，仍于所任州郡内支借请受。盖虽不管押马纲，而请受亦不可阙也。若其请受不及七人衙官者，然后计所当增给之数，行下元分定州郡贴支。如此，则既不敢违背前后累降指挥，又州郡得以省费，而管押马纲之弊，亦自此可革矣。”[④]

也是在宋孝宗时期，针对“黎州买马”问题，四川制置使兼知成都府范成大上奏：“若蛮马自如常年而至，有司既不怵于殿最，可以拣择良骏，其价亦可少平，恐亦未必不及额也。年岁之外，果见成效，则遂可久行，边州稍重，外侮渐消，于制御弹压蛮夷之术，至为利便。万一缘此马不时至，别议改法，亦不为晚，更合取自睿断施行。”[⑤] 鉴于“茶马司岁起川秦两司马百五十一纲，差成都、潼川、利路兵三千六百余人管押，马毙大半，逃亡不返。又于内解雇夫钱一半，每名二十八道，克众兵月粮充之”的严重问题，他又“申乞措约蠲免”。这是因为“先是以宣抚司权重罢之，复制置司，而关外都统不开报事宜，公申审”[⑥]。

嘉定十三年（1220），崔与之出任成都知府兼本路安抚使，两年后升

① 魏了翁：《鹤山集》卷44《重建四川总领所记》。

② 黄纯艳：《南宋马纲运输的过程管理》，《国际社会科学杂志》2014（2）。

③ 《宋会要辑稿》兵23之31。

④ 汪应辰：《文定集》卷13《乞以见任使臣管押马纲与宰执书》。

⑤ 《历代名臣奏议》卷242《马政》。

⑥ 黄震：《黄氏日抄》卷67《范石湖文》。

任四川安抚制置使兼知成都府，积极组织购买战马，“蜀盛时，四戎司马万五千有奇，开禧后，安丙裁去三之一，嘉定损耗过半，比与之至，马仅五千。与之移檄茶马司，许戎司自于关外收市如旧，严私商之禁，给细茶，增马价，使无为金人所邀。总司之给料不足者，亦移檄增给之”①。

但是，在四川宣抚使面前，四川安抚制置使对马纲运输的建议，未必能够得到朝廷的采纳。乾道元年（1165），针对四川宣抚使吴璘“始议以马纲劳费，又均、房一带，类历峻岭乱石之间，马伤其蹄，道毙者多，请以舟载马而东”的主张，夔州（治今重庆奉节）知州张震“力言其不可”，四川安抚制置使兼知成都府汪应辰“亦言其不便”。但是，宋孝宗“不听”。乾道三年（1165），夔州安抚使兼知夔州王十朋和夔州路转运使查籥“皆力论其扰人”，仍未得到朝廷的采纳。同年，吴璘去世，虞允文出任四川宣抚使，虞并不热心马纲水运。最后，孝宗“乃诏川路马船，日下废罢”。这样一来，其给当地百姓带来的危害不小，“盖自璘建请之后，利、夔两路沿江十余郡之被其害者三载，而后得免云”②。

在购买战马方面，兼任成都知府的四川制帅，与四川茶马之间，存在着较多的协作关系。淳熙六年（1179），由于四川茶马吴总提出“黎州买马全在守臣得人，本司不预，难以任责”之后，“诏令制置、茶马、提刑三司公共奏辟”③。淳熙七年（1180），宋孝宗要求宰执大臣告谕四川安抚制置使兼知成都府胡元质和四川都大茶马吴总：“如蛮人以市马邀我，则且住一两年，使权常在我，彼无能为，自然安帖畏服。”④淳熙九年（1182），因为四川茶马王渥反映了黎州在买马过程中存在的严重问题，于是宋孝宗下诏：“龚总已放罢，特降三官；通判孙醇、监押杨仲礼，各特降一官放罢。仍令陈岘、王渥参照绍兴年间一岁酌中之数，立为定制闻奏。”然后，四川制置使兼知成都府陈岘和王渥联合提出：“乞行下黎州，照淳熙六年酌中之数渐行更革，令及此类。如将来蕃蛮驯服，从实互市，

---

① 《宋史》卷406《崔与之传》。
② 《建炎以来朝野杂记》甲集卷18《纲马水陆路》，第429—432页。
③ 《宋会要辑稿》职官47之40。
④ 《宋会要辑稿》兵23之15。

其所减又不止此。”其请求得到了朝廷的批准①。淳熙十四年（1187），宰执大臣“进呈赵汝愚等奏，相度到边场用银买马利害”以后，宋孝宗作出指示：“所买阔壮马与纲马何异，却用银二万余两，可行下权住买阔壮马，依令茶马司每岁用银买马不得过乾道五年以前之数。”② 同年，在“枢密院进呈四川制置司申虚狠蛮乞自来黎州中马事”的时候，孝宗再次指示：“虚狠蛮既是久例附带邛部川出汉中马，难以许其自来。可令赵汝愚行下黎州宛顺说谕，仍令严饬边备，以防不测。”③ 亦在同年，当枢密院“进呈赵汝愚、李大正奏到增添银两买马事”的时候，宋孝宗说道：“用银买马，宜以渐革。使诸蕃互市，由之而不知。当以此意谕与两司。”④ 淳熙十五年（1188），在枢密院“进呈赵汝愚、李大正奏黎州买马乞照旧法，不拘尺寸”以后，宋孝宗回答说：“祖宗时有西北马可用，黎马止是羁縻。今则黎马分作战马，如何不要及格尺？所乞难行。”⑤ 庆元二年（1196），四川安抚制置使兼知成都府赵彦逾和四川茶马杨经提出“绍熙元年至五年，黎州买过良细马数，照得四年所买一千一十四匹，在五年之中最为酌中数目。欲令本州依额收买”的建议，得到了朝廷的批准⑥。

但是，在购买战马的过程中，四川制帅和四川茶马之间，也存在着一定的矛盾。宋宁宗时，由于“自绍熙末，茶使视事皆申知制司，总以身为从官，用故事，不复关白”，四川安抚制置使兼知成都府谢源明非常生气，“会得邸吏罢报，即追还迓人，械所遣二卒还军中”⑦。可见，谢源明与四川茶马吴总之间的矛盾还不小。

总之，南宋时期，在购买和输送战马的过程中，四川茶马主要负责购买事宜，四川宣抚使则主管输送工作，四川制置使等也参与其中，充分体现了职权分散的多元共治运行格局。

---

① 《宋会要辑稿》兵 23 之 16—17。
② 《宋会要辑稿》兵 23 之 19。
③ 《宋会要辑稿》兵 23 之 19。
④ 《宋会要辑稿》兵 23 之 19。
⑤ 《宋史全文》卷 27（下），淳熙十五年二月庚辰。
⑥ 《宋会要辑稿》兵 23 之 24。
⑦ 《建炎以来朝野杂记》乙集卷 14《川秦茶马二司分合》，第 760 页。

（3）其他军需物资保障

在其他军需物资保障方面，兼任成都知府的四川制帅，也肩负着重要职责。宋孝宗时，四川制置使兼知成都府范成大上奏："臣愚谓宜行下诸路帅、漕臣，逐一询究：某郡阙额若干？当如何招募？器械之阙及弊坏者若干？当如何葺治？一岁之按阅若干？当如何激犒？三者各以是何窠名钱物应副？如逐州皆有桩备，则立之程式，以观厥成。如委无可出，当从帅、漕司措置应副。不得已，则为申明朝廷，量度支赐以助之，而后可以责军政之实矣。"[①] 如果在这一方面失职，就会受到朝廷的惩罚。淳熙十年（1183），"前四川制置使陈岘特降一官。坐为四川制置日，监作院任埙、驻泊兵马监押高进不曾到官，勘支请给，埙、进已各镌官罢黜，岘已放罢，故亦镌一秩"[②]。可见，随着其他军需物资保障压力的加大，官民不堪其苦，社会矛盾与日俱增。

毫无疑问，宋朝所养之兵战斗力很弱，"今养之于无事，竭州县之力以衣食之，固非所以战也。则虽有百万之兵，而不免自贬为至弱之国，乃其势之宜然耳"[③]。其养兵之策并不高明，"养兵以自困，多兵以自祸，不用兵以自败，未有甚于本朝者也"[④]。总体而言，在上供物资筹集运送方面，兼任成都知府的四川制帅，发挥了比较突出的作用。

2. 南宋成都知府与地方经费支出管理

南宋时期，成都知府与地方经费支出管理之间的关系，主要体现在社会救济开支、公共建设工程开支、宴游之费三个方面。

（1）社会救济开支

在社会救济方面，成都知府所承担的职责最为繁重，其中包括成都知府兼本路安抚使和兼任成都知府的四川制帅两种情况。

第一，成都知府与社会救济开支。在社会救济工作中，兼任兵马钤辖的成都知府，特别是兼任本路安抚使的成都知府，发挥了重要作用。建炎

---

① 《历代名臣奏议》卷223《兵制》。
② 《宋会要辑稿》职官72之37。
③ 叶适：《水心集》卷5《厢禁军弓手土兵》。
④ 叶适：《水心集》卷5《兵论二》。

二年（1128），当四川抚谕喻汝砺“奉诏划刷四川岁羡，欲尽取常平所储钱”的时候，遭到了成都知府卢法原，成都府路转运判官赵开、靳博文，成都府路提点刑狱邵伯温的联合反对，使喻汝砺受到了勒令停职的处罚①。成都知府兼兵马钤辖卢法原等人的联合抵制，还是为了增强社会保障能力。此后，包括张焘、张震、薛良朋、黄畴若等在内的成都知府兼任本路安抚使，在社会救济工作方面的成就比较突出。

绍兴十年（1140），第一位“以成都帅臣而得行四川民事”② 的张焘，“请赐料外钱五百万缗，以备缓急”③。同年，由于“岁恶蜀饥，东山之民羸馁日甚”，他还“命海惠僧真惠作馊粥廪给之，赖以全活者亡虑六万余人。又命置四场于城中，逮鳏分贫，饮茹穷燥。闭籴之豪，不敢牟利”④。绍兴十三年（1143），由于出来了比较严重的干旱现象，张焘开展了灾荒救济工作，“初，焘开府，适当岁旱，大发积粟，以赈饥民”⑤。

乾道八年（1172），在张震的请求下，宋孝宗下诏：“四川自入夏以来，阴雨过多，沿流州县多被其患，如嘉、眉、邛、蜀等州最甚。令四川宣抚司审实被水去处，措置赈恤。”⑥ 淳熙元年（1174），薛良朋上言：“近于嘉州、雅州、永康军籴米寄廒，以备赈济。缘近年诸司与州郡例多侵用，不以去官赦降原减”，其建议得到了宋孝宗的采纳⑦。宋宁宗时，黄畴若“籴米十五万石有奇，足广惠仓之储”⑧。可见，兼任本路安抚使的成都知府，是非常重视社会救济工作的。

第二，四川制帅与社会救济开支。在社会救济开支方面，兼任成都知府的四川制帅，居功至伟。绍兴六年（1136），席益担任四川安抚制置大使兼知成都府，“未至成都，道奏两蜀去秋荒歉，乞米一二万石专充济粜”，于是，宋高宗“诏赵开除应付吴玠一军岁计粮米外，将其余宽剩米

---

① 《要录》卷14，建炎二年三月丁酉。
② 《要录》卷132，绍兴九年十月癸丑。
③ 《要录》卷134，绍兴十年三月丙戌。
④ 《成都文类》卷42，喻汝砺：《杜工部草堂记》。
⑤ 《要录》卷150，绍兴十三年九月丁丑。
⑥ 《宋会要辑稿》食货58之12。
⑦ 《宋会要辑稿》食货41之3。
⑧ 《宋史》卷415《黄畴若传》。

斛付益”[①]。同年，席益向朝廷反映“臣自入界以来，百姓遮道，陈诉困穷，皆称去秋旱伤，田亩所收，多者不过四五分，少者才一二分”的情况后，“诏四川灾伤州县委实检放，人户所纳户帖钱权与倚阁一半，灾伤至重去处全阁，俟秋成日催理”[②]。亦在同年，他又上言：“东、西两川，去秋荒歉，及成都府路田事不登，物价腾踊。欲令四川都转运司，不以是何名色米，权行截拨，专充赈济，或减价出粜，以平米价。”然后，“诏令赵开除应副军粮外，将其余应干米斛宽剩拨付四川安抚制置大使司，量度逐路灾伤去处，均行赈粜”[③]。还是在这一年，因为“先是怀恩自熙河入蜀，依阆州宣抚司，及司废，席益奏徙居成都，久之”，于是“诏陇右郡王赵怀恩令四川制置大使司月支供给钱百千”[④]。

宋高宗时，面对“间遭岁饥，民徙”的严峻形势，四川安抚制置使兼知成都府李璆“发仓振活，无虑百万家”，他的“治蜀之政多可纪。”[⑤]

绍兴二十三年（1153），萧振受到奸相秦桧的陷害，“诏除敷文阁待制、知成都府、安抚制置使。军储适阙，仓吏以窘告，振奏留对籴米八万斛以足军食，以其直归计所。总计者利在掊克，即先告桧，谓振唱为阙乏之语，风御史劾振要誉，复谪池阳。而总计者以谮得蜀帅，既而专用罗织，掊克其民，民益思振”[⑥]。绍兴二十七年（1157），面对“时利州旧宣抚司有积缗二百万，守者密献之朝，下制置司取拨”的情况，萧振指出：“此所以备水旱军旅也，一旦有急，是又将取于民”，然后，“请于朝，留其半”[⑦]。确实，“比较突出的是制置使经常要求积留地方州县上缴给朝廷的一部分税赋收入，以便让自己掌握使用”[⑧]。

绍兴二十八年（1158），王刚中出任四川安抚制置使兼知成都府。由于“夔州路例给盐充籴本，官吏并缘所给，给才十之二。忠州太守杨光疑

---

① 《要录》卷99，绍兴六年三月丙子。
② 《要录》卷99，绍兴六年三月壬辰。
③ 《宋会要辑稿》食货68之58。
④ 《要录》卷106，绍兴六年十一月乙酉。
⑤ 《宋史》卷377《李璆传》。
⑥ 《宋史》卷380《萧振传》。
⑦ 《要录》卷177，绍兴二十七年六月戊戌。
⑧ 姚建根：《宋朝制置使制度研究》，第75页。

知其故，令官自欲鬻盐，得钱籴买，不以累民，中人大悦”，王刚中还“推其法于一路，至今人蒙其利”，有利于改善百姓生活①。

宋孝宗时，鉴于“成都府路军，惟成都府九县今岁大熟，其他虽丰歉不齐，互相乘除，亦可仅得中熟。惟是绵州旱甚，田苗不实”的情况，四川安抚制置使兼知成都府汪应辰向朝廷报告说：“臣曾问权绵州李蘩何以为计，李蘩云：本州有常平米一万石，钱一万贯，若更以钱籴米，可以添助赈济。”并且，针对“利路剑州旱歉，又甚于绵州。目今米价每石钱引十二三道，如武连县，已自绝市无米”的问题，他还“尝问剑州通判宇文绍奕本州利害”②。然后，他又上奏：“今来总领所措置，召募土豪自粜绵州米五万石，更不于民间收籴。”他认为：“绵、剑两州若免得籴买军粮，又依条减放灾伤税租，将来更出粜常平米，可以接济到麦熟，庶几不为甚害。”③ 他还“选差成都府通判何耕往绵州、汉州、石泉军，制置司干办公事程价往剑州，制置司准备差使谢中往渠州、果州、合州、广安军，令逐一体访饥民数目。仍与各州军守贰相度措置，内有缺乏钱米去处，即从制置司支拨应付”。此外，他又“令所差委官，赍钱就广安军、渠州、合州籴米应付支用。缘目今各处米价，较之常年不甚增长，渠、合州亦不缺米，但有钱收籴，即可济用。”面对“绵、剑州诸县多有流民，将幼小男女遗弃道路。缘力弱道远，不能到州县请领米饭”的严峻形势，他还将“已备条行下绵、剑州，措置收养赈济，务在存活。仍牒四路提举常平司，疾速依条施行去讫”。针对“先准尚书省札子，备奉圣旨指挥，降支度牒四百道专充籴本，不得他用。缘度牒未到，诸州灾伤遇有缺乏”的问题，他立即“以制置司钱米逐急应付，他日更不于度牒钱内除破，庶几可以留存，专充籴本，为异时缓急之备”④。

乾道五年（1169），因为“成都府自天圣间，知府韩亿于本府南仓创永利敖，每岁出粜，以六万石为准，以拯贫民，自二月一日粜卖，至八月终

① 孙觌：《鸿庆居士集》卷38《宋故资政殿大学士王公墓志铭》。

② 汪应辰：《文定集》卷4《御札问蜀中旱歉画一回奏》。

③ 汪应辰：《文定集》卷4《再奏蜀旱歉》。

④ 汪应辰：《文定集》卷4《御札再问蜀中旱歉》。

止。又有拘收到户绝官田、广惠仓米，岁给养病贫民”，四川安抚制置使兼知成都府晁公武上言：“臣自到任后来，节次措置籴买到米四万二千九百六十余石，通本府递年积到常平、义仓米二万九百八十余石，差官抄札府城内外贫民，给牌历，置场减价粜卖，以济饥民。本府虽有所收义仓米斛，一年止有八千余石。见根刷本府公使等库，并制置司激赏库钱物三十余万贯，差官往泸、叙、嘉、眉等州，乘时收籴米斛，约可得六万余石，津运前来府仓，别敖收贮，复韩亿永利敖所桩岁籴之数，仍以‘广惠仓’为名，每斗减价作三百五十文，专充赈粜，不许他用。拘收本钱，循环添贴。日后本府诸库攒积到钱物，籴买以备永远赈济，仰副朝廷勤恤民隐之意。”其申请得到了宋孝宗的批准。于是，晁公武受到朝廷的表彰，“令学士院降诏奖谕”[①]。这充分显示出从朝廷到地方政府对社会救济工作的高度重视。

宋孝宗时，四川制置使兼知成都府范成大“奏关外四州灾伤，准令安抚司体量措置，转运司检放展阁，常平司粜给借贷，提刑司觉察妄滥”[②]。淳熙九年（1181），在四川制置使兼知成都府陈岘的请求下，“诏四川制置司分拨米斛，于恭、涪、忠、万州赈济”[③]。

淳熙十四年（1187），由于“成都大火，所燔七千家”，四川安抚制置使兼知成都府赵汝愚“尽出公钱贷民而予其贫者”[④]。后来，他又上奏：“近闻得汉州绵竹县自正月末间先行赈济，本县初不曾抄札户数出给牌历，但就一僧寺中同众乡官造饭给散。缘此四远之人扶老携幼皆来就食，旬日之间至万余人。本县却忧无米可继，遂乞于附近州县同行赈济，贵得稍分其众。旬日之间，什邡一县所聚又二万人。臣恐其聚集不已，别致生事，已选委成都通判冯兴祖、汉州通判郭德祖，逐急权借本府常平钱一万贯，分诣两县措置。各逐乡分差官置场，务要分散其众，勿令群聚生事。并再行下诸州，委自知州、通判多方措置赈济赈粜去讫。”[⑤]

---

① 《宋会要辑稿》食货 58 之 7。
② 黄震：《黄氏日抄》卷 67《范石湖文》。
③ 《宋会要辑稿》食货 68 之 78。
④ 《建炎以来朝野杂记》乙集卷 8《丁未成都火》，第 639—640 页。
⑤ 《历代名臣奏议》卷 247《荒政》。

绍熙元年（1190），因为“夔、利告蝗”，四川安抚制置使兼知成都府京镗“发粟三万石以赈夔之民，五万石以赈利之民”。绍熙二年（1191），由于“东西蜀告旱”，他又“以钱二万缗、粟二千石，仍请度牒五十，以赈六郡之民”，并且，“请度牒一百，以为水旱之先备”，然后，“饥民免于捐瘠，大祲有如中熟，忘其水旱焉”①。绍熙三年（1192），面对“去秋成都、潼川两路资、荣、普、叙、简、隆、富顺等七处歉岁艰食，已措置赈济。资、荣二州旱荒尤甚”的严重情况，他还向朝廷提出：“乞将二州租赋尽免，仍照去年奏乞度牒四百道早赐颁降及变卖籴米，以为四路日后水旱之备。”于是，宋光宗“诏礼部给度牒一百道前去四川制置司交割，仰本司均拨付旱伤州军变转钱，专充籴米赈济。仍先次措置，许令人户纳米请买，出给公据，候度牒到日，即行给付。仍令总领所于近便有管米内那融应副”②。

宋光宗时，在异常困难的情况下，丘崈创设了储备救灾粮食的广惠仓，也是难能可贵的，“近岁制置司又有广惠仓，乃丘宗卿所创，凡为米三十余万石，制司自掌之，凶岁颇资其用”③。宋光宗与宁宗之际担任四川安抚制置使兼知成都府的赵彦逾，充分利用公使库，“受而别储之，临行以散宗室之贫者”④。

宋宁宗时，四川安抚制置使兼知成都府袁说友将“蜀中去秋潼川、利州、成都府三路以旱伤岁歉，潼川府路为甚，利路次之，成都路又次之。方旱歉之初，民已狼狈，如潼川、利州两路之旱共十余州，蜀人谓前此所未有者，其为狼狈饥荒之状”报告给了朝廷，并且提出：“仰蒙陛下轸念远民，力行惠政，给降度牒，添印楮币。有司得以凭借惠泽，举行荒政。”然而，“惟是三路常平义仓，蜀中每岁所入，比之东南，数目绝少”。于是，“乞指挥再下提举司，先那兑别色官钱，趁今秋收籴。庶几预有储蓄，

---

① 杨万里：《诚斋集》卷123《京公（镗）墓志铭》。

② 《宋会要辑稿》食货68之93。

③ 《建炎以来朝野杂记》甲集卷15《义仓》，第316—317页。

④ 《建炎以来朝野杂记》甲集卷17《公使库》，第394—395页。

不致现在数少，一有不测，得以济用”[①]。庆元三年（1197），针对“广惠仓米，其间散在诸州，多有停积渐久，未免陈腐”的问题，他还“委官相视，有无陈腐。及抽摘三五去处，委官盘量，既而果有渐陈腐者”。然后，“令各州于州仓见管军粮米内，当年斟酌多寡，渐行对兑。其盘量到数目，稍有销损，亦即措置，并皆补足其对兑之米。”盘量相当可观，“臣今具创籴到七州米斛之数：成都府路绵州创籴米三千三百四十六石，潼川府路资州创籴米三千三百二十七石，普州创籴米三千石，广安军又创籴米一万石，利州路隆庆府创籴米四千石，蓬州创籴米二千五百四十八石六升，阆州创籴米三千七百三十一石六升以上。三路七州共创籴米二万九百六十三石一斗九升六合二勺”[②]。

嘉定八年（1215），鉴于“西蜀立功之人，惟杨巨源、李好义厥功尤大。但好义抱恨而殁，生计萧然。向来帅臣吴猎累乞朝廷给赐田宅，而事久未下，物论犹郁。巨源殒于非命，尚此槁殡，妻弱子幼，茕然无依。臣虽已支钱物恤其家，趣其办葬，而巨源家素贫，终难赡给。此二人者，乃褒恤有所未周”的情况，四川制置使兼知成都府董居谊上奏：“欲乞各优赐田宅以赡其家。臣源葬事，行下利路监司及所属州郡如法应办，使之早毕”，其请求获得了宋宁宗的批准[③]。

宋宁宗时，担任成都知府兼本路安抚使，后升任为四川安抚制置使兼知成都府的崔与之，高度重视社会救济工作，“总计告匮，首拨成都府等钱百五十万缗助籴本。又虑关外岁籴不多，运米三十万石积沔州仓，以备不测。初至，府库钱仅万余，其后至千余万，金帛称是”[④]。

当然，在成都知府中，也存在着挪用救济粮的问题。绍兴十八年（1148），面对“制置使李璆兼治成都，尝费常平仓米五万石，异时使者以其近臣，置不问”的情况，成都府路提点刑狱冯忠恕“按督得其状，立督

---

① 袁说友：《东塘集》卷9《给降度牒下蜀路提举司补籴常平米疏》。
② 袁说友：《东塘集》卷9《补籴蜀路十五州创籴七州广惠仓米疏》。
③ 《宋会要辑稿》礼62之84—85。
④ 《宋史》卷406《崔与之传》。

趣入之"[1]。确实，"常平仓所储粮米主要用来平准粮价，每年夏秋谷贱，增价收籴，遇谷贵则减价出粜，在荒年可以用作赈济使用。川陕战区由于粮米短缺，南宋还将常平仓粮米用于支付军粮，以解燃眉之急"[2]。

总之，南宋时期，在社会救济工作中，成都知府特别是其中的四川制帅，发挥了最为重要的作用，对于保障社会稳定和改善百姓生活，做出了巨大的贡献。

（2）公共建筑工程开支

公共建筑工程包括官署、学校、寺庙、祠堂和楼台亭榭、修城和水利设施等方面的修建。在财政支出中，建设经费占有重要地位。成都知府所主持修筑的公共建筑工程，主要包括两种情况，即成都知府兼任本路安抚使和四川制帅兼任成都知府开展的工作。

先看兼任兵马钤辖特别是兼任本路安抚使的成都知府。建炎元年(1127)，宋高宗下诏："川陕成都、京兆府，京西襄、邓州，荆湖潭州、荆南府，江淮江宁府、扬州，仰逐路漕臣积聚钱粮，帅守修治城垒、宫室、官舍，以备时巡，省观风俗。务从节俭，勿致骚扰。"[3] 同年，成都知府兼本路兵马钤辖卢法原奉诏修城，"徽猷阁直学士、知成都府卢法原奉诏修城，费九县市易常平钱八万缗有奇"。这是因为当时"苗役羡钱，自市轻赍，勤王及抚谕官根刷之余，犹存此数"[4]。次年二月，才完成此项任务，"徽猷阁直学士、知成都府卢法原奉诏修罗城，是月始毕。城周二十五里三百六步，高二丈二尺，广二丈八尺，用工四十六万有奇"[5]。

然后，兼任本路安抚使的成都知府张焘、张震和黄畴若等，都开展了一些公共工程修建。绍兴十三年（1143），张焘对成都的街道进行了修葺，"鄱阳张公镇蜀，始命甓之，仅二千余丈"[6]。同年，他还开展过兴修渠堰

① 《要录》卷158，绍兴十八年十月丁丑。
② 何玉红：《南宋川陕边防行政运行体制研究》，第288页。
③ 《宋会要辑稿》方域2之5。
④ 《要录》卷9，建炎元年九月乙卯。
⑤ 《要录》卷13，建炎二年二月壬午。
⑥ 《全蜀艺文志》卷40，范谟：《砌街记》。

的水利建设工作，“开修渠堰”①。宋孝宗时，由于“府治旧无书室”，张震“始作堂，名之曰诚乐”，修建了诚乐堂，以便“抑退而游息焉”②。宋宁宗时，黄畴若“复念大玄城乃张仪所筑，高骈所修，圮坏岁久，复修费重，乃以节缩余钱四十万贯为修城备”③。

再看兼任成都知府的四川制帅。其所主持兴修的公共建筑工程，主要包括以下五种情况。

第一，修筑城池。南宋时期，在北方少数民族政权施加的强大军事压力之下，修筑城池成为各地政府的一项重要政治任务。宋高宗时，针对“夏暴雨，城中渠堙，无所钟泄，城外堤防亦久废，江水夜泛西门，由铁窗入，与城中雨水合，汹涌成涛濑，居人欢趋高阜地”的实际情况，四川安抚制置大使兼知成都府席益“亟遣官楗薪土塞窗，决小东门水口而注之江，仅保庐舍”。并且，“补筑大西门外堤，役引江水入城如其故，而作三斗门以节之”。于是，“疫疠不作，夏秋雨过，道无涂潦，邦人滋喜。”然后，“益刊图以示后之君子，如有志于民，意诚而令信，于斯图也，将有考焉”④。确实，“席益对城市水道系统进行了全面整治”⑤。也是在宋高宗时期，由于“成都旧城多毁圮”，四川安抚制置使兼知成都府李璆加以修筑，“璆至，首命修筑。俄水大至，民赖以安”⑥。

绍兴二十八年（1158），宋高宗任命中书舍人王刚中为四川安抚制置使兼知成都府，“乃搜壮城卒之役于他者，三百卒为党，备糗粮，具畚锸，以授兵司分董其役。课功惰，明赏罚，人不告劳，欢呼就事。居人咸喜，羊豕醪醴，犒劳踵至。权舆于二十九年五月，迄明年十月。城比旧凡周四千六百丈有畸，雉堞严壮，沟池深阻，气象环合，顿成雄奥。远近纵观，骇愕叹异。既又表丈尺，而以三百卒者分主之，遇阙则补，倅幕月一巡，

① 《要录》卷150，绍兴十三年九月丁丑。
② 《成都文类》卷27，张震：《诚乐堂记》。
③ 《宋史》卷415《黄畴若传》。
④ 《全蜀艺文志》卷33，席益：《淘渠记》。
⑤ 粟品孝等：《成都通史　五代（前后蜀）两宋时期》，第142页。
⑥ 《宋史》卷377《李璆传》。

帅守季一巡”[1]。城墙规模宏大，异常坚固，“高墉巨壁，周若干里，坚壮可支十世”[2]。由于“重修成都城，是月始毕，周四千六百丈有畸”[3]，王刚中受到了晋升敷文阁直学士的奖励。

嘉熙四年（1240），在异常艰难的情况下，四川制置使兼知成都府陈隆之，也曾进行过一些修城的努力，以此表明抗战到底的坚定决心，“陈隆之因成都城故基增筑，未为非是。第功力苟且，识者逆知其难。守臣尝问其方略，但云誓与城存亡而已。未几，为田世显所卖，城门夜开，隆之衄焉。”[4]

第二，修建楼台亭榭。南宋时期，在修建楼台亭榭方面，兼任成都知府的四川制帅，发挥了一定的作用。绍兴三十二年（1162），灵泉（今成都市龙泉驿区）县令杨先进看到兴福寺外的高亭，与寺庙相距不过一箭射出的距离，却污浊不堪，心中十分不安。回到县衙，与县尉李流谦讨论此事，皆为叹息。第二天，兴福和尚找到杨先进，指出这座在宋徽宗崇宁二年本县知县王君（其名不详）重新修建过，现在正好经过一轮六十甲子，提出要再次予以修建。杨先进同意他的请求，但是认为自己不能作出决定。当李流谦到成都府办理公事时，顺便把这一情况汇报给了四川安抚制置使兼知成都府王刚中，得到了肯定的答复，“邑令杨公过焉，顾瞻久之，曰：‘是去真栖不一弓地，污秽乃尔，其何以安？’归语邑尉李流谦，相视一叹。明日，兴福僧来言曰：‘智海老，不能有是亭久矣。考之旧刻，亭之建不知何时。崇宁改元，岁在壬午，宰王君者以葺祠之余材新之。今岁复壬午，意者冥数之符，亭当惟祠之归。愿并其地，使黄冠掌焉，智海本心也。’公曰：‘可哉！吾何敢专？’适流谦诣府，遂具其事，俾白大尹王公，亦欣然可”。于是，“大尹王公恭承密旨，既克新华栋，享上之恭，久而益严，凡便于祠者亡不开可”。在政府出钱及其官员出粮和民众捐献的

---

① 《成都文类》卷24，冯时行：《罗城记》。

② 孙觌：《鸿庆居士集》卷38《宋故资政殿大学士王公墓志铭》。

③ 《要录》卷185，绍兴三十年四月丁巳。

④ 《宋史全文》卷33，淳祐二年六月甲寅。

共同支持之下，迅速完成了待鹤亭的修建[①]。确实，“在地方财政日益困难的情况下，官民共筹或民间集资成为南宋以降地方建设经费最主要的筹集途径”[②]。

宋孝宗时，四川制置使兼知成都府范成大“辟广场于府舍之北，筑亭西向，摘杜少陵酬严武之诗，名之曰‘分弓’”，修建了分弓亭。其修建分弓亭的要求，就是应当重视“功成而弗省，省而弗屡”，坚持既简约而又坚固的原则[③]。淳熙三年（1176），他还在縻枣堰建造一亭，“筑亭于縻枣堰下，云汀烟渚，竞秀于前，古木修篁，左右环峙，柏阴森森，亘数十里，幽旷清远，真益州之胜概也。又亲书扁榜，揭之颜间，遒劲绝尘，得古人用笔意，藻绘不加而胜益奇矣”。其中，充分地体现了对刘熙古修筑縻枣堰所做出历史功绩的深切缅怀，“斯亭之作，无乃章刘公之懿，而起蜀人无穷之意乎！”[④] 同年，鉴于“唐李卫公节度剑南，实始作筹边楼。楼废久，无能识其处者”的实际情况，他组织新修了筹边楼，“成都子城之西南新作筹边楼”[⑤]。

宋孝宗与光宗之际，因为“知成都县事临邛宋朝英于漏法甚精”，于是四川安抚制置使兼知成都府京镗“属其筹铸壶刻箭，始更其法。测午中之晷为升箭之初，毕百刻而后易，仍以历象考七十二候。初末昏明、昼夜短长之数，日异旬殊，差布于箭，似能以自然之理求之天者，复为图镵诸石，且名以‘惜阴’”，修建了惜阴亭。其目的是提醒“人以壶漏为盈也，而不知其年之缩也；人以箭刻为升也，而不知其年之降也”，从而知道“以器之进，知年之退”，以便“能充其涓滴之善于其身，如水之盈，能积其圭黍之功于其民，如刻之升”，珍惜光阴，造福社会，实现人生的价值和理想[⑥]。

第三，修葺桥梁。宋高宗、孝宗之际的沈介，与宋孝宗时的赵汝愚，

---

① 《全蜀艺文志》卷39，李流谦：《待鹤亭记》。

② 祁琛云：《宋代的民间力量及其在地方建设中的贡献》，《中原文化研究》2017（5）。

③ 《全蜀艺文志》卷34，范谟：《分弓亭记》。

④ 《全蜀艺文志》卷37，杨甲：《縻枣堰记》。

⑤ 《全蜀艺文志》卷34，陆游：《筹边楼记》。

⑥ 《全蜀艺文志》卷34，京镗：《惜阴亭记》。

这两位四川安抚制置使兼知成都府，先后对成都市的万里桥进行了修葺。因为沈介“尝修广之”，然而“犹陋弗称，且易坏，久将莫支”。于是，赵汝愚“命增为石鱼，酾水为五道，梁板悉易以木而屋之”。这样一来，“桥成眈眈，屋成绳绳，严严翼翼，都人大和会，观所未有。民不知役，而公亦乐之”，使得万里桥容光焕发，面貌一新[①]。

宋孝宗与光宗之际，针对“先是，桥隶邑尉，邑尉多苟且逭责，叠石编木，工不精良，不惟简陋，视会府弗称。岁久石且泐，木且折，势将圮败，过者病焉”的情况，四川安抚制置使兼知成都府京镗“乃于农隙水涸时，撤而新之，取长卿题柱之语，扁以‘驷马’。”他动用政府财政，重新修建了已经损坏的成都驷马桥，“是役也，取余于公帑，则民不知扰；责成于寮寀，则官无妄费；易名以辩千古之疑，则所传或不朽”[②]。

第四，兴修水利工程。宋高宗时，鉴于“三江有堰，可以下灌眉田百万顷，久废弗修，田莱以荒”的情况，四川安抚制置使兼知成都府李璆“率部刺史合力修复，竟受其利，眉人感之，绘像祠于堰所”[③]。仍是在宋高宗时期，因为“成都万岁池广袤十里，溉三乡之田，皆为沃壤，积久填淤”，于是四川安抚制置使兼知成都府王刚中“集三乡夫共疏之，累土为巨防，表以石柱，植柳其上”，组织疏浚了成都万岁池[④]。

宋孝宗时，由于四川制置使兼知成都府范成大高度注重治水工作，从而推动了经济社会发展，“我昔官称劝农使，年年来激西江水。成都火米不论钱，丝管相随看蚕市”[⑤]。也是在宋孝宗时期，因为“先是，府城之东，有千金堰，溉民田十七万亩，编竹笼石，岁事修筑，役十一万六千余夫，率用民钱二万三千缗有奇，米三千斛。士人李良仲时知叙州，论其劳费，欲易以石”，四川安抚制置使兼知成都府赵汝愚赞同其观点，“乃议官出钱十万缗，米三万石，以给其役，而俾民分五岁输之”[⑥]。

---

① 《全蜀艺文志》卷33，刘光祖：《万里桥记》。
② 《全蜀艺文志》卷33，京镗：《驷马桥记》。
③ 《宋史》卷377《李璆传》。
④ 孙觌：《鸿庆居士集》卷38《宋故资政殿大学士王公墓志铭》。
⑤ 《全蜀艺文志》卷8，范成大：《离堆行》。
⑥ 《建炎以来朝野杂记》乙集卷8《丁未成都火》，第640页。

第五，修建其他公共工程设施。绍兴八年（1138），在先辈胡宗愈为蒋堂修建纪念建筑即清阴馆的基础上，四川安抚制置使兼知成都府胡世将又组织重修了清阴馆，以示继承先贤为善之意，“成都自宋有国，臣守贤牧，魁磊相望，在庆历间，称晋陵蒋公。公实作东斋，植楩楠至二千章，尝赋七言绝句诗，其人歌焉。蒋公去而东斋废。积四十有六年，同郡儒者胡修简公由尚书右丞来为成都，则修东斋而益筑其前，是曰清阴之馆，申蒋公志也。修简公去，馆又不饬。积四十有九年，公之季父文公恭之曾孙吾府公为川陕四道安抚制置使，而治成都，乃饬而新之”[①]。

淳熙二年（1175），在北宋时期蒋堂、吴栻修建的基础上，四川制置使兼知成都府范成大对铜壶阁加以修葺，使其变得非常壮观，“躬自经画，趣令而缓期，广储而节用，急吏而宽役。一旦崇成，人徒骇其山立翚飞，业然摩天，不知此阁已先成于公之胸中矣”[②]。淳熙三年（1176），他“既留三年，官属数以请，始稍加葺，易其倾挠，彻其弊障，不费不劳，挟日而成”。然后，“会上遣使持亲诏赐黄金奁、宝熏、珍剂，以彰殊礼。公遂摭诏中‘静镇坤维’之语，名新堂曰静镇”，修建了静镇堂[③]。淳熙四年（1177），他还对成都的街道进行了修缮，“吴郡范公节制四川，为竟其役。鸠工命徒，分职授任，程督有方，尺寸有度。费出于官，而不以及民；日廪以食，而人竞力作。未几告成，以丈计者三千三百有六十，用甓二百余万，为钱二千万赢。率一街之首尾立两石以识广狭，凡十有四街。然后所至侧布如江浙间，雨不乘橇，骑不旋泞，徐行疾驱，俱从坦夷”[④]，使其面貌焕然一新。确实，“范成大在四川期间，兴建了一些土木工程。如修复筹边楼、铜壶阁等，特别是用甓新甃石笋街”[⑤]。因为治蜀有功，他获得了朝廷的奖赏，“上诏来锡公，命加敷文阁直学士，召赴行在所，其治蜀之绩可知也”[⑥]。值得注意的是，“宋代成都用砖砌街，彻底改变了成都街道

---

① 《成都文类》卷26，黄大舆：《重修清阴馆记》。
② 陆游：《渭南文集》卷18《铜壶阁记》。
③ 陆游：《渭南文集》卷17《静镇堂记》。
④ 《全蜀艺文志》卷40，范谟：《砌街记》。
⑤ 张邦炜、陈盈洁：《范成大治蜀述论》，《四川师范大学学报》2004（5）。
⑥ 《全蜀艺文志》卷37，杨甲：《縻枣堰记》。

的路面状况，可以说城市的街道第一次与乡村道路分化，走向了城市化，成为成都城市发展史上的一个重要里程碑”①。甚至可以说，“宋时成都城市街道的建设紧步江浙，走在时代的前列”②。

淳熙四年（1177），胡元质出任四川安抚制置使兼知成都府。针对“当此时，敌国方和，北鄙无兵革斗争之声。惟内郡之民，财用竭于征榷，诉讼抑于无告，与夫西南二边疆场之备弛于因循者”的实际情况，他“率日夜究切之。大者驿书，小者立行，阳开阴阖，曾未逾年，众政并举，边圻夷晏，治声流闻，上游数千里，廓廓无事”，于是，“公重去前人之迹，仍因其制，益以重堂翼庑，前荣后室，署议有所，退休有次，壮观宏深，始称西南方岳之体”，从而将制置使司佥厅“撤而新之”③。此外，“又建堂于厅事之西，列两库于左右以贮军须甲仗之属，暇日合将士习射于其上，而旌别之，遂冠以雄边之名。军须缗钱十万，不取于他，皆出于节约之余，以充悠久治兵之费”④，修建了雄边堂。

可见，南宋时期，在公共建设工程方面，成都知府特别是其中兼任成都知府的四川制帅发挥了最为重要的作用，做出了巨大的历史贡献。

（3）宴游之费

南宋时期，尽管军事压力日益增大，财政形势每况愈下，但是成都知府也有一些娱乐开支。宋孝宗时，范成大主政蜀地，“入乡随俗，与民共乐，同吏民一道，参加各种游赏活动”⑤。多次登上海云山，写下了《三月二十三日海云摸石》《十一月十日海云赏山茶》和《十二月十八日海云赏山茶》等诗篇。他甚至还充当遨头，在上巳日前后游万岁池，留下了《上巳前一日学射山万岁池故事》《上巳日万岁池上呈程咏之提刑》等诗作⑥。他还写道：“石笋新街好行乐，与民同处且逢场。”⑦ 确实，“为了顺应民

---

① 粟品孝等：《成都通史　五代（前后蜀）两宋时期》，第139页。
② 胡昭曦、刘复生、粟品孝：《宋代蜀学研究》，第350页。
③ 《成都文类》卷27，吕商隐：《新建制置使司佥厅记》。
④ 《成都文类》卷27，王敦诗：《雄边堂记》。
⑤ 张邦炜、陈盈洁：《范成大治蜀述论》，《四川师范大学学报》2004（5）。
⑥ 范成大：《石湖诗集》卷17。
⑦ 范成大：《石湖诗集》卷17《丙申元日安福寺礼塔》。

间的这种需求，宋朝的地方官往往都要参与类似海云寺的求子活动，这是维系当地社会秩序的重要环节之一，范成大自然也不会例外”，毫无疑问，“作为当地的最高行政长官，范成大多次前往海云寺主持‘民乐’仪式，其用意是不言而喻的。从表面上看，宋代官员积极参与民间大型的宗教活动，是与民同乐，尊重当地人的风俗习惯。而实际上，不论是在哪座佛教寺庙举办的宗教或世俗活动，其强化在区域社会的统治的目的是难以掩盖的”①。

宋孝宗与光宗之际，出任四川安抚制置使兼知成都府的京镗，对浣花溪的游赏印象非常深刻，“锦里先生，草堂筑、浣花溪上。料饱看，阶前雀食，篱边渔纲。跨鹄骑鲸归去后，桥西潭北留佳赏。”② 包括吴猎在内的四川制帅，在宴集之时，广泛使用戏曲艺人助兴，“蜀伶多能文，俳语率杂以经史，凡制帅幕府之宴集，多用之。嘉定初，吴畏斋帅成都，从行者多选人，类以京削系念，伶知其然。一日，为古冠服数人游于庭，自称孔门弟子”，其滑稽幽默的表演，堪称一绝，“坐客皆愧而笑。闻者至今启颜，优流侮圣言，直可诛绝，特记一时之戏语如此”③。

然而，“当南宋末蒙古军队攻占成都后，摧毁了这种游乐活动赖以生存的经济基础和社会条件，成都游乐兴盛的局面在相当长的一段时间内不复存在”④。甚至，“南宋末期，随着元军踏入巴蜀大地，成都繁荣的游乐之风也逐渐衰落，直至清末再也没有达到宋代的水平了”⑤。

总之，南宋时期，四川地区的财政经济逐渐纳入战时轨道，军费开支与日俱增，其他支出每况愈下。成都知府特别是其中的四川制帅，努力做到军民兼济，发挥着统筹协调的关键性作用。

---

① 游彪、胡正伟：《宋代地方官与佛教界之间的关系考论——以范成大蜀地任职为例》，《四川大学学报》2013（3）。

② 《全蜀艺文志》卷25，京镗：《满江红　浣花因赋》。

③ 岳珂：《桯史》卷13《选人戏语》，第156—157页。

④ 粟品孝等：《成都通史　五代（前后蜀）两宋时期》，第531页。

⑤ 刘术：《宋代成都士庶的“游山玩水”》，《地方文化研究》2016（3）。

三、南宋成都知府与货币发行管理

实际上，“南宋四川的货币仍是钱引和铁钱，其中铁钱逐步居于次要地位，而钱引则成为主要通货。南宋四川财赋要供应川陕大军，而且还要负担部分四川外军队的供应。为了应付庞大的开支，大量增印钱引。南宋四川钱引增印始于建炎二年（1128），以后每界增印，绍兴末增至4100余万道。到开禧北伐，吴曦叛乱，财政开支猛增，四川钱引又三界并行，开禧末钱引总数达到8000万缗。钱引发行量的增加势必导致钱引贬值”①。南宋时期，在货币的发行管理过程中，成都知府发挥了比较突出的作用，主要包括成都知府与铁钱和钱引的发行管理两种情况。

1. 南宋成都知府与铁钱发行管理

在铁钱的发行管理过程中，成都知府发挥了自己的作用。绍兴三十一年（1161），因为“初，议者请复嘉、邛二州鼓铸”，于是宋高宗“诏邛州复置惠民监，岁铸铁钱三万缗，利州六万缗为额，内大小钱各半”。然后，四川安抚制置使兼知成都府王刚中上言：“嘉州无铁可用，乞令邛州以所造日额衣甲铁炭，改铸夹锡钱，而令利州以铸钱所余铁炭，对数打造衣甲，委逐州守臣提举措置，仍隶属总领所。”其建议得到了朝廷的批准②。此外，四川宣抚使也参与到铁钱的发行管理工作之中。绍兴十五年（1145），川陕宣抚副使郑刚中“始复利州绍兴监，铸大、小钱岁各五万”③。

在铁钱的发行管理方面，四川总领发挥了重要作用。绍熙二年（1191），四川总领李结上言：“利州绍兴监见管工匠一百八十七人，除招刺到监兵子弟及旧收刺军匠三十六人外，其余皆是诸处配到贷命之人，昼则重役，夜则锁足，无有出期。乞下铸钱司，日后遇有配到人兵，将在监执役年远者逐旋填替，发还元本州军。内癃老疾病与详元放停，若筋力尚壮、情理凶恶者，与在州羁管。兼本监军匠最系重役，而衣粮未能裹足，

① 张希清：《宋朝典制》，第446页。
② 《要录》卷188，绍兴三十一年二月戊申。
③ 《要录》卷169，绍兴二十五年八月甲午。

乞各除旧请外，更与添支米二斗。”其建议得到了朝廷的采纳。[1] 嘉定元年（1208），总领财赋陈逢孺“患四川钱引增多，乃即利州铸大钱，以权其弊”[2]。

由于行政职能上的差异，在铁钱的发行管理过程中，四川宣抚使与四川总领之间存在着一定的矛盾。绍兴十七年（1147），四川宣抚使郑刚中“即利州置监铸小铁钱，欲以救川引之敝”，而四川总领赵开“欲尽取刚中所储”，但是“刚中不与”，遭到了郑刚中的拒绝[3]。

在铁钱的发行管理方面，成都府路转运司长官也发挥了一定的作用。建炎二年（1128），靳博文鉴于邛州铸铁钱，得不偿费，在没有向朝廷请示的情况下，停止了此钱监的铸造活动，“成都府路转运判官靳博文权罢邛州铸铁钱。以其岁用本钱二十一万缗，而所铸才十一万缗，得不偿费故也”[4]。

可见，南宋时期，四川地区的铁钱发行，呈现出多元化的管理格局。这是赵宋王朝奉行的“制其钱谷”政策在铁钱发行管理中的生动体现。

2. 南宋成都知府与钱引发行管理

“南宋时期，随着宋金战争和对峙而形成的政治地理的变化，四川地区所处的地位也发生了很大的变化，川陕交界的地区成为宋金在西北对抗的前线，南宋在此驻扎大军，庞大的军需供应也就落在了四川地区的头上，因此而造成的财政压力迫使宋政府更加依赖于钱引，对四川的纸币造成了很大的影响”[5]。在钱引的发行管理过程中，路级和跨路级的组织机构长官之间往往呈现出各自为政的局面。为了满足日益增长的军费开支需求，他们有时不得不开动印刷纸币的机器，大肆泛印。但是，滥发货币，又会导致通货膨胀，物价飞涨，乃至社会动荡，甚至使国家危机更加深重。因此，他们一直企图在二者之间寻求平衡，但却是困难重重。

---

① 《宋会要辑稿》职官43之176。
② 《建炎以来朝野杂记》乙集卷16《四川行当五大钱事始》，第793页。
③ 《中兴小纪》卷33，绍兴十七年七月。
④ 《要录》卷16，建炎二年六月乙卯。
⑤ 高聪明：《宋代货币与货币流通研究》，第264页。

从建炎初年开始，四川地区就把增印纸币作为解决军费开支的一个重要手段，“建炎初，靳博文为益漕，以军食不继，始以便宜增印钱引六十二万缗。其后，张忠献、卢立之、席大光相继为帅，率增印矣”①。绍兴三年（1133），宋高宗下诏指出：“四川自祖宗以来，先计引数，封桩本钱，常停重钱以权轻券，故法不弊。中间印给泛料数多，即将本钱侵用，故引法日坏。况自张浚开宣府，赵开为总饷，以供籴本，以给军需，增引日多，莫能禁止。”②

南宋时期，兼任成都知府的四川制帅，其中包括席益、汪应辰和留正等，由于肩负军民之政的双重职责，在钱引发行管理过程中所起的作用比较突出。

绍兴六年（1136），为解决购买军需物资的费用，席益动用手中相对独立的行政职权，首次增发了三百万缗钱引，“四川制置大使席益以便宜增印钱引三百万缗市军储，制司增印钱引始此”③。

宋孝宗时，针对“今钱引日增，见钱日消，则官司给纳，民间贸易，合零凑数，何以相济。盖八九百之直，须假钱引，或四五百之数，必以见钱。傥见钱日削，贸易不成，恐虽有钱引，民不能用，是钱引之法自此坏矣。钱引权衡为四川之司命，国家所以养赡军兵，所以养民，视之他路尤重。况铸到绍兴钱见管实数，闻亦不多，目今收拾已自费力，并铁钱好肉矿脆，搬运积压，损败为甚，移之两淮，未必可以行使”的问题，四川安抚制置使兼知成都府汪应辰提出：“欲乞详酌指挥，行下四川总领所，除已起发外，自余蠲免之。”④

也是在宋孝宗时期，鉴于“蜀之兵为屯十有八所，隶之将三，士之廪给当折物为钱者，必视其所屯之地，称其土物之直，以直之低昂为钱之多寡。故米之估，则龙州得仙人关之半；绢之估，则兴化得西和州三之一；银之估，则大安得龙州之半而过之。乃有军在某州之屯，反用他州之估

① 《建炎以来朝野杂记》甲集卷16《四川钱引》，第365页。

② 《文献通考》卷9《钱币考二》。

③ 《要录》卷106，绍兴六年十月壬子。

④ 汪应辰：《文定集》卷13《乞免解发铁钱赴两淮书》。

者，故军多怨讟”的严重情况，四川安抚制置使兼知成都府留正非常忧虑这件事情，于是与四川制置司机宜文字陈琦商议“杜交界之奸，以信楮券；平廪给之估，以慰士心”之道①。

此外，兼任本路安抚使的成都知府，也参与了纸币的发行管理工作。宋宁宗时，成都知府兼本路安抚使黄畴若“轻取钱引贴期之费，以纾民力”②。

南宋光宗特别在宁宗时期是四川地区滥发纸币的高峰时段，四川总领与四川制置使之间，形成了既相互依存而又互相矛盾的复杂局面。宋宁宗时，钱引兑换时，要交纳贯头钱八十文，这是一种赤裸裸的榨取，老百姓痛苦不堪，“绍熙二年，上念蜀民之劳，诏权展一界乃易。庆元四年冬，丁端叔自四川茶马代还，入见，言川交子二年一兑，每引纳贯头钱八十文足，民甚苦之。今计所多羡财，每界请展一年，永为定制。章下制置司”。于是，四川安抚制置使兼知成都府袁说友向朝廷反映：“今民间每兑钱引一千，贴纳钱引六十四文足，每界总领所收贴头钱凡百八十万缗，今欲展年，当求对补之策。其一，绍熙初，增印百七十万缗，今凡八年，则兑界两三次间，暗增贴头钱已三四十万。其一，去岁增印钱百万缗，异时每界增贴头钱亦仅七万。此二者略可相当，兼总领所每界拨还漕司工墨钱十九万缗，今既展年，不复对拨，而又每界水火不到之缗几十万，皆总所得之，若展一年，所不到者又倍，凡此皆可以对补展年所亏之数。”次年春天，“有旨许之”，其建议得到了朝廷的批准。嘉泰二年（1202），“陈晔总领，谢用光为帅，请之朝，复以二年一兑。盖军饷所仰，不可复展矣”③。

开禧三年（1207），四川总领陈咸因经费不足而创制了小会子，四川安抚制置使兼知成都府杨辅与之不协，抵制其在四川地区发行。其继任者吴猎与陈咸关系密切，下令其在四川地区流通，但却遭到州县的拒用，只能在关外使用，于是很快也就作废了，“陈咸以用不足，始创小会子。杨

---

① 杨万里：《诚斋集》卷128《陈择之墓志铭》。
② 《宋史》卷415《黄畴若传》。
③ 《建炎以来朝野杂记》甲集卷16《钱引兑监界》，第365—366页。

辅为制帅，深不乐之，故西川皆不用。吴猎代镇蜀，与陈咸厚，下令官民悉许流转，然州县务场赋输悉不肯受，由是不能行。后但以其五万缗收兑旧引于剑外诸州，已而亦废”①。同年，成都府路安抚使杨辅“下令称提钱引，大书开禧之号，以揭之墨榜，凡数千计”②。可见，“至少在嘉定以前，钱引并没有成倍地贬值，总的流通情况是好的”③。

嘉定元年（1208），四川总领所收兑九十界钱引，因官吏贪污，引值大贬，民怨沸腾。不久，四川安抚制置使兼知成都府吴猎张榜告示百姓，除收兑一千三百万引以外，其余三界照常使用；并且要求总领所拿出金银，在成都设点收兑以前发行的钱引，使群众的心情暂时得到稳定。但是，作为军费开支者的宣抚司和主要筹集者的总领所，联合起来向朝廷反映吴猎破坏军费征集。社会舆论也认为，货币问题是财政部分的事情，制置司不该插手，因此责备吴猎，“四川诸州，去总领所远者至千数百里，而期限已迫，往来或不及，且受给之际，吏缘为奸，折阅已甚。于是单丁弱客皆不敢行，一引之值，仅受百钱，咨嗟怨泣，其声载道。后旬日，制置使吴德夫知之，乃揭榜，除收兑一千三百万引外，其余三界依旧通行使用。又檄总领所分取金银就成都置场，收兑旧引，民心稍定。时宣抚司方与总领所比，故移书东南，以为德夫沮坏其事。论者亦但谓钱币专属总计台，制司无所预，由是不直德夫云”④。吴猎“念蜀之楮币，旧号‘交子’，随闰更易，曰‘兑界’。近岁以二千五六百万为界，惟两界并行，今乃增印至八千万缗，渐不可继”，于是，他还“与宣抚司、总领所共请以帑金三万两，银一百五十万两，更自朝廷卖僧牒收回增数。”在没有得到朝廷批准的情况下，总领所“忽下令于利州收兑，人情皇骇”。他只能采取果断措施加以应对，与四川总领的分歧在所难免，“截留九十三界新引五百万，就成都置局，且谕民以收兑不尽之数，行用如故，浮议遂止。然自是与总饷者异向矣”。这是吴猎对滥发钱引的高度忧虑所致，正如他自

---

① 《两朝纲目备要》卷10，开禧三年。

② 《两朝纲目备要》卷10，开禧三年二月戊申。

③ 高聪明：《宋代货币与货币流通研究》，第273页。

④ 《建炎以来朝野杂记》乙集卷16《四川收兑九十界钱引本末》，第790页。

己所说："异时养兵费二千万缗，今又倍增至五千万矣，不知何以为继。两界钱引已五千万缗，今又添印五百万，且增一界，又二千四百万缗矣，不知子母何以相权。重以逆曦之变，总所之积耗于妄赏，关外转输焚毁略尽。今平贼之后，诸军累资俱高，每岁俸给增添，何啻二百万缗。"[①] 这是总领所与制置司在职责上各自侧重点不同的必然反映，总领所的最主要职责是为宣抚司等提供的军需开支，而制置司是肩负着抑制武将变乱和安抚百姓生活的双重使命。确实，"四川钱引急剧贬值亦是从宁宗开始"[②]。

宋宁宗与理宗之际，四川制置使郑损"强愎自用，误谓总领所擅十一州小会子之利，奏请废之，令下，民疑而罢市"。四川总领所主管文字高定子据理力争，并且指出："小会子实以代钱，百姓贸易，赖是以权川引，罢则关、陇之民交病，况又隆兴间得旨为之，非擅也。"于是，"乃得存其半"[③]。

事实上，"嘉定九年（1216），钱引改为十年一界，延长流通时间。但在此之后，钱引实际上已不再收兑。直到淳祐三年（1243），钱引已用过九十九界，于是钱引另立新界。新发行的钱引数量极大，到宝祐年间，已达到12亿之巨。南宋被迫以银会子取代钱引，而银会子也大量发行，同样贬值，直到南宋灭亡"[④]，"四川钱引在通行了140多年后，于宝祐四年彻底退出了历史舞台"[⑤]。可见，滥发纸币，以期解决庞大的军费开支，无异于饮鸩止渴，最终难逃失败的命运。

总之，进入南宋以后，四川地区的财政形势发生了根本性的变化，从此走上了异常艰难的发展之路。在军事压力日益增长的严峻形势下，重军与爱民之间几乎处于顾此失彼的状态，二者之间的冲突不可避免。但是，他们在最终意义上又是趋向一致的，没有军队的支撑，百姓生活也就没有保障；反之亦然，没有百姓的生存，军队也就成了无源之水。实际上，"制置与总领、提举茶马等财职官的矛盾反映出双方在权力分配的不平衡，

---

① 魏了翁：《鹤山集》卷89《敷文阁直学士赠通议大夫吴公行状》。
② 贾大泉：《宋代的纸币发行和纸币理论》，《社会科学研究》1996（1）。
③ 《宋史》卷409《高定子传》。
④ 张希清：《宋朝典制》，第446页。
⑤ 王文成：《从〈救蜀褚密奏〉看南宋货币白银化》，《中国经济史研究》2018（4）。

为解决这个问题，朝臣中有人认为应该把战区财权统一于主兵的（宣）制司”[①]。但是，这又与宋代“事之为防，曲之为制”的“祖宗之法”相违背。在顾此失彼之间，赵宋王朝逐渐走向了一条不归路。

① 姚建根：《宋朝制置使制度研究》，第156页。

第三章　宋代成都知府与司法审判

南宋著名思想家陈亮对宋代法治有独到的见解："汉，任人者也；唐，人法并行者也；本朝，任法者也。"① 毫无疑问，"审判权是国家权力的一个重要内容，是国家维持社会秩序的重要工具"②。其中，"宋朝州级是讼诉案件的第二审机构，也是宋朝地方最重要的司法审判级别，是宋朝维持地方统治秩序的关键环节"③，其审判官员和审判机构是齐备的，"宋代州级的审判官员，在知州、通判之下，有专职司法的录事参军、司理参军、司法参军及判官、推官等。其法定审判机构有州院和司理院"④。雍熙三年（986），宋太宗下诏："其知州、通判及幕职、州县官等秩满至京，当令于法书内试问，如全不知者，量加殿罚。"⑤ 在州级政府的司法审判中，知州负有全面领导责任，"在州级司法行政中，实行鞫（审）谳（判）分司制度，录事参军、司理参军、司法参军、司户参军、推官、判官及通判等皆参与审判活动，而知州则在诸司审理之后执行终审和裁决，凡事实明白能依法断遣者，则判决之；凡事实明白难以断决者，上报监司裁决；凡事实尚有未明，则退回本县，令县官再度推勘，限期上报"⑥。最后要由知州书写判语定判，"案件经集体审核后，呈知州作正式判决。知州审阅，认为

---

① 陈亮：《陈亮集》卷11《人法》。
② 朱文慧：《南宋社会民间纠纷及其解决途径研究》，第180页。
③ 赵宏、贾文龙：《法之权衡：宋朝州级审判中的"检法"环节探论》，《理论导刊》2015（11）。
④ 郭东旭：《宋代法制研究》，第541页。
⑤ 《宋会要辑稿》选举13之11。
⑥ 苗书梅：《宋代知州及其职能》，《史学月刊》1998（06）。

属实无误，便书写判语定判”[1]。于是，“在这种集体审核负责制下，一旦出现冤案，每一位司法官员都要承担法律责任”[2]。端拱元年（988），宋太宗“诏诸州州司理院并属县狱簿并用州印，长吏日省，属县旬申州”[3]。当然，通判的地位也是不可忽视的，“为了加强对府、州、军、监司法权的监察，宋代赋予通判参预审理州郡重大案件的职能”[4]。宋代州级政府的司法审判，包括民事审判和刑事审判两个部分。

第一节 北宋成都知府与司法审判

北宋时期，成都知府全面负责本府司法审判工作，但其他官员也或多或少地参与其中，发挥着各自的作用。天圣三年（1025），给事中王随提出：“望自今令长吏已下依公勘鞫，集厅录问，依法施行讫录案，坐条具所配地里上刑部详覆。”其请求获得了宋仁宗的批准[5]。宋仁宗时，益州知州薛奎还将明镐“辟知录事参军”，其继任者程琳又把明镐“奏为佥书节度判官”，从而有利于更好地推动本府司法审判工作的开展[6]。成都知府开展的司法审判，包括民事审判和刑事审判两个重要组成部分。

一、北宋成都知府与民事审判

在宋代，州郡长官被朝廷赋予了民事审判权。端拱元年（988），宋太宗“诏州郡长吏应受制敕暨三司、转运使移文，至于部民诉牒，悉系日著于文簿，以幕吏一人勾稽，俾绝留事”[7]。确实，“由于宋代规定州县令长必须躬亲狱讼，所以通判和其他的州级政府官员在审理民事诉讼案件时，

---

① 戴建国：《宋代法制初探》，第219页。
② 邢琳：《宋代地方官司法问责制及其特征》，《许昌学院学报》2018（5）。
③ 《宋会要辑稿》职官47之74。
④ 贾玉英：《宋代监察制度》，第414页。
⑤ 《宋会要辑稿》刑法4之12—13。
⑥ 王称：《东都事略》卷63《明镐传》。
⑦ 《宋会要辑稿》职官47之3。

都没有独立的判决权，而只能是就案件的事实审理清楚并就如何判决写出自己的意见报请知州决定”①。

宋太宗和宋真宗时期，两任成都知府的张咏，神明断案，令人叹为观止，展现了极高的司法审判能力，“民有谍诉者，咏灼见情伪，立为判决，人皆厌服”②，甚至达到出神入化的境界，“讼至于庭，据案一决，悉中其隐，百姓惊叹，以为神明，而不敢犯”③。

宋仁宗时，在民事审判过程中，成都知府各展风采，留下了不少经典案例。天圣六年（1028），当“民妇讼其子不孝”的时候，益州知州薛奎反问其中的原因何在？她回答道：“贫无以为养。”于是，薛奎“出俸钱予之”，并且严厉地告诫说：“若复失养，吾不贷汝矣。”其结果是“母子遂如初”，亲情得到了回归④。面对儿子无力赡养母亲，遭到母亲起诉其不孝的情况，薛奎拿出自己的俸禄周济这对母子，使其关系变得融洽。此外，本地一个富裕家庭由于只剩下三个女儿，有人妄图侵占她们的家产，薛奎把财产分为三份，然后安排好了她们的婚事，其高尚品德受到民众的一致肯定，“老媪告其子不孝者，子诉贫不能养。公取俸钱与之，曰：‘用此为生以养。’母子遂相慈孝。里富人三女皆孤，民或妄争其产，公析其赀为三，为嫁其女，于是人皆以公为仁恩”⑤。

杨日严指出：“今天下州郡，唯蜀为大。”其中，“往者守将贪戾，虐用其人，搜慝聚顽，赏罚自任”，使得“诏令不布，王泽不流”，从而导致“三盗乘而互乱，顺、均、旰也，则非蜀之罪，奸臣之罪也”的局面。于是，他表达了自己一定要“省刑罚”的决心⑥。

蒋堂于官署东厅亲自审理民诉案件，“公之治蜀，不鄙夷其民，虽自受诉牒，决狱讼于东厅”⑦。但是，他“又建铜壶阁，其制宏敞，而材不预

① 屈超立：《宋代民事案件的上诉程序考述》，《现代法学》2003（2）。
② 《宋史》卷293《张咏传》。
③ 《全蜀艺文志》卷37，王刚中：《张忠定公祠堂记》。
④ 《长编》卷106，仁宗天圣六年三月辛酉。
⑤ 欧阳修：《文忠集》卷26《资政殿学士尚书户部侍郎简肃薛公墓志铭》
⑥ 《成都文类》卷29，张俞：《颁诏亭记》。
⑦ 《成都文类》卷26，胡宗愈：《重修东斋记》。

具，功既半，乃伐乔木于蜀先主惠陵、江渎祠，又毁后土及刘禅祠，蜀人浸不悦，狱讼滋多”①。

因王小波、李顺起义，导致扬雄墨池被毁，后来官府又将之改造成营房。庆历七年（1147），中兴寺和尚怀信起诉此事，文彦博派遣官吏前往调查之后，划定界限，恢复其所有权，“今相国集贤文公适为是都尹，有中兴寺僧怀信诣庭言状。公叹惋累日，命吏寻遗址，画疆以还其旧。”正当准备予以修复之时，文彦博便被调回朝廷。其继任者程戡“闻其说，命取良材，充助其用”②，终于完成了对墨池准易堂的重建工作。

田况对胆小懦弱而不能表达自己诉讼请求的人，进行耐心细致的询问，把所有的情况搞清楚后，审判案件准确无误，被誉为“照天蜡烛”，“田元均密谏况，宽厚明辨，其治成都最为有声。有诉讼，其懦弱不能自伸者，必委曲问之，莫不尽得情，故决遣未尝少误。蜀人谓之‘照天蜡烛’”③，甚至堪比张咏，“尝知成都，听断之明，蜀人以比张乖崖”④。更体现出他集大成式的治蜀智慧，“田况，移守成都。其在蜀，治尚和易，法去苛细。奖进儒素，禁戢奸暴，以德化人，人不忍欺。时谓张乖崖之明，王文康之平，程文简之肃，韩忠献之爱，公皆兼而有之”⑤。其实，总体而言，当时的诉讼行为比较少见，“雅俗旧儒文，民牒少讼争”⑥。张方平对此也有同感，“锦里旧城，陆海千里，军屯整睦，民俗阜康，讼事不烦，遨嬉多暇”⑦。对于司法审判工作的重要地位，张方平有着深刻的认识，“狱市者为政所先，赋役者治人之本，戒诸苛扰，务在平均”⑧。

宋神宗时，成都知府吕大防“政治尚宽，与民同乐，讼至立断”⑨。但是，宋王朝严禁知州和准政区型组织的行政长官越职行使民事案件的审判

① 《宋史》卷298《蒋堂传》。
② 《全蜀艺文志》卷39，何涉：《墨池准易堂记》。
③ 范镇：《东斋记事》卷4，第34页。
④ 晁公武：《郡斋读书志》卷4（下）《田公金岩集两卷》。
⑤ 江少虞：《宋朝事实类苑》卷23《宦政治绩·田况》。
⑥ 《全蜀艺文志》卷17，田况：《成都遨乐诗·冬至朝拜天庆观会大慈寺》。
⑦ 张方平：《乐全集》卷28《益州谢上表》。
⑧ 张方平：《乐全集》卷28《益州谢诏奖谕表》。
⑨ 曹学佺：《蜀中广记》卷47《人物记第七·川西道属·吕大防》。

权。元丰元年（1078），在提举茶场李稷反映“知成都府刘庠受名山知县杨少逸越诉事，不下提举茶场司”的情况后，宋神宗下诏：“成都府路转运司劾成都府官司越职受理茶场司事者，茶园户等如有罪，亦劾之，已决者，具析以闻。”[①] 在经过激烈的斗争之后，“刘庠因而定为越职之罪”[②]。这样一来，就将成都知府直接排挤在榷茶事务之外，其根本目的在于通过实行地方政府的分权，从而实现中央集权。

在宋代，民事诉讼的终审权始终牢牢地掌握在皇帝手中。乾德四年（966），宋太祖下诏：“应先隔在剑外人蜀平来认田宅者，如已过十五年，除本户坟茔外，不在理诉。”[③] 淳化二年（991），宋太宗作出指示：“荆湖、淮南、江南、两浙、西川、岭南管内诸州民诉水旱害田稼，自今夏以四月三十日，秋以八月三十日，违限者更不得受”[④]。

可见，北宋时期，在民事审判过程中，成都知府发挥了重要作用，集中体现在本府特别是府治之内开展这项工作。本府之外的民事审判，则主要由监司长官尤其是其中的转运使负责完成。

二、北宋成都知府与刑事审判

宋王朝设置州（府、军、监）、县两级地方行政机构，二者在行政上是上下级的隶属关系。县是最基层的司法机构，除审判民事案件外，其刑事判决权仅限于杖刑。咸平六年（1003），宋真宗下诏：“徒罪以上送本州，杖罪以下在县断遣，如有不当，即经州论理。”[⑤] 徒刑以上，则须将初审结果报送州（府），“诸犯罪皆于事发之所推断、长官定期到现场检查的监督狱讼方式，这是宋代官员经常采用的监督方法”[⑥]。雍熙元年（984），宋太宗对宰相说道：“每阅大理奏案，或节目小有未备，移文案覆，封疆悠远，动涉数千里外，禁系淹久，甚可怜也。自今卿等详酌，如非人命所

---

① 《宋会要辑稿》食货30之14。
② 黄纯艳：《宋代茶法研究》，第184页。
③ 《宋会要辑稿》刑法3之43。
④ 《宋会要辑稿》刑法3之43。
⑤ 《宋会要辑稿》刑法3之12。
⑥ 张正印：《宋代狱讼胥吏研究》，第245页。

系，即与量罪区分，勿须再鞫。”于是，“始令诸州笞、杖罪不须证逮者，长吏即决之，勿复付所司”①。雍熙三年（986），左拾遗张素上言：“诸州县系囚动经旬月，迄令自今诸县镇禁系不得过十日，仍令本州长吏察访。”其请求得到了宋太宗的批准②。端拱二年（989），宋太宗下诏：“诸州民犯薄罪，或入金以赎，长吏得以任情而轻重。自今后并决杖遣之，不得以赎论。”③ 淳化三年（992），“令诸州决死刑有号呼不伏及亲属称冤者，即以白长吏，移司推鞫”④。至道元年（995），在太常博士王栿的请求下，“诏诸州长吏，凡决徒罪并须亲临”，这是因为“今州郡杖罪，悉委职幕官，而徒罪必自监决，帅府则以徒罪委通判。圣朝谨严于用刑，盖以人命为重也”⑤。

咸平五年（1002），遂州（治今四川遂宁）观察支使陆文伟上奏：“诸州大辟案上，委本判官录问，或有初官未详法理，虑其枉滥，非朝廷重惜民命之意也。”于是，宋真宗“乃诏自今并须长吏、通判、幕职官同录问详断”⑥。景德二年（1005），“诏自今应贼盗贼物，并知〔州〕、通判亲付本主。虑为下吏欺罔，致断狱失实故也”⑦。

天圣八年（1030），宋仁宗下诏：“大辟公事，自今令长吏躬亲问逐，然后押下所司点检勘鞫，无致偏曲，出入人罪。若依前违慢，致有出入，信凭人吏擅行考决，当重行朝典。”⑧ 景祐四年（1037），宋仁宗下诏：“天下狱有大辟，长吏以下并聚厅虑问。”⑨ 特别是重大死刑案件，要由州级政府官员共同审理，“对于地方上州一级处理的重大死刑案犯，宋代则要求必须由长官以下聚录，而不再象五代那样只委判官一人录问”⑩。知州

① 《长编》卷25，太宗雍熙元年八月戊寅朔。
② 《宋会要辑稿》刑法6之51。
③ 《文献通考》卷171（上）《刑考十上》。
④ 《文献通考》卷166《刑考五》。
⑤ 王栐：《燕翼诒谋录》卷3，第24页。
⑥ 《长编》卷53，真宗咸平五年十月戊寅。
⑦ 《宋会要辑稿》兵11之5。
⑧ 《宋会要辑稿》刑法6之54。
⑨ 《长编》卷120，仁宗景祐四年正月丙戌。
⑩ 王云海：《宋代司法制度》，第279页。

对刑事审判负有领导责任，“郡之狱事，则有两院治狱之官，若某当追，若某当讯，若某当被五木，率俱检以禀，郡守曰可则行”[①]。司理参军与录事参军都要接受知州的领导，“这两个司法机构的职能相同，有申诉不服案互移重审。如果知州认为案件与司理参军、录事参军有妨嫌，或者案件已经他们审理而无结果，仍需进一步审理的，还可委派州里的其他官员如司户、司法参军等组成审判机构审讯，宋代谓之‘置司’”。如果没有知州的批示，其他官员则无权开展审判工作，“州级审判机构，由知州委派官员组成。无知州委任批示，各级官无权审讯犯人”[②]。其积极意义非常突出，“由于长官定判是在官员集议签押的基础上作出的，这对发挥集体智慧，避免错判，加强官员的共同责任，防止长官独行专断，减少刑狱枉滥，是有效的判决方法”[③]。

尤其值得注意的是，以元丰改制为标志，州级政府的司法权经历了一个由大到小的变化过程，“在北宋前期，州一级的地方政府的司法权较大，不仅可以判决徒、流罪，甚至可以判决无疑虑的死罪。元丰改制以后，规定各州所判的死刑案件需经提刑司审核，因此，州级地方政府的司法职能有所削弱”[④]。简言之，“宋初元丰改制之前，州拥有死刑案件的终审执行权，刑部只在死刑执行后进行事后复查”，元丰之后，“死刑的详复权完全下放给路的提刑司行使”[⑤]。

北宋时期，在刑事审判方面，成都知府的重要作用得到了充分体现。乾德三年（965），吕余庆首任成都知府时，盗窃盛行，军纪废弛。有一位军校醉酒之后，持刀抢劫商人，他下令将其抓捕起来，当众斩杀，使军人们受到震慑，百姓生活得以安宁，“命参知政事吕余庆权知成都府，枢密直学士冯瓒权知梓州。余庆至成都，时盗四起，将士犹恃功骄恣，王全斌等不能禁。一日，药市始集，街吏驰报有军校被酒持刃，夺贾人物，余庆

① 《历代名臣奏议》卷217《慎刑》。
② 戴建国：《宋代法制初探》，第207页。
③ 张希清：《宋朝典制》，第372页。
④ 屈超立：《宋代地方政府民事审判职能研究》，第25页。
⑤ 郭东旭、陈玉忠：《宋代刑事复审制度考评》，《河北大学学报》2009（2）。

立命擒捕，斩之以徇，军中畏伏，民乃宁居”①。

太平兴国四年（979），郫县抓获了一群盗窃犯，把他们送到府上治罪，审判结论确定后，朝廷有新的规定下达，如果盗窃犯不是第二次犯罪，要免除死罪并送到朝廷裁决，其原因是当时战事正酣，急需大量兵员。专职司法官员援引诏书，向益州知州程羽请示。程羽在分析客观形势后，果断作出决定，把罪犯押回郫县，执行死刑，在市场上当众杀死，然后把事情原委报告朝廷。在此之后，直到他结束任期，当地没有盗窃现象发生，“给事中程羽，藩邸旧僚，当知新都县及兴州、兴元府，有能名，上即命知益州。及上驻太原，郫县获群盗送府，狱已具，会有朝旨：‘强盗未再犯，免死送阙下。’盖用武之际，急于壮勇之士也。法吏援敕以请，羽曰：‘人之恶，惮于始为，奸凶闻是令，皆将轻犯，乱不可制矣。’判曰：‘銮辂省巡，江山遐僻，不除凶恶，曷静方隅？’并付本县处死，磔于市，即论奏其事。于是讫羽去，无盗贼”②。

淳化二年（991），成都知府吴元载勤于司法审判工作，使监狱里没有拖延未断的犯罪人员，“从晨到暮，案牍盈箱，公躬览悉周，全亡倦色，讵容势援，是枉皆原，因得囹圄。时空居人，安堵逮至”③。但是，因为他太过苛刻，招致了人们的怨恨，“颇尚苛察，民有犯法者，虽细罪不能容，又禁民游宴行乐，人用胥怨”④。

在众多的成都知府之中，张咏以严厉著称。当“主帅帐下宠卒，恃势吓民，暴取财物。民有诉者，其人缒城夜遁”的时候，他“差衙校往捕之，戒曰：‘尔于擒得处则浑衣扑入井中，作逃走投井申来。’是时，群党恼恼，知其已投井，故无它议，又免与主帅有不协名”⑤。并且，“以顺党始皆良民，一旦为贼胁从，复其间有疲弱、偶挂盗籍者，当示以恩信，许其自新，即揭榜谕之，已而首者相踵，公皆释其罪，使归田里”。有一天，

① 《长编》卷6，太祖乾德三年二月癸卯。

② 《长编》20，太宗太平兴国四年七月乙巳。

③ 《全宋文》卷173，张舜宾：《吴公（元载）墓志铭并序》。

④ 《长编》35，太宗淳化五年正月甲寅朔。

⑤ 张咏：《张乖崖集》卷12《语录》，第129—130页。

主帅王继恩“械贼数十人”，请求他进行处罚。他仔细询问之后，“悉皆前所许自首者，复纵之”。王继恩非常愤怒地责问他，他回答说：“前日李顺胁民为贼，今日仆化贼为民，不亦可乎？”① 他还发放官府凭证，遣散参加过起义的农民，“公悉给公凭遣之”②。面对“李顺党中有杀耕牛避罪亡逸者”的时候，他“许其首身”。针对“拘母十日，不出，释之。复拘其妻，一宿而来”的实际情况，他果断地“就市斩之”，从而形成了“首身者继至，并遣归业，蜀民由此安居”的良好局面③。显然，这也充分体现了他宽严相济的司法审判原则。

但是，对于刑事犯罪之人，他一定要严惩不贷，坚决予以打击。针对当时“民间讹言，云有白头老翁午后食人男女。郡县谎谎，至暮，路无行人”的问题，他向犀浦（今属成都市郫都区）知县提出要求：“近讹言惑众，汝归县去，访市肆中归明人尚为乡里患者，必大言其事。但立证解来”，次日，犀浦知县“果得之，送上州”，张咏“遂戮于市”，于是，“即日帖然，夜市如故”，使社会正常秩序迅速得到了恢复④。其社会效果非常显著，“犀浦知县如其所说，果真于次日便将造谣者捉拿归案，并解送至成都，张咏将其诛杀于市。至此，令人毛骨悚然的流言案顺利告破，被搅动得天翻地覆的地方秩序复归于平静”⑤。

更为神奇的是，有和尚模样的人行为鬼鬼祟祟，被官员抓送到张咏面前。他仔细审视后，断定其为杀人犯。经过审判，果真是一个普通百姓，在与一位和尚同路行走时，将和尚杀害，索取他身上的三张度牒，然后剃掉头发，化装成了僧人。下属官员问张咏怎样知道此人是假和尚，他回答说，这人的额头上还有头巾包裹的痕迹，显然不是一个真正的和尚，“张咏时，有僧行止不明，有司执之以白咏，咏熟视，判其牒曰：‘勘杀人贼。’既而案问，果一民也，与僧同行于道中，杀僧，取其祠部戒牒三衣，

---

① 韩琦：《安阳集》卷50《故枢密直学士礼部尚书赠左仆射张公神道碑铭》。
② 张咏：《张乖崖集》卷13《补遗·语录》，第134页。
③ 吴处厚：《青箱杂记》卷10，第107页。
④ 张咏：《张乖崖集》卷12《语录》，第130页。
⑤ 方燕：《流言与北宋蜀地治理》，《四川师范大学学报》2018（5）。

因自披剃为僧。寮属问咏：‘何以知之？’咏曰：‘吾见其额上犹有系巾痕也。’”①

据载，范镇的父亲范文度担任张咏的孔目官，充分见识了其用法峻急。范度在发现张咏每次看了自己的笔记本之后，都要处死或者严惩一些人的原因，是本子上面记录了不少人犯下的小过。于是，范文度将此本子烧毁了。张咏在大怒之余，对他很是佩服，更加重用他，“范景仁父名文度，为蜀孔目官，事张乖崖。时见发郡人阴事而诛之，而不知其何以知之。但默观一小册，每钩距得人阴事，必记之册上，书讫入箱，封题甚密。文度日侍其旁而莫测也。然每观小册，则行事多杀人或行法。一日，乖崖方观小册，忽内迫，遽起，不及封箱。文度遽取其小册观之，尽记人细故，有已行者，即朱勾之，未行者尚众也。文度阅毕，始悟平日所行乃多布耳目所得，遂毁而焚之。乖崖还，见几上箱开，已色变。及启观小册已失之，大怒之次，文度遽前请命曰：‘乃某毁而焚之，今愿以一命代众人死，乞赐诛戮。’乖崖问其故，答曰：‘公为政过猛，而又阴采人短长，不皆究实而诛，若不毁焚，恐自是杀人无穷也。’乖崖徐曰：‘贷汝一死，然汝子孙必兴。’自是益用之”②。

张咏对属吏的管制也十分严格。在“初知益州，斩一猾吏，前后郡守所倚任者。吏称无罪”的时候，他作出判决，“令至市曹读示之。既闻断辞，告市人曰：‘尔辈得好知府矣。’盖李顺尝有死罪系狱，此吏故纵之也”。此外，“因责决一吏，彼枝词不伏。公曰：‘这的莫要剑吃？’彼云：‘决不得，吃剑则得！’公牵出，斩之以徇。军吏愕然相顾。自是俱服公之威信，令出必行”③。

咸平六年（1003），益州知州马知节上言：“李顺、王均之乱，属民有为贼黥面及伪署者，王师至，悉弃贼来归，官释其罪，给公凭遣之，其类颇众，今欲各令赍诣州别给新本，因得籍数，以防奸伪。”然而，宋真宗

① 司马光：《涑水记闻》卷7，第127页。
② 王铚：《默记》卷中，第27—28页。
③ 张咏：《张乖崖集》卷12《语录》，第129页。

却对此作出指示："胁从之民，屡经赦宥，宜谕知节但镇静而抚育之。"①同年，因为马知节的刑事审判过分严厉，军人和百姓一旦犯罪，大多要受到流放的惩罚，引起了民众的公愤。朝廷担心会引发不测，于是将他调离了成都，派遣到其他地方任职，同时还告知他是对他的器重，以示安慰，"承寇乱之后，戢兵抚俗，甚著威惠。然嫉恶太过，兵民有犯，多徙配它境，人颇怨惧。朝议务安远俗，恐知节不叶蜀人之情，以其素有武干，故移守西边，仍手诏谕以委属之意"②。确实，"公智勇兼济，平蜀守边多隽功"③，并且，他"早知成都，以抑强扶弱，为蜀人所喜"④。他深受百姓的感激与爱戴，"蜀人于公去，皆环以泣"⑤。

景德二年（1005），由于"始，车驾北征，四方摇心"，第二次担任益州知州的张咏，"虑远夷乘隙为变，欲出奇以胜之，因取盗贼之尤无状者，磔死于市，众皆慑服，遂底嘉靖"⑥。这是因为四川地区爆发的王小波、李顺起义刚刚被镇压后不久，他采用高压政策，严惩刑事犯罪活动，以稳定社会局势，是自然而又必然的事情。

然而，张咏并非滥杀无辜，而是准确无误，展现出他高超的审判能力。由于"先有百姓，告论官染院大破色料，偷瞒入己，禁四十余人，前政不能决"，张咏上任后，对案件进行审问。他对"告事者"说道："汝是陈利便人。今一料官物，合使几何？"其回答说："使若干。"于是，张咏说道："甚善。可作利便状来。"然后果断作出判决："今后依所陈利便施行，不得有违。主典各杖六十，余并放。"⑦又有一案，"民有负贩者，翁役其妇，妇违之，翁怒，剪其发曰：'我作婢使汝。'其子自外归，作闹，所由具事领过。或谓其子曰：'翁剪妇发何罪？子若执父，汝罪不轻。'至厅下，咏诘之，翁云：'妇自剪发泥。'某子亦云：'妻自剪发泥

① 《长编》卷54，真宗咸平六年正月壬子。
② 《长编》卷54，真宗咸平六年四月庚午。
③ 黄震：《黄氏日抄》卷50《名臣言行录·马正惠（知节）》。
④ 苏籀：《栾城遗言》。
⑤ 《名臣碑传琬琰之集》上卷19，王安石：《马正惠公知节神道碑》。
⑥ 《长编》卷61，真宗景德二年八月丙戌。
⑦ 郑克：《折狱龟鉴》卷4《议罪·张咏》。

翁。'" 经过一番审问，张咏"察其诳，即于解状后判云：'虽然子为父隐，其奈执辞不定。既不可穷诘于尊长，又不可抑断于卑幼。仰责新妇状，今后再不侍养，别具状领过。并放。'" 他还对属官说道："五服之内，卑幼条至重。亲民之官，所宜尽心。"① 张咏还认为属县广都（今成都双流）百姓冯某殴打母亲行为的发生，是他的罪过，表示愿意接受朝廷的处罚，"窃以守土之官，化民为本，民既不孝，臣实旷官，污辱典常，甘俟诛责。臣无任兢惶战越，待罪之至"②。

张咏坚决反对滥施刑法，"刑贵正名，名不可改"③。他与盗窃犯之间的谈话，也反映出其对事理的重视，"张乖崖治蜀，有盗擒获。公诘之，盗曰：'某常以半年为盗。三月至八月，夜短多蚊蚋，人必少睡，故不敢为盗。九月至二月，夜长天寒，多畏寒懒起，乃可为盗。'公曰：'春夏作何业？'盗曰：'小小营贩，往州县熟访人家、事力人口出入门户之处，故十数年不败露。'公曰；'盗亦有道，诚然哉！'"④ 其刑事审判能力相当高超，"公至之始，狱不容质。躬询亲决，百不留一"⑤，非常神奇，"公之决狱也，人莫能测，初若疑误，而片言之下，尽穷幽隐之迹"⑥。总之，"张咏吏道精明，善于断案，民仰其明，郡臻于治"⑦。其实，在司法审判的过程中，官员的政治智慧发挥着至关重要的作用，"任中正代张公治蜀，讯以为政之法。公曰：'如己见解高于法，则舍法而用己。如己见解不高于法，则当守法，勿徇己见。盖律设大法，由人酌轻重而用之。'"⑧

张咏断案之所以神明，完全是建立在对事理的洞察与人情的体悟上的。他的经验之谈是："询君子得君子，询小人得小人，各就其党询之，虽事有隐匿者，亦十得八九矣。"⑨ 成都的一些好事者，还把他的案件判词

---

① 郑克：《折狱龟鉴》卷8《矜谨·张咏》。
② 张咏：《张乖崖集》卷11《广都县冯某殴母待罪状》，第123页。
③ 张咏：《张乖崖集》卷12《语录》，第131页。
④ 曾慥：《类说》卷19《异闻录·半年为盗》。
⑤ 《全蜀艺文志》卷49，阮昌龄：《录民词》。
⑥ 张咏：《张乖崖集》附录，钱易：《宋故枢密直学士礼部尚书赠右仆射张公墓志铭》，第151页。
⑦ 张其凡：《治蜀名臣张咏》，《西南师范大学学报》1988（3）。
⑧ 曾慥：《类说》卷19《异闻录·为政之法》。
⑨ 张咏：《张乖崖集》卷12，第130页。

搜集整理为《诫民集》，在社会上广泛流传，“因取盗贼之尤无状者，磔死于市，凛然人望，遂臻靖嘉。每吏牍便文久不得判，公率尔署决，人皆厌伏，罚既值罪，按无廋情。蜀中喜事者，论次其词，总为《诫民集》，镂墨传布”①。他的根本目的在于促进社会和谐稳定，“公每断事，有情轻法重，情重法轻者，必为判语，读以示之。蜀人镂板，谓之《诫民集》，大抵以敦风俗、笃孝弟为本也”②。

当张咏逝世的消息传来，“蜀人恸哭罢市，置公画像于天庆观之仙游阁，建大斋会，事之如生，岁岁不绝”，可见其受到四川百姓的深切爱戴③。毫无疑问，“张咏一生为官清廉，勤政爱民，惩处贪吏，正气凛然。虽然执法未免过于严苛，但小眚不足以掩大德，其敢于担当又特立独行的品格值得后人怀念”④。

宋真宗时，王曙也是一位执法如山的成都知府。他严惩盗窃犯，如有违犯，格杀不论，迅速使盗窃现象销声匿迹。对军人作乱，立即处决，极大地震慑了部队将士，“临益部日，会岁饥，众心颇摇。公曰：‘往时蜀扰，非有雄豪为倡先，特以攘寇不息，驱而合之，浸大耳。今欲制其萌，莫若禁盗。’于是严盗法，犯者一切皆死。出金谷募告者，又俾爪牙吏擿其囊橐画谋者，久必就拘，或示惨刑，蜀人股栗，岁中遂无盗。然用它法皆宽平，诖误多贷免。尝有卒夜告其军将乱，公覆状，立辨其伪，斩之，军士皆感泣”⑤。其治蜀策略主要体现为一个“严”字，“公治蜀尚严”⑥。

因为王曙严厉地进行刑事审判，让朝廷得到了关于他粗暴施政的消息。于是，宋真宗向刚从成都回到朝廷的益州通判刘烨询问凌策和王曙前后两任成都知府在行政上的不同。他回答说，凌策面对的是丰收年岁，社会秩序比较稳定，因此施行平和简便的政策。其继任者王曙则是处于农业收成不好、治安形势不稳的环境中，所以严厉打击刑事犯罪，其他方面则

---

① 宋祁：《景文集》卷62《张尚书行状》。

② 江少虞：《宋朝事实类苑》卷9《名臣事迹·张乖崖》。

③ 《全蜀艺文志》卷37，王刚中：《张忠定公祠堂记》。

④ 陶易：《张咏：特立独行的北宋名臣》，《文史天地》2018（1）。

⑤ 尹洙：《河南集》卷12《王公（曙）神道碑铭并序》。

⑥ 黄震：《黄氏日抄》卷50《名臣言行录·王文康晦叔》。

是中规中矩地开展行政工作。真宗听了这番分析之后，非常满意，“文康王公镇蜀，有以威暴上闻者，会公自蜀召还，对日，真宗问曰：‘凌策、王曙治状何异耶?’公曰：‘前凌策在蜀，岁丰事少，得以平易治之。比岁小歉，蜀人剽轻，其心易摇，故王曙以严刑制之。然所诛杀，特盗贼耳，未尝变陛下它法。’帝善之”①。事实上，“曙峻法以绳盗，贼赃无轻重一切戮之，众股栗。居数月，盗贼屏窜，蜀外户不闭。尝有卒夜告其军谋乱者，曙立辨其伪，斩之。民安其政，以比张咏，号‘前张后王’”②。后来担任成都知府的宋祁对其评价颇高：“到益部，尽勒指使辈，不兴一事，物物关检，庶免于悔云。弛保囚，酬牙校，弗次，知众论不然。然越法重轻，是吾辈便宜事，或要一时激劝耳。阁下又能循法改正，可谓善后矣，非仆愚者所能及云。”③

由于社会治安形势严峻，张咏与王曙严打刑事犯罪活动，受到了人们的肯定，“昔张尚书、王文康在蜀，犯盗者多死，失于重，不害也”④。可惜的是，大中祥符九年（1016），王曙“坐开封府日保任掾吏犯法，降授左司郎中”⑤。

其实，宋仁宗以前，特别是宋真宗时期，地方长官严厉惩处罪犯，成为一种普遍现象，只是四川地区比较突出而已。其中的缘由主要是这里先后发生了王小波、李顺起义和王均之乱等严重的社会动乱事件，使得朝廷允许地方政府采用严刑峻法的方式，打击严重犯罪行为。随着社会形势日益稳定，对于地方政府的刑事审判活动，朝廷也在不断地加以限制。乾兴元年（1022），针对此前“诸州军长吏往往擅刺配罪人”的情况，宋真宗“下诏禁之，若情涉巨蠹者，须奏待报”，然后，“又诏诸路按察官取乾兴赦前配隶兵籍者，列所坐罪状以闻。自是，每下赦书辄及之”⑥。真宗末年的刑事审判政策调整，有利于缓和社会矛盾，有助于促进社会经济的恢复

① 尹洙：《河南集》卷13《刘公（烨）墓表》。
② 《长编》卷89，真宗天禧元年四月乙酉。
③ 宋祁：《景文集》卷50《王龙图书》。
④ 尹洙：《河南集》卷24《与延帅论事状三首》。
⑤ 尹洙：《河南集》卷12《王公（曙）神道碑铭并序》。
⑥ 《长编》卷99，真宗乾兴元年七月甲午。

和发展。

宋仁宗以后，成都知府的刑事审判逐渐向更为理性的方向发展。当然，这种转变是一个逐渐演变的过程。

天圣四年（1026），薛田向朝廷提出请求，西川地区流放外地的犯人，即使他们因年老多病可以回到家乡，从现在开始，也不准他们回来。但是，其建议遭到了宋仁宗的否决，“知益州薛田言两川犯罪人配隶他州，虽老疾得释者，悉留不遣，自今请无放停。上曰：‘远民无知犯法，而终身不得还乡里，岂朕意乎！察其情有可矜者，听遣还。’”① 另载，益州知州薛田上言：“先准诏，西川犯罪配牢城人如遇赦，委实老病不任征役者放停，许于所配州军居住，不放归乡。今得邛州状，有系宰牛配军之人，即非老疾，未敢放停，奏取旨。”宋仁宗回答说：“远方细民犯罪，虽不至重，遇赦归农，亦是宽恩。然田意欲羁縻，又非钦恤之旨”②。不过，朝廷“复诏罪状犷恶者勿许”③。

天圣六年（1028），由于出现“上元然灯，与僚吏夜燕佛寺，有戍卒杀人于市，市人皆奔走”的情况，益州知州薛奎“密遣捕杀之，坐客莫有知者”，充分展现了其沉着冷静的处事能力④。

明道二年（1033），针对“戍卒有夜焚营杀马胁军校为乱”的情况，益州知州王曙“潜遣兵环营”，然后下令：“不乱者敛手出门，无所问。”于是，“众皆出，令军校指乱卒十余人戮之。及旦，人皆不知也”⑤。可见，对成都驻军中的反抗者，王曙仍然实行斩杀政策。

在刑事审判方面，张逸是一位转折性的成都知府。景祐四年（1037），华阳（即今四川成都）县民杀了人，诬栽为过路人所杀，县吏受贿后，让真杀人者看守假的杀人犯。张逸发现被拘押者一脸的冤枉，看守说的话却矛盾重重。他怀疑是看守杀的人，这时囚犯才敢诉说真情，看守果真伏法。于

---

① 《长编》卷104，仁宗天圣四年正月己亥。
② 《宋会要辑稿》刑法4之13。
③ 《宋史》卷201《刑法三》。
④ 《长编》卷106，仁宗天圣六年三月辛酉。
⑤ 《长编》卷112，仁宗明道二年六月辛酉。

是，立即将看守斩杀。“龙图阁学士张逸为枢密直学士、知益州。逸凡四至蜀，谙其民风。华阳县驺长杀人，诬道旁行者，县吏受赇，狱既具，乃使杀人者守囚。逸曰：‘囚色冤，守者气不直，岂守者杀人乎？’囚始敢言，而守者果服，立诛之，蜀人以为神。”针对此前四川百姓因为饥荒，大多杀死耕牛以渡饥荒难关，但是违法者要被流放关中地区的情况，张逸向朝廷解释说，百姓杀死耕牛以救命，与盗窃犯的杀牛不同，如果不禁止流放，会影响农业生产。现在年岁渐丰，请求把他们全部放还四川，重新进行农业生产活动。他的请求得到朝廷的批准，“初，民饥，多杀耕牛食之，犯者皆配关中，逸奏：‘民杀牛以活将死之命，与盗杀者异，若不禁之，又将废穑事。今岁小稔，请一切放还，复其业。’报可。”[①] 这种将四川百姓杀死耕牛以渡过饥荒难关，与盗窃犯的杀牛行为区别开来，反映了他既明辨事理而又关爱百姓的拳拳之心。

一个下雪天，文彦博在会客时，士兵拆毁井亭，烧火御寒，军官向他汇报了这一情况。他不当成一回事，继续就餐，次日查出了肇事者，对他施以杖刑后，将其流放，“文潞公知成都，大雪，会客帐下。卒有谇语，共拆井亭，烧以御寒，军将以闻。公徐曰：‘今夜诚寒，亭弊矣，正欲改造，更有一亭，可尽拆为薪。’乐饮如常，明日乃究问先拆亭者，杖而流之”[②]。

田况也是一位杰出的成都知府。他从根本上改变了以前许多成都知府严厉审判刑事案件的做法，转变到以教育为主，以惩罚为辅的发展轨道。皇祐二年（1050），针对“益州自李顺、王均再乱，人心易摇，守臣得便宜从事，多擅杀以为威。虽小罪，犹并妻子徙出蜀，至有流离死道路者”的问题，他在担任益州知州两年有余的时间内，“拊循教诲，非有甚恶，不使东迁，蜀人尤爱之，以继张咏。”[③] 其刑事审判准确无误，“蜀人爱公，以继张忠定，而谓公所断治为未尝有误”[④]，因此，受到四川百姓的爱戴，

① 《长编》卷120，仁宗景祐四年十二月庚寅。

② 罗大经：《鹤林玉露》卷6《临事之智》，第220页。

③ 《长编》卷169，仁宗皇祐二年十一月戊戌。

④ 王安石：《临川文集》卷91《太子太傅致仕田公墓志铭》。

把他列为张咏之后又一位著名的成都知府，“先教诲，后刑罚，果桀恶，然后致之法，蜀人安之”，于是“论者以公治蜀，大略有张忠定公之风”①。

益州知州张方平继续推进田况那样的刑事审判方式，“民无常性，惟上所待。人皆曰蜀人多变，于是待之以待盗贼之意，而绳之以绳盗贼之法，重足屏息之民，而以砧斧令。于是民始忍以其父母妻子之所仰赖之身，而弃之于盗贼，故每每大乱。夫约之以礼，驱之以法，惟蜀人为易。至于急之而生变，虽齐、鲁亦然。吾以齐、鲁待蜀人，而蜀人亦自以齐、鲁之人待其身。若夫肆意于法律之外，以威劫齐民，吾不忍为也。”② 于是，他继续改变以前许多成都知府过分严惩刑事犯罪的做法，实行与京师更近地区相同的刑事审判，出现了在任期间没有流放一名犯人出川的局面，四川百姓对他感激不尽，“坤维方面险远，藩镇最为雄大，故朝廷假之权重，民有奸暴，得法外弹治；事有艰急，得便宜裁处。或谓公：‘前守牧必以威严操下。’公曰：‘等王民也，何事为虐?’治如内地，未尝远徙一民，故蜀人至今怀感”③。

在平息侬智高“将借兵南诏以入蜀”的谣言所造成的社会恐慌后，张方平“徐问智高入蜀之报，本雅州蕃牙郎号‘任判官’者所为。遂呼至成都，诘其敢虚声动摇两蜀情状，将斩之以徇”。当“任震恐伏罪，乞以举家数十口系雅州狱，身自入蕃，穷问智高诣实，通月不至，请举家为戮”的时候，他“久之乃许”，其结果是“任如期至，得小云南书，言智高至南诏，复谋为乱，为南诏所杀。公乃释任而奏其事”，从而为这件事情画上了一个圆满的句号，充分体现了其公平合理进行司法审判的根本原则④。

彭思永权摄成都知府时，将窃取公款之吏绳之以法，抓获破坏经济流通秩序的小偷十余人，并全部刺字后充军，使偷盗行为绝迹，蜀地的社会形势非常良好，“岁余，出为益州路转运使。始直史馆，赐三品服。入辞，

① 范纯仁：《范忠宣集》卷16《太子太保宣简田公神道碑铭》。
② 苏洵：《嘉祐集》卷15《张益州画像记》。
③ 张方平：《乐全集》附录，王巩：《文定张公乐全先生行状》。
④ 苏辙：《龙川别志》卷下，第97页。

仁宗谕之曰：‘益部远方，以卿安抚，吾无忧矣。’至蜀，会成都阙守，诏公权领府事。前政多务姑息，浸失法度，至有吏盗官钱千缗，付狱已三岁，犹纵其出入自若者。公命穷治之，一日而狱具。蜀人以交子贸易，皆藏于腰间，盗善以小刃取之于稠人中如己物，民病苦之。公得其状，即捕获一人，使疏其党类，得十余辈，悉黥隶诸军，盗者遂绝。二罪而人知畏法，蜀乃大治”①。

鉴于“自近岁以来，蜀人不知有勤恤之加，擢筋割骨以奉其上，而不免于刑罚。有田者不敢望以为饱，有财者不敢望以为富，惴惴焉恐死之无所。然皆闻见所熟，以为当然，不知天下复有仁人君子”的情况，成都知府王素对这种局面有所改善，“自公始至，释其重荷，而出之于陷井之中”②。

嘉祐五年（1060），“枢密直学士、右谏议大夫吕公弼为龙图阁学士、知成都府”。他刚到成都时，人们怀疑其年纪太轻，缺乏威严果断。当驻军士兵犯法后，应当被施以杖刑。士兵不愿意受罚，表示愿意被杀死，也不愿受杖刑。吕公弼再三开导他，仍不服。于是，对其说到，杖刑是国家法律的规定，不能不执行；杀头，是他自己的要求，也不得不满足。于是命令对他先执行杖刑，然后把他杀死，从而使士兵们受到了很大的震慑，“公弼初至，人疑其少威断。会营卒犯法当杖，不肯受，曰：‘宁请剑，不能受杖。’公弼再三谕之，不从，乃曰：‘杖，国法，不可不受；剑，汝所请，亦不汝违也。’命杖而复斩之。军中肃然”③。

吕公弼在严厉处罚士兵违法行为的同时，仍然继续转变此前许多成都知府过分严厉审判刑事犯罪的做法。他仔细审阅犯人的违法情节，把流放四川其他地区的人释放回家，而向朝廷请求把流放外地的人遣返回四川，宽刑简政，让老百姓过上了平安稳定的生活，“成都一都会也，得便宜从事，列城观望，有唐之藩镇流风存焉。为政者务威猛，为击搏以操切之，民有轻犯，则移乡；甚者或配徙内地，终身不复还。公阅其籍移乡者，即

---

① 程颢、程颐：《二程文集》卷3《故户部侍郎致仕彭公行状》。
② 苏轼：《东坡全集》卷76《上知府王龙图书》。
③ 《长编》卷192，仁宗嘉祐五年十二月戊寅。

释之；配内地者，奏而贷还之，而一切镇以宽简，人心大安”[①]。

宋仁宗时期，成都知府逐渐改变此前过分严厉审判刑事案件的做法，向更为理性的刑事审判方向发展。作为蜀人的北宋大臣何郯，在其诗句中也揭示了这种转变的历史必然性：“益为藩捍西南隅，物众地大称名都。择守来颁兹土政，治人颇与他邦殊。蹉跌一有戾条教，便宜皆得行黥诛。群奸帖息不敢动，无复弄兵觊穿窬。任威或为一时事，立政恐非长世图。”因为刚柔相济，方能长久，“视人无异远方意，威刑惠政还相须”[②]。这样一来，有利于改善了百姓和士兵的生活，也有利于社会经济的恢复和发展，从而就会赢得人们的广泛拥护和真心热爱。

短暂的宋英宗统治时期，成都知府在刑事审判工作方面基本上沿袭宋仁宗时代的状况。赵抃是非常有名的一位成都知府，被认为是宋代众多治蜀名臣中仅次于张咏的第二人。治平元年（1064），赵抃对囚犯说道：“汝辈能复业，吾释汝罪。”于是，“皆叩头乞自新，止坐为首者，余释不问，蜀人欢服”。由于他“以宽治蜀”，从而使得“蜀人安之”。赵抃执行的是宽严结合，以宽为主的刑事审判原则，确实不愧为“中和之政”[③]。这就是宋英宗对转运使荣谭所说的“赵抃为成都，中和之政也”[④]。

到了宋神宗时期，成都知府的刑事审判权受到了很大的削弱，逐渐被众多准政区组织严重分割。熙宁三年（1070），宋神宗下诏：“嘉、蜀二州违朝旨，不报提举常平仓司文字，委知成都府陆诜劾罪以闻。”但是，“诜寻卒，不果劾”。其实，当初朝廷“遣使提举常平仓贷青苗钱”的时候，陆诜就说道：“川峡四路与内地不同，刀耕火种，民食常不足，至种芋充饥。今本路省税科折已重，蜀民轻侈不为积蓄，万一岁俭不能偿官，适陷民于死地可哀。愿罢四路使者，如其故便。”并且，他还指出：“差役、水利事皆不当改为。”其结果是“卒罢三路之使，独置成都府路提举官

① 《名臣碑传琬琰之集》上卷26，范镇：《吕惠穆公弼神道碑》。
② 《全蜀艺文志》卷10，何郯：《益州州学圣训堂诗》。
③ 苏轼：《东坡全集》卷86《赵清献公神道碑》。
④ 《长编》卷203，英宗治平元年十二月癸丑。

一员”①。

熙宁三年（1070），吴中复出任成都知府。面对“国初以来治蜀者，处置尽自乖崖公。当时奏使便宜敕，不与天下州府同。行之已及八十载，奸宄销伏谁之功。因循至此渐抏敝，有未晓者时相攻。鞭笞小罪亦检察，不许略出常科中。下民知之颇不惧，州县往往藏群凶。侧身敛足未动者，实以累朝恩泽隆”的状况，于是“公之初来蜀人喜，慈爱久著民情通。众心欢然耻犯法，捄药浮薄归醇醲。尽将约束付僚吏，兴起学校还文翁。二年美化极沾洽，远近循服如偃风”②。

熙宁四年（1071），曾经担任过成都知府的文彦博，向朝廷反映：“臣勘会得益、利路钤辖司多是承例酌情，便宜区断。寻曾牒辖州军，今后勘到合行奏听敕旨公案，且先申当司以凭相度。其间有别无疑虑，或情轻法重可以末减，情重法轻当从严断者，率皆便宜决遣。内有事状必难裁处，方敢奏闻。兼朝廷不以为非，在川蜀甚以为便。”③ 可见，他指出了朝廷制度规定与四川地区在刑事审判方面的差异困境。

熙宁五年（1072），赵抃第三次出任成都知府，“成都以戍卒为忧，朝廷择遣大臣为蜀人所爱信者，皆莫如公，遂以大学士知成都。”当“剑州民李孝忠集众二百余人，私造符牒，度人为僧。或以谋逆告，狱具”的时候，赵抃“不畀法吏，以意决之，处孝忠以私造度牒，余皆得不死”，由此导致“喧传京师，谓公脱逆党”的情况出现，好在“朝廷取具狱阅之，卒无以易也”，充分显示出其高超的司法审判能力④。

于是，北宋朝廷展开了一场关于成都知府该不该拥有便宜行事之权的大讨论。熙宁五年（1072），成都府、利州路走马承受潘孝和向朝廷报告，驻屯士兵乐升和王庆告发杨进等抢夺县尉的武器，进行谋反活动，钤辖司把杨进等流放到沙门岛（今山东长岛）和广南地区，请求给乐升和王庆升迁一级官资。宋神宗下诏凤翔府斩下杨进的头颅，然后把他的头颅送到成

① 《长编》卷214，熙宁三年八月辛巳。

② 强至：《祠部集》卷3《送知府吴龙图》。

③ 文彦博：《潞公文集》卷19《乞别定益利钤辖司画一条贯》。

④ 苏轼：《东坡全集》卷86《赵清献公神道碑》。

都府，其余的造反者被流放到沙门岛。由于成都驻屯士兵众多，所以特别重奖二人。然后，宋神宗向执政大臣说，朝廷本来要收回成都知府手中的便宜行事职权，经过吴中复的多次要求，才给予这一特权。但是，当杨进等谋反计划破产后，吴中复只给予他们刺配流放的判处。因此，给予成都知府便宜行事之权，是没有什么积极意义的，“成都府、利州路走马承受潘孝和言：‘屯驻雄威兵乐升、王庆告神勇兵杨进等谋夺县尉甲为乱，钤辖司断配进等沙门岛及广南，乞特迁升一资。’诏凤翔府斩进首送成都府，令众余配沙门岛；升与下班殿侍，仍赐钱三百千，王庆二百千。旧制告变者赐袍带、迁十将，上以远方屯戍至众，赏之宜重，故特命之。于是，上谓执政曰：‘朝廷改成都便宜行事法，吴中复屡乞复行。及杨进结众为变，而中复乃止刺配之，若付以便宜，不过反是，妄配平人为多，有何所补也。’”① 可见，宋神宗对成都知府手中被朝廷给予的便宜行事之权的积极作用，深表置疑。

仍然是熙宁五年（1072），御史刘孝孙上言：“臣闻二蜀去朝廷绝远，而成都府路又为剧繁，俗习柔良，小事辄骇，故平日守帅尝许便宜以应缓急之变，盖以消伏强御，镇静一方。而近岁守臣任或非人，资以为暴。如王素、张焘辈，多非理黥流，欲立名誉。缘此，诏令军机、边防方许便宜从事。然臣以为因噎废食，古人深戒。傥朝廷妙选循良，付以事权，托之何害。况且兵斗民讼，变故不常，或有急难，理当惩艾。近闻赵抃尝有所请，未即允俞。然远方之事，势难中覆。臣愚欲乞成都一路，且依旧例施行，使得随事弛张，应机弹压，以消未萌之患。”但是，其请求并未得到宋神宗的批准。当赵抃“移成都，又请重立法”的时候，王安石却认为：“孝孙既称蜀人柔良，则以常法治之足矣，何故反欲弹压？又言事在仓卒，仓卒即是速，何用改法为也！”② 可见，成都知府的刑事审判权遭到了严重剥夺。

熙宁八年（1075），成都知府蔡延庆提出“本路盗频发，虽编敕再犯

① 《长编》卷234，神宗熙宁五年六月癸酉。
② 《长编》卷239，神宗熙宁五年十月庚子。

许配本州，而川峡本城请受价优，投军者众，若犯盗配本州，则是因盗得利，盗必滋长。又川峡计赃，以铁钱二当铜钱一，加之案问，欲举率皆减等，赃重者犹不至配法，无所惩艾。欲令情理重者，申都钤辖司详酌配出川峡近东州军”[①] 的建议，被朝廷采纳，也就成了顺理成章的事情。其实，“朝廷之所以要‘改成都便宜行事法’，关键是要把这种长期流于地方的权力收归中央，强化中央集权的目的十分明确”[②]。通过加强中央集权，从而更好地推动熙宁新法的贯彻落实。

元丰元年（1078），宋神宗诏令成都知府刘庠：“配贼李玖不以常法特释之。”[③] 针对“蜀久安无事，朝廷以德惠抚之，官吏或纵情忘分守”的情况，刘庠“一切齐以法度，上下宜之”。对于文州（治今甘肃文县）进行复仇的少数民族，按理应该用对待少数民族的法律进行处罚，朝廷打算处死其首领，刘庠请求赦免他，使边境得到安宁。对已经迁徙出少数民族地区的流放者，他又提出希望把他放回老家去。并且，他还主张禁止西山六州的少数民族与汉人通婚，避免后患发生。其建议全部得到了朝廷的采纳，“文州蕃族有复仇者，当以蕃法论，朝廷欲加诛，请赦之，以宁边圉；缘罪徙内郡者，愿复之，以示恩信；西山六州与汉人为婚姻者，请禁之，以防后患。悉从公奏”[④]。于是，他受到宣仁皇后的高度评价，“帅臣极难得，刘庠可惜也”[⑤]。

元丰三年（1080），宋神宗“诏知成都府张诜觉察奸盗，存抚人户，务令安静。应犯罪情涉凶恶，法不至编配者，听编配出川，俟泸州事平日如故”[⑥]。元丰四年（1081），“以龙图阁直学士、知成都府张诜知杭州”[⑦]。

元丰八年（1085），“龙图阁直学士、知成都府吕大防为翰林学士”[⑧]。

---

① 《长编》卷 261，神宗熙宁八年三月戊戌。

② 粟品孝等：《成都通史　五代（前后蜀）两宋时期》，第 103 页。

③ 《长编》卷 289，神宗元丰元年四月乙丑。

④ 吕陶：《净德集》卷 21《枢密刘公墓志铭》。

⑤ 王称：《东都事略》卷 91《刘庠传》。

⑥ 《长编》卷 307，神宗元丰三年八月甲辰。

⑦ 周淙：《乾道临安志》卷 3《牧守》。

⑧ 《长编》卷 356，神宗元丰八年五月戊午。

另载，吕大防“以翰林学士、知制诰召之”①。他也表达了与蔡延庆相同的看法，即“吕大防奏：川峡军人犯法，百姓犯盗，并申钤辖司酌情断配”，其建议得到了朝廷的采纳②。确实，“元丰改制后，加强了监司对州县的监督，取消了知州的大辟终审权，规定必须申报本路提刑司核准，方可执行”③，简言之，“四方之狱，非奏谳者，则提点刑狱主焉”④。

崇宁二年（1103），中书省提出：“成都府旧以便宜从事，罢去已久，乞军民所犯巨蠹者，令酌情处断”⑤，其请求得到了宋徽宗的批准，从而部分地恢复了成都知府的刑事审判权。

宋徽宗时，席旦两次担任成都知府，比较充分地行使了便宜行事之权，“大观中，诏以公出镇成都。成都之俗，吏猾而民奢，遇利则聚而为奸，值害则逸而为盗。地险以远，故常除用重人，既贵且富，怙其故习，莫可训正。众谓公来，必因其俗。公至，则按吏若民之尤无良者，草刈而禽狝之，一道大震，由是咸知公之猛。政和中，诏又以公再镇成都。成都之人仰公威德，前期相戒，莫敢犯令，其奸宄闻风而奔遁”。他在大观年间担任第一次成都知府期间，严厉打击了盗窃分子，而政和年间的第二任期内，减轻了对刑事犯罪的过严惩罚。前后两任之间反差很大，充分显示了其高超的刑事审判能力，“其镇成都也，可谓猛以济宽矣；其再镇也，可谓宽以济猛矣”⑥。可惜，北宋王朝的统治已经临近尾声。

在州级政府的刑事审判过程中，通判发挥了自己的独特作用，这是因为“知州即时决断须与通判商议，从而有所约束”⑦。雍熙四年（987），宋太宗降诏：“天下知州、通判，先给御前印纸，令书课绩。自今并条其事迹，凡决大狱几何，凡政有不便于时，改而更张，人获其利者几何，及公事不治曾经殿罚，皆具书其状，令同僚共署，无得隐漏。罢官日，上中

① 《名臣碑传琬琰之集》下卷16，实录：《吕汲公大防传》。
② 《长编》卷360，神宗元丰八年十月丁亥。
③ 朱瑞熙：《中国政治制度通史》第6卷，第305页。
④ 《文献通考》卷167《刑考六》。
⑤ 《宋会要辑稿》职官47之17—18。
⑥ 《成都文类》卷22，苏元老：《送成都帅席晋仲序》。
⑦ 戴建国：《宋代法制初探》，第220页。

书考较。”[①] 端拱二年（989），又诏：“宜差朝官、京官四十人，分十四路。往逐处点检见禁罪人。流罪已下如录问无阙违，又非钱谷干系者，与本处知州军、通判等约法决遣，不得淹滞刑禁。”[②] 淳化三年（992），大理寺丞惠价提出：“州县制枷多不如令，请委逐处知州、通判依令制造，称校一依等第书字刻讫，各据所犯罪施用，违者官吏劾罪。不如令者一切毁弃。”[③] 至道元年（995），下诏：“宜令转运使申谕诸州，应勘鞫罪人，如情理别无枝蔓，杖罪以下长吏与通判量罪区分，徒以上结正行遣。”[④] 景德二年（1005），宋真宗“诏自今应贼盗赃物，并知州、通判亲付本主。虑为下吏欺罔，致断狱失实故也。”[⑤] 绍圣二年（1095），知永宁军（治今河北蠡县）刘宋卿提出：“因灾伤为盗罪至死者，守贰同决。”其建议得到了宋哲宗的批准[⑥]。宋哲宗朝规定，“狱讼听断之事，可否裁决”，通判“与守臣通签书施行”[⑦]。宣和六年（1124），权发遣淮南西路提点刑狱司公事雷寿松上奏：“欲乞应亲获强盗，如死亡及五分，即候解见在徒伴到州，先委知、通亲行审问。”于是，宋徽宗“诏依所乞”[⑧]。与此同时，“如果知州断狱有误而通判不能争辩救正者，还要受到一定处罚”。其目的非常明确，“在司法政策上，使知州与通判互相制约”，从而有利于保证司法审判的公正性[⑨]。

对成都知府的刑事审判工作，成都通判进行了监督。针对“文康王公镇蜀，有以威暴上闻”的问题，益州通判刘烨“自蜀召还”，在进对之时，宋真宗询问了一番。通过刘烨的解释，其疑虑被顿然打消了[⑩]。宋仁宗时，当“新都里胥捕罪人杀之，狱具当死”之时，益州通判王逵“求得其情，

① 《长编》卷28，太宗雍熙四年三月庚辰。
② 《宋会要辑稿》刑法5之17。
③ 《宋会要辑稿》刑法6之77。
④ 《宋会要辑稿》刑法3之52。
⑤ 《宋会要辑稿》兵11之5。
⑥ 《宋会要辑稿》职官47之17。
⑦ 《宋会要辑稿》职官47之62。
⑧ 《宋会要辑稿》兵12之28—29。
⑨ 王云海：《宋代司法制度》，第429页。
⑩ 尹洙：《河南集》卷13《刘公（烨）墓表》。

为奏谳”，于是“里胥得不死，蜀人以为德”[①]。成都通判往往默默无闻地参与司法审判活动，也作出了不可替代的贡献。

由于四川地区发生了多次政治暴动，朝廷还颁布了一些专门针对四川地区的法律条文。咸平三年（1000），朝廷诏令四川地区：“得音到日，昧爽以前，十恶、故杀、劫杀并为己杀人，官典犯枉法赃不赦外，余罪无重轻并放。”[②] 咸平四年（1001），宋真宗下诏：“应益州去年九月二十日已前，因王均作乱，曾劫夺民财、杀伤人命者，除官吏使臣不放外，其军民诸色人并释之。”[③] 另载，在镇压了益州刘旰、王均领导的兵变之后，“诏益、利、彭州戍兵谋乱，既伏诛，除亡命徒党见行追捕外，其余一切不问。又诏西川诸州长吏严察细民，敢有讹言动众，情理切害者，斩讫以闻”[④]。天圣十年（1032），“益州民费进特赎铜百二十斤，婢赵氏配邻州羁管。坐怒赵索逋钱，殴赵死，法当死，进年十四，上请，特矜之”[⑤]。当然，成都知府的刑事审判权也是受到了朝廷控制，“仁宗时，蜀中一举子，献诗于成都府某人，忘其姓名。云：‘把断剑门烧栈阁，成都别是一乾坤。’知府械其人付狱，表上其事。仁宗曰：‘此乃老秀才急于仕宦而为之，不足治也。可授以司户参军，不厘事务，处于远小郡。’其人到任不一年，惭恧而死”[⑥]。其实，“从地方与中央关系的角度看，北宋法制的中央化政策在消除地方政治割据威胁的同时，也在立法和执法上产生了很严重的弊端，这些弊端在宋代以后一直为历代王朝所继承，成为近世法制发展中的顽疾。其中问题的关键在于，如何在保证政治和法制统一的同时，又为地方秩序的特殊性和自主性及其发展提供足够的制度空间”[⑦]。

可见，北宋时期，成都知府的刑事审判，任务繁重，成就突出。特别是在宋真宗和宋仁宗时期，达到了鼎盛阶段，其司法审判实现了由普遍过

① 曾巩：《元丰类稿》卷42《刑部郎中致仕王公墓志铭》。
② 《宋大诏令集》卷218《平王均川峡路德音》。
③ 《宋大诏令集》卷217《贷益州因王均作乱曾劫夺民财杀伤人命者罪诏》。
④ 《长编》卷50，真宗咸平四年十二月丁未。
⑤ 《宋会要辑稿》刑法6之14。
⑥ 朱弁：《曲洧旧闻》卷1《仁宗命授蜀中老秀才以司户参军》，第94页。
⑦ 黎桦：《地方秩序中央化：北宋川峡地区的法制演变及其教训》，《法学评论》2011（2）。

分严厉向更为理性的审判方向转变，适应了社会的发展和时代的要求，涌现出了一大批治蜀名臣。但是，宋神宗以后，成都知府的刑事审判权在很大程度上逐渐转入钤辖司手中。只是在北宋末年徽宗时期，成都知府刑事审判职权，才在某种程度上得到恢复。令人非常遗憾的是，北宋王朝的灭亡已经为期不远了。

第二节 南宋成都知府与司法审判

南宋时期，由于军事压力越来越大，成都知府在司法审判中的作用日渐减弱。绍兴九年（1139），殿中侍御史何铸指出："大则为监司、太守，其次犹为倅贰，于法令漫不知，于人情未之察，传笑于人者多矣。"① 但是，其中的一些成都知府，也开展了一定的司法审判工作。

绍兴十三年（1143），兼任本路安抚使的成都知府张焘"遣狱讼"②。特别是兼任成都知府的四川制帅，对司法审判工作，给予了一定的重视，"成都为西南大都会，制置安抚司所治，六十州讼狱听之录掾所掌，则视他郡尤为剧寄。况所事者牧伯监司之官，分位阔绝，传受论鞫之事，往往吏不能自达，录掾持谒请问，乃得关白。其遇宽明易事之长，从容开说，色受气许，此亦易易耳。脱宣骄长傲之人，盛气凌压，则非健特自立者，鲜不回挠于此，又可以观人之所以存"③。成都知府的司法审判，具体体现在民事审判和刑事审判两个方面。

一、南宋成都知府与民事审判

南宋时期，朝廷还是非常重视民事案件审理工作的。绍兴元年（1131），在琼州（治今海南琼山）知州虞开的请求下，宋高宗下诏："官

① 《要录》卷133，绍兴九年十一月乙酉
② 《要录》卷150，绍兴十三年九月丁丑。
③ 魏了翁：《鹤山集》卷46《成都府录事厅题名壁记》。

员犯入己赃，许人越诉，其监司、守倅不即究治，并行黜责。”[①] 隆兴二年（1164），三省言：“人户讼诉，在法先经所属，次本州，次转运司，次提点刑狱司，次尚书本部，次御史台，次尚书省。近来健讼之人，多不候官司结绝，辄敢隔越陈诉，理合惩革。”于是，宋孝宗“诏除许越诉事外，余并依条次第经由，仍令刑部遍牒行下”[②]。乾道二年（1166），有臣僚提出：“比来民讼至有一事经涉岁月而州县终无予决者，缘在法县结绝不当而后经州，州又不当而后经监司。乞自今词诉在州、县半年以上不为结绝者，悉许监司受理。”其请求得到了朝廷的采纳[③]。

南宋时期，成都知府开展了一定的民事审判工作。宋高宗时，成都知府兼本路安抚使张焘，“乃引四路之讼而亲决之，领略判断，支分叶解，千缕万牙，细见毛脉，是非美丑，各听分位”[④]。他以成都知府的身份，对四川地区行使民事审判职权。宋孝宗和宋光宗之际，四川安抚制置使兼知成都府京镗“躬阅讼辞，以达幽枉”[⑤]，高度重视民事审判工作。宋宁宗时，张午被四川制置使兼知成都府董居谊“属理讼牒，事情俱得”[⑥]。

当然，监司被朝廷赋予了较大的民事审判权。乾道元年（1165），宋孝宗下诏：“自今诸县结解大辟，仰本州长吏先审情实，如无冤抑，方付狱，狱官亲行勘鞫。仍委长吏逐旬虑问，如违，许监司按劾以闻。”[⑦] 乾道四年（1168），权户部尚书曾怀上言：“近来监司、州县承受省部看详定夺事件，动经岁月，不为结绝。今欲行下诸路，自指挥到日，并限一月结绝，具名件申尚书省。”其请求得到了朝廷的批准[⑧]。淳熙九年（1182），诏令诸路监司：“自今人户讼诉有合送别州追人索按推治者，止就邻近州军，仍不得过五百里。”[⑨] 开禧元年（1205），有臣僚上言：“乞下诸路郡

① 《宋会要辑稿》刑法 3 之 25。
② 《宋会要辑稿》刑法 3 之 31。
③ 《宋会要辑稿》刑法 3 之 32。
④ 《成都文类》卷 42，喻汝砺：《杜工部草堂记》。
⑤ 杨万里：《诚斋集》卷 123《京公（镗）墓志铭》。
⑥ 魏了翁：《鹤山集》卷 73《朝请大夫太府少卿直宝谟阁致仕张君午墓志铭》。
⑦ 《宋会要辑稿》刑法 3 之 84。
⑧ 《宋会要辑稿》刑法 3 之 32。
⑨ 《宋会要辑稿》刑法 3 之 36。

县，应干狱讼并令照条令理断，如有淹延数年、重为民害者，委监司纠察。如监司不纠察，或自为淹延者，从台谏论奏。”其建议获得了宋宁宗的采纳①。

在民事审判过程中，成都府路提刑发挥了自己的作用。宋宁宗嘉定年间（1208—1224），由于嘉州龙游县（治今四川乐山）主簿谯仲甫“律己廉，宅心平，有以素信于人”，成都府路提刑周居信“有疑讼必属仲甫，而争田畔、争水利、争铜山，凡涉乎请托之嫌，尤谓非仲甫莫决”，将疑难案件交给谯仲甫审理②。

确实，“宋代是一个比较重视法制的时代，反映在民事诉讼方面，亦是如此，宋代政府所制定的较为详备的民事上诉程序法，表明宋代统治者对于民事案件给予了极大的重视”③，特别是“作为一种知识和客观准则的法律在南宋民事诉讼审理中起到了首要准则的作用。”④

二、南宋成都知府与刑事审判

南宋时期，州级政府和监司的长官都获得了各自的刑事审判权。乾道四年（1168），宋孝宗“诏令后大辟罪展，委长吏于聚录之际详加诘问”⑤。乾道七年（1171），刑部上言：“准批下臣僚札子，乞令诸州长吏每旬同当职官虑问州院、司理院禁囚，诸路监司每季亲诣所部州县，将见禁囚徒逐一虑问。”其建议得到了宋孝宗的采纳⑥。

兼本路安抚使的成都知府，开展了一定的刑事审判工作。宋高宗时，成都知府兼本路安抚使的张焘“决遣狱讼”⑦。乾道九年（1173），“知成都府薛良朋言本府狱空”⑧。

---

① 《宋会要辑稿》刑法3之39。

② 魏了翁：《鹤山集》卷76《隆州教授通直郎致仕谯君墓志铭》。

③ 屈超立：《宋代民事案件的上诉程序考述》，《现代法学》2003（2）。

④ 张本顺：《变革与转型：南宋民事审判“断由”制度生成的历史成因、价值功能及意义论析》，《首都师范大学学报》2015（3）。

⑤ 《宋会要辑稿》职官47之35。

⑥ 《宋会要辑稿》刑法6之69。

⑦ 周必大：《文忠集》卷64《张忠定公焘神道碑》。

⑧ 《宋会要辑稿》刑法4之90。

在刑事审判过程中，兼任成都知府的四川制帅，更多地发挥了自己的司法监督作用。绍兴六年（1136），四川安抚制置大使兼知成都府席益上言："臣契勘四川州军所申狱案不少，系事干人命，全借通晓刑法官详断，免有失当。昨得旨于宣抚司属官内存留二员充属官，其所留官与本司属官即无曾任刑寺法官之人，欲乞更许于宣抚司属官内存留一员窠阙，许于四川得替待阙寄居官内选差一员，充本司检法官，专一详断诸州所申应奏狱案，所贵远民不致冤滥。其陕西诸州去行阙愈远，所有应奏狱案，亦合取自圣裁。"于是，宋高宗作出指示："诏依。其陕西诸州应奏案，并依四川已得指挥施行。"[①] 席益请求川陕地区的疑难案件由制置大使司审理，得到了朝廷的批准，"诏川、陕诸州应奏及刑名疑虑等文案，许制置大使司酌情断遣，用席益奏也"[②]。同年，"诏左中奉大夫、前知荣州李平仲起复，充成都潼川府夔州利州等路安抚制置大使司检法官，填创置阙"。这是"以成都潼川府夔州利州等路安抚制置大使、兼知成都府席益言，平仲曾任法寺官，深晓法，本官丁母忧，乞起复，专一详断诸州狱案故也"[③]。因为席益"奏用之"，于是"右中奉大夫李平仲起复充四川制置大使司检法官"，然而"平仲卒矣"，实属憾事[④]。

也是在宋高宗时期，面对"命夷之妖人王思聪，挟女巫，蓄一蛇，昼夜聚男女为妖"的问题，四川安抚制置使兼知成都府王刚中斩钉截铁地指出："左道惑众，乱之萌也。"于是，"命杀蛇，黥思聪，徙之远方，而境内淫巫为妖妄者皆自戢敛"。然后，"蜀人绘公像于文翁、张文定之次，置别室祀事之，谓公视二人为无愧也"[⑤]。

淳熙元年（1174），范成大被任命为四川制置使兼知成都府。他向朝廷请求，各路提刑司等到朝廷的命令发布之后，才审结各种疑难案件，而朝廷一般是安排在每年的秋天，他提出应该提前到每年的五月进行，"诸

---

① 《宋会要辑稿》职官40之9—10。
② 《要录》卷103，绍兴六年七月壬申。
③ 《宋会要辑稿》职官77之18。
④ 《要录》卷106，绍兴六年十月己亥。
⑤ 孙觌：《鸿庆居士集》卷38《宋故资政殿大学士王公墓志铭》。

路提刑岁俟朝命疏决，诏到率以秋，公请五月举行”。其建议得到了宋孝宗的采纳[①]。针对“近日奏案，赦前犯罪者，有司以为依赦合原，缘情重奏裁。以人情事理论之，特不用赦而行刑，已为甚重。今乃反增其刑，谓如本犯徒一年，遇赦当放，以情重故特断徒二年、三年，或增至配流之类。兼在外州县禁囚遇赦者，则依等第径行释放，其偶在奏案者，乃反增加，则是州县用恩朝廷用威，岂不倒置”的问题，他提出：“欲望圣慈特降睿旨，今后遇有赦前犯罪情重奏裁决不可贷者，止于特不用赦，以元刑断之。己自不恕，人情事理，实为允惬”，其反对朝廷加重用刑的主张值得肯定[②]。淳熙七年（1180），四川安抚制置使兼知成都府胡元质举办了一次豪华的科举考试，对无理取闹者进行了严厉的处罚。当“胡给事既新贡院，嗣岁庚子适大比，乃侈其事”的时候，出现了“忽优有黄衣者，持令旗跃出稠人中”，于是“胡意其为郡士所使，录优而诘之，杖而出诸境”[③]。

宋光宗时，四川安抚制置使兼知成都府丘崈向朝廷报告，录事参军史定之没有履行对罪犯的监管责任，导致犯人自杀而死，使其受到了罢职处分[④]。

当然，成都知府进行的刑事审判，也存在着一定的局限性。绍兴六年（1136），阎旦权摄成都知府，用旋风棒打死了曾经结下仇恨的本府属吏乔升，最后他受到了罢黜官职的严厉处罚，“左中奉大夫、直秘阁阎旦降二官取勘。旦为成都府路转运副使，怒府吏乔升。会王似薨，旦摄府事，以旋风棒击之至死。川陕宣抚副使邵溥以便宜罢旦，言于朝。上曰：‘若以军中法而驭吏，则安用三尺？此事虽朕亦不敢。’赵鼎退立曰：‘陛下号生之德，天下共闻。’乃有是命。既而殿中侍御史石公揆劾旦违拒诏旨，不肯落衔，旦坐夺职”[⑤]。

绍兴二十一年（1151），曹筠担任四川安抚制置使兼知成都府，与成

① 周必大：《文忠集》卷61《资政殿大学士赠银青光禄大夫范公成大神道碑》。

② 《历代名臣奏议》卷218《赦宥》。

③ 岳珂：《桯史》卷10《万春伶语》，第119—120页。

④ 陈傅良：《止斋集》卷13《知成都府丘崈奏从政郎录事参军史定之不亲莅狱致囚自刎死降一官放罢》。

⑤ 《要录》卷99，绍兴六年三月癸未。

都路兵马钤辖赵怀恩之间发生了一件不愉快的事情，甚至还发展成为刑事案件，“曹庭坚待制帅蜀，赵贵倨自若，肩舆骀呵，径造厅事。曹怒曰：‘钤辖于制置使有阶级，安得犯军礼？’立命武宰擒赴直司，旋拘系于狱。揭榜求具宿愆，不数日，士民交讼纷纷。得其自置兵，前后死亡者四百辈，悉不落名籍而冒请粮帛。遂并捕其二子鞫实，计赃不赀，父子皆毙于狱”①。可见，皇室赐姓的人，也比较骄横。

绍兴二十五年（1155），由于双流（今属四川）县令冯光邦“贼杀不辜，为监司按治”，四川安抚制置使兼知成都府符行中“以光邦为秦桧所厚，反坐告者杖脊编管”，朝廷“知其不可任，乃召行中还而复用振，降授左朝请大夫”。于是，“左承议郎、提举江州太平兴国宫萧振充敷文阁直学士、四川安抚制置使兼知成都府”②。

宋高宗时，著名的邵溥一案，反映了成都知府的刑事审判职权仍然牢固地控制在宋廷的手中，“又有名敦厚字子山者，亦知名。邵康节之孙溥公济守眉日，子山与之不咸，廉得其罪状，用匹绢大书，椟盛之，遣介持抵成都帅府治之前逆旅舍，委之而去。逆旅人得之以告帅，萧振德起得之，以为奇货，逮公济赴成都狱，严鞫之。狱吏知其冤，遂教公济一切承之，不然，死无以自明，公济悟，如其教不复辩。狱上，朝论以为匿名书，法不当受，而制司非得旨，不应擅逮守臣，遂皆罢之”③。薛季宣被四川安抚制置使兼知成都府萧振征辟为属官，因军法执行争议而愤然离去，“蜀制置萧振辟公为属，部将有狠诉统制者，公当以犯阶级法，幕中或论纵之；公以军政争不克，谢去，尽其禄直买蜀书以归”④。

在刑事审判过程中，除知州外，通判也被朝廷赋予了较多的职权。绍兴三年（1133），宋高宗下诏：“部送罪人，所至州军不差人交替，知通并从徒一年科罪。”⑤ 绍兴十三年（1143），吏、刑部看详臣僚上言：“今后

① 洪迈：《夷坚志》丁卷6《成都赵郡王》。
② 《要录》卷170，绍兴二十五年十二月丙申。
③ 周密：《齐东野语》卷13《老苏族谱记》，第235—236页。
④ 陈傅良：《止斋集》卷51《右奉议郎新权发遣常州借紫薛公行状》。
⑤ 《宋会要辑稿》刑法4之43。

获到强盗，已经结案，长贰聚录讫，刑名已定，遇恩之人，许依赏格。如在县未结，解到州未结案，长贰未聚录之人，即系刑名未定，更不推赏。”① 绍兴二十六年（1156），宋高宗降诏：“逐州委知、通，将逐县官户、权势之家合科纳和买等，并与平民一等。如辄敢减免，官司及减免之家并计赃断罪。”② 淳熙元年（1174），知静江府（治今广西桂林）张栻说道：“近来配隶之人，虽有指挥，劫盗罪不致死，逐州长贰躬亲审量少壮之人配屯驻军，此诚良法。若逃亡出首，又押配元配所，窃虑复致窜逸。欲将首身人审量强壮，刺填军兵，其余刺充作院壮城指挥。”其请求获得了朝廷的批准③。淳熙三年（1176），宋孝宗下诏：“郡县每月责都监巡尉状有无私铸铜器及纳不尽之数，如因事骨罣，将巡尉、都监一并收坐，守倅并议责罚。仍令御史台觉察，监司不觉察，与同罪。”④ 庆元五年（1199），有臣僚提出：“乞行下诸路州军，应贷命配军罪人，令沿路选差军兵牢固管押传递，取各州交管公文回照，不得容令管押人受嘱作弊。如有走透，知、通、兵官各坐以罪。及配隶州军须管牢固关防，不得作借事公文纵放，违者并坐知、通、当职官之罪。”其请求获得了宋宁宗的批准⑤。特别值得注意的是，朝廷还规定：“今州郡杖罪，悉委职幕官，而徒罪必自监决，帅府则以徒罪委通判。”⑥

此外，幕职官在刑事审判中发挥了自己的作用。宋宁宗时，成都府观察推官韩甲“连辨诬杀人狱，皆得不死”⑦。

南宋时期，随着军事压力日渐增大，成都知府在刑事审判中的作用是比较有限的，其更多的精力投入到了其他民政和军政事务之中。

总之，在司法审判方面，宋代成都知府发挥了重要作用。特别是“集体审核签署对于防止和减少官员徇私枉法、独断专行，或者由于长官个人

---

① 《宋会要辑稿》兵 13 之 19。
② 《宋会要辑稿》食货 70 之 45。
③ 《宋会要辑稿》刑法 4 之 53。
④ 《宋会要辑稿》食货 34 之 32。
⑤ 《宋会要辑稿》刑法 4 之 62。
⑥ 王栐：《燕翼诒谋录》卷 3，第 24 页。
⑦ 魏了翁：《鹤山集》卷 72《四川茶马司干办公事韩甲墓志铭》。

智慧和能力的欠缺而发生的误判起到了积极的作用”。其中，“宋代颇具特色的司法问责制，旨在维护封建统治，其弊端是不言而喻的，如监督权与司法权混淆、制度设计和司法实践脱节等。但是，宋代司法责任制度对约束法官行为和减少冤假错案具有显著功效”①。确实，“宋代刑事审判制度的独到之处在于注重对刑事审判权的制约，尤其是强化皇权对刑事审判的控制”②。特别需要注意的是，“宋代司法机构上的多元并存，同样也是为了加强皇帝对司法的控制，客观上造成了一种同僚互察的局面，以防止司法弊病”③。“宋代治国，‘曲为之制’，采用设官分职，分散各级官吏事权方式来加强中央集权统治，在法律审判方面也深深打上了这种指导思想的烙印。司法权被分割成若干部分，分别交与多人掌管，由此产生了很多弊病，不利于办事效率的提高，法官积极性被束缚，动辄受牵制”④。事实上，“作为封建社会的司法体制，另一显著弊端就是人治主义色彩浓厚。宋代司法制约体系中，皇帝干预司法审判对于减少冤假错案，管控司法权力滥用起到了一定的积极作用，但同时具有明显的弊端，最主要的表现就是，部分官员就会借这个机会不认真审案，一旦遇到疑难案件就奏请皇帝决断，由此可见，皇帝的意志直接决定案件的结果，而皇帝往往就会根据个人喜好做出裁决，这些裁决未必都是正确的，这就增加了司法审判中人的色彩，损害了法律的独立性、权威性和公正性”⑤。毫无疑问，“宋地方官府人治大于法治的根源，在于宋王朝的封建专制制度”⑥。

---

① 邢琳：《宋代地方官司法问责制及其特征》，《许昌学院学报》2018（5）。
② 郭东旭、陈玉忠：《论宋代皇权对刑事审判的控制》，《河北法学》2010（1）。
③ 王云海：《宋代司法制度》，第430页。
④ 戴建国：《宋代法制初探》，第236页。
⑤ 王海强：《权力制约视角下的宋代司法运行机制》，《中州学刊》2018（6）。
⑥ 龚延明：《宋代地方权力运作的全方位考察》，《中国史研究动态》2020（5）。

第四章　宋代成都知府与行政监察

宋王朝赋予了州（府、军、监）长官全面的行政监察权。成都知府与行政监察的关系，包括成都知府实施的行政监察和成都知府受到的行政监察两个方面。

第一节　北宋成都知府与行政监察

北宋时期，成都知府实施了广泛的行政监察，同时也受到了全面的行政监察。

一、北宋成都知府实施的行政监察

宋代成都知府开展了广泛的行政监察工作。具体而言，包括两个方面：一方面是对本府官员进行的行政监察，另一方面是对其他州县、路级和到本地来的朝廷官员实施行政监察。

1. 对本府官员的行政监察

在宋代，州级行政长官被朝廷赋予了监督下属的权力。太平兴国元年(976)，针对此前“诸州掾曹及县令、簿、尉皆户部南曹给印纸、历子，俾州郡长吏书其绩用、愆过，秩满有司详视，差其殿最”的规定，宋太宗下诏：“有司批书，凡漏书一事者殿一选，三事降一资；及不得增减功过，阿私罔上，违事者书考之官议罪。”[1] 太平兴国五年（980），又诏：“应敕除及吏部注授幕职、令录、司理、判司、簿尉，自今除程给一月限，其川、峡、岭南、福建路给两月，违者本州不得放上，护送至阙，当除籍不齿。或被病，则所在投牒，长吏案验给公据，废痼未损，条其状以闻。”[2] 景德四年（1007），朝廷诏令规定：“诸路转运使、诸州长吏辨察官属有不法者，事发不言，当加谴责；有治状者，亦勿隐蔽。”[3] 其实，“宋真宗时，诏令强调，地方长官应该关心下属官员的政绩，并为国家推荐人才，任满回朝，必须推荐官员，然后入见。”[4] 具体而言，主要体现在以下三个方面。

（1）对通判的行政监察

事实上，“宋代某些时期，通判还要接受州郡长官的监察”[5]，这是因为“宋代仓官库吏往往利用仓库出纳之际，采用克扣、以次充好、重入轻出等办法从中渔利，对此，朝廷规定仓库出纳时通判须亲往监临”[6]。

天圣六年（1028），益州知州薛奎将明镐推荐给朝廷，“薛奎领秦州、益州，皆辟镐自随。于是，镐罢益州通判，还朝赐对。上问辅臣以镐所能者，奎曰：‘镐文妙学博，而沉鸷有谋，能断大事，愿陛下亟用之。’”[7] 使之得到提拔，“程琳代奎，奏为签书节度判官，就通判州事，迁太常博士。还朝，仁宗问镐所能，奎称其沉鸷有谋，能断大事，除开封推官”[8]。事实上，“在地方官的朝辞朝见过程中，最高统治者欲达到的目的和主持在京中央官员的轮对是有区别的，即主要是了解地方社会的情况，并勉励地方官勤政廉政，了解地方官僚的人品和能力，加强知州和皇权的联系，并通过笼络地方官的人心，提高地方官施政的积极性，把最高统治者的意

---

① 《文献通考》卷39《选举考十二》。

② 《长编》卷21，太宗太平兴国五年四月丁酉。

③ 《长编》卷65，真宗景德四年五月乙丑。

④ 苗书梅：《朝见与朝辞——宋朝知州与皇帝直接交流的方式初探》，《首都师范大学学报》2007（5）。

⑤ 贾玉英：《宋代监察制度》，第423页。

⑥ 方宝璋：《宋代通判对财经的监督作用》，《福建论坛》1993（6）。

⑦ 《长编》卷111，仁宗明道元年三月戊子。

⑧ 《宋史》卷292《明镐传》。

志贯彻到基层，从而加强政权的统治力量”[①]。

宋仁宗时，成都太守文彦博向朝廷推荐前任益州通判李九言，其中的原因在于他与自己通力合作以赈济灾民，“臣切见太常博士李九言明经登第，学术精深，施行为政，动有规法。前任益州通判，益州适值歉岁，与臣协力赈济饥民，备见绩效，今已得替到阙。切缘益州通判得替旧例，皆有升陟差使。近因臣僚争授益州通判，遂停旧例，止得循资。而九言之职劳未录，首为新制所限。伏乞朝廷体察，特赐升陟任使；或悉其学术，任以检讨之职。如经擢用后犯正入己赃，或举不如状，臣甘连坐”[②]。事实上，“与荐举保任密不可分的是保任同罪制度的推行。地方官员若有过失，其保举之人即遭免官罢黜”[③]。庆历八年（1047），程戡第一次任益州知州时，因为举荐的张得一“坐降贼伏诛”而承担连带责任，受到了朝廷的处罚，“知益州、刑部郎中程戡落枢密直学士，知凤翔府”[④]。这是因为早在咸平元年（998），宋真宗说：“诸州长吏奏举官属，虑有请托，并须条约之。”于是，“诏诸路知州军、通判，自今举管内京朝、幕职、州县官，各具勤绩实状，如经擢任有违犯，并连坐之”[⑤]，增加了知州和通判举荐辖区内京朝官和幕职州县官的风险责任。其实，“在宋代士大夫中，即使本人才能卓著，是公认为能知人论世的政治家，在举人上也难免会出现失误”[⑥]，并且，“在宋代，官员因连坐而受惩治的比较多”[⑦]。

（2）对录事参军的行政监察

乾德二年（964），宋太祖“诏州县官有昏耄笃疾不任从政者，令判官、录事纠举，与长吏同署，列状以闻。判官、录事之能否，则委长吏察焉”[⑧]。

宋太宗、真宗之际，益州知州张咏对录事参军的态度突然发生转变，

① 苗书梅：《朝见与朝辞——宋朝知州与皇帝直接交流的方式初探》，《首都师范大学学报》2007(5)。

② 文彦博：《潞公文集》卷39《举李九言》。

③ 江晓敏：《宋代中央政府对地方官员的任用、管理与监察》，《南开学报》1994（1）。

④ 《长编》卷164，仁宗庆历八年四月壬申。

⑤ 《长编》卷43，真宗咸平元年六月辛卯。

⑥ 何忠礼：《论宋代的举官制度——以崔与之的举人为中心》，《浙江大学学报》2016（4）。

⑦ 陈骏程、张其凡：《宋朝惩治官员之原因初探》，《兰州学刊》2006（11）。

⑧ 《长编》卷5，太祖乾德二年正月丁未。

也显示了其监督权力的行使，“乖崖公在蜀，有录事参军老病废事，公责之，遂求去，以诗留别，所谓‘秋光都似宦情薄，山色不如归意浓’者。公惊谢之曰：‘吾过矣！同僚有诗人而吾不知。’因留而慰荐之”[①]，可见，在其属官面前，张咏还是相当强势的，拥有很大的监督职权。

（3）对知县的行政监察

太平兴国七年（982），宋太宗“诏诸州长吏察访县属，有以催科用刑残忍者，论其罪”[②]。大中祥符七年（1014），对属县华阳知县黄梦松胜利完成了对眉州（今四川眉山市）豪民孙延世非法侵占他人土地这一疑难案件的审决，益州知州凌策向朝廷进行了汇报，使他立即被召回朝廷，得到重用，“知益州凌策言眉州民孙延世强夺孙朴田，积三十年，六经制劾，官吏受赇枉法，殿中丞、知华阳县黄梦松鞫之，尽得其状。诏待梦松还引对，其推典第加进补。明年，擢梦松为监察御史”[③]。

宋神宗时，因为“熊本察访蜀道归，语诸朝曰：‘役法初行，成都路为最详，之邵力也。’”于是，新繁主簿程之邵被“诏召见，成都守赵抃奏留之”[④]。由于许驾部（其名不详）“徙成都府郫县”，针对“郫人侈于游观”的情况，许驾部“教以节用，而亦不废其俗”。在朝廷“遣使讲募役之法”的时候，他“具以民之所欲为陈之”，因此“忤使者，遂劾奏君”，其结果是“君处己自若，朝廷亦不之罪”。成都知府赵抃在得知其死讯后，“尤深嗟惜，为之厚加赙赠”[⑤]。

2. 对其他州县官员的行政监察

成都知府对其他州县官员进行的行政监察，主要体现为对成都府以外的知州、通判和知县的行政监察三种情况。

（1）对外地知州的行政监察

宋仁宗时，张方平和吕公弼等成都知府，对本府之外的知州，开展了

① 洪迈：《容斋随笔》三笔卷11《碑志不书名》。
② 彭百川：《太平治迹统类》卷3《太宗圣政》。
③ 《长编》卷82，真宗大中祥符七年五月戊子。
④ 《宋史》卷353《程之邵传》。
⑤ 范纯仁：《范忠宣集》卷12《许驾部墓志铭》。

行政监察。雅州（治今四川雅安）知州张颙被张方平向朝廷举荐，“宫保张公知成都府，荐治行为一路最”[1]。由于“夷年墨数扰边”，黎州知州孙构“用间杀之”，于是“蜀帅吕公弼上其事，擢知真州”，使之获得升迁[2]。

熙宁九年（1076），资政殿学士冯京出任成都知府，上奏：“范百常筑城侵蛮地，生边患。”于是，范百常受到“坐夺一官、勒停”的处罚[3]。

（2）对外地通判的行政监察

宋仁宗时，一桩拖延了三十年都没有审断的土地官司，被嘉州通判陈汉卿一天就判决了。益州知州文彦博很欣赏他的断案能力，向朝廷举荐他，“通判嘉州，治田讼三十年不决者，一日决之。秩满，嘉人诣转运使乞留，不得。时文丞相守成都，荐其材”[4]。

（3）对外地知县的行政监察

宋仁宗时，面对严重的干旱现象，阆州（治今四川阆中）知州迎合转运使之意，对百姓的灾害申请置若罔闻，百姓便向阆中知县陈耿反映旱灾情况。陈耿立即向州政府请求减免百姓的租税，却没有得到批准。于是，他根据实际灾害情况，要求属吏减免百姓租税，然后报告转运使。尽管转运使最初很不高兴，但是也无可奈何。成都知府文彦博得知此事后，对陈耿非常赞赏，并派出官员，巡视整个四川地区的灾害状况，免除了所有受灾民户的租税。其中，唯独陈耿所管的阆中县，没有出现百姓流亡的现象。在朝廷的关心下，四川地区有十多万户免于流离失所[5]。

宋仁宗、英宗之际，针对“圭田粟入以大斗而出以公斗，获利三倍，民虽病不敢诉”的问题，青城（今四川都江堰市）县令吕大防采取了“均出纳以平其直”的解决方案；鉴于“青城外控汶川，与敌相接”的客观现实，他又实施了“据要置逻，密为之防，禁山之樵采，以严障蔽”的

① 《全宋文》卷1029，张问：《张公（颙）墓志铭并序》。
② 《宋史》卷331《孙构传》。
③ 司马光：《涑水记闻》卷13，第254页。
④ 欧阳修：《文忠集》卷30《尚书比部员外郎陈君墓志铭》。
⑤ 刘敞：《公是集》卷53《朝散大夫殿中丞知汝州叶县骑都尉陈君墓志铭》。

应对策略，从而赢得了成都知府韩绛的高度评价，“韩绛镇蜀，称其有王佐才。入权盐铁判官”[①]。

此外，成都知府还能对外地的其他州县官员实施行政监察。景德四年（1007），青神县（今属四川）百姓史光宝家遭到盗窃，当地治安人员怀疑是延赋和延谊所为，县尉把二人抓捕起来进行审讯，县吏王嗣等横加拷打，将二人活活地打死了。不久，眉州捕获了偷窃史光宝家的罪犯七人，证明了延赋和延谊确实死得冤枉。益州知州任中正把这件事情报告给了朝廷，朝廷命令免除二家三年的田租，不再承担徭役义务，“初，青神县民史光宝家为盗所劫，耆保言是夕雷，延赋、延谊不宿本舍，县尉即捕而讯之。县吏王嗣等恣行拷掠，因而至死。有顷，州得劫光宝贼七人，乃明赋、谊之冤。益州任中正具奏，戊戌，诏蠲赋、谊二户三年田租，免其徭役”[②]。正是任中正“劾治其事以闻”，“王嗣等四人并配隶他郡，而优恤被枉之家”[③]。

3. 对路级长官的行政监察

端拱二年（989），宋太宗下诏：“应诸道州、府、军、监，如转运使、副所置之处无事端坐，委知州以下密具闻奏。”[④] 自此以后，知州以下地方官员密察转运使成为定制。淳化五年（994），“诏给诸路转运使御前印纸，令部内知州、通判批书殿最，每岁上审官院考较黜陟之”[⑤]。庆历八年（1048），宋仁宗“诏诸州军祠祭在城外者，长吏及兵官听不亲行，监司夜过者无得辄开城门，违者以违制坐之”[⑥]。

宋真宗时，益州知州张咏对转运使黄观举荐士人提出中肯意见，也就是不要荐举急功近利者，“转运黄虞部好举时才之士，公劝曰：大凡举人，须举好退者。好退者廉慎知耻，若举之，则志节愈坚。莫举奔竞者，奔竞者能曲事谄媚，求人知己，若举之必能矜才好利，累及举官，故不少矣。

① 《宋史》卷340《吕大防传》。
② 《长编》卷67，真宗景德四年十二月丁酉。
③ 郑克：《折狱龟鉴》卷2《释冤下·任中正》。
④ 《宋会要辑稿》食货49之6—7。
⑤ 《宋会要辑稿》食货49之8。
⑥ 《长编》卷162，仁宗庆历八年正月戊戌。

其人既解奔竞，又何须举他？”[①] 实际上，这也是一种变相的行政监督。张咏公正无私，公平待人，“无私于身，不欺于人。卑高无间，毫纤必均。游之如海，视之如春”。其目光敏锐，洞若观火，“贤愚必察，亲仇一平。见始穷末，罄理尽情。若有鉴水，若经权衡”[②]。确实，打铁还需自身硬，要监督别人，首先应严格约束自己。其道德修养非常高，“张乖崖镇蜀，当遨游时，士女环左右，终三年未尝回顾。此君殊重厚，可以为薄夫之检押”[③]。特别是“自王均、李顺之乱后，凡官于蜀者，多不挈家以行，至今成都犹有此禁。张咏知益州，单骑赴任，是时一府官属，惮张之严峻，莫敢蓄婢使者。张不欲绝人情，遂自买一婢，以侍巾帻，自此官属稍稍置姬属矣。张在蜀四年，被召还阙，呼婢父母，出赀以嫁之，仍处女也。张在蜀，一日，有术士上谒，自言能煅汞为白金。张曰：‘若能一火煅百两乎？’术士曰：‘能之。’张即市汞百两俾煅，一火而成，不耗铢两。张叹曰：‘若之术至矣，然此物不可用于私家。’立命工锻为一大香炉，凿其腹曰：‘充大慈寺殿上公用。’寻送寺中。以酒榼遗术者而谢绝之，人伏其不欺也”[④]。他对人对事要求十分严格，当然也是严而有度，尽得其理，这与其淡泊名利密不可分：“张乖崖自成都召还，华山寄陈抟诗云：‘世人大抵重官荣，见我西归夹路迎。应被华山高士笑，天真丧尽得浮名。’”[⑤] 他自己的生活非常简朴，“公寝室中无侍婢，服玩之物阒如也。李畋尝侍坐庑下，因谓公寝禅室不如”[⑥]，毫无疑问，这就是无欲则刚！

天禧二年（1018），知益州、枢密直学士王曙上言：“自今转运使副使、提点刑狱、朝臣使臣举官，望不许预先移牒报知，免立私恩，庶臻公道。”于是，宋真宗“诏令别行条约”[⑦]。

庆历六年（1046），益州知州文彦博说道：“臣在益州，首先劝诱人户

---

① 张咏：《张乖崖集》卷12《语录》，第130页。
② 《全蜀艺文志》卷49，阮昌龄：《录民词》。
③ 沈括：《梦溪笔谈》卷25《杂志二》。
④ 魏泰：《东轩笔录》卷10，第110—111页。
⑤ 赵令畤：《侯鲭录》卷8《张乖崖寄陈抟诗》，第204页。
⑥ 张咏：《张乖崖集》卷12《语录》，第131页。
⑦ 《长编》卷92，真宗天禧二年十月癸丑。

发粟赈济”，并且邀请当时担任益州路转运判官的高惟几“出巡外郡，劝诱人户出粟，一如益州之法，甚济饥民，绩状可奖”。于是，他提出：“伏乞朝廷特赐升擢任使，以劝劳吏。如经擢用后本官犯正入己赃，臣甘同罪”①。他还向朝廷报告益州路转运使田瑜工作出色，以承担连带责任的方式，进行荐举，“臣切见益州路转运使田瑜才识通敏，自到本路，岁月未久，而办集财赋，更张弊原，皆有伦理。今臣保举堪充升陟任使。如经擢用后本官犯正入己赃，臣甘同罪”②。他将利州路提点刑狱杨文举的突出表现上报朝廷，“臣切见利州路提点刑狱杨文举廉勤干敏，前年利州路大饥，臣屡牒本官体量救济，备见用心集事，以致流民不致重困。伏望朝廷特赐旌奖，升陟任使。如经擢用后本官犯正入己赃，臣甘同罪”③。

庆历八年（1048），文彦博在结束益州知州任期后，将梓州路转运使傅永的突出政绩报告给了朝廷，使他升迁了一任官资，担任陕西转运使，“工部郎中傅永为陕西转运使。永，考城人，前为梓州路转运使，夷獠寇合江，钤辖司檄兵掩击，永驰至，案知合江吏冒取播州田，众怒，乃叛。永以吏配岭南，夷獠闻之，散去。转运使职田在广安军，岁入米四百斛，军遣四校变贸得四千缗，永止令准市估鬻之。文彦博自成都还，言其治状，进永一官，于是改使陕西”④。

北宋时期，因为“任梦臣任西川路提点刑狱，以廉节称。卧病不起，家四壁立，二女贤甚”，于是成都知府赵抃“率僚属以俸助之”，然而，“二女辞不受，力拒之”，最终“赵倅成伯笃意勉之，遂纳于公宇之东庑。既行，以元物若干榜于门壁，付之守御吏，无毫发所损”⑤。其实，赵抃本人善于养生，清心寡欲，道德高尚，“赵阅道为人清素，好养生，知成都，独与一道人及大龟偕行。后知成都，并二侍者无矣”⑥。

熙宁十年（1077），因为在平定茂州少数民族部落的变乱中提供可靠

---

① 文彦博：《潞公文集》卷38《举高惟几》。
② 文彦博：《潞公文集》卷39《举田瑜》。
③ 文彦博：《潞公文集》卷39《举杨文举》。
④ 《长编》卷162，仁宗庆历八年正月戊戌。
⑤ 张邦基：《墨庄漫录》卷2《任梦臣二女》，第68页。
⑥ 司马光：《涑水记闻》卷14，第286页。

的物质保障，成都知府冯京把成都府路转运使俞充和转运判官段介的政绩，汇报给了朝廷，使二人受到了朝廷的奖励，“诏成都府路转运使俞充升一任，转运判官段介各减磨勘二年。以知成都府冯京言，茂州蕃贼叛，充等应副办集也。寻诏充权判都水监”①。由于成都府路提点刑狱谢景初减轻常平使者的免役法实施力度，以宴饮之事被诬告执政，朝廷将置诏狱以审判此事，谢因不愿对簿公堂而引咎辞职。当冯京回到朝廷担任枢密使的时候，还为他鸣冤叫屈，“冯当世守成都还知枢密院，又讼公冤”②。

元祐元年（1086），宰相吕大防说道：“前任成都府日，准朝旨，与成都府、利州两路转运司官同经制买马，借其协力，颇见成效。其见任权成都府路转运副使章楶，乞量加擢任。”于是，宋哲宗“诏改章楶为权成都府路转运使”③。

4. 对前来本地的朝廷官员开展行政监察

嘉祐元年（1056），彭思永权摄益州。针对“岁有中贵人祠峨眉，常留成都中数十日，诛取珍货奇玩，例至数百万钱，一出于民间”的严重情况，他“命三省其二”，导致“使者恨怒而去”，但仍然坚定不移。于是，他还得到了朝廷的重用，“迁兵部郎中，召还为户部副使”④。朝廷派遣宦官到峨眉山祭祀，其实含有对四川地区地方政府的行政情况实施监察的意思。

嘉祐三年（1058），益州知州赵抃上言：“传宣使臣，川中不得住过十日；内侍省官差出内臣传宣等，须日行两驿；所住处到发三日。”其建议获得了宋仁宗的全面采纳⑤。

治平二年（1065），因为出使四川地区的宦官成倍地索要酒水以作为开销费用，成都知府韩绛请求朝廷对他们的行为加以约束。于是，宋英宗命令内侍省指定有关规章制度，在内侍们每次出行时加以重申，“异时内

---

① 《长编》卷280，神宗熙宁十年正月丙子。
② 范纯仁：《范忠宣集》卷13《朝散大夫谢公墓志铭》。
③ 《长编》卷376，哲宗元祐元年四月己酉。
④ 程颢、程颐：《二程文集》卷3《故户部侍郎致仕彭公行状》。
⑤ 《宋会要辑稿》刑法2之33。

侍使蜀，给酒场吏主贸卖，听使倍取以资费，绛奏请加禁约。上敕内侍省著为令，每行必申戒焉”①。

有时，朝廷还要求成都知府与监司长官共同实施行政监察。熙宁十年（1077），针对“茶场司臣僚恐出息不多，难沾赏典，空行文牒，督迫州县”的问题，彭州知州吕陶“谨具状申知府龙图、运使学士、运判太博、提刑郎中”②。于是，朝廷要求成都知府刘庠和本路转运使等审查彭州知州吕陶所反映的在四川地区茶叶专卖中存在的问题，“蜀茶之初禁，某知彭州，辄条其害以闻，朝廷委公与部使审议，公以某言为然。某既罪废，公又累疏辨之，知我可谓厚矣”③。同年，由于成都府路“置场买茶，往熙河博卖，并尽榷诸州茶货入官，便收三分利息，旋行出卖，致令细民失业，枉陷刑宪，大于远方不便”的情况，彭州知州吕陶提出：“乞以臣此奏，下本路安抚转运提刑司，相度利害，特赐施行”④。北宋时期，成都府郫县知县许驾部（其名不详）“以帅漕交荐，就知眉州事”⑤。

在行政监察方面，成都知府与各种准政区型组织长官之间，也会发生一些矛盾。咸平四年（1001），“知益州宋太初与钤辖杨怀忠不协，上以蜀土始安，虑其临事矛盾，癸卯，徙知秦州马知节代之，亟召太初还”⑥。不仅益州知州与益州钤辖之间会产生矛盾，益州知州与益州路转运使之间也可能关系失和。咸平五年（1002），“以知阆州、国子博士黄观权益州路转运使，代屯田员外郎张巽。以巽为陕西转运使，代太常博士李易直，以易直知卫州。巽与知益州马知节不协，迭相论奏；易直先与钱若水经度边事，在道纵酒少检，故有是命。仍令知节兼本路转运使事，如有大事，与黄观同议”⑦。宋真宗分析其中原由后，作出明确规定：“川峡官吏使臣，规避遐适，务为不协，速期受代。自今复然者，当行勘责，就移远处。”⑧

---

① 《长编》卷205，英宗治平二年七月辛巳。
② 吕陶：《净德集》卷11《申府帅并二司状》。
③ 吕陶：《净德集》卷21《枢密刘公墓志铭》。
④ 吕陶：《净德集》卷1《奏具置场买茶旋行出卖远方不便事状》。
⑤ 范纯仁：《范忠宣集》卷12《许驾部墓志铭》。
⑥ 《长编》卷49，真宗咸平四年十月己亥朔。
⑦ 《长编》卷52，真宗咸平五年八月癸酉。
⑧ 《长编》卷52，真宗咸平五年九月壬子。

双方之间挑起矛盾的原因，固然有希望早日调离工作条件异常艰苦的四川地区之因素，但是在行政监察方面的相互牵制，也增加了彼此之间发生冲突的可能性。

由于职能上的差异和利益上的分歧，成都知府与转运使之间的行政监察，也存在着一定的局限性。嘉祐年间（1056—1063），面对“导江令吴太元刚廉少与，小人忌之，部使不能察，欲绳以罪”的情况，隐士王仲符在给成都知府赵抃的书信中说道：“太元履尚坚正，不当以小过废。”于是，赵抃“信其然，待太元益厚”，其结果是“小人不能胜，太元竟为朝廷所擢”①。

可见，北宋时期，成都知府向朝廷反映了不少当地政治生活中方方面面的情况，对于宋廷更好地决策和管理国家，发挥了积极作用。当然，在成都知府开展行政监察的同时，其他官员也在实施对成都知府的各种行政监察活动。

二、北宋成都知府受到的行政监察

北宋时期，成都知府受到的行政监察是广泛而又全面的。

1. 三省与枢密院的行政监察

北宋时期，成都知府受到了三省和枢密院的行政监察。绍圣四年（1097），三省言：“太中大夫、知成都府郑雍，先缘弃地及附会奸恶，谤毁先朝，落资政殿学士，今虽未及期，该非次赦恩合叙。”于是，“诏郑雍依吕大防等指挥，亦不得引用期数及赦恩叙复”②。元符元年（1098），郑雍“提举崇福宫”③。

政和八年（1118），枢密院将成都知府孙羲叟等反映的“建筑石泉军寨堡，又讨荡过番贼了当，保明到立功人承节郎高震等”情况报告后，宋徽宗“诏各转官一资”④。

---

① 吕陶：《净德集》卷23《承事王府君墓志铭》。

② 《长编》卷492，哲宗绍圣四年十月己酉。

③ 《宋史》卷342《郑雍传》。

④ 《宋会要辑稿》方域20之6。

2. 御史台与谏院的行政监察

北宋时期，成都知府是御史台和谏院实施行政监察的重点对象。

（1）御史台的行政监察

宋仁宗时，未满四十岁的文彦博出任成都知府。成都聚会游乐风俗盛行，他也多有参与。有关情况传到朝廷后，御史何郯正要回到故乡四川。于是，仁宗派遣他顺便考察此事。当何郯即将到成都时，文彦博还有些紧张，“文潞公庆历间以枢密直学士知成都府，时年未四十。成都风俗喜行乐，公多宴集。有语至京师，御史何郯圣从，蜀人也。因谒告归，上遣伺察之。圣从将至，潞公亦为之动”。经过西蜀著名隐士张俞的精心安排，文彦博非常轻松地度过了这次政治风波，“后数日，何至成都，颇严重。一日，潞公大作乐以宴何，迎其妓杂府中，歌少愚诗以酌何，何每为之醉。何还朝，潞公之谤遂息”①。

皇祐三年（1051），殿中侍御史里行唐介指责宰相文彦博“专权任私，挟邪为党。知益州日，作间金奇锦，因中人入献宫掖，缘此擢为执政”②。另载，“御史唐介劾其在蜀日以奇锦结宫掖，因之登用。介既贬，彦博亦罢为观文殿大学士、知许州，改忠武军节度使、知永兴军”③。确实，“文彦博知益州时，以四川灯笼锦媚贵妃。因而，在贵妃的进言下，得到了显示宋代四川与中原内地的贸易才能的有利机会，平步青云，致位宰相，由此可见蜀锦的魔力非同一般”④。实际上，“宋代蜀中名锦之一为灯笼锦，这是文彦博在成都任上，为讨好得宠的张贵妃而奉命创织的新奇花色”⑤。

熙宁六年（1073），成都知府张焘受到侍御史刘孝孙的全面弹劾。刘孝孙揭发他不执行朝廷旨意，不忠诚于英宗，贪污受贿，施政狠毒；属下官员李孝宽写出《忠孝书》以质问张焘，使张焘无言以对。于是，刘孝孙请求朝廷让张焘担任一个无足轻重的地方长官。宋神宗命令成都府路转运

① 姚宽：《西溪丛语》附录一《题妓项帕》，第140页。

② 《长编》卷171，仁宗嘉祐三年十月丁酉。

③ 《宋史》卷313《文彦博传》。

④ 吴晓亮：《宋代经济史研究》，第289—290页。

⑤ 陈彦姝：《宋代川蜀的丝织成就》，《福州大学学报》2019（4）。

司审查此事，并将具体情况予以上报，“侍御史刘孝孙言：‘龙图阁直学士张焘不奉诏条，不忠先帝，当官贪墨，临事暗狠。在成都日，有部吏李孝宽尝作《忠孝书》责之，焘不能答。今具缴进，乞出焘守闲郡。’诏成都府路转运司考实以闻”，然而，其结果也是不了了之[①]。

元丰八年（1085），成都知府吕大防受到监察御史安淳的弹劾，指责他把张咏的救荒粮食卖给政府官员，使得神宗命令他作出情况说明，“监察御史安淳奏：‘伏闻成都逐年拨米三万石，卖与贫弱之人。近来知府吕大防等却许官户举人置历请买，因缘请托，享此厚利，显属侥幸。伏望委官覆实，密如所闻，乞赐施行。’诏令吕大防具析闻奏”[②]。

元祐五年（1090），御史中丞苏辙指出了许将在以前担任成都知府时的贪污等不法行为，“臣窃见中书右丞许将，赋性奸回，重利轻义。昔在先朝，所至不闻善状。及知成都，贪恣不法，西南之人，所共嗤笑。还朝未几，擢任执政，中外惊怪，不测所以。是时谏官范祖禹、吴安诗皆论将忝冒不可用之实，不幸祖禹、安诗继罢言职，故令将叨窃重位，遂至今日”[③]。

宋哲宗时，刘奉世“出知成都府，以中丞邢恕劾，再贬隰州团练副使”[④]。绍圣四年（1097），刘奉世“坐元祐党，责光禄少卿，郴州居住”[⑤]。具体而言，他受到了“可落端明殿学士，依前中大夫，行光禄少卿，分司南京，郴州居住”的处罚[⑥]。

元符元年（1098），御史中丞邢恕奏疏弹劾林希：“及至李清臣当国，初除宝文阁直学士、知成都府。章惇既至，未行，复留为中书舍人、翰林学士，坐阶柄任。考希本末，凡所党附皆阴邪之臣，其迹甚明，惟稍见抑于先帝之时与元祐二三年间，其余无所不利，则其纤巧可见。加之引用亲党，内外姻戚遍列朝路，鲜有遗者。其意乃欲遂擅朝廷以为私计，中外有识，无不知其为真小人。而善谀用事大臣，事之如奴，所欲靡不如意，其

① 《长编》卷243，神宗熙宁六年三月辛酉。
② 《长编》卷354，神宗元丰八年四月乙酉。
③ 《长编》卷450，哲宗元祐五年十一月己卯。
④ 凌迪知：《万姓统谱》卷59。
⑤ 王称：《东都事略》卷76《刘奉世传》。
⑥ 《宋大诏令集》卷208《刘奉世分司居住制》。

势炎炎，不可容长，臣恐终不利于国家。伏望圣慈出自独断，即赐黜罢。"①

（2）谏院的行政监察

宋仁宗时，益州知州杨日严被知谏院欧阳修弹劾："杨日严前守益州，修尝论其贪恣。"② 杨日严的继任者蒋堂又受到知谏院包拯的弹劾："臣伏睹近降敕命，以枢密直学士、知益州蒋堂为奏举前保州通判秘书丞石待举不当，罚铜四十斤，放。"③

元祐二年（1087），针对以年老体病为借口而不到成都担任知府的谢景温，右司谏吕陶给予了严厉地斥责，并且认为他是自私自利的思想在作祟，"西蜀，天下之大镇，事权委寄，素号雄重，出守者有大用之渐，陛下于臣僚可谓无负矣。近者，差谢景温知成都府，乃以老病求免。其意非他，盖重内而轻外，好近而恶远，避难而就易，且有所待也"④。

元祐三年（1088），右正言刘安世对谢景温和王安礼先后被任命为成都知府，却都以种种借口相推脱的行为，进行了猛烈地抨击，"是时景温亲党方据权要，故知蔡州未几即徙颍昌，又权守成都，而偃蹇不行，无人臣恭顺之礼。陛下过示包容，不加黜责，曲从其请，改守扬州。故其后王安礼被命守蜀，不能无辞，攀援景温以为比例，意谓朝廷既已听景温之免，则必难加罪于已，然犹以人言之故，遂有宫观之命"⑤。

元祐四年（1089），右谏议大夫范祖禹指出："许将亦无才能，唯善希合执政，凡议论多为两可之言，士大夫无不轻之。自元丰八年出知成都，陛下固未尝识，昨召还翰林，今兹大用，人不厌服。"⑥

（3）御史台与谏院的联合监察

嘉祐四年（1059），宋祁受到右司谏吴及和右谏议大夫、权御史中丞包拯的揭发，共同指责他在担任成都知府期间的奢侈行为，结果使他从新

---

① 《长编》卷 496，哲宗元符元年三月戊辰。
② 《长编》卷 157，仁宗庆历五年八月甲戌。
③ 《历代名臣奏议》卷 165《选举》。
④ 《长编》卷 402，哲宗元祐二年六月己酉。
⑤ 《长编》卷 419，元祐三年闰十二月丁卯。
⑥ 《长编》卷 429，哲宗元祐四年六月丙午。

三司使、吏部侍郎的职位降为郑州知州，“新三司使、吏部侍郎宋祁为端明殿学士、翰林侍读学士、龙图阁学士、集贤殿修撰、知郑州。右谏议大夫、权御史中丞包拯为枢密直学士、权三司使。先是，右司谏吴及言祁在定州不治，纵家人贷公使钱数千缗，及在蜀奢侈过度；而拯亦言祁在益部多游宴，且其兄庠方执政，不可任三司，累论之不已”①。

此外，朝廷中的其他官员，对成都知府也进行了一定的行政监察。元祐七年（1092），蔡京将被任命为成都知府，遭到翰林学士梁焘的激烈反对。但是，这次抵制没有成功，蔡京最终还是担任了成都知府。他到成都后，把这里的社会秩序搞得乌烟瘴气，一遍混乱，“资政殿学士胡宗愈为礼部尚书，龙图阁待制、知永兴军蔡京为龙图阁直学士、知成都府。翰林院学士梁焘言：‘元丰侍从可用者多，惟蔡京不可用。前有除授，焘在言路，尝论之矣。’或曰：‘闻旧帅多滞事，此人有才，要使料理。’焘曰：‘今若用此人，必非成都幸。’数日命未下，焘适在告，其命遂行。京至成都，果以轻举妄作。盗发正昼，烧药市几尽。后又为万僧会，穷极侈丽，两川骚扰，齐集累日，士女杂乱，恶少群辈杀人剽夺一日十数处云”②。

3. 朝廷特使的行政监察

特使巡察是赵宋朝廷了解地方行政状况的重要方式之一。其中，包括公开派遣和暗中派遣两种形式。不仅有大张旗鼓的公开行动，而且还有假借他故，包括对名山进行祭祀活动等暗访活动，具有相当大的灵活性，“与常设的监察机构相比，这种遣使巡察制灵活性强，它们相互补充，使监察网更加严密”③。确实，“为监督四川地区官员执法的严明性，宋廷不定期派遣官员对其进行督察”④，其目的非常明确，“宋朝还常派遣朝廷大员入蜀巡视，明察暗访，省官吏之贤愚，奖贤惩劣，肃清吏治”⑤。

宋太宗时，非常重视派遣特使前往地方了解行政工作情况，特别是对

---

① 《长编》卷189，仁宗嘉祐四年三月己未。
② 《长编》卷472，哲宗元祐七年四月癸丑朔。
③ 王云海：《宋代司法制度》，第419页。
④ 吴红兵：《宋朝平蜀后消弭孟氏政权影响措施刍议》，《四川师范大学学报》2017（6）。
⑤ 贾大泉、周原孙：《四川通史》第4册，第40页。

四川地区相当关注。太平兴国九年（984），派遣殿中侍御史李范等四十人分往江南、江浙、西川、荆湖、岭南等地按问刑狱，“情得者，即决之。若须证逮者，并具狱、论如律。吏之驰怠者，劾其罪以闻。其临事强明、刑狱无滞者，亦以名来上”[①]。雍熙二年（985），宋太宗下诏：“朕以庶政之中，狱讼为切，钦恤之意，何尝暂忘。盖郡县至广，械系者众，苟有冤抑，即伤至和。今遣秘书丞崔惟翰等分路按问，小事即决，大事须证佐者促行之，仍广察官吏勤惰以闻。”[②] 雍熙四年（987），又诏：“庶务之中，惟刑是恤。苟狱讼有所枉抑，则和气为之损伤。宜遣右补阙韩援等分往西川岭南江浙等道按问刑狱，小事即决之，大事趣令速了。事有可了，而官吏故违稽缓者，鞫其状以闻。”[③] 至道二年（996），朝廷“遣使采访川、峡诸州府贰之能否，多不治者”[④]。

宋真宗时，更加重视发挥特使巡察的作用。咸平元年（998），下诏：“朕道未方古，德罔洽人，致使庶狱尚繁，五刑未措，兴言及此，良用愧焉。载念黎人，陷于刑辟。或槚楚之下，痛急自诬；或狴牢之中，苦极难诉。感伤和气，职此之由。是用分命使车，遍诸方郡，申此纳隍之意，成予空圄之心。宜遣常参官驰往诸路，疏决刑狱。”[⑤] 于是，朝廷派遣使者到以成都府为中心的四川地区开展行政监察，同时也使特使巡察达到高潮阶段，原因就在于这里先后发生了王小波、李顺起义和王均之乱等重大事件。咸平二年（999），“度支判官、兵部员外郎陈尧叟，供奉官、阁门祇候陈采，户部判官、太常博士丁谓，右侍禁、阁门祇候焦守节，分至西川及峡路体量公事”[⑥]。咸平三年（1000），因为“时蜀寇始翦，反仄未安，朝廷切于绥集”，然后任命王钦若为西川安抚使，“宽宥枝党，蠲去逋租，驿奏便宜，大惬上旨。趣遣使召还，授左谏议大夫、参知政事”[⑦]。

---

① 《文献通考》卷166《刑考五》。
② 《宋大诏令集》卷200《遣使分路按狱即决诏》。
③ 《宋大诏令集》卷200《遣使西川岭南江浙等道按问刑狱诏》。
④ 《长编》卷39，太宗至道二年四月甲申。
⑤ 《宋大诏令集》卷201《遣官诸路疏决诏》。
⑥ 《长编》卷45，真宗咸平二月八月戊寅。
⑦ 夏竦：《文庄集》卷28《赠太师中书令冀国王公行状》。

据载，宋真宗时，朝廷派往峨眉山祭祀的宦官，半夜要求进入成都市内。张咏以惊扰百姓为理由，把他立即驱逐了出去，“张乖崖再任成都日，夜分时，城北门申有内侍到，要请钥匙开门。公令开，既入见，公谓曰：‘朝廷还知张咏在西川否？况川中两经兵寇，差咏治乱。今中贵人入川，比欲申地主之礼，如何须得中夜入城，使民惊扰，不知有何急切干当？’中贵曰：‘衔命往峨眉山烧香。’公曰：‘待要先斩后奏，或先奏后斩耶？’中贵悚惧曰：‘念某乍离班行，不知州府事体。’公曰：‘若如此道即是。’却令出北门宿”[①]。此外，“入内内侍高班罗自宾至，伏蒙圣慈传宣，抚问臣脑后蹙筋块子，兼奖谕臣治西川，稍分圣忧者”[②]。其中，充分体现了朝廷对张咏寄予的深切关怀与殷切期望。

景德三年（1006），四川地区社会局势并不稳定，天上又出现了大星，推测是四川地区的不祥之兆。宋廷派遣屯田员外郎谢涛前往蜀地，考察吏治状况与民生疾苦，因为“时贼锋方敛，纪纲过肃，蜀民尚怀击柝之惴，而嘉、邛二州新铸景德大铁钱，利害未定，横议蜂起，朝廷虑之”的缘故，于是“谢公至蜀，明宣宽诏，尚书公抃蹈泣拜。举率从禀，并暨抚劳，西蜀遂安”[③]。并且，他还“举部吏数十，执政以多为疑，公请连坐，冀其必用。自尔奉使，举吏皆连坐，而公之举者，大半有立于时矣”。称赞他：“故张公之治蜀，为天下最，实公有以助之也。”[④] 宋真宗对张咏高度肯定：“得卿治蜀，朕无西顾忧。”[⑤] 其实，这既是一种肯定和表扬，同时也是一种监督与激励。从成都知府张咏复杂的眼泪之中，分明可以看出特使巡察所具有的巨大分量。

天禧四年（1020），益梓路安抚使吕夷简等人，奉命出使四川地区，考察地方官员的施政情况。把益州知州赵植等人的突出政绩报告给朝廷后，宋真宗下诏予以奖励：“诏奖益州官吏赵植等，以吕夷简言其政

① 吴曾：《能改斋漫录》卷12《斥中贵》。
② 张咏：《张乖崖集》卷11《再任益州谢传宣抚问状》，第124页。
③ 文莹：《玉壶清话》卷6，第57—58页。
④ 吕陶：《净德集》卷14《巡抚谢公画像记》。
⑤ 王称：《东都事略》卷45《张咏传》。

绩也。”①

宋仁宗时，不少成都知府受到了朝廷特使的行政监察。由于“蜀州妖人有自号李冰神子者，署官属吏卒，聚徒百余人”，益州知州程琳“命捕置之法”。然而，“谗之朝者言公妄杀人，蜀人恐且乱矣”。于是，“上遣中贵人驰视之。使者入其境，居人、行旅争道公善。使者问杀妖人事，其父老皆曰：‘杀一人，可使蜀数十年无事。’使者问其故，对曰：‘前乱蜀者，非有智谋豪杰之才，乃里闾无赖小人尔。惟不制其始，遂至于乱也。’使者视蜀既无事，又得父老语，还白，于是上益以公为能，迁给事中、知开封府”，使程琳反而受到朝廷的重用②。

有关韩亿的诽谤之语传到了朝廷，宋仁宗派遣使者以其他名义到成都考察，实际上是暗中调查他的施政情况。考察得到的结果与谣传有天壤之别，反而使仁宗更加信任他，并决定将要重用他，“或短公于朝，为不足办蜀事，上遣使若缘他故至蜀者，实以觇公之政。既入蜀，蜀人美公不容口。入境，年虽大杀，而民无饥色，狱无囚系，野无盗窃。使者还白，上于是知公可属以重任，而定大用之意”③。事实上，“对于有关蜀守的流言，朝廷一般情况下采取派人前往蜀地一探究竟，以了解事情真相的做法”④。

熙宁三年（1070），范纯仁权摄成都知府时，对新法的推行比较消极，朝廷派遣使者到峨眉山进行祭祀活动，其真实目的是调查他的情况，“昔余过成都，公时摄帅。有言公于朝者，朝廷遣中使降香峨眉，实察之也”⑤。

宋哲宗时，监察御史上官均说：“神宗励精治道，整齐法度，参考旧制，始定诸路每三岁一次取旨，遣郎官或御史按察监司职事，至元丰八年，立为著令。夫监司虽按察郡县，而患监司或非其人，有过举故纵之弊。宪台虽得兼察内外，而患四方之远，有传闻不详之病。此遣使考察之

① 《长编》卷96，真宗天禧四年七月丁卯。
② 欧阳修：《文忠集》卷30《程公（琳）墓志铭》。
③ 张方平：《乐全集》卷39《韩公（亿）墓志铭并序》。
④ 方燕：《流言与北宋蜀地治理》，《四川师范大学学报》2018（5）。
⑤ 程颢、程颐：《二程遗书》卷21（上）《师说》。

法所以不可废也。”[①] 可见，元丰八年（1085），宋王朝正式实行三年一次遣使巡察制度。后来，甚至每年都会派遣宦官到四川地区进行巡察。只是到靖康元年（1126），“诏每岁遣内侍一员往川路，谓之诏使，自今勿遣”[②]。不过，北宋王朝即将就要灭亡了。可见，对成都知府的行政监察，朝廷是高度重视的。

4. 监司的行政监察

知州是监司实施行政监察的最重要对象。景祐四年（1037），宋仁宗“诏诸路转运使、提点刑狱及知州军、通判，自今按察所部官，须具实状以闻”[③]。宝元二年（1039），下诏：“自今转运提刑，若部内知州军通判知县兵马总管都监监押幕职官一员，余官二员，知通若部内官一员，犯赃至流而失于按察，以致朝廷采访，民吏诉论，或御史台弹劾者，别听旨施行。”[④] 庆历三年（1043），参知政事范仲淹提出：“逐路转运使、提点刑狱各同举知州五人，知县、县令共十人。”[⑤] 皇祐三年（1051），“诏天下长吏未尽得人，其令诸路转运使、提点刑狱，除任两府臣僚外，悉类次治状能否以闻”[⑥]。同年，宋仁宗对宰执大臣说道：“诸路转运使、提点刑狱廨宇同在一州，非所以分部按举也。宜处别州，仍条巡察之令以付之。”[⑦] 嘉祐三年（1058），下诏：“朕惟分治州县，付之守令；案督守令，付之转运使、提点刑狱。而比年以来，吏或贪恣害物，耄昏不事事，以弛为宽，以苛为察。赋敛有常，或增重之以为劳；刑罚有经，或出入之以为能。而使者莫之举，岂朕所以寄任之意欤！其各思率职，毋挠权幸，毋纵有罪，惠绥吾民，以称朕意。”[⑧] 嘉祐四年（1059），又诏：“应强恶贼人结成群党为民深患、捕盗官不能擒获者，如知州、通判能设方略差募人擒捕得

---

① 《长编》卷395，哲宗元祐二年二月乙未。
② 《宋会要辑稿》职官36之23。
③ 《长编》卷120，仁宗景祐四年十二月壬申。
④ 《宋大诏令集》卷192《诫约按察官诏》。
⑤ 《宋朝诸臣奏议》卷147，范仲淹：《上仁宗答诏条陈十事》。
⑥ 《长编》卷171，仁宗皇祐三年八月辛卯。
⑦ 《长编》卷171，仁宗皇祐三年十一月乙丑。
⑧ 《长编》卷187，仁宗嘉祐三年四月丙寅。

获，委提刑、转运司同共保明闻奏，当议量轻重酬赏。”[①] 治平四年（1067），考课院提出：“准嘉祐六年闰八月诏，转运使副、提点刑狱每岁终定部下知州军一人能否尤著者为优劣，如连二考俱在优等，即具以闻，当议特行赏罚。”[②] 元丰三年（1080），宋神宗“诏诸路监司具到部下知州、通判治状最优，有未经朝廷任使者，令中书籍其姓名”[③]。

宋英宗时，在成都府路转运司和提刑司上奏之后，成都知府赵抃受到了朝廷的表彰，在奖谕诏中得到了“慈良简重”与“治迹尤异”[④] 的高度评价。治平四年（1067），宋神宗即位，尚未改元。有大臣指出：“故事，近臣自成都还，将大用，必更省府，不为谏官。”神宗回答道：“用赵抃为谏官，赖其言耳。苟欲用之，何伤！”[⑤]

成都知府是转运使实施行政监察的最重要对象。景德二年（1005），西川转运使黄观向朝廷反映了益州军民要求留任知州张咏的情况，使张咏得到了朝廷的褒奖，“西川转运使黄观言，益州将吏民庶举留知州张咏。诏褒之”[⑥]。大中祥符三年（1010），转运使向宋廷汇报了益州官民要求留用知州任中正的要求，他也受到朝廷的表彰：“诏奖知益州任中正，转运使言吏民列状愿借留之也。中正及并州刘综皆以善政闻，上谓辅臣曰：‘藩方重地，切在得人，朝行中亦难其选。自今须历方面，始可擢为大官，卿等志之。’”[⑦]

明道二年（1033），韩亿即将结束益州知州的任期，“郡人遮转运使，言愿上白留公”。次年，宋仁宗“手诏敦奖”，对其加以表彰[⑧]。益州知州程戡突破陈规而大胆修筑成都的城池，益州路转运使高良夫向朝廷汇报了这一特别政绩，使他得到朝廷的奖励，“缮完壁垒，经度沟池，谋不逾时，士皆罄力，讫能集事，人匪告劳。刺部提封，剡章指状，备虞暇豫，允赖

① 《宋会要辑稿》兵11之26。
② 《宋会要辑稿》职官47之13。
③ 《宋会要辑稿》职官47之15。
④ 《全蜀艺文志》卷26《英宗赐赵抃父老借留奖谕诏》。
⑤ 陈均：《九朝编年备要》卷17，治平四年六月“以赵抃知谏院”。
⑥ 《长编》卷61，真宗景德二年八月丙戌。
⑦ 《长编》卷73，真宗大中祥符三年五月甲午。
⑧ 苏舜钦：《苏学士集》卷16《韩公（亿）行状》。

毗维。申念勤庸，弗忘嘉宠，故兹奖谕，想宜知悉”[①]。益州路转运使高良夫还把百姓请求继续任命张方平为益州知州的情况，上奏朝廷，宋仁宗再次表彰了张方平[②]。

治平元年（1064），成都知府赵抃对囚犯说道：“汝辈能复业，吾释汝罪。”于是，“皆叩头乞自新，止坐为首者，余释不问，蜀人欢服”。后来，宋英宗对转运使荣諲说道：“赵抃为成都，中和之政也。”[③] 实际上，“应当看到，统治者通过强化转运使在地方的监察作用，毕竟对所谓知州重臣以及贵戚宠臣们的违法行径起到了一定的遏制作用，这是符合赵宋王朝的根本利益，同时，从强化中央集权来说，也是具有积极意义的”[④]。

但是，转运使对成都知府的行政监督，还是存在着一定局限性的。咸平五年（1002），由于益州路转运使张巽“与知益州马知节不协，迭相论奏”的缘故，于是“以知阆州、国子博士黄观权益州路转运使，代屯田员外郎张巽”。与此同时，“仍令知节兼本路转运使事，如有大事，与黄观同议”[⑤]。宋仁宗时，针对益州知州宋祁“惟事宴饮，沉湎日夜，衙前陪费多自经”的情况，益州司录沈士龙提出“请减饮宴”，但是遭到拒绝。他“又于本路转运使赵抃阅道，不行。乞解官寻医，又不许。遂挂衣冠置本厅，载其母去官”，并且“坐是勒停”。很久以后，御史中丞韩绛“言其非辜”，才得以“复官”[⑥]。

当然，其中的局限性是与朝廷优待重臣出任地方要员的规定密切相关的。大中祥符五年（1012），“诏诸道州府公文并申转运使、副，内丞郎、大两省官知州府，本路转运使、副或是本曹郎中、员外及小两省官，虽统摄委于事权，然等差紊于品秩。自今应知制诰并观察使已上知州府，凡事申转运司公状，并止书案检，令通判并以次职官于状后列衔。如大两省官

① 《全蜀艺文志》卷26《仁宗赐程戡修城池奖谕诏》。
② 《全蜀艺文志》卷26《仁宗赐张方平父老借留奖谕诏》。
③ 《长编》卷203，英宗治平元年十二月癸丑。
④ 戴扬本：《北宋转运使考述》，第170页。
⑤ 《长编》卷52，真宗咸平五年八月癸酉。
⑥ 王铚：《默记》卷下，第51—52页。

已上充转运使，官高于知州官者，即如旧仪云”①。

在行政监察方面，“把一项可由一个机关负责的职务交给几个并列的同级机构去负责，自然会形成一种互相监督的局面”②，从而成功地避免了藩镇割据历史悲剧的重演，“赵宋王朝继唐末五代藩镇割据后而立国，杜绝藩镇割据局面的再现，维护封建国家的相对统一，是十分必要的。地方监察官既有监察之职，又参预地方政务，加上多元化监司体制的建立，不仅分割了地方官权力，强化了对地方官的监察机制，而且有利于杜绝地方割据势力的滋生，加强中央对地方的控制，克服地方离心力，协调中央与地方的关系。两宋三百多年间，无藩镇之患，与地方监察制度的重要作用是分不开的”③。

5. 成都通判的行政监察

宋朝“各府州设置通判的目的，就是监督和牵制知府或知州”④。这是因为“除监司的监督外，为了对知州进行牵制，宋廷设置通判作为州的副长官。通判与知州互相牵制、互相监察，同时又对属下及县级的基层官员负监察之责”⑤。事实上，“宋代通判是防范藩镇割据，强化府、州、军、监级监察机制的产物”⑥。于是，“监州成了通判的同义语，以致知州者对它有了普遍的畏惧心理，这正是宋政府设置通判的用意所在”⑦。知州的一举一动都置于通判的监督之下，“宋初，在各州置通判，由皇帝遣朝官充任，是朝廷派往诸州的专职监察官员。实际上把知州的活动置于通判的直接监督之下”⑧。可见，“从其实质而言，北宋设置通判不过是中央皇权控制地方官僚权力和监察地方官僚行为的重要手段，以便达到维护中央皇权集权统治的目的”⑨。正如《哲宗正史·职官志》所说：“通判掌倅贰郡

① 《宋会要辑稿》职官 47 之 4。
② 王云海：《宋代司法制度》，第 428 页。
③ 贾玉英：《宋代监察制度》，第 429 页。
④ 朱瑞熙：《中国政治制度通史》第 6 卷，第 355 页。
⑤ 贾芳芳、王曾瑜：《等级授权制下的宋代地方政治》，《文史哲》2008（3）。
⑥ 贾玉英：《宋代监察制度》，第 409 页。
⑦ 苗书梅：《宋代通判及其主要职能》，《河北学刊》1990（2）。
⑧ 郭东旭：《宋代法制研究》，第 137 页。
⑨ 王志立：《论北宋中央对地方官僚权力的制约》，《郑州大学学报》2015（2）。

政，凡兵民、钱谷、户口、赋役、狱讼听断之事，可否裁决，与守臣通签书施行。所部官有善否及职事修废，得刺举以闻。”① 从而实现知州与通判之间的相互制约与相互监督，“国朝自下湖南，始置诸州通判，既非副贰，又非属官。故尝与知州争权”。然后，“太祖闻而患之，下诏书戒励，使与长吏协和，凡文书，非与长吏同签书者，所在不得承受施行。至此遂稍稍戢。然至今州郡往往与通判不和”②。

其实，“通判是一种特殊的监察官，与知州并置，联署行文，从而使政令生效，但又绝非知州的副手，而是受朝廷的派遣，直接监察知州，并且通判厅与知州府是两个并立的机构”③。建隆四年（963），宋太祖“诏应诸道州府公事并须长吏、通判签议连书，方得行下”④。乾德四年（966），下诏：“自今事无巨细，须长吏、通判佥议连书，僚属方得奉行”⑤。开宝元年（968），又诏：“诸州通判、粮料官至任，并须躬自检阅帐籍所列官物，不得但凭主吏管认文状。”⑥ 开宝七年（974），“诏诸道州府通判官等每有公筵，并接知州坐次”⑦。元符元年（1098），宋哲宗“诏通判、幕官令日赴长官厅议事，及都厅签书文檄”⑧。

宋代成都府拥有两员通判，“宋置诸州通判各一员，西京、南京、天雄、成德、益、杭、并、郓、荆南、潭、广、泰、定等州各两员，小郡或不置”⑨。恰如《神宗正史·职官志》所言：“知州事、通判州事各一人，府、军、监事如州，视地望重轻。以资级应选者充藩方剧郡，则通判二人。知州掌郡国之政令，通判为之贰。”⑩ 确实，“通判州各一人，与长吏均理州府之政，无不统治。藩府或置两员”⑪。政和四年（1114），宋徽宗

① 《宋会要辑稿》职官47之62。
② 欧阳修：《归田录》卷2，第31页。
③ 肖建新：《宋代的监察机制》，《安徽史学》2006（2）。
④ 《宋会要辑稿》职官47之58。
⑤ 曾巩：《隆平集》卷1《官名》。
⑥ 《长编》卷9，太祖开宝元年五月。
⑦ 《宋会要辑稿》职官47之59。
⑧ 《宋会要辑稿》职官47之63—64。
⑨ 《宋会要辑稿》职官47之58。
⑩ 《宋会要辑稿》职官47之11。
⑪ 《宋会要辑稿》职官47之1。

“诏诸州通判有两员处，以一员堂除”①。通判名为辅佐郡政，实则行使监督控制之权。马端临对此有非常中肯的评议：“艺祖之设通判，本欲惩五季藩镇专擅之弊，而以儒臣临制之，号称监州。盖其官虽郡佐，而其人间有出于朝廷之特命。”②

对京府和益州等大藩府的通判人选，宋王朝提出了较高的资序要求。嘉祐二年（1057），在符合知州资序的官员较多情况之下，又规定西京（治今河南洛阳）、北京（治今河北大名）、益州、广州、荆南府（治今湖北江陵）、并州、江宁府（治今江苏南京）、杭州、永兴军（治今陕西西安）等京府和安抚使、都钤辖分领的州镇，必须以知州资序人差充该地通判，“勘会西京、北京、益州、广州、荆南、并州、江宁府、杭州、永兴军、镇、定、秦、延、渭、庆、鄆、青州，并是京府及安抚使、都钤辖分领州镇，其差通判，欲今后并以知州资序人差充”③。其实，早在宋真宗时期，刘随被晁迥推荐，出任益州通判，就是因为“益号会藩，故事非外朝臣不俾为贰，洎贪君才劭，故以京司命之”④。

毫无疑问，成都知府要受到成都通判的行政监察。宋太宗刚即位，就任命李应机为益州通判，要求他把监察到的情况秘密地报告给朝廷：“及即帝位，擢应机通判益州事，召之登殿，谓之曰：‘朕方以西蜀为忧，故除卿此官，委以蜀事。此未足为大任，卿第行，勉之，有便宜事，密疏以闻。’”于是，他刚担任益州通判不久，“知州置酒饯之，应机故称疾不会”⑤。其实，李应机的监察工作受到宋太宗的肯定，只是由于后来他贪恋钱财，又多有欺诈，才逐渐地遭到了冷遇，“上曰：‘汝还，语李应机，凡所言事皆善，已施行矣。更有意见，尽当以闻。蜀中无事，行召卿矣。’顷之，召入，迁擢，数岁中至显官。应机为吏强敏而贪财，多权诈，其后上亦察其为人，浸疏之”⑥。

① 《宋会要辑稿》职官47之64。
② 《文献通考》卷63《职官考十七》。
③ 《宋会要辑稿》职官47之62。
④ 宋庠：《元宪集》卷34《刘府君（随）墓志铭》。
⑤ 司马光：《涑水记闻》卷7，第128页。
⑥ 《长编》卷41，太宗至道三年四月甲辰。

天禧元年（1017），因有人反映成都知府王曙“其政苛暴”，益州通判刘烨在结束任期回到朝时，宋真宗问道：“曙治状与凌策孰愈？”他回答说：“策在蜀，岁丰事简，故得以宽假民。比岁少歉，盗贼间发，非诛杀不能禁，然曙所行，亦未尝出陛下法外也。”真宗听后，非常满意，这也充分体现了通判对知州的监督作用[①]。宋仁宗时，刘随担任成都通判，严于督察，被誉为“水晶灯笼”，“刘随待制为成都通判，严明通大，人谓之‘水晶灯笼’”[②]。

北宋时期，由于成都远离都城，不少成都知府都是朝廷大员，往往不把通判放在眼里，通判犹如形同虚设，几乎没有起到任何监督作用。但是，常谔出任成都通判，改变了长期以来成都通判的懦弱表现，展示了自己的威严，“成都去京师远，守贵官体，大吏相习，不知有监司，至参佐取充位事，无复可否。君奉法不扰，革其因循，威甚行”[③]。

从制度设定而言，成都通判对成都知府是具有监察职权的。北宋时期，一些成都通判在行使监察职权时秉公执法，不卑不亢，成都知府对他们还有所畏惧。但是，总的说来，绝大多数情况下，成都通判与成都知府相比较，成都通判还是处于弱势地位。

此外，幕职州县官也可以对知州和通判开展行政监察，“州级机关更为注重长官与僚属的互察”[④]，从而形成州县官员之间相互监督的局面。庆历年间（1041—1048），江执中“知益州温江县，遂监州之交子务”，当时“文丞相帅蜀，而成都大府，其官属与四方之宾客号为多士，而皆莫敢望江君”，益州知州文彦博却对他非常敬重[⑤]。

本路的其他一些知州，对成都知府也实施了行政监察。宋仁宗时，朝廷“议开雕门路，以来马湖之马”，并把这一任务交给了益州知州程戡。在雅州知州张颙“按地志，雕门逼戎界，而马湖实无驵骏，通之非都”之

---

① 《长编》卷89，真宗天禧元年四月乙酉。
② 范镇：《东斋记事》补遗，第47页。
③ 晁补之：《鸡肋集》卷65《朝奉大夫常君墓志铭》。
④ 王云海：《宋代司法制度》，第430页。
⑤ 沈遘：《西溪集》卷10《尚书都官员外郎江君墓碣文》。

后，程戡将其中的不利情况报告朝廷[1]。宋神宗时，当“益州帅欲发民开犍为之沐川，以便蛮人输马之路”的时候，嘉州知州张公裕指出：“蛮乃南诏遗种，日欲窥吾疆陲，以山川之阻而不能逾也。今奈何通之，以启其心耶？”于是，“朝廷闻而罢之”[2]。

其实，从制度设定上说，任何臣僚都可以对成都知府开展行政监察。崇宁三年（1104），有臣僚上言称：“免役之法，始于熙宁，成于绍圣。”然而，“若户部尚书虞策等无所畏惮，辄更先帝旧制，冲改役法五百九项之多，岂宜宽贷？”于是，宋徽宗下诏：“新差知成都府虞策降为龙图阁直学士。”[3]

6. 社会舆论的广泛监督

成都知府还要受到社会舆论的广泛监督，这是因为“宋王朝生于忧患，长于忧患，始终承受着来自北方的沉重压力。从培根植本、防患未然的意义出发，宋人对于开广言路尤为重视”[4]。其中，“风闻是一种特殊的监察，确与政治氛围和统治者心态密切相关，而宋朝统治者似有那么一点广开言路、敞怀纳言的风度”。毫无疑问，“从本质上讲，风闻是强化专制集权的工具”[5]。

天禧四年（1020），由于“时上封事者言，赵稹不晓民情，好自尊大，与众不协”，于是朝廷任命寇瑊担任益州知州，赵稹则被降职为同州知州[6]。

宋仁宗时，社会舆论对成都知府的监督力度很大。天圣元年（1023），寇瑊结束益州知州任期后，“迁给事中”[7]，同年，因为有人指出寇瑊与丁谓关系密切，于是当他结束益州知州的任期后，被降职任命为邓州（今属河南）知州，“给事中、集贤院学士寇瑊知邓州。初，上封事者言瑊与丁

① 《全宋文》卷1029，张问：《张公（颙）墓志铭并序》。
② 范纯仁：《范忠宣集》卷14《承议郎充秘阁校理张君墓志铭》。
③ 《宋会要辑稿》食货14之14—15。
④ 邓小南：《信息渠道的通塞：从宋代“言路”看制度文化》，《中国社会科学》2019（1）。
⑤ 肖建新：《宋朝的风闻监察述论》，《西北师大学报》1998（2）。
⑥ 《长编》卷96，真宗天禧四年十一月戊午。
⑦ 《宋史》卷301《寇瑊传》。

谓厚善，故自成都代还，特黜之。上谓王曾曰：‘瑊有吏干，毋深谴也。’乃有是命”[①]。

庆历四年（1044），文彦博代替蒋堂出任益州知州。因为其前任杨日严政绩突出，蒋堂想超过他。然后，蒋堂进行了节制游乐，减少餐饮费用，损毁祠庙以修建铜壶阁等变革，招致了一些人的反对。主管通进银台司杨日严向宋仁宗反映说，蒋堂的所作所为恐怕会引发社会动荡。因此，蒋堂任期不到一年的时间，迅速地被调离成都，出任河中知府[②]。其中显然存在着一定的局限性，特别是豪强势力的作祟，“乃兴学校，省厨傅，凡过泰无名之费，姑息不正之事，多所裁革，未始顾虑。耆旧有识者，窃喜公所为，咸言庶几数年，吾俗且变。贪吏丑正，恶不利己。复有肺腑旧族，逋责列肆，累政不敢治，公裁之以法，遂入诉近习，且造险语，飞闻于上，谓公变乱旧制，蜀土且摇，遽移公知河中府。迄今蜀人歌思之不已”[③]。四川百姓对此非常惋惜，“会为同时作藩镇者所忌，酿成飞语，荧惑上听，寻迁公守河东郡。蜀民大失望，而公讫无愠色。然孜孜尝有念蜀之心，故蜀民德公之深，沦于骨髓”[④]。其实，北宋理学家程颐“能站在朝廷的立场，从更高的政治教化意义上，给予蒋堂以肯定的评价，体现出不凡的政治思想”[⑤]。有趣的是，人们对成都知府的评论还形成了一首民间歌谣，“成都人称近时镇蜀之善者，莫如田元钧。文潞公语不善者，必曰蒋堂、程戡。故谣言曰：‘彦博亏田况，程戡胜蒋堂。’言最善之中田更优，不善之中程犹差胜也”[⑥]。

宋仁宗时，宋祁因被社会舆论指责为行政奢侈而未获高升，蜀人也认为他是相当的冤枉，“宋子京罢守成都，故事当为执政，未至，宰相以两地见次，尽以他人充之。子京闻报怅然，有‘梁园赋罢相如至，宣室釐残贾谊归’之句。言者又论蜀人不安其奢侈，遂止为郑州，望国门不得入，

---

① 《长编》卷100，仁宗天圣元年七月己丑。
② 《长编》卷153，仁宗庆历四年十二月甲辰。
③ 胡宿：《文恭集》卷39《蒋公（堂）神道碑》。
④ 《成都文类》卷26，吴师孟：《清阴馆记》。
⑤ 粟品孝等：《成都通史　五代（前后蜀）两宋时期》，第340页。
⑥ 程颢、程颐：《二程文集》卷9《记蜀守》。

久之再为翰林承旨。未几，不幸讣至成都，士民哭于其祠者数千人。谓‘不安其奢侈者’诬矣”①。

政和三年（1113），由于“言者论其贪纵，究治如章”，成都知府庞恭孙“谪保静军节度副使”②。政和五年（1115），“徽猷阁直学士、提举西京嵩山崇福宫庞恭孙落职。坐前知成都府贪墨营私故也”，对庞恭孙作出了进一步处罚③。

但是，北宋时期，对成都知府的行政监察，还是存在一定的局限性。如宋仁宗时，“宋景文公祁帅蜀，彭州守朱君绰始取杨氏园花凡十品以献。公在蜀四年，每花时，按其名往取，彭州送花遂成故事。公于十种花，尤爱重锦被堆，尝为之赋，盖他园所无也”④。王素在担任成都知府等职期间，以贿赂出名，但并未受到有效的监督，“徙知益州，复还知开封府，愈郁郁不得志，厌倦烦剧，府事多卤莽不治，数出游宴。素性骄侈，在定州、益州，皆以贿闻。为人无志操，士大夫多鄙之”⑤。

总之，北宋时期，成都知府实施了全面的行政监察，也受到了广泛的行政监督，有力地推动了经济发展、社会稳定与民生改善。但是，其中也存在着一些不容忽视的问题，难以从根本上摆脱时代和阶级的局限性。

第二节　南宋成都知府与行政监察

南宋时期，成都知府的任职主要包括两种情况，即成都知府兼任本路安抚使与四川（安抚）制置使兼任成都知府。兼任本路安抚使的成都知府，大多数对本路官员实施行政监察，其中一些人还能对整个四川地区开展行政监察。绍兴九年（1139），张焘被任命为成都知府兼本路安抚使，

① 邵博：《邵氏闻见后录》卷19，第147页。
② 《宋史》卷311《庞恭孙传》。
③ 《宋会要辑稿》职官68之34。
④ 《全蜀艺文志》卷56，胡元质：《牡丹谱》。
⑤ 司马光：《涑水记闻》卷10，第198页。

朝廷赋予其管理四川民政事务的权力："权吏部尚书兼史馆修撰张焘充宝文阁学士、知成都府兼本路安抚使。四川制置司限一月结局。初，成都谋帅，上谕秦桧曰：'张焘可付以便宜，使治成都；第道远，恐其惮行。'桧退，召焘谕旨。焘曰：'君命也，焘其敢辞！'上大喜，遂有是命。上谕桧曰：'焘虽安抚一路，如四川前日无名横敛，不急冗费，可令蠲减以宽民力。'以成都帅臣而得行四川民事自焘始。"① 并且，"因言官吏害民者，请先罢后劾，上许之"②。然后，"于是乎绌残吏之程督不时、前期邀功者，搜污吏之冒浊苟容、渔夺百姓者，振士大夫之淹滞、而开其磨勘升改者。章游闻，诏皆赐可"③。嘉定二年（1209），黄畴若被任命为成都知府兼本路安抚使，朝廷要求他严格督察四川地区的军民困苦和吏治好坏，"诏西蜀军民利病，吏治臧否，咸得驿闻"④。实际上，"黄畴若虽然只是坐镇成都，仅是知成都府兼本路安抚使，但对整个四川军民的管理都肩负有一定的权力，具有牵制在兴元的四川安抚制置司的重要责任和作用"⑤。

兼任成都知府的四川制帅，拥有很大的职权，"自休兵后，独成都守臣带四川安抚制置使，掌节制御前军马、官员升改、放散，类省试举人、铨量郡守、举辟边州守贰，其权略视宣抚司，惟财计、茶马不与"⑥。事实上，"由于行政上的隶属关系，制置使得以按察各路的监司、帅司和整个蜀地的宣抚司"⑦。绍兴七年（1137），"席益除四川制置大使，专降旨挥，岁举改官二十员"⑧。绍兴二十八年（1158），宋高宗选任王刚中为四川安抚制置使兼知成都府，要求他把四川地区百姓的生活疾苦和官吏的贪赃残暴报告给朝廷，"朕轸念坤维，远在一方，德意虽深，利泽未究，故临遣词臣，往分阃寄。卿其深体至怀，务先惠养。民间有疾苦，官吏有贪残，

① 《要录》卷132，绍兴九年十月癸丑。
② 《宋史》卷382《张焘传》。
③ 《成都文类》卷42，喻汝砺：《杜工部草堂记》。
④ 魏了翁：《鹤山集》卷60《跋黄侍郎畴若送虞永康刚简赴召诗》。
⑤ 粟品孝等：《成都通史 五代（前后蜀）两宋时期》，第114页。
⑥ 《建炎以来朝野杂记》甲集卷11《制置使》，第220页。
⑦ 吴业国、张其凡：《南宋"四蜀"考》，《中国历史地理论丛》2008（1）。
⑧ 《宋会要辑稿》职官40之18。

悉以上闻”①。南宋时期，成都知府与行政监察之间的关系，包括其实施的行政监察与受到的行政监察两种情况。

一、南宋成都知府实施的行政监察

南宋时期，成都知府实施的行政监察，主要体现在成都知府兼本路安抚使和四川制帅兼知成都府所开展的独立监察，以及与其他行政长官之间进行的联合监察三个方面。

（一）成都知府兼本路安抚使实施的独立监察

绍兴十年（1140），在成都知府兼本路安抚使张焘的请求下，宋高宗“诏川、陕改官人许就宣抚司放散，举主申吏部验实给告”②。

乾道七年（1171），成都知府兼本路安抚使张震上言：“四川州郡酒库无一不败坏，在法虽有酒赏，类皆不可及格，亦无有能应之者。如此伪滥，则莫若少加裁损，以课之高下减举主及减年。”其请求得到了朝廷的批准，“诏依乾道四年九月四川总领查钥所陈赏格施行”③。

乾道九年（1173），邵降年被辟举为黎州知州，“宣抚茶马司辟邵降年知黎州事”。他在上任之后，“移怒守贰，决责兵将士民，申陈边防利害，至打折乡贡进士马龟年胫骨，一州为之纷然。”成都知府兼本路安抚使薛良朋“以降年不缚致奴儿结为罪，白之宣抚司”。于是，“宣抚司檄州诘问，降年怒忿，呕血死”④。

嘉定三年（1210），成都知府兼本路安抚使黄畴若举荐黎州知州何德彦、知永康军虞刚简、潼川府（治今四川三台）通判杨洪，“公至蜀，即以三士闻于朝，知黎州何侯德彦、知永康虞侯刚简、潼川通守杨侯洪也。而公于三人，则未尝有一日之雅、左右之容也。人谓是举，实光前闻”⑤。特别是他将知永康军虞刚简“闻于上”，然后宋宁宗“诏赴都堂审察”⑥。

---

① 《全蜀艺文志》卷26《高宗赐王刚中训谕诏》。

② 《要录》卷137，绍兴十年九月丁巳。

③ 《宋会要辑稿》食货21之9。

④ 《建炎以来朝野杂记》附录一《癸巳弥羌之变》，第924—925页。

⑤ 魏了翁：《鹤山集》卷60《跋黄侍郎畴若送虞永康刚简赴召诗》。

⑥ 魏了翁：《鹤山集》卷76《朝请大夫利州路提点刑狱主管冲佑观虞公墓志铭》。

确实，“举荐辖区士人，是地方官职责之一”[①]。

（二）四川制帅兼知成都府实施的独立监察

南宋时期，在行政监察方面，兼任成都知府的四川制帅，开展了广泛的独立监察活动，主要体现对宣抚司、总领所、都统制、安抚使、监司、幕职州县官等六个方面的监察行动之中。

1. 对宣抚司实施的独立监察

兼任成都知府的四川制帅，对宣抚司开展了监察工作。绍兴六年（1136），针对“宣抚司欲其速至，则必以陆运为便；总制官欲其省费，则必以水运为便”的问题，侍御史周秘提出：“欲望圣慈，特命川陕宣抚司预计一年之费，分为四限，令总制财用官，常于一季前应办。其水陆般运，悉从民便，庶不误于军期，亦稍宽于民力。”于是，宋高宗“诏制置大使席益相度闻奏”[②]。同年，“诏川陕监司守倅，内系宣抚司便宜所差未受朝廷告敕之人，日下并罢，用都督行府奏也。行府又奏：宣抚司自罢黜陟后，以杂功迁转将士，并令四川制置大使席益取索改正；若委有劳绩，令所属保明申尚书省取旨；推赏内有出川归部之人，令吏部依滥赏条具申省，皆从之”[③]。亦在同年，四川安抚制置大使兼知成都府席益上奏：“昨为军前乏粮，运远而费广，欲议籴买。得吴玠报：洋、梁秋熟，可籴十万石，已实时措置籴本应付。”于是，宋高宗下诏：“吴玠诚心体国，措置籴买，实边固本，两皆可嘉。令学士院奉诏奖谕。”[④] 也还是在这一年，针对“右朝奉大夫、主管台州崇道观家彦，投匦献川陕边防利害。且言宣抚司自王似、卢法原后，便宜转行朝议大夫，至四十五员皆非殊功异绩，特以请求贿赂而得之”的问题，宋高宗“诏制置大使席益，取索杂功改转之人速行改正”[⑤]。

绍兴三十一年（1161），四川安抚制置使兼知成都府王刚中上言：“三

---

① 吴宗国：《中国古代官僚政治制度研究》，第237页。
② 《要录》卷102，绍兴六年六月辛酉。
③ 《要录》卷103，绍兴六年七月癸巳。
④ 《宋会要辑稿》食货40之22。
⑤ 《要录》卷107，绍兴六年十二月丁巳。

都统下统制将佐升差，及应干报应文字，并系制置司行遣，今乞令吴璘同共签书”，其请求得到了宋高宗的批准，因为这是符合赵宋王朝实行以文抑武基本原则的[①]。确实，“朝廷依托成都，设立位在宣抚副使之上的四川安抚制置大使一职，具有制约兵将众多、功高跋扈的宣抚副使吴玠的目的”[②]。

2. 对总领所实施的独立监察

宋孝宗时，兼任成都知府的四川制帅，包括沈介、汪应辰、范成大、胡元质、留正等在内，对四川总领所开展了广泛的行政监察工作。隆兴二年（1164），针对“王瞻叔之括白契也，得钱凡四千余万缗，而蜀中大扰”的严重情况，四川安抚制置使兼知成都府沈介“言于朝”[③]。

四川安抚制置使兼知成都府汪应辰了解到“总领所累年败坏之后，目今军粮缺乏。若以常人处之，但应急取办，岂暇恤民。而查籥尚未到司，乃能于此时随事措置，救济百姓，其处心行事，实为过人”，于是，他提出：“今如查籥所为，亦使远方监司、守令皆知圣意所在，有所劝慕。”[④]他还向朝廷反映，四川总领所“近有将绵州合支移剑州税米，与免支移，仍更不理纳地理脚钱。又将先所兑籴绵州义仓米一万石，依旧拨与本州，通融赈济。又将乾道四年正月、二月、三月，每月合起籴本钱一万一千四百余道，令每月止先起一半。凡此数事，于州郡及民间实为利便”。此外，与“剑州旧以军粮米于民户科籴”的做法不同，四川总领查籥“自行措置，非惟民间免得科籴，又留得米斛在剑州境内”[⑤]。

淳熙四年（1177），参知政事兼枢密院事王淮等上奏：“去岁止免关外，今从李蘩之请，尽免蜀中和籴，为惠尤广。”当四川制置使兼知成都府范成大被朝廷召回的时候，宋孝宗“首问可保其久行否”，其回答说：“蘩以身任此事，臣以身保蘩。”[⑥] 淳熙六年（1179），四川安抚制置使兼

---

① 《要录》卷191，绍兴三十一年七月癸巳。

② 粟品孝等：《成都通史 五代（前后蜀）两宋时期》，第110页。

③ 《建炎以来朝野杂记》乙集卷16《四川桩管物钱》，第801—802页。

④ 汪应辰：《文定集》卷4《再奏蜀旱歉》。

⑤ 汪应辰：《文定集》卷4《御札再问蜀中旱歉》。

⑥ 魏了翁：《鹤山集》卷78《朝奉大夫太府卿四川总领财赋累赠通议大夫李公墓志铭》。

知成都府胡元质指出："关外诸州见管桩积粮斛共一百十四万四千石有奇，率多陈坏"，于是宋孝宗诏令湖广总领周嗣武和四川总领李蘩"公共相度，将低次不堪支遣者措置变粜，却将价钱尽行收籴，依旧桩管"①。淳熙十一年（1184），在四川安抚制置使兼知成都府留正的弹劾之下，淮东总领宇文子震受到了朝廷的严厉处罚，"宇文子震罢祠禄，令遂宁府居住。以四川制置使留正劾其纵令二子骚扰细民故也"②。确实，四川"制帅之与总所位置非宜，将来职事间必有抵牾。"③

3. 对都统制的独立监察

兼任成都知府的四川制帅，还对都统制进行了一定的行政监察。宋孝宗时，四川制置使兼知成都府范成大指出："比年以来，如成都府路嘉、黎、雅三州等处，屡有边事，时议以外备大敌，姑务含忍；又以方市战马，不欲阻绝。夷人狃习，谓中国终不能报复，来则有虏掠之利，退则无追蹑之忧，甚者反得犒赏财物，过于未叛之时，是以泰然无所顾忌。蜀之诸边，盖未尝得数岁无事。迩者，利州西路文州界内，有蕃部侵犯寨堡，杀掠人兵。访闻常年如此，官司每是隐忍蔽覆，终于和断而已。"于是，他提出："欲乞出自圣断，更赐行下兴州都统制吴挺，广设方略，讨荡施行。其措置催督之类，臣虽庸虚，不敢不任其责。所有文州数百匹之马，或不及岁额，亦乞暂置度外，俟边防安静，不患马额之不复。"④

但是，在对都统制的行政监察方面，兼任成都知府的四川制帅，还是存在着一定的局限性。宋孝宗时，"先是，蜀帅范成大言兴元军帅郭钧御众无术，至是折知常乃言钧治众以整；成大言吴挺颇失士心，至是胡元质乃言挺治军有纪。上问钧、挺一人而毁誉二三，公曰：'挺固未可遽罢，钧亦未宜遽用，此抑扬之理也'"⑤。两位四川制帅对武将吴挺截然相反的评价，显然其中存在着虚假的成分。

---

① 《宋会要辑稿》食货62之65。

② 《宋会要辑稿》职官72之41。

③ 曹彦约：《昌谷集》卷10《改知成都拟上殿札子》。

④ 《历代名臣奏议》卷326《御边》。

⑤ 杨万里：《诚斋集》卷120《王公（淮）神道碑》。

此外，对其他的一些武官，兼任成都知府的四川制帅，也开展了一定的行政监察工作。绍兴七年（1137），“诏阎皋赐袍带，以四川安抚大使席益言其训练之劳，乞加褒赏故也”①。绍熙五年（1194），宋光宗“诏兴州都统司计议官王公沂放罢。以四川制置使丘密言其因都统吴挺身故，招权生事，率意更易事务，军中籍籍，几至生变，乞行罢黜，故有是命”②。

宋宁宗时，将领杨巨源死后，崔与之“请官给其葬”，于是朝廷“加赠宝谟阁直学士、太中大夫”③。崔与之自己也是十分的清廉，正如礼部侍郎、直学士院真德秀所言：“崔与之帅蜀，杨长儒帅闽，皆有廉声，乞广加咨访。”④ 并且，崔与之“帅成都，但载归艎之图籍”⑤。确实，“崔与之善于鉴别人才不仅表现在举人方面，也表现在能及时洞察徒具虚名之人”⑥。“这意味着在军队将佐的升迁中，制置使有相当的发言权”⑦。

4. 对安抚使实施的独立监察

安抚使也受到了四川制帅兼知成都府的高度关注，被广泛进行行政监察。绍兴六年（1136），当宰执大臣上奏“四川置制使席益按夔路帅臣罪状”的时候，宋高宗说道：“蜀去朝廷远，号令久不及，官吏无复知畏。前日周秘论蜀中铨选事，朕再三勉之，云蜀中利害，久无人论及，今日方见此章。”⑧ 同年，在四川安抚制置大使兼知成都府席益的请求下，“翊卫大夫、贵州团练使、绵威茂州石泉军沿边安抚使、兼知绵州、节制军马范综令再任”⑨。亦在同年，他还上言：“契勘裁减冗员，今相度川陕四路分置帅府，其潼川府、夔州路旧为一司日，帅臣带泸南沿边安抚使。盖以彼处边防，比之余路事体稍重，合分作两路。其夔州路施、黔、珍州、南平军等处，边面比潼川府路尤更阔远，又系控扼京西，与旧不同，理当增重

① 《宋会要辑稿》礼 62 之 61。
② 《宋会要辑稿》职官 73 之 17。
③ 《宋史》卷 402《杨巨源传》。
④ 《宋史》卷 437《真德秀传》。
⑤ 真德秀：《西山文集》卷 5《奏谢奖廉吏状》。
⑥ 何忠礼：《论宋代的举官制度——以崔与之的举人为中心》，《浙江大学学报》2016（4）。
⑦ 何玉红：《南宋川陕边防行政运行体制研究》，第 198 页。
⑧ 《中兴小纪》卷 20，绍兴六年二月庚寅。
⑨ 《要录》卷 103，绍兴六年七月癸巳。

事体，遵禀便宜，令夔州路钤辖带本路安抚使。切缘夔州路距北边虽远，方今控扼京西，最为冲要。今来本路安抚正系夔州知州升带，即非专置一员，难以减废。”其请求得到了朝廷的批准[①]。

宋孝宗时，四川制置使兼知成都府范成大上奏说：“窃见诸州将官以下窠阙，或以出职杂流及私家给使之人为之，而西蜀尤甚，于弓马行阵懵然不知，使吾选士技卒府首于下，听驱役而受鞭笞，寻常不平于心，缓急宁肯共力？此不待智者而知其不可也。”然后，他提出建议：“欲望圣裁，应副将以下官合分屯处，并依今来正将已得指挥，其沿边主兵窠阙，应以材武人充者，亦不得以杂流出职及给使无武艺人虚占员阙，及不许时暂差权。内或有杰然自有武艺智略者，从帅臣保明以闻，特与差注，及许一面权摄，以防遗材，仰副陛下整军经武之实，上肃军政，下厌士心。”[②]

绍熙三年（1192），由于“泸州骑射卒张信等作乱”，泸州（今属四川）帅臣张孝芳及其家人被杀害，四川安抚制置使兼知成都府京镗“奏孝芳死状，且上恂等功”。但是，并没有得到朝廷的回应，好在其继任者丘崈“复以为言”。于是，宋光宗“诏赠孝芳三官，录其子孙二人，令总领所、制置司应办葬事”[③]。同年，在京镗的请求下，宋光宗下诏：“泸州军兵聚众作过，杀害帅臣。张孝芳等杀获贼首军兵卞进等，各特补转官资，犒赏有差。”[④] 亦在同年，由于“泸州军乱，措置无策”，在四川安抚制置使兼知成都府丘崈的奏劾之下，宋光宗“诏前成都府路提刑王齐舆罢新任江东提刑，泸州通判张恂、安抚司干官郭仲溥并放罢，内仲溥降三资。兵马都监高遹降两官，放罢，今后不得与亲民差遣”[⑤]。

宋宁宗时，尽管赵彦呐“转提点刑狱，寻帅沔，时誉甚都”，然而四川安抚制置使兼知成都府崔与之却“始察其大言无实，谓他日诬事者必此人，请庙堂毋付以边藩”。于是，朝廷“寻夺其节制”[⑥]。沔州（治今陕西

① 《宋会要辑稿》职官41之108—109。
② 《历代名臣奏议》卷240《任将》。
③ 《宋史全文》卷28，绍熙三年七月甲申。
④ 《宋会要辑稿》兵19之41。
⑤ 《宋会要辑稿》职官73之14。
⑥ 《宋史》卷413《赵彦呐传》。

略阳）统帅赵彦呐的“大言亡实”，崔与之看得入木三分，“沔帅赵彦呐方有时名，与之独察其大言亡实，它日误事者必此人，移书庙堂，欲因乞祠而从之，不可付以边藩之寄，后果如其言”[①]。真是慧眼识人，洞若观火！

5. 对监司实施的独立监察

兼任成都知府的四川制帅，对监司开展了大量的行政监察工作。绍兴五年（1135），席益出任四川安抚制置大使兼知成都府，“大光在成都，得旨位宣抚副使上，凡监司不法，许举案”[②]。绍兴六年（1136），宋廷要求席益严格监察本地监司的违法行为，把具体情况报告朝廷，“诏四川监司应有违戾事件，并令四川制置大使席益按劾奏闻”[③]。

淳熙十四年（1187），由于“成都大火，所燔七千家”，朝廷“有旨令本路监司同赵汝愚从实开具闻奏”。在四川安抚制置使兼知成都府赵汝愚报告情况以后，监司长官受到了严厉的处罚，“会德象除转运判官，子直奏其罪，坐镌免”[④]。确实，“火灾发生后，有些地方官为逃避罪责，申报时隐瞒灾情，少报被焚户数也是较为常见的”[⑤]。

淳熙十五年（1188），赵汝愚还指出：“伯垓为政苛急，子弟亲随干预政事，交接货赂。暨升本路运判，迓兵方到，亲随数人遽执牙兵司系缚棰打，一路闻其先声，无不惊恐，乞赐罢黜。”然而，“宗旦置司所在，与之联姻，全不按刺”。于是，“知嘉州张伯垓降一官，罢本路运判新任，提刑吴宗旦放罢”[⑥]。

绍熙元年（1190），针对“本司去朝廷万里，今若引监司按劾官吏体例，直候申明朝廷，差官前来推勘，道里遥远，动经岁月，愈致淹延”的问题，四川安抚制置使兼知成都府京镗上言：“乞朝廷详酌，如本司所部四川州县官或有当按发，合行推勘者，即许本司遵从元申获指挥，先后对

① 《宋史》卷406《崔与之传》。
② 《建炎以来朝野杂记》甲集卷11《制置大使》，第219页。
③ 《要录》卷101，绍兴六年五月戊寅。
④ 《建炎以来朝野杂记》乙集卷8《丁未成都火》，第639—641页。
⑤ 汪圣铎、钱俊岭：《宋代官员火灾问责研究》，《河北大学学报》2012（1）。
⑥ 《宋会要辑稿》职官72之49。

移，仍一面选差邻路州官吏根勘奏闻。如四川监司按发官吏，亦乞照应本司今来所请，从制置司差邻路官前去推勘奏申，庶几不致拘碍往复，淹延刑禁。其四川州郡按发公事，遵从指挥，须申提刑司，差别州官推勘。”其请求得到了朝廷的批准，从而维护了自己的行政监察权①。

四川制帅对监司的独立监察，主要包括对转运司和提刑司的行政监察两者情况。

（1）对转运司的独立监察

绍兴六年（1136），由于“初，命川峡四路转运司，每季于孟月上旬定日集注在司待次官窠阙，注讫申部，以革注拟不公之弊，用言者请也。既而都省言，访闻多是藏匿阙次，理宜约束”，于是，宋高宗“诏制置大使席益觉察按奏”②。

绍兴八年（1138），四川安抚制置使兼知成都府胡世将要求，对川峡四路转运司差注官员的督察，不应当被吏部掌握，而应该由四川制置司履行，仍然允许士人到本司上诉，“新除四川制置使胡世将乞四路漕司差注，不当从吏部，下本司依法究治，仍许士人赴本司陈诉”。其申请获得了朝廷的批准③。

乾道三年（1167），四川安抚制置使兼知成都府汪应辰上奏：“窃见祖宗时凡籍于铨曹者必欲其入远，所谓远者四川、二广是也。熙宁三年，始定八路差官法，昔之籍于铨曹者，委之各路转运司。”然而，“今蜀地僻远险阻，非人之所乐趋。至于或随牒、或避地而家于蜀者，类不下二十年，其实皆蜀人矣”。于是，他提出：“乞行下川陕四路转运司合使窠阙，更不分川人、内地人，只令以名次依格法差注，实为允当。”其建议得到了朝廷的肯定④。他还直截了当地揭发成都府路转运司实施定差法中的违规行为：“伏见成都府准尚书吏部符，谨备录在前，伏乞钧照。契勘得符内称转运司差赵绣之钱引务差遣，及成都府放令本人钱引务供职不当，令究

① 《宋会要辑稿》职官5之54。
② 《要录》卷97，绍兴六年正月壬午。
③ 《要录》卷118，绍兴八年正月乙卯。
④ 《宋会要辑稿》职官8之32—33。

治，依条施行。然转运司所以差注者，盖赵绣之见有差遣待阙，却作无差遣参选，以罔官司也。”因此，“赵秀之乃是以诈欺受差遣，请俸给之人，岂得却置而不问？”[①] 鉴于“诸州通判系主管常平官，正是奉行荒政。若官不得人，虽有钱米，未必实惠及民”的情况，他“契勘绵州通判邓权，以丁父忧去官，本路转运司先拟差右朝散大夫王会替邓权，吏部尚未放行。但王会不甚晓事，嗜酒多病，难以倚仗”。针对“契勘县令职在字民，剑州梓潼县号为繁剧，其知县右宣教郎任劭瞻视不明，心力短浅，职事旷废”的问题，汪应辰“会问通判宇文绍奕，如何本州都不理会”，其回答说：“本州累曾申转运司，乞依条以县之繁简，令之能否，随宜对换，转运司久未行下。”汪应辰认为：“以繁简对换，虽古人所常行，法令具载，然其实不通。只如虽是小县，事简而知县有能，则州郡与百姓皆欲其留。若度众人所欲留者而以不能之人代之，亦于人情不顺，是以所在往往难行。”于是，他提出：“伏望圣慈将任劭别与差遣，令本路监司公共举辟廉平强敏之吏充梓潼知县一次。或于王惇诗等三人中差一员知梓潼县事，亦乞自圣裁。”[②]

淳熙六年（1179），在四川安抚制置使兼知成都府胡元质等将“蠲免夔州路科买民间金银等，民受实惠，（韩）暎措置为多”的情况报告给朝廷后，宋孝宗“诏夔州路运判韩暎除直祕阁。”[③]

宋宁宗时，鉴于“言者论漕司之权比制司之为轻，而责亦不若制司之重，权轻则不敢多有所废黜，责轻则不暇详于顾计。州县不治，职此之由，请一付之制司。权重则虽废黜之多而有所不惮，责重则顾计利害之深而不敢苟且，如此则昏老疾病之人不得冒居，而州县无不治”的情况，面对“知合州郭公夑等数人，代者皆过满”的问题，四川制置使兼知成都府刘德秀“因请于朝”，因此“仍复令制司铨量，免奏事焉”[④]。

当然，其中也存在着一定的难度。宋孝宗时，“顷岁陈给事岘为蜀帅，

① 汪应辰：《文定集》卷13《论赵绣之诈欺受差遣与宰执书》。
② 汪应辰：《文定集》卷4《御札问蜀中旱歉画一回奏》。
③ 《宋会要辑稿》职官62之22。
④ 《建炎以来朝野杂记》甲集卷6《郡守铨量》，第146页。

冯少卿宪为成都漕，就以所遗元物报之。陈怒，奏其容覆赃本，朝廷移之，逮陈败，乃得直”。不过，“赵德老镇成都，受而别储之，临行以散宗室之贫者。此皆廉节之可纪者也”[①]。

（2）对提刑司的独立监察

绍熙元年（1190），针对“今后监司郡守按发官吏合行推勘者，如系本州按发，须申提刑司，差别州官；本路按发，须申朝廷，差邻路官前来推勘”的问题，四川安抚制置使兼成都知府京镗提出：“其四川州郡按发公事，遵从指挥，须申提刑司，差别州官推勘。”其请求获得了宋光宗的批准[②]。

有时，四川制帅兼知成都府对帅司与漕司同时开展行政监察。绍兴六年（1136），当“先是，朝廷闻诗帅夔无治状，诏俾奉祠”的时候，任诗“亦奏转运判官王肇铨选不公”，因此“乃降肇二官放罢，令帅司拘留取勘”。然后，四川安抚制置大使兼知成都府席益上言：“夔路帅漕皆非其才，三人不和，动相叱骂。诗素病狂易，专事贪苛，望行罢黜。”宋高宗回答说：“蜀去朝廷远，号令久不及，官吏无复知畏”，使得“右朝议大夫、直宝文阁任诗落职，降二官，罢宫观。右朝议大夫、夔州路转运副使韩固罢”[③]。

淳熙二年（1175），在四川制置使兼成都知府范成大的请求下，宋孝宗下诏：“阶、成、西和、凤州当职官以下，令本路帅、漕司于四路在部官同共选辟，并体量见任人，委实癃老及不堪倚仗者，并申制置司躬亲审量保明，申取朝廷指挥。其所辟官，不许辞避。所有边赏一节，令吏部看详，申尚书省。”[④]

6. 对幕职州县官的独立监察

四川制帅兼知成都府对幕职州县官开展了广泛的行政监察。绍兴六年（1136），宋高宗下诏：“四川去岁旱荒之后，继以疾疫，流亡甚众，深用

---

① 《建炎以来朝野杂记》甲集卷17《公使库》，第394—395页。

② 《宋会要辑稿》职官5之54。

③ 《要录》卷99，绍兴六年三月丙戌。

④ 《宋史全文》卷26（上），淳熙二年九月庚子。

恻然。其郡守、县令有能赒给困穷、抚存凋瘵、善状最著者，令席益体访诣实，保明来上，当议奖擢，以为能吏之劝。或废慢诏令，坐视不恤，按劾闻奏，亦当重置典宪。”① 具体而言，其中主要包括对知州、通判、幕职诸曹官、学官、武官、监当官、知县的行政监察七种情况。

（1）对知州的独立监察

四川制帅对知州的行政监察，包括对知州升迁与贬黜所进行的独立监察两种情况。

第一，对知州升迁的独立监察。南宋时期，许多知州因兼任成都知府的四川制帅开展行政监察而获得了升迁。绍兴六年（1136），四川安抚制置大使兼知成都府席益把潼川知府员兴宗等在赈济灾民方面的重大成就报告给了朝廷，使他们受到了不同程度的奖励："去年，蜀中旱，兴宗等率民赈贷；楫居遂宁府，自出米数百斛以率乡人，乡人欢趋之，饥者赖以济。”于是，"诏潼川府守臣员兴宗进职一等，广安军守臣李瞻、果州守臣王陟、宗正少卿冯楫并进一官”②。亦在同年，席益反映"平仲曾任法寺官，深晓法，本官丁母忧，乞起复，专一详断诸州狱案”的情况与要求之后，宋高宗"诏左中奉大夫、前知荣州李平仲起复，充成都潼川府夔州利州等路安抚制置大使司检法官，填创置阙”③。然而，非常可惜的是李平仲已经不在人世了④。绍兴七年（1137），席益把剑州（治今四川剑阁）知州王彦在军事上的优异表现反映给了朝廷，也使他得到了宋高宗的赏赐，"四川制置大使席益言，知剑州王彦智勇谋略自其所长，而为政治民有古循吏风，一郡信服其条教，伏望特加褒异。诏赐金带，仍降敕书奖谕”⑤。同年，知思州（治今贵州务川）兼夔州路兵马钤辖田祐恭反映的"得溪州报，有兵万余自鼎、澧州来，声言欲入川界”的情况，在席益报告给朝廷之后，宋高宗"诏益遣人伺之实”，田祐恭还被"令再任，仍赐金带及敕

① 《宋会要辑稿》食货 57 之 19。
② 《要录》卷 106，绍兴六年十月乙巳。
③ 《宋会要辑稿》职官 77 之 18。
④ 《要录》卷 106，绍兴六年十月己亥。
⑤ 《要录》卷 108，绍兴七年正月丙寅。

书奖谕”[①]。亦在同年，他向朝廷汇报“诸州赈贷有方，活饥民甚众，内冯楫出米四百石以助赈济”的情况后，宋高宗“诏潼川府守臣景兴宗升一职，广安军守臣李瞻、果州守臣王訾、前吏部郎中冯楫、汉州守臣王梅各转一官。知成都府席益令学士院降诏奖谕，仍令四川安抚大使司开具其余各转官人职位、姓名以闻”[②]。

绍兴三十二年（1162），王刚中向朝廷汇报威州（治今四川汶川）知州赵迪政绩突出，安抚少数民族有方，从而使他获得了延长一任任期的奖励，“修武郎、知威州赵迪再任。迪，普五世孙也。四川制置使王刚中言其治状有方，蛮夷畏服，乃有是诏”[③]。

宋孝宗时，张行成的果断勇敢，在后来担任汉州知州时，仍被四川安抚制置使兼知成都府汪应辰作为推荐的重要功绩之一。因为“臣窃以牧养百姓，在于郡守，郡守之臧否，朝廷所当知，而在远方者尤不可不知也”，于是“伏见左朝请郎、知汉州张行成，通经博古，尤邃于《易》，才高识明，临事能断。绍兴二十三年，王孝忠等谋反于成都，帅臣曹筠闭阁不敢出，官僚往往逃避。行成时为都钤辖司干办公事，独排闼见筠，邀请出厅，整兵授甲，指画擒捕，寻即平定”。并且，“臣考其治行，参以众论，实为一路之最”。然后，“伏望圣慈特赐旌异，或召对以考察其人才，或令再任以慰民愿，或别与迁擢以尽其所长，庶几远方官吏皆知圣明在上，烛见幽隐，莫不精进以承休德，其所劝大矣”[④]。汪应辰举荐权摄绵州（治今四川绵阳）知州李蘩出任邛州知州[⑤]。他还向朝廷报告了不少知州的政绩，其中包括“右通直郎、云安军使兼知云安县任忠臣清介有守，吏事疏通”。特别是“知果州赵不拙，遇事不苟，见义必为。到官承水旱之后，竭力抚字，发仓廪以赈之，作糜粥以会之，治疗其疾病，收瘗其死亡。每事亲临，各有条理，在今日州县中未易多得。窃恐圣慈所欲知者，伏乞睿照”[⑥]。

---

① 《要录》卷109，绍兴七年二月丁未。
② 《宋会要辑稿》食货57之19。
③ 《要录》198，绍兴三十二年闰二月癸酉。
④ 汪应辰：《文定集》卷6《荐张行成札子》。
⑤ 汪应辰：《文定集》卷6《荐李蘩知邛州札子》。
⑥ 汪应辰：《文定集》卷4《御札问蜀中旱歉画一回奏》。

淳熙五年（1178），在“青羌既降”之后，黎州知州禄柬之被“制置使胡长文上其功绩于朝”[①]。嘉泰元年（1201），鉴于“复有旨并赴阙朝辞，会知合州郭公爕等数人代者皆过满”的情况，四川制置使兼知成都府刘德秀“因请于朝，乃复令制司铨量，免奏事焉”。确实，“大抵川峡道远，守臣奏事者，多以为劳。若帅臣公心一意，而无请托喜怒予夺之私，则铨量为得矣”[②]。

第二，对知州贬黜的独立监察。南宋时期，不少知州因兼任成都知府的四川制帅进行独立监察而遭到了贬黜。乾道二年（1166），“诏新知嘉州何慈放罢。以四川安抚制置使汪应辰劾其先知果州，尝以赃败故也”[③]。

淳熙二年（1175），四川制置使兼知成都府范成大将黎州反映“五月六日，安静寨押到蕃部首领奴儿结等九名，还纳所虏汉口周往保等三十九名，乞再行打誓，依旧入省地互市。本州已将人口津送归业，其奴儿结等亦支犒设发归部讫”的情况，以及“照得本朝故事，蕃部作过，若欲复通，须还虏去人口，如何但得三十九名，便与打誓通和”的基本要求上报后，宋孝宗“诏前知黎州宇文绍直特送千里外州军编管，秦嵩令四川制置司疾速取勘”[④]。淳熙三年（1176），在范成大反映“文州管下蕃部作过，知州李彦坚畏懦失职，下任王彪老谬不肯之官，彦坚、彪既罢”的情况后，“诏四川都统制吴挺选习兵官一员兼知文州”[⑤]。

淳熙五年（1178），四川安抚制置使兼知成都府胡元质向朝廷反映知梁山军（治今重庆梁平）赵彦逸“以未疾在告，军事付之监酒吕允修”的情况后，使他受到了“与宫观”的惩罚[⑥]。同年，因为胡元质“按尚友擅凿开管下青唐岭路，有害边防”，于是“知文州涂尚友先次放罢，令四川制置司差官取勘，具案闻奏”[⑦]。淳熙八年（1181），因为四川制置使兼

① 《建炎以来朝野杂记》乙集卷19《丙申青羌之变》，第853—854页。
② 《两朝纲目备要》卷3，绍熙五年十月辛卯。
③ 《宋会要辑稿》职官71之16。
④ 《宋会要辑稿》蕃夷5之53。
⑤ 《宋会要辑稿》职官47之40。
⑥ 《宋会要辑稿》职官72之19。
⑦ 《宋会要辑稿》职官72之20。

知成都府陈岘“按其贪黩奸秽、不知廉耻”，于是“知汉州雍有容放罢，令潼川府路提刑司根勘，具案以闻”[①]。

淳熙十四年（1187），四川安抚制置使兼知成都府赵汝愚反映知长宁军（治今四川长宁）郭公纯不理政事，属吏因拖欠戍兵俸钱而遭到攻击，却不加制止，也使他受到罢黜职务的处罚，“知长宁军郭公纯放罢。以四川制置使赵汝愚按其不支戍兵食钱，致卒公然上厅殴击人吏，公纯略无弹压，故有是命”[②]。淳熙十六年（1189），他报告“杲昨守忠州，全不事事，一郡之权，尽归于僚属。今若使之冒昧，必致旷阙”的情况后，宋孝宗“诏新知荣州蒲杲改差充夔州路安抚司参议官”[③]。同年，他还上言：“嵩昨在黎州日，常遣土丁入番界采胭脂木以为什器，遂为青羌所执者五人，致死者二人。今任金州，遣人于黎州贩卖金珠，未尝以边事为意，贪污狼籍。”于是，“诏知金州秦嵩落遥郡，令解官持服”[④]。

仍然是淳熙十六年（1189），因为四川安抚制置使兼知成都府京镗反映其“守郡不法，罪恶贯盈”，于是宋孝宗“诏知施州赵定放罢，永不得与知州军差遣”[⑤]。同年，他又上言：“善俯嗜利无耻，为政昏谬，纵容诸子干预郡事，又令私仆冒请禁军衣粮，凡遇支遣，减克军粮，几致生变。”于是，“诏知彭州赵善俯降两官，放罢”[⑥]。绍熙二年（1191），因为他报告“其与夷酋杨轸私相交结，受其金银蜜蜡，乃令于禁路往来，因缘生心，致其作过”的情况后，宋光宗“诏知南平军任庭实降一官，放罢”[⑦]。绍熙三年（1192），他还上奏：“资、荣二州旱饥，仲虎则缪懦无措，安之则贪狠不恤，视饥民流离死亡，略不介意。仲虎却无显过，安之略无顾藉。”于是，“诏知资州范仲虎差主管台州崇道观，知荣州张安之降一官放罢”[⑧]。

---

① 《宋会要辑稿》职官72之31。
② 《宋会要辑稿》职官72之48。
③ 《宋会要辑稿》职官72之50。
④ 《宋会要辑稿》职官72之50。
⑤ 《宋会要辑稿》职官72之52。
⑥ 《宋会要辑稿》职官72之54。
⑦ 《宋会要辑稿》职官73之8。
⑧ 《宋会要辑稿》职官73之10。

同样是绍熙三年（1192），因为其在“泸州军乱，措置无策”，经过四川安抚制置使兼知成都府丘崈的弹劾，于是宋光宗“诏前成都府路提刑王齐舆罢新任江东提刑，泸州通判张恂、安抚司干官郭仲溥并放罢，内仲溥降三资。兵马都监高遹降两官，放罢，今后不得与亲民差遣”①。绍熙四年（1193），丘崈还上言：“朴昏老嗜酒，言语失度，前知阆州，初无治状，且乏廉声；次尹素非良士，屡以赃败。乞并罢新任。”然后，“诏新夔路提刑王朴、新差知珍州施次尹并与宫观，理作自陈”②。同年，丘崈汇报知西和州喻文然“徇情废法”，也让他丢掉了官职③。

庆元元年（1195），由于四川安抚制置使兼知成都府赵彦逾反映“勤前知黎州，引惹蛮民侵犯边境，措置无方”，使得“新知雅州史勤罢新任”④。庆元二年（1196），“知西和州王愬放罢。以四川制置使赵彦逾等奏愬懦弱无能，不堪倚仗，非守边郡之才”⑤。

庆元三年（1197），四川安抚制置使兼知成都府袁说友上奏“倚坐视本州旱伤，唯以吟诗度日”之后，“知资州袁倚主管台州崇道观，理作自陈”⑥。庆元四年（1198），“新知雅州张炎放罢。以炎子汝砺受新都豪民王元二殴死赵道一金，计嘱知县赵炳作病身死，逐致彰露，从制置使袁说友奏也”⑦。

嘉泰元年（1201），“知彭州史容特降一官，知永康军赵彦霈特降两官，并放罢。以容守彭州，用亲随冒请军粮，交通关节，夹造私酝货卖；彦霈为政惨酷，遇事罗织富民，为四川制置刘德秀奏故也”⑧。

嘉定八年（1215），在四川制置使兼知成都府董居谊反映“杞齿发既老，施为舛缪；沂孙以鄙猥之资，行委靡之政”的情况后，“知彭州李杞、

---

①《宋会要辑稿》职官73之14。
②《宋会要辑稿》职官73之15。
③《宋会要辑稿》职官73之16。
④《宋会要辑稿》职官73之62。
⑤《宋会要辑稿》职官73之65。
⑥《宋会要辑稿》职官74之1。
⑦《宋会要辑稿》职官74之3。
⑧《宋会要辑稿》职官74之9。

前知荣州杜沂孙并放罢”，两人均受到了罢黜官职的处罚[1]。亦在同年，他还上言：“远旧为逆曦环卫，受恩最深，事败之后，夤缘漏网。叔恭昨守眉州，一闻僭伪，附和恐后。午不恤大义，逆曦之变，竟受伪命之宣。已而身亡，乃叨恩泽及其子，闻者皆为不平”，于是“知成州高远放罢，前知眉州勾龙叔恭罢宫观，仍各追三官；故奉议郎毛午所奏毛掞恩泽，特追毁元补文字”[2]。嘉定十一年（1218），在他的请求下，“知西和州杨克家特追三官，送道居住；知成州罗仲甲降三官，送常德府居住。二人皆坐弃城逃窜之罪”[3]。

嘉定十四年（1221），知永康军杜植“特与宫观”，是因为崔与之指责他“愚蔽自用，久病简出，缪政多端，民被其害”[4]。嘉定十五年（1222），崔与之上言：“参贪婪深刻，济以驵侩；酉仲凶很贪残，勇为不义；伯恕轻浮躁竞，济以奸险。”于是，“知石泉军刘参、知涪州胡酉仲并放罢，新知合州安伯恕罢新任”[5]。嘉定十六年（1223），他还上奏：“黎州禁军之变，已将知郡虞方简按劾去讫。寻行体访，缘前知黎州何友谅垂满之际，给帖补排军五六十人，失之太滥；方简到官，悉拘收文帖，又失之太遽。此曹包羞怀忿，变所由生。”然后，“新知汉州何友谅与祠禄”[6]。

（2）对通判的独立监察

四川制帅兼知成都府对通判进行了独立监察。绍兴六年（1136），四川安抚制置大使兼知成都府席益上言：“州郡置倅，所以佐郡守之治，入则贰政，出则按县，方今军兴之际，尤不可阙。夔路所管州郡、军、监共一十三处，军、监之小固无所用置倅，除夔州系帅臣及恭、涪大郡外，施、黔、达州、南平军系武臣知州，皆合置通判。又见今通判职事专管催促米运，前件州府系沿流，所有通判合行存留。”其建议得到了宋高宗的采纳[7]。

---

① 《宋会要辑稿》职官75之9。
② 《宋会要辑稿》职官75之10。
③ 《宋会要辑稿》职官75之20。
④ 《宋会要辑稿》职官75之30。
⑤ 《宋会要辑稿》职官75之30—31。
⑥ 《宋会要辑稿》职官75之34—35。
⑦ 《宋会要辑稿》职官47之67—68。

宋孝宗时，四川安抚制置使兼知成都府汪应辰向朝廷报告，绵州通判李蘩“遍往诸县检察措置，尤更详悉。外县乏米者，从本州拨运应付，委是得以均济所有”[①]。他又把眉州通判樊汉广和成都府新通判程价等蜀中人才推荐给朝廷[②]。他还将永康军通判吴洵推荐担任本军知军[③]。

也是在宋孝宗时期，成都通判胡晋臣被四川制置使范成大推荐给朝廷，于是宋孝宗“召赴行在”[④]。此外，“范公成大时以钱买之，始得名花”[⑤]。其高尚道德情操，由此可见一斑。

（3）对幕职诸曹官的独立监察

兼任成都知府的四川制帅，对幕职诸曹官独立开展了一定的监察工作。宋高宗时，四川安抚制置使兼知成都府王刚中“乃差择军中将士为众所推者上之朝，备统帅之选。蜀中人物如林，一时名人胜士，与幕府参佐之贤，密疏以闻，充部使者、州刺史之任。所临有声，皆号称职”[⑥]。

宋孝宗时，四川安抚制置使兼知成都府汪应辰“窃见左奉议郎王惇诗详练世务，勇于为义。顷者萧振为四川制置使，王之望为总领，惇诗皆在幕中，多所补益”[⑦]。也是在宋孝宗时期，因为兴元府（治今陕西汉中）录事参军黄裳“能以情求狱，脱冤死，伸无告甚众，终不讯一囚”，于是四川制置使兼知成都府留正向朝廷推荐的五人之中，就以他为第一[⑧]。

宋光宗时，四川安抚制置使兼知成都府丘崈将录事参军史定之没有履行对罪犯的监管责任，导致犯人自杀而死，使其受到了罢职处分[⑨]。

宋宁宗时，崔与之还将四川茶马司干办公事林略向朝廷举荐，“崔与之帅蜀，目之曰‘此台阁之瑞也’，荐之”[⑩]。四川宣抚使司参议官杨巨源

---

① 汪应辰：《文定集》卷4《御札再问蜀中旱歉》。

② 汪应辰：《文定集》卷6《荐蜀中人材札子》。

③ 汪应辰：《文定集》卷6《荐吴洵充郡守札子》。

④ 《宋史》卷391《胡晋臣传》。

⑤ 《全蜀艺文志》卷56，胡元质：《牡丹谱》。

⑥ 孙觌：《鸿庆居士集》卷38《宋故资政殿大学士王公墓志铭》。

⑦ 汪应辰：《文定集》卷4《御札问蜀中旱歉画一回奏》。

⑧ 楼钥：《攻媿集》卷99《端明殿学士致仕赠资政殿学士黄公墓志铭》。

⑨ 陈傅良：《止斋集》卷13《知成都府丘崈奏从政郎录事参军史定之不亲莅狱致囚自刎死，降一官放罢》。

⑩ 《宋史》卷419《林略传》。

被害之后，“制置使崔与之请官给其葬，加赠宝谟阁直学士、太中大夫”[①]。

宋宁宗、理宗之际，当郑损担任四川制置使的时候，将权发遣金州（治今陕西安康）兼干办安抚司公事李鸣复“荐于朝，乞召审察。授司农寺丞，迁驾部员外郎，迁兵部郎中”[②]。

（4）对学官的独立监察

兼任成都知府的四川制帅对学官也进行了独立监察。宋宁宗时，眉州教授吴昌裔受到四川安抚制置使兼知成都府崔与之的举荐，“制置使崔与之荐之，改知华阳县”[③]。绵州教授程公许也获得了他的赞赏，“制置使崔与之大加器赏，改秩知崇宁县，蠲预借，免抑配，人甚德之”[④]。

（5）对武官的独立监察

武官是四川制帅兼知成都府的行政监察对象之一。宋高宗时，四川安抚制置使兼知成都府王刚中“尝谈刘锜之美”，四川宣抚使吴璘却说：“信叔有雅量而无英概，今天下雷同誉之，恐不能当逆亮，璘窃忧之。”但是，王刚中“未领其语”。不过不久之后，刘锜“果以忧愤卒”，使王刚中“始叹服”，于是非常佩服吴璘对将才的洞察能力[⑤]。

淳熙十三年（1186），枢密院将四川制置使兼知成都府留正反映“前夔州瞿塘峡口驻札兵马监押成镛昨授叙州管界同巡检，因强寇大婆浪打劫，转战群贼中，力尽血迷，仆于战地，头面、手臂、两腿、面共有重伤三十二处。颐颔拆裂，唇口被伤。乞下枢密院验视录用”的情况后，宋孝宗说道：“战虽无功，其忠勇敢前，岂可不赏以励战士？”于是，“特与转一官，与统制司计议官差遣”[⑥]。

宋光宗时，由于“封彦明奋身行伍，有志事功。顷在兵间，粗著劳效”，四川安抚制置使兼知成都府丘密将之“荐于庙堂”[⑦]。

---

① 《宋史》卷402《杨巨源传》。
② 《宋史》卷419《李鸣复传》。
③ 《宋史》卷408《吴昌裔传》。
④ 《宋史》卷415《程公许传》。
⑤ 《名臣碑传琬琰之集》上卷14，王曮：《吴武顺王璘安民保蜀定功同德之碑》。
⑥ 《宋会要辑稿》兵19之31—32。
⑦ 卫泾：《后乐集》卷12《奏举封彦明充将帅状》。

（6）对监当官的独立监察

兼任成都知府的四川制帅，对监当官进行了独立监察。绍兴六年(1136)，在四川安抚制置大使兼知成都府席益的请求之下，朝廷“罢四川诸州军县镇酒官一百七员”。针对当时“川路多置比较务，科定人户出钱，以资妄费，民不堪之”的严重问题，宋高宗得知情况后，“命益相度裁减”。于是，席益请求“州县有官可兼镇市乡村相近者并罢，余令都转运司选差，申制置大使司审度给札”，其申请获得朝廷批准[1]。其实，“席益对州县酒官的调整，是与制置司在地方上的经济利益直接相关的，所以制置使把这些地方事务始终抓在自己手中”[2]。

（7）对知县的独立监察

兼任成都知府的四川制帅，对知县进行了广泛的独立监察。绍兴六年(1136)，席益举荐了曾经担任知县的十三人突出政绩，要求朝廷给予重用，得到朝廷的赞许，“资政殿学士、四川制置大使席益荐尝任知县人十三员政绩，乞已任通判者与大郡，见任县道者与小郡，并俟终更日赴任，仍从本司随才选差，内选人俟改官，丁忧人俟服阕日依此，从之。时益所荐士颇众，而左宣教郎冯时行、左通直郎樊汝霖为之最，后皆知名”[3]。绍兴二十九年（1159），由于双流知县李焘“博学刚正”，四川安抚制置使兼知成都府王刚中“闻其名，奏以为干办公事”[4]。

宋孝宗时，四川安抚制置使兼知成都府汪应辰，将成都府华阳知县于锐的突出政绩汇报给了朝廷：“臣伏见左奉议郎、知成都府华阳县主管学事、劝农公事于锐操心公正，遇事敏明。县系倚郭，当纷华繁剧之会，奸猾出没，讼牒纷纭，蠹弊最多，纪纲难立。本官疏通无蔽，健决有守，吏畏民安，政平讼理，委是治状显著。臣保明诣实，谨录奏闻。”[5] 特别是其在司法审判方面的政绩非常优异，“奉议郎、知成都府华阳县主管学事、

---

① 《要录》卷106，绍兴六年十月辛丑。
② 姚建根：《宋朝制置使制度研究》，第176页。
③ 《要录》卷106，绍兴六年十月辛丑。
④ 《宋史全文》卷22（下），绍兴二十九年七月戊戌。
⑤ 汪应辰：《文定集》卷6《荐于锐治状》。

劝农公事于锐明敏疏通，剖决无滞，廉直公平，久而如一，豪强退听，胥吏慹服”[①]。他还向朝廷报告，“伏望圣慈于此三人内，除一员充绵州通判，填邓权缺，必能举职爱民，仰称圣明宽恤之意。如或吏部已差王会，即乞将王会别与差遣”[②]。也是在宋孝宗时期，四川安抚制置使兼知成都府赵汝愚将“蜀中三县令”刘甲、程骧和谢辛推荐给朝廷，“右三人非惟所居政绩尤异，而文学行谊亦皆可观。伏望圣慈，特赐旌擢，以为四蜀官吏之劝，一方幸甚”[③]。

此外，也有兼任成都知府的四川制帅将一些知县出现的严重问题上报朝廷。宋光宗时，丘崈向朝廷报告，成都府郫县知县郭公誊体弱多病又昏庸无能，要求罢黜他的官职[④]。他还请求宋廷罢免危害少数民族群众利益的叙州庆符（治今四川高县庆符镇）知县魏良忠的职务[⑤]。

当然，在实施行政监察的过程中，兼任成都知府的四川制帅，有时也存在着一定的局限性。开禧三年（1207），在赋税征收方面，四川安抚制置使吴猎存在一些问题，“德夫有外姻厚载以入蜀，成都税官丹棱史某征其税八百缗。德夫大怒，欲按之。史惧而不取，德夫怒未已，宾客重为谢，乃止”。确实，杨辅与吴猎前后两任四川制帅之间在财政开支上存在着明显的差异，“始，嗣勋在蜀，岁余激赏库所积钱至七十余万，德夫尽费之”[⑥]。嘉定十七年（1224），郑损出任四川制置使之后，四川制置司干办公事高稼提出离职请求。朝廷“以稼赞阃有劳，未几，改知绵谷县”。因为“损之入蜀也”，高稼“同产弟了翁诵言于朝，谓必败事。”郑损对此怀恨在心，然后“遂劾稼罢”[⑦]。凡此种种，不一而足。

可见，南宋时期，成都知府特别是其中的四川制帅，开展了广泛的行政监察工作。除了独立行使监察权外，他们还实施了一些联合监察。

---

① 汪应辰：《文定集》卷13《列荐何耕于倪程价与宰执书》。

② 汪应辰：《文定集》卷4《御札问蜀中旱歉画一回奏》。

③ 《历代名臣奏议》卷147《用人》。

④ 陈傅良：《止斋集》卷12《知成都府丘崈奏奉议郎知成都府郫县郭公谟病昏乖谬降一官放罢》。

⑤ 陈傅良：《止斋集》卷13《四川制置丘崈奏承直郎知叙州庆符县魏良忠侵刻夷人又轻入夷囤致杀死巡检程仲乾降一官放罢》。

⑥ 《两朝纲目备要》卷10，开禧三年四月。

⑦ 《宋史》卷449《高稼传》。

（三）南宋成都知府实施的联合监察

南宋时期，成都知府实施的联合监察，主要包括成都知府兼任本路安抚使和四川制帅兼知成都知府开展的联合监察两种情况。

1. 成都知府兼任本路安抚使实施的联合监察

绍兴十一年（1141），国学免解进士张竑在向朝廷的上书中指出了“州县官扰民及隔槽破产，科举徇私，入粟之人居官贪墨等，凡十三害”以后，宋高宗“诏胡世将、张焘相度”，要求川陕宣抚副使胡世将和成都知府兼任本路安抚使张焘共同开展监察协作①。张焘还与其他行政长官联合向朝廷反映赵开在四川的功绩：“及张子功帅成都，尝合诸司具奏：‘开有功于蜀。自开再黜，主计之臣率三四易，于开条画毫发无敢变更，乞复开旧职以劝能者。’”但是，“奏入不报”，并没有得到朝廷的回应②。

乾道六年（1170），因为“成都府路转运判官、权安抚司事赵公说、知汉州事余时言，共以州人李君之行义闻于朝，未报”，于是四川宣抚使王炎、安抚使薛良朋、转运副使王璠、判官赵不忧“相继表上”，孝宗皇帝“闻而嘉之”。到乾道九年（1173），宋孝宗下达命令：“务穑劝分，有司之为政；发廪赈乏，仁者之用心。尔以布衣，居于下土，因年饥之不足，动义概以有闻。屡出私藏，多所全活。与计偕而已老，从官牒则徒劳。勉服官荣，归教乡里。可特授迪功郎致仕”，李发受到了朝廷的表彰奖励③。

嘉定九年（1216），针对“简州显惠神君诞辰，士民从年例献乐，至黄昏有雨，游人争过浮桥，以致桥船损坏，溺死人众，守臣梁公明不能禁约，何以逃罪”的问题，在成都府路提点刑狱周居信和四川制置使兼知成都府董居谊的共同请求下，“知简州梁公明放罢”，简州（治今四川简阳）知州梁公明受到了罢免官职的处罚④。

当然，成都知府兼任本路安抚使实施的联合监察，还是存在着一定的

---

① 《要录》卷140，绍兴十一年四月乙亥。

② 《名臣碑传琬琰之集》中卷32，李焘：《赵待制开墓志铭》。

③ 朱熹：《晦庵集》卷94《承务郎李公墓志铭》。

④ 《宋会要辑稿》职官75之13。

局限性。嘉定年间（1208—1224），成都府路提点刑狱林与之“以不应副利店事，与帅臣黄伯庸异论，召去”[①]，林与之和成都知府兼本路安抚使黄畴若之间的矛盾，引起了朝廷的重视。

此外，成都知府兼兵马钤辖也开展了一定的联合监察。建炎二年（1128），当四川抚谕喻汝砺“奉诏划刷四川岁羡，欲尽取常平所储钱”的时候，遭到了成都知府兼兵马钤辖卢法原，成都府路转运判官赵开、靳博文、成都府路提点刑狱邵伯温的联合反对，使喻汝砺受到了勒令停职的处罚[②]。

2. 四川制帅兼任成都知府实施的联合监察

四川制帅兼任成都知府实施的联合监察，是广泛而又全面的。

（1）与其他跨路级机构之间的联合监察

四川制帅与其他跨路级机构之间的联合监察，主要包括与宣抚司、总领所、茶马司之间实施的联合监察。

第一，与宣抚司之间的联合监察。

宣抚使与制置使之间开展了一些联合监察。绍兴三十年（1160），“武功大夫、建州观察使田开落致仕。开尝为兴州右军统领，以疾求退。至是，宣抚使吴璘、制置使王刚中言其筋力壮盛，乃复用之”[③]。

但是，宣抚使与制置使之间的联合监察，也存在着一定的局限性。绍兴六年（1136），因为“先是，川陕宣抚副使吴玠言，军前粮食屡阙。伏望勾臣赴行朝应副使唤，免致有误边防，虚负罪责。而抚谕官刘子羽等亦言，得制置大使席益咨目，称邠端坐廨宇，一向弛慢”，于是“右奉直大夫、成都府路转运判官安邠追五官，添差监郴州在城酒务，左中奉大夫、成都府路转运副使贾若谷降三官放罢”[④]。

此外，制置司、都转运司与宣抚司三者之间，也开展了一些联合监察。绍兴八年（1138），有臣僚上奏：“蜀汉之师，难于粮运，然顷年吴玠

① 《建炎以来朝野杂记》乙集卷10《淳熙至嘉定蜀帅荐士总记》，第664页。
② 《要录》卷14，建炎二年三月丁酉。
③ 《要录》卷195，绍兴三十一年十二月丙辰。
④ 《要录》卷104，绍兴六年八月辛酉。

讲营田于汉中，愿降玺书，问以大意，谓兵不可不养，粮不可不足，今日粮运，在赵开时其数几何，在李迨时几何，自降营田以来积谷几何，减损馈运之数复几何。俾制司、都转运司同宣抚司条具以闻，仍乞以法颁示诸军，使为矜式。”然后，宋高宗“诏札付吴玠，仍令冯康国同共条画以闻”①。

当然，其中的局限性也是不容忽视的。绍兴七年（1137），因为“四川制置大使席益复与都转运使李迨有违言，交诉于上”，于是宋高宗“诏川蜀去朝廷甚远，全借两司协济国事。今览益、迨所奏，务为嫌隙，必致生事，深以为忧。可令学士院赐诏戒谕，仍当深体朕意，毋得因今旨在告待罪，妨废职事”②。

第二，与总领所之间的联合监察。

四川制置司与四川总领所之间也进行了一定的监察协作。绍兴二十五年（1155），针对四川州县“减免钱物”的问题，四川安抚制置使符行中、四川总领汤允恭、户部员外郎钟世明所提出的“如将已减钱物却行催理，许人户越诉。监司不检察，令制置司总领所按劾”的建议，由宰执大臣将户部“欲并依所乞施行”的意见上奏后，宋高宗作出指示：“可并依所请，仍行诸司常切遵守，不得因而科敷骚扰。”③ 绍兴二十六年（1156），宋高宗下诏：“近令诸路监司、守臣条具便民合行宽恤事件，提点刑狱官亲行决狱。缘四川去朝廷远，尚虑奉行减裂，致实德不能及民。可令制置使萧振、总领财赋汤允恭催督，如奉行不虔，按劾以闻，当重置典宪。”④ 绍兴二十七年（1157），在潼川府路转运判官王之望提出“乞减四川上供之半以裕民”的请求之后，宋高宗对宰辅大臣说道：“前日令四川措置裕民事，尚未见条具到，莫须见得四川每年出入之数，常赋几何，横敛几何，军储所需与无名之费多少。”宰相汤思退回答说：“四川财赋如圣训，可催萧振

① 《宋会要辑稿》食货2之20。
② 《要录》卷113，绍兴七年八月丁酉。
③ 《宋会要辑稿》食货63之12。
④ 《要录》卷173，绍兴二十六年七月戊午。

等疾速条具。”其建议得到了高宗的肯定①。

淳熙四年（1177），针对“盐之为害，尤甚于酒”的问题，四川安抚制置使兼知成都府胡元质提出：“臣欲择能吏前往，逐州考核盐井的实盈亏之数，先与推排等第，随其盈亏多寡而增损之，必使上不至于重亏国计，下实可以少纾民力，方可施行。”于是，宋孝宗诏令胡元质与四川总领李蘩“同共相度措置，条具闻奏”②。淳熙十二年（1185），鉴于“本州威远铺、旧州、胜间三处博买铺，乃本州极边，非水陆冲要，大商经由，逐铺过取钱物，只作收税，以办月额”的情况，西和州知州王朴提出：“乞诏制总司将本州三博买铺尽行废罢，俾边民各得营生。”然后，四川安抚制置使留正和四川总领冯宪共同研究后认为：“今来王朴所陈废罢，难以施行外，第恐所收税钱不能及额，因缘多端趁办，或有未便，其言不可尽废。逐司乞于逐铺税额向上与减分之一，惟边民不妨营生，且不失向来讥察探报之意。”其建议获得了宋孝宗的批准③。

绍熙二年（1191），四川安抚制置使兼知成都府京镗和四川总领杨辅上言：“潼川管下郪县等五邑支移赴隆庆府送纳，谓之远仓米，秪充本府厢、禁军、铺兵支用。隆庆去潼川，近者二百里，远者五百里，皆负担而去，往往揽户每石邀价，至有钱引十二三道者，以致人户重困。乞改理估钱送纳。”于是，宋光宗下诏：“潼川府郪县、涪城、中江、永泰、盐亭五县支移赴隆庆府三仓送纳米，可改理估钱送纳，每石连耗并头子勘合钱共纳钱引八道。每岁令隆庆府差官一员前去潼川府受纳，及令潼川府诸县须管照省限送纳了足。如违，仰隆庆府具本司所欠县分官吏以闻。”④

但是，四川制置使与四川总领之间的监察协作，也存在着一定的局限性，主要体现在互相掣肘与共同腐败两个方面。制置司与总领所之间，经常发生相互掣肘的现象。其实，早在宋高宗时期，“四川制置使席大光益

① 《宋会要辑稿》食货63之13。
② 《宋史全文》卷26（上），淳熙四年十二月戊寅。
③ 《宋会要辑稿》食货18之14。
④ 《宋会要辑稿》食货68之14—15。

与赵不咸”，与四川都转运使赵开之间存在着严重分歧[①]。宋宁宗时，四川总领王铅与四川制置使董居谊之间的关系也很僵，“总领王铅与制置董居谊不咸”[②]。

有时，制置司与总领所之间，又存在着共同腐败的问题。绍兴二十四年（1154），“太府卿总领四川财赋军马钱粮符行中充敷文阁待制、四川安抚制置使兼知成都府，右朝奉大夫、成都府路提点刑狱公事郑霦行尚书度支员外郎、总领四川财赋军马钱粮。霦与符行中在蜀中，馈遗秦桧，不可胜计，岁时寒暄之问，亦必用金狮子二枚伴书焉”[③]。绍兴二十七年（1157），在殿中侍御史王珪弹劾“二人在蜀中专恣暴横，多以库金互送”以后，四川制帅符行中和四川总领郑霦分别受到了“再责成州团练副使，南雄州安置”和“令吏部与远小监当差遣”的处罚[④]。

因此，制置司与总领所之间，形成了既有合作而又互有对抗的关系格局。两者之间的关系复杂而微妙，生动地反映了南宋时期地方政治运行艰难的客观现实状况。

第三，与茶马司之间的联合监察。

四川制置使与四川茶马之间也进行了一些联合监察。淳熙五年（1178），在四川总领李蘩反映“茶马司岁减马七百匹，为钱二十一万，乞与茶户对减重额”的情况后，宋孝宗“诏四川制置司同茶马司公共相度经久有无妨阙利害以闻”。于是，四川安抚制置使兼知成都府胡元质和四川都大茶马吴总提出：“臣等申请置局，委官审实纠决。涉历两年，推核增亏之数，合减放虚额一百四万三百斤，其引息土产税钱共一十五万二千九百九十四贯。”最后，“诏并与除放”[⑤]。

淳熙九年（1182），由于四川茶马王渥指出黎州在买马过程中存在的严重问题，宋孝宗下诏：“龚总已放罢，特降三官；通判孙醇、监押杨仲

① 魏了翁：《鹤山集》卷87《朝奉大夫通判夔州累赠正奉大夫师君墓志铭》。

② 吴泳：《鹤林集》卷35《潘知县墓志铭》。

③ 《要录》卷167，绍兴二十四年七月乙丑。

④ 《要录》卷176，绍兴二十七年三月辛卯。

⑤ 《宋会要辑稿》食货31之25。

礼，各特降一官放罢。仍陈岘、王渥参照绍兴年间一岁酌中之数，立为定制闻奏”，使黎州知州龚总、通判孙醇和监押杨仲礼受到了严厉处罚。然后，四川制置使兼知成都府陈岘和都大茶马王渥联合提出：“乞行下黎州，照淳熙六年酌中之数渐行更革，令及此类。如将来蕃蛮驯服，从实互市，其所减又不止此。”其请求得到了朝廷的批准①。

庆元二年（1196），四川安抚制置使兼知成都府赵彦逾和四川茶马使杨经共同提出：“绍熙元年至五年，黎州买过良细马数，照得四年所买一千一十四匹，在五年之中最为的中数目，欲令本州依额收买”②，其建议获得了朝廷的采纳。

此外，制置司与茶马司之间还共同向朝廷举荐贤能。宋宁宗时，开州（治今四川开江）知州陈公璟“治赋不扰而裕，听讼不察而明，期年而治，民气和乐”，于是四川制置使兼知成都府刘德秀“率茶使王某同荐之”③。

但是，四川制置使与四川茶马之间的监察协作，也有一些分歧和矛盾。宋高宗时，四川安抚制置使兼知成都府李璆“与茶马使韩球交恶”④。嘉泰三年（1203），四川都大茶马吴总“以秦司属官印视事”，并且“以身为从官，用故事，不复关白”，一改“自绍熙末，茶使视事，皆申知制司”的惯例，使得四川安抚制置使兼知成都府谢源明十分恼怒，“会得邸吏罢报，即追还迓人，械所遣二卒还军中。总大沮，然犹得知潼川府云”⑤。

可见，在减免赋税、购买战马和举荐贤能等方面，四川制置使与四川茶马之间都开展了监察协作。然而，制置司与茶马司的长官之间严重不和与贪腐行为，则严重地制约其监察职能作用的发挥。

（2）与路级机构之间的联合监察

四川制帅与路级机构之间开展了较多的联合监察。宋孝宗时，由于

① 《宋会要辑稿》兵23之16—17。
② 《宋会要辑稿》兵23之24。
③ 杨万里：《诚斋集》卷132《西和州陈史君墓志铭》。
④ 魏了翁：《鹤山集》卷87《朝奉大夫通判夔州累赠正奉大夫师君墓志铭》。
⑤ 《建炎以来朝野杂记》乙集卷14《川秦茶马二司分合》，第760页。

“镇故无学”，监永康军青城县味江镇税兼合同场的宋若水，“为作孔子庙，考古制器，率诸生行释奠礼，延师儒，躬讲说，士子竞劝”，于是“制帅汪公暨诸使者闻其贤，争荐之”。然后，他便获得了“移知神泉县”的升迁[①]。具体而言，其中主要包括与帅司、监司之间的联合监察两种情况。

第一，与帅司之间的联合监察。

四川制置使与帅司之间进行了一定的监察协作。淳熙三年（1176），由于“柬之于淳熙元年知叙州日，蛮寇横江，边寨危急。柬之以郡事委佐官，用沿边都巡检使职事，提兵出讨。焚荡聚落五处，蛮酋纳其铜鼓重器，面缚出降。柬之以军法诛召寇之人，群蛮詟服”，在四川制置使兼知成都府范成大与潼川府路安抚司联合上奏以后，宋孝宗下诏：“知黎州禄柬之除秘阁”，表彰禄柬之在叙州（治今四川宜宾）知州任上的突出政绩[②]。

第二，与监司之间的联合监察。

四川制置使与监司之间开展了较多的联合监察。宋孝宗时，四川安抚制置使兼知成都府汪应辰“与本路监司列荐，盖是出于公论，不约而同，所以不避再三之渎，伏乞钧照”，共同将成都府路转运司干办公事何耕、华阳知县于锐、签书资州判官厅公事程价举荐给朝廷[③]。淳熙十四年（1187），因为“成都大火，所燔七千家”，于是朝廷“有旨令本路监司同赵汝愚从实开具闻奏”，要求成都府路监司与四川安抚制置使兼知成都府赵汝愚联合调查上报真实情况[④]。宋孝宗、光宗之际，刘德礼被“今丞相京公制置四川，倡宪漕同荐”[⑤]。具体来说，其中又包括与转运使、提点刑狱之间的联合监察两种情况。

首先，与转运使之间开展了联合监察。宋孝宗、光宗之际，游仲鸿被“制置使京镗、转运刘光祖亦交荐于朝”[⑥]。

---

① 朱熹：《晦庵集》卷93《运判宋公墓志铭》。
② 《宋会要辑稿》职官62之20。
③ 汪应辰：《文定集》卷13《列荐何耕于锐程价与宰执书》。
④ 《建炎以来朝野杂记》乙集卷8《丁未成都火》，第639—641页。
⑤ 杨万里：《诚斋集》卷119《奉议郎临川知县刘君行状》。
⑥ 《宋史》卷400《游仲鸿传》。

此外，还与提点刑狱之间实施了联合监察。嘉定九年（1216），针对“简州显惠神君诞辰，士民从年例献乐，至黄昏有雨，游人争过浮桥，以致桥船损坏，溺死人众，守臣梁公明不能禁约，何以逃罪”的问题，在成都府路提刑周居信和四川制置使兼知成都府董居谊的共同请求下，简州知州梁公明受到罢免官职的处罚①。

（3）与其他跨路级机构和路级机构之间的联合监察

制置司、总领所、茶马司与路级机构之间开展了一定的联合监察。绍兴二十六年（1156），内降诏令：“四川军储供亿，民力不易，深轸朕怀。昨遣钟世明措置裕民事，虽已蠲放积欠，减免折估等钱。不住据州郡监司继有申请及士民陈献利害，而去朝廷远，难以计度，已专委许尹、王之望同制置、总领、茶马司公同相度措置。”② 同年，潼川府路转运官王之望说道：“诏臣与许尹同制置总领茶马，再修便民之政。辄有愚见，冒昧上闻。盖治病之标，不若疗其本；导水之末，不若疏其源。四川赡军之费，前后累蒙蠲放，而利泽未深，上贻圣虑者，盖其本原实在军中也。”③ 绍兴二十七年（1157），王之望又说：“上以蜀民久困供亿，诏制置使萧振、总领财赋汤允恭、都大主管茶马公事李涧、成都府路转运判官许尹与之望同措置，务令实惠及民，可以经久。”④ 绍兴二十八年（1158），因为“尚书省检会节次行下四川制置等司措置条具减盐酒课息钱”之类“凡十四事”，然而“皆未报”。于是，宋高宗“诏王刚中与诸司公共相度以闻，务令军民兼济”⑤。绍兴三十年（1160），由于“先是前四川帅臣李文会、王刚中，漕臣王之望，提点刑狱王弗，夔路提举官王适，皆举武德郎董诚堪充边将”，宋高宗对宰执大臣说：“五人皆荐，可见其公。”然后，“诏与边郡，仍籍记以俟他时选用”⑥。

但是，跨路级机构与路级机构之间的联合监察也存在着较大的局限

① 《宋会要辑稿》职官75之13。
② 《要录》卷174，绍兴二十六年九月壬子。
③ 《要录》卷175，绍兴二十六年十月乙未。
④ 《要录》卷176，绍兴二十七年正月辛卯。
⑤ 《要录》卷180，绍兴二十八年十月己亥。
⑥ 《中兴小纪》卷39，绍兴三十年九月丙子朔。

性。嘉泰三年（1203），“上御笔严监司互送之禁，然远方自如”。嘉泰四年（1204），“马使彭辂至成都，制使谢源明、茶使赵善宣留连逾两月，自入境迎迓，以至折俎赠行，以楮币、锦采、书籍、药物计之，所得几万缗，而谢、赵所得亦称是。盖诸路互送，惟建康、成都最厚。诸司每会集，一分计三百八十千。成都三司互送，则一饭之费计三千四百余缗”。同年，“赵漕自成都运判除四川茶马，时赵摄事已久，朝廷本以省将迎之费，茶、漕并置司成都城中，而去送迎迓公用水脚之费，各司为数千缗。旧无所谓压境钱者，谢用光始创之。赵并不离城中，而亦受压境钱，兹又可笑也”①。

南宋时期，作为四川地区行政首长的蜀帅，在结束任期时，往往以修筑城市为名，大肆索取贿赂。地方政府部门之间相互送礼，数额惊人。甚至还出现一些官员之间为了得到更多腐败利益而明争暗斗的情况，“近岁蜀帅聘币不入私家者，赵子直、德夫、杨嗣勋三人而已。子直以赒细民之焚室者。德夫将去，聚宗室之在九县者而分饷之。嗣勋并迓新之具不有焉。近例，蜀帅代归，辄以修城为名，取买舟钱数万计。及嗣勋召还，从省司取四千缗而已。先是，陈端仁为帅，冯廷式为成都漕，端仁有聘币，廷式例以元物易封而报之，端仁大恨，至用他事劾廷式于朝，寿皇知之不信也。近岁吴德夫入蜀，闻李仲衍之节，甚敬之。比德夫入城，而仲衍首却其馈，德夫请不已，乃面授分帑吏而后答书焉。德夫不平，由此二人稍有隙”②。宋孝宗时，“东南帅臣、监司到署，号为上下马，邻路皆有馈，计其所得，动辄万缗。近岁蜀中亦然。其会聚之间，折俎率以三百五十千为准，有一身而适兼数职者，则并受数人之馈，献酬之际，一日而得二千余缗，其无艺如此”③。在贪污腐败问题上，官员之间又存在着某种一致性。事实上，“奢华之风大盛加上四川地区地处偏远，以及古代交通通信环境非常落后，此时朝廷的法律规章制度对于成都地方官员的约束不再有力，极易成为培养官员违制馈赠礼品现象发生的温床，导致官员间的交流

① 《建炎以来朝野杂记》乙集卷12《御笔严监司互送之禁》，第695页。
② 《建炎以来朝野杂记》乙集卷12《蜀帅聘币不入私家者三人》，第693页。
③ 《建炎以来朝野杂记》甲集卷17《公使库》，第395页。

互动失去原本的味道”①。

可见，成都知府特别是其中的四川制帅开展了广泛的行政监察，作出了最为重要的贡献，但还是存在着一些自身难以克服的局限性。

二、南宋成都知府受到的行政监察

南宋时期，成都知府受到的行政监察是非常广泛的，其中包括朝廷、跨路级机构、路级机构、成都通判、其他臣僚、社会舆论对其开展的行政监察等多种情况。

（一）朝廷的行政监察

朝廷对成都知府的行政监察，具体体现在宰执大臣、御史台、谏院、朝廷其他官员的行政监察过程之中。

1. 宰执大臣的行政监察

对于兼任成都知府的四川制帅而言，受到宰执大臣的严密监督。绍兴八年（1138），针对“初，四川制置使席益奏，以湖南等处诸军屯于成都”的问题，校书郎孙道夫向宰制大臣提出：“愿罢之以宽民力。”其建议获得了部分的肯定，“或以其言为中时病”②。绍兴二十七年（1157），因为当时“四川制置使萧振在蜀已一年而职事举”，于是宰执大臣“欲与进职名”。宋高宗说道：“四川善政，前有胡世将，今有萧振。振蠲科敷，蜀人安之。近荐帅臣，又皆得人。与之，不为过。”然后，萧振“遂进秩四品，自待制除敷文阁学士”。不过，令人遗憾的是，萧振不久就去世了，“未几，振卒”③。

淳熙六年（1179），由于“先是，黎州蛮作过，福谦失职，诏令制置胡元质具福谦不职始末”，于是“宰执进呈，福谦于五部落未作过之时，屡申事宜，而制置使胡元质略不为备，致覆军杀将”。其结果是“知黎州

① 许伟宁、王晓龙：《宋代地方政府公务接待问题研究——以成都地区为中心》，《重庆交通大学学报》2018（6）。

② 《中兴小纪》卷24，绍兴八年六月乙卯。

③ 《中兴小纪》卷37，绍兴二十七年五月丙寅。

李福谦降一官，放罢。四川制置使胡元质降两官”[1]。

2. 御史台的行政监察

南宋时期，成都知府要受到御史台的行政监察。绍兴二十八年（1158），宋高宗“诏监司、郡守除命既下，即日起发。或以疾故力丐祠禄，必俟终满，方许别有陈乞。如或违戾，令御史台纠察以闻”[2]。乾道九年（1173），宋孝宗“诏诸路监司、郡守不得非法聚敛，并缘申请，妄进羡余。违者重置于罪，令御史台常切觉察弹奏”[3]。

首先看御史台对成都知府兼本路安抚使开展的行政监察。嘉定十三年（1220），在殿中侍御史胡卫反映其“出帅西蜀，贪污狼籍；今以西清奉真祠，尚怏怏于柄用之弗及”的情况后，焕章阁学士、太中大夫、提举南京鸿庆宫黄畴若受到了“褫职罢祠”的严厉处罚[4]。

再看御史台对四川制帅的行政监察。绍兴二十六年（1156），殿中侍御史周方崇上言：“其在蜀中，恣为不法，掠敛四川珠贝锦绮，以媚时相。又督朝廷所放五年旧欠，蜀人怨入骨髓故也。”于是，“敷文阁待制、提举江州太平兴国宫符行中落职，罢宫观”[5]。绍兴二十七年（1157），因为殿中侍御史王珪“论二人在蜀中，专恣暴横，多以库金互送”，于是“左朝散大夫符行中再责成州团练副使、南雄州安置，右朝散大夫郑霭令吏部与远小监当差遣”，两人分别受到朝廷的严厉惩罚[6]。

淳熙九年（1182），由于侍御史张大经“论其结纳趋附，贪墨无厌。使二子为遂宁、潼川酒官，初未尝往莅职，虚破请给，及以宗人作诸郡说书名目，妄支月廪。婿赵汝应见为茶马幕属，凭恃横恣。所辟干官吴礼乃尝以赃败，岘倚以为腹心，表里交通，为蠹滋剧”，使得四川制置使兼知成都府陈岘受到了罢黜官职的处罚[7]。淳熙十六年（1189），因为“光宗

---

① 《宋会要辑稿》职官 72 之 26—27。
② 《宋会要辑稿》职官 47 之 34。
③ 《宋会要辑稿》职官 47 之 37。
④ 《宋会要辑稿》职官 75 之 24。
⑤ 《要录》卷 173，绍兴二十六年六月戊子。
⑥ 《要录》卷 176，绍兴二十七年三月辛卯。
⑦ 《宋会要辑稿》职官 72 之 35。

受禅，趣召未至，殿中侍御史范处义论其稽命”，于是四川安抚制置使兼知成都府赵汝愚“除知潭州，辞，改太平州”①。

绍熙五年（1194），在御史中丞谢深甫反映“其蛇虺之毒，虎狼之暴，肆虐以济贪，怙势以行诈。到官方一年半，而两蜀军民、士夫无不怨愤”的情况后，四川安抚制置使兼知成都府丘崈受到了降充焕章阁直学士，并受到罢黜官职的严厉处罚②。

嘉定十二年（1219），在侍御史李楠反映“其边淮绎骚，懵若不闻，寇戎压境，拱手无策”，以及“其出蜀掩公家之积以为己有，横敛虐取，四蜀怨嗟，镌官褫职，严示惩戒，虽祠禄亦未可轻畀，寻诏特降三官，仍落职”的情况后，于是“前四川制置使董居谊召赴行在指挥寝罢”③。同年，李楠“又奏董居谊误国害民，出蜀席卷，乞重行黜责”，其请求得到了宋宁宗的批准，使得董居谊受到“褫职镌三秩”的惩罚④。嘉定十三年（1220），因为右正言王元春指出：“董居谊、王铅奸贪误国，西蜀几危。居谊既坐迁谪，王铅仅从镌罢，同罪异罚，人谁不疑。”于是，四川总领王铅“降两官，送抚州居住”⑤。由此说明，四川制置使与四川总领之间承担着相当大的连带责任。

当然，御史台对四川制帅的行政监察也存在一定的局限性。开禧三年（1207），四川安抚制置使兼知成都府吴猎对下属的监督相当乏力，“有合州人杜源者为蓬州守，坐上逆曦表，为御史中丞所劾，窜贺州。报至，德夫适受谒，即摘前知利州某、前知重庆府某，语之曰：‘二君顷在郡，得毋例为此乎？傥有之，幸密以告猎，当类奏，可无他虑；不尔，惧为人所持。’二客谢无之，闻者传以为笑”。吴猎秉持息事宁人的态度处世：“有赵纲者，为利路漕，以妇死，擅归所居遂宁之长江。德夫素恶其人，幕客以纲擅出境，请诘之。德夫以纲尝为宣司所荐，不敢问，其幕客之轻锐者

① 《宋史》卷392《赵汝愚传》。
② 《宋会要辑稿》职官73之59。
③ 《宋会要辑稿》职官75之21。
④ 刘克庄：《后村集》卷44《玉牒初草·皇宋宁宗皇帝》，嘉定十二年四月癸巳。
⑤ 《宋会要辑稿》职官75之24—25。

共逼之。德夫不得已，初问，不报，再问，以宣檄为解。又持不可，德夫曰：'已问矣，恐伤宣司太甚，可止也。'"①

3. 谏院的行政监察

南宋时期，四川制帅受到了谏院的行政监察。绍兴八年（1138），针对"时议应副玠军须，或言宜付之四路漕臣，或言宜总之制帅"的情况，右正言李谊进行了深入的分析："蜀都五十四郡，岁赡玠军近四千万缗，四路漕臣各自为家，岂能通其有无？况又权轻，安能与之抗衡而抑其冗滥？帅臣虽重，而体貌不可削，乃令兼领钱谷，则必受羁絷。彼方且约其期会，斥其逋欠，帅臣之威，亦稍损矣。又帅臣与主兵之官，尤不可不和，两者皆非所责，则都漕之职，岂可阙乎！李迨虽究心所职，不避仇怨，然其人少恩，喜与物忤，今必得忠智之士，知开阖之权，识取与之方，然后为得。"鉴于当时宣抚司参议官陈远猷已经兼任了四川转运副使，于是"命直秘阁、主管四川茶马张深兼权副使，与陈远猷共事"。但是，秘书省正字兼权左司郎官孙道夫提出："四川自来元无都漕，自宣司以随军漕兼总领财赋，俾措置茶盐酒息，通融赡军。今都漕司但四分岁数，以付西路而已，非有所措置，愿罢之以宽民力"，其建议未被宋高宗采纳②。

绍兴二十四年（1154），在右正言郑仲熊反映"敷文阁待制、知成都府萧振天资狠戾，趣向乖僻。曩缘赵鼎用事，倡为专门之说，振阿附之，自谓其曲学出于程颐，殊不知颐在先朝，固尝见诋于识者，如苏轼尤嫉其奸，振亦何知？乃借为仕进之梯，方天台之罢，曾未数月，起于谪籍，付以四川之权。朝廷屡下宽诏，有可裕民者，俾同诸司措画。振为制置使，略不关意，乃敢诵言于朝，欲以对籴军粮八万石，截留不发"的情况后，宋高宗"诏振落职放罢，依旧宫观，池州居住"③。

4. 朝廷其他官员的行政监察

除了宰执大臣和台谏官员之外，四川制帅还要受到朝廷其他官员的行政监察。绍兴二十九年（1159），当"端明殿学士李文会遗表闻，初命进

---

① 《两朝纲目备要》卷10，开禧三年四月戊申。

② 《要录》卷118，绍兴八年二月乙亥。

③ 《要录》卷167，绍兴二十四年七月甲子。

三官致仕，至是赠左中奉大夫”的时候，中书舍人洪遵指出：“文会奴事秦桧，排斥忠良，改秩三年而登政府，及守成都，贪毒弛缪，动为民害。”然后，他提出：“望罢其恤典，以慰蜀人。”于是，宋高宗“诏赠官勿行，其致仕遗表恩泽共与二人而已”①。

淳熙十一年（1184），敷文阁学士、提举佑神观兼侍讲、同修国史李焘，“闻四川制置使留正、总领冯宪论减酒额，犹手札赞庙堂行之”②。淳熙十四年（1187），成都发生了一场重大的火灾，吏部侍郎章德茂向宋孝宗反映，根据四川人的说法，四川制置使兼知成都府赵汝愚上报的火灾损失严重不实，“章德茂为吏部侍郎，言于上曰：‘蜀人有以书抵朝士者，云：“火作自某所至某所，延烧几万家，灾亦甚矣。”事出不测，于政何伤。忠实如汝愚，不尽数以闻，何也？’”于是，孝宗要求赵汝愚把火灾和救济的具体情况汇报上来，“上乃命子直将的实被灾人户数目，振济钱米，开具以闻”。此外，司农少卿万元亨对赵汝愚兴修成都府的千金堰提出异议，指责他好大喜功的错误行为：“万元亨为司农少卿，应诏上言：‘成都之火，于守臣何害？闻蜀帅乃欲撤百年之堰，以从一己之规模，民情易摇，当以静治。好作者可得而恃哉，当以厚化。善恶太明，则无所措矣。’”孝宗再次要求他把兴修水利工程及其费用情况报告朝廷，“乃命子直审度经久利便，及具因依费用钱物闻奏”。然后，宋廷又要成都府路监司与他本人报告有关实情，“翌日，有旨令本路监司同赵汝愚从实开具闻奏”③。

嘉定十二年（1219），在兼给事中宣缯反映“其虏骑冲突，仓皇无策，我师失利。乃用轻儇之人为将帅，剖刻军士，以致溃散之卒反为虏人乡道。降官罢职，罚未当罪”的情况之后，前四川制置使兼知成都府董居谊“更降两官，送永州居住”④。亦在同年，给事中宣缯上奏：“子述入蜀之初不能抚定溃卒，乃悉诛之，激而为乱，害及王人，惊惶奔窜，仅以身

---

① 《要录》卷181，绍兴二十九年正月壬午。

② 《全蜀艺文志》卷47，周必达：《敷文阁学士通奉大夫致仕赠少师李文简公神道碑》。

③ 《建炎以来朝野杂记》乙集卷8《丁未成都火》，第639—641页。

④ 《宋会要辑稿》职官75之22。

免，乞将子述夺职罢祠。”其请求得到了朝廷的批准，于是“以前四川安抚制置使聂子述为宝谟阁待制，提举江州太平兴国宫”[①]。

（二）跨路级机构的行政监察

跨路级机构长官对成都知府实施了一定的行政监察。绍兴二年（1132），川陕宣抚处置使张浚“乃承制拜子羽利州路经略使兼知兴元府，徙徽猷阁直学士、新知成都府王庶知嘉州”。由于“先是浚奏似守蜀有劳，请加职”，两天之后，宋高宗“诏以似为显谟阁直学士，再任”，成都知府王似受到了朝廷的嘉奖。但是，当王庶“既被黜，乃请奉祠”的时候，张浚“以庶不遵行府命令，尽夺其职而奏劾之”[②]。同年，“诏起复徽猷阁直学士王庶语言轻率，用意倾险，落职提举江州太平观，本州居住，始用张浚奏也”[③]。可见，在张浚的面前，作为下属的成都知府王庶就显得有点无足轻重了。

此外，四川制帅与副手之间，还存在着相互制约的关系。嘉熙四年（1240），四川制置使陈隆之“与副使彭大雅不协，交章于朝”。四川宣抚使兼知夔州孟珙责问道：“国事如此，合智并谋，犹惧弗克，而两司方勇于私斗，岂不愧廉、蔺之风乎。”于是，“驰书责之，隆之、大雅得书大惭”[④]。

（三）路级机构的行政监察

对兼任成都知府的四川制帅，监司也有行政监察权力。绍兴二十六年（1156），在右正言凌哲的请求下，宋高宗下诏：“应自今知州、通判互论不法事件，并须拘留在任，选委监司之清正有风力者依公究治，取见诣实曲直情状施行。”[⑤] 绍兴二十八年（1158），王刚中出任四川安抚制置使兼成都知府。其后，成都府路计度转运副使王之望对他说道：“今日转运副使来点检成都府公事，非见制置使也。”此言一出，王刚中也就无话可说

① 刘克庄：《后村集》卷44，《玉牒初草·皇宋宁宗皇帝》，嘉定十二年十一月戊午。
② 《要录》卷55，绍兴二年六月丙申。
③ 《要录》卷59，绍兴二年十月乙未。
④ 《宋史》卷412《孟珙传》。
⑤ 《宋会要辑稿》职官47之31。

了[①]。其实，“这里可以看出，与其他地区相比，在四川，以转运司为代表的监司，在某些方面还敢于与制置司一争高下，表明自己并非是制置司的附庸”[②]。

（四）成都通判的行政监察

正如南宋词人陈耆卿所指出的那样：“人谓千里权在守，守行贰助之，则往往以不急视贰，是大不然。夫使千里之民得安于民者，守也；使守不得恣于守者，贰也。贰不治则守恣，守恣则民病，何谓不急？虽然，彼有颉颃作气、相敌不相下者，诚不恣其守矣。然不恣守而自恣，则所以病民益甚。”[③] 对于兼任成都知府的四川制帅而言，成都通判具有行政监督职责，“知州有不法者，得举奏之”[④]。绍兴三年（1133），在监察御史郑作肃提出“近日帅臣稍奏辟通判，切恐循习不已。欲乞降诏检会，应诸州通判系见在知州所辟者，并令罢任，今后毋得奏辟”的请求后，宋高宗“诏令吏部契勘有无知州所辟通判以闻”[⑤]。绍兴五年（1135），“诏吏部通判阙二十五处，取作堂除”[⑥]。同年，“三省言：帅府通判今置两员，或有一员去处，致帅司逐旋申请添置，除潭、广、洪州、镇江、建康、成都府系见两员外，诏帅府通判今后并以两员为额”[⑦]。绍兴七年（1137），“吏部措置到堂除知州军共一百九处、吏部六十一处，堂除通判八十处、吏部六十一处。内通判双员，依旧一员堂除，一员吏部使阙”。其申请获得了宋高宗的赞同[⑧]。绍兴二十八年（1158），三省提出用堂除诸司属官三十五个空缺，与吏部掌握的通判和教授窠阙对换的建议，也得到了高宗的批准。[⑨]庆元元年（1195），有大臣请求废除文臣知州所在之处的通判，宋宁宗表示坚决反对，并训斥道：“郡有倅贰，正如诸军统制之有副也，互相纠察，

---

① 《建炎以来朝野杂记》甲集卷8《王瞻叔与王时亨争礼》，第164页。

② 姚建根：《宋朝制置使制度研究》，第165页。

③ 陈耆卿：《篔窗集》卷3《送商羲仲倅延平序》。

④ 孙逢吉：《职官分纪》卷41《通判军州》。

⑤ 《宋会要辑稿》职官47之66—67。

⑥ 《要录》卷86，绍兴五年闰二月丙辰。

⑦ 《宋会要辑稿》职官47之67。

⑧ 《宋会要辑稿》选举23之15。

⑨ 《要录》卷179，绍兴二十八年五月庚申朔。

岂容省去!”[1] 可见，朝廷对通判选拔任用条件的调控，显然是为了提高地方政府的行政效率，强化对知州的监督力度。

宋高宗时，师民瞻担任成都通判，工作中遇到的都是位尊权重的大官，他却敢于公正办事，成都知府等人对他都相当敬重，“通判夔州、成都府，所事皆大官，决剖无所顾畏，长严惮之”[2]。宋孝宗时，张桩为成都通判，对依仗人势而胡作非为的人，往往当面予以抵制，就连成都知府有时也对他有所敬畏，“秩满，通判成都军府事。连帅吏才有余，第所尚或偏，寮属少年争为刻新以求媚。君居其间，处以静厚，其怙势妄动者辄面折之，帅亦颇惮焉”[3]。宋宁宗时，四川安抚制置使兼知成都府谢源明“绳下苛急，幕府惮之”，但是，成都府通判杨伯昌“于事无巨细，劈析是非”，使得谢源明“虽逢盛怒，率为公屈”[4]。南宋时期，何德方被“堂授通判成都府”。鉴于“成都为西南剧，而府公率崇位貌，胥吏倚为奸吏，视贰蔑如也”的情况，他却“绳以法，人始知有贰。”[5] 当然，“北宋时通判监州的职能比较显著，北宋末到南宋，随着中央集权的加强和地方割据的可能性渐不存在以及国家调发的日益增多，通判的经济专责随之增加，其监州的程度则有所削弱”[6]。

（五）其他臣僚的行政监察

兼任成都知府的四川制帅还要受到其他群臣百官的广泛监督。绍兴二十七年（1157），“前执政李文会自泸州徙益，府下九县供张加倍”，知成都府双流县的李焘，按照正常礼仪接待他，使他只好改道而行，“公用常仪，李由他道去”[7]。实际上，这也是一种变相的行政监察。绍兴二十四年（1154），因为“臣僚论振曩缘赵鼎用事，倡为专门之说，振阿附之，自谓其曲学出于程颐，籍为仕进之梯”，于是“左承议郎、充敷文阁待制、知

---

① 《宋会要辑稿》职官 47 之 48。
② 魏了翁：《鹤山集》卷 87《朝奉大夫通判夔州累赠正奉大夫师君墓志铭》。
③ 张栻：《南轩集》卷 40《通判成都府事张君墓表》。
④ 魏了翁：《鹤山集》卷 74《中大夫秘阁修撰致仕杨公墓志铭》。
⑤ 魏了翁：《鹤山集》卷 74《朝奉郎新知邛州何君墓志铭》。
⑥ 苗书梅：《宋代通判及其主要职能》，《河北学刊》1990（2）。
⑦ 《全蜀艺文志》卷 47，周必达：《敷文阁学士通奉大夫致仕赠少师李文简公神道碑》。

成都府萧振落职放罢，依旧宫观，池州居住”①。

庆元五年（1199），刚刚被任命为四川安抚制置使兼知成都府的黄由，遭到“寝罢，除华文阁直学士，与宫观”的处罚，是因为“臣僚言其缔结伪党，谄媚权臣，全蜀所领四路，岂可任未历州郡之人”的缘故②。开禧元年（1205），“前成都潼川府夔州利州路安抚制置使、兼知成都府谢源明先罢召命，仍特降一官。以臣僚言其违慢法令，肆情妄作”③。开禧三年（1207），“敷文阁直学士、前知成都府吴猎罢召命，落职。以臣僚言其纵臾用兵”④。嘉定十二年（1219），有臣僚上奏说：“前四川制置使董居谊料敌无先见，临事无豫备，蜀人怨之深入骨髓，乞寝召命。”其请求得到了朝廷的批准⑤。

（六）社会舆论监督

毫无疑问，成都知府受到了社会舆论的广泛监督。绍兴九年（1139），因为当时言者上奏：“席益罢四川制帅，辇载宝货以归，不知纪极，乃以吴玠步骑数千人护行，用防劫夺。邵博之召，亦妄作声势，假卒数百人”，同时提出：“愿各为之限制，以裕民力。”于是，朝廷“申严州县接送差兵之令”⑥。乾道六年（1170），因为“先是，绍兴二十六年，行中以敷文阁待制奉祠，言者论其交结秦桧，致身侍从，顷帅成都，将朝廷已放逋负复行催促，废格诏命，蜀人怨之，至是落职罢宫观。已而言者论列不已，次年遂责授散官，南雄州安置，死于贬所。至是，其子愿上章辨诉”的缘故，于是宋孝宗“诏符行中特追复左朝散大夫，充敷文阁待制”⑦。

正如赵汝愚在《论治体及蜀风俗疏》中所说：“况夫蜀之风俗皆慕文华而弃法令，喜议论而乐因循。稍违其情，易致谗谤。自来监司帅守以去朝廷甚远，恐有讥议，不能自明，往往日夕忧虞，务为容忍，奸赃不敢按

① 《宋会要辑稿》职官70之39。
② 《宋会要辑稿》职官74之7。
③ 《宋会要辑稿》职官74之19—20。
④ 《宋会要辑稿》职官74之38。
⑤ 刘克庄：《后村集》卷44，《玉牒初草·皇宋宁宗皇帝》，嘉定十二年二月甲子。
⑥ 《要录》卷130，绍兴九年七月壬午。
⑦ 《宋会要辑稿》职官76之72。

治，法令不敢举行。然犹谤讟横生，斥逐相望。”① 朱熹也说：“远帅西蜀，一遭飞语，则体究具析，无所不至。及究析来上，而所闻不实，则言之者晏然，一无所诃。”② 确实，“在宋代，搜集士民反映，成为当时条件下可能的信息反馈途径之一”③。由于成都知府位高权威，其受到广泛而又全面的行政监督，也是一件自然而然的事情。

南宋时期，不论是兼任本路安抚使的成都知府，还是兼任成都知府的四川制帅，都开展了广泛的行政监察，也受到了全面的行政监督。其发挥的积极作用非常突出，为宋王朝的生存与发展，做出了自己的重要贡献。但是，由于时局多艰，地处边陲，对兼任成都知府的四川制帅进行的行政监察，其中存在着的局限性也是不容忽视的。

特别值得注意的是，“宋朝是结束唐末五代长期分裂局面建立起来的王朝，防止四川等地割据局面的再现，一直是当时统治者最为警惕的”④。然而，“官僚彼此懂得做官为难之处，彼此原谅。一个官出了麻烦，不免牵涉到上下左右其它的官。‘官官相护’，也是包容政治在行政方面的表现”⑤。因此，“必须看到，封建政权对地方官吏的主要要求是忠实地维护中央集权，执行朝廷的政策法令，而对地方官吏的贪赃，在限度之内还是允许的”⑥。在肯定成都知府在行政监察中作出重要贡献的同时，也要看到其中存在着的一些局限性。

---

① 《历代名臣奏议》卷52《治道》。
② 朱熹：《晦庵集》卷11《戊申封事》。
③ 吴宗国：《中国古代官僚政治制度研究》，第262页。
④ 粟品孝：《宋朝在四川实施特殊化统治的原因》，《西华大学学报》2012（2）。
⑤ 刘子健：《两宋史研究汇编》，第66页。
⑥ 金圆：《宋代监司监察地方官吏摭谈》，《上海师范大学学报》1982（3）。

第五章　宋代成都知府与社会治安管理

“宋朝是一个阶级矛盾、民族矛盾始终尖锐复杂的朝代”①，维护社会秩序稳定，是知州所面临的优先要务，“使知一州以兵为重，咸知所先也”②。可以说，“御侮平乱一直是宋代知州保一方平安的重要职责”③，正如苏洵所说：“夫蜀之境，壤狭而民夥，虽号富庶，然亦贫匮者众矣，是以一挠之，则不堪命者十数年，故其人多怨而易动。里巷小民亦尝历评镇蜀者，自吕公而下，曰某公仁，某公明，某公贪，某公暴。仁、明、贪、暴之名，百世不磨，此贤人君子之所畏也，惟明公以此思惧。编籍之中不能无凶民，军伍之中不能无悍卒。西南徼外，杂虏棋布星列。总而言之，其众近数千万，御得其道，则敛足屏气，皆吾臣，皆吾妾；御失其道，则圜视而起，皆吾雠，皆吾敌。此贤人君子之所尤畏者也，惟明公以此思忧。”④ 确实，“蜀道，天下之极险也，然以为难则难于上青天，以为易则易于履平地，是在人尔!”⑤ 换言之，“守天下之至险者，莫如蜀任；当世之重寄者，存乎人”⑥，成都知府发挥着关键性作用。特别是成都知府失职造成的消极影响会非常大，“益为西南之都会，外戎内华，地险物侈，俗

---

① 郭东旭：《宋朝法律史论》，第 124 页。

② 陈傅良：《历代兵制》卷 8《本朝》。

③ 苗书梅：《宋代知州及其职能》，《史学月刊》1998（6）。

④ 《成都文类》卷 21，苏洵：《上张文定公书》。

⑤ 楼钥：《攻媿集》卷 42《赵彦逾再辞免新除端明殿学士中大夫四川安抚制置使兼知成都府不允不得再有陈请诏》。

⑥ 袁说友：《东塘集》卷 17《贺留同知启》。

悍巧劲，机发文诋，窥变怙动，湍涌猋驰，岂其性哉？守之者非其道也”[①]。且成都知府一定不能实行苛政，“益州，西南之都会，地控全蜀，势连三秦。险阻之深，可备于他盗；风俗之厚，不犯于有司。惟政令之去苛，则郡邑以大治”[②]。宋代社会治安管理，包括农民、士兵和少数民族的社会治安管理三个方面，可以分为北宋和南宋两个时期来加以考察。

第一节　北宋成都知府与社会治安管理

毫无疑问，“成都知府兼任两路兵马钤辖，成为西南地区独当一面的最高军政民政长官”[③]。景祐四年（1037），“改益州路钤辖及走马承受公事，并为益利路”[④]。其间也有一定的变化过程，“成都，大府也，帅臣第带兵马钤辖，而两武臣之为钤辖者与钧礼。熙宁茂夷之变，蔡仲远自渭入蜀，始以都钤辖为名。蔡下令两钤辖循阶，神宗不乐，遂罢归。于是冯当世以前执政来为安抚使，而都钤辖之名不带矣”[⑤]。北宋时期，成都知府与社会治安管理之间的关系，主要包括成都知府与农民、士兵和少数民族的社会治安管理三种情况。

一、北宋成都知府与农民的社会治安管理

北宋时期，成都知府与农民的社会治安管理之间的关系，主要体现在安抚为主、预防为先、严加镇压三个方面。

（一）安抚为主

民以食为天，农业是基础。“宋太祖立国之初，即反复诏令诸州长官劝课农桑。太宗至道二年，曾设置劝农使。”[⑥] 景德三年（1006），宋真宗

① 《全蜀艺文志》卷32，张俞：《送益牧王密学朝觐序》。

② 李弥逊：《筠谿集》卷5《胡世将枢密直学士四川安抚制置使知成都府》。

③ 粟品孝等：《成都通史　五代（前后蜀）两宋时期》，第101页。

④ 《长编》卷120，仁宗景祐四年十二月庚辰。

⑤ 《建炎以来朝野杂记》甲集卷11《兵马都钤辖》，第228—229页。

⑥ 苗书梅：《宋代知州及其职能》，《史学月刊》1998（6）。

“诏诸路转运使副、开封府知府及诸道知州、刺史，少卿监已上并兼劝农使，其余知州军、通判等并兼劝农事。仍令自今除授依此施行”[①]。“北宋真宗景德三年（1006）二月，朝廷令地方官以‘劝农使’入衔，从此形成制度，直至清末行之不辍，影响深远。”[②] 皇祐元年（1049），右司谏钱彦远提出：“今欲乞应天下诸州军，于长吏厅各置劝农司，以知州为长官，通判为佐官，于部内各举清强官一员兼充判官，量抽吏人。先将部内诸县今日已前见管垦田顷亩、户口数目，陂塘、山泽、桑枣、沟洫都大之数，著为帐籍。仍开析见有若干逃移人户赋税，荒废田亩，古之水利后来残毁者。委自劝农官司多方设法，劝课招诱，安其生业，去其久害，兴其长利。”[③] 皇祐四年（1052），梓州（治今四川三台）知州何郯上奏：“伏乞特降敕命，应有蝗虫生长处，专责知州、通判督促属县官吏速行打捕。”[④]

北宋时期，成都知府与农民的社会治安管理，首先的要求就是应以安抚为主。乾德三年（965），吕余庆出任成都知府，崇尚节俭，“申命参知政事吕余庆知军府事，取伪册勋府为治所”[⑤]，于是，“重厚有守，所至以宽简治”[⑥]。因为“军中畏伏，民用按堵”，他“就加吏部侍郎”[⑦]。当其回到朝廷之后，除了复任参知政事之外，同时“兼剑南、荆南发运使”[⑧]。

开宝元年（968），刘熙古出任成都知府。因为“九里堤坏”，他“规画修筑，以捍水患”，于是，“民德之，名刘公堤”[⑨]。民生的改善，显然有利于维护社会秩序的稳定。开宝五年（972），他被“召拜参知政事”[⑩]。开宝八年（975），吕端担任成都知府，“为政清简，人用便之”[⑪]。

---

① 《宋会要辑稿》职官42之2。
② 包伟民、吴铮强：《形式的背后：两宋劝农制度的历史分析》，《浙江大学学报》2004（1）。
③ 《宋朝诸臣奏议》卷105，钱彦远：《上仁宗乞置劝农司》。
④ 《宋朝诸臣奏议》卷106，何郯：《上仁宗乞专责守宰捕蝗》。
⑤ 张咏：《张乖崖集》卷8《益州重修公署记并梁周翰系》，第78—79页。
⑥ 王称：《东都事略》卷31《吕余庆传》。
⑦ 《宋史》卷263《吕余庆传》。
⑧ 王称：《东都事略》卷31《吕余庆传》。
⑨ 雍正《四川通志》卷6《名宦·刘熙古》。
⑩ 王称：《东都事略》卷31《刘熙古传》。
⑪ 王称：《东都事略》卷31《吕端传》。

宋太宗时，成都知府程羽“为政宽简，蜀人便之”①。太平兴国五年(980)，结束成都知府任期的程羽，“入朝，拜礼部侍郎”②。

辛仲甫也是“政尚宽简，蜀人安其治”③。确实，正如刘光祖在其所上的《圣范札子》中所指出的那样：“凡太宗之委用能臣，悉本太祖，用范旻知两浙诸州，以李符知开封府，以辛仲甫知益州。”这就是“夫祖宗之用人如此，率皆精强干治、忠实不欺，盖非憸巧之徒行险而侥幸，是以事立而民安也”④。太平兴国九年（984），辛仲甫得到了朝廷的重用，“入知开封府，拜御史中丞”⑤。淳化五年（994），辛仲甫尽管因病没有再次出任成都知府，然而他还是得到了朝廷很高的褒奖，“上以蜀寇未平，工部尚书辛仲甫素著恩信，将令舆疾招抚，会疾甚，不可遣，仲甫亦上章告老，乃授太子少保致仕”⑥。

在安抚百姓方面，张咏的成就非常卓著。他肩负着维护整个四川地区社会治安秩序的重任，“九河张公咏，淳化、咸平中两被帝选，以全蜀安危付之”⑦。他第一次出任益州知州时，面临着非常严峻的客观形势，“昔张咏之守益州也，迟半岁而不行，知蜀道未定，不可以遽进也。太宗以面对许之，以便宜从事谕之，知蜀远难，决不可以逾度也”⑧。于是，“张咏治蜀，很注意安抚民众，收拾民心”。具体而言，“张咏凡有兴作，轮番役用工匠，注意保障工匠其他方面的生产与生活；又放宽旧的条禁，允许西域商人至蜀，大获通商之利；提倡种植桑树，解决了四川养蚕业的需求；下令拆除侵占成都水利设施的豪居大宅，使更多的田地得灌溉之利。这些政策，促进了成都地区经济的发展，有利于社会的安定”，毕竟“张咏出身贫寒，长于民间，对于普通民众的情况比较熟悉，因此在大乱之余来知

① 王称：《东都事略》卷112《程羽传》。
② 《宋史》卷262《程羽传》。
③ 王称：《东都事略》卷36《辛仲甫传》。
④ 《历代名臣奏议》卷70《法祖》。
⑤ 《宋史》卷266《辛仲甫传》。
⑥ 《长编》卷36，太宗淳化五年九月。
⑦ 《全蜀艺文志》卷44，田况：《张尚书写真赞》。
⑧ 曹彦约：《昌谷集》卷10《改知成都拟上殿札子》。

益州，他非常清楚蜀地民众的疾苦”①。

确实，“张咏到任后，对起义民众再次恢复非军事对抗性策略”。“张咏采取措施，拯救饥民，开放盐禁，减轻蜀地民众疾苦。起义民众由此纷纷返回家乡，起义军的势力因此大为削弱。”② 其施政举措深受百姓欢迎和爱戴，“张尚书咏在蜀时，米斗三十六文，绢匹三百文。公计兵食外，尽令输绢。米之余者，许城中贫民买之，岁凡若干，贫民颇不乐。公曰：‘他日当知矣’。今米斗三百，绢匹三贯，富人纳贵绢，而贫人食贱米，皆以当时价，于官无所损益，而贫富乃均矣。此张公之惠，故蜀之人怀思之不能已也”③。

为了更好地维护社会治安秩序，张咏可以说是费尽了心机，“大慈寺御容院有唐明皇铸像在焉，又有壁画《明皇按乐十眉图》。其地有瑞草纹，谓之‘瑞草地’，亦谓之‘花锦地’。张乖崖公尝令划平之，封其门户，后五日开，复生如故”④。正如他所说的那样，“临事有三难：能见，一也；见而能行，二也；当行必果决，三也”⑤。张咏更知道民心大于天，“初蜀新乱，张尚书至。公宇袭旧制，周列更铺凡数百所，公即日命罢之，人心大安”⑥。

咸平六年（1003），张咏再次出任益州知州，仍然面临着十分严峻的客观形势。正如他自己所感受到的那样：“官职过身鬓已衰，傍人应讶退休迟。从来蜀地称难制，此是君恩岂合违。兵火因由难即问，郡城牢落不胜悲。无烦苦意思诸葛，只可颁条使众知。”⑦ 他采取了“易严以易”的治蜀方略，“公知民信己，易严以易，凡一令之下，人情无不慰惬，蜀部复大治”⑧。面对“巴蜀再叛，百姓凋弊，盗贼满野”的艰难局面，他

① 粟品孝等：《成都通史 五代（前后蜀）两宋时期》，第26—27页。
② 何忠礼：《论宋朝政府对民变的非军事对抗性策略》，《浙江大学学报》2014（3）。
③ 范镇：《东斋记事》卷4，第34页。
④ 范镇：《东斋记事》卷4，第32—33页。
⑤ 张咏：《张乖崖集》卷12《语录》，第129页。
⑥ 张咏：《张乖崖集》卷12《语录》，第134页。
⑦ 张咏：《张乖崖集》卷3《再任蜀川感怀》，第24页。
⑧ 韩琦：《安阳集》卷50《故枢密直学士礼部尚书赠左仆射张公神道碑铭》。

“能安而辑之，威而怀之，盗贼殄灭，善民得职，至今蜀之人称之若神明”①。其中的关键就在于一定要先了解情况，掌握实情，“公采访民间事，无远近悉得其实，盖不以耳目专委于人”。他说：“彼有好恶，乱我聪明。但各于其党询之再询，则事无不审矣”②。

张咏深知农业是民生之本的道理，“活人性命由百谷，还须着意在耕农。自有奸民逃禁律，农夫倍费耕田力”③。他认为，取信于民，是为政之根本：“公谓李畋曰：‘子异日为政，信及于民，然后教之；言及于义，然后劝之；动而有礼，然后化之；静而无私，然后民安而乐业矣。行斯四者，在乎先率其身。不然，则民退必有后言矣’”④。要站在历史的高度来看为政之道，“为政之道，府吏曰治未也，庶民曰治未也，僧道曰治未也，未若识见无私、学古之士曰治，斯治矣。”⑤ 在取信于民方面，他认为自己第二次担任益州知州优于第一次：“公问李畋曰：‘百姓果信我否？’对曰：‘侍郎威惠及民，民皆信服。’公曰：‘前一任则未也，此一任应稍稍尔。秀才只此一个信，五年方得成。’”⑥ 其中的关键在于将心比心，唯有如此，才能赢得民心，“昔张咏出守，方兵革之后，抚之以义，民欣戴之”⑦。

张咏采用刚柔并济的策略，“观夫九河公之治蜀，始则平暴乱，雪民于汤火，俾权臣奸竖侧目而不动，终则立条教，纳民于轨物，俾遗黎生齿怀德而不忘。固乃天下之豪杰，宋室之循良也”⑧。简言之，“其为治，大抵以严猛奋励制其暴，以精明果断擿其奸，以公平信义善其俗”⑨。秉持内外兼顾与综合施治的基本原则，“故内修刑政，外靖羌夷，皆有度程，不失尺寸。下至米盐、估直、燕游，皆在所讲，若纪律不可辄易”⑩。确实，

---

① 刘敞：《公是集》卷41《巷议》。
② 张咏：《张乖崖集》卷12《语录》，第130页。
③ 张咏：《张乖崖集》卷2《悯农》，第9页。
④ 张咏：《张乖崖集》卷12《语录》，第131页。
⑤ 张咏：《张乖崖集》卷12《语录》，第129页。
⑥ 张咏：《张乖崖集》卷12《语录》，第131页。
⑦ 苏辙：《栾城集》卷30《李之纯宝文阁直学士知成都府》。
⑧ 《全蜀艺文志》卷29，张俞：《上田密谏书》。
⑨ 《成都文类》卷35，王刚中：《张忠定公祠堂记》。
⑩ 《全蜀艺文志》卷37，杨天惠：《张忠定公祠堂记》。

“张公之治蜀，为天下最实”[①]，堪称典范，“知益州，恩威并著。其政令法度，后人不能增损”[②]，充分践行其“三不欺”的箴言，“上不敢欺君，下不敢欺民，中不敢欺心”[③]。正如他自己所说：“锦城寇难初平日，帝里春和入谒天。好竭忠诚佐贤主，莫教奸佞苦妨贤。”[④] 其政绩非常卓著，“公知民信己，易严以易，凡一令之下，人情无不慰惬，蜀始复大治。转运使黄观以政迹闻，赐诏嘉奖，就改吏部侍郎”，令人难以企及，“两守益部，政无及者”[⑤]。其治蜀之道达到了出神入化的境界，“昔张咏尚宽，至发奸擿伏，时用其猛，蜀人以为神明”[⑥]。

事实上，“在宋初四川长期动荡不安的形势下，张咏两知益州，施展才干，稳定局面，自是之后，终北宋之世，四川再未出现大的动乱”[⑦]。他深受百姓的敬畏与爱戴，“其为政，恩威并用，蜀民畏而爱之”[⑧]；“李顺、王均乱后，前后两镇蜀，易严为宽，蜀人畏爱入骨髓”[⑨]；让人难以忘怀，“再治蜀，恩威条教，动皆可纪。益人至今谣慕，比户画像祠之，以谓诸葛武侯之后，无逮之者。蜀人性游侈，尝亲春以勤啬教之，民皆感其意焉”[⑩]。他被称为“一代伟人”，“张忠定公咏，为一代伟人，而治蜀之绩尤为超卓”[⑪]。于是，“张咏第一次担任成都守臣是太宗淳化年间王小波、李顺起义后，他入蜀平定了起义，使蜀中由乱而治；第二次又是王均兵变之后，他入蜀后又使蜀中由乱而治，从而赢得了‘张咏治蜀’的美称”[⑫]。确实，“王小波、李顺起义给太宗以极大的震撼。淳化五年，他把成都府

---

① 吕陶：《净德集》卷14《巡抚谢公画像记》。

② 曾巩：《隆平集》卷13《侍从·张咏》。

③ 张咏：《张乖崖集》卷6《三不欺箴并序》，第58页。

④ 张咏：《张乖崖集》卷3《至道乙未蜀中送人东归》，第23—24页。

⑤ 《名臣碑传琬琰之集》上卷16，韩琦：《张忠定公咏神道碑》。

⑥ 史浩：《鄮峰真隐漫录》卷6《赐四川制置使沈介诫谕诏》。

⑦ 粟品孝等：《成都通史　五代（前后蜀）两宋时期》，第29页。

⑧ 《宋史》卷293《张咏传》。

⑨ 黄震：《黄氏日抄》卷50《名臣言行录·张忠定咏》。

⑩ 田况：《儒林公议》。

⑪ 洪迈：《容斋随笔》三笔卷5《张咏传》。

⑫ 贾大泉：《张咏、薛田与交子——关于交子的产生时间、整顿和官交子务的建立》，《四川文物》1994（5）。

降格为益州，随即派张咏出任知州，赋予他便宜从事的特权。张咏入川恩威并用，在所谓‘化贼为民’上做了不少工作，稳定了川峡的局势”①。

因此，“张咏之后，主政成都的官员较长时期地延续了张咏严平善民的治蜀方针”②。后来担任益州知州的文彦博说道：“予尝守蜀，睹忠定之像，遗爱在民，钦服已甚。”③ 当然，尽管张咏守蜀实现了“人心大安”④，但是四川地区的社会治安形势仍然比较严峻。正如他自己所说：“剑门山势碧摩天，匹马重来鬓已斑。多赖皇明烛幽远，两川无事得生还。”⑤ 他能够平平安安地离开四川，就是一件非常幸运的事情。

景德三年（1006），继张咏之后，任中正出任益州知州。然后，“在郡五载，遵咏条教，人用便之”⑥。确实，“任在益州五年，谨遵张咏立下的一切规章制度，不繁琐生事，深受官吏、百姓欢迎”⑦。他还向朝廷进献芝草，“知益州任中正献芝草二十二本”⑧，借以表明辖区社会治安形势稳定。

宋真宗时，益州知州凌策为政宽简，“策在蜀，岁丰事简，故得以宽假民”⑨。其继任者王曙的政绩也很突出，“为政严平而不可犯，人以比张咏”。于是，百姓歌之曰：“蜀守之良，前张后王。惠我赤子，而无流亡”⑩。其施政严而有爱，美誉有加，“逮二年，黎俗淳阜，狱讼寂寥，和气休声，溢于道路。俞遂作《蜀侯赋政诗》以歌之”⑪。天禧二年（1018），“召知益州、枢密直学士、右谏议大夫王曙为给事中、兼太子宾客，职如故”⑫。

自天禧三年（1019）九月到次年二月，四川出现了严重的干旱现象。

---

① 虞云国：《黎东方讲史之续　细说宋朝》，第85页。
② 粟品孝等：《成都通史　五代（前后蜀）两宋时期》，第29页。
③ 洪迈：《容斋随笔》三笔卷5《张咏传》。
④ 范镇：《东斋记事》补遗，第45页。
⑤ 张咏：《张乖崖集》卷5《再任益州回留题剑门石壁》，第43页。
⑥ 王称：《东都事略》卷44《任中正传》。
⑦ 岳洋：《宋代名人传》，第65页。
⑧ 《宋史》卷63《五行二上》。
⑨ 《长编》卷89，真宗天禧元年四月乙酉。
⑩ 王称：《东都事略》卷53《王曙传》。
⑪ 《全蜀艺文志》卷32，张俞：《送益牧王密学朝觐序》。
⑫ 《长编》卷92，真宗天禧二年十月壬寅。

由于“益州城西北隅有龙女祠”，益州知州赵稹“躬诣其祠冥祷，未至郡，甘泽大澍达旦，属邑皆告足。是岁丰登，民无札瘥，遂奏章新其祠宇焉”①。实际上，“由朝廷向全国各级官府颁布统一的祈雨法始于真宗时期”②。

天圣年间（1023—1031），益州知州韩亿衣着庄重地头顶中午的烈日进行求雨活动，果真随其所愿，旱情得到了缓解，“公尝于中夕端肃衣冠，祈请帝神，霪雨如期，焦槁以苏”③。成都府灵泉县的瑞应院是一作非常著名的求雨圣地，仁宗宝元、庆历和皇祐年间，张逸、杨日严、文彦博和杨察几位大名鼎鼎的益州知州，先后到此祭祀求雨，蔚为壮观，“炎宋大中祥符二岁，府主密直任公中正聆其显迹，拜章闻上，愿锡名额。未几诏下，院新‘瑞应’之号。至宝元、庆历、皇祐之初，亢闵时泽，蜀土迈厉，府主密直张公逸、杨公日严、相国文公彦博、端明杨公察，毕谕将校，就堂祭请，置府佛庙，设钟梵焚献以祈之。匪夕而应，甘澍浃于百里之内，农稼稔字，蕃固秋成，享大年之望”④。

宋仁宗时，杨日严“为益州转运使，无他治能”，但是“及知益州，颇为蜀人所信爱”，赢得了百姓的爱戴。庆历四年（1044），他“迁勾当三班院、知通进银台司”。后来，他“闻后为守者，其政不便蜀人，因进对，犹从容言：‘远方所宜抚安之，无容变法以生事。’迁给事中，以龙图阁学士知澶州”⑤。

庆历五年（1045），文彦博在立夏之日，到江渎庙祭祀求雨，“枢密学士平阳文公来帅，用立夏斋祭，又祷雨，屡至庙下，谓其僚曰：‘太祖皇帝始平蜀，崇庙制而新之。朝廷岁驰所署祝，再命刺史承祀惟谨。’神实惠于民，民奉之不忘。又乐游池上，当乖崖时尤盛。因相外门之东，得壖地二百步，别为醮设之宇。驿闻于朝，而后蒇事”⑥。据说，他的求雨活动

① 黄休复：《茅亭客话》卷5《龙女堂》。
② 皮庆生：《宋代民众祠神信仰研究》，第153页。
③ 《全蜀艺文志》卷37，阎灏：《韩忠宪公祠堂记》。
④ 《全蜀艺文志》卷37，苏恽：《灵泉县圣母堂记》。
⑤ 《宋史》卷301《杨日严传》。
⑥ 《成都文类》卷32，冯浩：《江渎庙醮设厅记》。

非常成功，当日就降下甘霖，当年获得了大丰收，显得异常神奇，“公为成都日，多宴会。岁旱，公尚出游，有村民持焦谷苗来诉。公罢会，斋居三日，祷于庙中，即日雨，岁大稔”①。还有不少成都知府到龙祠求雨，“皇朝典是邦者，多为民祷雨获应，故其祠益严”。皇祐元年（1049），田况在干旱严重之时的求雨，也是收获颇丰，“是夕大雨，三之日，远近告足，遂致有年”②。

宋代地方官员的求雨活动，今天看来已是多此一举，而所谓的求雨成功也纯属巧合，天要下雨是不以人们的渴求与不求为转移的。但是，它又表明了当时统治者对农业生产的高度重视，表达了期盼丰收富足的强烈愿望。这类特殊的活动主要发生在主动寻求国泰民安的北宋时期，进入南宋之后，被动自保越来越成为政治的主流，于是向天求雨逐渐变为了一种奢侈的行为。

随着人口的不断增加，赋税负担的逐渐加重，潜藏的社会危机，肯定是不能忽视的。益州知州张方平认为，“夫约之以礼，驱之以法，惟蜀人为易。至于急之而生变，虽齐、鲁亦然。吾以齐、鲁待蜀人，而蜀人亦自以齐、鲁之人待其身。若夫肆意于法律之外，以威劫齐民，吾不忍为也”。他还被北宋文学家苏洵认定为“爱蜀人之深，待蜀人之厚，自公而前，吾未始见也”③。嘉州洪雅人毛安舆“年九岁父死，负土为坟，庐于其侧三年”，张方平得知这一情况后，“遗以酒饩，状其事以闻”④，弘扬孝道，有助于塑造良好的社会风尚。

宋祁“知成都陛辞日，面请圣训”的时候，宋仁宗以“镇静”二字口传心授，被其认定为“语简而意尽，于治蜀尤得其要，真圣人之言也”⑤。确实，“为了表示对知州的重视，宋代自国初就确立了由皇帝在殿廷上为新任知州当面遣行的制度，时称陛辞、殿辞、辞见等。辞见时，臣

① 邵伯温：《邵氏闻见录》卷9，第97页。
② 《成都文类》卷32，田况：《益州增修龙祠记》。
③ 苏洵：《嘉祐集》卷15《张益州画像记》。
④ 《宋史》卷456《孝义传》。
⑤ 朱弁：《曲洧旧闻》卷1《仁宗谓治蜀在镇静》，第93页。

僚须向君主奏陈自己的施政设想，君主则对臣下提出希望和建议”[①]。

宋祁勤于政事，“始予以嘉祐初来为州，州大务丛，日操刀笔坐阁下，吏环立听命，必取判乃得去”[②]。其政绩很突出，“稼穑蕃稔，雨旸顺时。人安常业，物无翔价。吏下如律，边尉弛虞。事便于宜，人重犯禁。无逖与迩，式舞而歌”[③]。他在结束自己成都知府任期时，向朝廷进献的感谢文书中，也将治理社会治安作为工作的重要业绩之一予以陈述，“蜀岁丰足，益士文柔。法令谨严，盗贼衰弭”[④]。嘉祐三年（1058），宋祁“代还，除三司使”，但是，他却受到了御史中丞包拯的弹劾，“祁在益州多游燕，又其兄在政府，乃加龙图阁学士、知郑州”[⑤]。由于宋祁深受蜀人爱戴，当其讣告传到成都时，“士民哭于其祠者数千人”[⑥]。

其实，文彦博、田况、杨察、宋祁等成都知府，与西蜀隐士张俞都有交往，显然有助于他们更好地施政为民，“今西洛丞相文公、左丞田公、故三司使杨公、故尚书宋公，相继守蜀，咸谓俞不可自弃于时，每欲论荐。俞必陈诚尽辞，冀安性命”[⑦]。确实，“凡政治稳定、教化施行的诸州，地方官员与地方士人的关系都比较密切和谐”[⑧]。

王素“为政在便人情”，于是“蜀人录公所行为《王公异断》”。他深受百姓爱戴，“公在渭与蜀，尤有爱于民，皆图公像而生祠之”[⑨]。他奉行的是简易之政，“公临下以恕，简而易从，条教明审，人情安便，故西川之政，蜀人纪之”。嘉祐六年（1061），王素“代还，复知开封府”[⑩]。

嘉祐六年（1061），吕公弼出任成都知府，“成都一都会也，得便宜从事”[⑪]。由于此前四川地区位于边陲，社会局势并不稳定，成都知府大多以

① 苗书梅：《宋代知州及其职能》，《史学月刊》1998（6）。
② 宋祁：《景文集》卷48《西州猥稿系题》。
③ 宋祁：《景文集》卷38《益州谢上表》。
④ 宋祁：《景文集》卷56《益州谢两府启》。
⑤ 王称：《东都事略》卷65《宋祁传》。
⑥ 邵博：《邵氏闻见后录》卷19，第147页。
⑦ 《成都文类》卷21，前人：《上吕龙图书》。
⑧ 吴宗国：《中国古代官僚政治制度研究》，第238页。
⑨ 王珪：《华阳集》卷58《王懿敏公素墓志铭》。
⑩ 张方平：《乐全集》卷37《王公（素）神道碑铭并序》。
⑪ 《名臣碑传琬琰之集》上卷26，范镇：《吕惠穆公公弼神道碑》。

严治蜀，而他却以宽待民，深得蜀人的好评。在他离任之时，创作了《蜀父吟》以示思念，流传久远，“邛蜀远方，其俗易摇，为守者往往务为威严，以尽察为能。公独抚以宽恕，屡以有年，蜀人德公，其去也，作《蜀父吟》以思之，方今流传不息”[①]。确实，“其治尚宽”[②]，效果颇佳。嘉祐八年（1063），吕公弼“改给事中、尚书工部侍郎”[③]。

治平元年（1064），赵抃出任成都知府，“以匹马入蜀，为政简易”[④]，从而造福一方平安，“以宽治蜀，蜀人安之”[⑤]。他的“以宽为治”，被宋英宗评价为“赵抃为成都，中和之政也”[⑥]，于是，受到宋英宗的表彰，“蜀之壤狭众夥，府首输赋，风尚纤靡，怯不骛立。自公问俗布政，阔略法禁，绪正纲目，坐格醇茂。仁义道德，衍为教化；徭赋均节，俗本生业。人人自爱，以重犯法。风雨时若，粒米狼戾。民惕然惧朝廷之召迁，而父母去我矣，愿上书借公留”，然后，“语闻上，上以手迹细札，奖勯褒嘉之。”[⑦]

宋英宗与神宗之际，成都知府张焘被评价为“外和内刚，临事有仁者之勇。在蜀四年，尤著惠爱，百姓皆画像以事”。宋高宗时期出任四川安抚制置使兼知成都府的李璆也认为：“公昔在蜀，千载一人；公今去蜀，千百其身。愿公再来，以慰斯民。”[⑧] 其中不免带有过于美化之意，但也说明张焘的治蜀功绩相当突出。

熙宁五年（1072），赵抃以大学士的身份出任成都知府，“赵抃的杰出德行和非凡才干深深地感动着年轻勃发、锐意革新的神宗帝，他在王安石的激励下，毅然打破常规，起用赵抃出任西南重镇”[⑨]。这是因为当时面临着非常严峻的社会治安形势，“成都以戍卒为忧，朝廷择遣大臣为蜀人所

---

① 王安礼：《王魏公集》卷7《吕公（公弼）行状》。
② 《宋史》卷311《吕公弼传》。
③ 《名臣碑传琬琰之集》上卷26，范镇：《吕惠穆公公弼神道碑》。
④ 楼钥：《攻媿集》卷42《新除四川安抚制置使赵彦逾辞免不允诏》。
⑤ 苏轼：《东坡全集》卷86《赵清献公神道碑》。
⑥ 《宋史》卷316《赵抃传》。
⑦ 《全蜀艺文志》卷26《英宗赐赵抃父老借留奖谕诏》。
⑧ 《宋会要辑稿》职官41之93。
⑨ 粟品孝：《赵抃与四川》，《成都大学学报》1994（1）。

爱信者，皆莫如公，遂以大学士知成都”①。正如宋神宗所认为的那样，“今海内之蕃域，号为至重者，举莫若吾之全蜀。壤土衍沃，民俗丰夥。外之则八国种落赖之以绥辑，内之则四道郡邑倚之以康靖。得人而重，固异他所。须智略沉辩，威惠肃给，厌舆论之所与，慰遐氓之所欲者，始为其人矣”。赵抃深受百姓喜爱，“蜀人既闻公来，男呼于道，女欢于灶，皆曰：‘我之匕箸安于食而枕笫乐于寝者，不图今日复因于我公也”，于是，他“简条目，去苛暴，刷涤梗垢，磨荡昏瞀，群疑革而冰消，大扰息而波澄。未逾月，而梁岷之下，晏然已为乐国矣。”其中，取得成功的关键因素在于“不以内外为轻重，而一以其所无事者为政治之本。凡取知于君，而获爱于民者，其将繇此者与”②。

赵抃尊重民意，顺应民心，“公倍道而来，下车之初，釐所当恤，亟即民心，平纷解累，人乃说怿。尽知明天子覆育远方之意甚厚，公亦自谓宜于蜀也”③。他组织的瑞应院祈雨活动，也是天遂人愿，“乃命试主将作簿樊靖款瑞应，具香供，以菩萨之象归于府”，于是奇迹发生了，“是夕又大雨。越三日乙酉，通夕大雨，非特一尺之润而已”④。

其实，早在治平二年（1065），宋英宗“诏五岳四渎、名山大川处差知州、通判祈雨”⑤，目的在于发展生产，保障民生，维护社会稳定。由于古代科学发展水平的局限性，对于干旱等自然灾害，缺乏正确的认识。当严重的干旱现象发生后，上自朝廷，下至州县，常常举行求雨活动，切盼上天降下甘露。熙宁七年（1074），“诏诸路监司访名山灵祠，委长吏祈雨，又遣辅臣告于中太一宫”⑥。毫无疑问，赵抃确实不愧为“朝廷旧臣，天下之所属望”，道德高尚，受人景仰，“抃有清德，所至诚服，如其父母”⑦。

---

① 苏轼：《东坡全集》卷86《赵清献公神道碑》。
② 文同：《丹渊集》卷26《送赵大资再任成都府诗序》。
③ 《全蜀艺文志》卷30，范百禄：《〈成都古今集记〉序》。
④ 《全蜀艺文志》卷38，前人：《灵泉县瑞应院祈雨记》。
⑤ 《宋会要辑稿》礼18之11。
⑥ 《长编》卷255，神宗熙宁七年八月癸未。
⑦ 赵汝愚：《宋朝诸臣奏议》卷73，刘孝孙：《上神宗论方面之寄勿遽更易》。

熙宁九年（1076），冯京担任成都知府兼成都府路利州路安抚使。他上任之后，顺应民意，关注民生，“公既至，则一切镇以无事。忧者释然，骇者晏然，陇亩市里，按堵帖息。王师徂征，以诛以怀，岩居涧饮，悉复故处。乃赋田器，给种食，以振业之。莫不稽颡厥角，洗心易虑，要神而誓曰：‘自今以往，不复敢干王略矣。’”当其召归朝廷的时候，“蜀之在官者及其学士大夫相与采民之言，作为歌诗序引以献”，充分表达了他们的由衷敬意与恋恋不舍之情[①]。其继任者刘庠，针对“蜀久安无事，朝廷以德惠抚之，官吏或纵情忘分守”的情况，采取了“一切齐以法度”的治蜀方略，于是“上下宜之”，呈现出和谐有序的局面[②]。

宋神宗时，吕大防非常重视汲取历史经验教训，旨在更好地造福百姓，“余辄采秦汉至于唐领太守、刺史、节度使之职，有政迹可考而画像存焉者，得二十有八人，别图于他阁，名其榜曰‘观政’。盖观其善足以劝，观其不善足以戒”[③]。元丰八年（1085），宋神宗要求即将结束成都知府任期的吕大防，把他所知道的西南地区百姓的生活状况和新法推行中有害于民的方面，在回到朝廷之前，立即用急递方式，通过入内内侍省，报告给朝廷，不得隐瞒事实真相，“诏吕大防曰：‘卿镇蜀日久，西南生民疾苦利害，或新法有于民未便者，想多闻见。卿未到阙间，宜先以所见条析，入急递奏来，于入内内侍省投进，无有所隐。’”[④]

元祐五年（1090），胡宗愈担任成都知府，“蜀人安其政”[⑤]。他在“出守成都”之后，“还为吏部尚书”[⑥]。另载，“资政殿学士胡宗愈为礼部尚书”[⑦]。还有一说，胡宗愈“知陈州，徙成都府，蜀人安其政。召为礼部尚书，迁吏部。”[⑧]

绍圣元年（1094），王觌被任命为成都知府。由于“蜀地膏腴，亩千

---

① 《全蜀艺文志》卷32，前人：《送冯枢密还朝诗序》。
② 吕陶：《净德集》卷21《枢密刘公墓志铭》。
③ 《全蜀艺文志》卷44，吕大防：《观政阁箴并序》。
④ 《长编》卷359，神宗元丰八年九月辛丑。
⑤ 《宋史》卷318《胡宗愈传》。
⑥ 王得臣：《麈史》卷2《神受》。
⑦ 《长编》卷472，哲宗元祐七年四月癸丑朔。
⑧ 《宋史》卷318《胡宗愈传》。

金，无闲田以葬”，他“索侵耕官地，表为墓田”[①]。其政绩突出，但因政治斗争的牵连，“移河阳，贬少府少监，分司南京，袁州居住”[②]。

宋徽宗时，成都知府路昌衡应诏上奏说：“频年以来，西方用兵，致兴大役，利源害政，佞臣蔽主，四者皆阴之过盛。自陕以西，民力伤残，人不聊生。灾异之变，生于天地之不和，起于人心之怨望。故妖星出见，大河横决，秋雨霖淫。诸路饥馑，殍死道路，妻子弃捐，破析赀储，以应星火之令，勤劳憔悴，多不生还。人心如此，而欲其无怨，难矣。”[③] 建中靖国元年（1101），路昌衡离任后，“坐清臣狱事，责司农少卿，分司，居郢州”[④]。

崇宁元年（1102），成都知府王古“堕崇宁党籍，责衡州别驾，安置温州”[⑤]。大观元年（1107），吕嘉问也受到了朝廷的处罚，“诏责龙图阁学士、中大夫吕嘉问为安化军节度副使，郢州安置。坐知成都府不能律身奉法故也”[⑥]。

宣和五年（1123），王复“以公事忤宰相王黼，降充龙图阁待制，移知成都府。兴利去害，治与陕等。民绘像立祠，刻石纪异。”[⑦] 但是，宣和六年（1124），由于卷入王黼和蔡京的党争之中，王复遭贬落职，“龙图阁直学士、知成都府王复提举西京嵩山崇福宫，显谟阁待制、知邓州葛胜仲提举江州太平观，并落职。”[⑧]

当然，并不是所有的成都知府均能有效地安定一方。元祐七年（1092），蔡京出任成都知府，“京至成都，果以轻举妄作。盗发正昼，烧药市几尽。后又为万僧会，穷极侈丽，两川骚扰，齐集累日，士女杂乱，恶少群辈杀人剽夺一日十数处云”[⑨]，把成都的社会治安搅得乌烟瘴气，陷

① 《宋史》卷344《王觌传》。
② 王称：《东都事略》卷94《王觌传》。
③ 《历代名臣奏议》卷304《灾祥》。
④ 《宋史》卷354《路昌衡传》。
⑤ 《宋史》卷320《王古传》。
⑥ 《宋会要辑稿》职官68之15。
⑦ 刘昌诗：《芦浦笔记》卷8《资政庄节王公家传》，第59页。
⑧ 《宋会要辑稿》职官69之16。
⑨ 《长编》卷472，哲宗元祐七年四月癸丑朔。

入严重混乱局面。蔡京被认定为品行不良，“京小有才，非端良之士”[①]；不可任用，“元丰侍从，可用者多；惟京轻险贪愎，不可用”[②]。其实，早在元祐元年（1086），右司员外郎张舜民就指出：“成都岁作‘万僧会’，近因臣寮上言，已有指挥止绝。”[③] 由此表明，蔡京确实胡作非为了。元祐八年（1093），“龙图阁直学士、知成都府蔡京请便郡，诏不允”[④]。后来，他还得到了朝廷的提拔，“绍圣初，召还，权户部尚书”[⑤]。但是，其幕僚张庭坚拒绝为其所用，“初，蔡京守蜀，庭坚在幕府与相好。及京还朝，欲引以为己用，先令乡人谕意，庭坚不肯往。京大恨，后遂列诸党籍”[⑥]。

其实，简政并不是一种懒政，而是不该做的事情就不要去做，该做的事情就要尽力去做。北宋时期，成都知府奉行的宽简之策，体现出了很高的政治智慧，对于和谐安定民心、保障社会稳定和促进经济发展，发挥了非常重要的积极作用。

（二）预防为先

在农民的社会治安管理方面，确实首先是以安抚为主，然后就应做好预先防范工作，一定要坚持预防为先的方针。具体而言，主要体现在改善吏治与防微杜渐两个方面。

1. 改善吏治

对于社会治安形势的稳定与否，吏治的好坏起着非常重要的作用。乾德四年（966），宋太祖“诏诸州长吏，告谕蜀邑令尉，禁耆长、节级不得因征科及巡警烦扰里民，规求财物；其镇将亦不得以巡察盐曲为名，辄扰民户”[⑦]。确实，“淳化之际，经制烬矣。赋税不均，刑法不明。吏暴于上，民怨于下。武备日废而不知讲，盗贼日发而不知禁，是故野夫攘臂以取州邑，其易如席卷。然则甲午之乱非蜀之罪也，非岁之罪也，乃官政欺懦而

---

① 《宋史》卷337《范祖禹传》。
② 《宋史》卷342《梁焘传》。
③ 《宋朝诸臣奏议》卷128，张舜民：《上哲宗乞罢中慜造寺》。
④ 《长编》卷484，哲宗元祐八年五月癸卯。
⑤ 王称：《东都事略》卷101《蔡京传》。
⑥ 《宋史》卷346《张庭坚传》。
⑦ 《长编》卷7，太祖乾德四年十月己巳。

经制坏败之罪也”[①]。事实上，“据宋朝官方统计，在王小波、李顺起义以前的二十多年内，宋朝派去四川的高级官员，就有一百人以上贪赃不法”[②]。景德三年（1006），宋真宗下诏：“川峡官丁父母忧者，除州军长吏奏取旨，余许解官行服。”[③] 天圣四年（1026），宋仁宗下诏：“诸路转运使、提点刑狱、知州、知军等，今后常切提举觉察巡检、捉贼使臣，若有盗贼之处，不住催促擒捕。如显是怯懦，即具状以闻，仍于部内选有武勇使臣权差替换。候有劳绩，则具奏闻。如不切觉察，当行朝典。”[④] 因此，改善吏治至关重要。

至道元年（995），益州知州张咏上言：“所部知县三人，欲以他官对易之。”宋太宗回到说：“任官之道，各有所宜。蜀民轻浮，好为游乐。官吏政宽，能与之浮沉，民即便安，若稍执纲纪，动即怨怼。朕每命一官，无非慎选。咏之所奏，未可许也。”这也有其合理性，“川蜀向化未久，择平允识事体及政宽与之浮沉者治之，乃其宜也”[⑤]。

张咏两次出任益州知州，均将古成之辟为知县，这有助于其对蜀地的治理，“及李顺乱蜀，辟成之知绵之魏城。自内竖王继恩讨贼，居民避兵者多溺死，积骴如垒，孑遗者皆疮痍流徙。成之劳来煦育之：米饥者，药病者，所活数千人。又立学校，课农桑，俗为一改。五年，蜀又有警，复以咏知益州，再辟成之知绵竹，一以理魏城者理之，绵竹大治。”[⑥] 确实，张咏的政绩非常卓著，“惟张咏守蜀，擘画经理，能洽民心，使地方与中枢之矛盾隔阂，有所消除，情意既通，政化易行，从此川蜀局势，步入正轨，经济生产丰盛，人文政风得展新猷，迥异常于前矣”[⑦]。

宋真宗时，知益州凌策辟举杨蟫为本州通判，并告之朝廷。真宗不认识“蟫”字，于是“以御笔抹去‘虫’，止赐名覃”[⑧]。大中祥符九年

---

① 《成都文类》卷22，前人：《送张安道赴成都序》。
② 吴泰：《宋朝史话》，第50页。
③ 《宋会要辑稿》职官77之2。
④ 《宋会要辑稿》职官48之126。
⑤ 曹彦约：《经幄管见》卷4。
⑥ 雍正《广东通志》卷44《人物志・右连州・古成之》。
⑦ 吴天墀：《吴天墀文史存稿》，第93—94页。
⑧ 文莹：《玉壶清话》卷3，第31页。

(1016)，凌策受到朝廷的重用，“右谏议大夫凌策自成都代还，上将擢任之，会策已病，尝谓王旦曰：‘策有才用，治益部敏而能断。’旦曰：‘策性质淳和，临莅强济。’上曰：‘然。’于是命为给事中、权御史中丞”[①]。

宋仁宗时，益州知州薛奎还将秦州（治今甘肃天水）节度判官明镐“辟知录事参军”，其继任者程琳又把明镐“奏为佥书节度判官”[②]。益州知州王曙按照惯例，辟举王逵为签书判官，即将其“取书签书节度判官厅公事”[③]，辅佐自己治理州政。当王贽被王曙辟为幕职官时，“流内铨已注官在路”，便主动“复奏寝前章”，结果是“王公善其意，从之”[④]。姚仲孙被王曙“辟通判州事”，倅贰郡政[⑤]。

张方平举荐李大临为益州通判，“臣昨受命知益州，旧例合奏举通判一员。切见殿中丞、祕阁校理李大临履行端方，识用周敏。远方都会，事务烦剧，实借通材协力干济。大临虽贯益州，本人操守坚正，必不以闾里之私而挠公事，况大藩事体，自有长吏。今诸州郡因缘陈乞任本乡知州、通判者甚多；又此益州与诸郡不同，全要谙悉人情，通其风俗，大临既是土人，足以详究民间细务。伏乞朝廷特赐差充本州通判，于见任通判两员中，候成资日替一员”[⑥]。

当然，对于知州自辟通判，朝廷是有严格规定的。早在天圣九年(1031)，朝廷作出规定：“大两省官出外知郡，不得奏辟同判职官。其诸处知州，亦不得保举见任同判。”[⑦] 景祐元年（1034），“诏知藩郡及转运使，未至所部不得奏辟属官”[⑧]。景祐二年（1035），宋仁宗“诏尝任二府而为知州者，辟通判、幕职官一员，大两省以上知天雄成德军、益州泰州，并许辟通判一员”[⑨]。其中，有一员必须由朝廷任命。皇祐五年

---

① 《长编》卷88，真宗大中祥符九年九月丙午。
② 王称：《东都事略》卷63《明镐传》。
③ 曾巩：《元丰类稿》卷42《刑部郎中致仕王公墓志铭》。
④ 张方平：《乐全集》卷39《王公（贽）墓志铭并序》。
⑤ 《宋史》卷300《姚仲孙传》。
⑥ 张方平：《乐全集》卷30《举李大临》。
⑦ 《宋会要辑稿》选举27之25。
⑧ 《长编》卷114，仁宗景祐元年五月庚申朔。
⑨ 《长编》卷116，仁宗景祐二年五月己亥。

(1053)，在御史中丞孙抃的请求下，“诏尝任二府出知州者，毋得奏辟通判，止许增辟幕职官一员”[①]。政和四年（1114），宋徽宗“诏诸州通判有两员处，以一员堂除”[②]。确实，“除漕司、帅司等路级常设机构外，有些府州长官亦可自辟幕职”，当然，“曾经担任宰执或大两省的州郡长官，辟置官属的范围比较宽”[③]。可见，“通判主要由中书政事堂和审官东院即后来尚书吏部分别注授，以防止知州自选通判时可能产生的对通判的控制”[④]。

庆历六年（1046），鉴于“祥符中，先帝轸念川峡远民，精求循吏，以为审官院依资次差移官员，多不得人。故特颁诏书，令冯拯以下，各举川峡知州、通判”，并且“西川近年以来，生齿繁庶，比祥符中数倍，全借长吏安辑，稍不得人，即烦朝廷西顾”的实际情况，益州知州文彦博向朝廷反映：“川峡知、通，若尽须举差，恐难得人”。于是，他提出“所有益、梓、利三路内，邛、蜀、嘉、眉、彭、汉、陵、绵、果、阆、遂、合、剑州、兴元府十四处，户口繁多，屯兵稍众”的“所有知州、知府”，“欲乞今后令审官院拣选差官，须是历任内无私罪，升朝后有举主，年甲未高者，方得差任。如任内别败阙，得替日与先次优便差使。或别有殊尤治状，灼然可验，即升陟酬奖。所贵远方得人，兼举先朝故事”[⑤]。

宋神宗时，赵抃与签书剑南西川判官俞汝尚之间的关系非常融洽，“赵抃守蜀，以简静为治，每旦退坐便斋，诸吏莫敢至，唯汝尚来辄排闼径入，相对清谈竟暮”[⑥]。元丰八年（1085），成都知府吕大防上奏：“川峡官，乞并从吏部差授”，于是，宋神宗“诏吏部相度以闻”[⑦]。确实，“宋人认为某地方长官选任好了，这一地方的吏治就有了保证”[⑧]，可见，吏治的改善有利于民生保障工作的落实。

---

① 《长编》卷175，仁宗皇祐五年闰七月癸巳。
② 《宋会要辑稿》职官47之64。
③ 邓小南：《宋代文官选任制度诸层面》，第146—147页。
④ 苗书梅：《宋代通判及其主要职能》，《河北学刊》1990（2）。
⑤ 文彦博：《潞公文集》卷14《乞选差川峡州郡知州》。
⑥ 《宋史》卷458《俞汝尚传》。
⑦ 《长编》卷360，神宗元丰八年十月丁亥。
⑧ 方宝璋：《宋代管理思想——基于政策工具视角的研究》，第38页。

2. 防微杜渐

实际上，“以武力镇压民变，常常旷日持久，一旦取得成功，便需论功行赏，对政府也是一个极大的负担”，于是，“宋朝政府消除民变的措施并不存在一个固定的模式，是否采用非军事对抗性策略要视实际情况而定，有时以抚为主，有时以剿为主，有时则剿、抚并用，但不管情况如何，宋廷首先考虑的还是能抚则抚，尽量减少使用武力”①。乾德四年（966），宋太祖下诏：“如闻西川诸色人移置内地者仍习旧俗，有父母骨肉疾病，多不省视医药。宜令逐处长吏常加觉察，仍下西川管内，并晓谕禁止。”② 乾德六年（968），又诏：“厚人伦者莫大于孝慈，正家道者无先于敦睦。况犬马尚能有养，而父子岂可异居？有伤化源，实玷名教。近者西川管内及山南诸州相次上言，百姓祖父母、父母在者，子孙别籍异财，仍不同居。诏到日，仰所在长吏明加告诫，不得更习旧风，如违者并准律处分。”③ 景祐二年（1035），宋仁宗“诏益、梓、利、夔路夜聚晓散，传习妖法，能反告者赏钱五万，以犯者家财充”④。北宋时期，成都知府非常重视预防社会动荡事件的发生，尽力做到防微杜渐，将动乱苗头扼杀在萌芽状态。

太平兴国八年（983），针对当时“彭州盗贼连结为害，诏捕未获”的问题，成都知府辛仲甫“诱令自缚诣吏者凡百余人，余因散去”⑤。宋太宗时，面对“属岁饥多盗”的严峻形势，宋珰“以方略擒捕招辑，盗皆首伏屏息，下诏嘉奖。端拱初，就拜右谏议大夫”⑥。

淳化二年（991），许骧被召回京，受到了朝廷的奖赏，“命知审官院，迁御史中丞，以疾固让，不许”⑦。这是因为“许骧知益州归，首奏曰：‘乞预为剑外之备。’上怪问之，骧曰：‘臣解秩时，实无烽警。蜀民浮窳，

① 何忠礼：《论宋朝政府对民变的非军事对抗性策略》，《浙江大学学报》2014（3）。
② 《宋会要辑稿》刑法2之1。
③ 《宋会要辑稿》刑法2之1—2。
④ 《宋会要辑稿》刑法2之21。
⑤ 《宋史》卷266《辛仲甫传》。
⑥ 《宋史》卷276《宋珰传》。
⑦ 《宋史》卷277《许骧传》。

易扰难安，以物情料之，但恐狂啸不测。’既而不久，李顺果叛，时皆伏其先见”[①]。由此说明两点：第一，益州知州许骧重视社会治安防范工作。第二，当时四川地区的社会治安形势非常严峻，但却没有引起朝廷的足够关注，于是很快就爆发了影响深远的王小波、李顺起义。

特别是“自王均、李顺之乱后，凡官于蜀者，多不挈家以行，至今成都犹有此禁。张咏知益州，单骑赴任”[②]，足见当时社会形势很不稳定。不过，“宋初李顺起义之后，宋廷规定入蜀当官不得带家人，但却允许官吏置姬属，蜀守张咏曾带头置婢，于足下属官员都纷纷效法畜妓置姬”[③]。确实，“国初，西蜀初定，成都帅例不许将家行，蜀土轻剽易为乱，中朝士大夫尤以险远不测为惮。张乖崖出守还，王元之以诗赠云：‘先皇忧蜀辍枢臣，独冒干戈出剑门。万里辞家堪下泪，四年归阙似还魂。弟兄齿序元投分，儿女亲情又结婚。且喜相逢开口笑，甘陈功业不须论。’”[④] 事实上，“禁止包括益州知州（成都知府）在内的官员携带家属入蜀，是对他们很大的牵制”，可见，“宋廷对成都知府的规定，可谓十分特别。这无疑有将其家眷留为人质之意”[⑤]。

咸平三年（1000），知黄州（治今湖北黄冈）王禹偁上奏：“国家以建隆甲子岁下西川，甲午岁复乱，三十年之应也。当时西川止益、梓、眉、遂有城可守，惟郭载弃而先走，为贼所据，余皆固守。无城之处，悉为贼据。此有备无备之明效也”[⑥]，主张加强城市防御工程的修筑，提高地方社会治安的防范能力。咸平四年（1001），宋真宗“诏西川诸州长吏严察细民，敢有讹言动众，情理切害者，斩讫以闻”[⑦]。

大中祥符五年（1012），益州知州李士衡上言：“永康军村民社赛，用棹刀为戏，望行禁止。”其请求得到了宋真宗的批准[⑧]。确实，“敬神祭祀

---

① 文莹：《玉壶清话》卷8，第82页。
② 魏泰：《东轩笔录》卷10，第110页。
③ 贾大泉、周原孙：《四川通史》第4册，第370页。
④ 叶梦得：《石林燕语》卷7，第100—101页。
⑤ 粟品孝等：《成都通史　五代（前后蜀）两宋时期》，第105—106页。
⑥ 《长编》卷47，真宗咸平三年十二月壬申。
⑦ 《长编》卷50，真宗咸平四年十二月丁未。
⑧ 《宋会要辑稿》刑法2之11。

等大型隆重的典礼，民间往往结成社团，有组织地率领大众进行，而且仪式的仪仗多有兵器，以示神主帝王般的威严。宋政府对此高度警惕，予以管制”[①]。

天圣六年（1028），薛奎知益州时，冷静地瓦解了有人利用后蜀时期的中书官印以扰乱社会秩序的阴谋，“有掘地得伪蜀时中书印者，贮锦囊中，夜挂城西门，阍吏晨取以白，从而观者以万计，皆恟恟以为异，奎顾主藏吏藏之，略不取视”[②]，然后，“民乃止”[③]。因为“蜀人富侈，元夕大张灯，知府薛奎戒以备盗”，于是益州都监高继宣“籍恶少年饮犒之，使夜中潜志盗背，明日皆获”，共同维护了社会治安秩序的稳定[④]。

天圣八年（1030），由于“上元张灯，州人夜聚遨嬉”，益州知州程琳“先戒火备，曰：‘有火则随救之，勿以白。’已而果有火，终燕，人无知者”。面对“蜀民岁为社，祠灌口神，有妖人自名李冰神子，置官属吏卒，聚徒百余”的严峻形势，程琳“捕其首斩之，而配其社人于内地”，然而“道路或以为冤”。朝廷得知这一情况后，“遣内侍张怀德驰视”。最终使得程琳平安无事地渡过了此次风波，“怀德视蜀既无事，还奏得解”[⑤]。确实，“针对流言，朝廷快速做出回应，以召问、核查或遣使的方法追溯信源的可信度和深层根源，并采取相应措施，收到显著成效，多数情况下，使流言不攻自破”[⑥]。当然，“成都地方官将祭神表演当作谋反予以镇压，可见朝廷对蜀人的疑心之重。朝廷派来的官员大多有此疑忌心理”[⑦]。

益州知州韩亿“威靖仁涵，内外诚尽，方严正直，动循仪矩，中心乐易，以教化为首务，俗尚悛革，安趋夷逵”。特别是他摧毁了新繁、彭州、成都一带的被称为“闪地黄”的社会黑恶势力，使得“至今新繁无盗”，有力地改善了这里的社会治安环境[⑧]。

---

① 程民生：《宋代民间的武器及政府管制》，《中国史研究》2013（3）。
② 《长编》卷106，仁宗天圣六年三月辛酉。
③ 欧阳修：《文忠集》卷26《资政殿学士尚书户部侍郎简肃薛公墓志铭》。
④ 《宋史》卷289《高继宣传》。
⑤ 《长编》卷109，仁宗天圣八年十月癸卯。
⑥ 方燕：《流言与北宋蜀地治理》，《四川师范大学学报》2018（5）。
⑦ 黄博：《甲午再乱：北宋中期的蜀地流言与朝野应对》，《四川师范大学学报》2013（1）。
⑧ 《全蜀艺文志》卷37，阎灏：《韩忠宪公祠堂记》。

庆历六年（1046），益州知州文彦博向朝廷报告说，随着社会经济的恢复和发展，人口急剧增加，比起宋真宗大中祥符年间增长了数倍之多，社会治安压力明显加大，稍有不慎，就会出大问题，“臣切以西川近年以来，生齿繁庶，比祥符中数倍，全借长吏安辑，稍不得人，即烦朝廷西顾”①。其中，他指出了成都知府在社会治安防范工作中所具有的重要作用，同时也表明了自己对这一问题的担忧。同年，针对“去年臣僚上言减废利州昭化县驿程”之后，“行路之言，皆为不便”，并且“亲自经由相度，诚为不便。昭化驿去利州虽近，又因东有桔柏津大江之阻，西有木瓜原重山之险，夏秋二时，雨潦留滞，行役之人，进退无据，古来置驿，良因于此。今既废驿，即经过使命不免裹粮留宿。其如过军稍多，即宿食有所阙乏”的实际情况，他向朝廷提出：“欲乞依旧驿支给券料，所费甚少，所济则多。”②

佛教寺院僧尼机构请求按照张咏的惯例，举办佛事活动，也得到了文彦博的同意，“文潞公守成都，僧司因用张公故事，请作大会，公许之”③。其中，充分体现了文彦博“政有威严而克果断”④的行事风格。实际上，“这是利用佛教在民众中的影响，发挥僧徒从善修行的引导作用，聚集民心，安定社会秩序，恢复社会生产的举措”⑤。

皇祐四年（1052），第二次担任益州知州的程戡，“至彭州，民妄言有兵变，捕斩之”⑥。其实，此前的成都知府大多害怕受到企图割据一方的怀疑，不敢对府治成都进行加固性修建，“自孟昶归朝，守者务为安静，苟远嫌訾，至城堞毁圮，莫敢增葺”。不过，他却认为：“城以保民者也，故萃以除戎器，戒不虞。聚而莫保，民何依焉？”⑦因此，他勇于突破成规，毅然加以修筑，“前守蜀者多以嫌不治城，勘独修筑之”⑧。对成都的城池

① 文彦博：《潞公文集》卷14《乞选差川峡州郡知州》。
② 文彦博：《潞公文集》卷14《乞复昭化县驿程》。
③ 范镇：《东斋记事》卷4，第34页。
④ 曹学佺：《蜀中广记》卷47《人物记第七·川西道属·文彦博》。
⑤ 魏华仙：《宋代官府力量与成都节日市场》，《四川师范大学学报》2013（1）。
⑥ 《宋史》卷292《程戡传》。
⑦ 张方平：《乐全集》卷36《程公（戡）神道碑铭并序》。
⑧ 《长编》卷173，仁宗皇祐四年十二月丁丑。

全面修筑后，他赢得朝廷的褒奖，“缮完壁垒，经度沟池，谋不逾时，士皆罄力，讫能集事，人匪告劳。刺部提封，刻章指状，备虞暇豫，允赖毗维”[①]。于是，他被提拔为参知政事，并敦促他赶快还朝，并四次派遣使者进行慰问，“今蜀城修完，公之力也。明年召除参知政事，屡表逊避，优诏敦促，中人抚问者数四”[②]。至和元年（1054），“端明殿学士，给事中、知益州程戡为参知政事”[③]。另载，程戡“召拜参知政事，奏禁蜀人妖言诬民者。避宰相文彦博亲，改尚书户部侍郎、枢密副使”[④]。确实，“表彰官员的某些优点，表白对官员离开朝廷的眷恋心情，甚至许诺一些好处，以便笼络官员，使其尽心职守”[⑤]。

至和二年（1055），当程戡回到朝廷担任参知政事时，还提出了“前知益州，风闻俗所传岁在甲午，当有兵起，而民心不安，盖淳化中李顺狂逆之年。请禁民间私习《六十甲子歌》”[⑥] 的建议，得到宋仁宗的采纳。这是因为“当成都地区稳定发展半个多世纪之际，也就是李顺攻占成都即将满一甲子即60周年之时，以成都为中心的四川地区却出现了不利于社会稳定的‘甲午再乱’的流言”[⑦]。作为一位前任成都知府，还对四川地区的治安问题如此忧虑，足见当时这里社会治安形势的严峻。

宋仁宗时，彭思永“帅成都，盗贼为绝”[⑧]，有力地维护了社会秩序的稳定。嘉祐二年（1057），权摄成都知府的彭思永，“召还，为户部副使”[⑨]。

宋英宗、神宗之际，鉴于“蜀人苦多盗”的实际情况，成都知府张焘

---

① 《全蜀艺文志》卷26《仁宗赐程戡修城池奖谕诏》。

② 张方平：《乐全集》卷36《程公（戡）神道碑铭并序》。

③ 《长编》卷176，仁宗至和元年七月丁卯。

④ 《宋史》卷292《程戡传》。

⑤ 苗书梅：《朝见与朝辞——宋朝知州与皇帝直接交流的方式初探》，《首都师范大学学报》2007（5）。

⑥ 《长编》卷181，仁宗至和二年十二月乙酉。

⑦ 粟品孝等：《成都通史　五代（前后蜀）两宋时期》，第30页。

⑧ 黄震：《黄氏日抄》卷50《名臣言行录·彭中丞思永》。

⑨ 程颢、程颐：《二程文集》卷3《故户部侍郎致仕彭公行状》。

“严保伍，使不得隐，而申其捕限”①，这是因为“天子首除全蜀尹”② 的缘故，他承担着维护四川地区社会治安秩序的重任。

宋神宗时，经过成都知府吴中复的精心治理，社会形势发生了重大变化，“公之初来蜀人喜，慈爱久著民情通。众心欢然耻犯法，捄药浮薄归醇醲。尽将约束付僚吏，兴起学校还文翁。二年美化极沾洽，远近循服如偃风”③。确实，“抚绥斯民赖良守，平平政化公能宣”④。

大观年间（1107—1110），席旦第一次担任成都知府，力行猛政，“大观中，诏以公出镇成都。成都之俗，吏猾而民奢，遇利则聚而为奸，值害则逸而为盗。地险以远，故常除用重人，既贵且富，恬其故习，莫可训正。众谓公来，必因其俗。公至，则按吏若民之尤无良者，草刈而禽狝之，一道大震，众由是咸知公之猛”⑤。他对官员的要求非常严格：“先公御吏如御兵，迎刃而解如庖丁。掀髯一笑黠吏走，蜀中草木知威名。”从而使得社会黑恶势力不敢嚣张：“昨年两作益州牧，西南恶少不敢行。”⑥特别是“自赵谂以狂谋诛后，蜀数有妖言，议者遂言蜀土习乱。或导旦治以峻猛，旦政和平，徙郑州。入见，言：‘蜀人性善柔，自古称兵背叛，皆非其土俗，愿勿为虑’”⑦，其治理成效相当显著，“开府之日，小大趋令，民各顺听，亡所抵牾；老奸宿恶，闭门束手，念自淬厉，求为柔人。而益、利两道二十余州，水芸火耨、山行野负之氓，咸足生理，抃喜盈望，如公户摩抚而人劳苦者。盖公设施百未一二，而治功已如此矣。公遂勤成之，行之不变，凡几年，治益进，功益章”⑧。但是，大观三年（1109），成都知府席旦离任之后，“坐进对淹留，黜知滁州”⑨。

政和年间（1111—1118），席旦再次出任成都知府，实行的是宽猛相

① 《宋史》卷333《张焘传》。
② 强至：《祠部集》卷11《送张龙图赴益州》。
③ 强至：《祠部集》卷3《送知府吴龙图》。
④ 《全蜀艺文志》卷21，郭祥正：《蜀道篇送别府君吴龙图》。
⑤ 《成都文类》卷22，苏元老：《送成都帅席晋仲序》。
⑥ 《全蜀艺文志》卷21，喻汝砺：《上席帅》。
⑦ 《宋史》卷347《席旦传》。
⑧ 《全蜀艺文志》卷32，杨天惠：《代送席帅序》。
⑨ 《宋史》卷347《席旦传》。

济而又以宽为主的宽政，“人以为猛，而不知其出于宽；知其出于宽，而不知其犹猛也”。在其两次担任成都知府期间，实现了“猛以济宽”到“宽以济猛”的合理性转变，“其镇成都也，可谓猛以济宽矣；其再镇也，可谓宽以济猛矣”[①]，可见，席旦“两知成都府，甚有治理”。于是，“加至述古殿大学士”[②]。“从统治者角度来说，治蜀方略的选择和制定应取决于变化了的地方社会形势，恩威并施，宽严结合，宽猛兼济。”[③]

政和六年（1116），因为申积中“事所养父母，尽孝终身。有二弟一妹，为毕婚娶，始归本族，复为申氏，蜀人以纯孝归之”，于是“翰林学士许光凝尝守成都，得其事荐诸朝，召赴京师，擢提举永兴军学事，道卒。光凝复与宣和殿学士薛嗣昌、中书舍人宇文黄中表其操行，诏予一子官”[④]。许光凝大力提倡孝道，有利于改善社会风气，维护社会秩序稳定。

反之，如果成都知府不将动乱苗头扼杀在萌芽状态，就会受到朝廷的严厉惩罚。宣和元年（1123），宋徽宗下诏：“龙图阁学士、知成都府孙羲叟远守西蜀，明见用红伞迎神，不行焚毁，落职，降五官，与宫观”，对其维护社会治安工作履职不力，进行了严厉处罚[⑤]。

其实，对于肩负镇守一方重任的成都知府，北宋朝廷的防范意识也是相当强的。宋真宗为此用心良苦，指示谢涛“宜以朕意谕咏：‘赖卿在彼，朕无西顾之忧，每事宜与涛协心精议，副朕倚瞩’”。其效果非常显著，使得“西蜀遂安”[⑥]。元丰元年（1078），为了维持成都知府与本路钤辖之间的相互制约关系，宋神宗下诏：“成都府钤辖寄任颇重，与他路不同，其知府处置钤辖司职事，自今并须参议，于接待仪范，并依蔡延庆未到任以前体例，毋辄裁损，座次与监司依熙宁附令敕施行，仍罢与本路通判序官指挥”。这是因为“初，成都两钤辖谒知府，止循廊，及退，即厅阶上马。至蔡延庆以带都钤辖，仍令趋阶，仍不上马。冯京以前执政带安抚使，其

① 《成都文类》卷22，苏元老：《送成都帅席晋仲序》。
② 凌迪知：《万姓统谱》卷122。
③ 方燕：《流言与北宋蜀地治理》，《四川师范大学学报》2018（5）。
④ 《宋史》卷456《申积中传》。
⑤ 《宋会要辑稿》职官69之1。
⑥ 文莹：《玉壶清话》卷6，第57—58页。

礼遇颇杀，或以为言，故降是诏”[1]。可见，“在钤辖司的权限上，成都府路与梓州路不同，成都府路钤辖司可以专制边事，不需要与转运司一同措置。当然，兼任成都利州路钤辖的成都知府也并非可以不受制约。宋制兵权不专付一人，故成都府利州路钤辖，还有两钤辖为之副贰，他们地位是平等的”[2]。

有时，成都知府与转运使之间也进行了社会治安管理协作。咸平四年（1001），针对“准诏详度毁本州羊马城壕利害”的问题，益州知州雷有终和益州路转运使马亮等联合上奏：“窃以郡国城隍，其来久矣，盖所以聚民而防他盗也。本州顷岁李顺之乱，贼自外攻，即日而陷，此城池颓圮之致也。去岁王均之叛，奸由内作，经年自固，此城池完缉之咎也。然而理乱之事，虽系于人，亦关冥数，诚非常情所可预测。况此城顷因蛮寇，民受涂炭，至唐天成三年，节度使孟知祥遂谋创筑。若缘军贼，诚合去除，又虑异时寇盗外攻，请仍旧不毁。”其请求得到了宋真宗的批准，从而使益州羊马城壕得以保留[3]。

但是，成都知府与转运使之间的社会治安管理协作，也存在一些局限性。淳化五年（994），由于成都知府吴元载“颇尚苛察，民有犯法者，虽细罪不能容，又禁民游宴行乐，人用胥怨”，当王小波起义爆发后，吴元载与转运使樊知古“斩关而出，帅余众奔梓州”[4]。

可见，在“安抚为主”的前提下，一定要坚持“防微杜渐”的方针，将动乱苗头消灭在萌芽状态。如果地方政府不能将农民的反抗斗争扼杀在摇篮之中，北宋朝廷就会出动大军前往镇压。

（三）严加镇压

实际上，“特别是宋太宗淳化四年（993年），震惊全国的王小波、李顺起义，使朝廷骇然丧胆而撕去了‘仁政’的面纱”[5]。于是，“太宗在参

---

① 《长编》卷296，神宗元丰元年二月丁巳。

② 粟品孝等：《成都通史 五代（前后蜀）两宋时期》，第101页。

③ 《长编》卷48，真宗咸平四年四月己未。

④ 《长编》卷35，太宗淳化五年正月甲寅朔。

⑤ 郭东旭：《论北宋“盗贼”重法》，《河北大学学报》2000（5）。

知政事赵昌言的力请下改变策略，命内侍昭宣使王继恩为两川招安使，带兵入川，进行血腥镇压”①。

成都知府郭载仓促逃离成都，无疑产生了很大的消极影响，“唯郭载弃而先走，为贼所据，余皆固守。无城之处，悉为贼据”②。具体而言，“顺兵攻城益急，不能拒守，乃与樊知古率僚属斩关出，以余众由梓州趋剑门，随招安使王继恩统兵讨顺，平之，复入成都”，可惜的是，“月余，忧患成病，卒，年四十”。由于郭载“前在蜀，颇能为民除害，故蜀民悦之。再至成都，即值兵乱，及随继恩平贼，亦有所全济”，使得“故其死也，成都人多叹惜之”③。

淳化五年（994），由于“王小波、李顺继聚徒为乱，陷郡县，杀官吏”，西川转运使樊知古“脱身乘善马离所部，诣阙自归求见帝谢罪，不得对”，受到“降知均州”的惩罚④。

雷有终作为峡路转运使，积极支援兵力和军粮，参与镇压起义。在战火之中，他被任命益州知州，历经艰险，“雷宣徽有终，李顺乱，为峡曹，调兵发食，规划戎事，大有纪律。至广安军，贼势充斥，公濒江三面树栅。一夕阴晦，贼众掩至，鼓噪举火。公安坐栉发，气貌自若。贼既合，公引奇兵出其后击之，贼惊乱，赴水火死者无数。就拜右谏议大夫、知益州”⑤。

仍然是淳化五年（994），由于“上以蜀寇未平”，宋太宗“诏咏知益州”，并且，“上面谕之曰：‘西川乱后，民不聊生，卿往，当以便宜从事’”⑥。张咏“到川后，奉诏条之外，事有大可革者，奏后始行。其有从权而合义者，先行后奏，上悉允之。故得展微效，立功名，诚由上信不疑，下谗不入”⑦。确实，“宋朝朝廷赋予成都知府（知州）‘得便宜行事’

① 何忠礼：《论宋朝政府对民变的非军事对抗性策略》，《浙江大学学报》2014（3）。
② 赵汝愚：《宋朝诸臣奏议》卷122，王禹偁：《上真宗乞江湖诸郡置本城守捉兵士》。
③ 《宋史》卷276《郭载传》。
④ 《宋会要辑稿》职官64之10—11。
⑤ 文莹：《玉壶清话》卷5，第49页。
⑥ 《长编》卷36，太宗淳化五年九月。
⑦ 江少虞：《宋朝事实类苑》卷7《君臣知遇·张乖崖》。

的特权，开始于王小波、李顺起义后期张咏出知益州时期”①。从本质上而言，所谓“便宜从事”，就是指“镇压农民起义的宋军指挥官或边远州军重镇的长官在处理军政事务时，允许先斩后奏”②。

张咏积极筹集军粮，但主帅王继恩却骄横不法，行为消极。面对“时四郊尚多贼垒，城门昼闭”的情况，王继恩却“日务宴饮，不复穷讨”。当“官支刍粟饲马，咏但给以钱”的时候，王继恩愤怒地说道：“国家征马岂食钱耶!”张咏回答说：“城中草场，贼既焚荡，刍粟当取之民间，公今闭门高会，刍粟何从而出？若开门击贼，何虑马不食粟乎！咏已具奏矣。”这样一来，王继恩“乃不敢言”③。于是，张咏请求朝廷再派遣一位官员到成都，牵制王继恩，“公度继恩日横不能改，亟以状闻，愿选忠实可倚者，与继恩共事，庶不敢独任”④。然后，朝廷“命昌言为川、峡两路都部署，自继恩以下并受节度”⑤。确实，“因宋朝倡导重文轻武，以文制武，故终宋一代，文武矛盾也相当引人注目”⑥。

在宋太宗镇定下来后，却又认为镇压此次起义用不着动用副宰相赵昌言。于是，急忙叫停已经到达凤州（治今陕西凤县）的赵昌言，改派内侍押班卫绍钦前往镇压，“昨遣昌言入蜀，朕徐思之，有所未便。盖蜀贼小丑，昌言大臣，不可轻动，宜令且驻凤翔，为诸军声援。但遣内侍押班卫绍钦赍手诏往指挥军事，亦可济矣”⑦。不久，卫绍钦和王继恩两位宦官“皆召归”，任命剑门关总管上官正为招安使。在上官正和张咏的共同努力下，“再阅月而两川平”，镇压了王小波、李顺起义⑧。张咏真是功不可没，“李顺之乱，益州大将王继恩、上官正辈顿师逗留不进。公激使行，盛陈供帐，郊辞以饯之”，“自是士气毕振，获捷而还”⑨。当然，“军事镇压民

---

① 粟品孝等：《成都通史　五代（前后蜀）两宋时期》，第46页。
② 戴建国：《宋代法制初探》，第202页。
③ 《长编》卷36，太宗淳化五年九月。
④ 韩琦：《安阳集》卷50《故枢密直学士礼部尚书赠左仆射张公神道碑铭》。
⑤ 《长编》卷36，太宗淳化五年八月癸卯。
⑥ 王曾瑜：《宋朝的文武区分和文臣统兵》，《中州学刊》1984（2）。
⑦ 《长编》卷36，太宗淳化五年九月。
⑧ 韩琦：《安阳集》卷50《故枢密直学士礼部尚书赠左仆射张公神道碑铭》。
⑨ 文莹：《玉壶清话》卷4，第40页。

变对社会经济、文化所造成的摧残可谓触目惊心”①。

其实，宋代四川地区大规模的农民起义只有一次，那就是淳化四年（993）爆发的范围广泛而影响深远的王小波、李顺起义：“从宋太宗淳化四年（993 年）二月到至道二年（996 年）五月，王小波、李顺领导的农民起义，前后坚持了三年之久。起义军在成都建立了大蜀政权，北至剑阁，南至巫峡，其间州县大都为义军攻破，几乎摧垮了北宋在四川的统治。起义军人数最多时有五六十万，他们所向披靡，多次击败宋军，惩处了许多贪官恶霸，给北宋统治者以沉重打击。其历史功绩和历史意义都是不容忽视的。”② 因此，“北宋初期王小波、李顺农民起义，在中国农民战争史上占有重要的地位”③。

毫无疑问，“宋初朝廷对四川的官吏委任不当，不得其人，政治败坏，是宋初四川动乱的重要原因”④。确实，“国家蓄兵以卫民，而赋民以养兵，此二者不可以有所厚薄也。然而薄于养兵者，其患近而易除。厚于赋民者，其忧远而难救。故夫庚子之小变，起于兵离。而甲午之大乱，出于民怨。由此观之，固有本末也”⑤。北宋初年，地方长官处理小规模的农民骚乱非常吃力，已成为一种普遍现象，“宋兴，既敛兵于内，盗贼辄发，而州郡无武备，急则吏走匿自存，天子常薄吏罪，而言事者以为适然。故盗起辄转劫数百千里，非天子自出兵，往往不能格，愚固异焉。及览近世之迹，若宋铛守益州，张雍守梓州，秦传序守开州，何郦守象州，皆以区区一城抗贼之锋，不为不义屈，于是知天子待吏尽恕道矣。而吏之走匿自存者，何其不自力也？”⑥

总之，在镇压大规模的农民起义过程中，成都知府只能发挥一种有限的辅助性角色，却不能起到决定性的作用，因为他手中没有太多的军事力量。

---

① 何忠礼：《论宋朝政府对民变的非军事对抗性策略》，《浙江大学学报》2014（3）。

② 粟品孝等：《成都通史　五代（前后蜀）两宋时期》，第 81 页。

③ 胡昭曦：《宋初川峡地区的茶法与“贩茶失职”》，《四川大学学报》1980（3）。

④ 贾大泉、周原孙：《四川通史》第 4 册，第 39 页。

⑤ 苏轼：《东坡全集》卷 76《上知府王龙图书》。

⑥ 曾巩：《元丰类稿》卷 49《贼盗》。

二、北宋成都知府与士兵的社会治安管理

实际上，“宋代大、中、小州郡，皆有相应规定的不同数量的禁军驻守”①，但是，“地方精兵都被集中到京师充当由中央控制的禁军，只剩下一些老弱病残者编成厢兵以供杂役，地方长官再也没有强大的军事力量反叛中央”②。其中，“朝廷在地方设置总管、钤辖、都监等将官，代表朝廷统率州军兵马，至此，藩镇的兵权便被剥夺了”③。按照司马光的说法，凡是有中央驻军的地方行政首长，均对军队有一定的兼管职权，“国朝以来，置总管、钤辖、都监、监押为将帅之官，凡州县有兵马者，其长吏未尝不兼同管辖”④。确实，“宋朝政府绝不想让军人再度掌握地方，因此，他们要从中央派出文官去管理州政。文官知州，手里又没兵，当然不会形成割据隐患”⑤。对士兵的社会治安管理，知州肩负着重要责任，“州长官如知州、通判全称为知某州军州事、通判某州军州事，其‘军州事’的‘军’指军政，‘州’指民政，表示兼理军民之政，知州也确实对本州驻兵负训练教阅之责，有战乱则系指挥官。”⑥ 熙宁五年（1072），宋神宗下诏：“诸州军驻泊钤辖、都监、监押与知州、军同管驻泊军马。”⑦ 元丰四年（1081），又诏：“诸州驻泊军马，知州与驻泊兵官同管；屯驻就粮本城军马，知州、通判与本州兵官同管。”⑧ 元丰八年（1085），枢密院提出：“逐将下公事自来并系将司施行。缘知州、知县亦合同行，今立条，诸将下公事并本处知州同管，在县即知县同管。”其请求得到了宋神宗的批准⑨。这样一来，就形成了以文抑武、以武抑文、文武互抑的地方军事管理体系。北宋时期，在士兵的社会治安管理过程中，成都知府所发挥的作

---

① 龚延明：《宋代地方统兵官体制研究》，《军事历史研究》2019（5）。
② 屈超立：《宋代地方行政管理制度改革简论》，《西南民族大学学报》2004（11）。
③ 魏福明：《北宋的集权与分权》，《东南大学学报》2003（4）。
④ 司马光：《传家集》卷48《乞罢将官状》。
⑤ 赵冬梅：《北宋精致的分权制衡》，《人才资源开发》2017（11）。
⑥ 苗书梅：《宋代州级属官体制初探》，《中国史研究》2002（3）。
⑦ 《长编》卷239，神宗熙宁五年十月戊子。
⑧ 《宋会要辑稿》兵5之9。
⑨ 《长编》卷360，神宗元丰八年十月己丑。

用，同样体现在安抚为主、预防为先、严加镇压三个方面。

（一）安抚为主

在士兵的社会治安管理过程中，首先还是要坚持以安抚为主的方针。宋太宗时，成都知府雷有终“有吏干，善抚士卒”①。

咸平五年（1002），“知益州马知节言：‘州兵有不从王均为乱而能杀贼者，已赐名忠勇，升为禁军，而月给仍旧。请选留其才勇者，余复退为州兵。’上曰：‘此辈既名忠顺，安可斥退？’诏增其廪给，如禁军例。又请令西州官吏勿留东人，从之”②。

大中祥符六年（1013），“赐戎泸州军士、白芳子弟缗钱。诏王怀信等，溪峒蛮人非同恶，倍加安抚。又遣使赍名方诣益州，委凌策选医工、给药材，赴军中祗应”③，要求益州知州凌策负责安抚将士事宜。

天圣四年（1026），益州在籍职员中的带有“归明”二字的人员，已经由以前的四十多人，减少为现在的十多人，知州薛田请求朝廷将他们的“归明”去掉，“益州见管职员文帐内，有归明军将后行四十余人，即今只有十余人，乞与除落‘归明’二字”，其请求获得了朝廷的恩准④。同年，他回到朝廷后，“知审刑院”⑤。

庆历六年（1046），因为成都平原并不是骑兵的用武之地，而且这里的骑兵也只有两千多人，于是知益州文彦博向朝廷建议将这些骑兵全部改换为步兵，其建议被朝廷部分采纳，决定将其中的三分之一改组为步兵，“知益州文彦博言，益、彭、邛、蜀、汉五州，非用马之地，而逐州共屯马军凡二千余人，请皆易以步军，诏易三之一”⑥。

反之，如果成都知府缺乏安抚驾驭的能力，就会导致士兵反抗斗争的发生。宋真宗时，张咏被朝廷召回，得知牛冕为继任者，深感疑惑：“冕

① 曾巩：《隆平集》卷11《宣徽使·雷有终》。
② 《长编》卷51，真宗咸平五年四月丁丑。
③ 《长编》卷81，真宗大中祥符六年九月庚寅朔。
④ 《宋会要辑稿》职官48之96。
⑤ 《宋史》卷301《薛田传》。
⑥ 《长编》卷158，仁宗庆历六年六月辛未。

非抚御才，其能绥戢乎?”后来，果真导致了“神卫大校王均之乱”的发生[①]。可见，益州知州牛冕的失职行为，引发了王均领导的士兵起义，“知益州、右谏议大夫牛冕宽弛无政事。时神卫军戍成都者两指挥，都虞候王均及董福分主之。福御众整肃，故所部优赡，均好饮博，军装悉以给费。是月甲子，冕与昭寿大阅于东郊，蜀人喜游观，两军衣服鲜弊不等，均所部皆惭愤，出不逊语。戊寅晦，冕具酒肴犒其牙队，而昭寿则无所设，军士益忿，故赵延顺等八人谋作乱”[②]。

在安抚士兵的同时，还要抑制武将，防止其专横跋扈行为的发生。具体而言，“在争取军士归心的同时，张咏又注意抑制有关将帅的嚣张气焰”，并且，“为了进一步约束王继恩，张咏还上奏朝廷，愿选忠实可倚之人与其共事，使之不能恣意妄为。太宗采纳其意见，命入内侍省押班卫绍钦充同招安使，从此继恩‘凶势为屈’”[③]。由于“王继恩御军无政，其下恃功暴横”，张咏“恐军还日或有意外之变，乃密奏，请遣心腹近臣可以弹压主帅者，亟来分屯师旅”。于是，宋太宗“命枢密直学士张鉴、西京作坊副使冯守规偕往，召对后苑门，面授方略”。然后，“鉴至成都，继恩犹偃蹇，不意朝廷闻其纵肆。鉴之行，上付以空名宣头及廷臣数人，鉴与咏即遣部戍兵出境，继恩麾下使臣亦多遣东还，督继恩等讨捕残寇，而鉴等招辑反侧，蜀民始奠枕矣”[④]。确实，“宋朝对官员的文武区分比前朝严格，以重文轻武，以文制武，防范和猜忌武将为传统国策”[⑤]。

（二）预防为先

在士兵的社会治安管理方面，首先应以安抚为主，然后还要以预防为先，防止士兵反抗斗争的发生。具体而言，主要体现在教阅士兵与防微杜渐两个方面。

1. 教阅士兵

宋代，“凡兼安抚使等帅臣的知州，须对一路众多州军的军防治安负

---

① 韩琦：《安阳集》卷50《张公（咏）神道碑铭》。

② 《长编》45，真宗咸平二年十二月丙子。

③ 粟品孝等：《成都通史 五代（前后蜀）两宋时期》，第25—26页。

④ 《长编》卷36，太宗淳化五年十二月戊寅朔。

⑤ 王曾瑜：《宋朝的文武区分和文臣统兵》，《中州学刊》1984（2）。

责，其余知州则与监司或其他兵官共同负责辖区内各种士兵如本州厢军、巡检土军、县尉弓手以及屯驻或就粮于本地的禁军的训练比武事宜，或亲自教阅，或督察所部主兵官教阅”①。并且，“宋代通常由文官担任地方军政长官，如一州的知州同时又是驻军的统帅。但具体管理一般交由武将监军执行”②。乾德三年（965），宋太祖“令天下长吏择本道兵骁勇者，籍其名送都下，以补禁旅之阙。又选强壮卒，定为兵样，分送诸道。其后又以木梃为高下之等，给散诸州军，委长吏、都监等召募教习，俟其精练，即送都下。上每御便殿亲临试之，用赵普之谋也”③。大中祥符八年（1015），朝廷规定：“令缘边知州军、巡检，月往诸军营宇巡教。”④ 庆历三年（1043），参知政事范仲淹提出：“他所兵士，本营在外府军者，即委逐处长吏、都监、监押，依此拣选起发。”⑤ 元符元年（1098），对于“诸县冬教”，枢密院提出：“其倚郭县，上委知州同当职官，依此提举拍试拣选。”其请求得到了宋哲宗的批准⑥。

宋太宗与真宗之际出任益州知州的张咏，其教阅之法相当智慧，巧妙地化解了军士们的造反图谋，“张乖崖守蜀，兵火之余，人怀反侧。一日，合军旅大阅，始出，众遂嵩呼者三。乖崖亦下马，东北望而三呼。复揽辔行，众不敢欢”⑦。

其实，长期以来，四川地区屯驻禁军，是不进行军事训练的。大中祥符三年（1010），宋真宗说道：“朕记国朝以来，广南、西川，以遐远之地，屯泊军士未尝给兵器，习武艺。”⑧ 随着社会形势的逐渐好转，才开始开展一些军事训练。对本地驻防禁军的军事训练，成都知府负有一定的监管职责。庆历五年（1045），文彦博说本地军队长期没有参加战斗，向朝廷请求建立军事训练制度。宋廷作出了首先训练弓弩的使用，等到熟练之

① 苗书梅：《宋代知州及其职能》，《史学月刊》1998（6）。
② 程民生：《宋代的监军》，《中州学刊》2014（1）。
③ 《长编》卷6，太祖乾德三年八月戊戌朔。
④ 《长编》卷84，真宗大中祥符八年四月壬戌。
⑤ 《长编》卷142，仁宗庆历三年七月戊寅。
⑥ 《长编》卷498，哲宗元符元年五月庚申。
⑦ 王得臣：《麈史》卷2《度量》。
⑧ 《长编》卷73，真宗大中祥符三年二月戊子。

后，再进行刀枪的训练与测试工作的指示，“知益州文彦博言本路兵久不习战斗，请立法训练。诏先教以弓弩，俟民间习见，即又以刀枪阅试之”①。当然，更有甚者认为，“戍川、广者，旧不训练，嘉祐以后稍习焉”②。

2. 防微杜渐

在士兵的社会治安管理过程中，除了教阅士兵之外，还应坚持防微杜渐的方针，将其反抗斗争扼杀在萌芽状态之中。

乾德三年（965），宋太祖“命参知政事吕余庆权知成都府”。他上任后，“时盗四起，将士犹恃功骄恣，王全斌等不能禁。一日，药市始集，街吏驰报有军校被酒持刃，夺贾人物，余庆立命擒捕，斩之以徇，军中畏伏，民乃宁居”③。

实际上，“蜀地守将严责苛察，举措失宜，加剧了蜀地社会秩序的动荡”④，此外，虽然“北宋朝廷巩固其在蜀地统治的目标十分坚定，但平蜀军队大多依然保留着五代骄兵悍将的恶习，他们恃功骄志、胡作非为，把蜀地兵民引到与朝廷目标完全相反的方向”⑤。于是，“当时大宦官王继恩挂衔镇压四川农民起义，义军首领李顺虽被捕遇害，但余部仍怒火不熄，而王继恩却坐在成都府里作威作福。为督促和约束王继恩，太宗任命张咏为益州知州，赋予他直接处置一切大事的权力”⑥。然后，张咏“斩叛卒于益州骚动之余”⑦。

针对当时“寇孽之余，民皆伤痍散流，生不自保。军帅复恃功横骜，部下剽胁善良，祸甚于寇”的严峻形势，张咏“赏戮明果，以复其事密闻于朝，既而易帅旋师。民渐安辑，以至于治，德功茂于蜀表”，获得了极大的成功⑧。他始终保持高度警惕状态，“公寝室中张灯炷香，通夕宴坐，

① 《长编》卷157，仁宗庆历五年十二月癸亥。
② 《文献通考》卷157《兵考九》。
③ 《长编》卷6，太祖乾德三年二月癸卯。
④ 方燕：《流言与北宋蜀地治理》，《四川师范大学学报》2018（5）。
⑤ 粟品孝等：《成都通史　五代（前后蜀）两宋时期》，第21页。
⑥ 岳洋：《宋代名人传》，第63页。
⑦ 文天祥：《文山集》卷10《通董提举楷》。
⑧ 《全蜀艺文志》卷44，田况：《张尚书写真赞》。

郡楼上鼓番漏水，历历分明，傥一刻差误，必诘之。守签者指名伏辜，谓公为神明。公曰：'鼓角为军中号令，号令在前，尚不分明，其余外事将如何也？'"[①] 从而达到极致境界，"若夫西控戎落，东凑中国，其防兵杜渐之术，咏已得之矣"[②]。当然，最后的荣耀全都归功于宋太宗的英明，"知州枢密直学士张咏乐成盛事，遂其所陈，以臣漕运从军，备觌戡定，具以众恳，请颂徽猷"[③]。咸平元年（998），在结束首任益州知州任期后，张咏"入拜给事中，为御史中丞"[④]。另载，"真宗即位，加左谏议大夫。咸平初，入拜给事中、户部使，改御史中丞"[⑤]。

咸平二年（999），本来"西川自李顺平后，人心未宁"，可是益州钤辖符昭寿"骄恣，不亲戎务，有所裁决，但令仆使传道。多集锦工，织作纤丽，所须物辄配市人赍纳，逾半岁不给其直，又纵部曲掠取之。广籴稻麦，败，即勒僧道备偿。仆使乘势陵忽军校，其下皆怨"，从而导致了王均之乱的爆发[⑥]。确实，"代以牛冕，则王均反，牧守其可非人乎？"[⑦]

咸平六年（1003），有人告发成都驻军准备变乱，牵扯到上千人。益州知州马知节只斩杀了其中的七个造反头子，对其余人员不加追究，"知节在成都，有讼龙骑卒谋变者，支引千数，知节密捕其党，按实，止诛为魁者七人，余悉不问"[⑧]。其中充分地显示了他的冷静与果断，这种做法是非常正确的。

也是在咸平六年（1003），张咏第二次出任益州知州，被赋予了兵民之政，"一昨西蜀阙官，九重降命，既令典郡，又委临戎"[⑨]。确实，"在宋初四川两次大乱后，张咏施展才干，将动荡不安的局势稳定下来，自是之后，终北宋之世，四川再未出现大的动乱。张咏也因而赢得了崇高声

---

① 张咏：《张乖崖集》卷12《语录》，第131页。
② 郑獬：《郧溪集》卷4《知成都府制》。
③ 《全蜀艺文志》卷45，刘锡：《至道圣德颂并序》。
④ 王称：《东都事略》卷45《张咏传》。
⑤ 《宋史》卷293《张咏传》。
⑥ 《长编》卷45，真宗咸平二年十二月丙子。
⑦ 吕中：《宋大事记讲义》卷7《盗贼》。
⑧ 《长编》卷54，真宗咸平六年四月庚午。
⑨ 张咏：《张乖崖集》卷11《再任益州谢传宣抚问状》，第124页。

誉，成为北宋最著名的治蜀名臣，长期为后人怀念”[1]。

天禧元年（1017），在得到军人暴乱的报告后，益州知州王曙迅速地作出判断，处死了这些暴乱军人，“尝有卒夜告其军谋乱者，曙立辨其伪，斩之。民安其政，以比张咏，号‘前张后王’”[2]。

在治兵方面，与宋真宗时期的王曙相比，宋仁宗时期的益州知州薛奎在态度上明显更加宽容，“王文康公、薛简肃公俱尝镇蜀，而皆有名，章献时同为执政。一日奏事已，因语蜀事。文康曰：‘臣在蜀时，有告戍卒反，乃执而斩之于营门，遂无事。’简肃曰：‘臣在蜀时，亦有告戍卒反者，叱出之，亦无事。”[3]

因为“蜀人正月二日、三日上冢，知府亦为之出城置会”，薛奎“以是日会于大东门外”。当“有戍卒扣郑龙脑家，求富贵，郑即以银匙、箸一把与之，既出，随以告人。至第二巷尾客店，升屋放火杀伤人。相次都监至，捕者益多。卒自知不免，即下就擒。都监往白”的时候，他“指挥只于擒获处令人斩却”，于是，“民以为神断。不然，妄相攀引，旬月间未能了得，又安其徒党反侧之心也”[4]。

天圣六年（1028），上元节成都点灯，正当与官员们在佛教寺庙中共进晚餐，有驻扎成都的军人在大街上杀人，引起了市民的恐慌，薛奎悄悄地派人把犯法之人逮捕并立即处决，使集餐的人没有觉察到这件治安事件的发生，“上元然灯，与僚吏夜燕佛寺，有戍卒杀人于市，市人皆奔走，奎密遣捕杀之，坐客莫有知者。其临事持重明决多类此”[5]。确实，薛奎“为政明决”，使得“蜀人以张咏比之”[6]。其治蜀方略明显地开始转向“宽”的轨道发展，“公以严治京师，以宽治蜀，皆以最称，此犹吏能也”[7]。同年，“以枢密直学士、右谏议大夫、知益州薛奎为龙图阁直学士、

① 张其凡：《治蜀名臣张咏》，《西南师范大学学报》1988（3）。

② 《长编》卷89，真宗天禧元年四月乙酉。

③ 江少虞：《宋朝事实类苑》卷9《薛简肃》。

④ 范镇：《东斋记事》卷4，第35页。

⑤ 《长编》卷106，仁宗天圣六年三月辛酉。

⑥ 王称：《东都事略》卷53《薛奎传》。

⑦ 黄震：《黄氏日抄》卷50《薛简肃奎》。

权三司使公事”[①]。

天圣八年（1030），当“军士见监军，告其军有变，监军入白”的时候，益州知州程琳“笑遣之”。可是，监军“惶恐不敢去”，程琳对他说道：“军中动静，吾自知之。苟有谋者，不待告也，可使告者来。”其结果是“监军去，告者卒不敢来，公亦不问，遂止”，冷静地化解了潜在的社会治安危机[②]。对于劫盗的逃兵，程琳“密遣追胥，尽擒隐伏”，得到了宋仁宗的表彰[③]。确实，“程琳知益州，治大体，略细务，严肃简重，蜀民畏而爱之”[④]。天圣九年（1031），“枢密直学士、右谏议大夫程琳为给事中、权知开封府”[⑤]。

北宋时期，“地方驻军情况，监军必须向知州禀报，听其处置”，并且，“足见知州作为长官在下级监军面前的威严”[⑥]。正如宋钦宗时晁说之所指出的那样：“祖宗之兵寓于州郡，命其守臣曰知州军，以某军重某州也，其将则州都监是也。州郡都监平日事其守臣卑且谨，则其兵无自肆也，此祖宗之兵制也。”[⑦]

明道二年（1033），王曙也冷静地处理了士兵暴动，“以天章阁待制王曙为枢密直学士，知益州。戍卒有夜焚营杀马胁军校为乱者，曙潜遣兵环营，下令曰：‘不乱者敛手出门，无所问。’于是众皆出，令军校指乱卒十余人戮之，及旦，人皆不知也”[⑧]。其社会治安综合治理非常有效，“枢密学士太原公，既持其节，镇其地，运方略以适其欲，宣上德以滋其生，缓征赋以丰其财，肃刑政以平其枉。逮二年，黎俗淳阜，狱讼寂寥，和气休声，溢于道路”[⑨]。确实，“其为政有大体，不为苛察，蜀人爱之”。景祐

① 《长编》卷106，仁宗天圣六年三月辛酉。
② 欧阳修：《文忠集》卷30《镇安军节度使同中书门下平章事赠中书令谥文简程公墓志铭》。
③ 《全蜀艺文志》卷26《仁宗赐程琳收获劫盗逃兵奖谕诏》。
④ 江少虞：《宋朝事实类苑》卷23《宦政治绩·程文简》。
⑤ 《长编》卷110，仁宗天圣九年九月己巳。
⑥ 程民生：《宋代的监军》，《中州学刊》2014（1）。
⑦ 晁以道：《景迂生集》卷3《负薪对》。
⑧ 《长编》卷112，仁宗明道二年六月辛酉。
⑨ 《全蜀艺文志》卷32，张俞：《送益牧王密学朝覲序》。

四年（1037），他在结束益州知州的任期后，“拜右谏议大夫、同知枢密院事”①。

宋仁宗时，文彦博喜欢与官员聚餐。曾经在钤辖司官署集会，直到深夜，仍未结束，维护治安的人火从心起，把马车上的木头拆下来作柴烧，军校无法阻止他们的非礼行动，只得向文彦博报告。在座的人得知这一消息后，不寒而栗，文彦博却轻描淡写地说道：天气寒冷，把这些木头拆给他们烤火，十分镇静，继续晚餐，巧妙地化解了士兵的不满行为，“文潞公知益州，喜游宴。尝宴钤辖廨舍，夜久不罢，从卒辄拆马庌为薪，不可禁遏。军校白之，座客股栗，公曰：‘天实寒，可拆与之。’神色自若，宴饮如故，卒气沮，无以为变”②。文彦博治军严格，“尝击球钤辖廨，闻外喧甚，乃卒长杖一卒，不伏。呼入问状，令引出与杖，又不受，复呼入斩之，竟球乃归”③。庆历七年（1047），“知益州、枢密直学士、户部郎中文彦博为右谏议大夫、枢密副使”④，当他回到朝廷后，“改参知政事”⑤。

皇祐四年（1052），经过宋仁宗的精心挑选，程戡开始担任其第二任益州知州的工作。刚刚上任，属郡彭州果然传出了发生兵变的谣言，他立即逮捕并处决了造谣分子，使民心得以稳定下来，“到部，彭州果有讹传兵起者，即捕斩之，人心以定”⑥。

宋仁宗时，吕公弼任职成都知府，“公弼至，人以为少威断，会营卒犯法当杖，不肯受，曰：‘宁请剑死。’公弼再三谕之，不从，乃曰：‘杖，国法，不可不受；剑，汝所请，亦不汝违。’命杖而后斩之”⑦。

确实，正如张俞所指出的那样，四川地区的士兵暴动，大都是管军大将对普通士兵的欺凌和压榨所致。王均等反叛之后，在长达四十余年的时间内，以成都知府为代表的成都府官员始终是在宽与猛之间徘徊，到田况

---

① 王称：《东都事略》卷55《王曙传》。
② 司马光：《涑水记闻》卷10，第179页。
③ 《宋史》卷313《文彦博传》。
④ 《长编》卷160，仁宗庆历七年三月乙未。
⑤ 王称：《东都事略》卷67《文彦博传》。
⑥ 张方平：《乐全集》卷36《程公（戡）神道碑铭并序》。
⑦ 王称：《东都事略》卷52《吕公弼传》。

时，形势才逐渐稳定下来，“圣上嗣位二十九载，蜀人颂守臣之良曰田公。维昔蜀侈而慢，内溃下防，将顽卒骄，民毒厥命。故有三盗乘而为乱，非蜀之辜，守将之辜也，吾蜀何有于不事哉？厥后四十年间，为治者能侮其乱，而不图其本，谓失诸宽，遂厉其猛，惟吏是暴，惟刑是威”。然后，“维田公之来，撤燎纾力，解纲散刑，与民休宥”①。其中，充分体现出田况“治尚和易，法去苛细，奖进儒素，禁戢奸暴，以德化人，人不忍欺”②的行事之道。

实际上，“主政成都的官员也逐渐调整治蜀政策，由严变宽。这一转变至少在田况知益州时（庆历八年至皇祐二年，1048—1050 年）已表现出来”。于是，“经过张咏治蜀之后四五十年的发展，成都地区已完全走出动荡不安、‘户口凋丧’的困境，而臻于政清人和、稳定繁荣的新局面。朝廷遂在仁宗嘉祐四年（1059 年）恢复了成都府的旧名，成都的政治地位重新得到了肯定”③。

宋神宗时，成都知府吴中复仍然面临着军卒作乱的风险，“熙宁初，吴仲庶知成都。一日，文明厅前大槐枝叶皆出烟，色青白，如焚香，至暮方止，木如故。历访儒士，莫知其说，惟杨损之云：‘阴符称火生于木，祸发必克，疑将有士卒作难而不成者。’后月余，果有告戍卒谋乱者，皆获”④。吴中复指出：“昔王君之乱，特出于戍兵之所为，非蜀兵为之也。”于是，“议减戍卒而益蜀兵，识者韪之”⑤。可见，他的态度是“蜀逆乱之萌，多缘戍兵。请减戍卒，益土兵”⑥。

然后，吴中复像对待老百姓那样来管理教育戍兵，加强其军事训练，做到制度化和规范化，“龙图濮阳吴公之开府也，驭兵如民，条教详白。凡居处饮食之具，与其役任之劳逸，先治以宜，用一厥心。乃度府门之右，作备武堂，所以讲师律而训戎伍也。日练月习，率有定令。数视屡

---

① 《成都文类》卷 22，前人：《送田府公入觐序》。
② 曹学佺：《蜀中广记》卷 47《人物记第七 · 川西道属 · 田况》。
③ 粟品孝等：《成都通史 五代（前后蜀）两宋时期》，第 29 页。
④ 杨彦龄：《杨公笔录》。
⑤ 《成都文类》卷 28，孙抃：《转运司聿修堂记》。
⑥ 《名臣碑传琬琰之集》下卷 15，实录：《吴给事中传》。

阅，飨劳继之。金鸣鼓奏，士倍其勇。万众旁睨，震动耳目。实镇守之重务，氓俗之深利也”。其中，充分体现了其深谋远虑，“蜀无事七十有三年，议者恬然不怪，民尚嬉乐，恶闻干戈。公一旦远思长虑，而及于此，不独为蜀之计，乃为朝廷计也。始民恶兵，异公之为，懦夫曲士，从而腾说。逮其久也，则曰‘吾将赖之以安’，而说者亦愧悔不敢议”[①]。

熙宁五年（1072），关于四川地区需不需要驻扎大量禁军的问题，王安石与宋神宗之间发生了一定的争执。在“知青州、资政殿学士赵抃为资政殿大学士、知成都府”之后，“上又欲令吴中复知永兴，既而曰：‘姑俟中复离成都，东军在蜀，连三次有谋变者。’安石曰：‘闻中复颇弛缓。’上曰：‘蜀中东军不须多，可减。’安石曰：‘向所以置东军，非特弹压蜀人，亦备蛮寇。’上曰：‘今蛮皆衰弱无足虑，即东军自可减也’”[②]。

其实，赵抃并不赞成在四川地区推行保甲法。他说道自己“累入蜀，深知蜀人情状，闻欲作保甲、教兵，必惊扰失人心”。宋神宗也说：“初无教兵指挥”。王安石却认为：“无此，然教兵亦何妨？诸葛亮以蜀人脆而坚用之，亮尤为得蜀人心，何尝惊扰？”神宗又说：“诸葛亮舍蜀人即无人可用。”王安石坚称：“汉高祖伐楚，用巴渝板楯蛮。武王伐商，用庸、蜀、彭、濮人，岂有蜀人不可教以干戈之理！”[③] 由此看来，宋神宗还是比较倾向于赵抃的观点，王安石则持反对意见，双方之间的争论相当激烈。

仍然是熙宁五年（1072），御史刘孝孙上言：“臣闻二蜀去朝廷绝远，而成都府路又为剧繁，俗习柔良，小事辄骇，故平日守帅尝许便宜以应缓急之变，盖以消伏强御，镇静一方。而近岁守臣任或非人，资以为暴。如王素、张焘辈，多非理黥流，欲立名誉。缘此，诏令军机、边防方许便宜从事。”但是，“近闻赵抃尝有所请，未即允俞。然远方之事，势难中覆。”因此，他提出：“欲乞成都一路，且依旧例施行，使得随事弛张，应机弹压，以消未萌之患。”不过，他的意见未被朝廷采纳。然后，曾经担任成都府路提点刑狱的谢景初上奏：“成都从来妄以便宜从事，所释诛多不当，

---

① 吕陶：《净德集》卷14《成都新建备武堂记》。
② 《长编》卷236，神宗熙宁五年闰七月甲戌。
③ 《长编》卷238，神宗熙宁五年九月甲戌。

乃至有年十五已下、犯法至轻，皆先刺配，候其长之配所。”于是，“中书复删定敕文，惟军人犯罪及边防并机速许特断。”① 确实，“神宗推行新政以来，力图对蜀地政策进行调整，其中最重大的改变是废止了成都知府自张咏时代以来获得的‘便宜行事’特权。王安石等人制定的一系列新法在各地推行过程往往遭到反变法派官员的抵制，而便宜行事之权恰是拒不执行新法的有力武器”②。

宋神宗时，成都知府赵抃对本地驻军进行耐心细致地思想教育工作，使他们不再做违法乱纪的事情，“至蜀，默为经略，而燕劳闲暇如他日，兵民晏然。一日，坐堂上，有卒长在堂下。公好谕之曰：‘吾与汝年相若也，吾以一身入蜀，为天子抚一方。汝亦宜清慎畏戢以帅众，比戍还，得余赀持归，为室家计可也。’人知公有善意，转相告语，莫敢复为非者”③。可见，他实行“以静制动”的治蜀方略，效果颇佳。

元符三年（1100），成都知府路昌衡上奏：“乞精选谙晓军政之官以为将副，使之分总教习，各以逐色比较短长。除本习外，兼教他艺及擐带衣甲。应将兵除谙会修泥城壁、吊挂楼橹板木及补缝衣甲之人，许令存留，仍不妨本等事艺外，有手艺及机织诸色工匠，如年及四十者，并降填厢军。官司如敢隐蔽，虚占名籍、请受，本将及本州官吏以违制分等科罪。”并且，他还与臣僚一起上言：“禁军内有会诸作手艺之类，诸处不得久占，妨废教阅，至武艺隳堕。其别作名目占破手艺人，未有立定条约，及禁军习学手艺，虽有断罪之文，即未有移降指挥，致军人尚敢习学。”于是，宋哲宗“诏诸应禁军处，当职官别作名目差占有手艺人，致妨教阅者，以违制论”④，加强士兵的军事训练，显然有利于提高其作战能力。

宣和五年（1123），成都知府席贡上奏：“契勘诸路设置急脚、马递铺兵，承受往来文书，皆有程限，不容违滞，或私拆盗匿及有损失，官司点检封印传发，条法备具。近缘递角损破，铺兵经官申陈，多不受理，以次

① 《长编》卷 239，神宗熙宁五年十月庚子。
② 黄博：《神御在蜀：宋代四川的御容奉祀与地方政治》，《北京社会科学》2017（4）。
③ 苏轼：《东坡全集》卷 86《赵清献公神道碑》。
④ 《宋会要辑稿》刑法 7 之 23—24。

铺分不肯交承，遂致铺兵打过，直至本府，往回数千里，沿路并无口食，乞丐前来。本府已一面根究，及别出给铺兵口食历并公文遣回外，欲乞自朝廷立法约束。”于是，“奉御笔，尚书省勘当立法”①。事实上，“到了宋代，则普遍设立递铺，专门承担文书传递任务，驿与专门供行人住宿的馆舍合并，与递铺分立”②。其实，席贡担任成都知府能够达到五年时间，也是一件非常不容易的事情，“席公治蜀之五年，诏书移镇平凉”③。

此外，成都知府与钤辖、都监、押监等将帅之官之间，也要进行一些协作。其中，“总管、钤辖、都监等将官，都要受到驻军当地的地方官的管辖，仍不出‘以文制武’之窠臼”④。宋王朝实行重文抑武、文武制衡的战略方针，“宋兴，艺祖受命，首发畿甸兵，番大戍蜀。而内选侍从执政望人为守帅，置二护军，掌尺籍五符，以与府帅联职而钧其任。建东西二寺以处之，号东西钤辖”⑤。

宋太宗时，由于“有巡检所领龙猛军人溃为群盗”，并且“连入数州，俘掠而去”，使得“蜀人大恐”。于是，益州知州张咏“一日召钤辖以州牌印付之”，对益州钤辖说道：“今盗势如此，而钤辖晏然安坐，无讨贼心，是必欲令咏自行也。钤辖宜摄州事，咏将出讨之。”张咏还非常严厉地说：“钤辖今往，必灭贼；若无功而返，必断头于此楼之下矣。”然后，“钤辖震栗而去。既而与贼遇，果败，士众皆还走几十里。钤辖召其将校告之曰：‘观此翁所为，真斩我，不为异也。’”于是，益州兵马钤辖“遂复进，力战，大破之，贼遂平”⑥。确实，“兵马钤辖是统管一路或两路军事的兵马钤辖司（别称‘帅司’）的长官，最初是独立于知府（知州）以外的官职。从北宋平蜀到王小波、李顺起义之时，成都知府（益州知州）都没有兼任兵马钤辖，因此对于领兵官长期是没有节制之权的。这在李顺

① 《宋会要辑稿》方域10之37。
② 曹家齐：《宋代的馆驿和递铺》，《华夏文化》1999（3）。
③ 《全蜀艺文志》卷32，王赏：《送成都席帅序》。
④ 朱瑞熙：《中国政治制度通史》第6卷，第554页。
⑤ 《成都文类》卷28，朱辂：《钤辖厅重建报忠堂记》。
⑥ 司马光：《涑水记闻》卷7，第126页。

起义、张咏出知益州时仍然如此”[①]。

咸平四年（1001），张煦“徙益州都监，与知州宋太初同提总本路诸军事”，特别是“有战舰卒将谋扰动，煦即日斩之”[②]。宋仁宗时，裴德舆担任益州路兵马钤辖的任期到后，益州知州向朝廷要求把他留任下来，得到朝廷批准，又担任了两年的益州路兵马钤辖一职，“拜西上阁门使、益州路兵马钤辖。岁满，益帅赖公自辅，乃上言，愿留公。即诏加昭州刺史，复留二岁”[③]。

但是，成都知府与兵马钤辖之间的协作，还是存在着一定的局限性。宋真宗时，由于益州兵马钤辖符昭寿“骄恣不亲戎务，有所裁决，但令仆使传道”，同时益州知州牛冕“宽弛无政”，从而导致了王均领导的士兵起义爆发[④]。咸平四年（1001），“以知益州宋太初、崇仪使杨怀忠并为益州钤辖，提辖兵马捉贼事”[⑤]，但是，由于益州知州宋太初与钤辖杨怀忠严重不和，宋真宗“以蜀土始安，虑其临事矛盾，癸卯，徙知秦州马知节代之，亟召太初还”[⑥]。确实，“益州知州兼任益、利两路兵马钤辖的格局在仁宗明道元年（1032 年）至景祐四年（1037 年）之间的一个时段内曾出现波折”，不过，“至迟从景祐四年（1037 年）起又恢复了益州知州‘专钤两道之兵’的格局”[⑦]。元丰二年（1079），鉴于“初，赵抃、冯京以前执政为安抚使，故见钤辖仪稍杀”的情况，宋神宗下诏：“成都府路钤辖寄任颇重，与他路不同，其知府处置钤辖司职事，自今并须参议。于接待仪范，并依蔡延庆未到任以前体例，毋辄裁损”[⑧]，其目的在于实现双方的权力制衡。

当然，通判的作用也是不能忽视的。这是因为“州郡兵器库的任务主要是负责收贮诸作院打造或朝廷颁降的各种兵器，以供当地驻军或乡兵作战和教阅之用。通常由知州、通判提举，库内也置监官具体负责本库兵器

① 粟品孝等：《成都通史　五代（前后蜀）两宋时期》，第 99 页。
② 《宋史》卷 308《张煦传》。
③ 沈遘：《西溪集》卷 10《洛苑使英州刺史裴公墓志铭》。
④ 彭百川：《太平治迹统类》卷 5《真宗平王均》。
⑤ 《宋会要辑稿》职官 48 之 107。
⑥ 《长编》卷 49，真宗咸平四年十月己亥朔。
⑦ 粟品孝等：《成都通史　五代（前后蜀）两宋时期》，第 100 页。
⑧ 《宋会要辑稿》职官 48 之 110。

的收贮管理事务”[①]。雍熙二年（985），担任麟州通判张咏指出：“今之通判，古之监郡。郡政之治，佐而成之；郡政之戾，矫以正之。”并且，“其缉兵绥民，御侮致饷，判与守牧相为表里”[②]。熙宁元年（1068），宋神宗“诏诸州通判遍点检本部，巡检器甲，具堪任披带行使以闻”[③]。熙宁五年（1072），宋神宗下诏：“诸州军驻泊钤辖、都监、监押与知州、军同管驻泊军马，在城钤辖、都监、监押与知州军、通判同管屯驻、就粮本城军马”[④]。熙宁七年（1084），“诏诸州军器物料并置库，选职事或曹官一员兼监，仍委通判点检”[⑤]。同年，又诏：“在外使臣经本州军投状委知州、通判、兵官同式验，如中格，先以闻。”[⑥] 元丰二年（1079），“诏诸州军祠祭、斋醮、祈祷，旧差长吏出城经宿者，自今以通判代行”[⑦]。其目的在于保证州军行政首长始终坐镇城中，随时应对各种不测事件的发生，从而保持社会秩序的稳定。元丰四年（1081），宋神宗下诏：“诸路驻泊军马，知州与驻泊兵官同管。屯驻、就粮、本城军马，知州、通判与本州兵官同管，内屯驻、就粮，仍与驻泊兵官同管，其五路都总管司所在旧分将分管辖者，即通判与本州兵官更不管辖。”[⑧] 元祐元年（1086），权发遣秦州兼管勾秦凤经略安抚、都总管司范育提出：“知州系都总管、安抚使、都钤辖，其将下公事乞不许通判同管。”其请求获得了宋哲宗的批准[⑨]。元祐六年（1091），兵部提出：“禁军则知州、通判同共点检。”其建议也得到了宋哲宗的采纳[⑩]。元符元年（1098），大理寺“拟立到有凶恶及群党贼盗，提刑司专委通判抽差下禁军三十人提举捉杀”，其请求得到了宋哲宗的批准[⑪]。大观二年（1108），有臣僚指出：“诸州壮城兵士，州军多巧作名目

---

① 史继刚：《宋代军用物资保障研究》，第192页。
② 张咏：《张乖崖集》卷8《麟州通判厅记》，第75—76页。
③ 《宋会要辑稿》职官47之62。
④ 《长编》卷239，神宗熙宁五年十月戊子。
⑤ 《宋会要辑稿》职官47之62。
⑥ 《长编》卷256，神宗熙宁七年九月癸亥。
⑦ 《长编》卷296，神宗元丰二年正月乙未。
⑧ 《长编》卷311，神宗元丰四年二月乙酉。
⑨ 《长编》卷391，哲宗元祐元年十一月己未。
⑩ 《宋会要辑稿》刑法7之22。
⑪ 《宋会要辑稿》兵12之14。

影占，差充他役，不得专任修葺城壁。”于是，枢密院上奏：“欲乞责在知通，如任满或非次替移，令递相交割。若有损坏去处，令新任官不得隐庇，具实申枢密院相度，若城壁大段损圮，取旨黜责。所贵知通任责，提辖兵官免有他役之弊，因致损坏误事及枉费官钱。”其主张得到了宋徽宗的采纳[①]。正如朱熹所言：“国初，缘藩镇强，故收其兵权，置通判官。”[②]

在士兵的社会治安管理过程中，成都通判默默无闻地发挥着自己的独特作用。宋真宗时，“刘随待制为成都通判，严明通达，人谓之‘水晶灯笼’”[③]。明道元年（1032），由于“薛奎领秦州、益州，皆辟镐自随”，明镐结束益州通判任期后，“还朝赐对”。宋仁宗“问辅臣以镐所能者”，参知政事薛奎回答说：“镐文妙学博，而沉鸷有谋，能断大事，愿陛下亟用之。”然后，“命镐权开封府推官，寻即真”[④]。由此可见，薛奎担任益州知州的时候，与通判明镐之间的关系非常融洽，明镐的能力也相当突出。

（三）严加镇压

“北宋一代，大的兵变没有，小规模的兵变，时有发生。”[⑤] 乾德三年（965），后蜀降将全师雄发动兵变，“所在杀知州、通判以应”[⑥]。确实，“宋平后蜀，不仅没有缓解原有的矛盾，反而加入了新的动乱因素。后蜀被攻下以后，宋太祖命令从水陆两路，用十余年的时间，把后蜀积聚的珍宝、钱币、布帛、粮食悉数运到开封。此举激怒了川蜀军民，于是就有全师雄领导的全四川地方性的变乱。宋将王全斌镇压这次起事历时近十个月（而平蜀仅用两月余），还坑杀了未参加变乱的二万七千余名蜀兵。表面上的反抗被重兵压服了，但川蜀军民对宋朝政府怨愤的过节始终郁积着”[⑦]，并且，“全师雄兵变被镇压后，朝廷虽然处理了王全斌等人，但并没有从根本上改变对四川地区的掠夺与搜刮”[⑧]。

---

① 《宋会要辑稿》方域8之7。
② 朱熹：《朱子语类》卷112《论官》。
③ 范镇：《东斋记事》补遗，第47页。
④ 《长编》卷111，仁宗明道元年三月戊子。
⑤ 张其凡：《宋初兵制改革初深》，《暨南学报》1989（4）。
⑥ 《名臣碑传琬琰之集》上卷17，王禹偁：《康刺史延泽神道碑》。
⑦ 虞云国：《黎东方讲史之续　细说宋朝》，第83页。
⑧ 粟品孝等：《成都通史　五代（前后蜀）两宋时期》，第23页。

至道三年（997），西川都巡检使韩景祐被其所部士兵刘旰驱逐，刘旰率领一股势力，沿怀安军和汉州一线，掠夺而来，直逼成都。招安使上官正“始无出兵意”，益州知州张咏“以言激正，勉其亲行，仍盛为供帐饯之。酒酣，举爵谓诸军校曰：‘尔曹俱有亲弱在东，蒙国厚恩，无以报，此行当亟殄贼，无使逃逸。若师老旷日，即此地还为尔死所矣。’正由是倍道力战”，然后，“及凯旋，咏迎劳，大出金帛行赏，士重伤者先赏之，获级者次焉，众皆悦服”，成功平息了此次兵变[①]。

王均之乱是宋代四川地区最大的一次兵变，影响颇大。咸平三年（1000），“益州驻泊军士害兵马钤辖、凤州团练使符昭寿，推所部神卫都虞候王均为主，逐知州牛冕等”[②]，王均之乱爆发了。当兵变发生后，“县宰初玮奔山中，无以自匿，恇怯不能行，询负匿其家，又使亲党护送帅府，玮卒免害”[③]；知益州牛冕与转运使张适“出奔汉州”，只有都巡检使刘绍荣“冒刃格斗”，但是“众寡不敌”[④]。同年，“王均率众陷汉州，牛冕等奔东川”[⑤]。

咸平三年（1000），宋真宗得知王均叛乱的消息后，任命雷有终为益州知州兼提举川、峡两路军马招安巡检捉贼转运公事，“上始闻王均反，即以户部使、工部侍郎雷有终为泸州观察使、知益州，兼提举川、峡两路军马招安巡检捉贼转运公事”[⑥]。于是，他率领中央大军前来镇压，“雷有终等自汉州与张思钧帅大军进讨，列寨升仙桥，壬戌，贼众来袭，有终击走之”[⑦]。同年，牛冕与转运使张适受到了严厉处罚，“右谏议大夫、知益州牛冕削籍，流儋州。西川转运使、祠部郎中、直集贤院张适削籍，授连州参军”[⑧]。亦在同年，“王均自成都突围，走度合水尾，由广都略陵、荣，趋富顺监，所过胁军民，断桥塞路，焚仓而去。雷有终先命杨怀忠领虎翼

---

① 《长编》卷41，太宗至道三年八月庚申。
② 《宋会要辑稿》兵10之10。
③ 王辟之：《渑水燕谈录》佚文，第137页。
④ 《长编》卷46，真宗咸平三年正月己卯朔。
⑤ 《长编》卷46，真宗咸平三年正月辛巳。
⑥ 《长编》卷46，真宗咸平三年正月甲午。
⑦ 《长编》卷46，真宗咸平三年二月辛酉。
⑧ 《长编》卷47，真宗咸平三年四月壬申。

军追之，后二日，石普继往，以全军为援”，最后平定了这次军人暴乱[①]。雷有终与蜀士常延昱之间交往密切，“达子延昱，负其才，雷公有终来平蜀寇，一见奇之，率从之谋。有终守蜀，数以书招致之，延昱始来，自邛家成都”，助益良多[②]。

宋真宗也是一个聪明人。从根本上说，牛冕和张适的狼狈表现，也是宋王朝没收地方政府手中兵权的必然结果。或许，这就是宋真宗仁慈的根源所在。当然，他们没有高超的安抚军人的措施和能力，也是造成这次兵变的重要原因。

仍然是在咸平三年（1000），“知益州雷有终遣其子太常寺奉礼郎孝若驰奏败均贼于弥牟镇，斩级千余，残众奔溃。供奉官元继明自剑门驰骑入奏：知益州雷有终等败王均贼党，获其伪伞盖、金枪等物”，将成功镇压王均兵变的消息报告给朝廷[③]。依然是这一年，朝廷给予了不少物质方面的奖励，“雷有终遣寄班供奉官杨崇勋驰奏益州平，赐以锦袍、银带、器币”[④]。朝廷还大加表彰，“雷有终言王均伏诛。德音赦川、峡路死罪囚。以有终为保信留后，秦翰等九人并迁秩”[⑤]。可见，“从宋太祖乾德三年（965年）北宋平蜀到真宗咸平三年（1000年）这30多年的时间里，以成都为中心的四川地区多次发生反宋的武装斗争，呈现出剧烈的社会动荡”[⑥]。

咸平四年（1001），“上召西川转运使、兵部员外郎马亮入朝，问以蜀事。蜀自雷有终既平贼全，诛杀不已，亮所活逾千人”[⑦]。由此可见，雷有终真是有点杀红了眼，难以收手。同年，“有终代还，命为泾、原、仪、渭、镇戎路都部署，辞不拜，改知永兴军府，徙秦州”[⑧]。

咸平五年（1002），由于益州路转运使张巽与益州知州马知节关系不和，朝廷“以知阆州、国子博士黄观权益州路转运使，代屯田员外郎张

---

① 《长编》卷47，真宗咸平三年十月甲辰朔。
② 《全蜀艺文志》卷53，（元）费著：《氏族谱·常氏》。
③ 《宋会要辑稿》兵14之16。
④ 《长编》卷47，真宗咸平三年十月辛亥。
⑤ 《长编》卷47，真宗咸平三年十月乙丑。
⑥ 粟品孝等：《成都通史　五代（前后蜀）两宋时期》，第20页。
⑦ 《长编》卷48，真宗咸平四年正月己亥。
⑧ 《宋史》卷278《雷有终传》。

巽。以巽为陕西转运使，代太常博士李易直，以易直知卫州”，并且“仍令知节兼本路转运使事，如有大事，与黄观同议”①。

随着王均兵变被镇压，“历经太祖、太宗、真宗三朝的北宋初期以成都为中心的四川人民大规模武装反宋斗争才告结束”，并且，“宋朝以成都为中心的四川政治和社会局面，真宗咸平四年（1001 年）前后是一个重要的分水岭，之前变乱频起，动荡不安；之后长期稳定发展，直到晚宋时期蒙古破蜀（1236 年），成都 230 多年的安定局面才被打破”②。

总之，“从整个北宋时期来看，川峡地区都是全国社会最不稳定的地方。之所以如此，难以有效约束军队是重要原因”。因此，“朝廷对军队的防范措施也不断推出，特别是推行内地行之有效的政策，逐步收回地方军队原来实际享有的干预地方行政的权力，这对于川峡社会安定起到关键性作用”③。其中，成都知府发挥了最为重要的作用，特别是张咏的贡献居功至伟。

三、北宋成都知府与少数民族的社会治安管理

实际上，“四川缘边地区，主要地是指泸州西南、大渡河以西的地区，即宋代夔州路和利州路相邻近的西南一带以及成都府路西部边缘地区”④。具体而言，“宋代四川的少数民族，就其居住较为集中而言，大致可分为川东夔州路的黔州和南平军地区，潼川府路所辖川南的泸州、叙州地区，成都府路所辖的嘉州和川西北的黎州、雅州、威州、茂州地区”⑤。其中，“由于成都地处西南隅，蛮夷众多，成都知府还肩负平定诸夷叛乱，招抚诸夷来归的重责大任”⑥。在少数民族地区的社会治安管理过程中，成都知府肩负着重要责任。比如，“茂州羌，汉冉駹之遗也，距成都十舍而遥，虽羁蜀郡县，而不以中国之法治之。故其叛服不常，缓则盗边，急则啸

---

① 《长编》卷 52，真宗咸平五年八月癸酉。
② 粟品孝等：《成都通史　五代（前后蜀）两宋时期》，第 24 页。
③ 黎桦：《地方秩序中央化：北宋川峡地区的法制演变及其教训》，《法学评论》2011（2）。
④ 漆侠：《宋代经济史》（上），第 192 页。
⑤ 贾大泉：《宋代四川经济述论》，第 233 页。
⑥ 张逸洁：《历代成都知府考论》，《成都大学学报》2007（3）。

聚，自昔然也”[①]。北宋时期，成都知府与少数民族的社会治安管理之间的关系，依然体现在安抚为主、预防为先、严加镇压三个方面。

（一）安抚为主

事实上，“宋王朝对少数民族的侵扰，一般以安抚为主”[②]。特别是“初纳赋税时，往往受到一些优待，少纳或不纳某些内地居民要交纳的税费成为常例，轻徭薄税成为宋政府西南边疆民族地区的一个既定政策”[③]。

宋真宗时，在维护少数民族地区社会治安秩序稳定方面，张咏发挥了非常重要的作用。景德二年（1005），益州知州张咏上言：“绍重等皆世袭刺史，望赐冬服。”宋真宗对此说道：“蛮陬首领，假以名秩，若以内地牧守之制，当赐锦袍，又虑戎人无厌，请求不已，况维、茂知州止赐绫袍，可如此例。”于是下诏：“保、霸州刺史董绍重、董忠义，自今岁赐紫绫锦袍。”[④] 事实上，“宋王朝在处理西南民族事务上显然不是为了经济利益，而是为了维持四海疆域的一体化”[⑤]。

张咏对待少数民族的政策是刚柔并用，“玉垒之西，禽戎兽夷。公爵其帅，诚而礼之。刻己削俸，以怀以绥。万里凶丑，縻之轩墀。翘翘错薪，岁贡雾臻”[⑥]；以柔为主，“内修刑政，外靖羌夷，皆有度程，不失尺寸”[⑦]。他认为，在治蜀过程中，综合能力很重要，“治蜀如用十张牛皮缝作一大气球，如有踢得起，须用搽得转，即是能做。故两治蜀，民至今有去思”[⑧]。其效果非常显著，“最后仍由治蜀名臣张咏再知益州，才结束了宋初以来川蜀地区屡叛不靖的局面”[⑨]；相当完美，“真宗皇帝尝用张咏守蜀，有异政。其设施方略，后世莫能更其法。凡言蜀治，必以咏为首。由

---

① 《全蜀艺文志》卷32，前人：《送冯枢密还朝诗序》。

② 王革：《北宋对西南地区的经制》，《社科纵横》1999（3）。

③ 刘复生：《宋朝西南边疆民族地区的土地赋税政策》，《中国边疆史地研究》2005（3）。

④ 《宋会要辑稿》蕃夷5之13。

⑤ 董春林：《生熟无界：羁縻政策视域下的族群互融——以宋代西南民族地区为例》，《广西民族研究》2016（6）。

⑥ 《全蜀艺文志》卷49，阮昌龄：《录民词》。

⑦ 《全蜀艺文志》卷37，杨天惠：《张忠定公祠堂记》。

⑧ 曾慥：《类说》卷19《异闻录·十张牛皮气球》。

⑨ 虞云国：《黎东方讲史之续　细说宋朝》，第85页。

咏而来，高才杰德之臣不少矣，而卒莫能继”，并且，“若夫西控戎落，东凑中国，其防兵杜渐之术，咏已得之矣”①；独一无二，“自宋兴以来，且百年，言治者甚众。其直己以事上，尽心以抚下，生有荣名，死有遗爱者，尚书殆无与并焉”②；实属神奇，“乖崖治蜀之术，实天出而神行之矣”③；到达了至高境界，“张公之治蜀，为天下最，实公有以助之也”④；堪称典范，“知益州，恩威并著。其政令法度，后人不能增损”⑤。从而赢得了四川百姓的崇敬和爱戴，“公之治可谓有功德于蜀人，而蜀人怀公德善亦可谓不忘者矣”⑥。确实不愧为一代伟人，“张公以魁奇豪杰之材，逢时自奋，智略神出，勋业赫赫，震暴当世，诚一代之伟人也”⑦。

“纵观乖崖公的一生，无论在为人行事方面，还是在做官执法方面，往往不循常规，多有‘出格’之举，不愧是一位特立独行的北宋名臣”，这是因为“在张咏心目中，高官美誉皆是虚名，唯有天真本性最宝贵。因此他为官三十余年，初心始终未改。”⑧ 其治蜀之道影响深远，“以宽得爱，爱止于一时；以严得畏，畏止于力之所及。故宽而见畏，严而见爱，皆圣贤之难事，而所及者远矣”⑨。

景德三年（1006），结束再次担任益州知州任期的张咏，“解政还辇下，复管三班院，兼判登闻检院”⑩。但因“疡生于脑，不能巾栉”，他“求知颍州”。然而，宋真宗“以公名臣，有人望。两守益部，政无及者，不当屈于小郡。以真定府、青州皆大都，也听公自择”，可是，他“皆不就”。真宗皇帝又说：“升州可乎？”于是，“公即拜命”，他前往担任升州

---

① 郑獬：《郧溪集》卷4《知成都府制》。

② 刘敞：《公是集》卷41《张忠定谥议》。

③ 《成都文类》卷13，李至：《送张忠定知益州并序》。

④ 吕陶：《净德集》卷14《巡抚谢公画像记》。

⑤ 曾巩：《隆平集》卷13《侍从·张咏》。

⑥ 《全蜀艺文志》卷37，王刚中：《张忠定公祠堂记》。

⑦ 韩琦：《安阳集》卷50《故枢密直学士礼部尚书赠左仆射张公神道碑铭》。

⑧ 陶易：《张咏：特立独行的北宋名臣》，《文史天地》2018（1）。

⑨ 朱熹：《宋名臣言行录》前集卷3《张咏 忠定公》。

⑩ 张咏：《张乖崖集》附集卷1，钱易：《宋故枢密直学士礼部尚书赠右仆射张公墓志铭》，第150页。

（治今江苏南京）知州[1]。其实，这就是对张咏政绩卓越给予了一种特殊的肯定和褒奖。他成为诸葛亮之后治蜀第一人，将宋代成都知府的治蜀功绩推向第一个高峰，史称“张咏治蜀”[2]。

大中祥符三年（1010），霸州（治今理县甘堡乡）刺史董忠义死后，其子年幼，益州知州任中正向朝廷反映其族人要求由其弟弟董延昊继任。朝廷认为，父死子继是宋朝对少数民族首领接替的传统惯例，目的是要杜绝非分之想的产生，使族人知道固定的规矩。现在如果加以改变，会遗患将来。于是，将其未成年的儿子任命为刺史，由其近亲进行辅佐，“知益州任中正言羁縻霸州刺史董忠义卒，子当继袭，缘尚幼，族人请以忠义从弟延昊领州事。上曰：‘夷落中父亡子继，朝廷旧制也，盖绝其侥幸，使知有定分。今易此制，必贻后患。’乃立其子，许以近亲左右之”[3]。大中祥符五年（1012），任中正结束益州知州的任期之后，“知审刑院，出知并州”[4]。

熙宁八年（1075），成都知府蔡延庆向朝廷报告邛部川首领等人愿意出卖马匹。于是，宋廷要求他负责买马之事，并以优厚条件增强吸引力。后来，他又向朝廷报告周边许多民族都有大马，请求有关地区官员主持买马事宜，得到朝廷的同意，“知成都府蔡延庆言邛部川蛮主苴克等愿卖马，诏延庆优加犒设，以招来之。议者谓成都府路可市马，故委延庆领其事。后延庆又言：‘威、雅、嘉、泸、文、龙州，地接乌蛮、西羌，皆产大马，请委知州、寨主以锦彩、茶绢折买。’从之。仍委延庆提举”[5]。确实，“宋朝对西南少数民族政治上绥抚与经济上慰抚两手并抓，并且政治上的羁縻是以经济上笼络为基础”[6]。毫无疑问，“茶马贸易作为宋王朝与边疆各少数民族经济联系的一条重要纽带，不唯促进了双方经济的发展，且加强了民族团结，和各民族之间的交流，对统一的多民族封建国家的巩固和

---

① 韩琦：《安阳集》卷50《故枢密直学士礼部尚书赠左仆射张公神道碑铭》。

② 田况：《儒林公议》。

③ 《长编》卷74，真宗大中祥符三年七月癸巳。

④ 《宋史》卷288《任中正传》。

⑤ 《长编》卷259，神宗熙宁八年正月乙巳。

⑥ 董春林：《以盐制夷：宋代西南民族地区羁縻政策管窥》，《广西民族研究》2015（4）。

发展，起到了巨大的促进作用”[①]。

熙宁九年（1076），因为“围茂州，劫略吏民，杀官兵，剑南诸城骚然震惊”，发生了茂州少数民族的反抗斗争。于是，朝廷“诏资政殿学士、谏议大夫冯公自渭徙成都以镇抚之”[②]。当少数民族首领听说新的成都知府冯京上任来了，请求投降。有人要求把他们消灭时，冯京向朝廷提出给他们以农具和粮食，让他们回家去过自己的生活，不要再来侵扰了。他们听到这个消息后，十分高兴，争着拿出自己的狗和猪，用其血，进行盟誓，愿世世代代与汉人和平相处，“茂州夷人叛，徙知成都府。夷人寇鸡棕关，京出兵，夷人惧，请降。议者欲荡其巢穴，京禁侵掠，恤伤残，给稼器，饷粮使归。夷人出犬豕盟，愿世为汉藩”[③]。可见，“盟誓之后，宋朝往往要赐予犒物，以及解除不许互市的禁令，这在一定程度上加强了宋王朝与边地民族之间的经济交往”。因此，“宋朝与成都府路和梓州路少数民族的盟誓，在缓和民族矛盾方面，确实起到了非常重要的作用”[④]。

还是在熙宁九年（1076），朝廷下诏命令冯京乘势加紧对茂州城的修筑，并派遣军队驻守，如果侵占了少数民族的土地，就用钱予以购买，“茂州城令知成都府冯京相度，乘兵势修筑，仍差军马防拓，如有侵占蕃部地，即买之”[⑤]。确实，“在中国民族关系史上，宋代是一个经济力量向民族政策和民族关系各方面渗透的时代。这种渗透，符合社会发展的要求，有利于民族团结，有利于各民族自身的发展以及我国统一的多民族国家的发展”[⑥]。亦在同年，“资政殿学士、右谏议大夫、知成都府冯京为给事中、知枢密院事”[⑦]。另载，冯京“召知枢密院，易通议大夫、枢密

---

① 林文勋：《宋代四川与吐蕃族地区的贸易》，《思想战线》1992（1）。

② 《全蜀艺文志》卷32，前人：《送冯枢密还朝诗序》。

③ 王称：《东都事略》卷81《冯京传》。

④ 赵永忠：《宋朝对西南民族冲突的和断——以成都府路和梓州路为例的考察》，《贵州民族研究》2010（1）。

⑤ 《长编》卷275，神宗熙宁九年五月丁卯。

⑥ 林文勋：《宋代以“互市”为内容的民族政策》，《云南民族学院学报》1991（3）。

⑦ 《长编》卷278，神宗熙宁九年十月丙午。

使”，但是，“京以疾未至”①。不久，他仍“以观文殿学士知河阳”②。冯京又回到了赵抃开启的以文武并用之法处理少数民族问题的正确轨道上来。

冯京的继任者刘庠，也向朝廷提出了类似的要求，实行了相似的政策，“文州蕃族有复仇者，当以蕃法论，朝廷欲加诛，请赦之，以宁边圉；缘罪徙内郡者，愿复之，以示恩信；西山六州与汉人为婚姻者，请禁之，以防后患。悉从公奏”③。事实上，“每当发生西南少数民族仇劫、侵掠、犯边等为乱情形时，赵宋往往并不直接绳之以国家法，而是尽量通过适用习惯法，解决纠纷冲突，恢复社会秩序。即便是在相对强势的神宗朝，宋廷对西南少数民族适用国家法仍然没有一刀切，而是循序渐进式的。当然，司法离不开人的参与，边臣是民族地区法制的操作者，自然会对司法活动产生重要影响”④。元丰二年（1078），“龙图阁直学士、知成都刘庠进一官，知秦州”⑤。这些都是非常正确的做法，也是宋王朝付出了巨大代价之后，得到的宝贵经验。

可见，对待少数民族问题，羁縻安抚，方为上策，决不能穷兵黩武。其中，成都知府发挥了非常重要的积极作用。

（二）预防为先

在少数民族的社会治安管理方面，首先应以安抚为主，然后就要主动开展治安防控工作，始终坚持以预防为先的方针。其中，主要体现在改善吏治和防微杜渐两个方面。

1. 改善吏治

太平兴国四年（979），益州知州程羽不计前嫌，任用冒犯之人，充分利用其突出才能，以便维护边境地区社会治安秩序，“羽之在新都，州遣牙校至，见羽礼慢，不数岁，羽领州任，人为校惧，羽至则擢校统戍守

---

① 王称：《东都事略》卷81《冯京传》。
② 《宋史》卷317《冯京传》。
③ 吕陶：《净德集》卷21《枢密刘公墓志铭》。
④ 谢波：《宋朝在西南民族地区的司法》，《曲靖师范学院学报》2013（2）。
⑤ 《长编》卷297，神宗元丰二年三月丙戌。

寨，盖其才可任也”[①]。确实，“从太祖平蜀到真宗前期，朝廷比较注意选拔具有武将才能的文官担任川峡地方官，如太祖时期的辛仲甫、太宗时期的程羽、真宗时的张咏等，这些官员的作为对于稳定川峡局势起到重要作用”[②]。

皇祐三年（1051），离任益州知州不久的田况，还向朝廷建议由转运司和钤辖司共同荐举官员担任淯井监（今四川长宁县双河镇）的监押，此监押在结束任期后，奖励晋升一级官资，“向者淯井监夷人连年攻监城，水陆不通。益梓路钤辖司官军洎白艻弟子近二万人讨之，兵战死甚众，饥死者又千余人，盖由本监不得人致此。请自今令转运钤辖司，举官为知监押，代还日特迁一资”，其建议获得批准[③]。

至和元年（1054），权御史中丞孙抃上言：“西川屡奏侬智高收残兵入大理国，谋寇黎、雅二州。请下知益州张方平先事经制，以安蜀人。”其建议得到了宋仁宗的采纳[④]。至和二年（1055），由于“命张方平知益州，未行，而程戡已先入为参知政事，转运使高良夫摄守事”，当“西南夷有邛部川首领者，妄言蛮贼侬智高在南诏，欲来寇蜀”的时候，高良夫“闻之大惊，移兵屯边郡，益调额外弓手，发民筑城，日夜不得休息。民大惊扰，争迁居城中。男女婚会，不复以年，贱鬻谷帛市金银，埋之地中”。朝廷得知此事后，“发陕西步骑戍蜀，兵仗络绎，相望于道。诏促方平行，且许以便宜从事”。面对这种情况，张方平上言：“南诏去蜀二千余里，道险不通，其间皆杂种，不相役属，安能举大兵为智高寇我哉！此必妄也。臣当以静镇之。”然后，他“道遇戍卒兵仗，辄遣还。入境，下令邛部川曰：‘寇来，吾自当之，妄言者斩！’”并且，“悉归屯边兵，散遣弓手，罢筑城之役。会上元观灯，城门皆通夕不闭，蜀人遂安。已而得邛部川之译人始为此谋者斩之，枭首境上，而配流其余党于湖南，西南夷大震”[⑤]。于

① 《长编》卷20，太宗太平兴国四年七月乙巳。
② 黎桦：《地方秩序中央化：北宋川峡地区的法制演变及其教训》，《法学评论》2011（2）。
③ 《长编》卷170，仁宗皇祐三年三月乙丑。
④ 《宋会要辑稿》蕃夷5之64—65。
⑤ 《长编》卷178，仁宗至和二年正月丁亥。

是，“蜀人闻之皆安，归田亩”[1]。因此，“明年正月朔旦，蜀人相庆如他日，遂以无事。又明年正月，相告留公像于净众寺，公不能禁”[2]。毫无疑问，“上元观灯释放出来的充分自信，最终稳定了成都民众的紧张情绪。随后由甲午再乱之说与侬智高寇蜀之说引起的恐慌就迅速平息了”[3]。

毫无疑问，张方平“遣散弓手役夫、发布禁令、大开城门、追查信源、奏归戍兵等一系列举措，收到了立竿见影之效，使蜀地因迫近的军事威胁而激荡起来的社会秩序得以恢复如初”。其中，“张方平在蜀地流言四起、形势危急之下，能以静制变，镇抚得体，实因成竹在胸，尤其是对信源的一查到底，更成为澄清、瓦解流言的关键所在”[4]。在朝廷的支持下，他冷静而理智地化解有关侬智高进攻四川地区的谣言，显示了高超的智慧。尽管只是虚惊一场，但也真实地反映了当时四川地区社会治安防范能力的低下。不过，其中也体现了成都知府的高超政治智慧与卓越军事才能，“西蜀自刘旴、王均、李顺之乱，奸恶朋兴，众心危惧，日三四惊，无宁居者。时马正惠、文潞公、张定随事镇抚，皆以兵功著称天下”[5]。

张方平向朝廷奏差竹丙为益州钤辖、冯文显为益州都监[6]。他深知少数民族地区社会治安防范工作的重要性，于是向朝廷奏荐张颙担任嘉州知州，因为这里是预防社会治安的要害地带，豪强很多，汉族与少数民族交错相处，治理任务相当繁重，对地方长官的要求很高，“嘉州连接蛮界，其赖因、沐川、龙水等寨控扼云南径路，最是要冲防虞之地，土多豪右兼并之族，错杂夷落，颇资抚御，累次知州非才，事不修举。切见知雅州、都官员外郎张颙，有才虑干用，处事详允，在雅州已习知蛮夷气俗所有。新差嘉州知州孔叔詹，其人见赴任在路。近有陵州知州葛禧婴患身亡，陵州事简，地非要害。欲乞朝廷特与就差张颙知嘉州，所贵辑宁边夷，守备有方，候满任无事，乞特与升陟差遣。却乞差孔叔詹知陵州，庶令两得其

① 苏辙：《龙川别志》卷下，第97页。
② 苏洵：《嘉祐集》卷15《张益州画像记》。
③ 黄博：《甲午再乱：北宋中期的蜀地流言与朝野应对》，《四川师范大学学报》2013（1）。
④ 方燕：《流言与北宋蜀地治理》，《四川师范大学学报》2018（5）。
⑤ 孙觌：《鸿庆居士集》卷38《宋故资政殿大学士王公墓志铭》。
⑥ 张方平：《乐全集》卷30《奏差竹丙益州钤辖冯文显益州都监》。

所，事无阙误”[1]。后来，他又向朝廷推荐张颙的政绩在本路最为卓著，“宫保张公知成都府，荐治行为一路最。既归，民绘象以祠”[2]。此外，他还上奏：“乞用雷大简知雅州。”[3] 显然，吏治的改善有利于维护民族地区社会秩序的稳定。

确实，张方平“勉布宽条”[4]，使得“蜀遂大安”[5]，取得了巨大的成功。他与张咏一起，深受蜀人爱戴，“蜀有两张太守，太宗时乖崖公，仁宗时文定公。两公名重一时，为人君所倚信，在蜀最有惠爱，蜀人至今祠之”[6]。嘉祐元年（1056），“端明殿学士、兼龙图阁学士、吏部侍郎、知益州张方平为三司使”[7]。

宋神宗时，针对“以永康军为县”的讨论，成都知府吴中复“以为永康控制威、茂，不可废”。其后，“夷人寇茂州，乃复以永康为军”[8]。熙宁七年（1074），成都知府赵抃也认为，因其具有“内悍成都”的重要作用，于是“乞复永康军”[9]。同年，为充分吸取历史经验教训，他还编纂了《成都古今集记》，“书乱臣，所以戒小人；书寇盗，所以警出没；书蛮夷，所以尽制御之本末。终之以伐蜀，使万世之下，知蜀之终不可以苟窃也”[10]。确实这是一件功德无量的事情，“既有政以孚其惠，又为书以宪厥后，公之于蜀，可谓志得而道备矣。书成，凡若干篇，以类相从，为三十卷，名曰《成都古今集记》。人之观之，信乎蜀之为重于天下，非虚也哉！”[11] 并且，“到赵抃时，这种宽大治蜀的原则得到了更充分的体现”。于是，“在赵抃宽大政策的治理下，以成都为中心的四川地区得以继续稳

---

① 张方平：《乐全集》卷30《奏张颙知嘉州》。
② 《全宋文》卷1029，张问：《张公（颙）墓志铭并序》。
③ 祝穆：《方舆胜览》卷55《雅州》，第978页。
④ 张方平：《乐全集》卷28《谢除三司使表》。
⑤ 苏轼：《东坡全集》卷88《张文定公墓志铭》。
⑥ 《全蜀艺文志》卷21，朱翌：《送吏部尚书张公帅成都诗并序》。
⑦ 《长编》卷183，仁宗嘉祐元年八月癸亥。
⑧ 王禹称：《东都事略》卷75《吴中复传》。
⑨ 祝穆：《方舆胜览》卷55《永康军》，第985页。
⑩ 《全蜀艺文志》卷30，赵抃：《〈成都古今集记〉序》。
⑪ 《全蜀艺文志》卷30，范百禄：《〈成都古今集记〉序》。

定地发展"[1]。

张咏和赵抃成为北宋时期成都知府治蜀的两座高峰，"蜀虽崄远而民习礼义，易与为善，难与为非。一遇循良，怀之没齿。少加虐政，病不自申。昔张咏出守，方兵革之后，抚之以义，民欣戴之。赵抃奉使，方泰侈之余，节之以礼，民安乐之。及其复来，吏民欢呼，唯恐其去。得失之效，昭然著明"[2]。这充分地说明了任用人才的极端重要性，"张咏治行优异，真宗遣使，谕曰：'得卿治蜀，朕无西顾忧。'赵抃自蜀召还，神宗谓曰：'闻卿匹马入蜀，以一琴一龟自随，为政简易，亦称是耶？'二臣事业，光明俊伟如此，不特蜀赖以安，朝廷亦赖以尊。此无他，任得其人故也"[3]。宋神宗对赵抃给予了高度评价："昔赵某治此，最得其术。"[4] 熙宁七年（1074），"知成都府、资政殿大学士赵抃知越州。从所乞也"[5]，实际上，这也是对他的一种变相奖赏。

熙宁七年（1074），朝廷要求成都知府从现在开始举荐文臣担任戎州知州，"诏知成都府自今举文臣知戎州"[6]。"荐举是官员向朝廷推荐有才干的人，备选拔之用"[7]，其积极作用非常明显，"宋代实行的一系列举官制度也是推动人才快速成长的一个重要原因"[8]。

元符三年（1100），"呈新知成都府路昌衡乞赴阙奏边事，令实封闻奏"[9]，旨在进一步加强对少数民族地区的社会治安防范。

可见，对于少数民族地区的社会治安防范而言，改善吏治的作用是非常重要的。

2. 防微杜渐

如何预防少数民族反抗斗争的发生，是成都知府面临的一项重要任

---

① 粟品孝等：《成都通史　五代（前后蜀）两宋时期》，第30页。
② 苏辙：《栾城集》卷30《李之纯宝文阁直学士知成都府》。
③ 《历代名臣奏议》卷99《经国》。
④ 苏轼：《东坡全集》卷86《赵清献公神道碑》。
⑤ 《长编》卷254，神宗熙宁七年六月壬辰。
⑥ 《长编》卷256，神宗熙宁七年九月丁酉。
⑦ 贾芳芳、王曾瑜：《等级授权制下的宋代地方政治》，《文史哲》2008（3）。
⑧ 何忠礼：《论宋代的举官制度——以崔与之的举人为中心》，《浙江大学学报》2016（4）。
⑨ 曾布：《曾公遗录》卷9，元符三年四月戊戌。

务。咸平五年（1002），出现了汉族人逃往少数民族地区，然后与其混在一起到宋廷进贡。朝廷得知这一情况后，要求马知节严加辨别，妥善处理此事，“先是，有华人亡入蛮境，乃与蛮俱来朝贡，以冒赏赐。丙辰，诏知益州马知节辨认厘革之”[①]。

景德四年（1007），因为“犍为县民因伐木开道，与南蛮相杀伤”，于是“知益州任中正奏此县岩险，当云南要路，请置戍兵三百，命廷臣为驻泊监押。上以蜀都久安，不欲生事，乃诏谕中正禁缘边居民伐木开道，与蛮交争”[②]。

景祐元年（1034），结束益州知州任期的韩亿，主动地向宋仁宗提出“维茂州地接羌夷，蕃部岁至永康官场鬻马，浸熟道路险易，虑其觇两川，请徙场黎州境上”[③] 的建议，得到了朝廷的采纳。其目的就是要防止其窥探之便，“及召还，止授御史中丞，充理检使。入对建言维茂二州，地接羌夷，秦陇商贾交易，蕃部驱马至永康军场以卖，尽熟山川夷险，道路所出。宜徙场境上，以绝其觇觎两川之意”[④]。同年，“枢密直学士、右谏议大夫、知益州韩亿除中丞，未至，知杂御史出使故也”[⑤]。

庆历七年（1047），从益州知州结束任期返回朝廷后，文彦博向朝廷反映泸州少数民族分子的侵扰，是汉族将领唆使的结果。这些军人企图挑起民族事端，从中渔利。因此，他建议朝廷罢兵，进行安抚，以防后患，“臣昨在益州，尝询采戎泸事体，多云本处招安将甚有狡猾者。平居无事，则间谍夷人，兴起事绪，意在差使招诱，率皆迁延玩寇，即所利甚多。官吏乍到，或上下蒙蔽，不知其奸。臣欲乞令本处兵官一面用兵威迫胁诛翦，更须督责招安将用心招诱，早令安集，免致宿兵生事”[⑥]。

程戡担任益州知州时，朝廷商讨开通雅州雕门的道路，以便招引蛮马出售，要求程戡付诸实施。然而，雅州知州张颙指出，此议不可行。于是

---

① 《长编》卷52，真宗咸平五年九月壬子。
② 《长编》卷67，真宗景德四年十二月乙未。
③ 《长编》卷114，仁宗景祐元年四月癸丑。
④ 苏舜钦：《苏学士集》卷16《韩公（亿）行状》。
⑤ 《长编》卷114，仁宗景祐元年正月庚午。
⑥ 文彦博：《潞公文集》卷15《乞早罢兵招安夷人》。

程戡把具体情况反映给了朝廷。不久，边境报告西夏元昊打算用好马引诱四川人，然后从四川打通道路，直接进攻陕西等地。朝廷很快就提拔程戡为参知政事，时论认为他受到重用，与张颙的支持有很大关系，“转屯田员外郎、知雅州。雅介于吐蕃、云南之境，贡久不入。公谕酋首以忠顺，即罗拜伏辜，愿岁售马于郡。宣徽程康穆公镇成都，朝廷议开雕门路，以来马湖之马，委程经画。公按地志，雕门逼戎界，而马湖实无驵骏，通之非都。程诚公谋，即以闻上。未几，边奏昊贼欲以良马炫蜀人，冀得通道，直趋秦陇。顷之，朝廷因召程公入枢府，议者谓程公之用，公有力焉”①。庆历八年（1048），程戡回到朝廷，“为给事中、参知政事，以宰相文彦博亲嫌，迁礼部侍郎，为枢密副使”②。

面对周边少数民族分子的骚扰，田况以强大武力作后盾，又与他们保持友好关系，使他们不敢发生动乱，“迁右谏议大夫，知成都府，充蜀、梓、利、夔路兵马钤辖。西南夷侵边，公严兵惮之，而诱以恩信，即皆稽颡”③，采用刚柔相济的方法，成功地应对了少数民族首领的骚扰。

嘉祐八年（1063），针对边地群众砍伐树木，与少数民族之间纠纷不断的情况，成都知府韩绛下令禁止砍树，阻止少数民族到威州和茂州进行商贸活动，“禁边州伐木夷界，以弭兵争；闭绝蚕崖关，使夷人贸卖来往亡内觇”④。当他“欲治西山道，至威、茂建玉垒关”的时候，永康军司法家定国指出：“蜀近夷，惟恃险以安。昔唐中衰，吐蕃三入寇，一出汶川。今凿石平堑为坦途，将贻蜀之忧。”于是，韩绛采纳其意见，“捐工役之半”⑤。其善政举措让老百姓深感满意，“公为悉力兴利除恶，民大悦”⑥。治平元年（1064），韩绛“召还，迁户部侍郎，知开封府”⑦。

治平年间（1064—1067），由于“虚恨犯边”，成都知府张焘派遣嘉州

---

① 《全宋文》卷1029，张问：《张公（颙）墓志铭并序》。
② 王称：《东都事略》卷70《程戡传》。
③ 王安石：《临川文集》卷91《太子太傅致仕田公墓志铭》。
④ 《名臣碑传琬琰之集》上卷10，李清臣：《韩献肃公绛忠弼之碑》。
⑤ 吕陶：《净德集》卷23《朝请郎新知嘉州家府君墓志铭》。
⑥ 范纯仁：《范忠宣集》卷15《司空康国韩公墓志铭》。
⑦ 王称：《东都事略》卷58《韩绛传》。

龙游县主簿范师道“率兵来戍，又增筑西寨”，然而，“未几复废”，只是“故址犹存”[①]。当“南蛮寇黎、雅”的时候，张焘“讨走之，罢磨刀崖戍卒”[②]。他深得百姓爱戴，受到人们的高度赞誉，“张忠定公焘外和内刚，临事有仁者之勇。在蜀四年，尤著惠爱，百姓皆画像以事。后帅李璆赞云：‘公昔在蜀，千载一人；公今去蜀，千百其身。愿公再来，以慰斯民。’盖实录也”[③]。熙宁二年（1069），张焘“改知瀛州”[④]。确实，“熙宁之前，在绥靖政策的主导下，边臣对西南少数民族过于注重怀抚，但在熙宁之后，宋廷的治理观念逐渐转向强硬”[⑤]。

宋神宗时，茂州的少数民族首领鹿明玉等骚扰边境。成都知府赵抃采取文武并用的方法，处理少数民族问题。他派遣所部将官率兵讨伐骚扰边境的少数民族首领，使其受到了震慑。当他们请求杀害奴婢，取其心血，以示求和之意时，赵抃回答说，不用杀人，只须畜牲即可，从而使边境治安形势得到稳定，“茂州蕃部鹿明玉等蜂聚境上，肆为剽掠。公亟遣部将帅兵讨之，夷人惊溃乞降，愿杀婢以盟。公使喻之曰：‘人不可用，三牲可也。’使至，已縶婢引弓，将射心取血。闻公命，欢呼以听。事讫，不杀一人”，巧妙地化解了边境地区的治安危机[⑥]。确实，“赵抃在处理民族关系和边境问题上，也注意宽大为怀，以柔克刚”[⑦]。

熙宁十年（1077），“知成都府冯京乞修永康军城，及移蚕崖关于溪谷口。其城逼近大山，夏秋多雨，土性疏恶易摧，乞垒以砖石。从之”[⑧]。同年，在茂州少数民族的反抗斗争被镇压后，冯京的继任者刘庠则“罢兼安抚使”，“龙图阁直学士、集贤殿修撰刘庠知成都府，罢兼安抚使。先是，以茂州边事令冯京兼成都府、利州路安抚使，至是渐平故也”[⑨]，朝廷立即

① 《宋会要辑稿》方域18之27—28。
② 《宋史》卷333《张焘传》。
③ 《宋会要辑稿》职官41之93。
④ 《宋史》卷333《张焘传》。
⑤ 林建：《宋代对西南少数民族治理观念的变迁》，《西南民族大学学报》2019（2）。
⑥ 苏轼：《东坡全集》卷86《赵清献公神道碑》。
⑦ 粟品孝：《赵抃与四川》，《成都大学学报》1994（1）。
⑧ 《长编》卷280，神宗熙宁十年正月庚申。
⑨ 《长编》卷278，神宗熙宁九年十月丙午。

收回刚给出的军政大权。由此可见，宋廷对成都知府的防范意识相当高。

宋徽宗时期，开边政策又进入一个高潮阶段。政和二年（1112），由于宋徽宗“思其治蜀功”，席旦“复知成都”。当“朝廷开西南夷，黎州守诣幕府白事，言云南大理国求入朝献”的时候，他“引唐南诏为蜀患，拒却之”。不久，“威州守焦才叔言，欲诱保、霸二州内附。旦上章劾才叔为奸利敛困诸蕃之状，宰相不悦，代以庞恭孙，而徙旦永兴”[①]。

政和三年（1113），成都知府庞恭孙上言：“据光禄大夫、检校工部尚书、知保州董舜咨等状：情愿将保州所管一州并二十六大首领下地土献纳入官。”于是，宋徽宗下诏：“董舜咨特与正任成州团练使，赐公服、靴笏、二十两金涂银腰带，令大观东库支降，及仰吏部差小使臣一员，赍告并所赐衣带等付庞恭孙交割给赐，其董舜咨候受告讫，令赴阙朝见。”[②] 其中的花费也是一笔不小的数目，“知成都庞恭孙始建言开拓，置官吏。于是以董舜咨保州地为祺州，董彦博霸州地为亨州，授舜咨刺史，彦博团练使。舜咨寻迁观察使；彦博留后，遂为节度使。诏成都给居第、田十二顷。二州经费岁用钱一万二千一百缗，米麦一万四千七百石，绢二千八百五十匹，紬布、绫绵、茶、盐、银等不预焉”[③]。政和四年（1114），成都知府庞恭孙奏乞：“据知霸州董彦博状，乞将本州管内地土献纳，伏乞改赐嘉名。仍乞为军事、下州，置倚郭一县，亦乞赐名”，然后，“诏名亨州，倚郭县赐名嘉会县”[④]。确实，“宋代‘开边’活动使宋朝廷与西南民族关系发生了重大变化，间接统治变成了直接统治”[⑤]。由于“言者论其贪纵，究治如章，谪保静军节度副使”，庞恭孙受到了严厉的处罚。其实，庞恭孙“前后在西南二十年，所得州县，多张名簿，实瘠卤不毛地，缮治转饷，为蜀人病，无几时皆废”[⑥]。

宋徽宗时，因为席旦极力反对朝廷的开边政策，他坚决推辞第三次出

① 《宋史》卷347《席旦传》。
② 《宋会要辑稿》蕃夷5之36。
③ 《宋史》卷496《蛮夷四》。
④ 《宋会要辑稿》方域7之2。
⑤ 刘复生：《西南古代民族关系史稿》，第255页。
⑥ 《宋史》卷311《庞恭孙传》。

任成都知府，“恭孙俄罪去，加旦述古殿直学士，复知成都。时郅永寿、汤延俊纳土，枢密院用以诛旦，旦曰：‘吾以为朝廷悔开疆之祸，今犹自若邪?’力辞之”①。不过，总体而言，“宋在西南边区也采取以防御为主的策略，则是无疑的”②。

可见，总体而言，在少数民族的社会治安防范方面，北宋时期的成都知府发挥了重要作用，做出了突出贡献。但是，在宋神宗和宋徽宗两次大规模开边浪潮中，其表现有点尴尬和狼狈。

（三）严加镇压

如果少数民族地区的反抗斗争不断高涨，北宋王朝就会出兵镇压。庆历七年（1047），针对“梓州路奏称：‘淯井监夷人作过，事体不小，乞依庆历四年例，于秦凤路差发兵马赴本路救应事’”，但是“未及中路，夷人果已退去”的实际情况，曾经担任益州知州的文彦博认为：“鉴此举动之失，曾具利害擘画开奏，以谓戎、泸些小夷人作过，只是本处白艻子弟及宁远兵，亦自可御遏。若贼势稍大，则计会梓、夔、益、利两路就近差那兵甲，可以讨击。盖蠢尔小蛮，来则御之，不可穷其窟穴。岂烦远自秦凤兴师，空自劳弊，兼恐别有惊扰。况嘉、眉州皆是益、利钤辖司屯兵之处，若发兵救应，乘舟下水，不三四日便至泸州，赴救之势，最为神速。”于是，“伏乞更不自秦凤发兵，只令速计会益、利钤辖司相度量差兵甲，由水路赴泸州策应，甚为允当”③。

皇祐元年（1049），当梓夔州路兵马钤辖司反映“淯井监蛮万余人内寇”的情况后，宋仁宗“诏知益州田况发旁郡士卒，令梓夔路钤辖宋定亲捕讨之”④。同年，田况组织大量军力到达泸州前线，又派人进行招抚，采取刚柔相济的办法，镇压了这次反抗活动，“淯井夷人犯边，势且与乌蛮合。公盛兵甲临之，因遣人招辑，皆惶惧请命”⑤。亦在同年，因为“淯井

---

① 《宋史》卷347《席旦传》。

② 李华瑞：《宋朝“积弱”说再认识》，《文史哲》2013（6）。

③ 文彦博：《潞公文集》卷15《乞差嘉眉益利屯兵救应淯井监更不差秦州兵》。

④ 《宋会要辑稿》蕃夷5之21—22。

⑤ 范纯仁：《范忠宣集》卷16《太子太保宣简田公神道碑铭》。

蛮人平”，朝廷“赐知益州田况、梓州路转运使何知至敕书奖谕；梓州路钤辖宋定、知泸州李道宁、泸州巡检孔道宁、嘉眉州巡检陈遇、知淯井监刘继英、淯井监监押费元庆、资荣州巡检李友忠王齐雄、梓夔路都监王锴、梓州都监张斌、遂州巡检王文质、简州巡检孔惟恭、梓州路走马承受翟文秀，或迁官，或加职，或减磨勘年”[①]，开展了大范围的奖励活动。皇祐二年（1050），“召枢密直学士、给事中、知益州田况权御史中丞。况未至，又命劝管勾御史台事”[②]。另载，田况“迁给事中，以守御史中丞充理检使召焉。未至，以为枢密直学士、权三司使”[③]。

宋神宗时，成都知府蔡延庆是一位朝廷开边政策的积极支持者，由此酿出了茂州事件。熙宁九年（1076），“及李琪知茂州，民投牒请筑城绕民居，凡八百余步，琪请于朝，上是琪议，下都路钤辖相度”。然后，“会琪罢去，大理寺丞范百常代之”。因为“百常谓城可筑，蔡延庆以闻，诏令筑之”，从而引发了茂州少数民族的反抗斗争。蔡延庆打算采取军事行动，“茂州南有鸡宗关，路通永康军；北有陇东，路通绵州，皆为蕃所据。百常募人间道诣成都，及书木牌数百投江中，告急求援，于是延庆遣将分路以讨之”[④]。他还向朝廷请求调遣五千陕西驻军，驰援茂州。当大军集聚之后，他亲自率兵进行征讨，而由转运使暂时代领成都知府一职，“乞发陕西兵五千援茂州，候兵马集，欲自将以往，令转运使摄府事”。但是，朝廷已经派出兵力前来策应，希望其保持冷静，不要轻易离开府治成都。与此同时，还从梓州路调兵千五百人，赶赴成都，“朝廷已遣将部兵策应，令延庆务在持重，毋得轻出。是日，诏梓州路发兵千五百人赴成都”[⑤]。蔡延庆又言：“臣累牒保、霸州领所部兵策应，而霸州不来，疑与贼通，臣体察乞行讨荡。”于是，朝廷再次下诏：“保、霸州虑事力不足，难责其应援，方有边事，正当安恤，钤辖司毋得妄有逼迫，别生他变。”此外，蔡

① 《长编》卷167，仁宗皇祐元年七月癸丑。
② 《长编》卷169，仁宗皇祐二年十一月戊戌。
③ 王安石：《临川文集》卷91《太子太傅致仕田公墓志铭》。
④ 《长编》卷274，神宗熙宁九年四月戊戌。
⑤ 《长编》卷274，神宗熙宁九年四月戊申。

延庆“欲用兵讨荡蕃贼，恐转运司不肯给兵费，因奏乞近上内臣同处议”，然后，宋神宗“遣内侍押班王中正体量成都府路边事”[①]。其实，早在“太祖在乾德年间屡下诏令，规定各州所收财赋税课，除留最必要的开支，悉送京师，不得占留。不能支配地方财赋，无异于釜底抽薪，连养兵自大的本钱都剥夺光了”[②]。并且，“这些军队的兵饷全部由本路转运司发付，而‘统制’军马之权则归知府或知州、通判”[③]。

由于成都知府蔡延庆委派茂州知州范百常“复与蕃部和誓”，宋神宗对此作出批示：“茂州已得安帖，前募环庆兵可罢，止令王中正募秦凤兵以往。”[④] 鉴于蔡延庆的种种表现有失稳重，宋廷把他与渭州（治今甘肃平凉）知州冯京交换职位，仍然兼任成都府利州路安抚使，“先是，延庆一日三奏茂州蕃部千数把截官路，已三遣将官分领人兵讨杀。诏以延庆奏陈措置前后，已似惶扰，中书、枢密院宜同议可与不可倚仗了此边事，无或转致乖错，别生巨患。故以京代之，仍兼成都府、利州路安抚使”[⑤]。

其实，朝廷派出的特使王中正，企图在这件事情上捞起政治资本。成都监司都附和他，纷纷指责蔡延庆处理失当，“王中正欲自以茂州事为功，监司皆附之，因言延庆措置乖方”。于是，宋神宗“诏新知渭州、龙图阁直学士蔡延庆降授天章阁待制。以不能措置茂州边事也”。不过，“延庆须冯京到乃赴渭州，此时犹在成都云”[⑥]。可见，“宋神宗朝以来的北宋后期，宦官监军重起高潮”[⑦]。

此前，宋神宗就对王安石说：“昨以御前札子宽慰延庆，彼无兵固宜败衄，且善抚存百姓，勿令惊扰，持重以待秦兵至乃攻贼。”王安石回答道：“陛下慰安延庆，甚善。延庆怯，既败军，又畏朝廷谴责，必惶扰失度，得陛下宽慰，乃始有精神处事。如延庆最知向上，不敢有他，其才不

---

① 《长编》卷274，神宗熙宁九年四月辛亥。
② 虞云国：《黎东方讲史之续　细说宋朝》，第43页。
③ 朱瑞熙：《中国政治制度通史》第6卷，第351页。
④ 《长编》卷275，神宗熙宁九年五月辛未。
⑤ 《长编》卷274，神宗熙宁九年四月戊申。
⑥ 《长编》卷275，神宗熙宁九年五月戊寅。
⑦ 程民生：《宋代的监军》，《中州学刊》2014（1）。

足，无奈何，虽责之何补！人主最欲识人臣向与不向也。”① 可见，宋廷对蔡延庆在边境地区治安问题上的拙劣表现，是有一定认识的。他是一个懦弱之人，军事上失败后又怕受到朝廷的惩罚，所以惊慌失措。只是得到朝廷宽恕之后，他才打起了精神。由于其能力不足，处罚他也没有什么实际意义。

当然，蔡延庆自己确实也应承担一定的责任。当茂州少数民族再次掀起了更大规模的反抗斗争时，蔡延庆没有采用刚柔并济的方法加以解决，而是片面地使用武力镇压，导致冲突愈演愈烈。

其中的宦官王中正，真是成事不足，败事有余，“始，中正至成都，而茂州既与蕃部私誓，当罢兵。中正独言受御前札子，有所讨杀。六月，引兵自结总关入恭州，乘蕃部不设备，掩击之，斩首数百，焚荡族帐几尽。寻复与私誓，七月又袭之，随复与私誓，具奏。以蔡延庆虽云私誓，官军至结总关，蕃部辄渝约拒战故也。时延庆已坐措置乖方被责，且去成都矣”②。

朝廷还是采用了刚柔并济的方略，平息了茂州武装冲突事件：“安石又论茂州事，既与蕃部打誓，乃欲讨之，失信。上以为然，令说与军前，恐自今后失信外蕃，无以复与之要约，但令因兵势措置军前事。安石曰：‘甚善。乘兵势措置经久，可以控扼制服蛮夷事，则胜于讨杀，若拒我措置，则讨之不为失信，如其不敢拒，自不须讨。’”③

毫无疑问，“神宗朝川蜀开发在促成民族交流的同时，亦使夷汉间的纠纷冲突更趋频繁”④。贸然拓边，一定是得不偿失。宋神宗时期，朝野上下开始了大规模的改革运动，在民族关系上大大改变了此前以守为主、不生边事的贵柔政策，开始实行主动出击的开边政策，从而引发了一系列少数民族与北宋政府之间的武装冲突，给少数民族地区社会治安防范工作，带来了严峻的挑战。

---

① 《长编》卷275，神宗熙宁九年五月戊寅。

② 《长编》卷279，神宗熙宁九年十一月癸酉。

③ 《长编》卷275，神宗熙宁九年五月己卯。

④ 谢波：《宋朝在西南民族地区的司法》，《曲靖师范学院学报》2013（2）。

宋徽宗政和年间（1111—1118），面对“宰相喜开边西南，帅臣多招诱近界诸夷纳土，分置郡县以为功。致茂州蛮叛，帅司遽下令招降”的情况，当时担任彭州通判的苏元老叹息道：“威不足以服，则恩不足以怀。”然后，他“乃移书成都帅周焘”，并且指出：“今夔、陕兵大集，先以夔兵诱其前，陕兵从其后，不十日，贼必破。彼降而我受焉，则威怀之道得。今不讨贼，既招而还，必复叛，不免重用兵乃定。”① 苏元老还认为：“此蛮（指茂州蛮）跳梁山谷间，伺间窃发。彼之所长，我之所短，惟施、黔两州兵可与为敌。若檄数千人，使倍道往赴，贤于官军十万也。”周焘“得书，即召与计事”。苏元老又出一策：“茂有两道，正道自湿山趋长平，绝岭而上，其路险以高；间道自青崖关趋刁溪，循江而行，其路夷以径。当使正兵阵湿山，而阴出奇兵捣刁溪，与石泉并力合攻，贼腹背受敌，擒之必矣。”但是，成都知府周焘“皆不能用，竟得罪”②。

政和七年（1117），朝廷“命成都帅周焘节制军事，钤辖张永铎统制军马，廉访使者丁弼监其军”③。于是，周焘“遣兵马钤辖张永铎等击之”，但因“畏懦不敢进”，其结果是“皆坐黜”④。具体而言，因为“永铎进兵出讨静州蕃贼失利，焘、弼措置乖方”，于是“知成都府周焘、利州路廉访使者丁弼各降两官，统制茂州军马张永铎特降三官”⑤。后来，朝廷“再命帅决策讨贼”，其结果是“势蹙乃降，边事以宁，如元老策”⑥。

还是在政和七年（1117），由于“石泉夷人犯边”，朝廷任命“孙羲叟帅蜀”。蜀人张行成向其献计：“宜先筑堡寨以御其来。次升石泉为军，以重其权。然后调思、黔义军以制其暴，则收功一时，为利后世。不然，蜀之忧未艾也。”孙羲叟“尽用其策，且命公调军驰步兵至境急击，大破之。夷人自是服，蜀以无事”⑦。政和八年（1118），枢密院将成都知府孙

---

① 王称：《东都事略》卷116《苏元老传》。
② 《宋史》卷339《苏元老传》。
③ 李新：《跨鳌集》卷16《更生阁记》。
④ 《宋史》卷496《蛮夷四》。
⑤ 《宋会要辑稿》职官68之38。
⑥ 王称：《东都事略》卷116《苏元老传》。
⑦ 祝穆：《方舆胜览》卷56《石泉军》，第1004页。

羲叟等反映的“建筑石泉军寨堡，又讨荡过番贼了当，保明到立功人承节郎高震等”情况报告后，宋徽宗“诏各转官一资”①。

重和元年（1118），宋徽宗“诏改石泉县为军，以永康、龙安、神泉隶焉。知军及寨堡官吏，委知成都府孙羲叟辟置闻奏。”② 同年，孙羲叟上言：“绵、茂开拓甚广，自唐以来八国巢穴已空。”于是，宋徽宗“诏许百僚称贺”③。宋徽宗时期的开边政策，无异于玩火自焚，北宋王朝正在走向灭亡。

有时，在维护少数民族地区的社会治安管理过程中，成都知府与监司长官之间，还存在着一定的相互协作关系。熙宁年间（1068—1077），面对“茂州蛮叛，数日覆军杀将，进围汶山郡，坤维骚然”的情况，成都路提点刑狱张隐直与转运使俞充“行分将兵”。鉴于“方无事时，兵常不足。及是，官军多死，夷兵且深入”的严峻形势，张隐直还“移帅府，请与之约和，以缓其来，且待王师之至也”，于是，“帅府用其画，犹连公手札上闻。已而王师至，夷兵不侵轶者，公之力也”④。

但是，其中也存在着一定的局限性。北宋时期，因为“蜀之西南边曰黎州，旧守用武臣多不职，朝廷自此始改用朝臣，且令转运使得以所部才官荐任”，于是转运使推荐陈安定出任黎州知州，得到朝廷的批准。陈安定认为：“以州处边徼，接邛部川堡塞诸蛮居，常有寇患，苟不先惠养吾民，其孰与守？”于是，“明教令，去烦苛，绝诛敛，兴起学舍，以儒术训民子弟”，并且，“外示恩威，以结诸蛮。邛部之酋牟墨者最强，自称百蛮都王。朝廷羁縻惠抚之，许其岁以马入市，偿之金帛。其来有燕，其去有贶，留日有数”。然后，“君不复用夷法，即擒于市杖之。牟墨大惧，负装驰出，济大渡河，君以贶物追付之。既去，衔君辱其徒，且声言将举兵以为报。州人咸恐，本路帅亦移书诘责，戒自为备。君度其势不足虑，后终

---

① 《宋会要辑稿》方域20之6。
② 《宋会要辑稿》方域7之1。
③ 陈均：《九朝编年备要》卷28，重和元年三月。
④ 沈辽：《云巢编》卷9《张司勋墓志铭》。

无能为患”①。

实际上，“北宋中后期，宋朝政府有过两次大规模的‘开边’活动，集中在神宗熙宁（1068—1077）和徽宗崇宁（1102—1106）至政和（1111—1117）两段时期”②。毫无疑问，“到神宗熙宁年间（1168—1177）和徽宗朝前期，曾两度开展‘拓边’活动，结果引起少数民族人民的强烈反抗，劳师糜费，得不偿失”③。

总的说来，北宋时期，四川境内少数民族地区社会治安防范任务日益增多。北宋中期以前，成都知府所开展的工作非常主动，眼界更为开阔，发挥的作用也是相当突出的。但是，北宋中期以后，其应对起来逐渐显得有些吃力了，有时甚至还表现得相当狼狈。

第二节　南宋成都知府与社会治安管理

“南宋对成都地区的统治方式经过了三个阶段的变化：从建炎元年到绍兴五年（1127—1135年），成都地区主要是在川陕宣抚司（后改为‘四川宣抚司’）的直接控制下，川陕宣抚司代行朝廷任免成都地区的官员；绍兴五年底到开禧二年（1135—1206年），成都地区直接置于朝廷的控制下，主要是以四川安抚制置使兼知成都府的方式进行的；从开禧二年三月到淳祐元年（1206—1241年），成都地区虽然基本上还是置于朝廷的直接控制下，但在统治方式上则兼用知成都府兼本路安抚使和四川安抚制置使兼知成都府两种方式，端平三年（1236年）蒙古‘火杀’成都后，南宋四川安抚制置使出现遥领四川和成都或以四川宣抚使知成都的局面。综合考察这三个阶段的统治方式，以四川制帅兼知成都府是南宋统治成都的主要形式”④。建炎三年（1129），因为川陕宣抚处置使张浚“治兵兴元，欲易

① 陈襄：《古灵集》卷20《驾部陈公墓志铭》。

② 刘复生：《宋代羁縻州“虚像”及其制度问题》，《中国边疆史地研究》2007（4）。

③ 何忠礼：《南宋全史2　政治、军事和民族关系卷下》，第327页。

④ 粟品孝等：《成都通史　五代（前后蜀）两宋时期》，第107页。

置陕右诸帅，乃徙端明殿学士、知熙州张深知利州，充利州路兵马钤辖、安抚使，而以明州观察使刘锡代之”，于是“徽猷阁直学士、知成都府卢法原去利州路兵马钤辖，不兼利路，置帅成都。帅臣不兼利路自此始”①。然后，“四川制置司治成都。它正式创置于绍兴五年十月席益为成都、潼川府、夔州、利州路安抚制置大使兼知都成府”②，并且，“自绍兴五年（1135）宋廷任命四川安抚制置大使起，制置使在四川便成为常设职官，是四川战区的最高军政长官之一，而制置使制度在四川战区发展得最为充分和典型”③。绍兴九年（1139），“权吏部尚书兼史馆修撰张焘充宝文阁学士、知成都府兼本路安抚使。四川制置司限一月结局”④。绍兴十八年（1148），“诏四川宣抚司并属官并罢之”⑤，撤销四川宣抚使司的建置。乾道六年（1170），“罢四川安抚制置司并归宣抚司”⑥，这是因为四川安抚制置使兼知成都府晁公武与四川宣抚使王炎之间矛盾激化的结果，“以晁公武、王炎不协，罢四川制置司归宣抚司”⑦。淳熙二年（1175），宋孝宗“诏罢四川宣抚司”⑧，换言之，“罢四川宣抚，复制置使”⑨。然后，“开禧二年（1206年）三月，南宋为准备‘北伐’金朝，重新恢复四川宣抚司，命四川安抚制置使兼知成都府程松为四川宣抚使，开府汉中（即兴元府）；放归在朝廷的吴曦为四川宣抚副使，治兵兴州。伴随四川宣抚司的恢复，四川制置司就相应地被撤销，新知成都府杨辅兼任本路安抚使。这就恢复到南宋初年的状况。当然，这一局面并没有维持多久，两年后即嘉定元年（1208年）二月，宣抚副使吴曦发动叛乱，宣抚使程松逃跑，四川宣抚司名存实亡。朝廷乘机恢复制置司，知成都府杨辅被任为四川制置使，再度

---

① 《要录》卷28，建炎三年十月戊戌。
② 贾大泉、周原孙：《四川通史》第4册，第65页。
③ 姚建根：《宋朝制置使制度研究》，第97页。
④ 《要录》卷132，绍兴九年十月癸丑。
⑤ 《宋会要辑稿》职官41之35。
⑥ 《宋史全文》卷25（上），乾道六年三月。
⑦ 《宋史》卷34《孝宗二》。
⑧ 《宋会要辑稿》职官41之40。
⑨ 刘时举：《续宋编年资治通鉴》卷9，淳熙二年六月。

回到四川制置使兼知成都府的旧格局”①。

嘉定二年（1209），“安丙为四川制置大使，罢宣抚司”，并且，宋宁宗“有旨制置司事务并归大使司，宣抚司事务归安抚司”②。嘉定七年（1214），朝廷撤销四川制置大使司，“盖自开禧三年二月乙亥晦曦诛，安公权宣抚使，至今年四月癸丑制置大使司结罢，凡二千六百有一旬有八日云。于是，制置使还成都，而兴元帅臣兼节制御前军马”③。其后，“嘉定十二年（1219）为抗御金军南侵又置宣抚司，不久即罢”④。

尤其值得注意的是，“四川制置使与宣抚使并置时，两使之间的关系是微妙复杂的”⑤。乾道六年（1170），宋高宗下诏：“已降金字牌二面付四川宣抚使王炎，附发边防文字，其四川安抚制置使司见存留金字牌二面，令宣司缴纳。”于是，宣司上奏：“检准绍兴十八年九月二十一日四川安抚制置使李璆申奏，契勘宣抚司昨奏请到指挥，许权留御前发来金字牌二面，附发合奏边防机速文字奏。今来制置司亦乞依上件事施行。”其请求得到了朝廷的批准⑥。确实，两司并存之时，双方之间难免没有某种程度的隔膜，“四川宣抚使置司利州或兴元府，以见任执政为之，而成都自置四川制置使。制置使移文宣抚司，当用申状，而倔强不伏。又以见任执政无用牒之理，于是但用申宣抚某官，不肯申宣抚司。此当拒而不受，或闻之朝廷，而宣抚使依违不能问也”⑦。其中，“自宝庆三年至淳祐二年，十六年间，凡授宣抚三人，制置使九人，副四人，或老或暂，或庸或贪，或惨或缪，或遥领而不至，或开隙而各谋，终无成绩。于是东、西川无复统律，遗民咸不聊生，监司、戎帅各专号令，擅辟守宰，荡无纪纲，蜀日益坏”⑧。事实上，“宋廷设立宣抚使，有对制置使进行牵制与管束的意图”，宣抚使比制置使的地位还要高一些，“总的看来，宣抚使权力所影响

---

① 粟品孝等：《成都通史　五代（前后蜀）两宋时期》，第113页。
② 《两朝纲目备要》卷12，嘉定二年八月乙丑。
③ 《两朝纲目备要》卷14，嘉定七年八月戊申。
④ 贾大泉、周原孙：《四川通史》第4册，第62页。
⑤ 姚建根：《宋朝制置使制度研究》，第146页。
⑥ 《宋会要辑稿》职官40之15。
⑦ 陆游：《老学庵笔记》卷4，第68—69页。
⑧ 《宋史》卷416《余玠传》。

的路区范围广，又多是重臣为之，所以其地位要比制置使高”。因此，朝廷有时不惜采取“两者不并置”的方法，二者只留其一，以化解其中的矛盾，“因为制置使与宣抚使在大多数时间、战区空间内可以共同行驶类似的权力，这容易造成两使的重叠与冲突，所以南宋政权在稳定之后，对两使的任命变得慎重，制置使与宣抚使在某些战区交替任命，两者不并置，四川战区尤为明显”①。可见，双方之间，既有合作又有争斗。为了国家的利益而合作，为了自己的利益而争斗。正如南宋名臣李曾伯所指出那样：“盖宣、制并建，供亿徒繁，昔为一项费者，今为两项费，以承平之蜀且难，况破碎之蜀乎？臣与制臣虽是同心而共济，岂无掣肘于其间？设或误事，祇相委责”②。

在废除宣抚司的情况之下，四川制置使的社会治安管理工作异常繁重，“朝廷用兵，恢复陕右，置川陕宣抚使护诸将，治益昌。其后罢兵，宣抚使为四川制置使，治成都，兼成都军府事。备关营，屯诸军，凡十余万，皆其统御。巴蜀西南与吐蕃、南诏接，由绵、龙，包戎、泸、施、黔，凡三千余里，皆其镇抚；合巴蜀六十郡二百余县，吏之能否，民之休戚，皆其督察。制置使之任，其重如此”③。此外，“若宣抚司和制置司都不置，则由成都府路安抚司负责整个四川的兵民之政”④。

南宋时期，成都府的治安形势问题逐渐纳入整个四川地区的筹划之中去了，四川制置司成为维护四川地区社会治安的主导机构，四川制置使是完成这一任务的重要领导力量。兼任成都知府的四川制帅职权很大，可谓地位显赫，“坤维之壤，邈在一隅。方伯之权，隆于九牧”⑤。其选任标准非常高，“建炎用兵，枢臣宣威蜀门，始并四路而统之。又创安抚使于成都，仍兼本路钤辖，以总一路军民之寄。绍兴初，又罢宣威，命成都率为四路安抚置制使，其事权与宣威等。是后两大司更为废兴，治所亦异。至

① 姚建根：《宋朝制置使制度研究》，第142—143页。
② 李曾伯：《可斋续稿》后卷3《回乞休致奏》。
③ 《成都文类》卷24，冯时行：《罗城记》。
④ 吴业国、张其凡：《南宋“四蜀”考》，《中国历史地理论丛》2008（1）。
⑤ 洪适：《盘洲文集》卷13《赐汪应辰辞免敷文阁直学士四川安抚制直使不允诏》。

其控御广，藩寄专，上分天子西顾之忧，则一也。故制置使必择有文武长才，知大体，负重望，极汉廷一时选者”①。一定要智勇双全，“国事之可忧者，莫如蜀；外障之难防者，亦莫如蜀。何者？其地至远也。有才而无识者，不足以为蜀帅；有勇而无谋者，亦不足以为蜀帅。何者？其任至重也”。因此，“今日之典方面、镇全蜀者”，“付之以众人所不敢当之事，期之以众人所不能成之功。兼总四路，专其委寄，则威望日益隆优”②。嘉定十一年（1218），四川制置使董居谊“仓皇进治利州”③。嘉定十二年（1219），“诏四川制置使依旧利州置司”④。后来，崔与之摄制置使时再次“移治利州”，到四川制置使郑损还曾“移司新沔”⑤。当然，“制置大使的职权，主要集中在人事、民政方面”⑥。

在维护社会治安方面，兼任本路安抚使的成都知府，特别是兼任成都知府的四川制帅，面临很大的挑战，“建炎以来，北朝拥众数万窥蜀，朝廷宿重兵扼剑门之险，积三十年，师老财匮。非若曩时，群盗窃发，啸聚乌合，可以应手扑灭而定也”⑦。堪称任重道远，“蜀道地最重，去朝廷最远。”⑧ 责任非常重大，“蜀中制置使一员，任六十州之安危。”⑨ 宋高宗对王刚中提出了很高的要求：“卿其深体至怀，务先惠养。民间有疾苦，官吏有贪残，悉以上闻。夫莅政在宽，宽宜有制；足用在俭，俭宜中礼。抚驭将士，先之以和，肃宁边陲，镇之以静，则朕无西顾之忧矣。”⑩ 淳熙四年（1177），胡元质出任四川安抚制置使兼知成都府。宋孝宗对他寄予厚望：“天文参井之度，地志梁雍之域，祖宗盛时，方镇莫重焉。今复合四路之权，总于一帅，凡兵民之利害，官吏之否臧，大者驿闻，余得裁制。

---

① 《成都文类》卷27，吕商隐：《新建制置使司金厅记》。
② 袁燮：《絜斋集》卷4《论蜀札子二》。
③ 魏了翁：《鹤山集》卷69《显谟阁直学士提举西京嵩山崇福宫许公奕神道碑》。
④ 刘克庄：《后村集》卷44《玉牒初草·皇宋宁宗皇帝》，嘉定十二年八月甲戌。
⑤ 魏了翁：《鹤山集》卷88《知黎州兼管内安抚高公崇行状》。
⑥ 王化雨：《南宋绍兴前期的中央遣蜀帅臣》，《四川师范大学学报》2014（1）。
⑦ 孙觌：《鸿庆居士集》卷38《宋故资政殿大学士王公墓志铭》。
⑧ 蔡戡：《定斋集》卷5《乞以寿皇圣帝为法劄子》。
⑨ 吴泳：《鹤林集》卷15《绍兴淳熙预储蜀帅》。
⑩ 《全蜀艺文志》卷26《高宗赐王刚中训谕诏》。

选抡加重，抑又可知。非有文翁之文，武侯之武，忠勤笃实，为朕倚信者，不轻畀也。”[①] 但是，为了防止唐末以来藩镇割据的历史悲剧重演，朝廷又采取了以分权而实现集权的统治策略，“今日两蜀事权，四分五裂，制置主民，总领主财，戎帅主兵，茶司主马。兵不可阙食，马不可无本，则总领不可无财，而制置司不可不恤其民，亦其势然也。”[②] 毫无疑问，“战时的南宋中央，对于地方职官的设置更是处心积虑，制置使也是处在纵横交错的网状权力结构之中，无法脱离宋廷的控制”[③]。南宋时期，成都知府与社会治安管理之间的关系，主要体现在农民、士兵和少数民族的社会治安管理三个方面。

一、南宋成都知府与农民的社会治安管理

实际上，“南宋时的‘贼盗’较之北宋更突出，在其150年间，发生大的‘贼盗’犯罪活动260余起。特别是南宋初年，由于金兵的烧杀劫掠，散兵游寇的恣为洗劫，官府的横征暴敛，官吏的法外科求，致使贫民百姓无以为生，铤而走险，啸聚为盗”[④]。南宋时期，在农民的社会治安管理方面，成都知府所发挥的作用，主要表现在安抚为主、预防为先、严加镇压三个方面。

（一）安抚为主

在农民的社会治安管理过程中，不论是兼任本路安抚使的成都知府，还是兼任成都知府的四川制帅，一定要坚持安抚为主的原则，勤政为民，关爱百姓，关注民生。

首先看兼任本路安抚使的成都知府。宋高宗时，成都知府兼本路安抚使张焘尽心为政，蜀人对此非常满意，“政无不举，蜀人大悦”[⑤]。于是，

① 周必大：《文忠集》卷107《赐新复敷文阁直学士中奉大夫胡元质辞免除四川安抚制置使兼知成都府恩命不允诏》。

② 彭龟年：《止堂集》卷1《论雷雪之异为阴盛侵阳之证疏》。

③ 姚建根：《宋朝制置使制度研究》，第212页。

④ 郭东旭：《宋代法制研究》，第178页。

⑤ 周必大：《文忠集》卷64《张忠定公焘神道碑》。

他深受百姓爱戴，“焘外和内刚，帅蜀有惠政，民祠之不忘”①。其治蜀政绩非常突出，“今公姓同，德又同，名重一时，为天子所倚又同。惠爱所加，能使人久而不忘，悬知其必同也”，并且“使蜀人知公不减前两张太守也”②。

再看兼任成都知府的四川制帅。宋高宗时，萧振虽然受到了奸相秦桧的打击，但也使他更加勤政为民，“桧死，语得闻，帝大感悟，亟遣振还成都，父老欢呼蜀道。振至，一切以宽治。或问其故，振曰：‘承纵弛，革之当严，今继苛刻，非宽则民力瘁矣’”③。宋高宗对他给予了高度评价，“四川善政，前有胡世将，今有萧振。振蠲减重赋，蜀人安之。近荐武帅，又皆得人。可除直学士”④。他受到了朝廷的嘉奖和百姓的爱戴，“振两为蜀守，威行惠孚。死之日，民无老稚，相聚哭于道。遗表至，帝悼惜之，赙银五百两、绢五百匹，赠四官”⑤。

也是在宋高宗时期，四川安抚制置使兼知成都府王刚中深受百姓爱戴，“比公去，蜀父老填道遮留不得去。既去，有追路数百里而后还者”⑥。

乾道四年（1168），四川安抚制置使兼知成都府晁公武将王倬“辟知郫县事”。面对严重的旱灾，王倬“率僚吏燎芗执板，告念起而云旋，烟升而雨澍，百里内外，沟浍皆盈”⑦。

宋孝宗时，因为“西川夏旱，支江水涸，即遣使致祷，增堰壅水，以入支江，三四宿，水即遍，谓之摄水”，于是四川制置使兼知成都府范成大“连岁遣郡丞冯俌摄水祠下，皆如期而应，连得稔”⑧。其政绩非常突出，“范成大始终情系巴蜀，而四川民众思之如慈亲，无疑是由于范成大治蜀政绩卓著”。他深受蜀人爱戴，“范成大离开成都时，自发送行者人数之多、送行距离之远，实属罕见”。当然，“离开宋孝宗的认可和支持，范

① 《宋史》卷382《张焘传》。
② 《全蜀艺文志》卷21，朱翌：《送吏部尚书张公帅成都诗并序》。
③ 《宋史》卷380《萧振传》。
④ 《宋史全文》卷22（下），绍兴二十七年五月丙寅。
⑤ 《宋史》卷380《萧振传》。
⑥ 孙觌：《鸿庆居士集》卷38《宋故资政殿大学士王公墓志铭》。
⑦ 《成都文类》卷33，黄夷则：《郫县善应庙记》。
⑧ 范成大：《范成大笔记六种·吴船录》，第189页。

成大将一事无成。在一定意义上，甚至可以说，范成大在四川无非是较好地贯彻了宋孝宗‘并蠲民瘼’‘加惠彼民’的方针，范成大的治蜀政绩正是宋孝宗较有作为的例证”①。在范成大离开四川数十年后，江东贤士刘宰询问其同年巴蜀名士李埴：“近时南士蜀帅谁贤？”李埴“以范石湖对”。这是因为范成大在巴蜀大地上留下了勤勉亲民的美好形象，“其为政平易近民，民有隐必伸，有谒必获，故其教易成，其政不严而治”②。

淳熙五年（1178），四川安抚制置使兼知成都府胡元质“遣使祷于祠下，不崇朝而雨，岁乃大熟”③。

由于“知成都县事临邛宋朝英于漏法甚精”，宋孝宗、光宗之际的四川安抚制置使兼知成都府京镗，“属其筹铸壶刻箭，始更其法。测午中之晷为升箭之初，毕百刻而后易，仍以历象考七十二候”，其目的在于告诉人们一个道理，即“凡有惧心者，即可进于善”④，要珍惜光阴，多做善事。

宋光宗、宁宗之际的四川安抚制置使兼知成都府赵彦逾，“为政不扰，蜀人便安之”⑤。庆元二年（1196），“赵彦逾守蜀，众因以定策之功归之，然但累迁资政殿学士奉祠而已，不复除执政矣”⑥。不过，他还是受到了“赠三代曾祖少师崇国公谥清简加赠太傅”的恩赏⑦。

庆元五年（1199），在即将离任之际，四川安抚制置使兼知成都府袁说友指出：“孝父母则享善报，身自安；否则阴谴乘之，身危矣。息斗则居乡里，身自安；否则刑责随之，身危矣。惜财物则足衣食，身自安；否则饥寒困之，身危矣。戒骄惰，则有功绩，身自安；否则破荡因之，身危矣。四者，尔知所择则身安，然后，可以耕，可以获，得以食，得以饱矣。尔不知所择则身危，然后不能耕，不能获，无以食，无以饱矣。太守

---

① 张邦炜、陈盈洁：《范成大治蜀述论》，《四川师范大学学报》2004（5）。
② 刘宰：《漫塘集》卷24《书石湖诗卷后》。
③ 《成都文类》卷41，扈辅：《灵泉县安静观改作十方记》。
④ 《全蜀艺文志》卷34，京镗：《惜阴亭记》。
⑤ 《宋史》卷247《赵彦逾传》。
⑥ 《两朝纲目备要》卷2，绍熙四年三月。
⑦ 陈傅良：《止斋集》卷17《端明殿学士四川安抚制置使赵彦逾赠三代曾祖少师崇国公谥清简加赠太傅》。

不以尔农劝，而以尔身劝，盖以农之本者劝尔也。太守归矣，尔父老毋忘此言，毋危此身。”于是，“父戒子，兄告弟曰：‘今袁太守且东去，可以与太守别，而不可以忘太守言。子与弟常能守太守言，则如常在太守侧矣’”[①]，深深地表达了他对四川百姓的关爱之情。

开禧三年（1207），四川安抚制置使兼知成都府吴猎为政宽平，“公在蜀三年，劝农桑，兴孝悌，黜奸恶，掩骼埋胔，养老恤孤，严教阅，振军伍，修官寺之坏，通沟洫之废。凡可以为根本之计，久远之虑者无不为，为之无不至”[②]。并且，“其为人乐易，临民宽，待士有礼，故蜀人安之”。但是，其包容性过强，善恶之别不严，“惟识者以不能旌别淑慝为恨”[③]。其实，那也是瑕不掩瑜。吴猎非常清廉，深受蜀人敬仰，“卒，家无余资。蜀人思其政，画像祠之”，并且，“猎初从张栻学，乾道初，朱熹会栻于潭，猎又亲炙，湖湘之学一出于正，猎实表率之”[④]。

嘉定十七年（1224），鉴于“蜀自开禧佳兵以来，调役屡矣。龙之民独共其二，平时家出丁壮，番上十关五塞，以扼氐陇；有警则以赋授役，霜骭雷腹，麇奔鱼贯，飞挽于关表间，顾更厚征之。其民重困，有怼而无告”的严重情况，“制置南海崔公、都运合阳赵公闻而恻然，曰：‘不堪命矣！严尔戍，宽尔转饷’”[⑤]。

可见，不论是兼任本路安抚使的成都知府，还是兼任成都知府的四川制帅，其中大多数人都躬行勤政为民，关爱百姓，无疑有利于维护社会治安秩序的稳定。

（二）预防为先

南宋时期，在农民的社会治安管理过程中，要把安抚为主放在首位，然后就应着力加强安全防范工作。具体而言，主要包括改善吏治与防微杜渐两个方面的内容。

---

① 袁说友：《东塘集》卷16《庆元己未成都府劝农文》。
② 度正：《性善堂稿》卷11《敷文阁直学士安抚制置使长沙吴公生祠记》。
③《两朝纲目备要》卷10，开禧三年四月戊申。
④《宋史》卷397《吴猎传》。
⑤ 洪咨夔：《平斋文集》卷30《龙州免运粮夫跋》。

1. 改善吏治

毫无疑问，吏治的改善显然有利于维护社会治安秩序的稳定。淳熙八年（1181），宋孝宗“诏四川制置生日庆贺之礼，如有循袭违戾，馈者受者并置典宪”①。不论是兼任本路安抚使的成都知府，还是兼任成都知府的四川制帅，都高度重视吏治建设。南宋初年，各地帅司奏辟属官的职权异常膨胀。这是因为“对金战争形势紧迫，各路帅臣的府司，如安抚使司、制置使司、都督府、宣抚使司等，不但可以自置属员，甚至可以奏辟监司郡守”②。四川地区更是如此，“建、绍兵兴日，帅臣许辟置幕属。既素为知己，其于婉画，裨助惟多。今惟四川制帅如故事，他皆命于朝，宾主邈不通情，殆与郡县官等”③。由于军事形势危急和四川地区的重要战略地位，四川制帅还享有比其他地区更多的职权，自然也是情理之中的事情。

首先看兼任本路安抚使的成都知府。绍兴十二年（1142），成都府路安抚使张焘上言：“成都僻在一隅，去行在万里，所辟官属，少有愿就之人。乞依四川都转运使李迨例，各予转一官，仍与支赐。”其请求获得了朝廷的恩准④。宋宁宗时，成都知府兼本路安抚使黄畴若“考官吏冗员，非敕命差注者悉罢之”，并且，“更用东南贤士使蜀四路，而拔蜀守之有治功者为东南监司，庶杜州县姻娅之私”⑤。

再看兼任成都知府的四川制帅，“制置使有一套相对完备的幕僚系统，种类很多，比较常见的有参谋官、参议官、干办公事、准备将领、准备差遣、准备差使、书写机宜文字等，其他还有计议官、谘议官、议事官、佥厅官、检法官，等等”⑥。

宋高宗时，席益出任四川安抚制置大使兼知成都府，还辟举张棁为四川制置司干办公事⑦。其治蜀政绩突出，当然与其幕僚系统所发挥的作用

① 《宋会要辑稿》刑法2之121。
② 苗书梅：《宋代官员选任和管理制度》，第183页。
③ 周辉：《清波杂志校注》卷4《辟置幕属》，第178页。
④ 《宋会要辑稿》选举31之6。
⑤ 《宋史》卷415《黄畴若传》。
⑥ 姚建根：《宋朝制置使制度研究》，第20页。
⑦ 张栻：《南轩集》卷39《夔州路提点刑狱张君墓志铭》。

密不可分，“开府之日，小大趋令，民各顺听，亡所抵牾；老奸宿恶，闭门束手，念自淬厉，求为柔人。而益、利两道二十余州，水芸火耨、山行野负之氓，咸足生理，抃喜盈望，如公户摩抚而人劳苦者。盖公设施百未一二，而治功已如此矣”①。

绍兴八年（1138），“新除四川制置使胡世将乞四路漕司差注，不当从吏部，下本司依法究治，仍许士人赴本司陈诉”，其请求获得了宋高宗的批准②。因为其招贤纳才，从而留下了不凡的政绩，“其守成都，多有治绩”③。宋高宗时，四川安抚制置使兼知成都府符行中被评价为“贤方伯”，“剔蠹治荒，公不敢偷，田妇畔夫，知公勤劳。于时为贤方伯”④。也是在宋高宗时期，四川安抚制置使兼知成都府萧振将王淮辟入幕府⑤，还辟薛季宣为幕僚⑥，王惇诗也“在幕中多所补益”⑦。

绍兴二十九年（1159），李焘被四川安抚制置使兼知成都府王刚中辟为干办公事⑧。同年，与“异时蜀帅以文令则玩于柔，以武竞则窒于暴”之间相比较，王刚中“开心见诚，不立崖堑，颇得将使之情”。于是，宋高宗“诏加刚中宝文阁直学士以宠之”⑨。绍兴三十二年（1162），因为四川制置司参议官吴援“丁母忧”，王刚中“言于朝”，使得吴援“特起复”，守丧尚未满期，就被重新起用⑩。

宋孝宗时，汪应辰将罗博文辟为参议官，“吏部侍郎玉山汪公制置全蜀，奏辟公参议官以行，军府之政必以咨焉。汪公既虚心好问，公亦推诚启告，反复殚尽，必归于至当而后已。成都之政遂最天下，公之助为多

---

① 《全蜀艺文志》卷32，杨天惠：《代送席帅序》。
② 《要录》卷118，绍兴八年正月乙卯。
③ 刘时举：《续宋编年资治通鉴》卷5，绍兴九年九月。
④ 《全蜀艺文志》卷32，何耕：《送符制置被召序》。
⑤ 《宋史》卷396《王淮传》。
⑥ 薛季宣：《浪语集》卷35《宋右奉议郎新改差常州借紫薛公行状》。
⑦ 汪应辰：《文定集》卷4《御札问蜀中旱歉画一回奏》。
⑧ 《全蜀艺文志》卷47，周必大：《敷文阁学士通奉大夫致仕赠少师李文简公神道碑》。
⑨ 《中兴小纪》卷38，绍兴二十九年十二月乙亥。
⑩ 《要录》卷196，绍兴三十二年正月己巳。

也”[①]。他又向执政奏举于锐和程价为成都通判[②]。由于添差四川制置司参议官吴撝任期已满，他还向朝廷提出，“特除撝蜀中合入厘务差遣。”[③]

事实上，“范成大治蜀期间，幕府的事情办得井井有条，在很大程度上是他将有能力的蜀士罗致于其幕下的结果”[④]。由于范成大治蜀政绩突出，宋孝宗“令先进敷文阁直学士，明日乃下诏命”[⑤]。淳熙四年（1177），四川制置使胡元质“乞添本司参议官一员，仍厘务”。其请求得到了朝廷的批准[⑥]。宋孝宗时，陈琦被四川制置使兼知成都府留正辟为掌管机宜文字[⑦]。

淳熙十六年（1189），针对“四川京官签判员阙，多有阙官去处。照得通判供给钱从条支给八十贯，止是成资解罢；签判供钱四十贯，却于三十个月为任。其签判责重禄簿，又须两年半方得解罢，比之通判，优劣大不相侔。是致京官曾历知县者，便自经营通判军、监差遣，更不愿就签判窠阙”的问题，四川安抚制置使知成都府赵汝愚“乞将四川诸州军无通判、止有京朝官签判去处，并听成资为任”，其建议得到了宋孝宗的采纳[⑧]。同年，鉴于“四川知县、县令内除合差选人并沿边县分通差四选官外，有专注京朝官知县去处，并系繁剧大邑，久无正官。兼京官员阙所在并以三年为任，惟川蜀独专法止以三十个月解替，每任之县较之内地常少半年。照得近降指挥，四川改官止以一十五员为额。本司目即节次放散过选人改官，已挨排积下淳熙十七年、十八年员数。见今四川京官知县阙多，在部京官合入知县人绝少”的情况，他还“乞将已经本司放散过四川选人改官，从名次专令注授京官须入知县窠阙一次。仍乞今后京官知县并以三年为任满”，其请求获得了朝廷的批准[⑨]。

---

① 朱熹：《晦庵集》卷97《承议郎主管台州崇道观赐绯鱼袋罗公行状》。
② 汪应辰：《文定集》卷13《荐于锐程价充成都通判与宰执书》。
③ 汪应辰：《文定集》卷6《荐吴撝札子》。
④ 张邦炜、陈盈洁：《范成大治蜀述论》，《四川师范大学学报》2004（5）。
⑤ 周必大：《文忠集》卷61《资政殿大学士赠银青光禄大夫范公成大神道碑》。
⑥ 《宋会要辑稿》职官40之16。
⑦ 杨万里：《诚斋集》卷128《陈择之墓志铭》。
⑧ 《宋会要辑稿》职官48之13。
⑨ 《宋会要辑稿》职官48之43。

赵汝愚还上奏说："臣自入境，所过夔、梓两路，已备见闾阎穷苦之状。比至成都，日与士大夫相接及受接人户词状，又见得利州一路物轻钱重，民间愈觉艰难。至于沿边数州之民，又苦差使繁重。惟成都一路，素号繁华，缘自军兴以来，困于支移折变，日朘月削，浸不可支。全赖为守为令者，各以体国爱民为念，服勤职守，加意抚摩。"于是，他提出："伏望圣慈下臣此章，戒谕州县，各使尽心职业，夤奉诏条。如能学道爱人，兴隆政化；或奉公洁己，省节财用；或兴利除害，可为后法；并许监司论荐，具以实闻。若乃阿党徇私，所奏不实者，仍许臣觉察。或有赃污不法，为害一方，而监司、守臣互相容庇，不行举按者，亦许臣具事状闻奏。庶几上下相维，小大咸劝，万里远民，俱受大赐。"① 由于游仲鸿"禀姿粹夷，操行刚正，临节见义，凛不可夺"，被其招至幕下，助益良多，"赵汝愚帅蜀之日，尝招置幕下，多所正救"②。此外，他还将其长子赵崇宪"辟书写机宜文字"③。不过，朝廷对此也要加以管制。庆元二年(1196)，起居舍人胡纮上言："诸路帅司向缘军兴，事涉机密，许辟亲属充书写机宜文字，中间尽行罢去。近年沿边帅臣夤缘有请，复开此例，凡不应辟置者，亦公然闻奏，如执券取偿，甚亡谓也。欲乞除四川制置许辟亲属机宜一员外，其余帅司并不许辟差，其见任人许随司罢。或帅再任者，亦不许再辟"，其请求得到了宋宁宗的批准④。

但是，关于"荐举改官"之法，赵汝愚提出抑制侥幸与保证公平的建议，并未得到朝廷的回应，"初，赵汝愚为蜀帅，建言：'旧法听三考荐举改官者，皆以三考为一任，举其成数而言。今于三考之内未罢奇零日分，辄敢并旁干请，已非法意。今又该遇覃霈，尽行补转，若一并许于二考之外听举改官，窃恐干进之徒与夫势要皆豫得为他日计，而孤寒安分、廉耻自将者欲脱选调，愈不可得。欲望将选人一例，许于第二任方得荐举改官，庶几仕进公平，不妨寒畯之路。'不报"。后来，宋光宗对他给予了高

① 《历代名臣奏议》卷169，《选举》。
② 魏了翁：《鹤山集》卷15《奏论故军器监主簿游仲鸿绍熙末年建明宗社大计》。
③ 《宋史》卷392《赵崇宪传》。
④ 《宋会要辑稿》职官41之115。

度评价，“卿在蜀时所进奏议甚善”①。

绍熙二年（1191），“制帅京镗以京官知县阙人为词，奏乞增放散员数，朝廷难之”②。不过，“自是以后，或非时覃恩，或制司奏请，往往递趱一年”③，可见，还是发挥了一定的作用。

宋宁宗时，饶州通判娄机被“蜀帅袁说友辟参议幕中”，然而他并没有接受征召，于是“改干办诸司审计司”④。针对“四川改官人积滞”的问题，杨辅和吴猎均向朝廷提出缓解请求，得到了积极的回应，“只如近年，杨端明帅蜀，尝以为请，旋即施行。吴侍郎于更化之初，又尝建议待班人一面作邑，亦复报可”⑤。四川安抚制置使兼知成都府吴猎，将德行高洁的李惟正“俾摄崇庆府新津县令，又辟佥书剑南西川节度判官”⑥。当然，其中还是存在着一定的局限性，“南宋嘉定年间，吴畏斋帅成都，从行者多选人，而选人改官，多靠钻营”⑦。嘉定十二年（1219），聂子述担任四川制置使兼知成都府，“以果州守安侯癸仲为元幕，俾君摄州事。属时多事，民赖以安”⑧。

也是在宋宁宗时期，四川安抚制置使兼知成都府崔与之“闻其名”，将高稼“改辟本司干办公事”，并且，“稼持论不阿，忧世甚切”。但是，“及郑损为制置使，即求去”⑨。由于“宣、制两司皆知其贤”，李荣仲被“制帅崔与之又辟入幕”，并担任四川制置司准备差遣⑩。崔与之还向朝廷推荐游侣、洪咨夔、魏了翁、李性传、程公许等贤士，这些人后来成为其治蜀的重要辅佐，“公善知人，平生荐引，惟游侣、洪咨夔、魏了翁、李性传、程公许，后皆为公辅”⑪。他将李冲推荐给朝廷，“今四川制置使侍

---

① 《宋史全文》卷28，绍熙四年三月。
② 《两朝纲目备要》卷2，绍熙二年九月。
③ 《宋史全文》卷28，绍熙二年九月丁卯。
④ 《宋史》卷410《娄机传》。
⑤ 魏了翁：《鹤山集》卷23《论四川改官人积滞札子　上四川制置》。
⑥ 魏了翁：《鹤山集》卷72《佥书剑南西川判官李君惟正墓志铭》。
⑦ 贾大泉、周原孙：《四川通史》第4册，第373页。
⑧ 魏了翁：《鹤山集》卷75《知文州主管华州云台观安君墓志铭》。
⑨ 《宋史》卷449《高稼传》。
⑩ 曹彦约：《昌谷集》卷8《应诏荐季衎等状》。
⑪ 李昂英：《文溪集》卷11《崔清献公行状》。

郎崔公与之荐于朝”[①]。

崔与之的门人洪咨夔推辞了加入幕府之邀，宁愿担任成都通判，以示自己的忠诚之心，深受蜀人敬重，“与之帅成都，请于帝，授咨夔籍田令、通判成都府。与之为制置使，首檄咨夔自近，辞曰：‘今当开诚心、布公道，合西南人物以济国事，乃一未有闻而先及门生、故吏，是示人私也。’卒不受，惟以通判职事往来效忠，蜀人高之”[②]。他又举荐吴昌裔，“制置使崔与之荐之，改知华阳县”[③]。他还将魏文翁“辟知新繁县”[④]。郭叔谊被崔与之辟知巴州（治今四川巴中）[⑤]。他非常善于重用蜀士，“制置使崔公与之奏言：‘自古用蜀，多借蜀才。请以蜀名胜之任四路藩节者，兼制置司参议者。’公与其一，众谓得人”[⑥]。确实，“崔与之蜀中之政期间颇受称道的一点是，他对地方官员的选择非常重视”[⑦]。其积极作用非常突出，“崔与之代安丙出任四川安抚制置使，他在那里通过一系列措施，无论在军事、财政、宽民力、苏民困、招揽人才等方面，都取得了杰出成绩，有效地防止了金兵对蜀地的进攻，使那里的局势迅速得以安定”[⑧]。

绍定元年（1228），四川制置使桂如渊一见高崇，就立即“留置幕府”。高崇“尝谓川秦茶马可分，利东、西路戎帅可分而不可合”，其主张颇有见地，“时论以为识时务之要，后皆如其言”[⑨]。

宋理宗时，四川制置使兼知成都府丁黼“镇抚全蜀，虽号元戎之贰，实操人才之权。黜贪奖廉，旌直远谄，扬善瘅恶，简能汰庸。蜀之人士，于是有望焉”[⑩]。也是在宋理宗时期，四川制置使李刘的政绩突出，“其再入蜀也，历守荣、眉，进总漕事，并总蜀帅、成都守、本路宪、四川都大

① 真德秀：《西山文集》卷45《国子监主簿李公墓志铭》。
② 《宋史》卷406《洪咨夔传》。
③ 《宋史》卷408《吴昌裔传》。
④ 魏了翁：《鹤山集》卷81《朝议大夫知叙州魏公墓志铭》。
⑤ 魏了翁：《鹤山集》卷83《知巴州郭君叔谊墓志铭》。
⑥ 魏了翁：《鹤山集》卷76《朝请大夫利州路提防刑狱主管冲佑观虞公墓志铭》。
⑦ 刘复生：《南宋名臣崔与之治蜀简论》，《西华大学学报》2009（4）。
⑧ 何忠礼：《南宋全史2 政治、军事和民族关系卷下》，第118页。
⑨ 魏了翁：《鹤山集》卷88《知黎州兼管内安抚高公崇行状》。
⑩ 魏了翁：《鹤山集》卷37《丁制副黼》。

卖茶马等司，凡八印，军府亿佐各禀教令，条治无不得所。公之从容于政，又有如此者”[①]。可见，“作为制置使的助手，幕僚们相应的负责制置司的各种事务，辅佐制置使更好地担当起战区统帅的重任”[②]。

在改善吏治的过程中，宣抚使与制置使之间还有一定的协作关系。绍兴二十六年（1156），宋廷指示，四川宣抚制置使郑刚中和四川安抚制置使兼知成都府李璆签署的官员任命状，考虑到交通不便，限期一年内到朝廷换取正式委任书。超过规定时限，不再予以受理，“诏四川宣抚制置使郑刚中、李璆书押过便宜付身，与除程展限一年换给。若出违今限，更不施行”[③]。

总之，吏治的改善有利于维护社会秩序的稳定，兼任本路安抚使的成都知府特别是兼任成都知府的四川制帅，在其中所发挥的作用最为突出。

（2）防微杜渐

所谓防微杜渐，就是指要将动乱苗头扼杀在萌芽之中。不论是兼任兵马钤辖的成都知府，还是兼任成都知府的四川制帅，都非常重视这方面的工作。

首先看兼任兵马钤辖的成都知府。建炎元年（1127），当农民起义军首领史斌“自武兴谋入蜀”的时候，成都知府兼兵马钤辖卢法原和提点成都路刑狱邵伯温“共议遣兵，扼剑门拒之。斌乃去，蜀赖以安”[④]，从而赢得了四川百姓的高度赞赏，“擢贼史斌破武休，入汉、利，窥剑门，伯温与成都帅臣卢法原合谋守剑门，贼竟不能入，蜀人德之”[⑤]。

建炎四年（1130），“徽猷阁直学士、知成都府卢法原为吏部尚书”[⑥]。具体而言，“召知成都府卢法原，知泉州谢克家，知洪州胡直孺，并为尚书，法原吏部、克家工部、直孺刑部。法原不及供职，改知夔州”[⑦]。由于

① 虞集：《道园学古录》卷33《庐陵刘桂隐存稿序》。
② 姚建根：《宋朝制置使制度研究》，第32页。
③ 《要录》卷173，绍兴二十六年七月壬寅。
④ 《要录》卷7，建炎元年七月。
⑤ 邵伯温：《邵氏闻见录》附录，第230页。
⑥ 《要录》卷33，建炎四年五月壬子。
⑦ 《中兴小纪》卷8，建炎四年五月壬子。

天下大乱，道路不通，卢法原未能成行，并没有回到朝廷。绍兴元年（1131），“新除吏部尚书卢法原依前徽猷阁直学士、提举临安府洞霄宫。法原自成都召还，道梗不能赴，从所请也”①。

再看兼任成都知府的四川制帅。绍兴五年（1135），四川安抚制置大使兼知成都府席益提出：“应奏禀探报急速事，乞特许赴入内侍省投进”②，其请求得到朝廷的批准。绍兴六年（1136），他还上言：“四川去朝廷最远，臣被命入蜀，道由荆南归峡之间，全不见递铺传送文字。间有一二皮筒通行，皆是稽滞累月。欲自荆南以西接夔州界，委知荆南府薛弼专一措置，其荆南府以东即委本路提举马递铺官措置，所贵远方奏禀及朝廷行下文字，不致沉失。”其建议得到了朝廷的采纳③。这样一来，更有利于处理紧急事务了。

绍兴二十八年（1158），王刚中出任四川安抚制置使兼知成都府。面对“地有黄巢墓，松楸延袤，樵苏不敢”的情况，他认为：“巢出潼关，转寇陈蔡，遇朱全忠、李克用之兵，连战大败，挺身东走，至泰山狼虎谷，为时溥追兵所杀，函其首献于朝，安得墓在此？”于是便下令将其销毁，将动乱的苗头及时予以消除④。

宋孝宗时，汪应辰、胡元质和留正等兼任知成都府的四川制帅，高度重视做好社会治安问题上的防微杜渐工作。因为“邛之安仁年饥，挺起为盗，害及旁郡”，汪应辰“即具奏，且檄茶马使招捕。旬月间，诛其渠魁，余悉抚定”。于是，有人向四川宣抚使虞允文询问道：“汪帅得无掩盗事不上闻乎？”然后，“宣司乃密奏，使人给应辰曰：‘邛寇事未敢奏，不审制司如何？’”汪应辰“以奏检报之”，使得虞允文深感内疚⑤。淳熙六年（1179），胡元质上言：“近降指挥，诸路帅、宪司责州、军、县、镇、乡村结为保伍，令置救火、捕盗器杖。川蜀州县，地狭人稠，少有荒迴可以

① 《要录》卷49，绍兴元年十一月壬子。

② 《宋会要辑稿》仪制7之28。

③ 《宋会要辑稿》方域11之5—6。

④ 孙觌：《鸿庆居士集》卷38《宋故资政殿大学士王公墓志铭》。

⑤ 《宋史》卷387《汪应辰传》。

容隐盗贼去处，止是穿窬，易于擒捕。旧存禁约，民间不得私造军器。今若令自造，非唯有骇观听，又使平时所禁一旦尽弛，非便。乞依旧来结甲体例，遇有盗贼，止声鼓递相呼集，救应收捕。”其请求得到了朝廷的批准①。淳熙九年（1182），留正上奏：“乞下所属，给降黑漆白字牌二十面，付本司发递进奏院，许入摆铺往来使用。”其申请获得了朝廷的批准②。

绍熙二年（1191），四川安抚制置使兼知成都府京镗，面临着某种程度上的社会治安隐忧，“成都府有人衰服入帐门，大呼阃帅京镗姓名，亦狂咎也”③。

宋光宗时，鉴于“制帅杨端明有命召，以丁卯岁十一月二十九日降旨，而戊辰正月末旬方被受，是日行才百余里耳”的严重问题，四川安抚制置使兼知成都府丘崈，创立了朝廷与四川地区之间快速传递信息的摆铺，有利于加速朝廷与四川地区的信息沟通，更好地维护社会治安秩序，“绍熙末，丘宗卿为蜀帅，始创摆铺，以健步四十人为之，岁增给钱八千余缗，月以初三、十八两遣平安报至行在，率一月而达。蜀去朝廷远，始时四川事，朝廷多不尽知。自创摆递以来，蜀中动息，靡所不闻。凡宗卿劾疏中所言，皆摆递之报也。自后私书丛委，每递至百数，由是往来稍逾期，自成都而东，犹不过月，自行在而西，或三十五、六日云”④。

绍熙四年（1193），丘崈“不究利病，欲分其权，遂奏请，以军帅不当更兼安抚使及知兴州”，但是，其意见遭到了朝廷的否决，“奉旨，利州西路安抚司依旧并归东路，兴元府置司”。这是因为“利州东、西路边面利害，各自任责不轻。安抚一司，本以镇抚军民、弹压盗贼。阶、成、文、龙、西和等州正当边面，及与蕃夷接界，盗贼多于界首往来作过。今安抚司既在兴元府，去西和等州凡千余里，或有盗贼窃发，申安抚司，比至行下措置收捕，往往缓不及事。曩时朝廷分西路安抚于兴州置司，且令

① 《宋会要辑稿》兵2之46。
② 《宋会要辑稿》方域11之30。
③ 《宋史》卷65《五行三》。
④ 《建炎以来朝野杂记》乙集卷9《金字牌》，第650—651页。

都统制兼之，其意深远。以其便于节制，凡有盗贼，小则责以巡尉、寨将，大则守把官军会合收捕。统属既一，各尽其职，而奸黠知所畏惮，不敢轻于作过。自并安抚司后，强贼剽夺，无时无之。前者赵炳劫掠于比界，近张浦等复啸聚于黑谷山，安抚司相去辽远，未免关牒都统司，俾责守把官军掩捕，而都统司复牒安抚司督责巡尉、寨官收捉，西和等州又与都统争衡，军兵各持彼我，互相牵制，奸黠缘此观望，敢于为盗，深恐因此浸生边事"①。其对社会治安问题的忧虑，溢于言表。

如何解决流民问题，也是四川制帅所面临的一大艰巨任务。嘉定八年（1215），董居谊首先抵制了兰州流民程彦晖的入川，"兰州盗程彦晖求内附，四川制置使董居谊却之"②。嘉定九年（1216），他又阻止了秦州流民唐进等多达十万人的入川请求，"秦州人唐进内附，进与其徒何进等引众十万来归，四川制置使董居谊却之"③。

可见，在农民的社会治安防范方面，成都知府特别是其中的四川制帅，可谓费尽心机，取得了比较突出的成就。不过，也存在一些难以克服的问题，并且随着时间的推移而越来越大。

（三）严加镇压

对于农民参与的叛乱活动，兼任成都知府的四川制帅，积极组织力量严厉镇压。绍兴二十三年（1153），因受合州（治今重庆合川）知州王辅的不法牵连，其子王孝廉兄弟招集亡命之徒，夜袭成都府学，发动武装叛乱。在四川安抚制置使兼成都知府曹筠和都钤辖司干办公事张行成的共同努力下，平息了这一事件，"左宣教郎王孝廉，谋据成都以叛，伏诛。初，孝廉之父辅，以左朝请大夫守合州，所为不法。左朝奉大夫史聿，时为潼川府路转运判官，置狱遂宁府，穷治之。孝廉与其兄孝忠俱就逮，辅忧惧死，聿移夔州路转运判官，狱遂不竟。孝廉兄弟知不免，阴怀异志，即归所寓成都府，破产招集亡命，多市弓剑战具，闾井之无赖者，靡然从之。会敷文阁待制、四川安抚制置使兼知成都府曹筠，当以是夕诣府学宿斋，

① 《宋会要辑稿》职官 41 之 114。

② 《两朝纲目备要》卷 15，嘉定八年八月。

③ 《两朝纲目备要》卷 15，嘉定九年四月戊戌。

孝忠与其徒谋夜袭府学杀筠，然后举事。忠训郎王立伺知其谋，与孝忠家婢潜以告本路兵马钤辖左武大夫、英州刺史柳佾。佾率官兵以素队往捕孝忠与其徒，相拒敌，官军死者三人。佾走趋府治，筠卧阁不出。都钤辖司干办公事张行成排闼入告，始授甲讨之。孝忠等徐步至府门纵火，人皆惊散。孝忠等驰出衙西门，官军蹑其后，孝忠、孝廉登楼自刎死。孝忠子大正与其党樊常等五人为官军所杀，余党二十八人走郫县，后四日，皆伏诛。转运副使、直徽猷阁吴坰裒取孝忠文书，具言于朝。诏劾孝忠反状，余皆悉原之。官军以次受赏，凡为钱万七千余缗。"①

淳熙九年（1182），四川安抚制置使兼知成都府陈岘向朝廷反映施州（治今湖北恩施）豪民谭汝翼作乱之事，"谭汝翼事止缘前来蜀中当官者姑息，养成争端，近复因张遇贪谬无识，委信其家，致令妄作"②。同年，鉴于"施有奸民曰谭汝翼，以兼并为富，以陵胁为强，吞噬无厌，包藏不轨，交斗夷落，结成痘根。二十年间，帅守监司，莫之能诘；其诘之者，反得罪于有司"的情况，宋孝宗指示他和夔州知州林栗严加镇压，"亲御宸翰，付制置使陈岘以及微臣，开示谟断，指授方略"。最后，"小大用命，一战而遂破之。渠魁奔窜，无所于匿，归命于阙下，而一方遂平"③，使当地的社会治安环境又恢复了平静。

总体而言，"尽管南宋初年全国很多地方陷于兵荒马乱的境地，'游寇'对长江中下游地区造成巨大破坏，而川峡地区却基本上保持了正常的生产和生活。社会的长期稳定，使得变乱不易滋生"④。其中，不论兼任本路安抚使的成都知府，还是兼任成都知府的四川制帅，都发挥了重要作用，特别是四川制帅所作出的贡献更为突出。

二、南宋成都知府与士兵的社会治安管理

南宋时期，在士兵的社会治安管理过程中，成都知府所发挥的作用，

---

① 《要录》卷165，绍兴二十三年八月丙寅。

② 周必大：《文忠集》卷194《陈制置岘》。

③ 《全蜀艺文志》卷27，林栗：《奏破施州谭汝翼状》。

④ 粟品孝等：《南宋军事史》，第269页。

仍然主要体现在安抚为主、预防为先、严加镇压三个方面。

（一）安抚为主

在士兵的社会治安管理方面，一定要坚持以安抚为主的方针。绍兴七年（1137），宋高宗下诏："范直方今往川陕宣谕并抚问吴玠一行将士，其四川监司、帅臣、吴玠军前，并令学士院降诏。其逐路州军仰宣谕司誊写行下，内席益、吴玠仍别降口宣"，强调务必要爱护将士①。不论是兼任本路安抚使的成都知府，还是兼任成都知府的四川制帅，都很重视对士兵的安抚工作。

首先看兼任本路安抚使的成都知府。绍兴九年（1139），张焘出任成都知府兼本路安抚使，被宋高宗"付以便宜，勿从中覆"②。乾道六年（1170），宋孝宗任命张震为成都知府，并罢四川制置司官属。张震看见其栋宇雄壮伟丽而长叹说道："制置司兴废无常，安知后之不复？若乘其间，严像设以补异时缺典，杜后日馆廨之害，不亦善乎！"③

开禧二年（1206），由于"高吟师既叛"，成都知府兼本路安抚使杨辅"复遣兵马钤辖刘忠亮、权安抚司干办公事李嘉木更选雅州三县并边实居之丁，以远近为率，分三等，每季分给，凡把截将士，上丁三千三十二，中丁千四百四十三，岁用钱三万六千一百六十四引，米四千石"。嘉定四年（1211），面对"利店之役"，成都府路提刑李埴向制置大使司提出："欲如军兵衣赐例，给以匹布，计其直为一万二千引。"于是，四川制置大使司"命取之帅、漕、府、宪四司"。后来，"漕臣赵师岩应副一年"，而黄畴若却"未尝应副"④。由此可见，兼任本路安抚使的成都知府，其所掌握的财力，还是比较有限的。

再看兼任成都知府的四川制帅。宋高宗时，针对"诸军法遣使臣千余辈，有困绝不能自存者"的实际情况，四川安抚制置使兼知成都府王刚中认为："使之执军，冒白刃于少壮之年，而斥弃于既老之后，非朝廷意。"

① 《宋会要辑稿》职官41之4。
② 《成都文类》卷13，朱翌：《送吏部尚书张公帅成都诗》。
③ 《全蜀艺文志》卷38，姜如晦：《金绳院五百罗汉记》。
④ 《建炎以来朝野杂记》乙集卷17《黎雅嘉定土丁廪给》，第812—813页。

于是，“悉召诣府。犹有驰射可备战守者，复其禄秩，奏用禁军缺额粮廪之。其罢癃不堪事，则给义食米，遂无失所者”。他“挺一身以折千里之冲，护诸将以抚三军之众。禁戢奸盗，护养贫弱。内外斩斩，不闻疾步急呼”。当朝廷“有旨，下阶、成、岷、凤四州刺丁壮为兵，群言藉藉以为忧”的时候，他“建五害，奏罢之。免符下，而欢呼之声震山谷”①。

淳熙二年（1175），四川制置使兼知成都府范成大上言：“本路边防，欲行措置：一则欲精阅一路将兵，添置器械，而无犒赏营缮之力。二则欲葺治保障，修明防隘，而无调度夫役之费。则当讲究寨户土丁之旧，置造军器给散，与之团结教阅，以省戍役，然须有以助边州支用给犒。乞给降度牒五百道，付本司转变措置上项经画。数月之间，稍有端绪，逐旋图写奏闻。”其建议得到了宋孝宗的采纳②。其中，他向朝廷请求赐予度牒五百，卖得缗钱三十五万八千多，充分利用这笔经费，壮大了本地的军事力量，“臣愚无识知，尝试妄论大要：练兵丁，缮保障。倘事力弗给，可若何？行及广汉，则昧死上其说。制下尚书，其颁剑南西川度牒五百，为缗钱三十五万八千有奇，以赡工费，而赐臣八月二十五日玺书如前”③。

本来“蜀用陕西旧料，简强壮民丁三万，寓之于农，号曰义士，以待缓急”，但是时间久了以后，情况就发生了变化。针对都统司“令守关隘烽燧，且乞与大军更戍”的问题，范成大“力言其不可”。于是，朝廷“诏遵旧法”④。另载，范成大“尝奏兴、洋等州义士，并金州保胜军，关外四州忠勇军，皆与义士一体异名。盖陕西弓箭手法，非调发不得差使。今兴元府都统司欲以义士看烽，利州东路安抚司欲以义士把关，非法也。乞放陕西旧比修成专法”，宋孝宗“诏从其请”⑤。

鉴于“诸路将兵部辖官，自总管、钤辖而下，则有正副将、部队将、教押军队等官。及沿边主兵窠阙，于法应以材武人充者，皆须事艺可观，

---

① 孙觌：《鸿庆居士集》卷38《宋故资政殿大学士王公墓志铭》。
② 《宋会要辑稿》兵29之40。
③ 《全蜀艺文志》卷26《孝宗赐范成大奖谕诏》。
④ 周必大：《文忠集》卷61《资政殿大学士赠银青光禄大夫范公成大神道碑》。
⑤ 魏了翁：《鹤山集》卷78《朝奉大夫太府卿四川总领财赋累赠通议大夫李公墓志铭》。

胆勇可仗，方为称职。其次，亦须稍知弓马，略识行阵，或人材身手真是武臣者，乃可为之。除总管至州钤，皆系朝廷选差别有格法外，窃见诸州将官以下窠阙，或以出职杂流及私家给使之人为之，而西蜀尤甚。于弓马行阵懵然不知，使吾选士技卒府首于下，听驱役而受鞭笞”的情况，范成大提出“欲望圣裁，应副将以下官合分屯处，并依今来正将已得指挥。其沿边主兵窠阙，应以材武人充者，亦不得以杂流出职及给使无武艺人虚占员阙，及不许时暂差权。内或有杰然自有武艺智略者，从帅臣保明以闻，特与差注；及许一面权摄，以防遗材。仰副陛下整军经武之实，上肃军政，下厌士心”的对策①。因此，他受到了宋孝宗的表彰，“卿远镇坤维，兼总戎律，究心夙夜，朕甚嘉之。所进内教将兵、外修堡寨、团结土丁三说，皆善。更益勉旃，务在必行，早见成效，以副朕倚注之意”②。

淳熙五年（1178），四川安抚制置使兼知成都府胡元质上言：“夔路山谷重复，最为峻险，虎狼之迹，交于中途，递兵劳苦。乞令夔路转运司常切趣办觉察，不容复有缺额、缺粮去处。”其请求获得了朝廷的批准③。同年，针对“关外西和、阶、成、凤四州所聚民兵，谓之忠勇，皆以土兵为之。向来虞允文团结四川忠勇军，计二千九十四人，其后不能增募”的情况，胡元质还向朝廷提出：“乞令四川守臣添募，仍立赏格。”于是，宋孝宗“诏每州各先募五百人”④。

宋孝宗时，四川制置使兼知成都府留正创建了土义勇，由制置司给予每人每月七引的补贴，“土义勇者，留丞相所创也。不加刺涅，募土人为之，凡二百人，人每月给钱七引，自制置司支降”⑤。针对“蜀之兵为屯十有八所，隶之将三，士之廪给当折物为钱者，必视其所屯之地，称其土物之直，以直之低昂为钱之多寡。故米之估，则龙州得仙人关之半；绢之估，则兴化得西和州三之一；银之估，则大安得龙州之半而过之。乃有军

① 《历代名臣奏议》卷240《任将》。
② 《全蜀艺文志》卷26《孝宗赐范成大奖谕诏》。
③ 《宋会要辑稿》方域11之28。
④ 《文献通考》卷156《兵考八》。
⑤ 《建炎以来朝野杂记》乙集卷17《黎州拣丁　土义勇》，第814—815页。

在某州之屯，反用他州之估者，故军多怨讟”的问题，他非常忧虑，于是与掌管机宜文字陈琦“谋杜交界之奸，以信楮券；平廪给之估，以慰士心”①。

宋理宗时，程掌被“四川制置桂如渊檄令犒师于青城、华阳，隆冬犯寒，攀木缘磴，遍历山寨，尽革虚名占籍之弊”②。

在安抚士兵方面，四川制帅与四川总领之间，还有一些协作关系。淳熙九年（1182），针对“议者奏取黎、雅二州民兵，共依利路义士法措置”的问题，四川制置使兼知成都府留正“乃与总领财赋冯宪廷式共议，遣本司干办公事冯震武傅之往二州籍之”。其中，“遇团结仍给口粮，计月给及教阅除戒之费，凡为钱十万引。茶马司出三万，制置司、总领所各二万，提刑司、转运司暨黎州各半之”。这个分摊方案得到了宋孝宗的批准③。确实，“制置使在处理具体军务时清楚地意识到，不可能置总领所于不顾”④。

当然，也有兼任成都知府的四川制帅，存在着不善待士兵的情况。嘉泰三年（1203），由于出现了“方总之受堂帖也，即日以秦司属官印视事于其宅。又以迓吏稍缓，私遣御前军二人至成都府捕胥长以来。自绍熙末，茶使视事皆申知制司，总以身为从官，用故事，不复关白”的情况，使得四川安抚制置使兼知成都府谢源明非常愤怒，恰好“得邸吏罢报”，于是他立即派人“追还迓人，械所遣二卒还军中”⑤。他与四川茶马吴总之间的斗气，遭受折磨的却是士兵们。宋宁宗时，面对“沔州都统制王大才骄横”的严峻形势，四川制置使兼知成都府董居谊“既不得其柄，反曲意奉之”⑥。

此外，在治军能力方面，对兼任成都知府的四川制帅，朝廷还是持有相当怀疑的态度。乾道三年（1167），因为“吴璘卒，议择代”，宋孝宗担心四川安抚制置使兼知成都府汪应辰“恐不习军事”，于是任命虞允文为

① 杨万里：《诚斋集》卷128《陈择之墓志铭》。
② 魏了翁：《鹤山集》卷83《程叔运掌墓志铭》。
③ 《建炎以来朝野杂记》乙集卷17《黎雅嘉定土丁廪给》，第811—812页。
④ 姚建根：《宋朝制置使制度研究》，第150页。
⑤ 《建炎以来朝野杂记》乙集卷14《川秦茶马二司分合》，第760页。
⑥ 《宋史》卷410《曹彦约传》。

四川宣抚使，全权负责军中事宜，“军前事，卿一一亲临之”①。

总之，在安抚地方兵的过程中，成都知府特别是其中的四川制帅所发挥的作用比较突出。

（二）预防为先

在士兵的社会治安管理过程中，除了做好安抚工作之外，就要大力加强社会治安防范。其中，主要包括教阅士兵和抑制武将两个方面的内容。不论是兼任本路安抚使的成都知府，还是兼任成都知府的四川制帅，都对其给予了高度重视。

1. 教阅士兵

南宋时期，四川地区严峻的社会治安形势，对教阅士兵提出了更高要求，“成都据右蜀之会，近岁并川陕宣抚司，建四川制置使，即其地为治所，总全蜀六十二州，幅员数千里。其西南与蛮夷接，自关河震扰，外控秦陇，北又与狄为邻。始置三大将领西兵，分防蜀口，而禁旅散在诸州，势分力单，教不以律，忽有警，何异驱市人战”②。

首先看兼任本路安抚使的成都知府。嘉定七年（1214），成都知府兼本路安抚使黄畴若“乞拣留移屯西兵义勇，以防窃发，以救偏重”③。

再看兼任成都知府的四川制帅。绍兴六年（1136），鉴于四川地方军队长期以来没有经过严酷战斗的考验，一直比较柔弱，屯驻时间较长之后，所存无几的具体情况，四川安抚制置大使兼知成都府席益向朝廷提出请求，希望从其他地方调集一支精锐部队入川，同时允许他招募从军中逃了出来的人员重新归队，逐渐增加四川地区的军队人数。但是，枢密院认为，招募逃亡兵士，有害于军队建设。于是，朝廷只允许其招募效用兵三百人，“四川土禁军自来懦弱，屯驻京军，亦非精锐。屯驻既久，所存无几。臣尝乞郝政、焦元、李建、陈元等军马，未蒙俞允。乞别拨一项精锐军前来，并许臣招收军中兵将逃避之人，渐增军数。枢密院言：招收逃

① 《宋史》卷383《虞允文传》。
② 《成都文类》卷27，王敦诗：《雄边堂记》。
③ 《宋史》卷415《黄畴若传》。

亡，有害军政，但许召募效用三百人而已”[①]。同年，“资政殿学士、成都等路安抚制置大使兼知成都府席益升资政殿大学士。”[②]

绍兴七年（1137），当“初，命益于团集人内选三路少壮人二千，兼家赴行在，专充扈卫”的时候，席益回答说：“已遣统押官颜渐部兵千一百人出峡。”然后，宋高宗“诏四川制置大使席益趣遣所募西兵”[③]。同年，席益“遣左朝奉郎本司主管机宜文字赵子琇奉表起居，因统所选卫兵赴行在”，于是，宋高宗“赐益诏书奖谕”[④]。亦在同年，又诏：“席益镇守川蜀，治效著闻，颇宽忧顾，遣兵入卫，忠诚可嘉，特赐银合茶药、笏头、金带、牙笏”[⑤]。

绍兴八年（1138），针对席益要求把驻守湖南的军队调入四川的问题，在其离开四川以后，秘书省校书郎孙道夫在朝廷上对其加以指责。于是，孙道夫被任命为知怀安军，“秘书省校书郎孙道夫知怀安军。先是，席益为四川大帅，奏以湖南军屯于成都。益既以忧去，道夫见辅臣，论自汉、唐以来，据蜀如公孙述与孟知祥辈，皆非蜀人。成都无警，益乃移军屯之，昨几有窃发之变。愿还之旧处，以减粮饷。又比年使蜀，冠盖相望，如刘子羽方出，而范方直又行，往来之费，公私骚然。未闻有能宣德意者，愿且止之以息浮费”[⑥]。可见，朝廷的防范意识颇高，“宋廷限制制置使创军规模，加强对地方军队统制”[⑦]。

宋高宗时，王刚中对四川地区的禁军进行了改组，从中挑选出五千余人，组成了一支精锐之师，号称“威强将兵”，“绍兴末，王时亨为制帅，取会四川禁军之籍二万九千余人，除利、夔两路禁军分戍沿边城寨外，东西路一万九千人，内拣到五千五百七十三人，谓之威强将兵”[⑧]。

淳熙二年（1175），四川制置使兼知成都府范成大上言：“更就绵州、

---

① 《要录》卷 99，绍兴六年三月丙子。
② 《要录》卷 107，绍兴六年十二月甲辰。
③ 《要录》卷 111，绍兴七年五月丙寅。
④ 《要录》卷 111，绍兴七年六月甲午。
⑤ 《宋会要辑稿》礼 62 之 61。
⑥ 《要录》卷 121，绍兴八年七月癸巳。
⑦ 姚建根：《宋朝制置使制度研究》，第 204 页。
⑧ 《建炎以来朝野杂记》甲集卷 18《四川厢禁民兵数　成都飞山军　威强将兵》，第 407 页。

潼川两处屯驻西兵内，各选差一百人。”其请求获得了朝廷的批准[1]。他还组织修建了分弓亭，加强对士兵的军事训练，“辟广场于府舍之北，筑亭西向，摘杜少陵酬严武之诗，名之曰‘分弓’。时轻裘幅巾，引数百人按试技力，而赏罚其勤惰。未几，军容一新，悉为精锐，蹶张者至千斤，挽强过六钧，而命中者十八九。於戏，盛哉！”[2]

宋孝宗时，四川安抚制置使兼知成都府胡元质“乞于本道选内郡精兵千人，集之成都，建营屋一千二百楹以居之，日给米盐与成都之兵。朝夕作大军之法，月一临阅。第其艺之高下，以黄白金犒赏之。凡器械军行之物，无一不备，皆出创制。又各为其副二千，以备阙坏。无几何，艺日益长，营垒器械、麾帜色气，日益精明。于是蜀之兵备隐然如一敌国，远近见闻，有畏有恃。又建堂于厅事之西，列两库于左右，以贮军需甲仗之属。暇日合将士习射于其上，而旌别之，遂冠以雄边之名。军须缗钱十万，不取于他，皆出于节约之余，以充悠久治兵之费”[3]。确实，他组织新建制置使司佥厅，充分表明“蜀古为重地，而镇蜀率用名臣。然未有并总四路，无事则兼制军民，有事则专司征伐，权重责大如今日者”[4]。实际上，“制置使治理军队最平常的莫过于平时的赏罚，这是关系到整个部队凝聚力强弱和制置使统兵能力优劣的重大问题”[5]。

可见，在异常艰难的情况下，南宋成都知府想尽一切办法，争取壮大军事力量，着实令人钦佩。

2. 抑制武将

不论是兼任本路安抚使的成都知府，还是兼任成都知府的四川制帅，都高度重视对武将的抑制。

首先看兼任本路安抚使的成都知府。绍兴九年（1139），成都知府兼本路安抚使张焘提出：“乞道京洛关陕以往，因得观形势利便，且至河池

---

① 《宋会要辑稿》兵6之1。
② 《全蜀艺文志》卷34，范谟：《分弓亭记》。
③ 《成都文类》卷27，王敦诗：《雄边堂记》。
④ 《成都文类》卷27，吕商隐：《新建制置使司佥厅记》。
⑤ 姚建根：《宋朝制置使制度研究》，第82页。

与胡世将共议边计。”其请求得到了宋高宗的许可[①]。绍兴十年（1140），因为“自京、洛入潼关，已闻金人有败盟意，逮至长安，所闻益急”，于是他“见川陕宣抚副使胡世将”，并且“为世将草奏，具言事势危急，乞速徙右护军之戍陕右者还屯蜀口，又请赐料外钱五百万缗以备缓急”[②]。宋宁宗时，成都知府兼本路安抚使黄畴若认为：“以制置使留汉中，则护诸将为得宜。”[③]

再看兼任成都知府的四川制帅。绍兴五年（1135），因为“先是，川陕宣抚副使吴玠与都转运使赵开不咸，玠叠以馈饷不给诉于朝，开亦称老病求罢”，于是“端明殿学士、荆湖南路安抚制置大使兼知潭州席益为资政殿学士、成都、潼川府、夔州、利州路安抚制置大使兼知成都府”[④]。确实，“必须看到，当制置使与他司产生矛盾或者其他诸司之间有不和时，作为战区主帅的制置使，应有主动协调自身与他司关系、平息他司之间纠葛的作为”[⑤]。同年，在枢密院反映“席益除资政殿学士、成都潼川府夔州利州等路安抚制置大使，兼知成都府，除逐路措置边防、调发军马隶宣抚司外，其应干合行事件并依江南等路安抚大使司已得指挥”的情况后，宋高宗“诏逐州兵马自合并隶安抚制置大使司，如遇有边防紧切大事，即令宣抚司措置”[⑥]。事实上，“制置大使席益序位在宣抚副使吴玠之上，吴玠只掌管军事。显然，席益出任制置大使的目的在于节制吴玠，分化其权力”[⑦]。亦在同年，因为“先是，四川置制大使席益将湖南兵自随，以皋兼亲兵统制”，于是“亲卫大夫、宣州观察使、江西路兵马都监阎皋为成都府利州路兵马都监”[⑧]。绍兴六年（1136），在席益的请求下，“翊卫大夫贵州团练使、绵威茂州石泉军沿边安抚使、兼知绵州、节制军马范综令再

① 《要录》卷132，绍兴九年十月庚午。
② 《要录》卷134，绍兴十年三月丙戌。
③ 《宋史》卷415《黄畴若传》。
④ 《要录》卷94，绍兴五年十月乙卯。
⑤ 姚建根：《宋朝制置使制度研究》，第185页。
⑥ 《宋会要辑稿》职官40之8。
⑦ 何玉红：《南宋川陕边防行政运行体制研究》，第163页。
⑧ 《要录》卷96，绍兴五年十二月壬寅。

任”[1]。

绍兴八年（1138），席益以母忧去官，朝廷随即任命胡世将为四川安抚制置使兼知成都府。胡世将与川陕宣抚副使吴玠关系融洽，“异时宣抚副使皆文臣，而玠起行伍，不十年为大帅，故不肯相下，诚意不通，及是世将开怀与语，玠欢甚”[2]。绍兴九年（1139），四川宣抚使吴玠身患重病，宋高宗“恻然忧之，命成都守胡世将访蜀善医者治其疾”[3]。同年，因为吴玠病逝，朝廷“命四川制置使胡世将兼权主管四川宣抚使司职事”。然后，“世将自成都驰赴河池”[4]。这是因为胡世将“其守成都，甚有政绩”，于是“枢密直学士、成都、潼川府、夔州、利州路安抚制置使、知成都府胡世将为宝文阁学士、川陕宣抚副使，置司河池，诸路并听节制”[5]。

绍兴三十一年（1161），“少保、奉国军节度使、领御前诸军都统制职事、判兴州吴璘为四川宣抚使，仍命敷文阁直学士、四川安抚制置使兼知成都府王刚中同措置应干事务”[6]，使王刚中与吴璘之间互相监督，相互牵制。这就是朝廷“命吴璘为四川宣抚使，与安抚制置使王刚中共同措置长江上游的布防”[7]。同年，四川总领王之望对其合理性给予了高度评价，“近朝廷以吴少保为宣抚，而应干事务令王制置同共措置，四川军事，有所统一，甚合事宜”，由此形成了“宣抚制其兵，制置共其谋，而总领主其馈饷”的三足鼎立格局[8]。亦在同年，针对“三都统下统制将佐升差，及应干报应文字，并系制置司行遣”的情况，王刚中提出：“今乞令吴璘同共签书。”其请求得到了宋高宗的批准。王刚中又上言：“被旨令臣斟量措置军前事务，乞照胡世将已行事宜行下遵守。”于是，宋高宗“诏四川财赋，自合总领所专一应办外，如遇警急调发，申奏朝廷不及，其军中赏

① 《要录》卷103，绍兴六年七月癸巳。
② 《要录》卷121，绍兴八年七月。
③ 《名臣碑传琬琰之集》上卷12《吴武安公功绩记》。
④ 《要录》卷130，绍兴九年七月丁酉。
⑤ 《要录》卷132，绍兴九年九月癸未。
⑥ 《要录》卷190，绍兴三十一年五月乙未。
⑦ 姚建根：《宋朝制置使战略攻防述论》，《史林》2005（4）。
⑧ 《要录》卷190，绍兴三十一年六月辛未。

罚，令宣抚制置司先次随宜措置施行讫奏”①。其中，军事行动完全由四川宣抚使吴璘决定，王刚中只能听命顺从，“除璘宣抚使，命刚中移司利州，同措置军前事务。然军事进止，皆决于璘，刚中听命而已”②。

但是，王刚中“内抚四路，外镇三镇。上自大将，下至裨佐，开心见诚”，然后，“公跨一马，日驰百里，抵仙人原，吴璘大惊”。他治理军队井然有序，“公挺一身以折千里之冲，护诸将以抚三军之众”③。为了抵御金军犯境，宋廷任命吴璘为四川宣抚使，同时考虑到吴氏势大，“仍命制置使王刚中同处置军事”④，达到了以文抑武的目的。确实，“王刚中在行事中以身作则，恩威并用，起到了节制吴璘的作用”⑤。

宋高宗、孝宗之际，“沈介为四川安抚、制置使，与璘议不协，兵部侍郎胡铨上书，语颇及璘。璘抗章请朝，上亲札报可。未半道，请罢宣抚使及致仕，皆不允”⑥。甚至可能达到危及朝廷安稳的程度，“沈介前在成都，为吴璘靳侮，五十四州之人岌岌然，有是乎？借曰有之，陛下亦安得高枕而卧也”⑦。这引起了朝廷的高度重视，并对沈介加以告诫晓谕，“卿材术疏通，必能本人情、顺风俗以为政，无事多训。吴璘兄弟继守西边，备极忠顺，中兴良将，未见其比。本朝设制置使，冀协和以济事。而比来进取议论，乃有不与闻者，朕问之不知，良非本意。卿可与国相体商订，务为尽善，于璘有助可也。李师颜之在兴元，王彦之在金州，皆可倚仗，赖璘与卿悉调护之。兵势稍强，民力稍裕，恢复之举，当自西陲始，卿其念之。故兹诏示，想宜知悉”⑧。

隆兴二年（1164），四川安抚制置使兼知成都府汪应辰“陛辞，特降诏抚谕”。然后，“入境，以书与宣抚使吴璘，令以抚谕诏申严号令”⑨。

---

① 《要录》卷191，绍兴三十一年七月癸巳。
② 《建炎以来朝野杂记》乙集卷17《安子文一军政》，第821页。
③ 孙觌：《鸿庆居士集》卷38《宋故资政殿大学士王公墓志铭》。
④ 《宋史》卷32《高宗纪九》。
⑤ 何玉红：《南宋川陕边防行政运行体制研究》，第166页。
⑥ 《宋史》卷366《吴璘传》。
⑦ 《历代名臣奏议》卷306《灾祥》。
⑧ 史浩：《鄮峰真隐漫录》卷6《赐四川制置使沈介诫谕诏》。
⑨ 《宋史》卷387《汪应辰传》。

乾道二年（1166），宋孝宗秘密诏令汪应辰："如吴璘不起，收其宣抚使牌印，权行主管职事。"① 乾道三年（1167），宰执大臣将汪应辰的奏章进呈上来："吴璘以病，呼其子援至兴州，今病未愈。"于是，宋孝宗作出指示："吴璘病亟，诸将未有可代之者。昨召任天锡外，闻其人已老，万一不堪，何人可用？且令汪应辰移制置于利州，时暂节制诸军马，朝廷却徐择其人。"② 同年，吴璘病逝，朝廷"命四川制置使汪应辰主管宣抚司事，移司利州"，并且"命汪应辰权节制利州路屯驻御前军马"③。这样一来有利于稳定军心，"昔吴璘属疾，孝宗尝密诏汪应辰权宣抚司事，既而璘果死，应辰即日领印，军情遂安"④。确实，"王刚中、沈介、汪应辰等人为制置使期间，一度起到了对吴璘的制约作用"⑤。可见，"制置使与宣抚使同是战区大帅，两者的关系最为复杂"⑥。

从绍兴十八年（1148）到淳熙七年（1180）的三十三年里，四川制置使节制关外三大军的兵权，充分体现了赵宋王朝以文抑武的基本原则，"四川关外三大军，自宣抚司废后，得旨听制置司节制，由绍兴戊辰至于淳熙庚子，凡三十有三年矣"⑦。

淳熙十年（1183），在四川安抚制置使兼知成都府留正的请求下，宋孝宗"诏成都府路兵马都监仍旧于三都统下兵将官内，选择素谙战阵、年尚强壮之人，具职次取旨差官"⑧。淳熙十一年（1184），在留正等反映"金州元隶京西南路，自绍兴后拨隶利州路，系极边重地，常差武臣知州，带金房开达州安抚使，节制屯驻军马"的情况后，宋孝宗"诏金州守臣仍旧带管内安抚"⑨。

宋孝宗时，赵汝愚担任四川安抚制置使兼知成都府，"公之清洁素著，

---

① 《宋史》卷33《孝宗一》。
② 《宋会要辑稿》职官32之39—40。
③ 《宋史》卷34《孝宗二》。
④ 《宋史》卷397《刘甲传》。
⑤ 何玉红：《南宋川陕边防行政运行体制研究》，第165页。
⑥ 姚建根：《宋朝制置使制度研究》，第140页。
⑦ 《建炎以来朝野杂记》乙集卷17《都统制幼制置使擅兴》，第819—820页。
⑧ 《宋会要辑稿》职官49之8。
⑨ 《宋会要辑稿》职官41之114。

入四川境，关外三大将不敢以常帅待之。吴挺遣使于公所，赍持酒十樽，梨三百颗”[①]，“吴挺对赵汝愚之敬畏由此可见”[②]。

绍熙三年（1192），由于“泸卒张信作乱，杀其安抚使”，四川安抚制置使兼知成都府京镗“调潼川所屯御前军数百，往讨之”。可是，兴元都统制吴挺“复劾仲远擅发兵”[③]。确实，京镗采取综合性的治蜀方略，实施的效果很好，“公至蜀，念地险且远，天日万里，当使斯民如在辇毂。首罢觇者，以安疑情。躬阅讼辞，以达幽枉。宾接小官，以求人才。肃整维纲，屏逐昏墨。抚字细民，辑睦将士。旬月之间，仁声威誉，洽于西蜀”[④]。与其继任者丘崈相比较而言，京镗体现出了更为“宽厚”的特点，“京在蜀时，适有泸州张庭芬之变，仲远宽厚，戮其渠魁，余皆从释。京偶带都吏行，宗卿就仲远舟中擒去，立斩之，仲远大不为乐”[⑤]。

仍然是绍熙三年（1192），“以丘崈为四川安抚制置使。初，留正帅蜀，虑吴氏世将，谋去之，不果。至是议更蜀帅，正言：‘西边三将，惟吴氏世袭兵柄，号为吴家军，不知有朝廷。’遂以户部侍郎丘崈往。崈陛辞，奏曰：‘臣入蜀后，吴挺脱至死亡，兵权不可复付其子。臣请得以便宜抚定诸军。’许之”[⑥]。丘崈充分地展现了高度的政治敏锐性与政治鉴别力，“丘宗卿帅蜀，陛辞奏寿皇：吴家兵太专，他日必有可虑。此时吴挺为兴州都统兼知兴州，乞得二庚牌，臣缓急可用。居无何，挺殂，宗卿急发庚牌，檄张诏交军，除兴州都统，西兵姓移于他姓。自开禧间，吴曦再领兴州兵。北伐之事兴，曦果以叛闻，人服宗卿之远见”[⑦]。当“兴元都统制复劾仲远擅发兵。枢密院葛楚辅、陈叔进、胡子远进呈，得旨令制司具析”的时候，京镗已经调离了四川。其继任者丘崈到任后，“即奏以为三屯远在西北，兵权节制必寄之于制司，朝廷事计当然。今军帅狃于陵夷，

① 《宋代蜀文辑存》卷71，刘光祖：《宋丞相忠定赵公墓志铭》。
② 何玉红：《南宋川陕边防行政运行体制研究》，第168页。
③ 《建炎以来朝野杂记》乙集卷17《都统制劾制置使擅兴》，第820页。
④ 杨万里：《诚斋集》卷123《京公（镗）墓志铭》。
⑤ 张端义：《贵耳集》卷下。
⑥ 陈邦瞻：《宋史纪事本末》卷22《吴曦之叛》，绍熙三年四月。
⑦ 张端义：《贵耳集》卷下。

反谓制司擅兴，违戾至此，岂不大失本意。乞下戎司具析，仍责令遵守旧制”。于是，都统司就有所顾忌了，“三屯颇严惮焉”[①]。

庆元二年（1196），在四川安抚制置使兼知成都府赵彦逾反映“利州一路附以关外四州，边阔远，旧置安抚司，分东、西两路。中虽权并，寻复如旧，一于兴元府置司，一于兴州置司”的情况后，宋宁宗“诏利州西路安抚司于兴州置司，令都统制兼充”[②]。另载，赵彦逾“以关外去兴元远，缓急恐失事机，复请分东西为二帅”，于是，宋宁宗“诏遂兼西路安抚司公事”，以张昭为利州西路安抚使[③]。因为张诏“遣间卒出境”，但是“知西和州王季明械系之”，使得赵彦逾“奏罢季明”，再次分利州（治今四川广元）为东西两路。与赵汝愚和丘崈“削武兴之权，其虑甚远”相比较而言，赵彦逾就显得相形见绌了，“如彦逾所见特浅耳”[④]。确实，“合并东西两路为一路，有利于防止兴州独立性的增强。赵汝愚、丘崈所以得到后人敬佩，正在于他们认识到东西两路合一在节制兴州地方势力中的重要作用。而赵彦逾将利州路分为东西两路的看法与做法同样没有错，只是赵彦逾仅仅注意到分为两路在战略防御上的需要，而没有意识到他的这一举措，反而助长了兴州地方势力的膨胀。在以加强中央集权为最高目标的南宋朝臣看来，赵彦逾的做法显然缺乏深远考虑，遭到后人的谴责即在于此”[⑤]。

宋宁宗时，四川安抚制置使兼知成都府崔与之“易诸将，搜练卒，乘号令，风采能使人畏而爱之”。他采用综合性与系统性有机统一的治蜀方略，保证一方地区平安，“入境下车，刑赏信必，官祗厥事，民无惰游，军律以修，吏奸以戢。未期年，治成制定”[⑥]。使得四川地区的军政局面为之一变，“时安丙握蜀重兵久，每忌蜀帅之自东南来者，至是独推诚相与。丙卒，诏尽护四蜀之师，开诚布公，兼用吴、蜀之士，拊循将士，人心悦服。先是，军政不立，戎帅多不协和，刘昌祖在西和，王大才在沔州，大

---

① 《建炎以来朝野杂记》乙集卷17《都统制劾制置使擅兴》，第820页。

② 《宋会要辑稿》职官41之115。

③ 《宋史》卷402《张昭传》。

④ 《两朝纲目备要》卷4，庆元二年九月丁亥。

⑤ 何玉红：《南宋川陕边防行政运行体制研究》，第205页。

⑥ 程公许：《沧洲尘缶编》卷13《送制置阁学侍郎崔公赴召序》。

才之兵屡衄，昌祖不救，遂弃皂郊。吴政屯凤州，张威屯西和，金人自白还堡突入黑谷，威不尾袭，而迂路由七方关上青野原，金人遂得入凤州。与之戒以同心体国之大义，于是戎帅协和，而军政始立"[①]。

当然，在抑制武将方面，兼任成都知府的四川制帅，还是存在着一定的局限性。宋高宗、孝宗之际，由于与四川宣抚使吴璘关系不和，沈介只好请求致仕，"时沈介为四川安抚制置使，与璘不协，于请致仕"[②]。

淳熙五年（1178），由于此前蜀帅范成大上言"兴元军帅郭钧御众无术"以及"吴挺颇失士心"，四川安抚制置使兼知成都府胡元质却上奏"黎州青羌寇降"与"挺治军有纪"，宋孝宗听到这些不同的信息后，感到有点疑惑，即"钧、挺一人，而毁誉二三"[③]。显然，其中的信息真假并存。淳熙七年（1180），黎州发生了少数民族的反抗斗争，胡元质"乃调绵、梓大军二千，合内郡禁军为四千五百，付成光延，并高晃讨之"。可是，制置司钤辖成光延和兵马都监高晃"因轻出而败"。然后，胡元质"又调剑、阆、利州大军三千，往援之"。兴州（治今陕西略阳）都统制吴挺对此十分恼怒，"密劾制司调兵非计，乞正光延、高晃之罪"，使得胡元质"竟罢制置使"。当然，吴挺的行为受到社会舆论的批评，"议者谓长文措置失当，诚可加罪，但非吴挺所当劾耳"[④]。确实，"作为该地区最高长官的四川制置使有时竟受都统制的奏劾"[⑤]，可见，"此事显然反映出制置使胡元质节制吴挺无奈，以致自己丢官卸职"[⑥]。毫无疑问，"淳熙时，四川制置使胡元质经理黎州蛮事不利，兴州都统制吴挺、兴元府都统制田世卿将此事密申朝廷，结果胡元质被罢官，其属下也受到惩处。其实，两都统制告状的主要原因就是胡元质抽调了他们的部队而导致不满，宋廷的态度则表明其对制置使是不信任的"[⑦]。其实，"中央越是借重四川以巩固

---

① 《宋史》卷406《崔与之传》。
② 林天蔚：《宋代史事质疑》，第186页。
③ 杨万里：《诚斋集》卷120《宋故少师大观左丞相鲁国王公神道碑》。
④ 《建炎以来朝野杂记》乙集卷17《都统制劾制置使擅兴》，第819—820页。
⑤ 粟品孝等：《南宋军事史》，第12页。
⑥ 何玉红：《南宋川陕边防行政运行体制研究》，第169页。
⑦ 姚建根：《宋朝制置使制度研究》，第211页。

川陕战场，对四川军政当局的疑忌也就越深”[①]。

宋孝宗时，对于吴氏家族势力的膨胀，四川制置使兼知成都府留正感到非常忧虑，谋求解决之道，“初，正帅蜀，虑吴氏世将，谋去之。至是，朝廷议更蜀帅，正言：‘西边三将，惟吴氏世袭兵柄，号为“吴家军”，不知有朝廷。’遂以户部侍郎丘崈行。及吴挺死，韩侂胄为吴氏地，使吴曦世袭。正力请留曦环卫，遣张诏代挺。后数岁，曦入蜀，卒稔变”[②]。其实，“早在淳熙九年至十二年留正为四川制置使时，就谋去吴氏兵权，未果而止”[③]。

宋宁宗时，面对沔州都统制王大才“贪庸凶悖”的严重情况，四川制置使兼知成都府董居谊“既不得其柄，乃反倚重焉”，确实“失朝廷临遣之意矣”[④]。

有时，在抑制武将方面，制置使与宣抚使之间还进行了一些协作。开禧三年（1207），朝廷诏令四川安抚制置使兼知成都府吴猎“与宣抚司共议，分兴州都统司军之半屯于利州”[⑤]。但是，其中也存在着一定的局限性。宋孝宗时，汪应辰与四川宣抚使虞允文之间发生了很不和谐一幕，“虞允文寻以知枢密院事宣抚四川，应辰援张浚例，乞罢制司，不许”[⑥]。

实际上，“南宋朝廷任命的宣抚使、制置使不时遭到武将的抵制，但南宋中央始终坚持这一策略，尤其在吴玠、吴璘、吴挺去世的关键时刻，起到了稳定军心等重要作用”[⑦]。其中，“四都统制都要受宣抚司、制置司的领导，担任宣抚使和制置使的文臣削夺了都统制的大部指挥权”[⑧]。特别是“宁宗开禧（1205—1207 年）北伐失败之后，都统制地位下降，又以文臣为宣抚、制置使，充地方统兵官，都统制、统制、统领皆听其节

---

① 黄博：《神御在蜀：宋代四川的御容奉祀与地方政治》，《北京社会科学》2017（4）。
② 《宋史》卷 391《留正传》。
③ 贾大泉、周原孙：《四川通史》第 4 册，第 71 页。
④ 《建炎以来朝野杂记》乙集卷 10《四川大制司结局》，第 665 页。
⑤ 《两朝纲目备要》卷 10，开禧三年四月己巳。
⑥ 《宋史》卷 387《汪应辰传》。
⑦ 何玉红：《南宋川陕边防行政运行体制研究》，第 170 页。
⑧ 贾大泉、周原孙：《四川通史》第 4 册，第 112 页。

制”[①]。不过，“南宋还委派一些文臣任大军区的宣抚使、制置使之类，也不一定能对各屯驻大军都统制实施有力的节制”[②]。

此外，在抑制武将的过程中，四川制帅与四川总领之间，开展了一些协作。宋光宗时，当吴挺病重之际，四川总领杨辅“又贻书四川制置丘崈言：‘统制官李奭乃吴氏腹心，缓急不可令权军。’崈然之”[③]。对吴家军危险性的认识，两人之间具有高度的一致性。绍熙五年（1194），兴州御前诸军都统制兼知兴州、充利西安抚使吴挺死后，丘崈“欲重其事，乃乞令辅往兴州摄帅，上许焉”。但是，杨辅“以为朝臣出使，非制阃所当令，不欲行”，丘崈则“以圣旨移文辅，重伤其意，即请虞仲权知兴州事，而已遥领安抚使。未几，并以印送虞仲就权，人以为得体”[④]。由此表明，双方在抑制武将方面还是存在着某种局限性。

庆元二年（1196），张诏被任命为兴州都统制兼知兴州，代替吴挺，“以张诏代之，复合为一路。而诏但兼知兴州，不领安抚使”，其目的在于“欲杀其礼”，抑制武将势力膨胀[⑤]。嘉泰元年（1201），“吴挺死，丘崈、杨辅在蜀，不欲吴氏世袭，议以张诏代之。赵汝愚在枢筦，从其议，人服其远识”[⑥]。但是，“全蜀之寄，事任雄剧，孰不谓然？有如识者之虑，民困于重征，兵习于世将”[⑦]，吴氏军事集团的危险性正在上升。

（三）严加镇压

如果士兵的反抗斗争或者将领发动的兵变达到了相当高的程度，兼任成都知府的四川制帅，就会派兵进行镇压。南宋时期，四川地区的兵变主要有三次，即张信兵变，吴曦兵变和张福、莫简兵变。

1. 张信兵变

绍熙三年（1192），因泸州知州张孝芳实施苛政，导致“泸州骑射卒

① 龚延明：《宋代地方统兵官体制研究》，《军事历史研究》2019（5）。
② 王曾瑜：《宋朝的文武区分和文臣统兵》，《中州学刊》1984（2）。
③ 《宋史》卷397《杨辅传》。
④ 《宋史全文》卷28，绍熙五年六月己未。
⑤ 《两朝纲目备要》卷4，庆元二年九月丁亥。
⑥ 《两朝纲目备要》卷7，嘉泰元年七月己巳。
⑦ 卫泾：《后乐集》卷14《与四川制置丘侍郎崈札》。

张信等作乱”，他本人及其家人均被杀害。四川安抚制置使兼知成都府京镗得知此事后，急忙调兵镇压，“张信之乱，京镗帅蜀，调泸川所屯御前后军数百往讨之”①。不过，“调西兵千人讨之，未行而信已诛，乃遣钤辖司属官陈缵往泸州措置”，并且，“事已平，镗奏孝芳死状，且上恂等功。未报，丘密复以为言”。于是，宋宁宗“诏赠孝芳三官，录其子孙二人，令总领所、制置司应办葬事”②。然后，京镗“明遣佐属抚谕，以疑其党。亟发绵、潼劲兵，以踵其后”，“未几，泸卒自斩元恶，禽其党五十人以归，戮于市”。这样一来，使得“三边绥靖，朝廷无西顾之忧”③。

仍然是绍熙三年（1192），由于“泸州军乱，措置无策”，在四川制帅丘密的奏劾之下，宋光宗“诏前成都府路提刑王齐舆罢新任江东提刑，泸州通判张恂、安抚司干官郭仲溥并放罢，内仲溥降三资。兵马都监高遹降两官，放罢，今后不得与亲民差遣”④。可见，张信兵变的平息还算比较容易，但是一场更大规模的兵变——吴曦兵变即将发生。

2. 吴曦兵变

实际上，“吴氏武将在发挥抗金固边作用的同时，形成强大的地方势力集团掌控了地方军事与行政大权，在当地的影响力日渐加强，最终发生吴曦叛变之事”⑤。确实，“兴州地方势力膨胀，最后发展为吴曦之变”⑥。开禧三年（1207），吴曦之乱爆发了，“开禧三年正月，吴曦正式在兴州（今陕西汉中）即位，继张邦昌、刘豫后当上了金国第三个儿皇帝”⑦。这一事件令人震惊，“被寄以厚望的四川吴曦，不但没有进攻金军，相反于同年六月暗中向金投降，受金封为蜀王”⑧。

还是开禧三年（1207），当兴州都统制吴曦“以蜀叛”的时候，四川制置使兼知成都府杨辅“会僚属议，同官三十余人愕视莫敢发”。此时，

---

① 《两朝纲目备要》卷2，绍熙三年七月。
② 《宋史全文》卷28，绍熙三年七月甲申。
③ 杨万里：《诚斋集》卷123《京公（镗）墓志铭》。
④ 《宋会要辑稿》职官73之14。
⑤ 粟品孝等：《南宋军事史》，第351页。
⑥ 何玉红：《南宋川陕边防行政运行体制研究》，第190页。
⑦ 虞云国：《黎东方讲史之续　细说宋朝》，第353页。
⑧ 陈振：《宋史》，第493页。

摄府学教授杨泰之认为，“今日之事，当计逆顺，不当计祸福”，于是，他提出：“正名讨罪，曷为弗克。不然，愿与先生死此以报国。”[①] 由于“开禧用兵，金人窥散关急”，蓬州（治今四川仪陇）教授李道传“以诸司檄计事，道闻吴曦反，痛愤见于词色。即遣其客间道持书遗制置使杨辅，论曦必败”[②]。因为“吴曦僭叛”，东川节度判官赵昱“亟贻书成都帅臣杨辅”，劝举义兵，讨伐叛逆[③]。在吴曦叛乱发生后，青城山道人安世通“献书于成都帅杨辅”，其中“劝以举义”。但是，杨辅却“不能决”，他“遂东如江陵，请吴猎举兵以讨曦”[④]。同样地，由于当时“宣抚使程松已弃其师遁，仲鸿以书劝成都帅杨辅讨贼”，杨辅却“不能用”[⑤]。并且，吴猎“及为蜀帅，辟幕客近三十人，皆亲旧及要势所荐之士，日燕饮宾客为乐”[⑥]。

其实，“此前成都府路安抚使杨辅也曾密奏吴曦必反，当时韩侂胄还不相信。朝廷以为杨辅必能讨叛，密诏任命他为四川制置使，授权相机行事。不料吴曦根本不买账，将杨辅移知遂宁，杨辅只得弃离成都而去”[⑦]。确实，杨辅的表现与朝廷的期待之间有着很大的差距，“上意辅能诛曦，密诏授宝谟阁学士、四川制置使，许以便宜从事。时人望辅倡义，刘光祖、李道传皆勉之。辅自以不习兵事，且内郡无兵可用，迁延两月，但为去计”[⑧]。其中的原因也是非常明显的，正如监察御史黄度所预言的那样：“今内无一兵，若吴氏南指两川，岂朝廷有区区制置使，何足抗哉！”[⑨] 不过，杨辅对吴曦之乱，始终秉持抵制态度，“曦之遗诸贵人书也，杨尚书独深止之”。事实上，“其后董镇诛，得其遗曦书稿，有云杨侍郎未肯通情

---

① 魏了翁：《鹤山集》卷81《大理少卿直宝谟阁杨公墓志铭》。
② 黄干：《勉斋集》卷38《知果州李兵部墓志铭》。
③ 岳珂：《桯史》卷3《赵希光节概》，第36—37页。
④ 《宋史》卷459《安世通传》。
⑤ 《宋史》卷400《游仲鸿传》。
⑥ 《两朝纲目备要》卷10，开禧三年四月。
⑦ 虞云国：《黎东方讲史之续　细说宋朝》，第353页。
⑧ 《宋史》卷397《杨辅传》。
⑨ 叶适：《水心集》卷20《故礼部尚书龙图阁学士黄公墓志铭》。

云”[①]。在川峡四路之中，“独成都安抚一司不去开禧之号”[②]。可见，在吴曦之乱中，“始终不奉行伪命者一人，成都帅臣杨辅也”[③]。

吴曦兵变已不再是普通军人因不堪忍受折磨而发生的暴乱，而是由地方军事大员制造的历史闹剧。因此，很快就遭到了可耻的失败，“露布至行在，朝廷大喜，即日拜安子文端明殿学士、知兴州兼四川宣抚副使，而杨嗣勋为四川宣抚制置使兼知成都府，许成子为四川宣谕使”。当吴曦之变发生后，四川宣抚使程松“自米仓山出阆州，顺流以归”，结果受到了“落大学士，降六官，筠州居住”的处罚[④]。

由于“吴曦叛，素闻震仲名，驰檄招之，震仲辞疾不行”，使得“震仲饮毒死”。后来，“曦伏诛，蜀帅安丙、杨辅以闻，赠朝奉大夫、直宝谟阁，官二子，表其里曰义荣”，充分体现了朝廷对杨震仲的褒奖与赞誉[⑤]。

事实上，安丙与杨辅之间也存在着一定的隔膜，“安丙奏乞两宣抚分司，朝廷察丙与辅异，召辅赴阙。议者谓蜀乱初平，如辅未宜去，乃复以为制置使兼知成都府”[⑥]。值得庆幸的是，“吴曦之乱的迅速平定，确保了以成都为中心的四川地区继续牢固地掌控在宋朝之手”[⑦]。然而，其消极影响相当巨大，“吴曦的叛乱，也成为南宋统治重要支柱之一的四川地区残破衰败的开端”[⑧]，反映了南宋川陕边区军政走向废弛和北方少数民族政权军事压力加大的严峻现实。

3. 张福、莫简兵变

嘉定十二年（1219），“兴元军士张福、莫简等作乱，以红巾为号”，然后“入利州，制置聂子述遁，总领财赋杨九鼎为所杀”[⑨]，另载，“红巾

① 《建炎以来朝野杂记》乙集卷9《董镇言杨侍郎未肯通情》，第653页。
② 《两朝纲目备要》卷10，开禧三年二月戊申。
③ 《两朝纲目备要》卷10，开禧三年二月乙亥。
④ 《建炎以来朝野杂记》乙集卷17《丙寅淮汉蜀口用兵事目》，第831—832页。
⑤ 《宋史》卷449《杨震仲传》。
⑥ 《宋史》卷397《杨辅传》。
⑦ 粟品孝等：《成都通史　五代（前后蜀）两宋时期》，第36页。
⑧ 汪圣铎：《两宋财政史》上册，第155页。
⑨ 刘时举：《续宋编年资治通鉴》卷15，嘉定十二年闰三月癸亥。

队攻入利州，聂子述逃遁，不久也被朝廷召赴行在”[1]。因为聂子述“入蜀之初，不能抚定溃卒，乃悉诛之，激而为乱，害及王人，惊惶奔窜，仅以身免”，从而受到“夺职罢祠”的处分[2]。

仍然是嘉定十二年（1219），曹彦约尽管未能赴任成都知府，但对四川地区的严峻客观形势，保持着非常清醒的认识：“臣顷年尝转漕关外，讨论四蜀事体，知成都脆弱之卒不足以有用，汉中单寡之兵不可以独立。制帅之与总所，位置非宜，将来职事间，必有抵牾；官军之与忠义勇悍无礼，将来调发处，必有不逊。以至兵财递铺间探等事，所当改弦者，不一而足，尝作《病夫议》，以告当路。”[3] 他在其中指出：“古之临边，求一贤者而尽付之兵权，兵权正则事体重，兵权专则号令一。”可是，“自吴氏世袭以来，握兵者志在于怙势，不在于尊上；用兵者志在于诛货，不在于息民。本原一坏，百病间出，至有世将已叛而宣威不觉，四郡已割而诸将不知”。然后，他提出：“今日之领帅权者，必当近边境，必当拥亲兵；有兵权者，必当领经费，必当宽用度。”[4] 令人遗憾的是，“今之备边，重在兵食。食苟不足，兵何由强？而今之兵赋，体统乖异。制阃则曰食少，总饷则曰兵多；制阃则曰乏粮，总饷则曰虚籍。岁行和籴，内斫本根。边有屯田，竟无效验。徒耗事力，不立规模”[5]。

总体而言，在士兵的社会治安管理方面，不论是兼任本路安抚使的成都知府，还是兼任成都知府的四川制帅，都发挥了重要作用。但是，随着南宋朝廷的日益腐朽没落，其积极作用日渐式微乃至消失殆尽。

三、南宋成都知府与少数民族的社会治安管理

实际上，“两宋鼎革之际，成都地处西南腹地，免遭战火，各级行政机构照常运转，如成都地区的行政首脑卢法原就依旧知成都府兼成都府利

---

① 何忠礼：《南宋全史2　政治、军事和民族关系卷下》，第68页。
② 刘克庄：《后村集》卷44，《玉牒初草·皇宋宁宗皇帝》，嘉定十二年十一月戊午。
③ 曹彦约：《昌谷集》卷10《改知成都拟上殿札子》。
④ 《宋史》卷410《曹彦约传》。
⑤ 姚勉：《雪坡集》卷7《癸丑廷对》。

州路兵马钤辖。但宋金之间的紧张形势很快影响到成都”[①]。毫无疑问，“蒙元是宋朝在三百多年中遇到的最强大的对手，宋蒙（元）战争激烈和残酷的程度远远超过了宋朝与其他民族政权之间的战争，所以在这一时期内，宋朝制置使在战略防御上的职能比前几个时期更加突出。以制置使为中心的指挥体系对南宋王朝维系其生存、延缓其败亡，毫无疑问起了十分重要的作用”[②]。南宋时期，在少数民族的社会治安管理方面，成都知府所发挥的作用，主要体现在安抚为主、预防为先、尽力抗御三个方面。

（一）安抚为主

其实，“进入南宋以后，高宗君臣既吸取了以往的教训，又为国力所限，因而重新恢复了北宋前期对少数民族地区维持现状、保持安宁的总方针”[③]，并且，“南宋朝廷经常通过互市的把控来钳制叛乱的西南少数民族，而不再以限制朝贡相要挟”[④]。在少数民族的社会治安管理中，不论是兼任本路安抚使的成都知府，还是兼任成都知府的四川制帅，都非常重视对少数民族的安抚工作。

首先看兼任本路安抚使的成都知府。宋高宗时，成都知府兼本路安抚使张焘还“抚存黎、雅蕃部，禁戢贪吏”[⑤]。其政绩非常突出，“在蜀四年，政绩甚著。”[⑥]

再看兼任成都知府的四川制帅。绍兴六年（1136），四川安抚制置大使兼知成都府席益上奏：“访闻吐蕃首领益麻党征赐姓名赵怀恩者，见在阆州宣抚司。今来一司减罢，窃虑无处收系，乞令本司存恤收管，仍降金字牌处分。”其请求获得了朝廷的批准[⑦]。另载，“绍兴初，有旨居成都。朝议欲收复熙河，制置席公某、宣抚吴公某荐以君招抚，以和议寝之”[⑧]。

宋孝宗时，四川制置使兼知成都府范成大就面临着十分严峻的社会治

① 粟品孝等：《成都通史　五代（前后蜀）两宋时期》，第107页。
② 姚建根：《宋朝制置使战略攻防述论》，《史林》2005（4）。
③ 何忠礼：《南宋全史2　政治、军事和民族关系卷下》，第327页。
④ 林建：《宋代对西南少数民族治理观念的变迁》，《西南民族大学学报》2019（2）。
⑤《要录》卷150，绍兴十三年九月丁丑。
⑥ 余寅：《同姓名录》卷11《宋两张焘》。
⑦《宋会要辑稿》蕃夷6之42。
⑧ 李石：《方舟集》卷16《赵郡王墓志铭》。

安形势，“石湖居士范公待制、敷文阁来帅成都，兼制置成都、潼川、利、夔四道。成都地大人众，事已十倍他镇，而四道大抵皆带蛮夷，且北控秦陇，所以临制捍防，一失其宜，皆足致变故于呼吸顾盼之间”①。

淳熙八年（1181），四川安抚制置使兼知成都府陈岘上奏：“黎州极边，重山复岭，物产荒薄，又经去岁骚动，民力凋乏，理宜优恤。契勘本州米价每石不过五六千，而百姓税米自来不令输纳本色，却每石估钱一十三贯文，除土丁之家曾经绍兴三十年裁减只作八贯文理纳外，其余税户至今仍纳一十三贯文，实为重困。”于是，朝廷诏令黎州：“将本州人户税米估钱，每石并与裁减三贯，内土丁之家已经裁减者，更与两贯。其所减数从四川制置司那融，每岁支下黎州补充支遣”②。

淳熙十四年（1187），枢密院将四川安抚制置使兼知成都府赵汝愚反映“马湖路董蛮与嘉、叙两州接境，去秋九月，侵犯嘉州笼鸠堡。臣已随宜处置，调兵防守。但令嘉州住支税犒，叙州不得放行互市。近已还到所虏人口二十三名，惟余两名称是已死，并还到锣鼓各一面。又牵到马五匹，约价钱一千道，乞倍偿所杀人骨价。臣会得本路专法内一项，熙宁七年二月指挥，蕃部作过，不得放令出买入卖。如乞投降，即候送过虏劫去人口及倍还命价，方得和断。又叙州亦有蛮人犯罪，许罚牛之法。检照前面指挥，皆合遵用。已行下叙州，受其骨价，许其打誓及抽回戍兵讫”的情况后，宋孝宗作出指示：“赵汝愚措置边防适宜，蛮夷屈服，可令学士院降诏奖谕”③。其中，四川制置司干办公事游仲鸿也发挥了重要作用，“叙州董蛮犯犍为境，宪将合兵讨之，仲鸿请行。诘其衅端，以州负马直也，乃使人谕蛮曰：‘归俘则还马直，不然大兵至矣。’蛮听命，仲鸿受其降而归”④。确实，“在这场严重的少数民族的纠纷冲突中，赵汝愚先是采用军事（调兵防守）、经济（住支税犒、不得互市）等手段控制住局势，致使马湖路董蛮就范，然后才将纠纷解决成功地纳入法制化轨道”。并且，

① 陆游：《渭南文集》卷14《范待制诗集序》。

② 《宋会要辑稿》蕃夷5之55。

③ 《宋会要辑稿》兵29之42—43。

④ 《宋史》卷400《游仲鸿传》。

“对南宋而言，打誓一方面反映了西南少数民族对朝廷的归顺、降服；另一方面也为宋廷今后依誓约处理矛盾纠纷提供了一种合法性，这样更有利于社会秩序的稳定”。当然，“宋朝对西南少数民族的司法不是绝对的，少数民族领袖仍然拥有相当大的司法自主权，而之所以如此则又与宋朝的羁縻政策息息相关”①。

淳熙十五年（1188），赵汝愚上言：“据黎州盘陀知寨魏泽中探得奴儿结并弟三开正妻皆死，其族属尚有遗种，及邻近诸羌昨来结连作过者恐尚怀反侧，已下本州乘此事机，随宜抚定。今据黎州申：部将常显、安静知寨魏大寿，部领青羌老宿赖苗珍、羌村主失落托等引领到降青羌失落盘、廉八、三开后妻赦蒙曳、男萼落耶等，并白水来归业人王文有、王文欢、王念一、王仁有等四名执降旗赴州，本州已斟量支犒，发遣回部，仍各与摽拨田段，给牛、犁、种子，常切存恤，各令安业。”于是，宋孝宗“诏四川制置司赵汝愚可除龙图阁直学士，其守御将官，开具职位姓名保明闻奏”②。

嘉定十一年（1218），四川制置使兼知成都府董居谊将虞刚简辟为参议官，“寇入边，制置使临川董公居谊徙治利州，辟公自助，公固辞不行。或劝之曰：‘公事也，不可以弗之恤。’久之，黾勉就辟。首请收人才、明公赏、厚犒给以结人心，抽还忠义人之配内郡者，以纾边人之愤，又请缓科内一路餉夫之直，皆见纳用”③。

对少数民族的社会治安管理，兼任成都知府的四川制置使与四川总领之间进行了一定的协作。淳熙十二年（1185），在知西和州王朴上奏“本州威远铺、旧州、胜闾三处博买铺，乃本州极边，非水陆冲要，大商经由，逐铺过取钱物，只作收税，以办月额。乞诏制总司将本州三博买铺尽行废罢，俾边民各得营生”的情况后，四川制置使兼知成都府留正和四川总领冯共同提出：“逐司乞于逐铺税额向上与减分之一，惟边民不妨营生，且不失向来讥察探报之意。”其请求得到了宋孝宗的批准④。

---

① 谢波：《宋朝在西南民族地区的司法》，《曲靖师范学院学报》2013（2）。
② 《宋会要辑稿》蕃夷5之56。
③ 魏了翁：《鹤山集》卷76《朝请大夫利州路提防刑狱主管冲佑观虞公墓志铭》。
④ 《宋会要辑稿》食货18之14。

可见，在安抚少数民族的过程中，成都知府所发挥的作用最为突出。

（二）预防为先

在少数民族的社会治安管理过程中，首先要坚持奉行安抚为上的方针，然后就应加强社会治安防范工作。南宋时期，成都知府对少数民族的社会治安防范，主要体现在对四川地区少数民族首领的防范和北方少数民族政权的防备两个方面。

1. 对四川地区少数民族首领的防范

“由于吏治的腐败，宁宗时期，四川内部的民族关系也十分紧张，少数民族不断反叛。在雅州地区的少数民族，从孝宗乾道六年（1639）至宁宗嘉定十三年（1220）经常向沿边地区进攻。黎州地区的少数民族，继孝宗时期不断反叛之后，青羌奴儿结部从孝宗乾道九年（1173）开始反宋，到宁宗嘉定元年（1208）归附，长达30余年之久。”[①] 因此，不论是兼任本路安抚使的成都知府，还是兼任成都知府的四川制帅，都比较重视对四川地区少数民族首领的防范。

首先看兼任本路安抚使的成都知府。淳熙元年（1174），当“初，青羌之入寇也，郡告急于成都”的时候，薛良朋“下令聚民于城中，尽焚汉源镇，清野以待之，不知州去边犹三百里，汉源富实为一州根本之地”。黎州通判吕宜之据理力争，虽然“以是获罪”，但是“论者与之”，得到了社会舆论的赞许。薛良朋“又遣兵马钤辖以三百兵守邛峡关，立楼棚，起炮座，关近荣经，去州六十里，盖惧黎城或破，则羌人突入内郡，故预防之也”[②]。同年，在他的请求下，朝廷批准“黎州知州依威、茂州例差武臣”[③]。

嘉定二年（1209），鉴于“初，沈黎蛮屡犯边”的实际情况，成都知府兼本路安抚使黄畴若上任后，“镂榜晓以祸福，青、弥两羌遂乞降”。嘉定四年（1211），因为“先是，畴若廉知嘉定边备废弛，而平戎庄子弟可用，遂檄嘉定府权免平戎庄是年炭估、麻租，令庄子弟即日上边为守备”，

---

① 贾大泉、周原孙：《四川通史》第4册，第75页。

② 《建炎以来朝野杂记》附录一《癸巳弥羌之变》，第925—926页。

③ 《宋会要辑稿》职官47之39。

当“董蛮合其部族入寇犍为利店”的时候，黄畴若“亟调兵，且设方略捕之，皆遁去”。刚好遇到“嘉定阙守”，“蛮窥利店无备，遂入寇”，他“复选西军，欲且往防拓，牒转运司折支，不报。蛮再犯龙鸠堡，转运司始颇从所请。蛮复到龙门隘，知有备乃退”，于是，受到了朝廷的奖励，“进龙图阁待制，依旧知成都府”①。同年，由于“叙州蛮犯笼鸠堡”，他还“调移屯西兵二百戍犍为县”，加大了本路的社会治安防范力度②。确实，“维蜀万里，在天一方，自昔祖宗之时，已隆牧守之寄。当其临遣，必有以宠其行；越既劳还，必有以旌其最。卿囊繇迩列，出抚远民。其威名立断有张咏之风，其简易弗苛如赵抃之政”③。

但是，当“利店之役，李季允为提刑，乃白制置大使司，欲如军兵衣赐例，给以匹布，计其直为一万二千引。大使司命取之帅、漕、府、宪、四司”的时候，黄畴若并没有支付军费，“未尝应副也”④。另载，“会成都提刑林与之以不应副利店事，与帅臣黄伯庸异论，召去”⑤。这是因为“颇闻今蜀与昔异，昔日民肥今已臞”⑥，蜀地在财政上已经非常困难了。可见，在军费筹集方面，与四川制帅相比较而言，兼任本路安抚使的成都知府黄畴若，其职权范围缩小了许多，使得支出能力相形见绌。当然，后来这一局面得到了相当程度的改善。

仍然是嘉定四年（1211），四川马湖地区的少数民族首领攻陷嘉定府犍为县的利店寨，当地行政长官许子然出动军队镇压。当军队到达出事地点时，他们已经逃跑了。但是，不久，他们又进犯笼鸠堡。于是，成都知府兼本路安抚使黄畴若调集二百名军人戍守犍为县。朝廷得知此事后，任命李季允为成都府路提点刑狱，以加强其治安防范能力。为此，四川制置大使安丙还设置了安边司，作为专门处置少数民族事务的行政机构，由李

① 《宋史》卷415《黄畴若传》。
② 《两朝纲目备要》卷13，嘉定四年三月辛巳。
③ 真德秀：《西山文集》卷22《赐宝谟阁直学士朝议大夫前知成都府路安抚使黄畴若辞免除兵部尚书兼太子右庶子恩命不允诏》。
④ 《建炎以来朝野杂记》乙集卷17《黎雅嘉定土丁廪给》，第812—813页。
⑤ 《建炎以来朝野杂记》乙集卷10《淳熙至嘉定蜀帅荐士总记》，第664页。
⑥ 王炎：《双溪类稿》卷7《送黄尚书帅蜀》。

季允和许子然共同担任其行政领导，“蛮又犯笼鸠堡，本路帅黄伯庸调移屯西兵二百戍犍为县。朝廷闻之，四月己丑，除李季允本路提点刑狱。安观文时为制置大使，乃置安边司以经制蛮事，俾季允与许子然共领焉”①。

嘉定五年（1212），宋孝宗“诏成都府路帅臣兼领叙州兵甲事”②。同年，面对“大使司之师出，东路提刑亦征兵，三垂告警，叙南之报复急，两路震动”的严峻形势，黄畴若“亟移书两军，俾速还师守险为后图，西师遂退守沐川。既而畴若兼制叙州兵甲公事，既得专行，益严守备”③。同年，由于“叙州蛮酋米在降”，于是“大使安丙转三官，为通奉大夫，黄畴若转一官，李埴进直焕章阁”，四川制置大使安丙，知成都府兼本路安抚使黄畴若、成都府路提刑李埴都获得了不同程度的奖励④。因为黄畴若的政绩突出，“留蜀四年，弊根蠹穴，苗薅发栉”，于是被“召赴行在，入对延和殿，迁权兵部尚书、太子右庶子”⑤。

宋宁宗时，成都知府兼本路安抚使崔与之，还向曾经担任过利州路转运判官兼知利州曹彦约了解四川地区少数民族的情况，“崔正子尚书入蜀，下询西事。尝潜以诸司买金珠边徼不便为说，使威、茂、黎、雅之间往往因此生事。恐吐蕃、南诏之衅，从此而起”⑥。

但是，在少数民族的社会治安防范过程中，成都知府兼任本路安抚使的作用，还是存在着一定的局限性，往往需要借重四川宣抚司的支持，才能更好地应对所面临的严峻挑战。淳熙元年（1174），在成都知府兼本路安抚使薛良朋的请求下，宋孝宗“诏四川宣抚司缓急边面有警，斟量事势，差拨军马应副捍御”⑦。同年，他还“以降年不缚致奴儿结为罪，白之宣抚司”，于是，四川宣抚司“檄州诘问”，使得黎州知州邵降年“怒忿，呕血死”⑧。淳熙八年（1181），“知成都府折知常特追五官，勒停，送汀

① 《建炎以来朝野杂记》乙集卷20《辛未利店之变》，第886页。
② 《宋史全文》卷30，嘉定五年二月壬午。
③ 《宋史》卷415《黄畴若传》。
④ 《两朝纲目备要》卷13，嘉定五年三月庚戌。
⑤ 《宋史》卷415《黄畴若传》。
⑥ 曹彦约：《昌谷集》卷13《与蜀帅桂侍郎札子》。
⑦ 《宋会要辑稿》兵29之40。
⑧ 《建炎以来朝野杂记》附录一《癸巳弥羌之变》，第925页。

州安置。以黎、雅蛮部作过，知常弃城逃遁，故有是责”[①]。嘉定四年（1211），成都府路提点刑狱林与之和成都知府兼任本路安抚使黄畴若之间的矛盾，引起了朝廷的高度重视，于是召回林与之，任命李埴为成都提刑，“会成都提刑林与之以不应副利店事，与帅臣黄伯庸异论，召去。乃命季允为本路提刑，特免避产业云”[②]。

再看兼任成都知府的四川制帅。“自绍兴五年（1135 年）南宋设立四川制置使后，如何制服这些蛮夷便成为摆在历任制置使面前的重大现实问题，四川制置使所要对付的蛮夷主要集中在嘉州、黎州、雅州、龙州、叙州等地区”[③]。绍兴五年（1135），为加强边境地区的治安防范，四川安抚制置大使兼知成都府席益上言：“契勘裁减冗员，今相度川陕四路分置帅府，其潼川府、夔州路旧为一司日，帅臣带泸南沿边安抚使。盖以彼处边防，比之余路事体稍重，合分作两路。其夔州路施、黔、珍州、南平军等处，边面比潼川府路尤更阔远，又系控扼京西，与旧不同，理当增重事体，遵禀便宜，令夔州路钤辖带本路安抚使。切缘夔州路距北边虽远，方今控扼京西，最为冲要。今来本路安抚正系夔州知州升带，即非专置一员，难以减废”，其请求获得了朝廷的批准[④]。绍兴七年（1137），知思州兼夔州路兵马钤辖田祐恭反映“得溪州报，有兵万余自鼎、澧州来，声言欲入川界”的情况，在席益报告给朝廷之后，“诏益遣人伺之实”。然后，田祐恭还被“令再任，仍赐金带及敕书奖谕”[⑤]。

绍兴二十九年（1159），在四川安抚制置使兼知成都府王刚中的举荐下，“左朝散郎冯时行知黎州”[⑥]。绍兴三十年（1160），当“大理国遣使遗邛部川蛮衣甲金器鞍马，且言大云南皇帝欲遣左右使臣持货物入宋买卖，虚恨鬼主蒙备言于黎州”的时候，王刚中不予理睬，这事就此作罢[⑦]。

---

① 《宋会要辑稿》职官 72 之 28。
② 《建炎以来朝野杂记》乙集卷 10《淳熙至嘉定蜀帅荐士总记》，第 664 页。
③ 姚建根：《宋朝制置使制度研究》，第 66 页。
④ 《宋会要辑稿》职官 41 之 108—109。
⑤ 《要录》卷 109，绍兴七年二月丁未。
⑥ 《要录》卷 182，绍兴二十九年六月甲戌。
⑦ 《要录》卷 184，绍兴三十年二月甲子。

绍兴三十一年（1161），当“虚恨蛮掠犍为之笼蓬堡，武节郎成都等路第一副将郑祥等四人为所杀”的时候，王刚中“遣正将李毅发八州兵千余人来援”，迅速取得了胜利。然后，“始以官兵二百人偕土丁戍其地焉”①。宋高宗时，由于“威、茂、叙、泸四州地接西南边夷，吏贪功，夷人不堪，则屯聚而为寇”，王刚中“始下令，敢有妄动挑发争端者，斩以徇”。因此，“自是两地晏然，讫公去，无一人犯塞”②。

隆兴二年（1164），四川安抚制置使兼知成都府汪应辰将王之奇“辟守永康”③，旨在加强对其社会治安秩序的管理。由于王之奇“才行俱备，顷京西制置司差权光化军，措画备御，数月间井井有条理”。汪应辰还希望朝廷批准其为自己的属官的准备差遣，“已具奏乞，以准备差遣处之，伏望钧慈特从所请”④。汪应辰沉着冷静地加以应对，边境治安防范工作取得了良好的效果，“开府而来，一切镇以清静。凡所施设，皆为国家惜大体而壅培其根蒂。环数千里之地，夜郎、牂牁之境，前此时，斩艾草木，以迩吾封，乃今帖帖不敢少肆，盖西南一面可赖矣”⑤。

乾道六年（1170），由于“夷人高奴吉作乱，焚碉门”，四川安抚制置使兼知成都府晁公武“檄转运判官李景嗣亲往多功，审观事势”，诸将“锐欲一战”，李景嗣制止了他们的请求⑥。

在对四川地区少数民族首领的防范过程中，范成大的表现非常突出。宋孝宗时，在成都屯驻的禁军，加上地方乡兵，共有十七营兵力。但是，长期以来，由于边境比较平静，这些军队的战斗力非常缺乏。当时，少数民族分子对雅州和黎州进行侵扰，肆无忌惮。朝廷为此忧心忡忡，于是任命范成大为四川安抚制置使兼知成都府。他上任伊始，加强军事训练，增强防御力量，得到朝廷的奖励，“上忧之，命敷文阁直学士吴郡范公自广西经略使徙镇全蜀。公至，即以练兵丁、缮保障抗章驿闻，上赐诏嘉奖。

---

① 《要录》卷194，绍兴三十一年十一月。
② 孙觌：《鸿庆居士集》卷38《宋故资政殿大学士王公墓志铭》。
③ 蔡戡：《定斋集》卷14《故端明殿学士王公行状》。
④ 汪应辰：《文定集》卷14《与周参政》。
⑤ 《全蜀艺文志》卷29，王咨：《上汪制置书》。
⑥ 《两朝纲目备要》卷9，开禧二年正月。

于是简士卒之骁勇者别为一军，壮且少者次之，罢遣其老羸者。且示以坐作进退之法，非风雨不休。而尤加意于射，以为蛮夷所恃，崎嵚大山，掩翳丛木，出没其间，若猨猱然，吾御之者，非刀矟所能及。乃取弓人于绵，弩人于阆，相胶析干，治筋液角，极六材之良”。于是，“未几，军容一新，悉为精锐，蹶张者至千斤，挽强过六钧，而命中者十八九”[①]。淳熙元年（1174），范成大将简世杰辟为四川制置司准备差遣，“至是边防机事，范公专以委公”。简世杰“悉心襄赞，夙夜不懈。所辟客惟公一人，相倚如肺腑。边备稽饬，则考论西蜀利害，次第兴除”，范成大则“虚心以听”[②]。确实，“幕僚的职责之一是为制置使运筹于帷幄之中，出谋划策，他们是制置使的重要谋士，成为其智囊团”[③]。

淳熙二年（1175），因为范成大“奉御笔体究黎州邛部川崖袜、部乂兄弟争杀事”，然后上奏：“照得崖袜、部乂兄弟相攻未已，臣已行下黎州严切堤备，并遣发更戍西兵前去守把”。于是，宋孝宗“诏制置使范成大：‘于本路诸州军系将、不系将禁军内，均选强壮作两蕃，每蕃七百人，分上、下半年于黎州屯戍。委制置司置办衣甲、军器等，差有智勇兵官一员统辖训练，与轮戍大军三百人同其防拓’”[④]。同年，“制置使范成大奏两林蛮王第笼畏、首领崖来等攻邛部川之袭瓮城，不克，虏掠而去。崖袜遣人追逐，已下黎州堤防之。”[⑤]

针对“成州东柯镇、太平监之间，去边境三十里，有银坑，恐启戎心”的问题，范成大采取了断然措施，即“栈塞之”。并且，范成大“论安抚司不当辟城寨官，事属制司”，致力于维护边境地区的和平安宁[⑥]。范成大认为：“臣当内教将兵，外修堡寨，仍讲明寨丁教阅团结之法，使人自为战，三者非财不可。”然后，“上手札奖励，赐度牒钱四十万缗”。他还“日夜阅士，制器甲，督边郡，次第行之。时摘兵赴帅司，按其精粗，

① 《全蜀艺文志》卷34，范谟：《分弓亭记》。
② 杨万里：《诚斋集》卷130《临贺太守简公墓志铭》。
③ 姚建根：《宋朝制置使制度研究》，第86页。
④ 《宋会要辑稿》蕃夷5之52。
⑤ 马端临：《文献通考》卷330《四裔考七》。
⑥ 黄震：《黄氏日抄》卷67《范石湖文》。

以黎为要地，奏置路分都监，增五寨，籍少壮五千为战兵。经理岁余，凡吐蕃扰边路径，十有八悉筑堡置戍”。当“奴儿结借诸部兵二千扣安静寨”，他“发飞山军千人赴之，料其三日必遁，戒勿与争，已而果然”。此外，还有“白水寨王文才，私取蛮女，常导之寇边”，他“重赏檄群蛮，使相疑贰”。不久，“蕃牙擒文才以献”，他“命即黎州教场斩之，兵威大震”。面对“文州蕃部间扰边”，他“奏乞预为文告，崛强者讨击之，善良者抚摩之，使知畏慕，不可专示弱启侮”。其请求得到了朝廷的批准，“上以公深知事体，即日施行”[①]。实际上，“其讨击的目的在于抚摩，避免事态扩大，但求相安无事”[②]。其系统化的治边方略，得到了宋孝宗的肯定与表彰，“卿远镇坤维，兼总戎律，究心夙夜，朕甚嘉之。所进内教将兵、外修堡寨、团结土丁三说，皆善。更益勉旃，务在必行，早见成效，以副朕倚毗之意”[③]。

文学家陆游在范成大麾下任制置司参议官，助益良多，“范成大帅蜀，游为参议官，以文字交，不拘礼法，人讥其颓放，因自号放翁”[④]。这是因为陆游对军事问题的研究颇多，“尝从范石湖辟入蜀，故其诗号《剑南集》，多豪丽语，言征伐恢复事”[⑤]。

当范成大离开成都，在回归故乡的途中，听说边事已宁，筹边楼修葺完工，他特地写诗一首，寄给权制帅高子长：“筹边楼上美髯翁，赤白囊飞笑语中。勃律天西元采玉，蓬婆雪外昨分弓。踏筵舞罢平阑月，横槊诗成满袖风。诸校各能歌破阵，何须琴里听平戎”[⑥]，表达了其发自肺腑的喜悦之情。

此后，胡元质、留正和赵汝愚等兼任成都知府的四川制帅，先后都在范成大的基础上，尽力加强地方军事力量，以此作为维护边境社会治安的

---

① 周必大：《文忠集》卷61《资政殿大学士赠银青光禄大夫范公成大神道碑》。

② 张邦炜、陈盈洁：《范成大治蜀述论》，《四川师范大学学报》2004（5）。

③ 《全蜀艺文志》卷26《孝宗赐范成大奖谕诏》。

④ 《宋史》卷395《陆游传》。

⑤ 罗大经：《鹤林玉露》甲编卷4《陆放翁》，第71页。

⑥ 范成大：《石湖诗集》卷18《闻威州诸羌退听边事已宁少城筹边楼阑槛修葺亦毕工作诗寄权制帅高子长》。

重要措施，“成都府义勇军者，淳熙末，赵子直帅蜀时所创也。其始，黎州皆以西兵出戍，即有边事，则调绵、梓所驻大军讨之，地远不时至。淳熙初，范致能为帅，言所教成都禁卒，谓之飞山军者，今已可用，乃命五百人往戍之。及胡长文为帅，又摘西路并边九郡禁卒千人驻于成都，以代西兵出戍，谓之雄边军，时五年冬也。然西州之卒，率怯懦不可用，青羌入寇，或溃或死，遂废之。十二年春，留仲至始采众论，募黎州土丁二百，谓之防边义勇，月以钱七千给焉。十四年，子直又招西人五百，屯之成都，俾之更戍，亦谓之义勇，故黎人有西义勇、土义勇之名云。西人皆骁勇善斗，非雄边之比也”①。确实，“有的制置使则创置新军。如范成大任四川制置使，教阅成都府禁兵一千人，改建为飞山军。胡元质任四川制置使，又选拔四川各地禁卒，驻防成都，称雄边军。四川制置使赵汝愚又先后招兵七百人，设成都府义勇军”②。其中，“黎、雅、嘉定、威、茂五州的土丁，是西南地区最有代表性的土丁，其管理体制最为完备。”③

淳熙四年（1177），宋孝宗任命胡元质为四川安抚制置使兼知成都府，“环六十州，官兵号令，实听于制置使”。面对“青羌奴儿结大侵，旷岁不解，至取兵于御前诸军，兵车往来，内郡苦之”的严峻形势，胡元质“布宣天子大惠，建大将旗鼓，阴练士马，调谷积要害处，选职任太守往谕威信，与除前患，复故约。夷请命下吏，绝徼毋扰”④。淳熙五年（1178），在他的请求下，宋孝宗下诏：“成都一路十六州，除成都自有飞山军及威、茂、黎、雅、嘉州、石泉军系沿边去处，兵备不可抽摘外，自余诸州各选兵官前去，逐州按试勇壮有武艺人，抽摘团结，共取一千人作二队，如李德裕雄边子弟，以雄边军为名。”⑤ 他着力加强练兵备战，“搜诸郡羡卒，聚之成都，率用西兵技击之制，行有部曲，居有营次，勋劳有赏，军须有库，阅习有铠甲。凡千人为军，军成，名曰‘雄边’”⑥。确实，“制置使

① 《建炎以来朝野杂记》甲集卷18《成都府义勇军　雄边军》，第421页。
② 贾大泉、周原孙：《四川通史》第4册，第112页。
③ 和丽霞：《北宋时期西南地区寨堡建制及功能演变》，《历史研究》2019（4）。
④ 《成都文类》卷27，崔渊：《雄边堂芝草记》。
⑤ 《宋史全文》卷26（下），淳熙五年十一月戊寅。
⑥ 《成都文类》卷27，崔渊：《雄边堂芝草记》。

拥有一定军政大权，一个重要表现就是自行创置新军”[1]。

仍然是在淳熙五年（1178），“奴儿结自缚款塞，赖猫相继称藩，互市复通，内宁外谧，廓廓然无一事”[2]。胡元质采用斗智的方法，对付尚未归顺的青羌奴儿结，使之臣服，“初，青羌奴结之未就顺也，公时方入境，增调西兵，指授方略，扼其脊尾，制不得肆。至是慑服，面缚塞下，环蜀地数万里安于静简，雨旸顺序，年谷屡丰”[3]。同年，胡元质“奏黎州青羌寇降”之后，知枢密院王淮“请诏守臣不得邀功”[4]。亦在同年，在他反映“文州在蜀之西北，接连生蕃，知州涂尚友凿开管下青唐岭道路，有害边防”的情况以后，宋孝宗“诏涂尚友放罢取勘”[5]。也是在这一年，由于其“政事修举，夷人畏服”，宋孝宗“诏四川制置使、知成都府胡元质除龙图阁直学士”[6]。

淳熙七年（1180），胡元质上言：“蜀之边郡文、龙、威、茂、嘉、叙、恭、涪、施、黔连接蕃夷，各于其界建立封堠，谓之禁山。比年居民垦辟采伐，耗蠹无已。乞约束，禁山不得民间请佃，斫伐贩卖。仍专委县尉躬亲以时巡历，待其考满，递取邻封保明实迹，方许交替。果无违禁，量与酬赏。除已将治平中吕大防所立封堠，一面以茂州、永康军税地更展三里，别立新堠，其它州军，更不宽展，只令各将所管禁山应有封堠及元无封堠去处，委通判签判，限两月别立新堠，仍刻石各书地名及今所立年月以为限隔。”其建议得到了朝廷的采纳。[7] 确实，“禁山成为天然屏障，禁止采伐。一处封堠就标示一片为疆界之隔的禁山，说明疆界是模糊而非线状的。判断是否侵越疆界，并无疆界线可依凭，而是以连片的禁山”[8]。同年，由于“兴州都统制吴挺、兴元都统制田世卿密申：黎蛮自四月二十三日犯漠界，本州驻札路分统领高晃平日失于措置，迎敌错乱失利，退入

① 姚建根：《宋朝制置使制度研究》，第60页。
② 《成都文类》卷27，王敦诗：《雄边堂记》。
③ 《全蜀艺文志》卷37，张缜：《南康郡王庙记》。
④ 杨万里：《诚斋集》卷120《宋故少师大观左丞相鲁国王公神道碑》。
⑤ 《宋会要辑稿》兵29之41。
⑥ 《宋会要辑稿》职官62之22。
⑦ 《宋会要辑稿》兵29之41。
⑧ 黄纯艳：《宋代的疆界形态与疆界意识》，《历史研究》2019（5）。

州城，致蛮人深入抄掠一空”，于是胡元质“既调发绵州屯驻军一百五十八人，又调潼州屯驻军五百人”，增援黎州边事[①]。

此外，胡元质修建的雄边堂气势雄伟，“作堂于府，榜曰‘雄边’，以称上指。修梁飞栾，万瓦鳞次，气象宏伟，与边俱雄”[②]。事实上，“胡元质极力借重宏大工程来大造声势，试图提升制置使权威的种种举措，显然来自对制置使权威不足的切身感受，然而朝廷的感受恐怕恰恰相反”[③]。淳熙七年（1180），因为胡元质受到撤职处罚，于是“以新除成都府路提点刑狱禄柬之权四川制置司，应黎州边事，随宜措置”[④]。

淳熙八年（1181），宋孝宗诏令四川安抚制置使兼知成都府陈岘：“黎州小扰之后，措置已为详备，训练兵将，激厉土丁，整葺器械，自可临时破敌。如或仓卒，必候调发大军，一州已被残扰，军至则夷人退伏巢穴，劳师无功，边帅常蹈袭而不悟。今更当预择良将，以备缓急之用。卿宜体此毋忽，可就用金字牌条具回奏。”[⑤]

淳熙九年（1182），在陈岘反映“王思恭同共亲兄子侄等起遣蕃人郝索归部，实是宣力有劳，乞将王思恭补正名，给降付身。其雅州知州宋德迈，又荣经知县冯俨，皆素有吏能，今其临事不苟，措置详密，亦乞籍记旌擢”的情况后，宋孝宗“诏知雅州宋德迈、荣经知县冯俨并籍记姓名旌擢，王思恭特补进义副尉”[⑥]。同年，在陈岘提出“雅州荣经县并碉门寨等处与黎州相关，所管戍兵止是知县、知寨官主管，或有小惊，分布防拓，须听黎州守臣号令，方能相应”的建议后，“诏自今黎州守臣衔内带兼节制黎雅州屯戍军马”[⑦]。

淳熙十一年（1184），四川安抚制置使兼知成都府留正等上言：“金州元隶京西南路，自绍兴后拨隶利州路，系极边重地，常差武臣知州，带金

---

① 周必大：《文忠集》卷181《记黎州事》。

② 《成都文类》卷27，崔渊：《雄边堂芝草记》。

③ 黄博：《神御在蜀：宋代四川的御容奉祀与地方政治》，《北京社会科学》2017（4）。

④ 《宋史》卷35《孝宗三》。

⑤ 《宋会要辑稿》蕃夷5之54。

⑥ 《宋会要辑稿》蕃夷5之100。

⑦ 《宋会要辑稿》职官47之43。

房开达州安抚使，节制屯驻军马。”于是，宋孝宗“诏金州守臣仍旧带管内安抚”[①]。同年，他提出：“乞于黎州东南边大渡河上修筑要冲城，移兵屯守。所有知要冲城官，乞下本司作员阙奏差，令成都府路转运司应副请给。二年为任，与依关外四州极边体例推赏。”其请求得到了朝廷的批准[②]。亦在同年，吐蕃弖齐青羌由于发生饥荒，欲联合奴儿结深入内地进行虏掠。奴儿结不从，请求归附朝廷。他派遣属官前往安抚，稍后又指示官员将奴儿结押送到制置司来[③]。仍然是这一年，在“进呈留正等措置事宜”之后，南宋名相王淮等上奏：“沈黎之夷有三，正等乞先治其易者，盖指五部落。然如五部落，往者岂得谓之易？”宋孝宗回答说：“往者，五部落事自是措置失宜，所以黜责吴总等”[④]。

淳熙十二年（1185），“四川制置使留正遣人诱青羌奴儿结，杀之”[⑤]，从而维护了少数民族地区的社会秩序稳定，“乾道初，羌酋奴儿结越大渡河，据安静砦，侵汉地几百里。正密授诸将方略，擒奴儿结以归，尽俘其党，羌平”，从而受到了“进敷文阁学士”的奖赏[⑥]。确实，“南宋乾道九年（1173）青羌奴儿结开始侵扰黎州边境达十余年，至淳熙十二年（1175）为四川制置使留正设计擒杀”[⑦]。同年，他还将王宗廉在维护少数民族地区社会稳定中的功绩上报朝廷，“诏权兴州驻札御前后军统领、兼成都府路兵马都监王宗廉转一官。以制置使留正言宗廉生致奴儿结有功故也”[⑧]。

仍然是淳熙十二年（1185），四川制置使兼知成都府留正向朝廷请求于黎州增加兵员八百人、雅州增加四百人，却没有得到朝廷的批准，“留丞相为制置使，乞于黎州增八百人、雅州增四百人。奏入不许”[⑨]。关于

① 《宋会要辑稿》职官41之114。
② 《宋会要辑稿》职官48之89。
③ 《建炎以来朝野杂记》乙集卷19《丁未三开乙卯曳失索之变　奴儿结被缚事始》，第864页。
④ 《宋会要辑稿》蕃夷5之55—56。
⑤ 《宋史》卷35《孝宗三》。
⑥ 《宋史》卷391《留正传》。
⑦ 贾大泉、周原孙：《四川通史》第4册，第133页。
⑧ 《宋会要辑稿》兵19之31。
⑨ 《建炎以来朝野杂记》乙集卷17《黎州拣丁　土义勇》，第814—815页。

“雅州增四百人”的问题，还有另外一说，即他“又奏乞增黎州次丁八百，雅州次丁五百”。但是，宋孝宗“以其费广难之”①。

宋孝宗时，留正还将陈琦辟为主管机宜文字，“会留公制置四川，辟掌机宜文字”，在少数民族地区社会治安管理中，发挥了重要作用②。淳熙十三年（1186），枢密院将留正反映“前夔州瞿塘峡口驻札兵马监押成镛昨授叙州管界同巡检，因强寇大婆浪打劫，转战群贼中，力尽血迷，仆于战地，头面、手臂、两腿、面共有重伤三十二处。颐颔拆裂，唇口被伤。乞下枢密院验视录用”的情况汇报之后，宋孝宗说道：“战虽无功，其忠勇敢前，岂可不赏以励战士?”于是，“特与转一官，与统制司计议官差遣”③。

还是在淳熙十二年（1185），赵汝愚“被命帅蜀，未入峡，首奏三开侵犯西峪事”，然后，朝廷“有旨，令严作堤备”。当他“至蜀之日，偶沈黎阙守。其冬十月，遂辟成都姚良民望为之”，并且予以告诫：“若三开到州，第可微有赏犒，多不过数百千，切不可许其循例，以进奉为名，过有邀索。俟三年，驯服无他，则许归其二弟。不听，则惟有严兵待之。”针对青羌虚恨部一再提出的互市要求，他又上奏：“黎州三面被边，西南有五部落，正南有弥羌，东南邛部川，若更开此一族与之互市，必大为边患。与其许之而重贻他日之忧，不若拒之而宁受目前之扰”，从而得到了“上谓子直有文武威风，而识大体，益重之”的高度肯定。于是，赵汝愚招募了五百新兵，驻扎成都，希望替代中央大军的屯驻，“子直创招西兵五百，屯于成都，欲以代御前诸军之戍，今所谓西义勇者是也”④。然后，他采取了分化瓦解的策略，应对边境危机，“诸羌蛮相挻为边患，汝愚至，悉以计分其势”⑤。因安抚青羌有功，他迁升为龙图阁直学士，“汝愚以黎州三面被边，若更通虚恨蛮，恐重贻他日之忧，不若拒之为便。帝以其知

---

① 《建炎以来朝野杂记》甲集卷18《黎雅土丁 嘉定威茂土丁》，第415—416页。

② 杨万里：《诚斋集》卷128《陈择之墓志铭》。

③ 《宋会要辑稿》兵19之31—32。

④ 《建炎以来朝野杂记》乙集卷19《丁未三开乙卯曳失索之变 奴儿结被缚事始》，第864—867页。

⑤ 《宋史》卷392《赵汝愚传》。

大体，从之。寻汝愚以定青羌功加龙图阁直学士”[①]。

刘光祖被四川安抚制置使兼知成都府赵汝愚招至幕下，助益颇多，“时同幕皆一时选，相与上下议论，知无不言。羁制诸蛮，弭耳妥伏。其它建明甚众，成都之政，遂为天下最”[②]。在“论羌贼降后乞修德任贤状奏”中，赵汝愚提出：“臣愚伏愿陛下，观天道为甚迩，信圣言为易行，推其所既为，增其所未至，内以修德为本，外以用贤为助，自然天意悦于上，人情协于下，虽以之扫清中原，克复境土，宜无难者。区区小羌，顾何足为陛下道哉！”[③] 其突出表现得到后人的肯定，“赵汝愚任四川制阃日，凡所施行，案牍具在，犹可举行。今春制置大使司区处，亦是与赵汝愚已行过事宜一同。窃谓已见之效，所当先者，莫若止岁犒、绝互市之为急”[④]。

宋孝宗、光宗之际，针对“先是，威州之蛮，其俗相杀者，偿以钱，即解而去。至是，蛮与吾兵人斗者，声言将入郭，守臣请避之”的问题，四川安抚制置大使兼知成都府京镗笑着回答说：“我在此，蛮何敢尔？此必侩者教之，若竿侩者之首于境，则彼不敢动。”于是，威州知州“揭公之令以示之，蛮即退”。面对“秦州旧以西兵戍之，一日与州兵相攻，兵刃接矣，其将又纵叟其下，蜀人疑骇”的情况，京镗“视之若无事，绌其将而治其不咸者，夷汉安堵”[⑤]。绍熙三年（1192），在京镗的请求下，宋光宗下诏：“泸州军兵聚众作过，杀害帅臣。张孝芳等杀获贼首军兵卞进等，各特补转官资，犒赏有差。”[⑥]

庆元元年（1195），面对“黎州蛮寇边”的严峻形势，“权制置司公事、茶马杨经申已行杀退”[⑦]。嘉泰元年（1201），由于“龙州蕃部寇边”，四川安抚制置使兼知成都府刘德秀“请于朝，调西兵二百，分屯清川、平

① 《宋史》卷496《蛮夷四》。
② 真德秀：《西山文集》卷43《刘阁学墓志铭》。
③ 《历代名臣奏议》卷349《四裔》。
④ 《宋会要辑稿》蕃夷5之69。
⑤ 杨万里：《诚斋集》卷123《京公（镗）墓志铭》。
⑥ 《宋会要辑稿》兵19之41。
⑦ 《两朝纲目备要》卷4，庆元元年正月壬寅。

郊、浊水、花平四寨，以遏其冲突”[①]。因为成州（治今甘肃成县）团练使秦（原阙）“又虑奴儿结情伪未定”，于是“以其事白制帅刘丞相，乞将奴儿结解赴制司予决”[②]。

嘉泰二年（1202），为防止与虚恨蛮发生武装冲突，四川安抚制置使兼知成都府谢源明“乃于羊山江南筑师院平等三硬寨”[③]。嘉泰三年（1203），他还“调龙州、彰明大军四百往讨之”。然后，“闻夷人已去，乃檄潼川路兵马钤辖范仲壬往图其事”。范仲壬“单骑而至，召土豪与语，欲诱夷人来计事，即杀之”。朝廷得知此事后，“有旨制置、都统司重立赏格，召募土豪乡导，并青巡尉弓兵并力掩捕”。不过，四川制置司“恐夷人再入”，于是“以便宜檄都统司纳降”。在“犒夷人钱引七百，银碗三”的同时，又“乞籍定寨夫，官给军器，五日一阅”，并且“于其前筑水罐山寨，以为戍守之所”。最终，在宋廷的支持下，采用刚柔并用的方法，平息了这次反抗斗争，“自是蕃部稍帖息矣”[④]。

宋宁宗时，四川安抚制置大使兼知成都府吴猎“念成都为西南都会，师少堞坏，不足以控制诸道”，于是“与宣抚司列上，移兴元中右军二千分屯，罢潼、绵岁戍五百人”。但是，面对“弥羌结连青羌寇边，寻即窜伏请降”的情况，成都知府吴猎“欲增戍防捍”，而四川制置大制使安丙“欲击之，卒以取败”，双方之间“由是不咸”[⑤]。嘉定二年（1209），即将离川的吴猎，“乃揭榜黎州，戒以不得轻举，伤国威重”[⑥]，要求黎州政府不要轻易地与弥羌卜畜部发生武装冲突，以免影响南宋朝廷的形象。

但是，在少数民族的社会治安管理过程中，四川制帅兼知成都府的作用，还是存在着一些局限性。乾道六年（1170），由于“雅州沙平蛮寇边，焚碉门砦”，四川安抚制置使兼知成都府晁公武“调兵讨之，失利”[⑦]。淳

① 《建炎以来朝野杂记》乙集卷20《龙州蕃部寇边》，第892页。
② 《建炎以来朝野杂记》乙集卷19《丁未三开乙卯叟失索之变　奴儿结被缚事始》，第864页。
③ 《建炎以来朝野杂记》乙集卷20《癸酉虚恨之变》，第888页。
④ 《建炎以来朝野杂记》乙集20《龙州蕃部寇边》，第892—894页。
⑤ 魏了翁：《鹤山集》卷89《敷文阁直学士赠通议大夫吴公行状》。
⑥ 《建炎以来朝野杂记》乙集卷20《戊辰畜卜之变》，第881页。
⑦ 《宋史》卷34《孝宗二》。

熙六年（1179），因为“先是，黎州蛮作过，福谦失职，诏令制置胡元质具福谦不职始末”，于是“知黎州李福谦降一官，放罢。四川制置使胡元质降两官”，黎州知州李福谦和四川制置使胡元质都受到了严厉的处罚①。

有时，四川制置使和宣抚使之间，还有一定的治安协作关系。乾道六年（1170），雅州严道（治今四川荥经）边境地区的少数民族首领高奴吉叛乱，在制置使晁公武和宣抚使王炎的共同努力下，事件很快得以平息，“夷人高奴吉作乱，焚硐。制置使晁子止调成都、眉、邛三郡禁兵四千往讨之，深入沙平，荡其巢穴矣。而官军轻敌，贼势复振。子止又调彭、汉兵千人益之，檄转运判官李景嗣亲往多功，审观事势，诸将锐欲一战，景嗣止之。宣抚使王公明闻之，以便宜罢守臣、右朝请大夫程敦古，而遣通判邛州陈澥持榜至硐门，约回部族，夷人听命”②。

但是，四川制置使和宣抚使之间的治安协作关系，还是存在着较大的局限性。乾道六年（1170），因为四川制置使晁公武与四川宣抚使王炎之间的矛盾，朝廷“罢四川制置司归宣抚司”③，撤销了四川制置司。面对“青羌犯边”的情况之下，四川制置司“请发兵”，四川宣抚使虞允文却“止调绵州兵三百留屯成都，声言击羌而实不进，羌自散”的情况，宋孝宗“锐意大举，密诏趋迫”。但是，虞允文“不奉诏”，还向孝宗解释道：“机不可为，但令机至勿失耳，植根本，图富强，待时而动可也。安敢趣师，期为乱阶乎？”④

在少数民族的社会治安管理方面，四川制帅与四川总领之间，还有一定的协作关系。淳熙九年（1182），由于“议者奏取黎、雅二州民兵，依利路义士法措置”，四川安抚制置使兼知成都府留正与四川总领冯宪共同商议，“遣本司干办公事冯震武傅之往二州籍之”⑤。招募民兵，有利于增强其社会治安防控力量。

---

① 《宋会要辑稿》职官72之26—27。
② 《建炎以来朝野杂记》乙集卷19《丙寅沙平之变》，第875页。
③ 《宋史》卷34《孝宗二》。
④ 杨万里：《诚斋集》卷120《虞公（允文）神道碑》。
⑤ 《建炎以来朝野杂记》乙集卷17《黎雅嘉定土丁廪给》，第811—812页。

然而，四川制帅与四川总领之间在这一方面的协作，还是存在着一些局限性。绍熙五年（1194），兴州御前诸军都统制兼知兴州、充利西安抚使吴挺卒死去。丘崈“欲重其事，乃乞令辅往兴州摄帅，上许焉”。但是，四川总领杨辅“以为朝臣出使，非制阃所当令，不欲行”。四川安抚制置使兼知成都府丘崈则“以圣旨移文辅，重伤其意，即请虞仲权知兴州事，而已遥领安抚使。未几，并以印送虞仲就权，人以为得体。先是，挺之季岁，关外群盗纵横，皆纵而不治。虞仲至未久，遂捕其尤者，悉诛之，边人讋服”[①]。

此外，在少数民族的社会治安管理过程中，四川制置使与四川茶马之间，也有一些协作。淳熙六年（1179），在得知“蕃贼前来攻斗，又分兵从间道突出，我军失利，诸屯望风奔溃”的情况后，四川制置使胡元质“招茶使吴总面议”，与四川都大茶马吴总共同商讨应对之策。但是，其中也存在着一定的局限性。胡元质“亦降二官，言者不已，乃降充杂学士”。淳熙七年（1180），提点刑狱、权州事折知常“亦坐谪”；四川茶马吴总受到撤职处罚，“降总一官，夺待制，罢茶马司职事”，于是“光延、晃皆除名勒停，光延达州编管，晃军前自効”。蜀人为此编了一句顺口溜：“糊说制置，折了提刑。吴粧纸马，成甚将军。”[②] 这是宋代实行地方分权以达到中央集权而付出沉重代价的典型个案之一。

实际上，“南宋统治区蛮部与宋廷的纠葛在宋金对峙和宋蒙（元）战争的形势下不能说是主要矛盾，但他们之间关系的变化也会对南宋统治产生一些影响。特别是西南地区成为南宋与其他政权战争的前线时，巩固对这些蛮部的控制就显得非常重要了，所以作为宋廷代表的四川制置使，在处理朝廷与蛮夷关系时的地位也就凸显出来了”[③]，这是因为“少数民族的叛乱和反抗，使四川内地沿边战争连年不止，人民遭到掳掠和杀伤，官兵死亡不计其数，经济遭到严重破坏”[④]。

---

① 《宋史全文》卷28，绍熙五年六月己未。

② 《建炎以来朝野杂记》乙集卷19《庚子五部落之变》，第857—859页。

③ 姚建根：《宋朝制置使制度研究》，第69页。

④ 贾大泉、周原孙：《四川通史》第4册，第75页。

可见，在对四川地区少数民族首领的防范过程中，成都知府特别是其中四川制帅所起的作用居功至伟，无出其右。

2. 对北方少数民族政权的防备

在对北方少数民族政权入侵进行防备的过程中，不论是兼任本路安抚使的成都知府，还是兼任成都知府的四川制帅，都发挥了重要作用。

首先看兼任本路安抚使的成都知府。开禧二年（1206），在“都统制范仲壬出师宝鸡小捷”的形势之下，成都知府兼本路安抚使杨辅在《遗韩侂胄书》中提出：“蜀兵骄粮乏，财计已匮。暂休息以规后图，未为失计”，对韩侂胄贸然发动的北伐，持有一定的保留态度①。确实，“从宋金双方的综合国力来看，开禧北伐纯属政治投机与军事冒险”②。

宋宁宗时，崔与之“寻加焕章阁待制、知成都府、本路安抚使”。他向朝廷进言：“实边斯可安边。益州为四路心腹，惟恃钱谷厚于他郡。军兴，帑庾告匮，宜厚储积，以壮边陲。”然后，“拜疏即行”③。

绍定二年（1229），黄伯固担任成都路安抚使。由于“大元兵穿凤州塞，破武休，下兴元，小校张钺以其徒溃入文州，杀守臣杨必复，将自龙趋绵，以闯成都”，黄伯固得知这一情况后，“亟奏定子兼参议官，措置文、龙备御”，从而进一步加强对边境地区的防御④。并且，黄伯固还“辟稼知阆州。”⑤

在对北方少数民族政权的防备方面，成都知府兼本路安抚使与宣抚使之间，还开展了一定的协作。绍兴十年（1140），担任成都知府兼本路安抚使的张焘，向川陕宣抚副使胡世将指出：“和尚原最为冲要，自原以南，则入川路。若失此原，是无蜀也。”⑥ 绍兴十三年（1143），针对朝廷诏令四川宣抚司“纳契丹降人”的问题，他还对胡世将说道：“蜀地狭，安能

---

① 《两朝纲目备要》卷9，开禧二年七月。

② 虞云国：《黎东方讲史之续　细说宋朝》，第349页。

③ 李昂英：《文溪集》卷11《崔清献公行状》。

④ 《宋史》卷409《高定子传》。

⑤ 《宋史》卷449《高稼传》。

⑥ 《中兴小纪》卷28，绍兴十年五月戊子。

容？且不监前朝常胜军乎？”于是，胡世将“奏寝其事”[①]。

再看兼任成都知府的四川制帅。宋高宗时，四川安抚制置使兼知成都府王刚中询问吐蕃唃厮啰后裔赵怀德“川边摇动”的原因何在，其回答说：“始并力凤翔，则五路不必下。今我师已老，凤翔之屯甚坚，非我之利可知”[②]。

宋孝宗时，四川安抚制置使兼知成都府汪应辰上奏：“自西和州相继获捷，敌即引遁，虽诡计或不可知，然其大势可见矣。今者蜀中人情皆复安帖，伏恐圣慈欲知，谨具奏禀。”[③] 针对“兴元府见缺帅臣”的问题，他认为：“兴元都会，地望雄重，节制军马，镇抚中外，边防事宜，利害非一。而蜀道僻远，奏报往复，动辄三四月。”于是，他提出：“伏望陛下出自圣意，早赐选择老成详练、忠义谋略之臣，付以方面，庶几上流增重，根本强固。”[④] 由于“圣旨指挥，令四川宣抚制置司行下所属，照应旧界施行，不得差错”，他向朝廷报告：“已遵禀行下外，候诸处申到，即时照应施行。窃闻金人师旅疲弊，皆欲休息。今来地界既定，必自引退。”[⑤]

淳熙二年（1175），在四川制置使兼知成都府范成大的请求下，宋孝宗下诏：“阶、成、西和、凤州当职官以下，令本路帅、漕司于四路在部官同共选辟，并体量见任人，委实癃老及不堪倚仗者，并申制置司躬亲审量保明，申取朝廷指挥。”[⑥] 同年，他还提出：“相度乞下兴州都统司，如凤州不测，缓急所有应缓一节，一面应机将附近军马遣发前去，却申制司照会。”其请求获得了宋孝宗的批准[⑦]。他“又以凤州迫大散关，乞下兴元都统补其军，以阶、成、西和、凤四州关外为北界首。乞从诸司共选辟守臣。凡其措画西蜀边防，大略如此”。他实行军民兼顾的综合性与系统性治蜀方略，“自广易蜀，申八札而后行，皆在任措置军民、马政实事，俾

① 《要录》卷150，绍兴十三年九月丁丑。
② 李石：《方舟集》卷16《赵郡王墓志铭》。
③ 汪应辰：《文定集》卷4《奉手诏奏边事》。
④ 汪应辰：《文定集》卷4《乞早差兴元帅臣》。
⑤ 汪应辰：《文定集》卷4《奏已分地界》。
⑥ 《宋史全文》卷26（上），淳熙二年九月庚子。
⑦ 《宋史全文》卷26（上），淳熙二年九月甲辰。

后来者接续"[①]。从而获得了巨大的成功，"及公之至也，定规模，信命令，施利惠农，选将治兵。未数月，声震四境，岁复大登"[②]。确实，"范成大在淳熙元年至三年为四川制置使，都政绩卓著，为稳定四川，支援抗金战争起了重要作用"[③]。然后，范成大"召对，除权吏部尚书，拜参知政事"[④]。

宋宁宗时，四川安抚制置使兼知成都府袁说友指出："夫蜀之与上都相去数千里，仓皇缓急之顷，固不能为朝发夕至之具。而蜀郡刺史多柔脆软弱之士，前无与之先，而后无与之应，又不足为讨逆伐叛之帅。若今日不有以堤防而密察之，则异日当拱手而受毙，陛下岂不为之寒心哉?"[⑤] 庆元五年（1199），他受到了朝廷的提拔，"自蜀召为吏部尚书"[⑥]。

嘉定七年（1214），当"蒙古人至兴灵而返，夏人恨之。金人亦为鞑所扰，势益衰，夏国遂叛。其左枢密使、吐蕃路都招讨使万庆义勇，令蕃僧减波把波赍蜡书二丸，至西和州之宕昌寨，欲与本朝合从犄角，恢复故疆"的时候，藩兵总管傅翊"得而上之"。但是，四川制置使兼知成都府董居谊"初入蜀，不之报，由是议中绝"[⑦]。

宋宁宗时，崔与之升任四川安抚制置使兼知成都府。他沉着冷静地应对北方少数民族政权的军事威胁，"先是，丙尝纳夏人合从之请，会师攻秦、巩，而夏人不至，遂有皂郊之败。与之至是饬边将不得轻纳。逾年，夏人复攻金人，遣百骑入凤州，邀守将求援兵。与之使都统李冲来言曰：'通问当遣介持书，不当遣兵径入。若边民不相悉，或有相伤，则失两国之好，宜敛兵退屯。'夏人知不可动，不复有言。初，金人既弊，率众南归者所在而有，或疑不敢纳。与之优加爵赏以来之。未几，金万户呼延棫等扣洋州以归，与之察其诚，纳之，籍其兵千余人，皆精悍善战，金人自

① 黄震：《黄氏日抄》卷67《范石湖文》。
② 陆游：《渭南文集》卷14《范待制诗集序》。
③ 贾大泉、周原孙：《四川通史》第4册，第65页。
④ 《宋史》卷386《范成大传》。
⑤ 袁说友：《东塘集》卷8《论蜀将当虑其变》。
⑥ 袁说友：《东塘集》卷19《再跋》。
⑦ 《宋史全文》卷30，嘉定七年七月。

是不敢窥兴元”。他高度重视加强边境防控，“乞移大帅于兴元，虽不果行，而凡关外林木厚加封殖，以防金人突至。隔第关、盘车岭皆极边，号天险，因厚间探者赏，使觇之，动息悉知，边防益密”①。他还“请于朝”，将郭正孙“移知文州”。面对“敌入边迫阶、文，军溃入境”的危险局面，郭正孙“擒捕置之法，民皆安堵”②。此外，“公尝度剑阁，留题词：‘蒲涧清泉白石，怪我旧盟寒’。里人采其语，立公生祠于其地”③。

确实，“崔与之认为，处置‘夷狄’无非战、守、和三策，反对无条件的议和，更多倾向‘守’，并且主张在‘固守’基础上选择战与和。这种思考应该是较为周密的”④。非常神奇，“与之以疾丐归，朝廷以郑损代，既受代，金谍知之，大入，与之再为临边，金人乃退”⑤。他使四川局势转危为安，“崔与之不顾年迈体弱，宽民力，厚积蓄，广招人才，加强守备，严密防范金、蒙的入侵，使四川边防线上兵精粮足，局势转危为安”⑥。

嘉定十七年（1224），崔与之受到朝廷的重用，“五年丐归，除礼部尚书”⑦。但是，他并没有接受任命，“召为礼部尚书，不拜，便道还广”⑧。由于其杰出的表现，因此受到了四川百姓的高度敬仰，“在蜀，人绘公像于仙游阁，与张忠定咏、赵清献抃并祠，号为‘三贤’”⑨。可见，崔与之将成都知府的治蜀政绩推上了第三个高峰，与张咏和赵抃一起并称“三贤”。

在对北方少数民族政权的防备过程中，四川制置使与四川宣抚使之间，开展了较多的协作。绍兴九年（1139），由于四川宣抚使吴玠“薨于仙人关治所”，四川安抚制置使兼知成都府胡世将，向其弟弟吴璘询问吴

---

① 《宋史》卷406《崔与之传》。

② 魏了翁：《鹤山集》卷82《故太府寺丞兼知兴元府利州路安抚郭公墓志铭》。

③ 李昂英：《文溪集》卷11《崔清献公行状》。

④ 肖建新：《崔与之经略边防的智慧——南宋成功处置民族关系的典范》，《青海师范大学学报》2009（5）。

⑤ 《宋史》卷406《崔与之传》。

⑥ 何忠礼：《南宋全史2　政治、军事和民族关系卷下》，第69页。

⑦ 李昂英：《文溪集》卷11《崔清献公行状》。

⑧ 《宋史》卷406《崔与之传》。

⑨ 李昂英：《文溪集》卷11《崔清献公行状》。

玠屡建奇功的原因。吴璘回答说："敌令酷而下必死，每战非累日不决，然其弓矢不若中国之劲利。"[①] 其治蜀功绩非常突出，"世将精神明悟，娴习吏治。其守成都，甚有政绩"[②]，备受赞誉，"世将在蜀五年，号为名帅"[③]，甚至被认为"世将神明精敏，闲习吏治。知成都府，人谓张咏为知府，后始见世将"[④]。

绍兴三十一年（1161），四川安抚制置使兼知成都府王刚中"单骑日驰百里，抵仙人原，见宣抚使吴璘于帐中"。吴璘对此大吃一惊，他说道："大将临戎，义同休戚，安得高枕而卧？"于是，"官军用神臂弓射退敌骑"，然后，吴璘"遣将官高松往为之援，仍与本堡管队官张操同力拒之"。鉴于"至是惟中彦为金将兵在陕"的具体情况，王刚中"即遣腊书说之"，足见其为了保障防边安全而付出的良苦用心[⑤]。同年，当"金人犯凤州黄牛堡"的时候，"四川安抚制置使王刚中被旨往军前，见璘计事，刚中乘皮舆，以避矢石，人皆哂之"[⑥]。亦在同年，吴璘与他联合上奏："金兵犯黄牛堡。"于是，宋高宗"诏金人无厌，背盟失信，军马已犯川界。今率精兵百万，躬行天讨"[⑦]。事后看来，宋高宗显然是在说大话。仍然是这一年，面对"金帅喀齐喀犯黄牛堡，旬余不退"的紧急情况，宣抚使吴璘"别遣将直至宝鸡渭河，夜劫桥头大寨，获捷"。于是，王刚中"即日驰还"，并且还对其下属李焘说："将帅之功，吾何有焉？"不过，史学家李焘却认为："公以身督战，而功成不居，过人远矣"，对王刚中的英勇无畏精神，给予了高度肯定[⑧]。

绍兴三十二年（1162），王刚中组建了一支"威强将兵"。当时，"吴璘兵少，遂调此四千人往仙人关捍御"，后来，"事平复罢"[⑨]。王刚中还

---

① 《要录》卷129，绍兴九年六月己巳。
② 《要录》卷132，绍兴九年九月癸未。
③ 《宋史》卷378《胡交修传》。
④ 徐梦莘：《三朝北盟会编》卷197，绍兴九年九月十五日。
⑤ 《中兴小纪》卷40，绍兴三十一年九月庚午朔。
⑥ 《要录》卷192，绍兴三十一年九月甲戌。
⑦ 《要录》卷192，绍兴三十一年九月戊戌。
⑧ 《中兴小纪》卷40，绍兴三十一年十月癸卯。
⑨ 《建炎以来朝野杂记》甲集卷18，《四川厢禁民兵数　成都飞山军　威强将兵》，第407页。

“尝谈刘锜之美”，吴璘回道说：“信叔有雅量而无英概，今天下雷同誉之，恐不能当逆亮，璘窃忧之。”然而，王刚中“未领其语”，不久，刘锜“果以忧愤卒”，王刚中“始叹服”①。

但是，川陕宣谕使与四川制置使、四川宣抚使三者之间的协作，还是存在着一定的局限性。绍兴三十一年（1161），川陕宣谕使王之望说道：“令王刚中将带民兵禁军，同臣与王彦措置把截蜀门，候吴璘回日归司。臣所苦虽未安全，以事属军机，不敢稽违朝命，于当日主管职事。是时，吴璘已回河池，臣往即河池与吴璘相会。王刚中不见前来，王彦兵马未到。臣在河池两月，与吴璘同共商量措置蜀门。至十二月二十四日，宣抚司调发王彦往秦州，吴璘只在河池，臣遂依元降指挥归司。今来王刚中已召赴行在，王彦自秦州回成州，见被旨将带人兵却归金州，吴璘已追抽德顺戍兵回守关隘。所有四川财赋总领赵沂拘催应副，并无阙误。”②

此外，四川制帅与都统制之间，还有一些协作。淳熙十二年（1185），“谍报故辽国达实林牙假道于夏以伐金，密诏利西都统制吴挺与制置使留正议之”③。

可见，在对北方少数民族政权的防备方面，成都知府特别是其中的四川制帅发挥了重要作用，做出了很大贡献。但是，其面临的压力越来越大，并且生存处境日益艰难，需要更多地与宣抚使等进行协作，努力加以应对。

（三）尽力抗御

进入南宋以后，四川地区很快就面临着北方少数民族政权的军事进攻威胁。绍兴二十八年（1158），宋高宗被王刚中所说“御戎先务之急，外国之情，强则犯边，弱则请盟。今而计外国之强弱，盍先自择将帅、搜士卒、实边储、备器械。加我数年，国势富强，彼请盟则为汉文帝，犯边则为唐太宗”的豪言壮语打动，于是任命他为四川安抚制置使④。确实，“王

---

① 《名臣碑传琬琰之集》上卷14，王曮：《吴武顺王璘安民保蜀定功同德之碑》。

② 王之望：《汉滨集》卷6《乞宫祠札子》。

③ 《宋史》卷486《外国二》。

④ 刘时举：《续宋编年资治通鉴》卷6，绍兴二十八年九月。

刚中在任期间果然不负众望，督导诸将，成功击退试图由陕入蜀的西路金军”[①]。

宋理宗时，因为“会金人犯阆中，制置使桂如渊遁，三川震动”，于是“朝廷擢李埴代之，辟公许通判施州，行户房公事”。程公许发挥了自己的重要作用，“当兵将奔溃之后，公许尽力佐之，节浮费，疏利原，民不增赋而用自足。时诸将乘乱抄劫，事定自危，以重赂结幕府。大将和彦威怀金宝以献，公许正色却之，彦威惭而退。吴彦者，缄僧牒于书尾以进，公许卷还之而责其使，闻者畏服”。当“有献议招秦、巩大姓于埴者，众多从臾”的时候，只有程公许“谓山东覆辙未远，反复论难”，并获四川安抚制置使兼知成都府李埴的赞同。后来的事实证明了其意见的正确性，“未几，金人捣成都，大姓者实导之，始服公许先见”[②]。在桂如渊被罢职之后，李埴“以稼久劳，请改畀内郡，差知荣州”，高稼担任荣州知州[③]。此外，常有开被四川李埴辟知巴州[④]。天水军（治今甘肃天水）教授曹友闻也被其“檄管忠义，领所部守仙人关，且行且战，至峡口据险”。曹友闻奋勇抗敌，最终为国捐躯[⑤]。真是“奈何国无人，腐儒秉旄钺”[⑥]。

南宋中期，四川地区的生存状况正在不断恶化：“盖蜀自开禧丁卯以来，屡经大变。始扰于僭伪，继扰于金人，近又扰于北兵。自北兵入寇，日甚一日，而蜀之为蜀，大非昔比矣。”[⑦] 其实，“南宋中前期以成都为中心的四川地区之所以能够维持长期的稳定，与宋朝在与金朝的角逐中始终坚守川陕防线密切相关。但是，在金朝灭亡（1234 年）后，面对新崛起的蒙古势力，宋朝的川陕防线却很快被攻破，整个四川地区遂陷入长期的战乱之中，成都地区的局势迅速走向恶化”，于是，“端平二年（1235 年）秋，蒙古大举攻宋，宋蒙战争全面爆发”[⑧]。

---

① 黄博：《神御在蜀：宋代四川的御容奉祀与地方政治》，《北京社会科学》2017（4）。
② 《宋史》卷 415《程公许传》。
③ 《宋史》卷 449《高稼传》。
④ 魏了翁：《鹤山集》卷 83《朝奉大夫知巴州常君有开墓志铭》。
⑤ 《宋史》卷 449《曹友闻传》。
⑥ 《全蜀艺文志》卷 24，安知山：《吊曹将军友闻》。
⑦ 《历代名臣奏议》卷 99《经国》。
⑧ 粟品孝等：《成都通史　五代（前后蜀）两宋时期》，第 37 页。

端平元年（1234），丁黼担任四川安抚制置副使兼知成都府。对四川地区的危险形势，他有着清醒的认识：“蜀人所以助钱助粮者，只买一个不投拜。”[①] 同年，著名历史学家李心传被丁黼辟入幕府，助益良多，“李微之居莫府，为助已多”[②]。嘉熙元年（1237），王翊被“制置使丁黼辟为参议官，先遣其家归乡里，为文诀先墓，誓以身死报国”，最后，他“以朝服赴井死”，以身殉国[③]。此外，杨大异“除四川制置司参议官”，当“北兵入成都”的时候，他“从制置使丁黼巷战，兵败，身被数创死，阖门皆遇难”。但是，“诘旦，其部曲窃往瘗之，大异复苏，负以逃，获免”[④]。

端平三年（1236），由于“北兵自新井入，诈竖宋将李显忠之旗，直趋成都”，丁黼“以为溃卒，以旗榜招之，既审知其非，领兵夜出城南迎战”，最后“力战死之”。他受到了蜀人的爱戴和朝廷的褒奖，“黼帅蜀，为政宽大，蜀人思之。事平，赐额立庙”[⑤]。另载，“天子制诏故成都守臣副四川制置使丁黼赐谥立庙，谥以恭愍，庙以褒忠，旌死事也”[⑥]。四川百姓为之刻石画像，“嘉熙初，元兵趋成都，黼迎战于石笋街而死，蜀人思之，故镌其像”[⑦]。实际上，“丁黼曾先后两度在四川任职，最后以四川安抚制置副使兼知成都府战死于成都。丁黼是宋、元战争以来最先殉难的南宋制置使级的高级官员”[⑧]。

毫无疑问，“四川遭到直接巨大的战争破坏，始于端平三年（1236）蒙古大举攻蜀之时”[⑨]。到嘉熙二年（1238），“北兵四至，如入无人之境，成都一夕焚尽，死者何止百万人，至今不容经理”[⑩]，充分地反映了战争的巨大破坏性。嘉熙三年（1239），陈隆之向朝廷报告：“敌人欲由大渡河攻

---

① 《历代名臣奏议》卷100《经国》。
② 魏了翁：《鹤山集》卷37《丁制副黼》。
③ 《宋史》卷449《王翊传》。
④ 《宋史》卷423《杨大异传》。
⑤ 《宋史》卷454《丁黼传》。
⑥ 吴泳：《鹤林集》卷34《褒忠庙碑》。
⑦ 曹学佺：《蜀中广记》卷108《画苑记第四》。
⑧ 陈世松：《蜀皖流芳话丁黼》，《安徽史学》1985（4）。
⑨ 胡昭曦、刘复生、粟品孝：《宋代蜀学研究》，第314页。
⑩ 张端义：《贵耳集》卷上。

破大理等国，斡腹入寇。”[①] 于是，“在四川内部，四川制置使陈隆之坐镇西川，修筑成都、汉州等旧城”[②]。

淳祐元年（1241），“成都被围，守弥旬，弗下。部将田世显乘夜开门，北兵突入，隆之举家数百口皆死”，不久，陈隆之惨遭杀害，壮烈牺牲[③]。淳祐二年（1242），由于“仓部郎官李镈进对，乞广求备御之方”，宋理宗询问道：“秋风已近，去岁蜀事大坏，今当如何为策？”其回答说：“陈隆之因成都城故基增筑，未为非是，第功力苟且，识者逆知其难守。臣尝问其方略，但云誓与城存亡而已。”[④] 淳祐五年（1245），宋理宗下诏：“大元兵入蜀，权成都府冯有硕，权汉州王骧，权成都县杨兑”，“死于官守，其各赠官三转，仍官其一子。”[⑤] 淳祐六年（1246），朝廷作出决定：“以前四川制置陈隆之殉国忘家，抗敌死难，可特赠徽猷阁待制，于合得延赏外，更官其二子。”[⑥] 为国捐躯的陈隆之，理当受到应有的褒奖。

但是，在抵抗北方少数民族政权进攻的过程中，兼任成都知府的四川制帅，同时也存在着很大的局限性。

嘉定十年（1217），金兵“大举攻西和，批天水，夺散关”。嘉定十一年（1218），董居谊“自成都进治利州”，其实不宜轻举冒进[⑦]。同年，“四川制置使董居谊奏敌兵犯关”[⑧]，面对金兵的进犯，当守将刘昌祖“弃西和，保七方关，以外内骚动”的时候，四川总领王铅与四川制置使兼知成都府董居谊之间却闹起了矛盾[⑨]。

嘉定十二年（1219），面对金人的进攻，董居谊不予抵抗，“董居谊帅蜀，大失士心。金人乘之，破赤丹、黄牛堡，入武休关，直捣梁、洋，至

① 《历代名臣奏议》卷338《御边》。
② 贾大泉、周原孙：《四川通史》第4册，第82页。
③ 《宋史》卷449《陈隆之传》。
④ 《宋史全文》卷33，淳祐二年六月甲寅。
⑤ 《宋史》卷43《理宗三》。
⑥ 《宋史全文》卷34，淳祐六年十一月辛巳。
⑦ 魏了翁：《鹤山集》卷82《故太府寺丞兼知兴元府利州路安抚郭公墓志铭》。
⑧ 刘克庄：《后村集》卷43《玉牒初草·皇宋宁宗皇帝》，嘉定十一年十一月丙子。
⑨ 吴泳：《鹤林集》卷35《潘知县墓志铭》。

大安，宋师所至辄溃，散入巴山”①。同年，当“金人犯洋州，守臣蔡晋卿遣兵拒之，不克，洋州破”的时候，四川制置使董居谊“自利州遁”。于是，他受到了朝廷的严厉处罚，“董居谊落职，夺三官”②。另载，殿中侍御史李楠“又奏董居谊误国害民，出蜀席卷，乞重行黜责”。于是，宋宁宗“并从之”，使得董居谊受到“褫职镌三秩”的处罚③。然后，给事中宣缯上奏：“董居谊误国罪大，仅降三官落职，未足示惩”，于是“诏居谊更降两官，送居永州”④。董居谊的无能，遭到了四川人民的憎恨，“董居谊料敌无先见，临事无豫备。蜀人怨之，深入骨髓”⑤。

嘉定十六年（1223），郑损被任命为四川制置使，“召淮东帅臣郑损超除四川制置使，专属以疆事”。令人遗憾的是，“一日，元人乘虚大入”，他表现得惊慌失措，“捐四州及天水军，退守七方、武休、仙人三关，自沔还利”，节节败退⑥。其消极影响很大，“其后寇尝一入，制置使郑损自沔奔阆，蜀大震”⑦。宝庆三年（1227），由于四川制置使郑损刚愎自用，遇敌而退，“会郑损弃四州，退保三关”，兴元统帅赵彦呐“力争不胜，罢归家者五年”⑧。同年，“鞑兵破关外，四川制置郑损弃三关不守”⑨。具体而言，“理宗宝庆三年（1227）二月，成吉思汗遣游击偏师以取金、夏为名，就突入南宋管辖的利州路，攻克阶州。三月，包围西和州，并在阶州东部之皋兰城大败宋军。四川制置使郑损闻讯惊慌失措，下令放弃阶、凤、成、和、天水五军，退保三关，画守内郡。致使蒙古军遍掠五州，进而南下破文州石靴关，掳掠数月之久，关外钱粮为之一空。”⑩ 端平二年（1235），宋理宗下诏：“前四川制置郑损，城池失守，且盗陕西五路府库

---

① 《宋史》卷402《安丙传》。
② 《宋史》卷40《宁宗四》。
③ 刘克庄：《后村集》卷44《皇宋宁宗皇帝》，嘉定十二年四月癸巳。
④ 刘克庄：《后村集》卷44《皇宋宁宗皇帝》，嘉定十二年七月辛亥。
⑤ 刘克庄：《后村集》卷44《皇宋宁宗皇帝》，嘉定十二年二月甲子。
⑥ 魏了翁：《鹤山集》文集82《故太府寺丞兼知兴元府利州路安抚郭公墓志铭》。
⑦ 魏了翁：《鹤山集》76《朝请大夫利州路提防刑狱主管冲佑观虞公墓志铭》。
⑧ 《宋史》卷413《赵彦呐传》。
⑨ 《宋季三朝政要》卷1，宝庆三年正月。
⑩ 贾大泉、周原孙：《四川通史》第4册，第77页。

财钜万，削官二秩，谪居温州，簿录其家。”然后，朝廷还对其进行了更为严厉的处罚，“诏郑损更削两秩，窜南剑州”[①]。

毫无疑问，“四川制置使郑损弃守三关，不仅关外五州之地尽失，也给蜀口造成了严重的破坏”[②]。其危害十分严重，“蜀自董居谊丧师蹙国，郑损弃五州，并边膏腴之地，人莫敢耕，每岁官失就籴之粮七八十万斛，四大军岁给粮百五十万斛，其水运者裁三之一”[③]。可见，“后来接替崔与之出任四川制置使的是史弥远亲信郑损，此人腐败无能，使蜀地五州三关以内之地日蹙月削，四川防御终不可为”[④]。

绍定元年（1228），朝廷任命桂如渊为四川制置使，“命湖北帅臣桂如渊代之”[⑤]。同年，什邡（治今四川什邡市）知县高崇“至利州，谒制置使富川桂公如渊，一见留置幕府”。他反对制置司治兴元府，认为应该选择利州，“为今日计，宜循旧比，以二帅分治梁、沔，守卫边场，制置使还利，端居堂奥，委任责成，庶几缓急不致贻轻纳侮。譬诸象弈，大将不出宫，不临河也”[⑥]。实际上，“他的意思就是，兴元府与沔州都太靠近前线，容易造成郑损那样的狼狈局面，而利州相对居后，制置司的安全性要高得多”[⑦]。亦在同年，高稼被桂如渊“辟通判沔州，寻檄兼幕职”。高稼率先提出：“蜀以三关为门户，五州为藩篱，自前帅弃五州，民无固志，一旦敌至，又有因粮之利，或遂留不去。今亟当申理，俾缓急有所保聚。”其建议得到了桂如渊的赞同。高稼“乃创山砦八十有四，且募义兵五千人，与民约曰：‘敌至则官军守原堡，民丁保山砦，义兵为游击，庶其前靡所掠，后弗容久’”。当“北兵由东道以入”的时候，桂如渊十分忧虑，于是“辟稼知洋州”，然后，“沔州破，北兵迫大安，益昌大震”，桂如渊“以便宜命稼利路提刑司兼权兴元府”。高稼在来信中建议：“今日之事如

---

① 《宋史》卷42《理宗二》。
② 何忠礼：《南宋全史2　政治、军事和民族关系卷下》，第142页。
③ 魏了翁：《鹤山集》卷19《被召除礼部尚书内引奏事第四札》。
④ 何忠礼：《南宋全史2　政治、军事和民族关系卷下》，第118—119页。
⑤ 魏了翁：《鹤山集》82《故太府寺丞兼知兴元府利州路安抚郭公墓志铭》。
⑥ 魏了翁：《鹤山集》88《知黎州兼管内安抚高公崇行状》。
⑦ 姚建根：《宋朝制置使制度研究》，第98页。

弈棋，所校者先后尔。苟以分水、三泉、米仓为可保，敌兵若自宕昌、清川以入，将孰御之？盍以兴、沔、利三戎司分驻凤州，俾制司已招之忠义、关表复仇之豪杰，联司以进，兵气夺矣。”桂如渊对此犹豫不决，“逮天水、同庆被屠，西和围益急，始会军民之众万人援之，道梗不得前，而城已破矣”①。绍定四年（1231），由于“蜀未大坏，荆乃全盛”，他“请援于朝”，于是朝廷“命荆遣援，调宋春以兵三千戍金州”②。

其实，曾经担任过利州路转运判官兼知利州的曹彦约，向桂如渊指出：“或谓近日议论，有欲弃关外四州者，以其费多而守备众也。不知四州之急，起于中兴。失关陇则四州急，弃四州则梁、洋、沔、利急，地愈狭则急愈甚矣。”③ 其意见在桂如渊面前显得苍白无力，“以宝章阁直学士桂如渊顷帅蜀日，北兵攻城，不能合谋死守而遁，致军民罹殃，反以捷闻，诏褫职罢祠”，因此桂如渊也受到了朝廷的严厉处罚④。

桂如渊的总体表现确实非常糟糕，“在蒙军的进攻下，四川制置使桂如渊望风而逃，他先将全家及家产统统搬上大船，自三峡逃跑”，并且，“桂如渊屈服于蒙古的压力，答应向蒙军提供粮草，并派人作向导，引导蒙军顺利通过宋境”⑤。其消极影响十分恶劣，“四川制置使桂如渊自撤藩篱，丢弃五州三关，狼狈逃奔三峡。从此把战火燃烧到四川内地”⑥。

真是兵败如山倒，“迩者丁卯之变，程松实当之，则自米仓遁；己卯之变，董居谊、聂子述实当之，则自剑门遁；辛卯之变，桂如渊实当之，敌未过险，则浮家之巨舰先下三峡，敌既过险，则倍道之轻车径至合阳”。其中的重要原因，就是朝廷用人失误，“如渊之走计已定于半载之前矣，于四蜀奚赖，于朝廷奚益？此无他，任非其人故也。”⑦ 董居谊、郑损和桂如渊先后成了四川制帅中战败失地的罪人，“议者皆曰蜀经三变，一败而

① 《宋史》卷449《高稼传》。
② 李曾伯：《可斋续稿》前卷4《恭禀宣谕援夔奏》。
③ 曹彦约：《昌谷集》卷13《与蜀帅桂侍郎札子》。
④ 《宋史》卷41《理宗一》。
⑤ 何忠礼：《南宋全史2　政治、军事和民族关系卷下》，第101页。
⑥ 胡昭曦、刘复生、粟品孝：《宋代蜀学研究》，第314页。
⑦ 《历代名臣奏议》卷99《经国》。

失四堡者，董居谊之罪也；二败而弃五州者，郑损之罪也；三败而委三关者，桂如渊之罪也”①。毫无疑问，“蒙古武力假道的成功，暴露了南宋边防脆弱不堪的状况和地方要员（如郑损、桂如渊）的懦弱无能”②。显然，“制置使官员能俯首听命，纵然能使宋廷放心，但是若其个人素质不能胜任此职，那么也会造成消极后果”③。

事实上，“嘉熙三年（1239 年）陈隆之出任四川制置使兼知成都府（其时彭大雅为四川制置副使兼知重庆府）时，陈确实在成都地区领导抗击蒙古的斗争。可惜两年之后，即淳祐元年（1241 年），成都再次被蒙古攻破，陈隆之也被叛徒出卖遇害，成都及其周围地区再次遭到蒙古军队的蹂躏。这样，成都已不能有效地担当起抗击蒙古的重任，朝廷遂将四川制置司东移重庆府，成都不再是四川的政治中心了”④。简言之，“南宋前期由成都府知府兼四川制置使，南宋后期蒙（元）军队占领成都后，制置司移治重庆，由重庆知府兼四川制置使”⑤。

实际上，“本朝设制置使，冀协和以济事”⑥，四川制置使就是要充分发挥协调作用。的确，“南宋的战区制置使，在保持军事职能不变时，其政治功能不断增加，对地方行政影响也加大，这是它为有效维持战争动员能力的结果”，并且，“制置使是在朝廷允许的范围内行使权力，实际上是朝廷在权力分配上的某种让渡，加上这些文官制置使们本身的任命完全由朝廷控制，它随时可以将这些便宜之权收归中央，这就有效地抑制了制置使职权的膨胀，使他们不可能重蹈唐朝节度使的覆辙”⑦。总体而言，在社会治安管理过程中，兼顾军民之政的成都知府，所发挥的作用还是非常突出。面对其军事进攻，不论是兼任本路安抚使的成都知府，还是兼任成都知府的四川制帅，其中的大多数人都进行了力所能及的抵抗，也不乏力挽

---

① 《历代名臣奏议》卷 100《经国》。
② 粟品孝等：《南宋军事史》，第 212 页。
③ 姚建根：《宋朝制置使制度研究》，第 220 页。
④ 粟品孝等：《成都通史　五代（前后蜀）两宋时期》，第 115 页。
⑤ 贾大泉、周原孙：《四川通史》第 4 册，第 108 页。
⑥ 史浩：《鄮峰真隐漫录》卷 6《赐四川制置使沈介诫谕诏》。
⑦ 姚建根：《宋朝制置使制度研究》，第 225 页。

狂澜甚至以身殉国的杰出代表。但是，随着北方少数民族政权的不断进攻，南宋王朝日益黑暗腐朽，成都知府特别是其中的四川制帅，在军事防御方面日渐被动甚至狼狈不堪，最终走向了彻底的失败。

第六章　宋代成都知府与文教事业管理

宋代四川地区"民性循柔，喜文而畏兵"①。特别是成都作为其核心地带，人杰地灵，文化繁荣，"益，古大都会也，有江山之雄，有文物之盛"②。宋代成都知府与文教事业管理之间的关系，可以分为北宋和南宋两个时期，主要体现在学校教育、科举考试、寺院宫观祠堂管理三个方面。

第一节　北宋成都知府与文教事业管理

北宋时期，在文教事业管理方面，成都知府所发挥的作用，具体表现在学校教育、科举考试、寺院宫观祠堂管理过程之中。

一、北宋成都知府与学校教育

"宋代，右文重学崇儒是其基本国策"③，特别是"从宋太祖开始，整个宋朝制度是优待大臣，优待士大夫。宋太祖规定不许杀大臣，不许杀士大夫，读书人要尊重他们"④。成都府学是"嘉祐四年升益州学置，端平三年废"⑤，其历史非常悠久，"远在西南的成都，汉代文翁所建讲堂石室，

① 《全蜀艺文志》卷48，前人：《四川风俗形胜考》。
② 袁说友：《东塘集》卷18《成都文类序》。
③ 方宝璋：《宋代管理思想　基于政策工具视角的研究》，第98页。
④ 葛剑雄：《宋朝为什么没有内乱》，《领导文萃》2009（9）下。
⑤ 《宋代文化研究　第4辑》，郭声波：《宋代地方官学机构考述》，第322页。

在立学之初即有祭祀先贤的功能；及至东汉后期高眹守蜀，重建周公礼殿，正式形成‘庙学合一’之制。‘讲堂石室’是地方政府主办的教育机构，首建于西汉景帝末年（约前141），是当时地方政府所建最早的学校，曾得到汉武帝的表彰和推广”①。

成都知府只有坚持先文后武与文武并重的治蜀方略，才能真正取得成功，“益为藩捍西南隅，物众地大称名都。择守来颁兹土政，治人颇与他邦殊。蹉跌一有戾条教，便宜皆得行黥诛。群奸帖息不敢动，无复弄兵觊穿窬。任威或谓一时事，立政恐非长世图”，于是，“既而为俗思根本，其在立学陈师模。大开儒庠务诲导，秀民耸慕纷来趣。遂言谓署鸿生职，使演经传传诸徒。奏函一上闻法座，诏札即日来谐俞。诏云信汝办治蜀，缓任威罚先文儒”②。北宋时期，成都知府在学校教育管理中的作用，主要体现在兴学育才和敬贤重士两个方面。

1. 兴学育才

成都知府在兴学育才过程中的作用，主要包括兴修府学、增益学田、刊刻石经、延请名师、激励学子等五个方面的内容。

（1）兴修府学

北宋时期，成都知府非常重视兴修府学。宋太宗时，张咏以兴学为要务，“昔张忠定之始镇蜀也，均乱甫平，学校颓替。公不急急于弭乱，而乃留意于兴学”③。对于双流县文庙，他还“立改造之”④。

宋仁宗时期的庆历兴学，掀起了宋代发展教育的第一次高潮。蒋堂和文彦博两位益州知州前后相承，修缮了历史悠久的成都府学，并影响到属县华阳知县杨君和沈君兴建县学，“有弘农杨安之为县甚治，慨念坠学，裒群士财，因而新之。事未克究，得江东沈扶来承其政，益用儒雅，要归于道，兴学饰像，严翼堂宇，上以遵朝廷之制，下以成杨君之故也。惟华

① 舒大刚、任利荣：《“庙学合一”：成都汉文翁石室“周公礼殿”考》，《四川大学学报》2014（5）。

② 《全蜀艺文志》卷10，何郯：《益州州学圣训堂诗》。

③ 吴泳：《鹤林集》卷30《上邹都大书》。

④ 《成都文类》卷31，邓至：《双流县重修文宣王庙碑阴记》。

阳理于州内，而州故自有汉学，前乐安蒋公既已大之，今平阳文公率而教之。济济洋洋，礼乐流衍，县乡之学，亦从而兴。上动下效，风化柔靡，可追古治，可表后式，长世不坠，惟贤是执。实庆历四年杨君始修之，后一年沈君克成之，又一年晋人张俞为之记”①。

庆历四年（1044），蒋堂担任益州知州，针对西汉文翁石室只存在于孔庙之中的情况，于是兴建西学。他还选派属官教导学生，受到学界的高度肯定，“会诏天下建学，汉文翁石室存孔子庙中，堂因广其舍为学宫，选属官以教诸生，士人歙然称之”②。但是，“讫成，而公移蒲中。其后转运使毁之，以增廨舍”③。

蒋堂非常倾心教育，社会风气也为之丕变：“蒋公之治蜀也，承刑政之敝，民孱而脆，殆不胜其严。故先德后刑，专以移风易俗为意。下车之始，兴修学校，听政余闲，日与生员讲肄道艺，躬亲课式，考核等第。延耆儒硕生，开谕为学之要，宜先经术。霁威严，忘位貌，若父兄之训子弟，如朋侪之相博约。诸路后进士慕义沓至，常有五六百员。是年，乡举第进士者数倍于前；由敦遣诣太学策名者，亦复如是。曾未期月，风俗丕变，细民迁善而远罪，偷儿衰熄而遁去。治行高第，转而上闻。”④ 其治蜀功绩不容抹杀，“侯始兴学，绍文之余。百堵增增，大度厥居。髦俊聿来，昼经夜史。盎然西南，号多君子。侯既去州，右区即毁。侯惠在人，已肤而髓。子产相郑，先谤后歌。来世视之，谓侯如何”⑤。

益州知州文彦博“兴学校以训士子弟，剬奸荐良，大小罔不治”⑥。田况也非常重视兴学育才，“盖公自佐江宁以至守蜀，在所辄兴学，数亲临之，以进诸生”⑦。

嘉祐二年（1057），益州知州宋祁“往款公祠，至则区位湫湢，埃蚀

① 《成都文类》卷 31，张俞：《华阳县学馆记》。
② 《长编》153，仁宗庆历四年十二月甲辰。
③ 胡宿：《文恭集》卷 39《蒋公（堂）神道碑》。
④ 《成都文类》卷 26，吴师孟：《清阴馆记》。
⑤ 宋祁：《景文集》卷 47《宋枢密直学士知益州蒋堂字希鲁赞》。
⑥ 《成都文类》卷 32，冯浩：《江渎庙醮设厅记》。
⑦ 王安石：《临川文集》卷 91《太子太傅致仕田公墓志铭》。

垢蒙，不称所闻，大惧礼益懈忽，神弗临享”，次年，“乃占学宫之西，改位鸠工，弗亟弗迟，作堂三楹，张左右序及献庑”，将灰尘遍地的文翁祠堂修葺一新。这是州级政府和路级机构共同努力的结果，“祠之兴，同尚之贤，则转运使赵抃及提点刑狱使者，凡三人；赞辅之勤，自通判军州事祝谘以降六人；营董之劳，自兵马都监毛永保而下二人。咸画像于西厢，列官里于石阴”①。因为蒋堂“于学之侧别建西学，以广诸生。斋室迄成，而公移蒲中”，但是“其后转运使毁之，以增廨舍”。宋祁“闻其事，叹惜久之，且欲成公意。乃即其旧址，建文翁祠祠之。内图庄君平、郑子真、司马相如、扬子云蜀士先贤凡九，及公之像而十”，重新加以修葺②。他对曾经担任蜀守的蒋堂非常敬重，于是“考公治迹，绘公像于文翁之室，以致蜀人之思”③。可见，宋祁刚到成都任上，就修缮文翁石室学堂，亲笔记录了这件事情。西南地区的学生纷至沓来，他细心传授，因材施教，使每个学生受益颇丰，“始至，葺文翁学，自为记刻。西南学者奔走请业，公循循指教，莫不中其所偏”④。

治平元年（1064），在签判的请求下，成都知府韩绛对被毁坏了的蒋堂所建西学的旧基，进行了再次修筑，“成都之学，郡国莫先焉，士人之众，四方鲜拟者。其讲堂旧庳隘，不足以容诸生，佥谓予曰：‘蒋侯尝建西学，后辄毁撤，其基尚存，盍兴筑焉？’因相其所，图构广厦，为十有三筵，度深称是。以甲辰岁三月庚申落成”⑤。

韩绛所修的成都府学讲堂，被时人张俞称为天下无双，“今上嗣位之年，昌黎公守蜀之五月，修文翁讲学之事，乃治学馆，就与诸生讲习礼文。又三月，遂大作讲堂。明年三月甲子，乃会僚佐及学官、生徒等三百人，行讲礼于堂上。是日，府县士民及四方之客迨万人，咸来观听，且谓：蜀之学远矣，肇兴于汉，历晋、唐至于战国，世世弦诵不衰，所谓周

① 宋祁：《景文集》卷57《成都府新建汉文公祠堂碑》。
② 《全蜀艺文志》卷44，宋祁：《府学文翁画像十赞》。
③ 《成都文类》卷26，胡宗愈：《重修东斋记》。
④ 《名臣碑传琬琰之集》上卷7，范镇：《宋景文公祁神道碑》。
⑤ 《全蜀艺文志》卷44，韩绛：《讲堂箴并序》。

公礼殿、文翁石室，越千余载而岿然犹存。今昌黎公复作讲堂，而穹隆庞鸿，侈于汉之殿室，自阙里及三都、四方之讲堂，未有壮乎此也”[①]。显然，这就是一种文化的传承，“文翁石室已千秋，世有兴衰化自流。贤俊相望承学粹，朝廷繇此得人优。太平典礼当传习，盛际文章正讲求。师友琢磨期不倦，岷峨秀气与云浮”[②]。

其实，早在景德三年（1006），在王钦若请求对州县文庙进行修缮后，宋真宗颁布敕令：“宜令逐路转运司遍指挥辖下州军监，依王钦若所奏施行。”[③] 景德四年（1007），“诏诸州县文宣王庙自今并官给钱完葺，无得辄赋民财”[④]，为各地文庙的修建提供了财政保障。于是，治平年间（1064—1067），成都知府赵抃将郫县犀浦镇文宣王庙修葺一新，“自庆历中，诏郡国皆立学，学必有孔子庙。犀浦旧为县，肆成治平间，府尹清献赵公始葺而新之”[⑤]。

宋神宗时，吴中复、冯京和刘庠等成都知府，都高度重视开展学校修建工作。对年久失修的文翁讲堂，吴中复进行了修缮。修缮后的文翁讲堂可以容纳五百学生，为所有州府之最，“思念国家大兴学校三十年来，凡作孔子庙记、州学记者遍天下，殆千百数，烂漫甚矣，古未尝有也。且蜀郡之学最古，又世传其文翁讲堂久坏，今府公复作之，高明宏壮，上可坐五百人，非列郡之可拟”[⑥]。冯京同样重视学校修建，“公以为武威即申，文教不可后也。崇饬学校，以绍文翁之隆；讲明中和，以追王褒之盛”[⑦]。刘庠在成都修缮学校，增加教授员数，“治石室黉舍，增置学官，广朝廷教育之意”[⑧]。

宋哲宗时，成都知府胡宗愈在蒋堂的东斋之前修建了清阴馆，以满足蜀人对其追念之情，“今兹右丞胡公出镇西蜀，布政宣化，恢恢然绰有余

① 《全蜀艺文志》卷45，张俞：《成都府学讲堂颂并序》。
② 《全蜀艺文志》卷10，韩绛：《复修府学故事》。
③ 孔元措辑：《孔氏祖庭广记》卷11《景德三年敕修文宣王庙》。
④ 《长编》卷66，真宗景德四年九月甲子朔。
⑤ 《成都文类》卷31，王赏：《郫县犀浦镇修文宣王庙记》。
⑥ 《全蜀艺文志》卷29，前人：《答吴职方书》。
⑦ 《全蜀艺文志》卷32，前人：《送冯枢密还朝诗序》。
⑧ 吕陶：《净德集》卷21《枢密刘公墓志铭》。

地。绍复文、蒋二公之遗烈，大葺学宫，诱进士类，数与士大夫讲道问俗”，然后，“复于东斋之前作清阴馆，而俾师孟书其事，以慰蜀民追怀之情”①。他对蒋堂怀有深深的思念之情，“得公东斋之诗，求昔之所谓东斋，已废圮而不存。公之志泯泯无所考，为之复东斋于显斋之偏，刻公诗于其上”②。

此外，宋徽宗时，席旦“奏秩文翁、高眹于祀典”③。确实，“经过地方政府和州学（府学）教师上述的种种努力，益州州学（成都府学）得到了很大发展，名气也越来越大，各地求学之士不断增多”④。

（2）增益学田

实际上，“北宋朝廷于修建州县学的同时，创立了学田制度，对州县学的发展提供了可靠的经济保证，这在中国教育史上是一个创举”⑤。熙宁四年（1071），宋神宗颁布诏令：“诸路置学官，州给田十顷为学粮，元有学田不及者益之，多者听如故。”⑥ 其实，“除了政府赐田外，地方官吏也积极筹划，为学校争取田宅”⑦。

宋神宗时，成都知府吴中复“乐于养贤，诲训不倦，诸生之集者，殆八百人”，恰好朝廷有旨，“凡州郡新命学官者，畀以十夫之地”。于是，他“按成都、犀浦二邑所籍入之田五百六十晦有奇，以益旧田为十夫”，并且“二台皆通贤，乐公之谋，协然成之”。他与转运使相互配合，大大改善了成都府学的办学条件⑧。从而获得了巨大的成功，“公之初来蜀人喜，慈爱旧熟民情通。众心欢然耻犯法，捄药浮薄归醇醲。尽将约束付僚吏，兴起学校还文翁。二年美化极沾洽，远近循服如偃风。”⑨ 熙宁五年

---

① 《成都文类》卷26，吴师孟：《清阴馆记》。
② 《成都文类》卷26，胡宗愈：《重修东斋记》。
③ 《全蜀艺文志》卷10，李石：《府学十咏·石室》。
④ 粟品孝等：《成都通史 五代（前后蜀）两宋时期》，第275页。
⑤ 郭宝林：《北宋的州县学》，《历史研究》1988（2）。
⑥ 《长编》卷221，神宗熙宁四年三月庚寅。
⑦ 石涛：《北宋的官立地方学校》，《教育理论与实践》2005（6）。
⑧ 《成都文类》卷30，缺名：《给田记》。
⑨ 文同：《丹渊集》卷12《送知府吴龙图》。

(1072)，吴中复“迁给事中，知永兴军”[①]，得到了朝廷的奖赏。

元丰六年（1083），成都知府吕大防请求，从蜀州州学和导江县（今四川都江堰市东），每年分别拨出经费二百千与百千，作为成都府新增的学生培养经费，并且把成都府学使用的土地增加到十顷。于是，朝廷下诏：“岁于蜀州拨州学钱二百千、导江县百千，与成都府赡生员；其见管田增给为十顷”[②]。这样一来，成都府学的繁荣发展有了更为坚实的物质基础，也充分体现了朝廷对成都府学的大力支持。

此外，吕大防还刊刻《华阳国志》，有助于提高社会道德风尚，“此书虽繁富，不及承祚之精微，然议论忠笃，乐道人之善，蜀记之可观，未有过于此者。镂行诸世，庶有益于风教云”[③]，从而扩大了其社会影响力，“本朝元丰间，吕汲公守成都，尝刊是书，以广其传”[④]。

其实，“宋代的学田属于官田的一种，用出租给佃户以收取地租的方法维持学计”，并且，“各地学田在从仁宗到徽宗的百年间，数量增长很快”。因此，“学田是学校的主要经济支柱，使学校给食养士成为可能，寒俊之士在学期间，经济上有最低的保证，扩大了学生的来源和取士的范围”[⑤]。对于成都府学的发展而言，学田的增加无疑具有非常重要的作用。

（3）刊刻石经

事实上，“‘蜀石经’是最早的‘儒学十三经’。儒家经典的结集和传播，在大型儒学丛书产生之前，主要是靠石经的刊刻来实现的”[⑥]。咸平四年（1001），宋真宗“诏诸路州县有学校聚徒讲诵之所，并赐《九经》”[⑦]，有力地促进州县学校教育活动的开展。

北宋时期，成都知府相当重视石经的刊刻工作。太平兴国五年（980），辛仲甫以刑部郎中知成都府，为唐玄宗追谥的孔子册文刻石

---

① 王称：《东都事略》卷75《吴中复传》。
② 《长编》卷339，神宗元丰六年九月丙寅。
③ 《全蜀艺文志》卷30，吕大防：《〈华阳国志〉后序》。
④ 《全蜀艺文志》卷30，李垕：《重刊〈华阳国志〉序》。
⑤ 郭宝林：《北宋的州县学》，《历史研究》1988（2）。
⑥ 舒大刚：《“蜀石经”与〈十三经〉的结集》，《周易研究》2007（6）。
⑦ 《长编》卷49，真宗咸平四年六月丁卯。

立碑[①]。

宋仁宗时，田况对儒家经典非常尊崇，“蜀《三传》后，列知益州、枢密直学士、右谏议大夫田况衔，大书为三行，而转运使直史馆曹颖叔，提点刑狱、屯田员外郎孙长卿，各细字一行，又差低于况”[②]。皇祐元年（1049），田况还将《仪礼》《公羊》《谷梁》三传刻于石壁，使九经得以齐备，“吾朝皇祐中，枢密直学士京兆田公加意文治，附以《仪礼》、《公羊》《谷梁》传，所谓《九经》者备焉”[③]。

不仅是田况，宋徽宗时期的成都知府席贡也补刻了石经，“国朝皇祐中，田元均补刻公羊高、谷梁赤二传，然后十二经始全。至宣和间，席升献又刻《孟轲书》参焉”[④]。具体而言，凡《三传》“毕工于皇祐元年己丑九月望日”。并且，“帅臣枢密直学士京兆郡开国侯田况，益州路诸州水陆转运使曹颖叔、提点益州路刑狱孙长卿暨倅佥皆镌衔于石。《成都志》又谓：《公》《谷》，田况所刻。《孟子》十二卷，宣和五年九月，帅席贡暨运判彭慥方入石，逾年乃成，计四册”[⑤]。另载，宋徽宗时，席贡还将《石经孟子》十四卷“刊石置于成都学宫”。这是因为“伪蜀时刻《六经》于石，而独无《孟子经》，为未备”[⑥]。实际上，“席贡离任，由转运使彭慥继续，于次年完成。这样，连同先前刻好的 12 部，蜀石经就共刻有儒家 13 部经典，‘石室十三经’遂正式形成，并有石碑上千块”[⑦]。可见，“‘蜀石经’始刻于孟蜀广政初（938），其主体工程卒刻于北宋皇祐元年（1049），前后延续 112 年。至徽宗宣和五年（1123），席贡补刻《孟子》入石，最终形成‘十三经’的典范。‘蜀石经’长期收藏于文翁石室之中，当时即有‘石室十三经’的称号。这是最早汇刻于一处的十三部儒家经典，也是最早获得‘十三经’称号的儒学丛书”[⑧]。

---

① 曹学佺：《蜀中广记》卷 1《名胜记第一·川西道·成都府一》。

② 洪迈：《容斋随笔》续笔卷 14《周蜀九经》。

③ 吕陶：《净德集》卷 14《府学经史阁落成记》。

④ 《全蜀艺文志》卷 36，范成大：《石经始末记》。

⑤ 曾宏父：《石刻铺叙》卷上《益郡石经》。

⑥ 《文献通考》卷 184《经籍考十一》。

⑦ 粟品孝等：《成都通史　五代（前后蜀）两宋时期》，第 303—304 页。

⑧ 舒大刚：《“蜀石经”与〈十三经〉的结集》，《周易研究》2007（6）。

石经的刊刻固然非常重要，对其进行妥善保护，也同样是不可忽视的。熙宁四年（1071），在幕僚王霁的建议下，成都知府吴中复修建了经史阁，“龙图阁直学士濮阳吴公因其成也，会僚佐与蜀之士大夫，及其讲师徒弟凡若干人，饮酒以落之”[①]。元祐五年（1090），成都知府胡宗愈“作堂于殿之东南隅，以贮石经”[②]。他还撰写了《草堂先生诗碑序》，以寄托对诗圣杜甫的思念之情，“元祐中，胡资政知成都，作《草堂先生诗碑序》”[③]。也是在宋哲宗时期，成都知府蔡京的授意之下，刘泾编撰了《成都刻石总目》三帙，“元祐中，蔡京帅成都，以意授泾纂府县碑板幢柱。自东汉初平迄伪蜀广政，凡二百六十八”[④]。

此外，在成都府学中，周公礼殿的地位也很突出。这是因为“周公礼殿是当时蜀学对先圣先贤进行缅怀和祭祀的场所，殿内陈列历代圣君贤臣画像，也绘有孔子及其弟子等儒家著名人物，岁时祭祀，供人景仰，是当时蜀学的精神家园，也是中国古代庙学合一的最早范本”[⑤]。嘉祐年间（1056—1063），成都知府王素“命摹写为七卷，总一百五十五人，为《成都礼殿圣贤图》”[⑥]。宋神宗时，成都知府赵抃“尝摹礼殿本为八轴，借而校之，丹青焕然”[⑦]，为成都府学更好的发展，做出了自己的贡献。

（4）延请名师

对于成都府学的兴盛发展而言，名师的作用非常重要。宋太宗时，知州张咏向益州人李畋询问道：“子同人中有善讲习者否？”他回答说，“同门生刘式”具备优异的教学能力。张咏“遂辟充州学，主诸生，受业者五十余人。每休务日，就学置酒，以劝劳之。自是蜀人不以千里为远，来学者甚众”[⑧]。其目的在于促进社会风气的根本好转，“大化不自言，委之在

① 《全蜀艺文志》卷36，吕陶：《经史阁记》。
② 《全蜀艺文志》卷36，前人：《府学石经堂图籍记》。
③ 王观国：《学林》卷5《杜子美》。
④ 《文献通考》卷207《经籍考三十四》。
⑤ 舒大刚、任利荣：《“庙学合一”：成都汉文翁石室“周公礼殿”考》，《四川大学学报》2014(5)。
⑥ 《全蜀艺文志》卷10，李石：《府学十咏·礼殿晋人画》。
⑦ 楼钥：《攻媿集》卷72《跋周公礼殿图》。
⑧ 张咏：《张乖崖集》卷12《语录》，第130页。

英才”①。

宋真宗时，益州知州任中正邀请任玠到成都府学“讲说六经”，产生了非常积极的影响，“任先生名玠，字温如，蜀人也。学识广博，人皆师仰之。大中祥符初，乐安公中正镇蜀日，请先生于文翁石室，大集生徒，讲说六经，以绍文翁之化，由是蜀中儒士成林矣”②。此外，大中祥符四年（1011），任中正“宴客大慈精舍，州民王氏献一合欢牡丹，公即命图之”③。由此可见，任中正对高尚情操的追求与向往非常强烈。确实，“经过张咏和任中正等人的努力，州学在师资力量和教学效果方面都有了明显改观”④。

庆历五年（1045），在益州知州文彦博的推荐下，龙昌期被宋仁宗任命为益州州学讲说，“朕以益去京师远，俗剽地大，选于诸臣，而得彦博以镇抚之。今乃以汝为益州之讲说，则远方之经术用矣。夫为政而以经术为首，朕于是知彦博为能办治蜀矣，岂不休哉！可特授守秘书省校书郎、充益州州学讲说，散官如故，仍放朝谢”⑤。他还向朝廷请求赐予龙昌期京官之职，“臣欲望圣慈依张元用等例改昌期一京官，充本州州学讲说，以激颓俗，以劝远方，使野无滞才之嗟，朝有养贤之咏”⑥，然后，宋仁宗“赐殿中丞致仕龙昌期五品服，绢百匹”⑦。确实，文彦博“很重视州学的发展，其最大的举措，就是在庆历五年（1045 年）七月奏请敕准龙昌期为益州州学讲说”⑧。可见，“地方学校的教师基本是由地方官吏推荐，或直接由中央任命而产生”⑨。

不过，龙昌期后来被指斥为异端，就连已经获得的绯鱼赐服也被剥夺了，“（龙）昌期者，尝注《易》《诗》《书》《论语》《孝经》《阴符经》

---

① 张咏：《张乖崖集》卷 2《劝学》，第 9 页。
② 黄休复：《茅亭客话》卷 10《任先生》。
③ 《全蜀艺文志》卷 56，胡元质：《牡丹谱》。
④ 粟品孝等：《成都通史　五代（前后蜀）两宋时期》，第 273 页。
⑤ 《全宋文》卷 969《赐龙昌期敕》。
⑥ 《全宋文》卷 656，文彦博：《荐龙昌期札子》。
⑦ 《长编》卷 190，仁宗嘉祐四年八月癸未。
⑧ 粟品孝等：《成都通史　五代（前后蜀）两宋时期》，第 274 页。
⑨ 石涛：《北宋的官立地方学校》，《教育理论与实践》2005（6）。

《老子》，其说诡诞穿凿，至诋斥周公。初用荐者补国子四门助教，文彦博守成都，召置府学，奏改秘书省校书郎，后以殿中丞致仕。著书百余卷，嘉祐中，诏取其书。昌期时年八十余，野服自诣京师，赐绯鱼，绢百匹。欧阳修言其异端害道，不当推奖，夺所赐服归罢，卒”[①]。

也是在宋仁宗时期，文学家苏洵已经年逾四十，益州知州张方平向朝廷推荐其为成都府学教授，但是没有结果，“近张益州安道，荐为成都学官，未报”。张方平对苏洵的文章评价极高：“张益州一见其文，叹曰：‘司马迁死矣，非子吾谁与？’”[②] 于是，他又将苏洵推荐给文坛领袖欧阳修，“洵初入京师，益帅张文定荐之欧阳公，世皆知之”[③]。张方平与苏轼兄弟结成忘年之交，“予年十八，与兄子瞻东游京师。是时，张公安道守成都，一见，以国士相许，自尔遂结忘年之契”[④]。这就是张方平对知识和人才尊重的生动体现，“守蜀日，得眉山苏洵与其二子轼、辙，深器异之”[⑤]。

宋哲宗时，龙游县县尉王当被成都知府蔡京“举为学官”，他却并没有接受。后来，蔡京为相，王当“不复仕矣”，足见其人格之高尚[⑥]。

（5）激励学子

北宋时期，成都知府对学子的激励独具匠心。宋真宗时，益州知州张咏对彭乘的特殊激励，充分体现了对学子们的真挚热爱，“张尚书镇蜀时，承旨彭公乘始冠，欲持所业为贽，求文鉴大师者为之容。鉴曰：‘请君遇旌麾游寺日，具襴鞟与文候之，老僧先为持文奉呈，果称爱，始可出拜。盖八座之性靡测。’一日果来，鉴以彭文呈之。公默览殆遍，无一语褒贬，都掷于地。彭公大沮。后将赴阙，临岐托鉴召彭至，语之曰：‘向示盛编，心极爱叹，不欲形言者，子方少年，若老夫以一语奖借，必凌忽自惰，故掷地以奉激。他日子之官亦不减老夫，而益清近。留铁缗抄二百道为缣缃

① 《宋史》卷299《胡则传》。
② 邵博：《邵氏闻见后录》卷15，第119—120页。
③ 《文献通考》卷235《经籍考六十二》。
④ 苏辙：《栾城三集》卷1《追和张公安道赠别绝句》。
⑤ 《宋史》卷318《张方平传》。
⑥ 王称：《东都事略》卷114《王当传》。

之助，勉之。’后果尽然。”[①] 为激励后学，张咏可谓用心良苦，令人赞叹。

宋真宗时，眉山人孙梦得五岁开始写诗，不时会写出惊人的语句，被世人传诵。益州知州凌策本来想推荐他参加朝廷的童子科考试，但是考虑到他年纪太小而且路途孤单，便放弃了这一打算，却也反映了其对学子的关心和爱护。后来，孙梦得还是考中了进士，“公字梦得，眉州眉山人。初名贯，字道卿。生五年而学为诗，往往有警句传于人。尝贽文谒成都尹凌策，将以童子荐之，顾其幼且孤而止。后累举进士，更今讳”[②]。确实，宋代的童子举，“自真庙以来有之”[③]。

宋仁宗时，不少成都知府都非常重视对学子们的激励。薛奎对学子范镇十分喜爱，“薛简肃公知成都，范蜀公方为举子，一见爱之，馆于府第，俾与子弟讲学。每曰：‘范君，廊庙人也。’公益自谦退。乘小驷至铜壶阁下，即步行趋府门。逾年，人不知为帅客也”[④]。当薛奎“守蜀还朝”的时候，有人问他“入蜀所得”，他回答说：“得一伟人，当以文学名于世。”[⑤] 这个“伟人”就是指范镇。

薛奎把范镇带回了朝廷，范镇在礼部举行的考试中一举夺魁，“薛奎守蜀，召置门下。公时年十八，奎与语，大奇之”，然后，“故相宋庠与弟祁一见公，称之，祁与为布衣交。举进士礼部，奏名第一”[⑥]。按照惯例，“殿廷唱第过三人，则礼部第一人者，必越次抗声自陈，因擢置上第”，但是，范镇“不肯自言，至第七十九人，乃出拜，退就列，无一言”，使得“廷中皆异之”[⑦]。

蒋堂对吕陶悉心栽培，“吕陶，字元钧，成都人。蒋堂守蜀，延多士入学，亲程其文，尝得陶论，集诸生诵之，曰：‘此贾谊之文也。’陶时年十三，一坐皆惊。由是礼诸宾筵。一日，同游僧舍，共读寺碑，酒阑，堂

---

① 文莹：《湘山野录》卷下，第46页。
② 苏颂：《苏魏公文集》卷55《太子少傅致仕赠太子太保孙公墓志铭》。
③ 《建炎以来朝野杂记》甲集卷13《童子举》，第276页。
④ 邵伯温：《邵氏闻见录》卷8，第79页。
⑤ 王称：《东都事略》卷77《范镇传》。
⑥ 韩维：《南阳集》卷30《范公（镇）神道碑》。
⑦ 王称：《东都事略》卷77《范镇传》。

索笔书碑十纸，行断句阙，以示陶曰：‘老夫不能尽忆，子为我足之。’陶书以献，不缪一字。中进士第，调铜梁令”[①]。其于蜀中学子堪称功德无量，“蒋堂在庆历初年帅蜀亦延士人入学，亲视其文，对十三岁的吕陶倍加推奖，其后吕陶亦为宋代名臣。仁宗以后，蜀中士大夫入仕者与日俱增，不但改善了中央与四川地方势力的关系，而且使蜀中士大夫成为宋朝统治全国的重要力量”[②]。

文彦博对成都府学学生文同的文章非常欣赏，“同方口秀眉，以学名世，操韵高洁，自号笑笑先生。善诗、文、篆、隶、行、草、飞白。文彦博守成都，奇之，致书同曰：‘与可襟韵洒落，如晴云秋月，尘埃不到’”[③]。并且，他还在学校大力加以表彰，激烈学子奋发向上，“庆历中，今太师潞公守成都，誉公所贽文，以示府学，学者一时称慕之，再举乡书第一。皇祐元年登科第五，调邛州军事判官，更摄蒲江、大邑”[④]。此外，“得意的文彦博还特建圣训堂，刻石立敕于州学”，并且，“时人何郯（成都人）又专写《益州州学圣训堂诗》，夸耀其事，成为鼓励学子勤苦攻读的精神力量。”[⑤]

益州知州杨察也非常重视学校教育，鼓励学生积极进取，“蜀大最远，国之臂胁。视无西忧，公实此行。下车抚御，人人自如。崇学教导，士之所向。东来之人，颂声翕然”[⑥]。皇祐四年（1052），杨察“进礼部侍郎、知开封府”[⑦]，获得了朝廷的赏识和提拔。

宋祁来到成都之后，首先去的地方就是学校，教导学生要追求道义。他选拔其中的佼佼者，担任教师和学校的管理者，给一方学子指明了光辉的前景，“公始至部，先即学宫，以道义训诸生，而第其所献艺业，拔诸翘然者，次补生员，掌其政令，自是西州士人知向方矣”[⑧]。

---

① 《宋史》卷346《吕陶传》。

② 贾大泉、周原孙：《四川通史》第4册，第44页。

③ 《宋史》卷443《文同传》。

④ 文同：《丹渊集》卷首，范百禄：《文公（同）墓志铭》。

⑤ 粟品孝等：《成都通史　五代（前后蜀）两宋时期》，第274页。

⑥ 黄庶：《伐檀集》卷下《上成都杨端明启》。

⑦ 王称：《东都事略》卷64《杨察传》。

⑧ 《成都文类》卷48，吴师孟：《宋尚书画像赞》。

此外，宋祁“出知成都，听以书局自随”[①]，修撰《唐书》，被传为佳话。其气定神闲的超脱之态，令人肃然起敬，对学子们发奋勤学，也具有一定的激励作用，“宋子京博学能文章，天资蕴藉，好游宴，以矜持自喜。晚年知成都府，带《唐书》于本任刊修。每宴罢，盥漱毕，开寝门，垂帘，燃二椽烛，媵婢夹侍，和墨伸纸，远近观者，皆知尚书修《唐书》矣，望之如神仙焉”[②]。

宋祁还编撰了《益部方物略记》，“宋端明殿学士、吏部侍郎、知益州安陆宋祁子京撰”，其中“殆岷精缊灵，示完富瑰璠于兹壤也”，充分地体现出其对巴蜀大地的热爱[③]。“安陆（今属湖北）人宋祁（998—1061）于嘉祐二年（1057）知益州（今成都）时，撰有《益部方物略记》传世”[④]。其勤于著述所保持的奋发有为精神，对学子们的激励作用不言而喻。

宋神宗时，赵抃对应试落第的王仲符非常关心。王仲符“性笃，孝事亲，能养志。读书务穷大指，不溺章句，学文章纯明简重，一与道合”，然而，“尝举进士与计，皆一试未第，遂归岷山之下，安退自若”。于是，“赵清献公镇成都，最加厚遇。即其居与之田，以资隐计”[⑤]。确实，“赵抃在四川还热心劝学，奖掖后进”[⑥]。

毫无疑问，“通过成都知府们的引荐，使不少四川学者走出四川，把四川的学术文化传统向外域传播，同时不断地学习和吸收其他各地的文化元素，其中的不少学者成为蜀学发展的中坚力量，从而促进了宋代蜀学的发展”[⑦]。

2. 敬贤重士

北宋时期，成都知府对贤士们的敬重，在一定程度上也会激励学子不断奋进。

---

① 王得臣：《麈史》卷2《不遇》。
② 魏泰：《东轩笔录》卷15，第171页。
③ 曹学佺：《蜀中广记》卷96《著作记第六·益部方物略记》。
④ 胡昭曦、刘复生、粟品孝：《宋代蜀学研究》，第360页。
⑤ 吕陶：《净德集》卷23《承事王府君墓志铭》。
⑥ 粟品孝：《赵抃与四川》，《成都大学学报》1994（1）。
⑦ 官性根：《成都知府与宋代蜀学的发展》，《求索》2006（5）。

北宋著名画家孙知微受到了益州知州张咏和马知节的礼遇，“张咏镇蜀，雅慕之，终不可致”，而“马知节守成都，造访，解金带以赠”[①]。

特别是马知节对孙知微十分敬重，还留下了一段非常美好的佳话：“蜀中有高士孙知微，以画得名，然实非画师也。公欲见之而不可得。知微与寿宁院僧相善，尝于其阁上画《惠远送陆道士》《药山见李习之》二壁。僧密以告公，公径往从之。知微不得已，掷笔而下，不复终画。公不以为忤，礼之益厚。知微亦愧其意，作《蜀江出山图》。伺其罢去，追至剑门赠之。”[②]

天禧年间（1017—1021），因为《书台集》三卷是由“处士南隆朱有大有撰”，并且他“自称云台山人”。于是，益州知州王曙“以古风六十言遗之”，充分表现了对其高度敬重[③]。

宋仁宗时，益州知州张逸对正在赴任嘉州军事判官的一代学者石介敬重有加，“介自八月十日至二十三日两到府城，共住九日，五次伏谒旌下，赐食华亭寺。每请见，皆特优礼待，九日费公膳十一。及来赴官守，而复远借舟楫，盛送饔饩，精米嘉面，醇酒肥肉，率皆丰余。尽室九口，在舟四夕，日以餍饱，犹不尽三之一”。其中，充分体现了其尊师重教的高尚风范，“密学既以礼养士，愿服劳厥官，夙夜勉勉，使卒无旷败，以报万一”[④]。

文彦博和田况两位益州知州，对西蜀著名隐士张俞，都很敬重，“文彦博守蜀，高其行。田况继彦博，尤重之，每见必倒屣”[⑤]。并且，文彦博对张愈礼遇有加，“文彦博治蜀，为置青城山白云溪杜光庭故居以处之”[⑥]。田况对张愈也非常敬重，这有利于激励学子们勤学上进，“康定间，益州书生张俞尝献书天子，由是朝廷知其名。然不喜仕宦，常隐于青城山白云

① 雍正《四川通志》卷38之1《隐逸·成都府》。
② 苏籀：《栾城遗言》。
③ 《文献通考》卷244《经籍考七十一》。
④ 石介：《徂徕集》卷20《谢益州张密学启》。
⑤ 王称：《东都事略》卷118《张俞传》。
⑥ 《宋史》卷458《张愈传》。

溪。时枢密使田况守成都，日与诗曰：‘深惭蜀太守，不及采芝人’”[①]，这样一来，“不仅蜀地文风大振，也逐步培植起蜀人与朝廷的合作态度”[②]。

宋仁宗时，安逸处士何群去世后，益州知州赵抃“奏群遗稿有益时政，愿诏果州录上之，云：‘非若茂陵书起天子侈心也’”，但是“寝不下”，其请求并未得到朝廷的回应，但却反映出了他对学者的敬重之情[③]。

宋神宗时，范纯仁权摄成都知府时，程颐即将离开四川。范纯仁主动要求与他见上一面，充分表达了对其高度的敬仰之情，“范公尧夫摄帅成都，程子将告归，别焉。公曰：‘愿少留，某将别。’子曰：‘既别矣，何必复劳舆卫？’遂行。公使人要于路，曰：‘愿一见也’”[④]。

也是在宋神宗时期，赵抃听说周敦颐要离开四川，就向朝廷请求再次起用他，“赵公再尹成都，闻君之去，拜章乞起君”[⑤]。虽然为时已晚，“抃再镇蜀，将奏用之，未及而卒，年五十七”[⑥]，但也表达了他对周敦颐的敬意。其实，这是赵抃的一贯作风。他每到一地任职，都非常重视发展当地的学校教育，礼貌对待教师和学生。这样的行政风格，还为其继任者冯京所遵循，“公为吏，诚心爱人，所至崇学校，礼师儒，民有可与与之，狱有可出出之。治虔与成都，尤为世所称道。神宗凡拟二郡守，必曰昔赵某治此，最得其术。冯京相继守成都，事循其旧，亦曰赵公所为，不可改也。要之，以惠利为本”[⑦]。

元祐元年（1086），由于回到成都府居住的杰出儒者李大临去世，成都知府许将向朝廷请求褒奖录用其后人，并且为其办理后事。于是，宋哲宗下诏，特别赐给经费三百贯，作为在成都府处理其丧事之用，“知成都府许将奏：‘本府居住天章阁待制李大临于儒臣中最为先进，今既亡没，士论惜之，望赐褒录及应副葬事。’诏特赐钱三百贯，仍于成都府候葬事

① 江少虞：《宋朝事实类苑》卷42《旷达隐逸·张俞》。
② 粟品孝等：《成都通史　五代（前后蜀）两宋时期》，第28页。
③ 《宋史》卷457《何群传》。
④ 程颢、程颐：《二程遗书》卷21（上）《师说》。
⑤ 吕柟：《周子抄释》附录，蒲宗孟：《濂溪先生墓志铭》。
⑥ 《宋史》卷427《周敦颐传》。
⑦ 苏轼：《东坡全集》卷86《赵清献公神道碑》。

日量行应副。"[1] 元祐三年（1088），"龙图阁直学士许将为翰林学士"[2]，体现了朝廷对他的高度肯定。

政和年间（1111—1118），虽然"成都帅多贵人，率事严重，下视其属"，但是唐重"徙成都府府学教授"，徽猷阁直学士吴栻、龙图阁学士许光凝两位成都知府"皆上客待之"。然后，"府有大事，辄咨焉"。唐重"必尽所见以事其长；若论议未合，必争之归于是而已"[3]，其积极的建言献策，对于成都知府的施政，大有裨益。其中，既显示出成都知府对其高度尊重，也表现了唐重的高尚品格。成都知府对贤士们的尊敬，是朝廷崇儒右文政策的生动体现。

可见，北宋时期，成都知府高度重视促进学校教育的发展。确实，"成都知府的兴学养士，为宋代包括蜀学在内的四川文化的发展，培植了比较丰厚的文化土壤"[4]。

二、北宋成都知府与科举考试

"科举考试制度在宋代日趋完善和严密，分为三级，士子通过在地方州府的发解试后，再赴京参加由尚书省礼部主持的省试，最后参加皇帝主持的殿试（廷试）。"[5] 不过，宋朝立国之初，"科举只有两级考试，一级是各州举行的取解试，一级是礼部举行的省试"[6]。开宝六年（973），宋准榜开始，"自兹殿试遂为常试"[7]，从而确立殿试制度。北宋时期，成都知府与科举考试之间的关系，主要体现在解试和制科两个方面。

1. 解试

宋代的"取解试"或者"发解试"，简称为"解试"，又称乡贡。解试由地方政府考试举人，然后将合格举人贡送朝廷。唐代已经有了解试，

---

① 《长编》卷374，哲宗元祐元年四月乙未。
② 《长编》卷409，哲宗元祐三年四月戊寅。
③ 《名臣碑传琬琰之集》中卷33，刘岑：《唐资政公重墓志铭》。
④ 官性根：《成都知府与宋代蜀学的发展》，《求索》2006（5）。
⑤ 粟品孝等：《成都通史　五代（前后蜀）两宋时期》，第116页。
⑥ 陈茂同：《中国历代选官制度》，第193页。
⑦ 《长编》卷14，太祖开宝六年三月辛酉。

宋代则把解试发展到比较完善的地步，“宋代的解试，除了由地方州县长官主持的地方试最为普遍外，其它还有开封府试、国子监试、锁厅试、别头试诸种，都属于同一个层次。地方试的时间，一般在秋季举行，故又称为秋试。秋试之前，由各县长官对本地士子进行考察之后，保送至州，州长官复核属实后，再保送本道参加考试。考试是分科进行的，进士科由判官主持，其它诸科由录事、参军负责”①。并且，“宋代规定州试时，由州之通判主持进士科考，以州之录事参军主持其它诸科的考试。考试完毕，考官须用朱笔批阅试卷。凡回答正确的写‘通’，答错的批‘不’。考官和监考官最后须在试卷末尾签署姓名。凡取中的考生名单及其试卷都要在秋天呈报礼部。如果发现州试有受贿作弊之事，考官和监考官均要受处分”②。

在解试中，州级知府长官肩负领导职责。开宝六年（973），宋太祖下诏：“诸州考试官，令长吏精选僚属有才学公正者充。”③ 天禧二年（1018），宋真宗降诏：“自今锁厅应举人，所在长吏先考艺业，合格，即听取解。如至礼部不及格，当停见任，其前后考试官、举送长吏，并重置其罪。”④ 其中，“宋代解试考试成绩合格，即由州府长吏举送礼部参加省试”⑤。

北宋时期，成都知府在解试中的作用非常突出。景德元年（1004），当“李畋与同门生张及、张逵诣州请解”的时候，面对“差节度推官韦宿充试官，试官申乞差监试官”的情况，益州知州张咏亲自主持考试。于是，“及试日，公送牌印付通判厅曰：‘今为国家试举人，如有生事，则报来’”。特别是“临试时，始问韦宿曰：‘今日试何题目?’对曰：‘试《上善若水赋》《秋风生桂枝诗》。’公曰：‘诗题陈熟，改试《朝日莲诗》。’次日又问曰：‘今日试何论?’对曰：‘试《禹稷之功王者事业》。’‘州郡

① 苗春德：《宋代教育》，第31页。
② 郭齐家：《中国古代考试制度》，第118页。
③ 《长编》卷14，太祖开宝六年四月乙酉。
④ 《长编》卷92，真宗天禧二年七月壬申。
⑤ 张希清：《宋朝典制》，第216页。

岂合问他？吾曾见州郡中策举人，问国家时务事，此亦非宜，乃改试《文行孰先论》。’公曰：‘只此亦可以见二三子于文行中所存之心也’”，在其审定之后，“三人俱获解，送鹿鸣筵”；并且，“是岁，仍奏给三人驿券赴京。两川士子，目为盛事，方奋起家荣乡之志。”①

张咏将属县华阳的张及、李畋和张逵推荐到朝廷参加考试，三人悉数登科，极大地激励了四川学子发奋求学，学习风气亦为之大变，“益不贡士者几二十年，学校颓替。公察郡人张及、李畋、张逵者，皆有学行，乡里所服，遂延奖加礼，敦勉就举。后三人悉登科，历美官。于是两川学者知劝，文风日振，由公之诱掖也”②。真是“文翁远矣，蜀秀无闻。公荐其三，翩然凌云。企慕承化，儒风大振”③。

从此以后，四川地区通过刻苦学习而走上仕宦之路的人逐渐增加了，“初，蜀人虽知向学，而不乐仕宦。张公咏察其有闻于乡里者，得张及、李畋、张逵，屡召与语民间事，往往延入卧内，从容款曲，故公于民情无不察者，三人佐之也。其后，三人皆荐于朝，俱为员外郎，而蜀人自此寖多仕宦也”④。事实上，张咏“敦勉张及、李畋、张逵等人赴京应试，改变了过去蜀人不乐仕宦的局面”⑤。确实，“从王小波、李顺起义爆发，张咏第一次入蜀主政开始，北宋朝廷和入蜀主政的官员就认识到必须重视团结蜀中的士大夫来维持宋朝在四川的统治”⑥。

事实上，“此在景德年间（1004—1007）张咏第二次知益州时，他按照制度的规定遣本州推官为试官，自己担任监试，但是却表现得十分强势，改换试官所出试题，和寇准所为无异。可见在宋初实际考试中，要想用本州属官分散和制约州郡长吏的权力，很是不易。但这种情况随着转运司的介入、州郡长吏角色的转换在发生变化”。简言之，“地方长吏在真宗大中祥符年间已经逐渐退出了解试，他们既不再参与解试的具体考校，也

---

① 江少虞：《宋朝事实类苑》卷57《知人荐举·张乖崖》。

② 韩琦：《安阳集》卷50《张公（咏）神道碑铭》。

③ 《全蜀艺文志》卷49，阮昌龄：《录民词》。

④ 范镇：《东斋记事》卷4，第33—34页。

⑤ 胡昭曦、刘复生、粟品孝：《宋代蜀学研究》，第16页。

⑥ 贾大泉、周原孙：《四川通史》第4册，第43页。

被取消了选任考官之权”[①]。

天禧四年（1020），宋真宗“诏诸州尝经御试下第进士，不限举数，并令转运使司检勘解发”[②]。明道二年（1033），宋仁宗下诏：“自今诸州府军监考试解发举人，一依先降条制，应在试解发人处。兼令依省试例封弥卷首，后考较过落。仍令转运司于本州及辖下州军等处，选差京朝、幕职、州县官”[③]。确实，“在北宋中后期，转运司差本路外州官吏差充本州解试考官是很普遍的情形”[④]，但是，这并不意味着成都知府在解试过程中的作用就完全消失了。

宋仁宗时，不少成都知府也在一定程度上参与到解试之中来。天圣三年（1025），益州知州薛田请求给进京考试的举人提供经费支持的建议，得到朝廷批准。其实，这是自益州知州张咏以来的惯例，“本州发解举人，自张咏以来，例给馆券至京师。今得三司移文，乃责吏人偿所给官物，恐非朝廷之意”。于是，宋仁宗作出指示：“汉贡士皆郡国续食，今独不能行之远方耶。其令悉蠲之。”[⑤]

明道二年（1033），益州知州韩亿“崇学尚文，振礼让之声”[⑥]，特别是“公敦尚儒雅，平日诱进文士，以倡教育。会诏秋贡士，公戒有司，务公其选，躬视精核，擢章君陈为举首，章遂登甲科，后立朝为闻人；余悉时之髦彦，接武以取名第。西南文章，基此而盛”[⑦]。其精心组织科举考试，为朝廷选拔了一批具有真才实学的人才，也为西南地区士人在全国文化事业发展中占据突出地位，奠定了坚实的基础。

益州知州蒋堂也是亲自主持科举考试，“尝召高才硕生，会试府事，亲较才等，劝成学者”[⑧]。由于成都士人此时在全国各地州府中的人数跃居第一，其学业水平不相上下，竞争十分激烈。文彦博担任益州知州时，正

① 陈锴：《北宋解试考官制度述论》，《教育与考试》2019（6）。
② 《宋会要辑稿》选举15之4。
③ 《宋会要辑稿》选举15之9。
④ 陈锴：《北宋解试考官制度述论》，《教育与考试》2019（6）。
⑤ 《长编》卷103，仁宗天圣三年八月辛亥。
⑥ 《全蜀艺文志》卷45，张俞：《成都府学讲堂颂并序》。
⑦ 《全蜀艺文志》卷37，阎灏：《韩忠宪公祠堂记》。
⑧ 《全蜀艺文志》卷44，宋祁：《府学文翁画像十赞》。

值要向朝廷推选士人参加科举考试。此前选拔考试官员太过谨慎，官员们大多以工作繁忙为由相推脱；万不得已而被选中后，也想方设法地出难题来考试学生。有幸被选中的人，后来对此也多有怨言。文彦博十分重视考官的选择，从下属官员中选中了绵州罗江（今四川德阳市罗江区）知县石君。石君还没有到达成都，人们就认为，其确实是最佳人选。当榜上名单公布后，与人们心目中的胜出者完全一致，毫无异议。第二年登第者，占送选人数的十分之八九。听到这样的结果，使得人们对其选才工作的公正性非常叹服，“成都士人盛甲天下，其学术文章，平日常相高，不肯下服。文潞公镇蜀，当贡士。先时考官重其人，人亦多豫以他事解；不得已为之，须柬辑奥大深险之目以苦之，幸入等，少不毁已，旧常若此。潞公尤慎之，历计部吏，举无如公者，请公起。公未行，众已曰：‘其人矣。’及取士名出日，皆人常所愿其得之者，下帖然无一语。明年登第，十不遗一二，闻者无不嘉其精工”[①]。

据益州知州田况的记载，自宋太宗太平兴国年间（976—983）以来，益州登第进士已经蔚为壮观了。他于皇祐二年（1050）专门为此作了《进士题名记》一文，对益州科举进行了全面总结：“益州自太平兴国以来，登进士第者接踵而出。天圣、景祐中，其数益倍。至庆历六年，一榜得十八人，皇祐元年，得二十四人。它州来学而登第者复在数外。”因为“主学者议建荣名堂于宣圣殿之东北，尽题皇朝及第进士名刻于石柱，以示来者”，于是田况“喜闻而遂其请，又为之序”[②]。

张方平向朝廷提出，四川和岭南地区应该仿效礼部的考试方式，分别在成都和广州进行考试；在考试时，由本路转运使和知州担任监考官，在其下属官员中选择文学名望高者作为考试官，朝廷再派遣一名御史台官员出任监试官等建议：“臣伏请凡当秋赋之年，礼部既以三月上请，即颁示远方。其岭南、两川，即于中夏发荐。其预荐名者，岭南诸郡送广州，两川诸郡送益州，委二府如礼部式考试。当试时，本路转运使及州长吏监

---

① 文同：《丹渊集》卷36《屯田郎中石君墓志铭》。

② 《全蜀艺文志》卷36，田况：《进士题名记》。

考，于部郡选差文学才望有闻者为试官，朝廷特遣台阁臣僚一人传诣监试。比岁之杪，取令毕事，其当解人，即遣至都，附南省榜，送预廷试，其不预解人，即依到省叙举。其廷试下第者，既还本贯，许本路计使差充摄官。如此，则远人免崎岖之劳，寒士无废弃之叹，土俗以乡举而民劝，礼闱得人省而考精矣。”① 其建议当时不可能变为现实，但南宋时期四川地区实行的类省试与此却有惊人的相似之处。当然，二者之间的背景是大不一样的。张方平的建议是为了免除举人路途的辛苦，使贫穷的士人不会因为经济问题而留下遗憾，也使本地百姓形成更加重视科举考试的风气，以及减少礼部的工作负担。其良苦用心，可见一斑。

宋神宗时，蔡延庆和刘庠两位成都知府，先后依照传统惯例，对即将奔赴朝廷参加礼部省试的考生，举行了欢送宴会，当然，这也是对他们的一种激励，“成都素号多士，比比向学，亲逢熙明，率以治经求举。今年秋，既试于有司，而荐之礼部也，府帅蔡公约用旧章，敦励良俗，致礼以燕之”②。因为“成都诸进士，既中有司之式度，则藩侯为之设燕，赋诗宠行，相与属和，摹刻而传。循仍久之，号曰故事”，于是“今年秋，府帅刘公谓旧礼之不可废也，既燕之，遂以诗赠之，且述前人题柱夺标之事而劝励焉。盖好贤乐善之心，发于咏歌，则教存其间也”③。

政和二年（1112），成都知府吴栻向朝廷推荐蜀州小学生张道安，其中的缘由在于这位七岁神童能够准确无误地颂读经典，“蜀州小学生张道安年七岁，通诵《诗》《书》《易》《礼记》《周礼》《春秋》《论语》《孝经》《孟子》等书，无一字脱误。愿依近此，宠以一命”。其请求得到了朝廷的批准④。

总之，成都知府在解试中发挥了重要作用，做出了自己的特殊贡献。

2. 制科

制举是宋代选拔人才的重要手段。“制举，为科举项目之一。国有大

① 张方平：《乐全集》卷8《川岭举人便宜》。
② 吕陶：《净德集》卷13《鹿鸣燕诗序一》。
③ 吕陶：《净德集》卷13《鹿鸣燕诗序二》。
④ 《宋会要辑稿》选举9之25。

事，皇帝下诏求贤，临时设科目（如贤良方正能直言极谏，经学优深可为师法），召赴殿试，皇帝亲试策略，三千字为限。文词、义理俱优者中选，赐制科出身。”[①]

北宋时期，成都知府在制科考试中发挥了重要作用。华阳人李畋“性静退，不乐仕进，士大夫多称之，为张乖崖所器”，然后，“隐居永康军白沙山，后生从之学者甚众。任中正荐，乞赐处士之号，诏以为试校书郎。凌策又荐之，召授试怀宁主簿、国子监说书，改大理丞、知泉州惠安县。久之，以先所著未成，再乞国子监说书，以终其业”[②]。可见，李畋先后受到张咏、任中正和凌策三位成都知府的推荐，充分体现了其爱才惜才的高尚情怀。

大中祥符（1008—1016）末年，凌策担任益州知州，将任玠推荐给朝廷，“有谏议大夫凌公策莅蜀，闻先生之名，表荐于上。诏入京，先生进《龙图纪圣诗》一千韵，酬以汝州团练推官，三让，《辞官表》云：‘伏念臣早年发白，悲老态之遽臻；触事心阑，觉死期之将至。’乞授一子官，蒙圣恩与子偕任醴泉主簿”[③]。

宝元年间（1038—1039），蜀人龙昌期被“本路安抚使韩琦、知益州张逸、转运使明镐并曾奏举，遂授初命”[④]。文彦博也推荐了龙昌期，“龙昌期，陵州人，祥符中，别注《易》《诗》《书》《论语》《孝经》《阴符》《道德经》，携所注游京师。范雍荐之朝，不用。韩魏公安抚剑南，奏以为国子四门助教。文潞公又荐，授校书郎，讲说府学。明镐再奏，授太子洗马致仕”[⑤]。

庆历元年（1041），益州知州杨日严向朝廷推荐四川著名隐士张俞，“俞久居三秦，识敌形势，宜赐召问”。于是，“益州草泽张俞为试校书郎”。张俞“表请授其父显忠”，其请求得到了朝廷的批准。但是，他却

① 龚延明：《宋代官吏的管理制度》，《历史研究》1991（6）。
② 王辟之：《渑水燕谈录》卷6《文儒》，第73页。
③ 黄休复：《茅亭客话》卷10《任先生》。
④ 《全宋文》卷656，文彦博：《荐龙昌期札子》。
⑤ 王辟之：《渑水燕谈录》卷6《文儒》，第73页。

"隐居青城山，前后凡六诏敦遣，卒不起"①。其实，张俞先后被文彦博、田况、杨日严、宋祁四位益州知州荐举，他却始终不愿出仕，"今西洛丞相文公、左丞田公、故三司使杨公、故尚书宋公，相继守蜀，咸谓俞不可自弃于时，每欲论荐。俞必陈诚尽辞，冀安性命"②。

皇祐二年（1050），宋仁宗"制诏天下举孝廉有闻之士"，于是，益州知州田况"采石室诸生之议而表上之"，向朝廷推荐李甲，"布衣李甲，信谊急物，恺悌肥家，纯诚不浮，美行可述"，然后，"朝廷嘉之，而重其敦遣，诏即其家赐束帛羊酒，长吏劳问。一时士人欣慕焉，而孝廉之名，遂暴著于西南"③。

皇祐三年（1051），田况和宋祁分别向朝廷推荐房庶，"宋祁尝上所著《乐书补亡》二卷，田况自蜀还，亦言其知音"，于是，"益州乡贡进士房庶为试校书郎"④。

皇祐四年（1052），因为"杨日严知益州，又荐之，遂致仕。谢绝诸生，著《周易旨要》、《老佛杂说》十篇。于是翰林学士田况上其书，诏优加两官"，然后"太常丞致仕代渊为祠部员外郎"⑤。

宋仁宗时，章詧也先后被益州知州蒋堂、杨察、张方平、王素等向朝廷推荐，"庆历四年，枢密直学士蒋公堂以其书荐诸朝。皇祐三年，仁宗祀明堂，赐粟帛。四年，端明殿学士杨公察又荐之，除本州助教，恳避不拜。至和二年，宣徽使张公方平奏请以'处士'号旌之，不报。嘉祐四年，天章阁待制何公郯陛对，以疏论列，诏委转运使详定其实。时殿中侍御史赵公抃兼按一道，即以学行之懿条悉闻上，乃赐今号。翰林侍读学士王公素方牧是郡，遂命所居之乡曰'处士里'，曰'通儒坊'，曰'冲退'"⑥。确实，"王素、赵抃守蜀，皆宾礼之，赐冲退，素所请也"⑦。

---

① 《长编》卷133，仁宗庆历元年九月辛酉。
② 《成都文类》卷21，前人：《上吕龙图书》。
③ 《成都文类》卷43，缺名：《孝廉阁记》。
④ 《长编》卷171，仁宗皇祐三年十二月甲辰。
⑤ 《长编》卷172，仁宗皇祐四年五月丙午。
⑥ 吕陶：《净德集》卷28《冲退处士章詧行状》。
⑦ 《文献通考》卷208《经籍考三十五》。

总之，在科举考试的过程中，成都知府发挥了重要作用，做出了自己的独特贡献。

三、北宋成都知府与寺院宫观祠堂管理

北宋时期，成都知府与寺院宫观祠堂管理之间的关系，主要体现在兴修寺院宫观祠堂、选拔僧官、结交名僧、信奉神仙等四个方面。

1. 兴修寺院宫观祠堂

在兴修寺院宫观祠堂方面，成都知府的作用主要表现在修建寺庙、兴建宫观、兴修祠堂三种情况之中。

（1）修建寺庙

北宋时期，朝廷高度重视寺庙的修建工作。乾德四年（966），宋太祖“诏历代帝王陵庙皆给守户致祭，禁樵采，诸州长吏、县令佐常检之”①。开宝五年（972），因为“五岳四渎，典礼斯在”，于是下诏：“自今逐处长吏每月亲自检视，仍各以本县令兼庙令，尉兼庙丞，祀事一以委之。常须洒扫，务从蠲洁，无纵士庶辄有损败。”② 景德二年（1005），宋真宗“诏岳渎庙宇，自今所属知州、通判，每季一往案行，有隳损者，即时修葺”③。

在寺庙的修建过程中，成都知府发挥了重要作用。宋真宗时，益州知州任中正“以‘延福’旧称乃僭伪所署，露章上请，俞诏下临，特赐今名，弥光列刹。仍锡隙地，乃南其门，芝检贲于蘽林，云篆揭其标榜”，使觉城禅院面貌一新④。此外，大中祥符二年（1009），在任中正的奏请下，成都府所属的灵泉县瑞应院被宋真宗钦赐寺名⑤。

庆历五年（1045），益州知州文彦博与僚属一起扩建了江渎庙，“谓其僚曰：‘太祖皇帝始平蜀，崇庙制而新之。朝廷岁驰所署祝，再命刺史承

① 《长编》卷7，太祖乾德四年十月癸亥。
② 《宋大诏令集》卷137《五岳四渎庙长吏每月点检令兼庙令尉兼庙丞诏》。
③ 《长编》卷61，真宗景德二年十月戊子。
④ 《全蜀艺文志》卷38，王曙：《觉城禅院记》。
⑤ 《成都文类》卷38，前人：《灵泉县瑞应院祈雨记》。

祀惟谨。神实惠于民，民奉之不忘。又乐游池上，当乖崖时尤盛。’因相外门之东，得壖地二百步，别为醮设之宇，驿闻于朝而后蒇事”①。其间还巧遇江水上涨，大木顺流而下，从而将其修建得壮丽无比，“庆历中，公以枢密直学士知益州，听事之三日，谒江渎庙，若有感焉。方经营改造中，忽江水涨，大木数千章蔽流而下，尽取以为材。庙成，雄壮甲天下”②，当然，如果真有其事，也是纯属巧合。可见，为完成江渎庙的修建，文彦博作出了自己的一份贡献。

嘉祐年间（1056—1063），由于圣兴寺“三门之外，中除隙地，乃溲溺之场耳。溷濯委积，曾无隔阂，犬豕马牛，践蹂习常”，监寺大师文爽“因建白府帅”。于是，成都知府王素“乃命签书节度判官吴师服度地按视，利病昭然，若师之说不诬”，然后，文爽大师“自发私囊千六百缗，造外舍十有八间于三门左右序，且以护净。市民占止，月僦直万钱”，共同完成了圣兴寺护净门屋的修建工作③。

宋英宗时，成都知府韩绛组织兴建了西园圆通庵，“成都府西楼之西北隅，有庵曰圆通，中奉观音大士之像，乃治平初今史馆相韩公之所建也”。熙宁六年（1073），在韩绛修建的基础上，成都知府赵抃又对其进行了修葺，“予再守蜀之明年，以其庵庐编竹覆茅，岁凡一葺，完不能久，屡为风雨所挫。于是命工用楩楠瓦甓易而新之，又增饰其像而尊安之，作《圆通颂》六首，得和者一十八篇，因刻石于其右”④。

政和二年（1112），成都知府席旦向朝廷请求经费支持，为成都大慈寺扩建三刹，使之规模更加宏伟，“成都大慈寺曰圣慈，唐至德初所建也。合九十六院，地居冲会，百工列肆，市声如雷。政和二年冬，火其旁小院十有六。席公旦请于朝，颁缗钱改建超悟、宣梵、严净三刹，使学禅者居超悟，学律者居宣梵，学讲者居严净，而超悟则命僧文英主之。英承灰烬之余，鸠工庀徒，创建禅宇。凡为屋千楹，且阐龙宫具藏贝叶，规模恢

---

① 《成都文类》卷32，冯浩：《江渎庙醮设厅记》。

② 邵伯温：《邵氏闻见录》卷9，第97页。

③ 《全蜀艺文志》卷38，李大临：《圣兴寺护净门屋记》。

④ 《全蜀艺文志》卷45，赵抃：《西园圆通颂并序》。

敞，气象雄特”[①]。其实，“席旦借大慈寺被火时机，将其改并为超悟、宣梵、严净三院，吻合北宋中期以后加快推行禅、律分治的步伐”[②]。确实，“大慈寺既是当地非常重要的佛教庙宇，在普通民众心目中是极具影响力的，同时也是成都最为重要的商业贸易场所之一，更是当地举办各种世俗和宗教活动的著名寺院”[③]。

此外，成都知府还支持属县修建寺庙。康定二年（1041），郫县知县赵可度组织修建了丛帝新庙，益州知州任中师专门为此书写祭文，举行了热热闹闹的祭祀活动，百姓对此满心欢喜，“始作新庙成，益州牧乐安公命辞来祭。赵君乃躬执祀事，会民吏以享之，众始大悦”[④]。庆历元年（1041），因为“先是，布数上书论事，帝欲用之，吕夷简荐中师才不在布下，遂俱擢任”，然后“枢密直学士右谏议大夫知益州任中师、龙图直学士给事中知河南府任布并为枢密副使”[⑤]。由此可见，任中师的才能得到了朝廷的高度认可。

但是，并非成都知府提出的所有寺庙修建要求，都能得到朝廷的批准。宋神宗时，赵抃向朝廷请求修建新繁县崇光寺的太祖御容大殿，未获恩准。宋廷只允许修建一小屋，使用围栏加以保护。后来，经过走马承受赵选的请求，才得到修建殿宇的准允，“成都府新繁县御容殿者，始在崇光寺药师院。雍熙间，僧道辉画太祖皇帝御容于佛屋之后壁。熙宁六年，赵清献为成都守，请建殿奉安，神宗不许，但令设枝屋、栏楯以扃护之。元丰七年，走马承受赵选者，更具奏，得旨修建殿宇，创置门钥，官设监守，朝谒以时”[⑥]。其实，“熙宁六年（1073）赵抃的奏请，发生在他第三次入蜀主政期间，而他一生最为世人所称道的正是三度入蜀的政绩”。实际上，“‘御容’，也称神御、御像、御真等，一般指中国古代绘制或塑制

---

① 《成都文类》卷40，郭印：《超悟院记》。

② 段玉明：《唐宋大慈寺与成都社会》，《宗教学研究》2009（2）。

③ 游彪、胡正伟：《宋代地方官与佛教界之间的关系考论——以范成大蜀地任职为例》，《四川大学学报》2013（3）。

④ 《全蜀艺文志》卷37，张俞：《郫县蜀丛帝新庙碑记》。

⑤ 《长编》卷132，仁宗庆历元年五月辛未。

⑥ 《建炎以来朝野杂记》甲集卷2《郡国祖宗神御》，第82页。

的帝王、后妃以及宗教神圣人物的图像”①。

总之，北宋时期，成都知府在本府寺庙的修建中起着主要作用，成就卓著。

（2）兴建宫观

北宋时期，在宫观的兴建过程中，成都知府也发挥了重要作用。淳化年间（990—994），张咏在修建天庆观时，自己出钱增修了望仙阁，“修天庆观，以家财建一阁，榜曰望仙阁”②。

大中祥符五年（1012），担任益州知州的凌策，在朝廷要求全国修建道教宫观的大政方针指引下，修建了成都玉局观，“公以国家诏被溥天，诚归真教，聿遵虔奉，将务增修，飞章上闻，诏允其请。揆之以日，作于此宫，除旧创新，辟小为大。工无巨细，罔不经心，人之悦从，匪懈其力。东西广七十七步，南北长七十五步，中建三清殿七间，东厢三官堂、钟楼暨玉局洞屋，西厢九曜堂、太宗皇帝御书楼并斋厅、厨库、门屋、周回廊宇，共一百三十五间。未变槐檀，毕新栋宇，奢不逾制，俭而中规，不妨农时，不劳民用”③。

宋仁宗时，益州知州文彦博和宋祁也参与到宫观的修建过程之中。文彦博扩建了成都府朝真观，“观尝废于庆历，复兴于文忠烈公镇蜀之日”④。宋祁借助社会力量，修葺了集真观，“前府尹宋公祁俾青城山道士黄方中居之，府民句希广多出缗钱以缮葺，乃崇门屋，乃翼庑序，乃严神位，乃辟坛宇，恶俭鄙侈，得虚寂清净之胜焉”⑤。

治平三年（1066），成都知府赵抃游览学射山后，“喜游人之还然，复爱其地距城不一舍，而孤岭横出夷陆，景气殊旷绝，但谓宫室独与物不比称”，于是，他对成都知县李弼贤说道：“予与君其欲对人不愧中，在谋其完矣。”然后，“调匠度材，悉以良法。不烦公，不伤私，未逾时而已云事

---

① 黄博：《神御在蜀：宋代四川的御容奉祀与地方政治》，《北京社会科学》2017（4）。
② 苏辙：《龙川别志》卷下，第99页。
③ 《全蜀艺文志》卷38，彭乘：《修玉局观记》。
④ 魏了翁：《鹤山集》卷42《成都府朝真观记》。
⑤ 《成都文类》卷37，吕陶：《集真观记》。

毕矣。为三清殿，为张先生祠堂，为道宫斋馆，为燕宇便室，与凡所以可为之屋者，一一无不有，亡虑三十楹”。在他们的共同努力下，新修了学射山祠宇①。另外，赵抃“乃相玉局衍基，洁为灵场，筑垣缮宫，就完种胜”，为成都府玉局观新建五符幢②。

宋徽宗时，虞策扩建严真观，并向朝廷请求改观名为昊天观，但经过朝廷有关部门的查证，仍以严真观为名。后来的梁子野在朝廷要求购买土地，扩大其规模，并赐予空名度牒五十道作为买地和修建开支的情况下，诸司相互协作，共同营建，但直到吴栻时，才得以大功告成，“按观非节镇不听置，成都，剑南西川也，法应置。以故龙图阁直学士、知府事虞策卜府之西偏严真观广而新之。工未就绪，龙图阁直学士吕嘉问为策代，辄请置昊天观。事闻朝廷，至簿问于有司，昊天之请罢，复以严真观为今观。大观三年十二月甲戌，显谟阁直学士、知府事梁子野被御前旨，以观僻在城隅，湫隘隘浅，东有民圃与观相属，可购地益观。赐度牒之空名者凡五十，以其直给地券，且资营膳。一切费敕子野提举措置。敕内藏库使、权发遣成都府利州路兵马钤辖高伟专督役事。子野坪图会费以闻，得画许可，于是鸠工于四年三月戊午。明年三月己卯，臣承乏府事。四月甲寅，以工毕上”，从而使之成为一大胜景，“夫自剑阁而南，成都为大府。府之胜地，莫如严真”③。在虞策的基础上，经过梁子野和吴栻的前后相续，三位成都知府的共同努力，终于建成了成都道观之最的严真观。

此外，道藏的丰富完备也受到成都知府的重视。治平元年（1064），成都府郫县道士姚若谷“与其徒仇宗正、邓自和列言于府曰：‘释氏书遍满州县，而道家所录独散落不完，愿至京师，得官本以足其传’”，于是，成都知府韩绛“以其状闻，且言蜀之名山秘洞胜景为多，而道家书不完，无以奉扬清净之风”，然后，“有诏即建隆观给官本以足其传。凡得五百帙、四千五百卷，溢于唐者又千九百二十二卷，可谓完且备矣”，使崇道

① 文同：《丹渊集》卷24《成都府学射山新修祠宇记》。
② 《全蜀艺文志》卷38，前人：《新建五符幢记》。
③ 《全宋文》卷2238，吴栻：《成都府天宁万寿观碑》。

观的道藏书籍得到了很大的丰富①。

（3）兴修祠堂

北宋时期，成都知府开展了较多的祠堂修缮工作。宋仁宗时，益州知州文彦博高度重视祠堂的建造。因为縻枣堰的“堰脊旧有神宇，榜曰‘龙堂’，俚而且巫，义不足训”，他“以为思人爱树，《国风》所由著美，今中山之德入人深如是，而庙貌弗建，实前所阙”，于是，“因易新制，敞刘公祠堂其上，为里禜水旱、报丰穰之所”，修建了縻枣堰刘公祠堂②。

宋仁宗时，鉴于“皇朝典是邦者，多为民祷雨获应，故其祠益严”的情况，益州知州田况增修龙祠，以谢神灵，“先是，祠之中扉前皆不屋，蒿榛污塞，垣墙缺然。因命斡集工徒，虑物材，增完而敞大之，以答神之休。”③ 此外，鉴于“成都诸葛孔明祠古柏，年祀浸远，乔柯钜围，蟠固凌拔，有足异者”的情况，他“因命工图写，备述本末，以贻好事者。自三分讫今，八百余龄矣”，以示对神奇古柏的敬意④。

嘉祐四年（1059），王素出任成都知府。鉴于“自乾德三年距嘉祐四年，守是邦者三十九人，皆巨公硕望。政孚惠洽，镇安远俗，诚有赖焉。惟清河尚书张公乘狂寇之余，负济时之术，制权臣，平乱阶，庸蜀底定，吾民汔康。恩沦骨髓而不竭，信坚金石而不变。一言一话，谈之者以为美；一举一动，守之者不敢逾。何其德之重、才之杰也”的情况，虽然“张公勋业在人”，但是“祠尚未立，阙孰甚焉？”于是，他“因谕从事兴起之。会钤辖营东署，材具而待岁月之便。至和中，增巡检司，废而不居，合二宇而成之。不掊民力，不夺农时，无可得而讥也”，为张咏修建了祠堂⑤。祠堂规模宏大，壮丽异常，“翰林侍读学士太原王公牧成都，以乖崖之昔守于益也，丰功茂烈，浸灌其下”，然后“卜地营宇，壮伟宏丽”⑥。

---

① 《全蜀艺文志》卷38，范镇：《崇道观道藏记》。

② 《全蜀艺文志》卷37，何涉：《縻枣堰刘公祠堂记》。

③ 《成都文类》卷32，田况：《益州增修龙祠记》。

④ 《全蜀艺文志》卷40，田况：《古柏记》。

⑤ 《成都文类》卷34，缺名：《张忠定公祠堂记》。

⑥ 《成都文类》卷13，赵抃：《九河尚书祠堂诗并序》。

纪念张咏的祠堂落成典礼非常隆重，“府帅侍读王公素始大建祠于府治之东。落成之日，人无幼艾，争捧牢酒，或喜或泣，列拜于庭，虽周人之思召公，襄人之思羊叔子，无以加焉。既又取公治蜀断语可为后世法者，凡百三十首，图于壁。呜呼！公之治可谓有功德于蜀人，而蜀人怀公德善亦可谓不忘者矣”，表达蜀人对张咏治蜀功绩的由衷敬意①。

宋仁宗、英宗之际，在蜀人的强烈要求之下，成都知府韩绛为其父韩亿修建了祠堂，以表百姓的感激之情，“谓忠宪公之祠不修，为蜀之愧，愿即文翁庙之南宇为一室，绘犀日之表，而以端明公侍其旁，庶西南人事之无穷，以大朝廷用世德之盛，其不可辞。端明公曰：‘众之请至矣，矧利义无疑。’遂许之，而止其图己像。堂序朴严，绘事庄洁，毅如岳镇，焕如星辰，凭凭威灵，万世瞻仰”②。

熙宁年间（1068—1077），成都知府赵抃得知西汉大司空何武“宅兆四周，化为畦塍，贫夫力耕，殆至穿夷，所赖以知者，特二石柱尔”的情况后，“乃吁有司移告于郫，俾治厥封，俾建厥祠”，在郫县县令施睿的组织下，修建了何公祠堂③。

宋神宗时，成都知府刘庠对张咏的祠堂进行了修缮，“龙图阁学士刘公又从而洁完之，庀事益光”④，并且，“新乖崖张公祠，为书韩忠宪公碑立祠下，慰蜀人之思，皆有助于治体也”⑤。

仍然是宋神宗时期，吕大防“复作草堂于先生之旧址，绘先生之像于其上”。宋哲宗时，胡宗愈“录先生之诗，刻石置于草堂之壁间。先生虽去此，而其诗之意有在于是者，亦附其后。庶几好事者，于以考先生去来之迹云”⑥。对于杜甫草堂的发展而言，他们两位成都知府都分别做出了自己的贡献。

此外，胡宗愈重建了蒋堂的东斋，“宗愈假守于此，得公东斋之诗，

---

① 《全蜀艺文志》卷37，王刚中：《张忠定公祠堂记》。
② 《全蜀艺文志》卷37，阎灏：《韩忠宪公祠堂记》。
③ 《全蜀艺文志》卷37，侯溥：《郫县汉大司空何公祠堂记》。
④ 《全蜀艺文志》卷37，杨天惠：《张忠定公祠堂记》。
⑤ 吕陶：《净德集》卷21《枢密刘公墓志铭》。
⑥ 雍正《四川通志》卷44，胡宗愈：《成都草堂诗碑序》。

求昔之所谓东斋，已废圮而不存。公之志泯泯无所考，为之复东斋于显斋之偏，刻公诗于其上”①。

元祐三年（1088），有人指出“蜀有学自文翁始，本朝郡邑有学自范文正公始”，于是成都知府李之纯为范仲淹兴建了范文正公祠堂，“李公乐其请，命工成之于礼殿之东，与石室对峙焉”②。换言之，“到宋哲宗元祐三年（1088 年），李之纯来知成都府，又在礼殿的东面专门辟建范文正公祠，‘与石室相对峙’，成为成都府学劝勉士子的又一重要场所”，并且，“成都府学将‘庆历兴学’的倡导者范仲淹立祠纪念，为‘庆历兴学’推动成都府学的发展画上了圆满的句号”③。元祐四年（1089），李之纯“依旧知成都府，任满再任”④。元祐五年（1090），“知成都府、宝文阁直学士李之纯为户部侍郎”⑤。可见，朝廷对他给予了特殊的奖励和高度的肯定。

崇宁四年（1105），在岁月的洗礼之下，张咏的祠堂又出现了破败不堪的情况。成都知府虞策“亟下令华阳如其请，且以知县事李君孟侯董匠事”，“凡葺屋七十楹，度堂十九，竭作十旬，百堵用成。寝宫闷清，墙户鲜整，气色明喜，灵观忽还”。同时，“又以虞公之德为与公合也，辄绘生祠而置堂中央，并取同时部使者一二大人像离列其次”，从而将张忠定公祠堂修葺一新⑥。虞策“入为吏部尚书”⑦，得到了朝廷的提拔。

确实，“学校之外，各类祠庙也是古代统治者推行教化的重要场所，由于祀神祭祖事关信仰与教化，并借以强化基层控制的大事，因此历来被地方官视为临民施政的主要方面，祠庙建设自然也是地方民政的重要内容之一”⑧。成都知府主持兴修的寺院、宫观以及祠堂等建筑设施，也为这里留下了丰厚的文化遗产。

---

① 《成都文类》卷 26，胡宗愈：《重修东斋记》。
② 《全蜀艺文志》卷 37，家安国：《范文正公祠堂记》。
③ 粟品孝等：《成都通史　五代（前后蜀）两宋时期》，第 276 页。
④ 《长编》卷 429，哲宗元祐四年六月丁巳。
⑤ 《长编》卷 443，哲宗元祐五年六月丁酉。
⑥ 《全蜀艺文志》卷 37，杨天惠：《张忠定公祠堂记》。
⑦ 《宋史》卷 355《虞策传》。
⑧ 祁琛云：《宋代地方建设危机及其应对研究》，《河南大学学报》2016（2）。

2. 选拔僧官

在一般情况下，“宋代州一级僧司设有僧正、副僧正、僧判等僧职”。其选拔程序是明确的，“宋代地方僧官的选举通常由知州、通判从所辖地区僧侣中选拔，然后申报转运司，转运司审察通过后上报朝廷，由中央机关颁降任命书后正式由某僧就任地方僧职”①。太平兴国元年（976），户部郎中侯陟上言：“沙弥童行剃度文牒，每道纳钱百缗，自今望令罢纳，委逐处据名申奏，于祠部给牒送逐处。”于是，宋太宗“诏祠部实封下本州，令长吏与本州判官给付。”② 大中祥符八年（1015），宋真宗下诏：“今后诸州、军、监僧道正有阙，委知州、通判于见管僧道内从上选择。”③ 天禧三年（1019），又诏：“三京及诸路州军委知州军、通判等，据今来普度僧尼，催促逐处并与开坛受戒。”④ 宣和元年（1119），宋徽宗降诏：“天下见住持长老，可委逐州军守臣取索姓名，并赐师号，如有师号者，添两字。”⑤ 宣和四年（1122），又诏：“今后应神霄宫知、副有阙，听逐处于道士内，不以有无官品，推举实学业素著、为众所推之人，本州守贰审察保明，降敕差补。”⑥

北宋时期，在僧官的选任过程中，成都知府发挥了重要作用。宋太祖时，秘书少监德琦“建白知府侍郎吕公余庆，请灵龛山谂谭禅师住持。谭传小师懿爽，爽传德严，为都监寺”⑦。嘉祐二年（1057），益州知州宋祁“始令长老齐海开堂演法，十方住持”⑧。嘉祐三年（1058），邛州知州李大临“惜此伽蓝遂入民籍”，然后“乃以状闻于太师、端明殿学士宋公祁，愿以本郡白鹤山中谿禅师淳用主之”。然后，宋祁“隆法向善，乐受，乃请尽举其地以畀于师”⑨。治平二年（1065），成都知府韩绛“命纪师嗣领

① 游彪：《论宋代中央和地方僧官体系及其特征》，《河北大学学报》1994（4）。
② 《宋会要辑稿》道释1之14。
③ 《宋会要辑稿》道释1之11。
④ 《宋会要辑稿》道释1之23。
⑤ 《宋会要辑稿》道释1之7。
⑥ 《宋会要辑稿》礼5之6。
⑦ 《全蜀艺文志》卷38，吴师孟：《大中祥符禅院记》。
⑧ 《全蜀艺文志》卷38，冯京：《嘉祐禅院记》。
⑨ 《全蜀艺文志》卷38，文同：《邛州凤凰山新禅院记》。

其众”，任命其为成都府嘉祐禅院住持[①]。宋神宗时，“知府、龙图刘公庠以今都表白赐紫惟古，净行纯裕，缁白信向，特给符牒，俾之住持”[②]。

3. 结交僧道

北宋时期，成都知府与名僧和道士之间的关系是比较密切的，也是符合朝廷规定的。景祐三年（1036），宋仁宗“诏诸州军宫观、寺庙在城外当朝拜者，知州、通判、幕职官自今听更往。其兵马都监、监押毋得与”[③]。实际上，“宋代地方官员参与任职地的宗教活动甚至可以说是极为重要的行政过程”[④]。

宋真宗时，益州知州张咏“成都还日，临行封一纸轴付僧文鉴大师者，上题云：‘请于乙卯岁五月二十一日开’”，后来到大中祥符八年（1015），文鉴大师将之交给益州知州凌策，并且说道：“先尚书向以此嘱某，已若干年，不知何物也，乞公开之。”于是，“洎开，乃所画野服携筇，黄短褐，一小真也”，凌策觉得太神奇了，“于大慈寺阁龛以祠焉”[⑤]。另载，张咏“疡生于首，祷于龙兴观，夜梦昔年神和子告之曰：‘头疮勿疑，不是死病。’及觉，语道士文正之尝收得郑韶处士《赠神和子歌》，因索而阅之，益异其事”。因此，“公乃建大阁上下十四间，号仙游阁，歌至今刻石存焉”。后来，“公离蜀日，以一幅书授蜀僧希白，其上题‘须十年后开’。其后公薨于陈，凶讣至蜀，果十年”[⑥]。具体而言，“张尚书守蜀，人心大安，及代去，留一卷实封与僧正云：‘俟十年观此。’后十年，公薨于陈州。讣至，开所留文字，乃公画像，衣兔褐，系草绦，自为赞曰：‘乖则违俗，崖不利物。乖崖之名，聊以表德。’遂画像于府治及寺观中”[⑦]。

此外，张咏在属县温江（今成都市温江区）给予寿宁院以四夫之田作

---

① 《全蜀艺文志》卷38，冯京：《嘉祐禅院记》。

② 《全蜀艺文志》卷38，吴师孟：《大中祥符禅院记》。

③ 《长编》卷119，仁宗景祐三年十二月辛酉。

④ 游彪、胡正伟：《宋代地方官与佛教界之间的关系考论——以范成大蜀地任职为例》，《四川大学学报》2013（3）。

⑤ 文莹：《湘山野录》卷上，第4页。

⑥ 吴处厚：《青箱杂记》卷10，第108页。

⑦ 范镇：《东斋记事》补遗，第45页。

为发展用地，益州知州马知节还请求朝廷赐予院名，“其为生者，有温江四夫之田，始于张忠定公咏之所畀，而成于马正惠公知节之所奏。此其所为日盛也。初，淳化寇窃之后，院为废田，吏民植碑乎其中，以颂上德。于是内臣王继恩领招安。而忠定作镇，乃议蒐择名行僧，使管是碑，而得僧希白。遂奏求赐今院名”[①]，“寿宁院”就此得名。

当然，张咏与僧人之间的交往，具有很强的原则性，“乖崖公在蜀，设厨刲羊及百，口具毛角，召行人估价，纳钱送一僧院，令与羊子转经。有一学禅僧得钱来谢，公与之坐，且曰：‘微僧自来不转经，昨日亦为羊子转经两卷。’公厉声曰：‘和尚转则便转，和尚转不得，便莫转，为甚恰为羊子转？’呵起之。公动不容佞，皆若此类”[②]。当“有术士上谒，自言能煅汞为白金”的时候，张咏“即市汞百两俾煅，一火而成，不耗铢两”，于是，“立命工锻为一大香炉，凿其腹曰：‘充大慈寺殿上公用。’寻送寺中”[③]。这些神奇故事的背后，反映出了张咏与宗教人士之间的密切关系及其高尚的价值取向。

宋仁宗时，益州知州张逸与文鉴大师之间的关系更加随意自然，“张逸密学知成都，善待僧。文鉴大师，蜀中民素所礼重。一日，文鉴谒张公，未及见，时华阳主簿张唐辅同候于客次。唐辅欲搔发，方脱乌巾，睥睨文鉴，罩于其首。文鉴大怒，喧呶。张公遽召，才就坐，即白曰：‘某与此官人素不相熟，适来辄将幞头罩某头上。’张公问其故，唐辅对曰：‘某方头痒，取下幞头无处顿放，见大师头闲，遂且权顿少时，不意其怒也。’张公大笑而已”[④]。由此可见，张逸与文鉴大师之间的关系非常融洽。

庆历七年（1047），益州知州文彦博对僧人怀信请求恢复扬雄墨池的建议进行讨论时，被调回朝廷，这件事情也被搁置了下来。成都提点刑狱高惟几在考察此事后感慨良多，于是在益州知州程戡的领导下，完成了墨

---

① 《全蜀艺文志》卷38，侯溥：《寿宁院记》。
② 江少虞：《宋朝事实类苑》卷44《仙释僧道・张乖崖》。
③ 魏泰：《东轩笔录》卷10，第110页。
④ 彭乘：《续墨客挥犀》卷3《张密学善待僧文鉴》，第444页。

池准易堂的修葺工作，并绘扬雄画像于堂内[①]。

宋仁宗时，张方平与道士之间有过巧遇，“张安道知成都，日以医官自随。重九，请出观药市，五更，市方合而雨作，入玉局观避之。至殿上，见一道人临阶而坐。往就之，相问劳已，道人曰：‘张端明入蜀，今已再矣。’医曰：‘始一至蜀耳。’曰：‘子不知也。凡人元气重十六两，渐老而耗，张公所耗过半矣。吾与之夙相好，今见子，非偶然也。’解衣裾出药两圆，曰：‘一圆可补一两气’”[②]。

宋英宗时，赵抃与李道士的关系密切，“治平初，龙图阁直学士赵公抃镇成都，有张山人者，不知所居，数至李道士舍。一日，语李曰：‘白龙图公促治装，行当入觐，且参大政矣。’赵闻而异之，喻李令与俱来。”后来不久，赵抃“果膺召命，乃参政柄”[③]。

此外，赵抃还与成都僧人多有交往，“赵抃知益州时，寺僧有能琴者，见知于公，作琴轩诗赠之”[④]。圆明大师敏行（1044—1100），也称无演，“从诸儒讲学，于书无所不读，于文无所不能，倍受府帅赵抃的器重，请其登坛讲法”[⑤]。确实，“彼无演子，少师佛图。翘翘秀整，籍籍多誉。下笔文采，开口诗书。大乘探赜，顿教谘诹。将坠之势，我持我扶。有轩孰名？以‘蒙’命诸”[⑥]。

元祐年间（1086—1094），成都知府李之纯“俾僧司会寺宇之数，因及绘画，乃得其详。总九十六院，按阁、殿、塔、厅、堂、房、廊无虑八千五百二十四间，画诸佛如来一千二百一十五，菩萨一万四百八十八，帝释、梵王六十八，罗汉、祖僧一千七百八十五，天王、明王、大神将二百六十二，佛会、经验、变相一百五十八，诸夹纻雕塑者不与焉”[⑦]，详细掌握了大慈寺的基本情况。

---

① 《全蜀艺文志》卷39，何涉：《墨池准易堂记》。
② 苏辙：《龙川别志》卷下，第100页。
③ 王辟之：《渑水燕谈录》卷4《高逸》，第48页。
④ 曹学佺：《蜀中广记》卷8《名胜记第八·川西道·简州》。
⑤ 段玉明：《宋代成都佛教考论》，《宗教学研究》2014（3）。
⑥ 《全蜀艺文志》卷44，赵抃：《蒙轩铭》。
⑦ 《成都文类》卷45，李之纯：《大圣慈寺画记》。

可见，北宋时期，成都僧道人士凭借高超的智慧，与外地而来的成都知府之间，建立起了密切联系，有利于促进其更快更好地了解这里的真实情况，也更加有助于其实现建功立业的梦想。

（4）信奉神仙

由于科技发展水平的限制，一些成都知府还信奉神仙之说。淳化五年（994），张咏出任益州知州，终于“找到”了自己魂牵梦绕的神和子，“日暮，出东庑下，得一小迳，入，得一小院。堂中四壁，多古人画像，扫尘视之，中有一道人，仿佛逆旅所见，题曰神和子。公怅然自失，所见正此也”①。

宋哲宗时，蔡京还给成都带来了毛女神崇拜，“蔡元长自长安易镇西川，道出华山，旧闻毛女之异，默祁一见。向晚，从者见岳庙烧纸钱炉中有物甚异，以告。元长亟往视之，乃一妇人也，遍身皆毛，色如绀碧，而发如漆，目光射人，顾元长曰：‘万不为有余，一不为不足。’言讫而去，其疾如飞。既至成都，命追写其像以祀之”②。这就是“蔡京知成都府时，路过华山，见毛女灵异，就将毛女像带到成都供奉，成都遂出现毛女神崇拜。此为外来神祇对成都本地信仰产生影响的一个例证”③。事实上，“祠祀事务是地方政府借助神权实施精神统治的重要内容”④。

总之，在文化教育事业管理方面，北宋时期的成都知府发挥了举足轻重的作用，取得了彪炳史册的辉煌成就。

第二节　南宋成都知府与文教事业管理

进入南宋以后，四川地区逐渐成为抗击北方少数民族政权进攻的前线，战争事务日益频繁。尽管如此，在文化教育事业管理方面，兼任本路

---

① 苏辙：《龙川别志》卷下，第99页。

② 王明清：《投辖录·毛女》。

③ 粟品孝等：《成都通史　五代（前后蜀）两宋时期》，第546页。

④ 石悦：《宋代州县官职务交割述略》，《浙江学刊》2018（5）。

安抚使的成都知府和兼任成都知府的四川制帅，都付出了巨大的努力，取得了突出的成就，做出了重要贡献。南宋时期，成都知府与文教事业管理之间的关系，仍然体现在学校教育、科举考试和寺院宫观祠堂管理三个方面。

一、南宋成都知府与学校教育

南宋时期，在学校教育方面，成都知府发挥了重要作用，主要包括兴修学校、增加学田、刊刻石经、激励学子、荐举贤士等方面。

1. 兴修学校

在兴修学校方面，不论是兼任本路安抚使的成都知府，还是兼任成都知府的四川制帅，都发挥了自己的独特作用。

先看兼任本路安抚使的成都知府。绍兴十三年（1143），宋高宗“诏宝文阁学士知成都府张焘依所乞提举江州太平观，徽猷阁待制李璆知成都府”。张焘任成都知府期间，“修文翁旧学，时与诸生讲论经旨”[①]。

再看兼任成都知府的四川制帅。宋高宗时，面对“府学礼殿，东汉兴平中所营，最为旧物。崇宁中，推行三舍法，又建新学，连甍接栋，几至万础。遭时多故，生师之庐，日入于坏”的情况，四川安抚制置使兼知成都府王刚中“属九县修复之”，同时“蜀之父兄欲进子弟于学者，争出钱以佐财费”，从而使成都府学“轮奂一新，尽复其旧”[②]。当然，主要还是使用政府财政开支，对之进行了大规模的改造，“亟命度材计工，涓吉肇事，力不民役，费不民取，易腐败而新之，与新作而补其阙，凡四百楹，皆敞豁靓深，精坚严贲”[③]。确实，“王刚中治蜀时期不但扩大了校舍面积，而且还有当时著名学者李石出任府学教授，其对府学的发展有更大的推进作用”[④]。

成都府学自西汉时期文翁治蜀以来，历经千年风霜，特别是在宋徽宗

---

① 《要录》卷150，绍兴十三年九月丁丑。

② 孙觌：《鸿庆居士集》卷38《宋故资政殿大学士王公墓志铭》。

③ 《全蜀艺文志》卷36，冯时行：《修成都府府学记》。

④ 粟品孝等：《成都通史　五代（前后蜀）两宋时期》，第278页。

崇宁兴学时的空前扩建使其十分壮观。但是，进入南宋以后，尽管也有一些成都知府留意于此，如前述的王刚中可谓用力甚勤。然而，大多数人则是例行公事，即使进行修建改造，也因为管理不善，致使工程屡建屡坏。淳熙二年（1175），四川制置使兼知成都府范成大精打细算，严加管理，全面大修，经过一年多的建设，成都府学变得异常厚重壮观，使之成为西南第一，“淳熙二年六月，敷文阁待制范公自桂林移镇全蜀。始至，谒先圣，率诸生列拜庭下，览古叹息。顾见屋室陊剥，木老石腐，则慨然欲兴废。于是诹画讲度，核经费虚实，选吏程督，刮绝蠡蠹。自礼殿、石室与今学官讲诵之舍、师儒之室，黝黯缺落，风雨入而鸟鼠宅者，皆撤新之。盖逾年而役休，沉沉翼翼，严靓宏固，为西南冠。公来新学，延见多士，与耆儒宿师，考难疑义，训诲熟复”[①]。确实，“宋孝宗淳熙二年（1175年），敷文阁待制范成大出镇全蜀，兼知成都府，再次对府学进行了大修”，不过，“范成大的这次修建尽管规模不小，但只是翻新而已，并没有扩大校舍面积”[②]。

宋孝宗时，针对学生人数不断增加和学舍严重不足的问题，四川制置使兼知成都府陈岘在崇宁兴学之后遗留下来的废弃旧址上，新建二十八间房屋，分为四大区块，开辟了四十八个窗户。这样一来，成都府学的办学条件大为改善，吸引了更多的学员来此求学。这次修建的费用总计近二万缗钱，丝毫没有向百姓索取，“成都学者日增，统帅陈侯惧学宫不足以容，乃即公堂之左右更筑崇宁废址。新为屋二十八楹，分为四斋，疏为四十八窗。高爽靖深，学者益趋焉。总其费为钱一万九千缗有奇，经始于去冬，落成于今春，而秋毫弗以烦民，此美事也”[③]。

据载，成都府学在崇宁兴学时，因过于注重外观壮美，致使后世连年维修。其间虽有纠偏矫失之举，如王刚中、范成大等四川制帅都功不可没，但却没有断根绝本，很难持久。宋孝宗、光宗之际，四川安抚制置使兼知成都府京镗决意毕十年之功于一役，对成都府学进行了几乎是脱胎换

① 《全蜀艺文志》卷36，杨甲：《修学记》。
② 粟品孝等：《成都通史　五代（前后蜀）两宋时期》，第280页。
③ 《全蜀艺文志》卷36，李焘：《新修四斋记》。

骨的改造，以其见识而言，堪称当时全国郡学第一，“成都自崇宁改建学宫，厥初取具观美，不遑久远计，以故缮治无宁岁。淳熙初，辅教授府学。九年夏，复以事至成都。所目击者，七八年间已两更大创葺，皆刻石纪事，则其余盖可以类见。上践祚之岁，敷文阁待制、豫章京公自工部侍郎来牧全蜀。夏四月始至成都，即学延见诸生，阅实具得其状，则叹曰：‘屋大而干弱，是愈葺愈弊。若损十年之费，撤而新之，可得大治，且持久不败。’于是，决意庀事，风雨奋发，役不累月而就。由东序而入者，旁行复为两序，序为斋庐者四。由西序而入者亦如之，而又通庑，以达其往来”，并且，“可度崇宁所创，至是撤去殆尽，而新学于是大备。其尝经行四方者，以为举天下郡国所无有。呜呼，可谓盛矣。惟成都学宫远有所自，今四蜀之士，千里毕赴。岁二月待试而入，逆旅无余馆，则舍于旁民居者多至数千计”，把宋代成都府学修缮的工作推向了极致。京镗以兴学为当务之急，“公之所以未及下车，大建新学，诚可谓治蜀之当务”。其中，充分体现了“以安静为本”的施政理念，“公名堂，字仲远。博大明敏，治蜀四年如始至。其治以安静为本，遇有所建立，类宏伟如公为人，而学宫特其一尔”①。京镗自己对此也感到欣慰，“余来成都，学宫攲倾欲压，已改筑栋宇，人谓自成均而下，无此壮观，似足以侈文翁化俗之万分”②。

正如史学家李心传所言：“郡国之学，最盛于成都。”③ 确实，“上述南宋几次府学校舍的建设主要以翻修为主，新建相对有限，真正大规模地对北宋后期‘崇宁新学’进行脱胎换骨式改建的，则是由宋光宗即位之年（淳熙十六年，1189 年）出任四川制置使兼知成都府的京镗所为”。于是，“成都府学成为当时全国最大的地方学校”④。绍熙二年（1191），宋光宗“诏敷文阁待制、四川安抚制置使兼知成都府京镗除宝文阁待制再任，特

---

① 《成都文类》卷 30，杨辅：《重修创府学记》。

② 《全蜀艺文志》卷 33，京镗：《驷马桥记》。

③ 《建炎以来朝野杂记》甲集卷 13《蜀学》，第 280 页。

④ 粟品孝等：《成都通史　五代（前后蜀）两宋时期》，第 280—281 页。

赐带”[1]，对其政绩予以高度的肯定和表彰。

宋宁宗时，鉴于成都府学“周公之祀遂废，然旧像犹存”的情况，四川安抚制置使兼知成都府袁说友“乃为殿祀之”，修缮了周公礼殿[2]。

仍然是宋宁宗时期，在四川安抚制置使兼知成都府崔与之的举荐下，吴昌裔担任华阳知县，吴也对本县县学进行了维修，“制置使崔与之荐之，改知华阳县。修学宫，来四方士，斥羡钱二十万缗，买良田备旱”[3]。

2. 增加学田

在增加学田方面，不论是兼任本路安抚使的成都知府，还是兼任成都知府的四川制帅，都做出了自己的贡献。

先看兼任本路安抚使的成都知府。成都府学的学生人数，在熙宁年间达到五百人，“惟熙宁中，弟子员至五百”。后来，废除三舍法，学生数量减少至百五十人，“自三舍法罢，学之士益落，仅至百五十人”。宋高宗时，张焘把它发展到三百人，并增加其学田，“至张焘尚书，增其员至三百，括隐田以廪之。然亦岁去岁来，阅春秋二补试，滥食而惰实业者未容尽去，学司之籍更为玩文矣”。然后，逐渐增加到八百人，“会科举前之一岁，士愿肄业者众，学官以岁有限员，为守请于两提举学事司，则愿补其廪入之不足而无拒其来。由是听以岁补入之，数至八百余员”[4]。

再看兼任成都知府的四川制帅。隆兴元年（1163），四川安抚制置使兼知成都府沈介“未浃日，诣学宫，延访诸生，考察艺能，升堂者五百余，济济訚訚”，但是，“一岁之入，不周于用”。他“于是慊然，求所以滋殖之。逾年乃济，有田千五百四十九亩，屋十有六区，广狭之度，多寡之入，私有契券，官有版籍，皆命付之学官，计所增益，视曩者又倍焉”，然后，“又举库钱四千缗充之”，充分体现其对成都府府学的大力支持[5]。

开禧三年（1207），吴猎出任四川安抚制置使兼知成都府，“自公再命

① 《宋会要辑稿》礼 62 之 82。
② 曹学佺：《蜀中广记》卷 1《名胜记第一・川西道・成都府一》。
③ 《宋史》卷 408《吴昌裔传》。
④ 《全蜀艺文志》卷 41，李石：《左右生徒记》。
⑤ 《成都文类》卷 30，梁介：《增赡学田记》。

作帅，未及下车，则曰：‘兴学校，正人心，非第一义乎？’于是，揭《白鹿学规》以道学者趋向，刊《程氏遗书》《经学》使知渊源所自。朔望必至学宫，亲与诸生周旋，又择知经者俾与诸生陈说大义”。并且，他还“动容貌，出词气，訚訚侃侃”，使得“观者叹息，闻者兴起，士风为之一变焉”。针对“石室之学通养六十州之士，至是来者甚众，学廪将乏”的困难窘境，恰好“有富室之田当籍于官者”，有人说“归之有司可济用度”，他却认为：“如此是利之也，所益几何，而所损多矣。”然后，“以其半继绝，以其半养士”①。

宋宁宗时，针对“舍选之名虽美，而教养之数十减其六七，教官往往以学粮之羡，为媚上之资”的问题，成都府学教授高崇向四川安抚制置使兼知成都府崔与之提出：“请罢舍选法，复养士田。”②

毫无疑问，“当时四川北部边防压力很大，军费负担很重，而地方政府依然能拿出这么多的田产和库钱来投入教育，十分难得！”③ 其中，兼任成都知府的四川制帅，所做出的贡献最为突出。

3. 刊刻石经

在刊刻石经方面，成都知府所发挥的作用，也是不可忽视的。宋高宗时，在北宋成都知府王素的基础上，四川安抚制置大使兼知成都府席益“又尝摹其容貌、名位可别识者一百六十八人于石经堂”④，并且，“齐永明十年，刺史刘悛画殿壁，器服如《三礼图》。席益模本于石经堂”⑤。他还继续北宋时期成都知府胡宗愈和席旦所开展的工作，增葺石经堂，以贮图籍，旨在于为国家培养更多的人才，“率僚属及诸生释菜于学，见藏经之堂已就倾圮，爰鸠工庀材，鼎而新之。非饬观瞻，庶几俾石经图籍不虞风雨之剥蚀，而学官弟子得以讲习传授，经明行修，为国家储其材也”⑥。

乾道六年（1170），四川安抚制置使兼知成都府晁公武将《古文尚书》

---

① 度正：《性善堂稿》卷11《敷文阁直学士安抚制置使长沙吴公生祠记》。
② 魏了翁：《鹤山集》卷88《知黎州兼管内安抚高公崇行状》。
③ 粟品孝等：《成都通史　五代（前后蜀）两宋时期》，第279页。
④ 《全蜀艺文志》卷10，李石：《府学十咏·礼殿晋人画》。
⑤ 《全蜀艺文志》卷10，李石：《府学十咏·齐人画礼器》。
⑥ 《全蜀艺文志》卷36，前人：《府学石经堂图籍记》。

“取以入石”，然后，再由“教官张大固等监刊”[①]，“至此，历时320年的‘蜀石经’终于刻毕。这就进一步丰富了府学石经的内容，有助于府学师生对儒家经典的学习和鉴别”[②]。

除了刊刻石经之外，对石经进行妥善的保存，也是一件非常重要的事情。淳熙四年（1177），胡元质担任四川安抚制置使兼知成都府。他筑石经堂安置经版，有功于世，“公每以天下自任，推六经精微，寓诸日用，至于屋壁所藏、残编断刻，收拾无遗。常叹石经隶画最古，旁搜博访，合诸家所藏，得蔡中郎石经四千二百七十字有奇，以楷书释之。又得古文、篆、隶三体石经遗字八百一十九，并镵诸石，永贻不朽。”[③]

此外，儒家经典的刊刻，也有助于促进其传播与普及。宋孝宗时，赵汝愚还组织刊刻《孟子集注》，“赵忠定公帅蜀日，成都所刊则十易六七矣”[④]，非常有利于进一步推动学术思想的发展。

4. 激励学子

在激励学子方面，成都知府给予了高度重视。绍兴六年（1136），成都府府学教授范仲殳请求宋高宗亲笔书写府学大成殿匾额，获得了成功。四川安抚制置大使兼知成都府席益为此举行了盛大的迎接仪式，“左迪功郎、新成都府府学教授范仲殳言：‘臣所任成都府府学大成殿，建于东汉初平间，天下栋宇之古无过此者，而未有题榜。愿陛下万机之闲，亲御翰墨，揭之殿额，以示人文化成，流道德之富，覃及远方之意。’上可其请，即命仲殳乘传以赐。次年九月辛巳，仲殳至自辇毂下，臣益备位牧守，率吁僚佐出迎于郊，拜受于先圣祠下。”[⑤] 毫无疑问，“高宗皇帝亲书‘大成之殿’赐予成都府学之举，意义非同寻常，无疑有利于府学的进一步发展”[⑥]。当然，此举对学子们的激励作用颇大。

宋高宗、孝宗之际，四川安抚制置使兼知成都府沈介对成都教授何耕

---

① 曾宏父：《石刻铺叙》卷上《益郡石经》。
② 粟品孝等：《成都通史　五代（前后蜀）两宋时期》，第279—280页。
③ 《全蜀艺文志》卷59，宇文绍奕：《石经跋》。
④ 魏了翁：《鹤山集》卷53《朱氏语孟集注序》。
⑤ 《全蜀艺文志》卷36，席益：《御书大成殿额记》。
⑥ 粟品孝等：《成都通史　五代（前后蜀）两宋时期》，第278页。

非常尊重，“制置使沈介，转运周绾、何逢原皆中朝名胜，待公以异礼”[①]。

乾道三年（1167），四川安抚制置使兼知成都府汪应辰上奏：“切见左朝散郎李焘所著《续资治通鉴》，自建隆迄元符，悉已成书。于实录、正史之外，凡传记小说，采摭殆尽。考其异同，定其疑谬，精密切当，皆有依据。其太祖一朝编年，已经投进，蒙付国史日历所外，所有太宗已后文字，伏乞朝廷给札，付本官抄录，发送秘书省校勘，藏之秘阁。”于是，宋孝宗“诏给札付左朝散郎李焘，抄录所著《续资治通鉴》太宗已后文字”[②]。乾道四年（1168），由于“先是，焘奏得旨，依敷文阁直学士汪应辰奏，取所著《续通鉴长编》，自建隆迄元符，令有司缮写校勘，藏于秘阁。焘面奉圣旨，令投进。今先写成五朝事迹，起建隆元年，至治平四年闰三月，计一百八十年，共一百八卷”，在宰制大臣进呈之后，“诏尚书礼部员外郎李焘进《续资治通鉴长编》一百八卷，纂述有劳，特转两官”[③]。

汪应辰向宰执大臣推荐前邛州教授杨概为成都府学教授[④]。他还奏辟罗博文为参议官，然后“延置府学，蜀士知所劝焉”，有利于激励蜀中士人积极进取[⑤]。他又为邓洵武的《谏伐燕疏》题跋，“一日，得洵武《谏伐燕疏》，亟乞蜀守汪公应辰识之，应辰曰‘事具国史矣’，亦为之跋”[⑥]。他十分注意搜集吕公著的散逸文献，“顷知成都，始得正献《吕申公集》，盖散逸之余，裒缉补缀，非当时全书矣。然见所未见，亦不为少，其杂以他人所作者什三四”[⑦]。他又搜罗范镇遗文，编为《范蜀公集》，并且为之作序：“应辰守成都凡三年，求公文集，虽搜访殆遍，来者不一，而竟无全书。”[⑧] 此外，“汪圣锡尚书在成都，集故家所藏东坡帖，刻为十卷，大抵竹纸居十七八”[⑨]。凡此种种，对成都学子而言，都会产生很大的激励

① 周必大：《文忠集》卷35《朝请大夫知潼川府何君耕墓志铭》。
② 《宋会要辑稿》崇儒5之37。
③ 《宋会要辑稿》崇儒5之37。
④ 汪应辰：《文定集》卷13《荐杨概充成都教官与宰执书》。
⑤ 朱熹：《晦庵集》卷97《承议郎主管台州崇道观赐绯鱼袋罗公行状》。
⑥ 《全蜀艺文志》卷55，（元）费著：《氏族谱三・邓氏》。
⑦ 汪应辰：《文定集》卷10《题吕申公集》。
⑧ 《文献通考》卷236《经籍考六十三》。
⑨ 施宿：《嘉泰会稽志》卷17《纸》。

作用。

嘉定元年（1208），四川安抚制置使吴猎到达成都。由于四川地区在成都求学的学生众多，春季和秋季参加考试的有数千人之众，府学的生员也有五百多人。他把朱熹白鹿书院的学规，用以训示成都府学诸生，在成都府学西面建“三先生祠堂”，“蜀士学于成都者，春秋试率数千人，弟子员五百余。公揭朱文公白鹿书院学规诲之，既又祠周、程三先生于学，朱、张氏配焉”[①]。他“受学于广汉张氏者，故能尊其所闻，以淑诸人。既祠三先生，又刻其遗书于学。蜀自昔号多士，学于京师者，至此比齐鲁”[②]，把四川地区教育事业的发展，提升到了与发达地区同等的水平上。

事实上，“吴猎与之前的知府（知州）最大的不同，就是他的理学门徒身份。他主要师从理学名儒张栻，兼师事理学集大成者朱熹，并有较高造诣。故他之于成都府学的最大举措，就是将其发展成为传播程朱理学的基地”，并且，“吴猎的这一举动，是目前所知最早将《揭示》由书院移至地方州郡学校的行为。这比理宗淳祐元年（1241 年）将理学宣布为统治思想，将《揭示》颁示中央太学和地方州县之学的行为，要早 30 多年”。总之，“吴猎的这些举措，不仅推动了成都府学的继续向前发展，尤其是理学教育的增强，而且有助于理学在成都和四川地区的进一步传播”[③]。

此外，“宋代知州出于了解当地情况、推行儒家教化的需要，积极推动当地方志纂修，从资料到出版提供种种便利，有的还亲身参与修志，在此过程中与当地士人形成良好互动。知州的支持和参与无疑是宋代方志发展兴盛的一个重要原因”[④]。绍兴三十年（1160），在赵抃编纂《成都古今集记》三十卷的基础上，四川安抚制置使兼知成都府王刚中“因以闲隙搜访纂缉，作《续记》凡二十二卷。《前记》载古事往往有差误，则辨正之；脱遗，则补足之。清献所云‘知之有未至，编之有未及’者，余固不

① 魏了翁：《鹤山集》卷 89《敷文阁直学士赠通议大夫吴公行状》。

② 魏了翁：《鹤山集》卷 38《成都府学三先生祠堂记》。

③ 粟品孝等：《成都通史　五代（前后蜀）两宋时期》，第 283—284 页。

④ 周佳：《宋代知州知府与当地图经、方志纂述》，《中国历史地理论丛》2009（3）。

免也，其亦待于后之君子乎”①。可见，“清献赵公所编《成都集记》，最为精详”②。

淳熙四年（1177），在赵抃和王刚中的基础上，四川制置使兼知成都府范成大搜集编纂了《成都古今丙记》，充分体现了对历史经验的高度重视，“《续记》之成，距今才十有八年，虽事之当书者不至甚夥，然恐自是日月浸久，来者难考，乃蒐耳目所及者继书之，名曰《丙记》。其二《记》已载者，皆不重出云”③。

淳熙八年（1180），在赵抃、王刚中和范成大的基础上，胡元质编纂《成都古今丁记》，其经世致用的目的更加明确，“予以是年秋代匮帅蜀，四路兵民之寄实在焉。蜀久困于征输，榷酤之额虽减，盐茗之课犹重，与其他边防民政事所当行，利兴害去，皆有端绪，可覆而考也。居三年，缀为《丁记》二十五卷，粗成一书。惟沈黎蕃部绎骚，逾时方定，变之所起，以迄无事，随宜措画，本末具存，姑俟论定，别为一编。合成都四《记》而观之，往事顿前，得过半矣”④。

“王刚中编成《续记》后时隔18年，范成大又编成《成都古今丙记》10卷。”不得不说，“范成大的动机就是出于保存史料。从卷数来看，赵抃所载3000年以上之史，而为卷仅30，王刚中辨误补逸再附载87年事，用了22卷，而范成大仅记18年事，就有10卷之多，可见其记载之翔实”。其实，“胡氏所编重在考察蜀地征输及边防、民政问题上，显有补前三记之缺的用意”。因此，“成都‘四记’的修纂特别注意总结治蜀经验教训，为后人治蜀提供借鉴”，十分生动地体现了宋代文化的高度发达，“成都‘四记’相因相革，互为补充，其组织结构之完备，内容之翔实，充分显示了方志学的蓬勃发展与完善。主持修纂‘四记’的几位文官多有才华，在文史方面成就不小，也显示了宋代文化的发达。”然而，“至为可惜的是，成都‘四记’无一保留至今，宋末严酷的战争使得这些宝贵的地方志

---

① 《全蜀艺文志》卷30，王刚中：《〈续成都古今集记〉序》。

② 《全蜀艺文志》卷33，京镗：《驷马桥记》。

③ 《全蜀艺文志》卷30，范成大：《〈成都古今丙记〉序》。

④ 《全蜀艺文志》卷30，胡元质：《〈成都古今丁记〉序》。

书损失惨重，流传稀少”。不过，令人稍感欣慰的是，“宋代成都‘四记’又或多或少以‘隐姓埋名’于《四川总志》中的方式流传到了今天”①。

庆元五年（1199），因为“益，古大都会也。有江山之雄，有文物之盛”，于是四川安抚制置使兼知成都府袁说友组织编辑了《成都文类》，“爰属寮士，摭诸方策，裒诸碑识，流传之所脍炙，友士之所见闻，大篇雄章，英词绮语，析法度，极眩耀，其以益而文者，悉登载而汇辑焉。断自汉以下，迄于淳熙。其文篇凡一千有奇，类为十一目，厘为五十卷，益之文兹备矣”②。

确实，“《成都文类》是成都历史上第一部文章选集，也是巴蜀文学史上的第一部选集。它是在南宋四川制置使兼知成都府袁说友的主持下，由当时的监永康军崇德庙扈仲荣、利州州学教授杨汝明、广安军军学教授费士威、前成都府学教授何德固、山南西道节度掌书记宋德之、前利州东路安抚司干办公事赵震、知绵州魏城县徐景望、新云安军使兼知云安县程遇孙等人编撰而成的，可以说是集体智慧的结晶”。并且，“《成都文类》能够在南宋问世，还与宋代的重文风尚、宋代成都的重要性以及历届成都知府对成都历史文化的深厚感情有关”③。这部有关成都地区诗文分类的总集，有力地彰显其历史的悠久绵长与文化的灿烂辉煌。

仍然是庆元五年（1199），袁说友还组织编撰了《成都志》，“某来守逾年，暇日宾客有曰：‘今天下郡国悉有志，顾以蜀大都会而独弗备，诚缺文哉。’乃命幕僚摭拾编次，胚胎乎白赵之记，而枝叶于《续记》之书，剔繁考实，订其不合，而附益其所未备。胪分汇辑，稽仿古志，凡山川地域、生齿贡赋、古今人物，上下千百载间，其因革废兴，皆聚此书矣”④。确实，成都地方志的编著，既可保存历史文脉，又能便利蜀地治理，可谓两全其美。其中，“强烈的经世思想，是南宋川陕边防史地类文献的突出

① 粟品孝等：《成都通史 五代（前后蜀）两宋时期》，第334—337页。
② 《全蜀艺文志》卷30，袁说友：《〈成都文类〉序》。
③ 粟品孝等：《成都通史 五代（前后蜀）两宋时期》，第384—385页。
④ 袁说友：《东塘集》卷18《成都志序》。

特点”[①]。总之，众多的四川制帅勤于著述，对成都学子的激励作用不言而喻。

5. 荐举贤士

在荐举贤士方面，成都知府的作用非常突出。绍兴七年（1137），因为张大楫“知天象，尝仿唐制，为盖天图，谓可置之几案及备军幕中候验，因为木式以献”，四川安抚制置大使兼知成都府席益将他上报给了朝廷。于是，宋高宗“诏大楫并赍所藏天文祕书赴行在”[②]。

宋高宗时，四川安抚制置使兼知成都府李璆“首以先生应选”，孝廉先生钱造父却有些哀怜地说道：“孝者不违亲以徇禄，廉者不轻生以贪糈，使吾蒙其名而败其实，可乎？”其见解得到了有识之士的赞赏[③]。

宋孝宗时，兼任成都知府的四川制帅，包括汪应辰、范成大和赵汝愚等，向朝廷荐举了不少贤士。汪应辰还向朝廷举荐成都府路转运司干办公事何耕，参加文章典雅科考试：“右臣伏观左承议郎、充成都府路转运司干办公事何耕，富于学殖，早以文鸣，笔力敏赡，词理精确，堪充文章典雅科。如蒙朝廷擢用后，不如所举，及犯正入已赃，臣甘伏朝典不辞。今来所举何耕系第一员，谨录奏闻。”[④] 他向朝廷推荐了以樊允南为首的十位四川地区杰出人士，“汪玉山帅蜀，荐蜀士十人，山斋樊公为首，遂自眉倅得雅安。朝廷方欲进用，时山斋年六十，起居甚健，遽丐闲不就，士大夫以是益高之”[⑤]。确实，鉴于“蜀士有寸长铢能，闭蛰蟠郁，不能自伸于上”的情况，他还“为荐引而推用之”[⑥]。

在范成大“所荐蜀士数十人”之中，以简世杰为首[⑦]。范成大将樊汉广和孙松寿举荐给朝廷，虽然二人都没有复出，但对四川地区的读书人而言，无疑是一种心灵的慰藉，使他们对南宋政府的看法有了很大的变化，

---

① 何玉红：《“经世”意识与南宋川陕边防史地类文献》，《史学史研究》2007（1）。
② 《要录》卷111，绍兴七年六月戊戌。
③ 李石：《方舟集》卷16《孝廉先生墓志铭》。
④ 汪应辰：《文定集》卷6《荐何耕充文章典雅科状》。
⑤ 度正：《性善堂稿》卷15《跋樊允南诗》。
⑥ 李流谦：《澹斋集》卷14《送汪制置序》。
⑦ 杨万里：《诚斋集》卷130《临贺太守简公墓志铭》。

“公奏名士樊广汉年五十九，孙松寿六十六，先已纳禄，尤宜旌异。诏令赴阙，二人俱不至，遂除职赐服，蜀士归心焉。凡人才可用者，公悉罗致之幕下，用其所长，不以小节拘之。其杰然者，则露章以荐，往往光显于朝，或至二府”①。范成大还提出了“知人之明尚矣，其次莫若公”的基本原则，其中缘由在于“公虽非明，而可以生明。去胸中之私喜怒，用天下之公是非，以进退天下之才，虽不能皆当，要亦十得七八”②。

赵汝愚对孙松寿长达二十年之久挂冠不仕的节操非常钦佩，于是请求朝廷予以褒奖，伸张正气，“赵子直入蜀，复奏岩老挂冠勇退，几二十年，内省素饬，终始不渝，乞赐褒表，以励风俗”，然后，朝廷授予孙松寿直秘阁之职③。

开禧三年（1207），吴猎“除敷文阁直学士，即授四川安抚制置使，兼知成都府”。他向宋廷推荐了一大批各种各样的优秀人才，“公惟受任若此，无以上报，遂列上倡义之士十有五人，守节二十有九人，去官二十有二人，受伪命九人。犹以为未足也，复上人才五十有二人，以李侨为首，且援王文正公之说，曰：‘臣所荐之士，非欲陛下一一召用也。士大夫既为大臣所荐，必知爱重。若加养成，可为异日用。’公之心盖若此，而人不及尽知也”④。

当然，吴猎推荐的人才之中，也不是没有问题存在，“德夫始上淑慝之章，其所荐以刘光祖舍人为首，青城山道人安世通次之，又荐郡守至选人五十余人。凡四川科目之士，及执政、侍从、监司、帅臣子弟亲朋，莫有遗者。章上，得旨，人数猥多，难以行遣，令核实具奏，后卒不行。而所慝者，胁从余党九人。己巳春末，朝廷始下其章，首尾凡二年，谕司所行止此而已”，可谓优劣并存，“其为人乐易，临民宽，待士有礼，故蜀人安之，惟识者以不能旌别淑慝为恨。李仲衍为成都提刑，尝面折德夫曰：‘侍郎为南轩门人，今日所行，视南轩岂不有愧？’德夫笑不答。仲衍尝为

---

① 周必大：《文忠集》卷61《资政殿大学士赠银青光禄大夫范公成大神道碑》。

② 《历代名臣奏议》卷157《知人》。

③ 《建炎以来朝野杂记》乙集卷8《孙岩老樊允南恬退》，第638页。

④ 魏了翁：《鹤山集》卷89《敷文阁直学士赠通议大夫吴公行状》。

人言德夫事，辄曰：‘焉得刚’云”①。

对于淳熙至嘉定年间成都知府荐举贤士的情况，南宋史学家李心传进行了全面的总结，“蜀帅例得荐士。其始，胡长文所荐如吕周辅，范致能所荐如胡自远，亦不过一、二人，皆幕中之士。盖以蜀去天日远，士非大帅荐扬，无由自进”。然后，“留仲至为守，遂荐黄文叔、冯传之、李君亮、费戒甫、范文叔等五人，论者翕然以为当”。后来，“赵子直继之，独荐刘德修。子直去，京仲远为代，荐费戒甫、游子正。又荐刘仲洪、张子良”。此外，“赵德老为帅，京仲远当国，乃荐其客冯叔常及李季允、杨济道，凡三人”。袁说友向朝廷推荐了六人，“袁起岩所荐宇文挺、相里公择、范少才、赵全道、张公甫、陈叔达，凡六人”。但是，“朝廷不能尽召，乃诏挺臣、公择俟秩满赴行在奏事，少才、全道俟终更赴朝堂审察，公甫、叔达俟满日特转一官。自是岁荐有不召者矣”。刘德秀的推荐工作表现突出，“刘仲洪为人固非长者，然所荐刘师文、张伯修、宋正仲、李仲衍四人，俱时望”。谢源明“所荐费思甫、张东甫、张公甫、扈叔谊、许子然，凡五人”。程松在这一方面取得了亮眼的成绩，“程东老在蜀最无足云，而所荐陈蓬孺、李仲衍、薛仲章、范少约、张义立、杨叔禹，皆知名”。吴猎“荐李仲可、何仲弼、度周卿、何从叔、刘思恭、李思行。何、李，皆类试第一人。思恭，德修子。仲弼已选知黎州”，于是使得“四人皆召”。黄畴若“以得旨咨访西蜀吏治，亦荐士三人，曰何仲弼、杨浩然、虞子韶”②。事实上，杨辅、黄畴若和董居谊都先后把士人推荐给朝廷，“制帅杨嗣勋再请于朝，然后促召。时伯顾以卫清叔荐，仲贯甫以嗣勋荐，亦有召察之命。浩然后为黄伯庸所荐，不得召。董仁父入蜀，复上习之节守于朝，乞召察”③。

宋宁宗时，四川安抚制置使兼知成都府崔与之向朝廷举荐李心传，“庆元元年荐于乡，既下第，绝意不复应举，闭户著书。晚因崔与之、许

① 《两朝纲目备要》卷10，开禧三年四月戊申。

② 《建炎以来朝野杂记》乙集卷10《淳熙至嘉定蜀帅荐士总记》，第662—665页。

③ 《建炎以来朝野杂记》乙集卷10《李季章所知多佳士》，第661页。

奕、魏了翁等合前后二十三人之荐，自制置司敦遣至阙下”[1]。确实，他举荐了不少名士，“蜀知名士若家大酉、游似、李性传、李心传、度正之徒皆荐达之，其有名浮于实，用过其才者，亦历历以为言”[2]。其实，“崔与之举人不讲情面，不图回报，一心考虑的是如何为国荐贤，当是他每次都能荐合格人才的根本原因”[3]。

当然，对于举荐贤士，也有一些成都知府并不热心。宋高宗时，恰逢朝廷“诏郡国举贤良”，后来成为著名史学家的李焘，“携五十策谒成都帅张焘，不果荐”，未能得到张焘的举荐[4]。但是，毫无疑问，通过成都知府对贤士的举荐，让蜀士获得了一种心灵的慰藉，使南宋王朝逐渐得到他们的认同。

南宋时期，对于成都府学的发展，成都通判也发挥了自己的作用。面对“成都学宫，凡四蜀之士咸在。自比岁挑达不检，孰何之，则鼓众诟詈群去，以持其长”的局面，通判成都府何德方说道：“苟避怨谤，将何事可为?”于是“慨然以身任之，汰冗滥，严课试，谨出入，学校肃然”[5]。

总之，在学校教育方面，成都知府发挥了最大的作用，取得了辉煌的成就，做出了巨大的贡献。

二、南宋成都知府与科举考试

实际上，“在四川地区，制置使有权举办选官考试，但宋廷对其行为也是千方百计加强监督”[6]。南宋时期，成都知府与科举考试之间的关系，主要体现在解试和类省试两个方面。

1. 解试

先看兼任本路安抚使的成都知府。绍兴十三年（1143），张焘“乞就春月发解，庶使得解举人可赴行在省试”，于是，宋高宗“诏川陕诸州秋

---

① 《宋史》卷438《李心传传》。
② 《宋史》卷406《崔与之传》。
③ 何忠礼：《论宋代的举官制度——以崔与之的举人为中心》，《浙江大学学报》2016（4）。
④ 《全蜀艺文志》卷47，周必大：《敷文阁学士通奉大夫致仕赠少师李文简公神道碑》。
⑤ 魏了翁：《鹤山集》卷74《朝奉郎新知邛州何君墓志铭》。
⑥ 姚建根：《宋朝制置使制度研究》，第207页。

试举人，并用六月前锁院”[1]。可见，在解试中，其作用得到了一定程度的发挥。

再看兼任成都知府的四川制帅。绍兴六年（1136），针对“旧法，见任官子弟去本贯二千里，及监司守贰有服亲门客与婚姻之家，皆牒赴转运司，别试七人而解试一人。后多冒滥，亦有以贿得者。前举成都路漕司就试者三千余人，解四百四十人；潼川路漕司就试者二千余人，解三百人”的具体情况，在四川安抚制置大使兼知成都府席益的请求下，宋高宗“诏自今委保举人避亲牒试不实者，许人告，保官先降一官，然后取勘合负罪犯”[2]。同年，针对“科举冒滥之弊，无甚于牒试”的问题，席益上言：“欲乞今后帅臣监司并诸司属官子弟、亲戚、门客等合避试者，并令本司长官保委，州县官令知、通、县令保委，责结罪状，审验无妄冒，方许就试。如有不实，许人陈告。除依条施行外，仍将保官先与降一官，然后取勘。”其建议得到了朝廷的批准[3]。

乾道二年（1166），四川安抚制置使兼知成都府汪应辰上奏：“被旨措置四川铨试，旧例成都、潼川两府两路转运司轮年并试，元无立锁院引试日辰，今措置试院定用三月二十一日锁院，二十五日引试。”然后，他提出：“今欲于开院前一日，具等号状，实封申制置使司，长官躬亲诣试院拆放。所有假名代笔之弊，盖缘门禁不严，得以传送，又多见烛，以至达旦，就试人得以余力为人代笔。欲选差监门官、巡铺官，严切督责，仍不许见烛”。于是，宋孝宗“诏封弥、誊录、监门官依吏部差有出身官，余并从之”[4]。

宋孝宗时，为了避开过于炎热的考试时间，四川制置使兼知成都府范成大请求把解试和引试的时间提前一个月，其建议得到了宋廷的批准，“解试取士，以四月五日锁院，后十日引试。公请避盛暑，递先一月，皆

---

① 《要录》卷150，绍兴十三年十月戊戌。
② 《要录》卷102，绍兴六年六月甲子。
③ 《宋会要辑稿》选举16之5。
④ 《宋会要辑稿》选举26之3—4。

著为令”①。

宋光宗时，根据“避亲牒试”的实际情况，四川安抚制置使兼知成都府丘崈“复请每路止存十二人，若就试者少，则以二十人而取一人”，其建议得到了朝廷的采纳②。

当然，其中还是存在着一定的局限性。宋孝宗时，四川安抚制置使兼知成都府胡元质向朝廷请求仿照太学的做法，专门确定成都府学的取解名额，却没有获得批准，“郡国之学，最盛于成都，学官二人皆朝廷遴选，弟子员至四百人，他学者亦数百人，然未有校试选贡之法。淳熙中，胡长文为蜀帅，尝议仿太学别立解额，会有沮之者，不果行”③。庆元五年（1199），果州（治今四川南充）学官王莘和西充（今属四川）县丞任逄“俱被檄考春试”，在昌州（治今重庆大足）考试举人的题目设计上出现了重大争议。执政大臣“怒逄未已，又移书蜀帅袁说友，欲料理之”，但是，“宾客诸公多为之请，时部使者欲举逄改京秩者数人，皆惧而止，然事竟释矣”④。

可见，在解试中，成都知府特别是其中的四川制帅，发挥了比较重要的作用。

2. 类省试

南宋时期，“由于战乱影响，道路远阻，举人难赴省试，中央采取权宜之策，令各路提刑司选官于转运司所在州府举行相当于省试的考试，即类省试，简称类试”。换言之，“自南宋初年一直到南宋灭亡，在川陕防区存在另外一种不同于其他地区的科考形式，即类省试。这是南宋四川特殊性的又一表现”⑤。

建炎元年（1127），宋高宗下诏：“诸道进士赴京省试，今春兵革，已展一年。国家急于取士，已降指挥，来年正月锁院。缘巡幸非久居，盗贼

---

① 周必大：《文忠集》卷61《资政殿大学士赠银青光禄大夫范公成大神道碑》。
② 《建炎以来朝野杂记》甲集卷13《避亲牒试》，第266页。
③ 《建炎以来朝野杂记》甲集卷13《蜀学》，第280页。
④ 《两朝纲目备要》卷5，庆元五年正月乙卯。
⑤ 粟品孝等：《南宋军事史》，第353—354页。

未息灭，道路梗阻，士人赴试非便，可将省试合取分数下诸路，令提刑司差官于转运司所在州类试"[①]。另载，朝廷"遂命诸道提刑司选官，即漕司所在州类试，率十四人而取一人"，这是因为"高宗在扬州，以军兴道梗"的缘故。于是，川陕宣抚处置使张浚"以便宜令川、陕举人，即置司州类省试"[②]。

绍兴二年（1132），"宣抚司承制，并三路四十三州当试日，皆即成都试焉"[③]。绍兴四年（1134），因为"先是，诏省试并就行在。至是，礼部侍郎兼侍讲陈与义奏川陕道远，恐举人不能如期，故复令类试焉"，于是，宋高宗"诏川陕合赴省试举人，令宣抚司于置司州置试院，选差有出身、清强见任转运使副或提点刑狱官充监试，于逐路见任京朝官内选有出身、曾任馆学或有文学官，充考试官。务在依公精加考校，杜绝请托不公之弊"[④]。

绍兴五年（1135），"始试进士于南省，惟四川即试宣抚司"[⑤]。绍兴六年（1136），权川陕宣抚副使邵溥向朝廷报告："类试举人二千余人。"[⑥]但是，自绍兴七年（1137）之后，类省试"又移置制司，迄今不改"[⑦]。"绍兴五年（1135年）恢复省试，仅四川仍实行类试，先是在宣抚司所在州举行，绍兴七年移于制置司所在州举行。"[⑧] 确实，"四川类省试的恢复与持续进行，出于笼络川陕士人的目的。因此，在具体运作过程中，除遵循科举考试的成法外，在时间安排、考官选拔、录取名额等方面，无不体现出南宋政府对川陕士人的'优待'"[⑨]。

在类省试的过程中，兼任成都知府的四川制帅，肩负着自己的行政工

---

① 《宋会要辑稿》选举4之17。
② 《建炎以来朝野杂记》甲集卷13《类省试》，第262页。
③ 《成都文类》卷46，李焘：《贡院记》。
④ 《要录》卷77，绍兴四年六月壬辰。
⑤ 《建炎以来朝野杂记》甲集卷13《类省试》，第262页。
⑥ 《要录》卷102，绍兴六年六月甲寅。
⑦ 《建炎以来朝野杂记》甲集卷13《类省试》，第262页。
⑧ 胡昭曦：《旭水斋存稿》，第150页。
⑨ 粟品孝等：《南宋军事史》，第354页。

作职责①。绍兴十一年（1141），“试事虽属宣抚使，而试所还即成都”。当宣抚使被罢以后，“则皆制置使专之”②。

绍兴二十年（1150），宋高宗诏令四川安抚制置使兼知成都府李璆：“其为朕类士，试之如故。”同时，又任命夔州路提点刑狱杨椿为监试官③。绍兴二十九年（1159），朝廷直接任命了四川制置司类省试的考试官和监试官，“诏直秘阁、成都路转运使王之望充四川制置司类省试院监视，左朝奉郎、知嘉州何逢原充考试官，左朝请大夫、知邛州费行之充别试院监视，左朝奉郎、知荣州李晔充考试官。监试官依监学条法，取摘试卷详定。类省试敕差官自此始。仍以金字牌递给降敕，札付制置使收掌，俟试近发出”④。

绍兴三十年（1160），四川安抚制置使王刚中向朝廷请求派遣官员测试特奏名进士，然后朝廷任命利州路转运判官苏钦为监试，简州知州房与之担任考试官，“本司引试四路特奏名进士，乞降敕差官。诏左朝请郎、利州路转运判官苏钦监试，左朝请大夫、知简州房与之充考试官，自是以为例”⑤。毫无疑问，“由朝廷选差监试、考试官，提高了类省试官员的级别和权威性，作弊现象也随之减少了。这样，四川类省试就顺利渡过了一场生存危机，终宋不改”。确实，“四川类省试能够在南宋长期存在，是与朝廷对类省试进士采取的一系列特殊优待密切相关的”⑥。

仍然是绍兴三十年（1160），在“自皇祐五年，田宣简公知成都，取太平兴国五年成都进士田望之已下姓名，复刻于府学石室东厢之石柱，所以纪西蜀文物之盛，且表示学者而使知勉焉”的基础上，“建炎元年，诏川陕去在所远，乃分省额，就蜀置院考校，以合格姓名奏于朝，自是成都登科者益众矣”。然而，“自皇祐创制，迄绍兴甲戌，凡一百五年，环柱刻之。既士一再举，无以自列，殊失劝励之意”。于是，四川安抚制置使兼

① 《建炎以来朝野杂记》甲集卷11《制置使》，第220页。
② 《成都文类》卷46，李焘：《贡院记》。
③ 《成都文类》卷23，刘望之：《庚午省闱唱和诗序》。
④ 《要录》卷183，绍兴二十九年七月乙酉。
⑤ 《要录》卷184，绍兴三十年二月丁巳。
⑥ 粟品孝等：《成都通史　五代（前后蜀）两宋时期》，第120页。

知成都府王刚中将《进士题名续记》“攻石为柱而继刻之。以补前人之阙，使来者睨柱而书，亦将尽而有继云”[1]。

淳熙四年（1177），由于当时已经废罢宣抚司，宋孝宗“诏四川类省试今就安抚制置使司置院类试”[2]。淳熙七年（1180），杨伯昌“就外省试”，四川安抚制置使兼知成都府胡元质“得其文，以为有格君气象，置诸优等”[3]。

由于南宋时期战事频仍，自绍兴二年（1132）开始，四川地区实行了类省试，考试地点几经变化后，逐渐稳定在了成都。但是，又出现了考生多而贡院小的窘况，“国家习用文治，士愈辐辏。每三岁取士诏下，合成都九邑士来应有司之试者，数逾五千，日增而未止。旧贡院既狭小，不足以容，则更就佛寺，取具临时，为士者固非之，相仍已久”，于是，胡元质另选新址，由政府出资，修建新的贡院，“爰议改作，度隙地于锦官坊，直府治之南。其袤九十一丈，广五十一丈四尺。舆诵云吉，龟兆日时，鸠材筑基，久乃克为。凡为屋三百七十二楹，为墙三百二十六堵，用工十万九千四百六十六，费钱六万三千缗，米二千九百六十五石，皆有奇。役起五年之秋，秋毫不以烦百姓也”[4]，创建了颇具规模的四川类省试贡院。

胡元质组织修建的四川类省试贡院，异常壮丽，堪称西部第一贡院，“成都新繁有藏艺祖御容者，莫知始何年，令长交事棙护，畀付惟谨。淳熙间，胡给事元质制置四川，闻之，谓偏陬下鄙，非所宜有，命归之府。议以为乾德平僭伪，虽銮舆不亲幸，而耆定一方，实为隽功，欲扳援章武端命故事，建殿以严毖奉。遂斥羡财鸠工，伐巨木千章，卜地筑宫有日矣。僚寀或谓郡国私建宗庙，谊盍先以闻，俟报可。胡竦然，乃暂辍役，驿书请于朝廷。议果不以为然，弗之许。胡大沮，念木石已具，且动观瞻，不容已，会贡院敝甚，因撤而新之，既毕工，壮丽甲西州焉”[5]。然

① 《成都文类》卷30，王刚中：《进士题名续记》。
② 《宋会要辑稿》选举22之2。
③ 魏了翁：《鹤山集》卷74《中大夫秘阁修撰致仕杨公墓志铭》。
④ 《成都文类》卷46，李焘：《贡院记》。
⑤ 岳珂：《桯史》卷10《成都贡院》，第118—119页。

后，他还举办了一次豪华的考试，“胡给事既新贡院，嗣岁庚子适大比，乃侈其事，命供帐考校者，悉倍前规。鹄袍入试，茗卒馈浆，公庖继肉，坐案宽洁，执事恪敬，誾誾于于，以鬯于文，士论大惬”①。确实，“胡元质还想谋求拥有诸如御容殿之类的神圣资源，确实已将自己置于炉火之上了。看来，南宋四川的特殊性，除了朝廷对四川的特殊化政策造成四川拥有众多特殊权力之外，从更深一层看，恐怕还存在一种因为这种地方特殊性和特殊化政策造成的特殊的内部权力结构所形成的内在紧张，因此才会出现一方面胡元质觉得权威不足，而另一方面朝廷觉得他权力已太大的矛盾。因此御容殿迁建工程受挫，也就不难理解了。幸而后来胡元质将修建了一半的殿宇改建贡院，这才化解了此次危机”②。

淳熙十五年（1188），针对“隆兴初，建、剑、宣、鼎、洪五州进士，三举实到场者，皆以覃恩免解，有旨增省额百人，遂皆以十七人取一人。而四川类省试则十六人取一名，后不复改”的实际情况，右司郎中范仲艺“议以蜀去天日远，士惟科举一路，非有学校他歧进也，且隆兴省额，蜀人初不预，今乃例减名额，非是，当复故”。四川制置使兼知成都府留正“自成都召还为参知政事，意亦主之”③。

绍熙元年（1190），因为“上受禅，推恩潜藩举人，其恭、荣二郡皆在蜀中”，四川安抚制置使兼知成都府京镗“乃命三举终场不改名人并特赴类省试。倍省额三十二人而取一人，一州共得二十六人”。但是，“议者以为滥，因请廷试，入第四等以前者并赐第，余但文学出身云”④。

绍熙五年（1194），王溉“自成都转运判官召还，入见，极言两路冒亲诡贯之弊，乞各存十人外，均与本路诸州”，其请求获得了朝廷的批准，“仍各以二十人为额”。四川安抚制置使兼知成都府丘崈“复请每路止存十二人。若就试者少，则以二十人而取一人”，其建议得到了宋光宗的

---

① 岳珂：《桯史》卷10《万春伶语》，第119页。
② 黄博：《神御在蜀：宋代四川的御容奉祀与地方政治》，《北京社会科学》2017（4）。
③ 《建炎以来朝野杂记》乙集卷15《淳熙议复四川类省试所减额》，第775—776页。
④ 《宋史全文》卷28，绍熙元年五月。

采纳[①]。

宋宁宗时，四川安抚制置使兼知成都府袁说友欢送四川地区进士去朝廷参加殿试[②]。也是在宋宁宗时期，杨伯昌“主四川类省试事，兼监试事”，并且“以取文之要五、校士之目七示同事者，大要先义理而后文采，虚心从众而不断以己见，且专以论策定去取。公故为点检官，及是典领，咸谓得人”。兼任成都知府的蜀帅杨辅“遂以五要、七目闻上，且刻诸试院”[③]。确实，“四川类省试对南宋加强川陕防区的治理，对巩固川陕边防，选拔人才，推动川陕教育与文化发展，争取川陕民众的人心，发挥了重要作用”，特别是“四川类省试所表现出来的特殊化政策，在南宋加强四川战略防御中的作用不可忽视”[④]。

总之，南宋时期，在科举考试的过程中，成都知府特别是其中的四川制帅发挥了非常重要的积极作用。

三、南宋成都知府与寺院宫观祠堂管理

南宋时期，成都知府与寺院宫观祠堂管理之间的关系，主要体现在兴建寺庙、修建宫观、兴修祠堂三个方面。

1. 兴建寺庙

在兴建寺庙方面，成都知府发挥了重要作用。宋高宗时，四川安抚制置使兼知成都府胡世将对长期未能得到修葺的江渎庙进行了维修，“江渎广源王庙在成都，艰难以来，岁久弗治。守臣世将，既再拜奉命退，切惟念江水祠蜀，远著祀典”，于是，“凡为屋百六十有九楹，用钱七百二十万有奇。虽轮奂一新，而旧贯无改”。其费用全部是来自政府财政支出，“一物之直，皆取于官；一夫之役，弗病于农”[⑤]。

进入南宋时期，有关新繁重光寺太祖御容的故事仍在继续。绍兴二十

---

① 《两朝纲目备要》卷3，绍熙五年六月丁未。
② 袁说友：《东塘集》卷5《饯送蜀进士入奉廷对》。
③ 魏了翁：《鹤山集》卷74《中大夫秘阁修撰致仕杨公墓志铭》。
④ 粟品孝等：《南宋军事史》，第355页。
⑤ 《成都文类》卷32，胡宗愈：《江渎庙碑》。

七年（1157），权礼部侍郎杨椿提出："成都府旧有太祖皇帝御容，在新繁县重光寺。盖太祖平蜀，蜀人感不杀之仁，肖天日之表而谨事之。绍兴改元，太宗、真宗、仁宗、英宗神御来自终南山，遂权宜奉安，同为一殿。然郡县卑陋，情文简略。望特下礼官，讲求典故，检会福州及本府见行仪制而折衷之"，于是，宋高宗"诏可。遂诏本府别加营缮，岁时遣府通判侍祠"①。

宋高宗时，四川安抚制置使兼知成都府王刚中，请求朝廷为新繁重光寺太祖御容赐予"宫额及殿名"，没有得到回应。宋孝宗时，胡元质帅蜀，再次向朝廷请求宫名，也毫无结果。虽然没有得到正名，但是地方官员却已经暗中行事了，"时王时亨知府事，请赐宫额及殿名，不报。淳熙中，胡长文入蜀，始议即府之圣寿寺创殿以奉殿容，殿宇甚华，供奉之物已浸备，乃复乞宫额于朝"②。之所以未能得到朝廷的正式命名，主要还是因为当时的客观经济形势非常严峻。因为当时的军事需求是第一要务，而宫殿修建是次要的事情了。如果要建宫殿，财政开销真是不小。因此，只能暂且搁置下来，"新繁故有艺祖神御，蜀帅请改筑宫于成都。事下太常，公闻且大兴土木，穷极侈丽，使民不得安，为处驳议，事乃得寝"③。

"没有宫额及殿名，也就是没有正式的名分，看来当时的成都知府王刚中大概想趁工程完工之机，顺势为御容殿取得正式的神御殿地位"，同时，"值得玩味的是，蜀中帅臣似乎对御容在蜀的现实有着持续的兴趣。孝宗时主政四川的安抚制置使兼知成都府胡元质，甚至想将成都的御容殿从属县新繁移至成都府治"。其实，"胡元质将在成都府城新修的御容殿是以宏大壮丽为特征的，可见所谓重光寺地处僻远并非真正的原因，真正的原因可能是他想借移建御容殿的机会，为成都增添一个地标式的宏大建筑"。可见，"大概是胡元质的迁建之谋触碰到了朝廷对成都御容殿的底线，此后的四川地方当局似乎再也没有人去打御容殿的主意了。而重光寺

---

① 《要录》卷177，绍兴二十七年八月丙申。
② 《建炎以来朝野杂记》甲集卷2《郡国祖宗神御》，第82—83页。
③ 朱熹：《晦庵集》卷93《运判宋公墓志铭》。

的六朝御容最后也因南宋后期四川局势的败坏，不得不以迁离出蜀结局”①。

宋孝宗时，张震和胡元质先后共同组织完成了成都金绳院五百罗汉塑像工作。乾道六年（1170），张震“命僧子文领院事，谕意指。文以五百大罗汉请”，最终“阅四岁，像设才二百。于其中殿作弥勒像”。淳熙五年（1178），胡元质“乃即后殿施紫金檀，作释迦像，与弥勒称，五百相好有不具者，俱为足之。前佛后佛，共转法轮，与诸羊车，作大教主，诸修行事，诸化导法，周遍宝坊，靡不毕具”。在两位成都知府的共同努力下，终于完成了金绳院五百罗汉的塑像工作任务②。

此外，四川安抚制置使兼知成都府胡元质“乃出缗钱终之，以侈神赐，以毕民愿，以息人劳，不负国家宁神之意，而民不知。凡为费无虑四万七千缗，为屋百四十有七楹，大殿四，设厅一，更衣之所，斋宿之居，庖厨廪藏，莫不严备。门观翚飞，修庑绳直，洞户闷宫，倚汉薄云，远迩聚观”，将成都城北的灵应庙修葺一新③。其中，充分体现出了其杰出的领导才能，“历十有四月祠成，民不知所为役也”④。

淳熙二年（1175），四川制置使范成大到达成都上任。鉴于“庆历七年，故太师潞忠烈公以枢密直学士来作牧，则又筑大堂，并庙东南以为彻祭饮福之所，而庙亦宏丽矣。厥后，虽屡缮治，有司不葺，浸以大坏。上漏旁穿，风雨入屋，支倾苴罅，苟偷岁月”的实际情况，范成大“乃自三年二月庀工，讫四年五月庙成。”并且，“为屋二百有九间，墙六千八百七十尺。庙之制度，复还开宝、庆历之盛而有加焉”，对江渎庙进行了大规模的重修⑤。

然后，范成大还对成都各寺中的绘画进行了详细记述，“成都画多名笔，散在诸寺观，而见于大圣慈寺者为多，今犹具存。总而记之左，庶几

① 黄博：《神御在蜀：宋代四川的御容奉祀与地方政治》，《北京社会科学》2017（4）。
② 《全蜀艺文志》卷38，姜如晦：《金绳院五百罗汉记》。
③ 《成都文类》卷33，杨祖职：《城北灵应庙记》。
④ 《成都文类》卷33，章森：《灵应庙记》。
⑤ 《成都文类》卷32，陆游：《重修江渎庙碑》。

观者可考”[1]。并且，“佛教作为宋代民间非常重要的力量，范成大等宋朝的地方官员不得不频繁莅临佛教寺院参加各种活动”[2]。

此外，一些成都知府为寺庙选任住持。宋高宗时，圆悟禅师克勤回到四川，成都知府兼本路安抚使王似“以昭觉界之”[3]。有的成都知府还到江渎庙开展祭祀活动。庆元五年（1195），因为“今渎神天地其施而赤子其民，求者得，祈者遂”，四川安抚制置使兼知成都府袁说友、成都府路转运判官兼提举学事蒲叔献各自上奏，“谨按律令，列其状以闻，丐赐旌异，以慰满众愿者”。然后，朝廷有诏：“其赐御芗珍奁，命帅臣袁某谒款以谢。”于是，袁说友“敬涓吉旦，奉上旨，具牲币板祝，庸告于神”[4]。

2. 修建宫观

南宋时期，在修建宫观的过程中，成都知府所发挥的作用还是比较突出的。绍兴二十八年（1158），四川安抚制置使兼知成都府王刚中在引对便殿的时候，宋高宗说道：“成都之灵泉有朱真人观，久不葺，其葺之，此皇太后旨也。”次年，他到达成都上任，“灵泉令何令望来竭，即谕上意，俾经度，遣通判府事范千秋督之。闰月甲寅庀役，十月己酉讫工。凡为夫一万二千一百有奇，为钱一千五十三万有奇。为门为廊，为殿为阁，为斋厅及它屋，总九十六间，增广故基三十步，规模象设俱壮丽，视旧不侔矣。调用悉自官取，纤毫弗敢扰民”，重新修葺了安静观[5]。

宋孝宗时，四川安抚制置使兼知成都府胡元质“爰率旁近部使者，同出缗钱，即其观创建元命殿。旁挟两庑，规模气象，极其雄严，以为上帝隤祉锡羡之地。乃淳熙五年夏五月经始，岁行既周才讫工”，修建了成都玉局观崇禧殿[6]。可见，“崇禧殿营建工程操作得相当成功，营建为自己祈福的元命殿，孝宗自然乐得顺水推舟”[7]。胡元质还“感之而患其徒之不肃

---

① 《全蜀艺文志》卷42，范成大：《成都古寺名笔记》。

② 游彪、胡正伟：《宋代地方官与佛教界之间的关系考论——以范成大蜀地任职为例》，《四川大学学报》2013（3）。

③ 孙觌：《鸿庆居士集》卷42《圆悟禅师传》。

④ 袁说友：《东塘集》卷19《跋御赐江渎庙碑》。

⑤ 《成都文类》卷40，王刚中：《重修安静观记》。

⑥ 《成都文类》卷41，胡元质：《玉局观崇禧殿记》。

⑦ 黄博：《神御在蜀：宋代四川的御容奉祀与地方政治》，《北京社会科学》2017（4）。

也，遂改为十方，自青城山召明素守静大师韩元修开山住持。韩卒，命法嗣孙克勤继之。钟鼓益新，四方施供益至，气象恢然，视前不侔矣”①。

嘉泰元年（1201），四川制置使兼知成都府刘德秀“亟命崇成”，组织修建了成都府灵应观。开禧元年（1205），在他的请求下，朝廷批准其“以灵应为观号”②。

此外，一些成都知府还向朝廷请赐宫名。宋孝宗时，四川制置使兼知成都府范成大还为青城山丈人观请求赐予宫名，朝廷“乃赐名会庆建福宫”③。其实，“这就意味着宋朝的地方官需要同范成大一样积极地参与当地的各种宗教活动，以便拉近与民众之间的距离。这样既有利于安抚民心，更有助于官方政策的实施”④。

3. 兴修祠堂

南宋时期，在兴修祠堂方面，成都知府也发挥了一定的作用。绍兴十年（1140），成都知府兼本路安抚使张焘使用政府经费，对杜甫草堂进行维修，“乃斥公帑之余费，弗匮府藏，弗勤民力，命僧道安董其事增饰之”⑤。他还将杜甫的诗词刻石于梵安寺之中，“尽取少陵诗，勒石刻置焉”⑥。张焘“葺诸葛武侯庙、杜少陵草堂，新张乖崖祠”⑦，知成都时，为当地文化建设做出了积极贡献。

宋高宗时，四川安抚制置使兼知成都府王刚中新修了张咏的祠堂，“尝躬奠祠下，徘徊周览，惜其历岁滋多，堂宇且弊，乃命即其榱椽梁柱之挠弱而不支者，瓴甓礎础之缺断而不承者，高甍隆栋风雨之所飘剥者，长廊巨壁丹青之已漫灭者，悉举而更新之。仍于祠后增接两廊，建堂三间，筑垣墉以周之，而稍植花木于堂北，以为士大夫谒祠游息之所，且以称邦人严奉之意。继自今以往，若时加修饬，俾勿坏，则为政者有所矜

---

① 《成都文类》卷41，扈辅：《灵泉县安静观改作十方记》。
② 魏了翁：《鹤山集》卷38《成都府灵应观赐额记》。
③ 范成大：《范成大笔记六种·吴船录》，第190页。
④ 游彪、胡正伟：《宋代地方官与佛教界之间的关系考论——以范成大蜀地任职为例》，《四川大学学报》2013（3）。
⑤ 《成都文类》卷42，喻汝砺：《杜工部草堂记》。
⑥ 曹学佺：《蜀中广记》卷2《名胜记第二·川西道·成都府二》。
⑦ 周必大：《文忠集》卷64《张忠定公焘神道碑》。

式，而吏民亦悦服而易治”①。

此外，王刚中还使用政府经费，组织行政部门，对纪念刘备的先主庙进行了修缮，“公始至，用故事谒诸祠奠献。至此，顾瞻太息曰：‘有大功德于蜀人，宜莫若昭烈、忠武，庙貌乃尔，亦独何心！’亟命有司缮治之，鸠工庀材，咸有程度。以是岁十月己巳经始，落成于明年三月己丑。虽号为因旧起废，实再造而一新之”，丝毫没有增加百姓的经济负担，“用工万一千六百七十有八，为钱无虑二百万，木章竹个，取于津步商旅之征，劳与费民不知焉”②。

其实，长期以来，对本地社会历史发展作出贡献的行政长官，都会赢得了蜀人的爱戴，受到百姓的崇奉。这种情况在宋代有着相当程度的沿袭，“自是以来，凡守之贤者，蜀人必为建祠，或绘其像，天下名镇未是有也”。其中的原因是这里远离朝廷而又地势险要，到任长官，都是朝廷重臣，手重握有比较大的自由施政权力，能够发挥自己的创造性行政能力，“蜀远而地胜，受蜀之寄必其要官大人所可倚重者，丞相御史往往不尽拘以文法，政令能专，膏泽可下；而蜀之人亦以所事于君师者事之，安其令而不违，故虽去而敬其奉尝，犹不敢忘。然则蜀视天下，其亦可谓敦厖而易治矣”。宋高宗时，四川安抚制置使兼知成都府胡元质，对纪念治蜀有功的唐朝节度使南康郡王庙，进行了重新修建，其费用均为官方所出，“众政既举，乃讲旧典之缺，度故宫宇之隙地，新庀王祠。门屋眈眈，广殿渠渠，修廊环拥，便坐后列。经始于二月之庚子，告成于十二月之庚戌，土木陶甓圬墁之工凡九千六百五十四，费一出于官，而民不与知。蜀人戴公之德，犹昔之德王也。王祠既建。民益抃舞”③。

宋孝宗时，赵汝愚对成都武侯祠进行了修葺，“侍郎赵公之镇蜀也，始至，谒古柏祠，即命葺之。明年，作祠庙于其故营；又明年，新其故宅庙貌。”并且，“命增为石鱼，酾水为五道，梁板悉易以木而屋之。桥成眈

---

① 《全蜀艺文志》卷37，王刚中：《张忠定公祠堂记》。

② 《全蜀艺文志》卷37，任渊：《重修先主庙记》。

③ 《全蜀艺文志》卷37，张缜：《南康郡王庙记》。

眈，屋成绳绳，严严翼翼，都人大和会，观所未有。民不知役，而公亦乐之”①。

开禧三年（1207），吴猎出任四川安抚制置使兼知成都府。他不仅“朔望即学宫见诸生，讲授经义”，而且“属知华阳县度正、郡教授杨寅恭、新简州教授王祖孙，度地于汉文翁石室之西祠焉，以建安朱氏、广汉张氏配”，修建了成都府学三先生祠堂②。

事实上，“成都之天庆观仙游阁，故有张忠定公绘象”。嘉定十二年（1219），“南海崔公与之来守成都，清风令仪，底厉颓俗”。嘉定十三年（1220），刘文节认为，“是宜配忠定公与赵清献公”，于是，“崔公之门人洪咨夔等，乃即忠定之次图赵、崔二公而并祠焉”。十年后，“眉山家侯大酉自将作监丞请外，擢守简州。州有会胜堂，堂圮已久，仅存清献诗刻。侯既复之，又为阁其上，用成都近比，绘三贤而馆之”，由此呈现出成都和简阳两处三贤阁同时并存的局面③。

总之，进入南宋以后，四川地区逐渐走上了救亡图存之路，战争成为国家维系生存的第一要务。不论是兼任本路安抚使的成都知府，还是兼任成都知府的四川制帅，处理军政事务之余，在文化教育事业管理上也做到了兢兢业业。他们竭尽全力，取得了令人惊异的成就，为中华文化的传承与发展，做出了独特的重要贡献。

---

① 《全蜀艺文志》卷33，刘光祖：《万里桥记》。
② 魏了翁：《鹤山集》卷38《成都府学三先生祠堂记》。
③ 魏了翁：《鹤山集》卷49《简州三贤阁记》。

结 语

赵宋王朝是在唐代藩镇割据和五代之乱基础上建立的。为了避免重蹈历史覆辙，建立伊始，就着手铲除地方割据势力生长的土壤。根据赵普提出的“稍夺其权，制其钱谷，收其精兵”的建议，在北宋平蜀之后，以设置通判和监司为核心，尽力没收作为地方要员的成都知府手中大权。但是，成都府地处西南边陲，是宋代一个重要的区域政治、经济和文化中心，它也倍受朝廷的重视，特别是对成都知府的选任堪称用心，有时达到十分挑剔的程度。其选任过程，可以在相当程度上看出宋朝的治乱兴衰。

宋代成都知府一职主要经历了成都知府（益州知州）、成都知府（益州知州）兼本路兵马钤辖（安抚使）、四川（安抚）制置使兼知成都府三个阶段。其职权范围也从重点关注成都府，到重视成都府路，再到统筹整个四川地区的演变。事实上，“不论为君为臣，北宋时期人们往往是将知成都府（或知益州）的选任和权力与整个川峡四路联系起来的，以一府而控带四路，这在整个北宋时期是绝无仅有的。至于南宋，朝廷绝大多数时间是以四川安抚制置使兼知成都府，成都名副其实地成为川峡四路的政治控制枢纽，而有类于元代以后的省府地位了”①。随着职权范围的扩大，成都知府所面临的行政事务日益增多，朝廷也在相应地增加路级机构和跨路级机构，加以协作和限制。但是，组织机构的增多和行政幅度的扩大，成都知府与路级机构和跨路级机构的长官之间，协调的难度必然增大，矛盾冲突在所难免。

---

① 粟品孝等：《成都通史　五代（前后蜀）两宋时期》，第45页。

在财政经济管理方面，熙丰变法之前，成都知府（益州知州）手中可支配的经费相对宽裕，在社会救灾、公共工程建设、宴游活动等方面，发挥了重要作用。熙丰变法之后的北宋时期，其在这一方面的表现日渐式微。进入南宋以后，随着军事压力的不断增加，财政经济政策逐渐纳入战时轨道。不论是成都知府兼本路安抚使，还是兼任成都知府的四川制帅，始终在军民兼顾之间寻求平衡，对于缓解社会危机与化解军事风险，做出了重要贡献。

在司法审判的过程中，熙宁变法之前，成都知府（益州知州）充分地行使了司法审判权。但是，为了推行熙丰新法，朝廷收回成都知府手中的便宜行事之权，使其刑事审判权遭到了严重削弱。尽管宋徽宗时期这一职权得到了部分恢复，然而北宋王朝正在走向灭亡。进入南宋以后，随着军事任务的日益繁重，不论是成都知府兼本路安抚使，还是兼任成都知府的四川制帅，逐渐远离了司法审判活动。

不论是成都知府（益州知州），还是兼任成都知府的四川制帅，都积极开展行政监察工作。加强行政监察，不仅有利于推动自己的工作任务更加顺利完成，而且有助于朝廷政策得到更好的贯彻落实。随着成都知府的职权范围扩大，其监察职能也就愈加充分地显现出来。

在社会治安管理方面，成都知府肩负着重要职责。在唐宋之变的历史背景之下，随着人身自由的不断增加，社会流动加快，社会治安形势日益严峻。周边少数民族的活跃度增强，北方异族政权的威胁性加大，社会治安危机乃至政权生存危险与日俱增。成都知府所发挥的作用，也会随着其职权范围的扩大而不断增强。与此同时，朝廷对其防范力度也在逐渐加大。但是，由于成都知府手中可以支配的军事力量有限，平常的社会治安问题尚能应付。如果社会动荡达到一定的规模，其能力就会显得捉襟见肘，甚至是狼狈不堪，只能求助于朝廷派出大军前来镇压。确实，“由于知州可指挥的兵力有限，这使知州在规模稍大的农民起义进攻下就没有抵御能力，更不用说辽、金、蒙（元）等强悍的外族政权的进攻了”[1]。

---

[1] 苗书梅：《宋代知州及其职能》，《史学月刊》1998（6）。

在文教事业管理过程中，成都知府各尽所能，成就辉煌。随着其职权范围的拓展，在经济条件和安全环境的许可情况之下，其用心之勤，令人钦佩。经过一代代成都知府的艰苦努力，取得了彪炳史册的丰富文化成果，留下了丰厚的文化遗产。

宋代成都知府作为一个非常优异的群体，来自全国各地，带着自己家乡的优秀文化和其他异地的先进文化，来到巴蜀大地，与巴蜀文化相互交融，然后又将巴蜀文化向外传播，为社会经济的发展和百姓生活的改善乃至中华文化的兴盛，做出了不可磨灭的贡献。

宋代成都知府在治蜀过程中成败得失的经验教训，都是一笔笔宝贵的财富，对于后世的地方治理来说，其启迪作用是不言而喻的。

宋代成都知府（益州知州）大事年表

965	北宋平蜀之后，吕余庆权知成都府，为宋朝历史上首位成都知府
965—968	吕余庆任职期间，奉诏废除后蜀榷税政策
966	吕余庆和转运使沈义伦将四川铜钱全部运送京城
968	刘熙古修复成都縻枣堰
980	辛仲甫为唐玄宗追谥的孔子册文刻石立碑
981	降成都府为益州，高冕出任益州知州
982	辛仲甫请准罢官榷酒而许民自酿
988	复益州为成都府，许骧担任成都知府
994	因王小波、李顺起义的发生，宋太宗诏降成都府为益州；张咏开始担任第一任益州知州，首次被朝廷授予便宜行事之权
994—998	张咏首任益州知州期间，创立以市估准田税的救灾良法影响深远
997	张咏与招安使上官正一起平息刘旰兵变，张咏重修益州公宇，张咏奏准铜钱一文兑换铁钱五文
1000	牛冕抚御无方，导致王均兵变发生，雷有终等镇压了王均兵变
1001	雷有终和益州路转运使马亮等联合上奏，使益州羊马城壕得以保存；宋太初兼川峡四路都转

	运使，马知节成为第一位兼任兵马钤辖的成都知府
1002	马知节兼本路转运使，与权益州路转运使黄观共同商议大事
1003	马知节实行由政府运输四川上供物资到朝廷；钤辖杨怀忠、转运使黄观权同知益州；张咏再次出任益州知州，主持铸造景德大铁钱
1004	张咏敦勉李畋、张及、张逵赴京应试，三人全部登科，蜀人自此渐多仕宦
1006	张咏与朝廷特使谢涛共同商议铸造景德大铁钱，铜钱一当小铁钱十，却出现了盗镕为器的情况；张咏结束益州知州第二任期，成为诸葛亮之后治蜀第一人，史称“张咏治蜀”；任中正请准禁止三司超额榷酒，恢复由牙校按市场销售以定酒税
1009	在任中正的奏请下，成都府灵泉县瑞应院被宋真宗钦赐寺名
1012	凌策组织修建成都玉局观
1014	凌策获准别铸大铁钱，却造成了钱重而货轻的局面
1019	赵稹开放成都西楼，纵民游观
1023	经过薛田等人的努力，世界上最早使用的纸币——交子在成都正式发行
天圣年间（1023—1031）	薛田在成都府路正式推行布估钱；韩亿于成都府南仓创永利敖，以拯贫民
1025	薛田请求给进京考试的举人提供经费支持，其建议得到朝廷批准
1027	薛奎奏准改变酒税征银之法，恢复逐年买银钱

	收买绸绢上京送纳
1041	杨日严推荐的隐士张俞，被朝廷赐予试校书郎一职
1044	蒋堂建西学，增广诸生斋舍
1045	文彦博奏请敕准龙昌期担任益州州学讲说，文彦博扩建的江渎庙壮丽无比
1046	文彦博请求将益、彭、邛、蜀、汉五州所屯马军改为步军，朝廷批准改易其中的三分之一
1048	田况知益州兼益梓利夔路兵马钤辖
1049	田况还将《仪礼》《公羊》《谷梁》三传刻于石壁，使九经得以齐备；田况等平息泸州淯井监少数民族的反抗斗争
1050	田况所作的《进士题名记》刻于石柱，激励世人
1053	程戡对成都城池进行全面培修和疏浚
1054	传言侬智高起义军入川，张方平知益州兼益利路兵马钤辖，用智慧巧妙予以化解
1058	宋祁将文翁祠堂修葺一新
1059	升益州为成都府，王素担任成都知府
1059—1061	王素担任成都知府期间，组织开展摹写圣贤人物，从而形成《成都礼殿圣贤图》
1063—1064	韩绛任职成都知府期间，组织修建的成都府学讲堂，被称为天下无双
1070	经过陆诜等人的努力，朝廷只在成都府路开始设置提举常平官
1070—1072	吴中复担任成都知府期间修缮的文翁讲堂，为地方州学之最
1071	吴中复修建带有公立图书馆性质的经史阁

1072	赵抃以资政殿大学士的身份第三次出任成都知府；中书复删定敕文，惟军人犯罪及边防并机速许特断，成都知府手中的便宜行事之权被严重削弱
1074	朝廷开始在成都置市易务，使得成都知府手中可支配经费骤减；赵抃编纂《成都古今集记》；赵抃结束成都知府的第三次任期，与张咏一起成为北宋成都知府治蜀的两座高峰；蔡延庆知成都府兼兵马都钤辖
1076	茂州少数民族举行反抗斗争，蔡延庆因应对失当而徙知渭州，受到降职处分；知成都府冯京兼成都府利州路安抚使；刘庠知成都府，但罢兼安抚使
1078	刘庠因言榷茶之害而被茶场司奏劾其越职罪
1083	吕大防创办官营成都锦院；吕大防奏请朝廷批准，将成都府学学田增至十顷
1088	李之纯兴建范文正公祠堂，劝勉士子勤学上进
1090	胡宗愈创建石经堂，以贮石经
1092—1093	蔡京知成都府时，给成都带来了毛女神崇拜，因施政妄为，导致社会秩序一片混乱
1103	朝廷部分恢复了成都知府的便宜行事之权
1104	虞策因不按朝廷要求实施免役法而受到降职处罚
1108	席旦恢复每年春淘渠制度
1112	吴栻推荐的蜀州小学生张道安，得到朝廷恩准赏赐；席旦为成都大慈寺扩建三刹，使其规模更加宏伟
1117	面对茂州少数民族的反抗斗争，周焘因处置失当而受到降职处分

1123	席贡补刊《孟子》入蜀石经，石室十三经正式形成
1127	陕西农民起义军首领史斌进攻四川剑门，因卢法原等抵御而未果
1128	知成都府卢法原奉诏修罗城
1129	川陕宣抚处置使张浚上奏朝廷，知成都府卢法原不再兼任利州路兵马钤辖，成都帅臣不兼利州路自此始
1130	川陕宣抚处置使张浚以环庆经略使王似知成都府
1133	张浚向朝廷奏准张深知成都府兼本路安抚使
1135	席益成为首位兼任成都知府的四川制帅，从而确立以四川安抚制置使兼知成都府的制度
1135	席益创设的转般折运之法，得到朝廷批准
1136	席益增印钱引，成为制司增印钱引的开端；席益请求招募逃亡兵士，朝廷只准召募效用三百人；成都府学教授范仲殳将御书大成殿额带回成都，席益为此举行盛大的迎接仪式
1137	诏四川制置大使席益趣遣所募西兵赴京；席益整治成都城中水道，绘制成图，以备后人参考
1138	四川安抚制置使胡世将创清酒务
1139—1143	张焘以成都帅而得行四川民事
1143	张焘开始用砖铺设成都街道
1153	王孝廉兄弟在成都叛乱，曹筠等迅速将其平定
1159—1160	王刚中重修成都，城墙规模宏大，异常坚固
1160	王刚中编纂《续成都古今集记》，王刚中将《进士题名续记》镌刻于石柱之上
1167	汪应辰将李焘所著《续资治通鉴》上奏朝廷，获准抄录

1170	晁公武镌刻《古文尚书》及《诸经考异》，历时320年的“蜀石经”终于刻毕
1174	范成大奏准提刑司每年五月疏决系囚
1175	范成大对成都府学进行大修，使之成为西南第一
1177	范成大开始大规模在成都城中用砌砖街，使得城市面貌焕然一新；范成大编纂《成都古今丙记》
1180	胡元质组织修建的四川类省试贡院，堪称西部第一贡院；胡元质编纂《成都古今丁记》；黎州五部落之变，胡元质因处置失当而被罢黜官职
1182	施州豪民谭汝翼作乱，陈岘与知夔州林栗将其镇压
1185	黎州青羌再次举行反抗斗争，留正运用智慧巧妙予以化解
1187	成都市场失火，延烧万余家，赵汝愚受到弹劾
1189—1192	京镗出任四川制帅期间，将成都府学进行彻底改造，使之成为全国郡学之冠
1192	因泸州知州张孝芳实施苛政，导致泸州骑射卒张信作乱，京镗调军镇压，都统制吴挺弹劾其擅自发兵
1194	丘密创立四川地区与朝廷之间快递信息的摆铺
1199	袁说友组织编辑《成都文类》和《成都志》
1207	吴曦之乱爆发，杨辅虽然应对消极，却始终秉持抵制态度；吴猎组织修建祭祀周敦颐、程颢、程颐的成都府学三先生祠堂，还将朱熹和张栻二位先生配享其中
1207—1209	吴猎担任四川制帅期间，用朱熹的白鹿书院学规训示学生

1219	面对金人的进攻，四川制置董居谊自利州遁去，受到罢黜官职与永州居住的惩罚；兴元军士张福和莫简率众入川，四川制置使聂子述遁去，但起义很快遭到镇压；聂子述受到夺本官和永州居住的严厉处罚
1220—1224	崔与之将成都知府的治蜀政绩推上第三个高峰，与张咏和赵抃一起并称“三贤”，成为宋代蜀地治理的三座里程碑
1224—1228	郑损放弃阶、凤、成、和、天水五州，弃守七方、武休、仙人三关，使得四川防御终不可为
1228—1231	桂如渊丢弃五州三关，狼狈逃奔三峡，受到褫职罢祠的惩罚，导致战火燃烧到四川内地
1236	阔端率蒙古军队攻破成都，四川安抚制置副使丁黻战死
1240	陈隆之筑成都城，誓与其共存亡
1241	蒙古军进围成都，四川制置使陈隆之被俘遇害；四川首府由成都迁往重庆
1245	权知成都府冯有硕死于官守，成都失陷

参考书目

（按书名音序排列）

一 古籍

《安阳集》，（宋）韩琦，影印文渊阁《四库全书》本。
《北海集》，（宋）綦崇礼，影印文渊阁《四库全书》本。
《泊宅编》，（宋）方勺，中华书局，1997 年。
《沧洲尘缶编》，（宋）程公许，影印文渊阁《四库全书》本。
《昌谷集》，（宋）曹彦约，影印文渊阁《四库全书》本。
《陈亮集》，（宋）陈亮，中华书局，1987 年。
《成都文类》，（宋）扈仲荣、程遇孙等编，影印文渊阁《四库全书》本。
《诚斋集》，（宋）杨万里，影印文渊阁《四库全书》本。
《摛文堂集》，（宋）慕容彦逢，影印文渊阁《四库全书》本。
《传家集》，（宋）司马光，影印文渊阁《四库全书》本。
《祠部集》，（宋）强至，影印文渊阁《四库全书》本。
《徂徕集》，（宋）石介，影印文渊阁《四库全书》本。
《丹渊集》，（宋）文同，影印文渊阁《四库全书》本。
《澹斋集》，（宋）李流谦，影印文渊阁《四库全书》本。
《道乡集》，（宋）邹浩，影印文渊阁《四库全书》本。
《道园学古录》，（元）虞集，影印文渊阁《四库全书》本。
《定斋集》，（宋）蔡戡，影印文渊阁《四库全书》本。
《东都事略》，（宋）王称，影印文渊阁《四库全书》本。
《东观集》，（宋）魏野，影印文渊阁《四库全书》本。

《东涧集》,（宋）许应龙，影印文渊阁《四库全书》本。
《东坡全集》,（宋）苏轼，影印文渊阁《四库全书》本。
《东塘集》,（宋）袁说友，影印文渊阁《四库全书》本。
《东轩笔录》,（宋）魏泰，中华书局，1997 年。
《东斋记事》,（宋）范镇，中华书局，1997 年。
《端明集》,（宋）蔡襄，影印文渊阁《四库全书》本。
《二程文集》,（宋）程颢、程颐，中华书局，1981 年。
《二程遗书》,（宋）程颢、程颐，影印文渊阁《四库全书》本。
《伐檀集》,（宋）黄庶，影印文渊阁《四库全书》本。
《范成大笔记六种》,（宋）范成大，中华书局，2002 年。
《范太史集》,（宋）范祖禹，影印文渊阁《四库全书》本。
《范文正集》,（宋）范仲淹，影印文渊阁《四库全书》本。
《范忠宣集》,（宋）范纯仁，影印文渊阁《四库全书》本。
《方舆胜览》,（宋）祝穆，中华书局，2003 年。
《方舟集》,（宋）李石，影印文渊阁《四库全书》本。
《攻媿集》,（宋）楼钥，影印文渊阁《四库全书》本。
《公是集》,（宋）刘敞，中华书局，1985 年。
《古今图书集成》,（清）陈梦雷，巴蜀书社出版，1986 年。
《古灵集》,（宋）陈襄，影印文渊阁《四库全书》本。
《归田录》,（宋）欧阳修，中华书局，1997 年。
《贵耳集》,（宋）张端义，影印文渊阁《四库全书》本。
《海陵集》,（宋）周麟之，影印文渊阁《四库全书》本。
《汉滨集》,（宋）王之望，影印文渊阁《四库全书》本。
《河南集》,（宋）尹洙，影印文渊阁《四库全书》本。
《鹤林集》,（宋）吴泳，影印文渊阁《四库全书》本。
《鹤林玉露》,（宋）罗大经，中华书局，1997 年。
《鹤山集》,（宋）魏了翁，影印文渊阁《四库全书》本。
《鸿庆居士集》,（宋）孙觌，影印文渊阁《四库全书》本。
《后村集》,（宋）刘克庄，影印文渊阁《四库全书》本。
《后乐集》,（宋）卫泾，影印文渊阁《四库全书》本。
《侯鲭录》,（宋）赵令畤，中华书局，2002 年。

《后山集》，（宋）陈师道，影印文渊阁《四库全书》本。
《华阳集》，（宋）王珪，影印文渊阁《四库全书》本。
《华阳集》，（宋）张纲，影印文渊阁《四库全书》本。
《黄氏日抄》，（宋）黄震，影印文渊阁《四库全书》本。
《晦庵集》，（宋）朱熹，影印文渊阁《四库全书》本。
《鸡肋编》，（宋）庄绰，中华书局，1997年。
《鸡肋集》，（宋）晁补之，影印文渊阁《四库全书》本。
《嘉泰会稽志》，（宋）施宿，影印文渊阁《四库全书》本。
《嘉泰吴兴志》，（宋）谈钥，方志出版社，2012年。
《嘉祐集》，（宋）苏洵，影印文渊阁《四库全书》本。
《建炎以来朝野杂记》（上、下），（宋）李心传，中华书局，2000年。
《建炎以来系年要录》，（宋）李心传，中华书局，1988年。
《絜斋集》，（宋）袁燮，影印文渊阁《四库全书》本。
《经幄管见》，（宋）曹彦约，影印文渊阁《四库全书》本。
《景文集》，（宋）宋祁，中华书局，1985年。
《景迂生集》，（宋）晁以道，影印文渊阁《四库全书》本。
《净德集》，（宋）吕陶，中华书局，1985年。
《靖康要录》，（宋）不著撰人，影印文渊阁《四库全书》本。
《九朝编年备要》，（宋）陈均，影印文渊阁《四库全书》本。
《郡斋读书志》，（宋）晁公武，影印文渊阁《四库全书》本。
《可斋续稿》，（宋）李曾伯，影印文渊阁《四库全书》本。
《孔氏祖庭广记》，（金）孔元措，商务印书馆，1936年。
《跨鳌集》，（宋）李新，影印文渊阁《四库全书》本。
《浪语集》，（宋）薛季宣，影印文渊阁《四库全书》本。
《老学庵笔记》，（宋）陆游，青岛出版社，2002年。
《乐全集》，（宋）张方平，影印文渊阁《四库全书》本。
《类说》，（宋）曾慥，影印文渊阁《四库全书》本。
《历代兵制》，（宋）陈傅良，影印文渊阁《四库全书》本。
《历代名臣奏议》，（明）黄淮、杨士奇，影印文渊阁《四库全书》本。
《两朝纲目备要》，（宋）不著撰人，影印文渊阁《四库全书》本。
《临川文集》，（宋）王安石，影印文渊阁《四库全书》本。

《灵岩集》,（宋）唐士耻，影印文渊阁《四库全书》本。
《龙川别志》,（宋）苏辙，中华书局，1997 年。
《隆平集》,（宋）曾巩，影印文渊阁《四库全书》本。
《潞公文集》,（宋）文彦博，影印文渊阁《四库全书》本。
《芦浦笔记》,（宋）刘昌诗，中华书局，1997 年。
《栾城集》,（宋）苏辙，影印文渊阁《四库全书》本。
《栾城遗言》,（宋）苏籀，影印文渊阁《四库全书》本。
《漫塘集》,（宋）刘宰，影印文渊阁《四库全书》本。
《茅亭客话》,（宋）黄休复，影印文渊阁《四库全书》本。
《鄮峰真隐漫录》,（宋）史浩，影印文渊阁《四库全书》本。
《梦溪笔谈》,（宋）沈括，影印文渊阁《四库全书》本。
《密斋笔记》,（宋）谢采伯，影印文渊阁《四库全书》本。
《勉斋集》,（宋）黄干，影印文渊阁《四库全书》本。
《名臣碑传琬琰之集》,（宋）杜大珪，影印文渊阁《四库全书》本。
《明一统志》,（明）李贤，影印文渊阁《四库全书》本。
《默记》,（宋）王铚，中华书局，1997 年。
《墨庄漫录》,（宋）张邦基，中华书局，2002 年。
《南轩集》,（宋）张栻，影印文渊阁《四库全书》本。
《南阳集》,（宋）韩维，影印文渊阁《四库全书》本。
《能改斋漫录》,（宋）吴曾，影印文渊阁《四库全书》本。
《盘洲文集》,（宋）洪适，影印文渊阁《四库全书》本。
《彭城集》,（宋）刘攽，影印文渊阁《四库全书》本。
《平斋集》,（宋）洪咨夔，影印文渊阁《四库全书》本。
《齐东野语》,（宋）周密，中华书局，1997 年。
《乾道临安志》,（宋）周淙，影印文渊阁《四库全书》本。
《清波杂志校注》,（宋）周辉，中华书局，1997 年。
《青箱杂记》,（宋）吴处厚，中华书局，1997 年。
《秋涧集》,（元）王恽，影印文渊阁《四库全书》本。
《曲洧旧闻》,（宋）朱弁，中华书局，2002 年。
《全蜀艺文志》,（明）杨慎，线装书局，2003 年。
《全宋文》，曾枣庄、刘琳主编，上海辞书出版社　安徽教育出版社，2006 年。

《容斋随笔》,（宋）洪迈，影印文渊阁《四库全书》本。
《儒林公议》,（宋）田况，影印文渊阁《四库全书》本。
《三朝北盟会编》,（宋）徐梦莘，影印文渊阁《四库全书》本。
《邵氏闻见录》,（宋）邵伯温，中华书局，1997 年。
《邵氏闻见后录》,（宋）邵博，中华书局，1997 年。
《渑水燕谈录》,（宋）王辟之，中华书局，1997 年。
《石湖诗集》,（宋）范成大，影印文渊阁《四库全书》本。
《石刻铺叙》,（宋）曾宏父，影印文渊阁《四库全书》本。
《石林燕语》,（宋）叶梦得，中华书局，1997 年。
《仕学规范》,（宋）张镃，影印文渊阁《四库全书》本。
《蜀中广记》,（明）曹学佺，影印文渊阁《四库全书》本。
《双溪类稿》,（宋）王炎，影印文渊阁《四库全书》本。
《水心集》,（宋）叶适，影印文渊阁《四库全书》本。
《宋朝事实》,（宋）李攸，影印文渊阁《四库全书》本。
《宋朝事实类苑》,（宋）江少虞，上海古籍出版社，1981 年。
《宋朝诸臣奏议》（上、下）,（宋）赵汝愚，上海古籍出版社，1999 年。
《宋大事记讲义》,（宋）吕中，影印文渊阁《四库全书》本。
《宋大诏令集》，中华书局，1997 年。
《宋代蜀文辑存》，傅增湘纂辑，龙门书店有限公司影印，1971 年。
《宋会要辑稿》,（清）徐松，中华书局，2006 年。
《宋季三朝政要》,（元）不著撰人，中华书局，1985 年。
《宋名臣言行录》,（宋）朱熹、李幼武，影印文渊阁《四库全书》本。
《宋史》,（元）脱脱，中华书局，1977 年。
《宋史纪事本末》,（明）陈邦瞻，影印文渊阁《四库全书》本。
《宋史全文》,（元）不著撰人，影印文渊阁《四库全书》本。
《宋史翼》,（清）陆心源，中华书局，1991 年。
《宋宰辅编年录》,（宋）徐自明，影印文渊阁《四库全书》本。
《苏魏公文集》,（宋）苏颂，中华书局，2004 年。
《苏学士集》,（宋）苏舜钦，影印文渊阁《四库全书》本。
《涑水记闻》,（宋）司马光，中华书局，1997 年。
《太平治迹统类》,（宋）彭百川，影印文渊阁《四库全书》本。

《太宗皇帝实录》，（宋）钱若水，四部丛刊本。
《铁围山丛谈》，（宋）蔡绦，中华书局，1977年。
《桯史》，（宋）岳珂，中华书局，1997年。
《通鉴续编》，（元）陈桱，影印文渊阁《四库全书》本。
《同姓名录》，（明）余寅，影印文渊阁《四库全书》本。
《投辖录》，（宋）王明清，影印文渊阁《四库全书》本。
《万姓统谱》，（明）凌迪知，影印文渊阁《四库全书》本。
《王魏公集》，（宋）王安礼，影印文渊阁《四库全书》本。
《渭南文集》，（宋）陆游，影印文渊阁《四库全书》本。
《文定集》，（宋）汪应辰，中华书局，1985年。
《文恭集》，（宋）胡宿，中华书局，1985年。
《文山集》，（宋）文天祥，中华书局，1985年。
《文溪集》，（宋）李昴英，影印文渊阁《四库全书》本。
《文献通考》，（元）马端临，浙江古籍出版社，2000年。
《文忠集》，（宋）欧阳修，影印文渊阁《四库全书》本。
《文忠集》，（宋）周必大，影印文渊阁《四库全书》本。
《文庄集》，（宋）夏竦，影印文渊阁《四库全书》本。
《五百家播芳大全文粹》，（宋）魏齐贤、叶棻，影印文渊阁《四库全书》本。
《武溪集》，（宋）余靖，影印文渊阁《四库全书》本。
《西山文集》，（宋）真德秀，影印文渊阁《四库全书》本。
《西台集》，（宋）毕仲游，影印文渊阁《四库全书》本。
《西溪丛语》，（宋）姚宽，中华书局，1997年。
《西溪集》，（宋）沈遘，影印文渊阁《四库全书》本。
《湘山野录》，（宋）文莹，中华书局，1997年。
《新安文献志》，（明）程敏政，影印文渊阁《四库全书》本。
《性善堂稿》，（宋）度正，影印文渊阁《四库全书》本。
《续墨客挥犀》，（宋）彭乘，中华书局，2002年。
《续宋编年资治通鉴》，（宋）刘时举，中华书局，1985年。
《续资治通鉴》，（清）毕沅，影印文渊阁《四库全书》本。
《续资治通鉴长编》，（宋）李焘，中华书局，2004年。
《学林》，（宋）王观国，影印文渊阁《四库全书》本。

《燕翼诒谋录》，（宋）王栐，中华书局，1997 年。
《杨公笔录》，（宋）杨彦龄，影印文渊阁《四库全书》本。
《夷坚志》，（宋）洪迈，影印文渊阁《四库全书》本。
雍正《广东通志》，（清）郝玉麟，影印文渊阁《四库全书》本。
雍正《江西通志》，（清）谢旻，影印文渊阁《四库全书》本。
雍正《四川通志》，（清）黄廷桂，影印文渊阁《四库全书》本。
《玉壶清话》，（宋）文莹，中华书局，1997 年。
《潏水集》，（宋）李复，影印文渊阁《四库全书》本。
《元丰类稿》，（宋）曾巩，影印文渊阁《四库全书》本。
《元宪集》，（宋）宋庠，中华书局，1985 年。
《云巢编》，（宋）沈辽，影印文渊阁《四库全书》本。
《郧溪集》，（宋）郑獬，影印文渊阁《四库全书》本。
《筠谿集》，（宋）李弥逊，影印文渊阁《四库全书》本。
《篔窗集》，（宋）陈耆卿，影印文渊阁《四库全书》本。
《曾公遗录》，（宋）曾布，中华书局，2016 年。
《张乖崖集》，（宋）张咏，中华书局，2000 年。
《折狱龟鉴》，（宋）郑克，影印文渊阁《四库全书》本。
《职官分纪》，（宋）孙逢吉，影印文渊阁《四库全书》本。
《止堂集》，（宋）彭龟年，影印文渊阁《四库全书》本。
《止斋集》，（宋）陈傅良，影印文渊阁《四库全书》本。
《忠惠集》，（宋）翟汝文，影印文渊阁《四库全书》本。
《中兴小纪》，（宋）熊克，中华书局，1985 年。
《周子抄释》，（明）吕柟，影印文渊阁《四库全书》本。
《麈史》，（宋）王得臣，影印文渊阁《四库全书》本。
《朱子语类》，（宋）朱熹，影印文渊阁《四库全书》本。
《资治通鉴后编》，（清）徐乾学，影印文渊阁《四库全书》本。

二　专著

《北宋转运使考述》，戴扬本，上海古籍出版社，2007 年。
《黎东方讲史之续　细说宋朝》，虞云国，上海人民出版社，2007 年。
《两宋财政史》上、下，汪圣铎，中华书局，1995 年。

《两宋史研究汇编》，刘子健，台北联经出版事业公司，1986 年。

《南宋川陕边防行政运行体制研究》，何玉红，上海古籍出版社，2012 年。

《南宋军事史》，粟品孝等，上海古籍出版社，2008 年。

《南宋社会民间纠纷及其解决途径研究》，朱文慧，上海古籍出版社，2014 年。

《南宋全史 1、2　政治、军事和民族关系卷上、下》，何忠礼，上海古籍出版社，2016 年。

《四川通史》第 4 册，贾大泉、周原孙，四川大学出版社，1994 年。

《宋朝法律史论》，郭东旭，河北大学出版社，2001 年。

《宋朝典制》，张希清，吉林文史出版社，1997 年。

《宋朝史话》，吴泰，北京出版社，1987 年。

《宋朝制置使制度研究》，姚建根，上海书店出版社，2010 年。

《宋代白银货币化研究》，王文成，云南大学出版社，2001 年。

《宋代财经监督研究》，方宝璋，中国审计出版社，2001 年。

《宋代财政史》，黄纯艳，云南大学出版社，2013 年。

《宋代茶法研究》，黄纯艳，云南大学出版社，2002 年。

《宋代地方财政史研究》，包伟民，上海古籍出版社，2001 年。

《宋代地方政府民事审判职能研究》，屈超立，巴蜀书社，2003 年。

《宋代法制初探》，戴建国，黑龙江人民出版社，2000 年。

《宋代法制研究》，郭东旭，河北大学出版社，2000 年。

《宋代官员选任和管理制度》，苗书梅，河南人民出版社，1996 年

《宋代官职辞典》，龚延明，中华书局，1997 年。

《宋代管理思想　基于政策工具视角的研究》，方宝璋，经济管理出版社，2011 年。

《宋代货币与货币流通研究》，高聪明，河北大学出版社，2000 年。

《宋代监察制度》，贾玉英，河南大学出版社，1996 年。

《宋代教育》，苗春德，河南大学出版社，1992 年。

《宋代经济史　上》，漆侠，上海人民出版社，1987 年。

《宋代经济史研究》，吴晓亮，云南大学出版社，1994 年。

《宋代酒的生产和征榷》，李华瑞，河北大学出版社，2001 年。

《宋代军用物资保障研究》，史继刚，西南财经大学出版社，2000 年。

《宋代名人传》，岳洋，山东教育出版社，2012 年。

《宋代民众祠神信仰研究》，皮庆生，上海古籍出版社，2008 年。

《宋代农业管理若干问题研究》，周方高，湘潭大学出版社，2012 年。

《宋代商品供给研究》，张锦鹏，云南大学出版社，2003 年。

《宋代商税问题研究》，李景寿，云南大学出版社，2005 年。

《宋代社会保障研究》，郭文佳，新华出版社，2005 年。

《宋代史事质疑》，林天蔚，台湾商务印书馆有限股份公司，1987 年。

《宋代蜀学研究》，胡昭曦、刘复生、粟品孝，巴蜀书社，1997 年。

《宋代四川商品经济史研究》，林文勋，云南大学出版社，1994 年。

《宋代四川经济述论》，贾大泉，四川省社会科学院出版社，1985 年。

《宋代司法制度》，王云海，河南大学出版社，1992 年。

《宋代文官选任制度诸层面》，邓小南，河北教育出版社，1993 年。

《宋代文化研究　第 4 辑》，四川大学古籍整理研究所，四川大学宋代文化研究资料中心编，四川大学出版社，1994 年。

《宋代狱讼胥吏研究》，张正印，中国政法大学出版社，2012 年。

《宋史》，陈振，上海人民出版社，2003 年。

《惟蜀有才　宋代四川人才辈出的文化机理》，谭平，四川大学出版社，2013 年。

《吴天墀文史存稿》，吴天墀，四川大学出版社，1998 年。

《成都通史　五代（前后蜀）两宋时期》，粟品孝等，四川人民出版社，2011 年。

《西南古代民族关系史稿》，刘复生，上海古籍出版社，2020 年。

《旭水斋存稿》，胡昭曦，四川大学出版社，2012 年。

《旭水斋存稿续集》，胡昭曦，四川大学出版社，2017 年。

《中国古代官僚政治制度研究》，吴宗国，北京大学出版社，2004 年。

《中国古代考试制度》，郭齐家，商务印书馆，1997 年。

《中国历代选官制度》，陈茂同，华东师范大学出版社，1994 年。

《中国政治制度通史》第 6 卷　宋代，朱瑞熙，人民出版社，1996 年。

后　记

承蒙巴蜀书社的厚爱，我的两部拙著《宋代成都府政研究》和《宋代川峡四路行政协作机制研究》，分别于2010年6月以及2017年11月出版。由于二十余年前师从刘复生先生攻读博士研究生时的思考，加上后来陆续搜集的资料，特别是三年新冠疫情期间的突破性进展，直到现在终于完成了《宋代成都知府研究》的撰写任务，从而实现了自己的一大夙愿。因为《宋代川峡四路行政协作机制研究》的重心仍然是在成都，随着《宋代成都知府研究》的完稿，于是在我心目中的"成都三部曲"也就画上了句号。由于其时间长与范围广本身所具有的挑战性，特别是受到个人能力和水平的限制，只能进行尝试性的探索。其中的错讹之处在所难免，恳请专家学者不吝赐教！

官性根

2024年3月于西华苑